Praxiswissen Softwaretest – Testmanagement

Thomas Roßner ist Mitgründer der imbus AG, eines führenden Dienstleisters für Softwaretest. In deren Vorstand ist er verantwortlich für Forschung und Technologie des Unternehmens. In dieser Funktion leitete er in den vergangenen Jahren mehrere internationale Forschungsprojekte, u. a. zum Thema Softwarezuverlässigkeit und modellbasiertes Testen. Darüber hinaus arbeitet er aktiv in Testmanagementprojekten und Beratungsprojekten zum Thema Testprozessverbesserung.

Mario Winter ist Professor für Softwareentwicklung und Projektmanagement an der TH Köln und war dort Mitglied im Forschungsschwerpunkt »Software-Qualität«. Er ist Gründungsmitglied im »German Testing Board e.V.« (GTB) und war acht Jahre Sprecher der Fachgruppe »Test, Analyse und Verifikation von Software« (TAV) der Gesellschaft für Informatik e.V. (GI). Zurzeit leitet er dort den Arbeitskreis »Testen und KI« (TKI). Seine Lehr- und Forschungsschwerpunkte sind die modellbasierte Entwicklung und Qualitätssicherung von Software.

Andreas Spillner war bis 2017 Professor für Informatik an der Hochschule Bremen. Ab 1991 war er für über 10 Jahre Sprecher der Fachgruppe »Test, Analyse und Verifikation von Software« (TAV) der Gesellschaft für Informatik e. V. (GI), die er mitgegründet hat. Im »German Testing Board e. V.« (GTB) war er von Beginn an bis zum Jahr 2009 engagiert und wurde danach zum Ehrenmitglied berufen. 2007 erfolgte die Ernennung zum Fellow der GI. Von 2019 bis 2023 war er Mitglied im Präsidium des Arbeitskreises Softwarequalität & -Fortbildung (ASQF e. V.). Seine Arbeitsschwerpunkte liegen im Bereich Softwaretechnik, Qualitätssicherung und Testen.

Tilo Linz ist Vorstand und Mitgründer der imbus AG, eines führenden Lösungsanbieters für Softwaretest, und seit mehr als 30 Jahren im Themengebiet Softwarequalitätssicherung und Softwaretest tätig. Als Gründungsmitglied und langjähriger Vorsitzender des »German Testing Board e.V.« und Gründungsmitglied im »International Software Testing Qualifications Board« hat er die Aus- und Weiterbildung in diesem Fachbereich auf nationaler und internationaler Ebene maßgeblich mitgestaltet und vorangebracht. Seit 2023 ist er Ehrenmitglied des GTB.

2022 erhielten Tilo Linz und Andreas Spillner gemeinsam den von ASQF, GI-TAV und GTB vergebenen Deutschen Preis für Software-Qualität.

Thomas Roßner · Mario Winter · Andreas Spillner · Tilo Linz

Praxiswissen Softwaretest – Testmanagement

Aus- und Weiterbildung zum Certified Tester

- Advanced Level
- nach ISTQB®-Standard

5., überarbeitete und erweiterte Auflage

dpunkt.verlag

Wir hoffen, dass Sie Freude an diesem Buch haben und sich Ihre Erwartungen erfüllen. Falls Sie Anregungen, Wünsche und Kommentare haben, lassen Sie es uns wissen: **service@rheinwerk-verlag.de**.

Informationen zu unserem Verlag und Kontaktmöglichkeiten finden Sie auf unserer Verlagswebsite **www.dpunkt.de**. Dort können Sie sich auch umfassend über unser aktuelles Programm informieren und unsere Bücher und E-Books bestellen.

Autoren: Thomas Roßner, Mario Winter, Andreas Spillner, Tilo Linz
Lektorat: Sandra Bollenbacher
Buchmanagement: Julia Griebel, Friederike Demmig
Copy-Editing: Ursula Zimpfer, Herrenberg
Satz: inpunkt[w]o, Wilnsdorf, *www.inpunktwo.de*
Herstellung: Stefanie Weidner, Frank Heidt
Covergestaltung: Eva Hepper, Silke Braun
Bildnachweis: Julien Tromeur, Unsplash
Druck: BELTZ Grafische Betriebe GmbH, Bad Langensalza

FSC
www.fsc.org
MIX
Papier | Fördert gute Waldnutzung
FSC® C089473

Dieses Buch wurde mit mineralölfreien Farben auf FSC®-zertifiziertem Papier aus nachhaltiger Waldwirtschaft gedruckt. Der Umwelt zuliebe verzichten wir zusätzlich auf die Einschweißfolie. Hergestellt in Deutschland.

Bibliografische Information der Deutschen Nationalbibliothek:
Die Deutsche Nationalbibliothek verzeichnet diese Publikation in der Deutschen Nationalbibliografie; detaillierte bibliografische Daten sind im Internet über *http://dnb.dnb.de* abrufbar.

ISBN Print: 978-3-86490-763-0
ISBN PDF: 978-3-96910-278-7
ISBN ePub: 978-3-96910-279-4

5., überarbeitete und erweiterte Auflage 2026

dpunkt.verlag ist eine Marke des Rheinwerk Verlags.

Rheinwerk Verlag GmbH • Rheinwerkallee 4 • 53227 Bonn
service@rheinwerk-verlag.de

Vorwort

Testmanagement reloaded

Nach den bisherigen Auflagen des Buches aus den Jahren 2006, 2008, 2011 und 2014 liegt nun endlich die fünfte Auflage von »Praxiswissen Softwaretest – Testmanagement« vor. Anlass war die vollständige Überarbeitung des Lehrplans zum »ISTQB® Certified Tester Advanced Level Test Management V3.0« in der 2025 veröffentlichten deutschsprachigen Version. Darüber hinaus hat bereits der 2023 vom ISTQB® veröffentlichte Lehrplan zum »Certified Tester Foundation Level V4.0« die längst überfällige Überarbeitung des Buches motiviert. Denn sowohl der Trend zur agilen Softwareentwicklung als auch aktuelle Entwicklungen im Bereich internationaler Standards zum Softwaretest – Stichwort [ISO 29119] – fordern ihre Berücksichtigung.

Was ist neu?

Der in der fünften Auflage abermals gestiegene Umfang sowie die komplette Neustrukturierung des Buches sind hauptsächlich der neuen Version des Lehrplans geschuldet. Dieses Buch bezieht sich nun auf den Lehrplan zum ISTQB® Certified Tester Advanced Level Test Management 3.0 von 2025, der erstmals sequenzielle, hybride und agile Ansätze berücksichtigt. Diese werden im Buch mit drei durchgehenden Fallbeispielen berücksichtigt. Zusätzlich geht das Buch an einigen Stellen über den Lehrplan hinaus und kann damit den Einstieg in die »Expert Level«-Module erleichtern.

Aus der vierten Auflage wurde das Kapitel zu Normen und Standards ganz und die Kapitel zur Testdokumentation und zu Reviews, Audits und Assessments zum größten Teil auf die Buch-Webseite (s. u.) ausgelagert.

Seit dem Erscheinen der vorigen Auflage 2014 (sic) wurden im Glossar des ISTQB® viele Begriffe umbenannt, ergänzt und bestehende Definitionen verfeinert. Auch diese Änderungen haben wir im Buch nachvollzogen. Zudem wurde das Quellenverzeichnis aktualisiert und neuere Veröffentlichungen aufgenommen sowie aktuelle Versionen der Standards berücksichtigt. Ebenso wurden die Angaben zu den Internetseiten (URLs) kontrolliert und ggf. aktualisiert bzw. ergänzt.

Warum geänderte Autorenreihenfolge?

Eine weitere Änderung betrifft die in dieser Auflage erstmals geänderte Reihenfolge der Autoren: Andreas und Tilo haben sich nach der aufwendigen Überarbeitung ihres Basiswissen-Buches aus der aktiven Autorenrolle dieser Auflage des Praxiswissen-Buches zurückgezogen und als Peer Reviewer die umfangreichen Umbau-, Änderungs- und Erweiterungsarbeiten von Thomas und Mario kritisch geprüft und zurechtgerückt.

Wir hoffen, bei der notwendigen grundlegenden Überarbeitung des Buches die Durchgängigkeit und Lesbarkeit sowohl der Print- als auch der E-Book-Ausgabe weiter verbessert zu haben, und freuen uns auf Ihr Feedback zum neuen »Praxiswissen Softwaretest – Testmanagement«!

Webseite

Unsere Internetseite [URL: softwaretest-knowledge] informiert Sie weiterhin über Aktualisierungen, sei es bezüglich des Lehrplans, des Glossars oder aber ggf. hinsichtlich notwendiger Korrekturen und Ergänzungen zum Buchtext. Auf der Internetseite stehen die Vorworte der bisherigen Auflagen sowie das Geleitwort von Anton Schlatter zur ersten Auflage zur Verfügung.

Danksagung

Mittlerweile sind 20 Jahre seit unseren Arbeiten an der ersten Auflage vergangen, und entsprechend viele Menschen haben uns dankenswerterweise dabei begleitet!

An erster Stelle möchten wir wieder ganz besonders den vielen Leserinnen und Lesern danken, die uns in bester Tradition des Testens Fehler, Unstimmigkeiten und Verbesserungspotenziale des Buches gemeldet haben!

Ein ganz herzliches »Danke sehr!« geht an unsere Lektorinnen Sandra Bollenbacher und Christa Preisendanz, die uns trotz mehrfacher Verschiebung der Manuskriptabgabe immer wieder ermutigt und mit Rat und Tat zur Seite gestanden haben. Weiterhin gilt unser Dank den Mitarbeitern und Mitarbeiterinnen der Herstellung des dpunkt.verlages, die einmal mehr dafür gesorgt haben, dass unsere Ausführungen in optisch und haptisch ansprechender Form zu Ihnen gelangen.

Julia Wolter und Steffen Riechmann von der imbus Rheinland GmbH danken wir herzlich für ihr engagiertes Formatieren, Auflösen von Referenzen, Korrigieren von Rechtschreibfehlern und Aufräumen von Glossar und Literaturliste.

Nicht zuletzt gebührt unseren Lieben ganz großer Dank dafür, dass sie uns wieder einmal Zeit und Raum gegeben haben, eine neue Auflage dieses Buches anzufertigen. Insbesondere für die »most significant others« der nun nur noch zwei »aktiven« Autoren war es ein langer und steiniger Weg, den ihr – wenn auch zuletzt etwas ungern – mit uns gegangen seid.

Wie schon in den früheren Auflagen wünschen wir Ihnen, liebe Leserin und lieber Leser, gutes Gelingen bei der Umsetzung Ihrer Testansätze in der Praxis und – sollte bei Ihnen das Buch die Grundlage für die Vorbereitung der Prüfung zum »Certified Tester Advanced Level Test Management 3.0« sein – viel Erfolg bei der Zertifizierungsprüfung!

Thomas Roßner, *Mario Winter*, *Andreas Spillner* und *Tilo Linz*
Möhrendorf, Wuppertal, Bremen im Dezember 2025

Inhaltsübersicht

Inhaltsverzeichnis

1 Einleitung

Unser Alltag ist wie nie zuvor abhängig von Software und softwarebasierten Systemen. Es gibt kaum noch Geräte, Maschinen oder Anlagen, deren Funktion oder Steuerung nicht über Software bzw. Softwareanteile realisiert wird. Insbesondere die Digitalisierung in Wirtschaft und Verwaltung ist nur durch komplexe IT-Systeme möglich. Die Verwaltung von Versicherungspolicen, die elektronische Gesundheitskarte, biometrische Merkmale in Pass und Personalausweis und das autonome Fahren sind hierfür Beispiele.

Testen von Software ist eigenständige Berufsdisziplin

Diese starke Abhängigkeit von Software erfordert immer höhere Investitionen in alle Bereiche des Software-Engineering (s. [ISO 19759]) und insbesondere auch in qualitätssichernde Maßnahmen, damit die IT-Systeme möglichst zuverlässig ihre Aufgaben erfüllen. Das → **Testen**[1] von Software hat sich vor diesem Hintergrund zu einer spezialisierten, eigenständigen Fachrichtung und Berufsdisziplin der Informatik entwickelt. Dies belegen auch die Ergebnisse der zuletzt 2024 in Deutschland, Österreich und der Schweiz durchgeführten Umfrage zu Entwicklungen und Trends im Bereich Testen und → **Qualitätssicherung** in Unternehmen. Über 55 % der Befragten aus dem Management und den operativ Tätigen halten spezielle Weiterbildungen und Zertifikate im Bereich der Qualitätssicherung für mindestens empfehlenswert, während nur knapp 5 % diese als irrelevant betrachten [URL: Softwaretest-Umfrage].

Testausbildung ab Ende der 1990er-Jahre

Während die Ausbildung zum Projektmanagement seit Langem etabliert war und eine Vielzahl von Studiengängen, Ausbildungsprogrammen und Spezialliteratur existierte (s. bspw. [Kerzner 03], [Johannsen 17], [Kuster 22]), waren die Ausbildungsinhalte zum »Softwaretest« bis Ende der 1990er-Jahre kaum definiert oder gar standardisiert. Angesichts der steigenden Verantwortung, die Testen (und Testmanagement) im Rahmen der IT-Entwicklung übernimmt, war das ein unerfreulicher Zustand.

1. Schlüsselbegriffe des CTFL-Lehrplans sind **halbfett gedruckt**, der Pfeil → kennzeichnet Einträge im Glossar des Buches, s. a. die Erläuterungen auf S. 24.

International Software Testing Qualifications Board (ISTQB®)

Das »International Software Testing Qualifications Board« (ISTQB® [URL: ISTQB]) baut daher seit 1998 das dreistufige »ISTQB® Certified Tester«-Qualifizierungsprogramm auf und sorgt damit weltweit für die Einheitlichkeit und Vergleichbarkeit der Lehr- und Prüfungsinhalte unter allen beteiligten Ländern. In ihm sind mittlerweile nationale Initiativen und Verbände aus über 130 Ländern zusammengeschlossen. Mit Stand 2025 sind über eine Million ISTQB®-Zertifizierungen erteilt worden.

Foundation Level

Die Grundlagen des Softwaretests sind im Lehrplan »ISTQB® Certified Tester Foundation Level 4.0« [CTFL 4.0 23], kurz als »**CTFL**« bezeichnet, beschrieben. Dieser Lehrstoff ist im Buch »Basiswissen Softwaretest« [Spillner 24] ausführlich dargestellt.

Advanced Level

Der »Advanced Level«-Lehrplan [URL: GTB LP] umfasst weiterführende Kenntnisse im Prüfen und Testen von Software und zeigt drei Spezialisierungsmöglichkeiten auf:

- die vertiefte Behandlung von verschiedenen Verfahren zum → Black-Box- und → White-Box-Test in den »Advanced Level«-Modulen »Technical Test Analyst« und »Test Analyst« sowie
- die vertiefte Darstellung von Methoden und Techniken des Testmanagements im Modul »Testmanager«.

Diese Aufteilung entspricht auch der Struktur des Lehrstoffs, wie sie von vielen akkreditierten Weiterbildungsanbietern vorgenommen wird. Das vorliegende Buch behandelt ausschließlich das Modul »Advanced Level – Test Management« **»CTAL-TM« [CTAL-TM 3.0 25]**.

Expert Level

Die dritte Stufe, »Expert Level«, richtet sich an erfahrene, professionelle Softwaretest-Expert:innen und besteht aus einer Reihe von Modulen zu unterschiedlichen Spezialthemen. Seit 2011 sind die Lehrpläne zu den Modulen »Improving the Testing Process – Implementing Improvement and Change« ([CTEL-ITP 11], s.a. [Bath 14]) und »Test Management – Managing Testing, Testers, and Test Stakeholders« [CTEL-TM 11] veröffentlicht (s. [URL: GTB LP]). Beide werden zum Zeitpunkt der Drucklegung dieses Buches überarbeitet.

Specialist-Erweiterungen

Seit Langem werden auch aktuelle Themen oder branchenorientierte Spezialgebiete im »Certified-Tester«-Schema bedarfsorientiert und kurzfristig im Rahmen sogenannter »Specialists« der Foundation- und Advanced-Level-Lehrpläne berücksichtigt. So wurde z.B. 2021 der ISTQB®-Lehrplan »Certified Tester – AI Testing« (CT-AI, [CT-AI 21]) und 2023 der ISTQB®-Lehrplan »Certified Tester – Agile Test Leadership at Scale« (CT-ATLaS, [CT-ATLaS 23]) veröffentlicht.

Nationale Testing Boards

Die nationalen Testing Boards sind in einem oder mehreren Ländern als unabhängige Expertengremien dafür zuständig, Ausbildung (Akkreditierung der Weiterbildungsanbieter) und Prüfungen (Zertifizierung durch eine unabhängige Institution) in den jeweiligen Ländern und Landessprachen zu ermöglichen und die Einhaltung der ISTQB®-Standards zu überwachen.

Innerhalb der Disziplin Softwaretest hat das Thema »Testmanagement« besondere Bedeutung. Testmanagement umfasst klassische und agile Methoden des Projektmanagements und des → **Risikomanagements** sowie das Wissen um den zweckmäßigen Einsatz wohldefinierter → **Testverfahren**. Mit diesem Handwerkszeug ausgerüstet, kann das Testmanagement[2] geeignete Maßnahmen zielgerichtet auswählen und umsetzen, die sicherstellen, dass eine bestimmte Mindestqualität des Produkts erreicht wird. Er verfolgt dabei ein ingenieurmäßiges Vorgehen.

CTAL-TM = ISTQB® CT AL Testmanagement V3.0

Mit dem 2004 erstmals eingeführten Lehrplan »ISTQB® Certified Tester Advanced Level – Test Management« und der im Mai 2024 veröffentlichten Version 3.0 (kurz »**CTAL-TM**«) definiert das international anerkannte Ausbildungsschema »ISTQB® Certified Tester« fortgeschrittene Lehrinhalte zur Qualifizierung für die Position Testmanagement. Das vorliegende Buch »Praxiswissen Softwaretest – Testmanagement« vermittelt diese Lehrinhalte und kann als Lehrbuch bei der Vorbereitung auf die entsprechende Zertifizierung dienen.

CTFL wird vorausgesetzt.

Die drei ISTQB®-Ausbildungsstufen bauen aufeinander auf. Das vorliegende Buch »Praxiswissen Softwaretest – Testmanagement« setzt den Stoff des CTFL voraus. Lesern, die neu in das Thema Softwaretest einsteigen, wird daher empfohlen, sich den Stoff des CTFL anzueignen. Dies kann durch den Besuch eines akkreditierten Seminars erfolgen oder durch das Durcharbeiten des Buches »Basiswissen Softwaretest« [Spillner 24]. Das hier vorliegende Buch bietet im folgenden Abschnitt lediglich knappe Wiederholungen der wichtigsten Grundlagen an.

Glossar-Web-App des ISTQB®

Das offizielle mehrsprachige Glossar zu allen Certified-Tester-Lehrplänen wird ständig aktualisiert in der Glossar-Web-App des ISTQB® bereitgestellt ([URL: ISTQB]).

Fachbegriffe und Schlüsselworte

Die im Anhang Glossar erläuterten Fachbegriffe sind im Text des Buches beim ersten Auftreten mit einem Pfeil → gekennzeichnet. An der sie erklärenden Textstelle sind Schlüsselbegriffe des CTAL-TM-3.0-Lehrplans **vollfett gedruckt** und am Ort ihrer Erläuterung in der Marginalie mit dem Schlüsselsymbol gekennzeichnet. Schlüsselbegriffe des CTFL-Lehrplans sind **halbfett gedruckt**, aber ohne Schlüsselsymbol.

2. Wir verwenden im Buch Begriffe wie z. B. »Testmanagement« oder »Projektmanagement« im Sinne von Positionen, deren Aufgaben von Personen ausgeführt werden (s. Unterkapitel 11.3). Sämtliche Personenbezeichnungen gelten gleichermaßen für alle Geschlechter.

Last, but not least: Zu den vielen Themen sind **Tipps** so wie dieser Absatz durch graue Unterlegung hervorgehoben.

1.1 Basiswissen – komprimiert

Im Folgenden wird der Inhalt des CTFL-Lehrplans und somit auch das Buch »Basiswissen Softwaretest« kurz zusammengefasst.

Maßnahmen zur Verbesserung der Softwarequalität

Es gibt eine Vielzahl von Ansätzen und Vorschlägen, die → Qualität der Software durch vorbeugende (konstruktive) Maßnahmen und den Einsatz von prüfenden (analytischen) Verfahren und Methoden zu verbessern. Zu den wichtigsten Maßnahmen gehören:

- Definierte Softwareentwicklungsprozesse (inkl. agiler Vorgehensweisen), die zu einer strukturierten und nachvollziehbaren Erstellung der Softwaresysteme beitragen.
- Ein wohldefinierter → Testprozess und ein geordnetes Änderungs- und → Fehlermanagement als Voraussetzungen, um die Testarbeiten wirtschaftlich und wirksam durchzuführen.
- Verwendung von → Metriken und Qualitätskennzahlen, die helfen, Softwareprodukte und Entwicklungsprozesse objektiv zu bewerten, Verbesserungspotenziale aufzudecken und die Wirksamkeit von Korrektur- oder Verbesserungsmaßnahmen zu überprüfen.
- Der Einsatz von formalen Methoden, die eine präzise Formulierung der Entwicklungsdokumente und damit deren Überprüfbarkeit bzw. Auswertung durch Werkzeuge ermöglichen.
- Methoden zur systematischen Ermittlung und Durchführung von Testfällen, die für eine effiziente Erkennung von Fehlern und Unstimmigkeiten in den entwickelten Programmen sorgen.
- Methoden zum statischen Test, in erster Linie → Reviews, durch die Fehler und Mängel frühzeitig in den erstellten Entwicklungsdokumenten aufgedeckt werden.

Qualitätsziele und Qualitätsmerkmale

Für das Testmanagement verantwortliche Personen müssen diese Methoden, Techniken und Prozesse beherrschen oder zumindest kennen, um im Projektverlauf die der jeweiligen Situation angemessenen Maßnahmen auswählen und anwenden zu können. Die Eignung von qualitätssichernden Maßnahmen ist aber auch abhängig von den jeweils gesetzten Qualitätszielen. Das geforderte Qualitätsniveau kann dabei anhand verschiedener Qualitätsmerkmale definiert werden. Einen Katalog solcher Qualitätsmerkmale (z. B. Funktionalität, Zuverlässigkeit oder Benutzbarkeit) definiert die Normenfamilie ISO 25000 ([ISO 250nn], s. Unterkapitel 5.5).

Wann liegt ein Defekt oder Fehler vor und was ist unter diesen Begriffen zu verstehen? Eine Situation oder ein Ergebnis kann nur dann als fehlerhaft eingestuft werden, wenn vorab festgelegt wurde, wie die erwartete, korrekte Situation bzw. das erwartete Ergebnis aussieht.

Wird eine → **Anomalie**, also eine Abweichung zwischen dem beobachteten Istverhalten und dem erwarteten Sollverhalten des zu testenden Arbeitsergebnisses, also des → Testobjekts oder eines Testelements (d. h. eines Aspekts bzw. Teils des Testobjekts), festgestellt und bestätigt, liegt ein Fehler vor.

Testorakel

Um Sollwerte bzw. das Sollverhalten zu ermitteln, ist eine → Testbasis bzw. ein sogenanntes Testorakel als Informationsquelle für die zu testenden Aspekte des Testobjekts erforderlich. Anforderungsdokumente, eine formale Spezifikation oder auch das Benutzungshandbuch sind Beispiele für solche Informationsquellen.

Fehlerbegriff

Der Begriff »Fehler« ist unpräzise. Es ist zwischen → Fehlhandlung (*error*), → Fehlerzustand (*fault*) und → Fehlerwirkung (*failure*) zu unterscheiden[3]. Eine Fehlhandlung einer Person führt beispielsweise zu einer fehlerhaften Anweisung in einem Programm, also zu einem Fehlerzustand. Wird dieser bei einer Ausführung des Programms »getroffen«, also die fehlerhafte Anweisung ausgeführt, kann dies zu einer »von außen« sichtbaren Fehlerwirkung führen (s. Abschnitt 10.1). Dies muss aber nicht zwangsläufig so sein, denn oft macht sich eine Fehlerwirkung erst später bemerkbar, wenn sie z. B. zunächst zu einem fehlerhaften Eintrag in der Datenbank führt. Manchmal kommt ein Fehlerzustand auch nur bei nicht alltäglichen Situationen zum Tragen, z. B. wirkt sich eine fehlerhafte Berechnung des Schaltjahrs erst am 29. Februar eines Schaltjahrs aus.

Testbegriff

Ähnlich dem Fehlerbegriff ist auch der Begriff »Testen« mit verschiedenen Bedeutungen belegt. Mit Testen wird oft der gesamte Prozess bezeichnet, ein Programm auf systematische Weise zu prüfen, um Vertrauen in die korrekte Umsetzung der → Anforderungen[4] zu gewinnen und um Fehlerwirkungen nachzuweisen. Es ist auch ein Oberbegriff für alle Tätigkeiten im Testprozess inklusive aller → Teststufen und → Testarten. Ebenso wird jede einzelne Ausführung eines Testobjekts unter spezifizierten Bedingungen zum Zwecke der Überprüfung der Einhaltung der erwarteten Ergebnisse oft einfach als Testen bezeichnet.

3. Nicht alle Autoren unterscheiden zwischen Fehlerzustand (*defect/fault/bug*) und Fehlerwirkung (*failure*). Falls es in der Originalarbeit unklar bleibt, was gemeint ist, wird im Folgenden der Oberbegriff »Fehler« verwendet.
4. Mit Testen kann nicht nachgewiesen werden, dass die Anforderungen zu 100 % erfüllt oder dass keine Fehler(zustände) mehr in der Software sind, da Testen nur stichprobenartige Überprüfungen vornimmt.

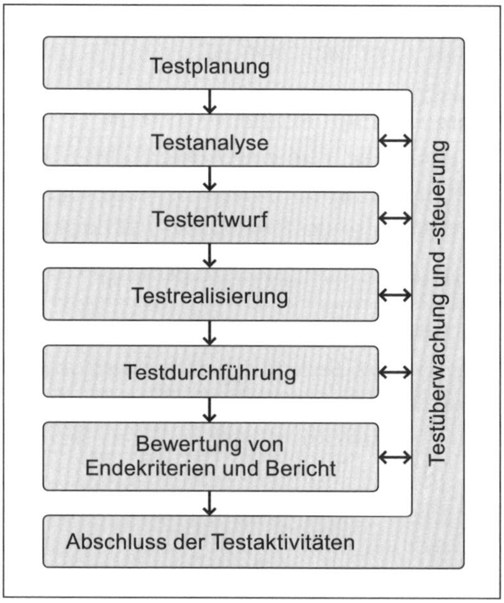

Abb. 1.1
Testprozess

Testprozess

Testen umfasst eine Vielzahl von Einzeltätigkeiten, die inhaltlich zu Aktivitäten zusammengefasst werden. Abbildung 1.1 zeigt den Testprozess aus dem CTFL ([CTFL 4.0 23], s. a. [ISO 29119-2]). Zum Prozess gehören folgende Aktivitäten:

- → Testplanung
- → Testüberwachung und → Teststeuerung
- → Testanalyse
- → Testentwurf
- → Testrealisierung
- → Testdurchführung
- Abschluss der → Testaktivitäten

Zentrale Aktivitätsbereiche für das Testmanagement sind die in Abbildung 1.1 hervorgehobenen Bereiche Testplanung, Testüberwachung und Teststeuerung sowie der Abschluss der Testaktivitäten.

Beim Testen kann das zu testende Arbeitsergebnis (Testobjekt oder Testelement) auf unterschiedlichen Abstraktionsebenen bzw. auf der Basis unterschiedlicher Dokumente und Entwicklungsprodukte betrachtet werden. Die entsprechende Bezeichnung ist Teststufe. Es wird zwischen den folgenden Teststufen unterschieden:

Teststufen

- Der → Komponententest legt den Schwerpunkt auf einzelne Hardware- oder Softwarekomponenten.
- Im → Komponentenintegrationstest wird das Zusammenspiel der Komponenten überprüft.
- Der → Systemtest verifiziert, dass ein System als Ganzes die spezifizierten Anforderungen erfüllt.
- Im → Systemintegrationstest wird das Zusammenspiel des Systems mit den Systemen in seiner Umgebung geprüft.
- Der → Abnahmetest bestimmt, ob ein System abgenommen werden kann.

Jede Teststufe zeichnet sich durch charakteristische → Testziele, Testverfahren und → Testwerkzeuge aus (s. Abschnitt 3.5.1 und [Spillner 24], Unterkapitel 3.4).

Testarten

Daneben werden Testarten unterschieden, die sich wie folgt abgrenzen lassen (s. [Spillner 24], Unterkapitel 3.5):

- → **Funktionaler Test** (s. Abschnitt 3.6.2)
- → **Nicht-Funktionaler Test** (s. Abschnitt 3.6.3)
- → Black-Box-Test auf der Grundlage einer Analyse der Spezifikation der Komponente oder des Systems
- → White-Box-Test, der auf der Analyse der internen Struktur einer Komponente oder eines Systems basiert.

Statische und dynamische Prüfung

Beim Testen kann unterschieden werden, ob das Testobjekt zur Prüfung auf dem Rechner ausgeführt wird oder ob »nur« der zugehörige Programmtext, die zugrunde liegende Spezifikation oder Dokumentation geprüft wird. Im ersten Fall handelt es sich um sogenannte dynamische Tests mit den Vertretern wie z. B. Black-Box-Test, White-Box-Test sowie → erfahrungsbasierter Test (s. [Spillner 24], Unterkapitel 5.1 bis 5.3), im zweiten Fall um → statische Tests, vertreten u. a. durch verschiedene Reviewarten und werkzeuggestützte → statische Analysen. Letztere ermöglichen, Fehlerzustände zeitnah zu ihrer Entdeckung zu beheben und verhindern damit unnötige und kostspielige Mehrarbeit in darauf aufbauenden Entwicklungsaktivitäten (s. [Fagan 76], [CTFL 4.0 23], [Rösler 13], [Spillner 24], Kap. 4).

Unabhängigkeit zwischen Test und Entwicklung

Unabhängig davon, welche Methoden zum Testen eingesetzt werden, sollen Entwicklung/Programmierung und Test organisatorisch möglichst getrennt bzw. unabhängig voneinander ablaufen. Denn ein Entwickler, der sein eigenes Programm testet, ist »blind« gegenüber eigenen Fehlhandlungen. Wer weist sich schon gerne seine eigenen Fehler nach?

Testwerkzeuge

Für das Testen von Software gibt es eine Vielzahl unterstützender Werkzeuge. Je nach Einsatzzweck werden verschiedene Werkzeugklassen unterschieden: u. a. Werkzeuge für Management und Steuerung von Tests, Werkzeuge zur Testspezifikation, zum statischen und dynamischen Test und für nicht-funktionale Tests (s. [Spillner 24], Kap. 7).

Testmanagement

Im »Foundation Level« werden auch schon einige grundlegenden Aspekte des Testmanagements behandelt. Neben Testplanung, Teststeuerung und Abschluss der Testaktivitäten gehören hierzu auch die Themen Fehler-, Änderungs- und → Konfigurationsmanagement (s. [Spillner 24], Kap. 6). Das vorliegende Buch vertieft die Aufgaben des Testmanagements.

1.2 Praxiswissen Testmanagement – Übersicht

Die Themen des Buches und die Inhalte der einzelnen Kapitel sind im Folgenden kurz zunächst nach dem geschäftlichen Nutzen und dann nach einer typischen Handlungskette im Testmanagement beschrieben.

1.2.1 Praxiswissen – Kapitelübersicht nach geschäftlichem Nutzen

Zitiert sind jeweils die im CTAL-TM angegebenen Punkte zum geschäftlichen Nutzen des Testmanagements:

CTAL-TM-zertifiziertes Personal kann ...

... Tests in verschiedenen Softwareentwicklungsprojekten durch Anwendung von Testmanagementprozessen managen, die für das Projektteam oder die Testorganisation festgelegt wurden.

- In Kapitel 2 wird der grundlegende Testprozess erörtert. Die wesentlichen Aktivitäten des Testmanagements im Testprozess werden ausführlich beschrieben. Das Kapitel geht insbesondere näher auf die Testplanung ein, eine wichtige, wenn nicht sogar die wichtigste Aufgabe des Testmanagements. Die Planung muss während des Projekts angepasst werden.

... Stakeholder und Softwareentwicklungslebenszyklus-Modelle identifizieren, die in einem bestimmten Kontext relevant sind.

- Wie das Testen in Verbindung zum Kontext des Projekts und zum Softwarelebenszyklus steht, wird in Kapitel 3 dargestellt. Die verschiedenen Stakeholder des Testens sowie unterschiedliche Vorgehensmodelle der Softwareentwicklung werden diskutiert und die jeweilige Bedeutung des Testens im Modell bewertet.
- Reviews zur Qualitätssicherung von Dokumenten werden in vielen Unternehmen mit sehr gutem Erfolg angewendet. Vor- und Nachteile sowie das Management der unterschiedlichen Vorgehensweisen werden in Kapitel 14 skizziert.

… eine Risikoidentifizierung und Risikobewertung innerhalb eines Softwareentwicklungslebenszyklus organisieren und die Ergebnisse nutzen, um das Testen so zu steuern, dass die Testziele erreicht werden.

- Identifikation und Analyse der Risiken sowie → risikobasierte Tests sind für das Testmanagement wichtige Instrumente zur Verteilung der beschränkten Testkapazitäten und dienen zur risikomindernden Steuerung des → Testprojekts. In Kapitel 4 sind entsprechende Hinweise zum Vorgehen sowie zu entsprechenden Methoden und Techniken zu finden.

… eine Teststrategie für das Projekt im Einklang mit der organisationsweiten Teststrategie und dem Projektkontext definieren.

- Die Projektteststrategie stellt das wichtigste Ergebnis der Testplanung für ein Projekt dar und wird in der Regel in einem → Testkonzept oder als Teil anderer Dokumente beschrieben. Dies erläutert Kapitel 5.

… Testprozessverbesserungsaktivitäten in Projekten oder Softwareentwicklungsprodukt-Streams leiten und zu organisatorischen Initiativen der Testprozessverbesserung beitragen.

- Auch der Entwicklungs- und Testprozess selbst kann und soll regelmäßig bewertet und verbessert werden. Welche Verfahren und Vorgehensweisen dazu anzuwenden sind, wird in Kapitel 6 ausführlich beschrieben.

… die Testaktivitäten einschließlich der erforderlichen Testinfrastruktur planen und den für das Testen erforderlichen Aufwand schätzen.

- Mit entsprechender Werkzeugunterstützung lässt sich der Testprozess meist effizienter durchführen. Welche Werkzeugtypen generell sinnvoll im Testprozess eingesetzt werden können, welche Metriken sie liefern können und wie das Testmanagement passende Werkzeuge auswählt und einführt, wird in Kapitel 7 beschrieben.
- Kapitel 9 erläutert das grundlegende Vorgehen sowie einige Techniken zur Aufwandsschätzung, die die zielgenaue Zeit- und Ressourcenplanung unterstützen.

… Tests zur Erreichung der Projektziele kontinuierlich überwachen und steuern.

- → Testmetriken erlauben quantitative Aussagen bezüglich der Produktqualität, des aktuellen Projektstands und der Reife des Entwicklungs- und Testprozesses und helfen, Kriterien für die Beendigung des Testens festzulegen. Maßtheoretische Grundlagen und konkrete Beispiele hierfür werden in Kapitel 8 gegeben.

... den Testfortschritt bewerten und an die Projektbeteiligten berichten.

- Die Steuerung des Testprozesses auf Grundlage der Messwerte in den Berichten über den → Testfortschritt ist für das Testmanagement eine entscheidende Maßnahme, um den Testprozess erfolgreich durchführen zu können. Abschnitt 8.5.3 geht auf diesen Aspekt ein.
- Wie ist mit den beim Testen gefundenen Abweichungen und Fehlerwirkungen umzugehen? Antworten hierzu gibt Kapitel 10.

... die notwendigen Kompetenzen identifizieren und diese Kompetenzen im Team entwickeln.

- Ohne Personen mit den erforderlichen Fähigkeiten und Qualifikationen – ohne Berücksichtigung des »Faktors Mensch« – kann das Testmanagement die Testaufgaben nicht erfolgreich durchführen. In Kapitel 11 wird beschrieben, was zur Entwicklung der Kompetenzen der Mitglieder des Testteams und bei der Zusammenstellung des Testteams zu berücksichtigen ist.
- Die Leitung und Einbindung des Testteams in die Aufbauorganisation des Unternehmens – von einzelnen Testern im Projekt bis hin zum verteilten Testen – sowie die damit verknüpften Koordinations- und Kommunikationsaufgaben sind Gegenstand von Unterkapitel 11.6.

... einen Business Case für das Testen in verschiedenen Kontexten erstellen und präsentieren, der die Kosten und den erwarteten Nutzen darlegt.

- Da Testen bei vielen Stakeholdern nur mit Kosten assoziiert wird, zeigt Kapitel 12 den Mehrwert des Testens auf, der aus dem investierten Testaufwand gezogen werden kann.
- Dokumente sind ein zentraler Bestandteil zur Kommunikation der Ergebnisse des Testprozesses. Planung und Status der Tests werden in zentralen Dokumenten festgehalten und aktualisiert. Kapitel 13 gibt einen Überblick über Arten und Zusammenhänge der wichtigsten Testdokumente und erläutert die für das Testmanagement relevanten Dokumente im Detail.

Selbstverständlich muss das Buch nicht in dieser linearen Reihenfolge gelesen werden, sondern kann auch punktuell als Nachschlagewerk oder anhand der Querverweise als Hypertext »explorativ« verwendet werden.

1.2.2 Kapitelübersicht nach Leitfragen

Eine weitere Reihenfolge, in der die Kapitel gelesen werden können, ergibt sich aus der folgenden oft in der Praxis des Testmanagements zu beobachtenden und auf Leitfragen basierenden Handlungskette:

- *Worum geht es im Kern?* Um den Testprozess (Kapitel 2).
- *Wie sehen die Randbedingungen dazu aus?* Der Kontext des Testmanagements (Kapitel 3).
- *Wie werbe ich Testbudget ein?* (Eine sehr oft gestellte Frage, mit der das Testmanagement konfrontiert wird!) Der Mehrwert des Testens muss den Stakeholdern klar werden (Kapitel 12).
- *Wie organisiere ich das Testen?* Mit zum jeweiligen Softwareentwicklungsmodell passenden Aktivitäten des Testmanagements (Unterkapitel 3.3 und 3.4) und der passenden Teststrategie (Kapitel 5).
- *... und welche Leute brauche ich dazu?* Kompetenzen und Teamzusammensetzung (Kapitel 11).
- *.... und wie aufwendig wird das Testen dann wahrscheinlich?* Testschätzung (Kapitel 9).
- *Welche Gedanken muss ich mir zur Dokumentation machen, bevor es mit dem Testen losgeht?* Testdokumentation (Kapitel 13).
- *... und wie können die Arbeitsergebnisse geprüft werden?* Reviews, → Audits, Assessments (Kapitel 14).
- *Wann soll das Testen am besten beginnen?* So früh wie möglich, am besten zu Projektbeginn und natürlich risikobasiert (Kapitel 4) ...
- *... und mit welchen anderen Testansätzen?* Das wird in der Teststrategie des Projekts festgelegt, ggf. basierend auf der organisationsweiten Teststrategie (Kapitel 5) ...
- *... und wie gehen wir dann mit den gefundenen Fehlern um?* Mit Fehlermanagement (Kapitel 10).
- *... und wie weiß ich, wie das Testprojekt vorankommt?* Testmetriken definieren und anwenden (Kapitel 8).
- *Wie kann ich den Testprozess nachhaltig verbessern?* Bewertung und Verbesserung des Testprozesses (Kapitel 6).
- *... und wie sieht es mit Werkzeugen aus?* Werkzeuge zur Unterstützung des Testprozesses (Kapitel 7).
- *Wie steht es um die Zukunft des Testmanagements und des Testens?* Ausblick (Kapitel 15)

1.2.3 Drei Beispielszenarien

Szenarien zu agil, sequenziell und hybrid

Zur Veranschaulichung des Testmanagements im Kontext der drei verschiedenen im CTAL-TM behandelten Ansätze zur Softwareentwicklung (agil, sequenziell/phasenweise, hybrid) beginnt Kapitel 3 mit der Beschreibung von den folgenden drei Szenarien, auf deren Grundlage dann zahlreiche konkrete Beispiele die Inhalte des Buches verdeutlichen:

Agil: TestMaster

- **TestMaster** beschreibt die agile Entwicklung eines umfassenden Testmanagementsystems, das die Planung, Steuerung und Auswertung von Testaktivitäten in komplexen Softwareprojekten unterstützt. Für eine detaillierte Projektskizze s. Abschnitt 3.1.1.

Hybrid: DiaFlow

- **DiaFlow** ist ein medizinisches System für die Dialyse, bei der sowohl agiles Testen und kontinuierliche Integration als auch reglementierte Testverfahren die Qualität in einer hybriden Entwicklung sicherstellen. Die detaillierte Projektskizze steht in Abschnitt 3.1.2.

Sequenziell: AutoSafe

- **AutoSafe** beschreibt die sequenzielle Entwicklung eines sicherheitskritischen eingebetteten Systems zur Notfall-Bremsunterstützung im Automotive-Bereich, das durch risikobasiertes Testen und normgerechte Verifikation abgesichert werden muss. Die detaillierte Projektskizze findet sich in Abschnitt 3.1.3.

Die Beispiele zu den Szenarien sind an den Marginal-Icons oben (agil), in der Mitte (hybrid) und unten (sequenziell) leicht zu erkennen.

Teil 1

Management der Testaktivitäten

Dieser Teil beschreibt die wesentlichen Aktivitäten und Arbeitsergebnisse des Testmanagements aus Sicht des Testprozesses. Er umfasst die folgenden sechs Kapitel, deren Lernziele jeweils zu Kapitelbeginn aufgeführt werden:

- *In **Kapitel 2 »Der Testprozess«** lernen Sie, die Aktivitäten des Testmanagements zu erklären (Testplanung, Testüberwachung, Teststeuerung und Testabschluss).*
- *In **Kapitel 3 »Der Kontext des Testens«** lernen Sie, Stakeholder zu analysieren und Projekte in verschiedenen Kontexten zu managen (agile, sequenzielle und hybride Softwareentwicklungsmodelle).*
- *In **Kapitel 4 »Risikobasiertes Testen«** lernen Sie, risikobasierte Tests anzuwenden, um das Testen auf die identifizierten Risiken zu konzentrieren.*
- *In **Kapitel 5 »Die Teststrategie des Projekts«** lernen Sie, eine für das Projekt passende Teststrategie zu definieren, einschließlich der Testziele und der Auswahl des richtigen Testansatzes in Übereinstimmung mit der organisationsweiten Teststrategie und dem Projektkontext.*
- *In **Kapitel 6 »Verbesserung des Testprozesses«** lernen Sie, die Aktivitäten der Testprozessverbesserung zu leiten, indem Sie z. B. eine Retrospektive für ein Projekt oder eine Iteration durchführen.*
- *In **Kapitel 7 »Testwerkzeuge«** lernen Sie, die Werkzeugunterstützung für das Testen zu verbessern, indem Sie die Risiken, Kosten und Vorteile der Werkzeugunterstützung berücksichtigen.*

2 Der Testprozess

Für das Testmanagement wichtige Aktivitäten des Testprozesses sind die Testplanung, die Testüberwachung und Teststeuerung sowie der Testabschluss.

Die Testplanung umfasst u. a. die Definition der Testziele, des Testansatzes, des Testumfangs, der Testressourcen, des Testzeitplans, der Testliefergegenstände und der Test-Stakeholder.

Die Testüberwachung und Teststeuerung umfassen u. a. das Verfolgen des Testfortschritts, der Testergebnisse und der Testabweichungen sowie ggf. das Ergreifen von Korrekturmaßnahmen. Hierzu gehört auch, den Teststatus und die Testergebnisse den relevanten Stakeholdern zu berichten.

Der Testabschluss beinhaltet die Fertigstellung und Archivierung der Testartefakte sowie die Bewertung des Testprozesses und der Arbeitsergebnisse des Testens. Hierbei werden in der Regel auch Maßnahmen zur Testprozessverbesserung identifiziert. Auch hier ist es wichtig, den Testabschluss an die relevanten Stakeholder zu kommunizieren.

Mit den Inhalten dieses Kapitels können Sie für die Prüfung zum ISTQB© Certified Tester Advanced Level Test Management …

- *TM-1.1.1 (K2) … die Aktivitäten der Testplanung zusammenfassen.*
- *TM-1.1.2 (K2) … die Aktivitäten der Testüberwachung und Teststeuerung zusammenfassen.*
- *TM-1.1.3 (K2) … die Aktivitäten des Testabschlusses zusammenfassen.*

2.1 Einleitung

Der im CTFL beschriebene Testprozess umfasst die Aktivitäten Testplanung, Testüberwachung und Teststeuerung, Testanalyse, Testentwurf, Testrealisierung, Testdurchführung und → Testabschluss (s. Abb. 1.1). Diese Aktivitäten werden oft iterativ oder parallel durchgeführt, je nach verwendetem Modell des Softwareentwicklungslebenszyklus (SDLC, s. Abschnitt 3.4.1) und Projektkontext. Die SDLC-Modelle und auch der Testprozess werden oft noch zugeschnitten, denn in der Regel ist es notwendig, die Aktivitäten auf das Produkt und den Projektkontext abzustimmen.

Drei Managementaktivitäten im Testprozess

In den folgenden Abschnitten werden die für das Testmanagement zentralen drei Aktivitäten des Testprozesses erläutert:

- Die Testplanung (Unterkapitel 2.2) mit der Definition der Testziele, des → Testansatzes, der Teststrategie, des Testumfangs, der Testressourcen, des Testzeitplans, der Testliefergegenstände und der Testteilnehmer (Test-Stakeholder). Ergebnis ist das Testkonzept.
- Die Testüberwachung und Teststeuerung (Unterkapitel 2.3), die den Testfortschritt und die → Testergebnisse verfolgt und nötigenfalls Korrekturmaßnahmen einleitet sowie regelmäßig den Teststatus und die Ergebnisse und die daraus resultierenden Erkenntnisse über das Projekt und das Produkt an die relevanten Stakeholder berichtet.
- Der Testabschluss (Unterkapitel 2.4), bei dem die Testartefakte fertiggestellt und archiviert werden und eine Bewertung des Testprozesses und der Ergebnisse des Tests stattfindet, um Maßnahmen zur → Testprozessverbesserung zu identifizieren sowie den Testabschluss an die relevanten Stakeholder zu kommunizieren.

ISO 29119-2 definiert Testmanagementprozesse.

Auch die Testmanagementprozesse der Softwaretest-Norm ISO/IEC/IEEE 29119-2 decken diese Aktivitäten des Testmanagements ab [ISO 29119-2]. Zu beachten ist hierbei, dass die Testmanagementprozesse für die unterschiedlichen Ebenen des Testens definiert und angewandt werden, z. B. auf Projekt-, Programm- oder Portfolioebene. Für jede dieser Ebenen kann ein eigenes Testkonzept erstellt werden, das dann mit dem Testkonzept der jeweils höheren Ebene abzustimmen ist.

2.2 Aktivitäten zur Testplanung

Festlegungen im Testkonzept dokumentieren

Die **Testplanung** ist die Aktivität des Testprozesses, in der das Testkonzept als zentrale Arbeitsbasis des Tests erstellt und fortgeschrieben wird. Geplant werden je nach Kontext Tests für verschiedene Umfänge, wie z. B. das gesamte Projekt, eine Teststufe, eine Testart oder ein

→ Release / eine Iteration / einen Sprint in agilen SDLCs. Je nach Umfang kann die Testplanung an verschiedenen Punkten im Entwicklungsprozess beginnen und enden. Ziel der Testplanung ist, die Aktivitäten und Ressourcen zu ermitteln, die erforderlich sind, um die in der → Testrichtlinie festgelegten Testziele zu erreichen.

Testplanung beginnt so früh wie möglich!

Die Planung einer so umfangreichen Aufgabe wie das Testen soll so früh wie möglich beginnen, am besten gleich zu Anfang des Softwareentwicklungsprojekts. Aufgaben und Zielsetzung der Tests sowie Testansatz und -umfang müssen ebenso festgelegt werden wie die benötigten Ressourcen. Dazu gehören die erforderlichen Personen zur Durchführung der Aufgaben, der zu veranschlagende Aufwand, der Testzeitplan sowie die Testliefergegenstände und die notwendigen Hilfsmittel und Werkzeuge.

Die entsprechenden Festlegungen sind zur Koordination der Testaktivitäten im **Testkonzept** (*test plan*) zu dokumentieren und fortzuschreiben (s. Abb. 2.1). Eine Organisationsstruktur mit dem entsprechenden Testmanagement soll vorhanden sein und ist ggf. anzupassen.

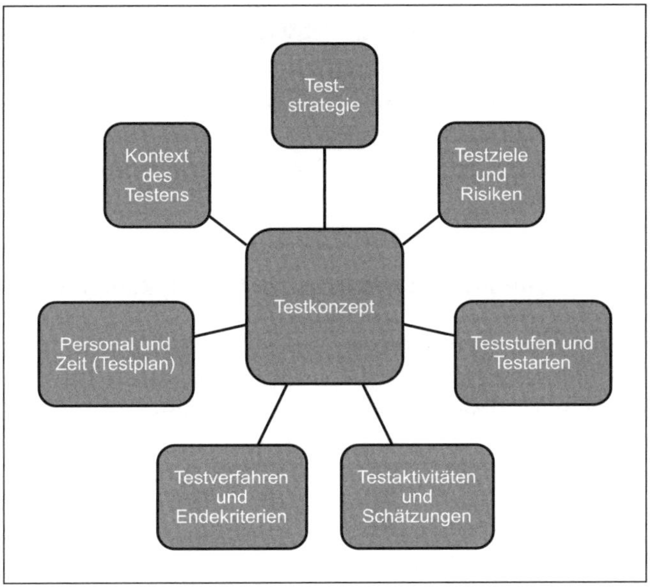

Abb. 2.1
Aspekte des Testkonzepts

2.2.1 Verständnis des Kontexts und der Organisation

Organisationskontext

Für die Testplanung ist es entscheidend, den Kontext der Organisation wie die Testrichtlinie und organisationsweite Teststrategie (Unterkapitel 5.2) sowie die Test-Stakeholder (Unterkapitel 3.2) zu kennen und zu verstehen. Dazu gehören auch alle Aktivitäten, die für die Gestaltung und Entwicklung des Testkonzepts inklusive der Genehmigung der geplanten Testaktivitäten und des Zeitplans durch die Stakeholder (z. B.

Product Owner, Projektmanagement oder Leitung des Entwicklungsteams) benötigt werden.

Projektkontext

Im Projektkontext sind die Kenntnis der Merkmale des zu entwickelnden Produkts sowie des verwendeten Modells des Softwareentwicklungslebenszyklus (Unterkapitel 3.4) wichtig. Diese Kenntnisse helfen vor allem den Testumfang und die Testelemente zu verstehen.

2.2.2 Identifizierung und Analyse von Produktrisiken

Die → **Risikoanalyse** umfasst die Identifizierung und Bewertung von Produktrisiken im Rahmen der Testplanung. Kapitel 4 gibt hierzu entsprechende Definitionen und Verfahren sowie zahlreiche Beispiele für Produkt- bzw. Qualitätsrisiken.

Stakeholder einbeziehen!

Wichtig für die → **Risikoidentifizierung** ist es, Stakeholder aus möglichst allen Bereichen einzubeziehen und ihr wirkliches Engagement zu fordern und zu fördern. Ebenso bestimmt der Projekt- und Produktkontext die auszuwählenden Verfahren zur Identifizierung und Analyse von Produktrisiken (s. Unterkapitel 4.2).

Bei der → **Risikobewertung** werden die Risiken begutachtet und quantitativ oder zumindest qualitativ einer → **Risikostufe** zugeteilt. Diese ergibt sich grundsätzlich aus dem möglichen → Schadensausmaß und der → **Eintrittswahrscheinlichkeit** des → Risikos. Auch bei der Risikobewertung sollen wieder Stakeholder aus allen Bereichen mitwirken (s. Unterkapitel 4.3).

2.2.3 Identifizierung von Ansätzen zur Risikobehandlung

Auf der Grundlage der Risikoanalyse werden die geeigneten Ansätze zur Risikobehandlung ausgewählt und im Testkonzept dokumentiert. Diese können vorbeugende, korrigierende oder minimierende Maßnahmen zur Bewältigung der identifizierten Risiken umfassen (s. Unterkapitel 4.4).

2.2.4 Definition von Testansatz und Teststrategie

Auf der Grundlage der organisationsweiten Teststrategie, ggf. anzuwendender regulatorischer Standards, der durch das Projekt gegebenen Einschränkungen und der Ansätze zur Risikobehandlung werden der Testansatz und die Teststrategie für das Testprojekt definiert (s. Unterkapitel 5.3 und 5.4).

Heutzutage gehören risikobasierte Testansätze zum grundlegenden Instrumentarium des Testmanagements (Kapitel 4, s. a. [ISO 29119], [ISO 90003]). Je nach Projektkontext und Produktvorgaben können ergänzend oder sogar alternativ weitere Ansätze zur Verfahrensauswahl, → Priorisierung und Aufwandszuteilung der Tests herangezogen werden (s. Unterkapitel 4.5 und 4.6).

2.2.5 Schätzung und Zuweisung der Testressourcen

Bei der Festlegung des Testansatzes ist es wichtig, die erforderlichen Testressourcen wie Testpersonal, Testwerkzeuge, Testumgebungen und → Testdaten abzuschätzen und diese Ressourcen den Testaktivitäten zuzuweisen (Kapitel 9).

(Master-)Testplan

Zunächst wird ein grober Plan aller Testaktivitäten auf Meilensteinebene für alle Teststufen und Testarten angelegt, der sogenannte (Master-) → Testplan. Die → Meilensteine umfassen geplante Fertigstellungstermine für Dokumente bzw. Arbeitsergebnisse, Zieltermine für (Teil-)Freigaben der Testobjekte und ggf. deren Übergabetermine von der Entwicklung an den Test.

Vom Meilensteinplan (Ziel) wird der Stufentestplan abgeleitet.

Ausgehend vom Mastertestplan wird dann durch Hinzunahme der Ergebnisse der Aufwandsabschätzung für jede Teststufe eine erste Version des ressourcenbezogenen Zeit- und Aktivitätenplans als Stufentestplan ausgearbeitet (s. a. Unterkapitel 3.5). Die Ergebnisse dieser Planung müssen wiederum so früh wie möglich in den Gesamtplan des Projektmanagements Eingang finden.

In agilen Projekten erfolgt dies oft in der Release- und Sprint-Planung, z. B. beim Example-Mapping, beim gemeinsamen Schreiben von User Stories und bei der Verfeinerung (Refinement) des Backlogs.

Abstimmung zwischen Entwicklungs- und Testplan

Wichtig ist auch die regelmäßige Abstimmung zwischen Entwicklungsplan bzw. Backlog und Testplan: Das Testmanagement muss über Plan- und Isttermine der Entwicklung sowie Inhalte der Lieferstände informiert werden und auf diese in der detaillierten Testplanung reagieren. Die Entwicklung wiederum muss auf Testergebnisse reagieren und ggf. Meilensteine verschieben, z. B. wenn zusätzliche Korrekturzyklen vorgesehen werden müssen. Entwicklungsplan und (Stufen-)Testplan sollen unter Einbindung des jeweiligen Gegenparts regelmäßig korrigiert, detailliert und reviewt werden.

Beispielsweise kann die Planungsinformation aus dem Test genutzt werden, um die Lieferreihenfolge von Komponenten des zu testenden Systems optimal auf die geplante Strategie beim → Integrationstest dieser Komponenten abzustimmen. Auf diese Weise wird der Testplan zu einem effektiven Kommunikationsmittel.

2.2.6 Vorteile frühzeitiger Testplanung

»Moment of involvement«

Die Testplanung kann – und muss – sehr früh beginnen, und zwar am besten bei Projektbeginn. Die Ausgestaltung des Testkonzepts und des Testplans erfolgt dann parallel zu den frühen Phasen der Softwareentwicklung, d. h. der Anforderungsdefinition und dem funktionalen Systementwurf, auch wenn zu diesem Zeitpunkt noch nicht alle Informationen vorliegen, die zum Abschluss der Planung erforderlich sind. Sowohl moderne Entwicklungs- und Testvorgehensmodelle wie das W-Modell (s. Abschnitt 3.4.5) als auch anerkannte Prozessverbesserungsmodelle wie TPI® Next (s. Abschnitt 6.3.2) betonen die Wichtigkeit dieses frühzeitigen »moment of involvement«[1].

Zeitgewinn

Da der Test in der Regel mehrere Testzyklen und damit auch Planungsphasen umfasst, kann die erste Testgrobplanung stufenweise ergänzt und konkretisiert werden. Basierend auf den bereits stabilen Teilplandaten kann dazu mit Aktivitäten wie der Erstellung der Testspezifikation, dem Einrichten der Testumgebung und sogar der teilweisen Automatisierung von Tests begonnen werden. Das Testteam gewinnt Zeit und kann idealerweise bereits bei Vorliegen der ersten Testobjekte mit der Testdurchführung beginnen. Das Testen befindet sich damit wesentlich kürzer auf dem kritischen Pfad des Gesamtvorhabens.

Frühere Fehlerfindung

Außerdem werden oftmals grundlegende Fehler in den Testobjekten nicht erst bei der Durchführung, sondern bereits während der Testanalyse und des Testentwurfs entdeckt. Die Behebungskosten für solche Fehler sind umso niedriger, je früher dies geschieht.

Risikosenkung

Die frühzeitige Planung hilft, Projektrisiken zu senken:

- Das Testkonzept kann frühzeitig durch Reviews anderer Projektbeteiligter geprüft werden. Potenzielle Inkonsistenzen, vergessene Themen etc. werden so schneller adressiert.
- Für den Test notwendige Beistellungen oder Mitwirkungsleistungen werden rechtzeitig kommuniziert.

Rechtzeitiges Signalisieren von Ressourcenbedarf

- Nicht zuletzt erleichtert ein rechtzeitig vorliegender Testplan die Beschaffung der notwendigen Ressourcen, insbesondere wenn der Bedarf höher ausfällt, als bei Projektbeginn abzusehen war.

Abbildung 2.2 zeigt den Ablauf, die Eingangsinformationen und das Ergebnis der Aktivität[2] Testplanung.

---

1. Begriff aus TPI Next® [van Ewijk 11].
2. Angelehnt an das UML-Aktivitätsdiagramm. Abgerundete Kästen entsprechen Aktionen, gestrichelt umrandete Kästen stellen Daten bzw. Informationen dar. Durchgezogene Pfeile zeigen den Ablauf, gestrichelte Pfeile den Daten- bzw. Informationsfluss.

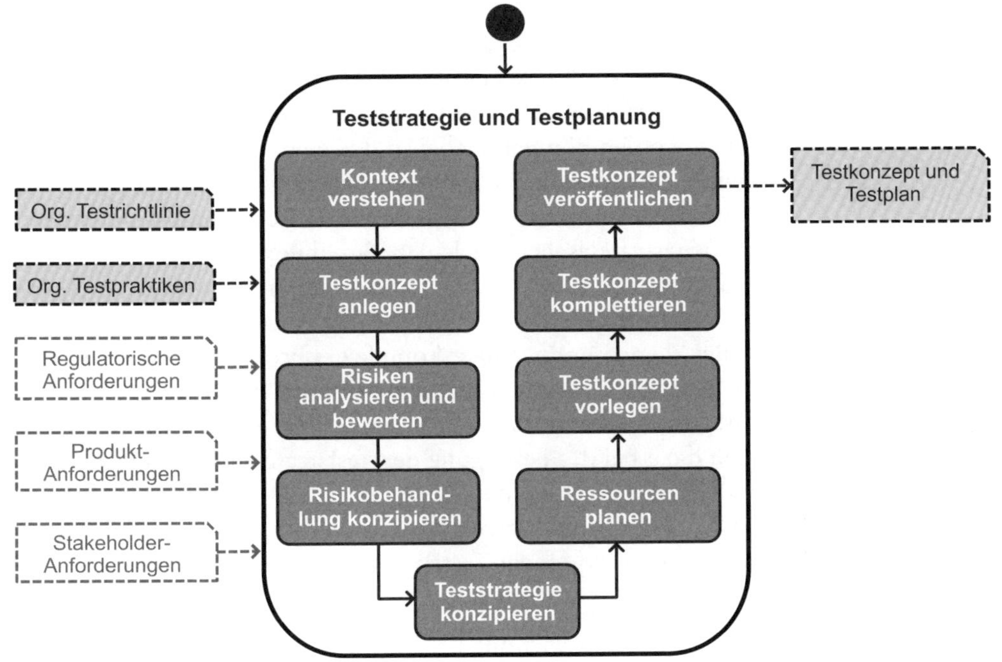

Angelehnt an das UML-Aktivitätsdiagramm. Abgerundete Kästen sind Aktionen, dickumrandete, ausgefüllte sind Daten/Informationen. Durchgezogene Pfeile sind der Ablauf, gestrichelte der Daten- bzw. Informationsfluss.

Abb. 2.2 *Aktivitäten der Testplanung*

Die (einfache!) Darstellung der (Test-)Prozesse als UML-Aktivitätsdiagramme wie in Abbildung 2.2 (oder als BPMN-Diagramm, s. z. B. [Freund 19]) erleichtert die Kommunikation und Diskussion der Vorgehensweisen und ermöglicht einfache Konsistenz- und Vollständigkeitsprüfungen.

2.3 Aktivitäten zur Testüberwachung und -steuerung

Neben der Planung des Tests gehört die Überwachung des **Testfortschritts** und – falls der Fortschritt des Testens nicht der → Baseline[3] entspricht – die Einleitung entsprechender Maßnahmen zur Teststeuerung zu den primären Aufgaben des Testmanagements.

3. Eine Projekt-Baseline beziffert als Erweiterung des Meilensteinplans neben Zeitpunkt und Umfang der Leistungen auch deren geplante Kosten.

2.3.1 Vorbereiten der Testüberwachung- und Steuerung

Für die Testüberwachung und Teststeuerung ist ein Testplanungs- und Überwachungsrahmen vorzubereiten, mit dessen Hilfe die Arbeitsergebnisse und Ressourcen verfolgt und mit den Vorgaben des Plans verglichen werden können. Dabei sind Zielvorgaben und mögliche Maßnahmen ebenso zu berücksichtigen wie Mittel, mit denen der aktuelle Status der Testarbeitsergebnisse sowie die Testaktivitäten mit dem Plan und den strategischen Zielen in Beziehung gesetzt werden können. Operationalisiert wird dieser Rahmen dann mit geeigneten Testmetriken (s. Kapitel 8).

Bei kleinen und weniger komplexen Projekten kann es relativ einfach sein, die Testergebnisse und -aktivitäten mit dem Plan und den strategischen Zielen in Verbindung zu bringen, aber im Allgemeinen sollen dazu bei der Festlegung der Teststrategie des Projekts detailliertere Ziele definiert werden. Dies kann die Definition von Maßnahmen und Zielvorgaben umfassen, die erforderlich sind, um die Testziele und die → Überdeckung der Testbasis zu erreichen (s. Unterkapitel 5.5).

2.3.2 Testüberwachung

Die **Testüberwachung** ist die Aktivität, die den Status von Testaktivitäten überprüft, alle Abweichungen vom Testplan oder der Erwartung identifiziert und den Status an die Stakeholder meldet. Sie umfasst das Sammeln und Aufzeichnen von Testergebnissen, das Erkennen von Abweichungen vom Testplan, das Erkennen und Analysieren neuer Risiken, die eine Anpassung des Testens erfordern, und das Überwachen von Änderungen bei identifizierten Risiken.

Überwachung frühzeitig einsetzen

Die Überwachung des Testfortschritts muss einsetzen, sobald die erste grobe Version des Testplans vorliegt. Dabei geht es nicht nur um die Überwachung der Testdurchführung, sondern auch alle den Test vorbereitenden Aufgaben müssen überwacht werden. Beispielsweise ist sicherzustellen, dass die Testfälle rechtzeitig spezifiziert werden (auch solche, die erst später, z. B. für die nächste Version des Testobjekts, eingeplant sind) und das Testkonzept sowie der Testplan die vom Risikomanagement identifizierten Produktrisiken adäquat abdeckt. Für Tests, die später automatisiert ablaufen sollen, muss rechtzeitig eine → Testautomatisierung aufgebaut werden. Und nicht zuletzt ist sicherzustellen, dass die Testobjekte an den Test übergeben und in der Testumgebung installiert werden.

Beispiel: Testfortschritt gegenüber Testplanung

Es genügt nicht, nur auf die Testdurchführung zu achten, denn Verzögerungen bei der Testspezifikation oder der Testautomatisierung führen unweigerlich zu Verzögerungen in späteren Testphasen. Zu beantworten sind also Fragen hinsichtlich dreier Aufgabenkategorien:

- Wie viele der im Plan vorgesehenen Testfälle sind bereits spezifiziert? Welche und wie viele Risiken sind durch Testfälle adressiert? Gibt es Risiken, die der Test (noch) nicht adressiert? Wie viele und welche Testfälle müssen noch spezifiziert werden? Wie lange wird das voraussichtlich dauern? Können die Arbeiten rechtzeitig abgeschlossen werden?
- Welche Tests sind bereits automatisiert? Passt diese Automatisierung noch zur aktuellen Version des Testobjekts oder muss die Automatisierung angepasst werden? Welche weiteren fertig spezifizierten Tests eignen sich zur Automatisierung? Rechnet sich der Automatisierungsaufwand? Wann muss diese erweiterte Automatisierung bereitstehen?
- Welche und wie viele Tests (automatisierte oder manuelle) sind bereits gelaufen? Welche und wie viele Tests sind offen, verspätet, blockiert, erfolgreich (*passed*) oder fehlgeschlagen (*failed*)?

Jede dieser Fragen soll jederzeit für jeden einzelnen → Testfall beantwortet werden können. Dazu muss das Team den Bearbeitungsstatus jedes Testfalls im Testplan dokumentieren und aktuell halten. Es ist klar, dass dies nur gelingt, wenn ein gut strukturierter und aktuell geführter Testplan vorliegt.

Überwachung des Testfortschritts mit Testplan-Template

Für kleinere Projekte (bis ca. 5 Mitglieder im Testteam) kann für die Überwachung des Testfortschritts ein Tabellenkalkulationsblatt ausreichen. Bei größeren Projekten, in denen viele Teammitglieder parallel nach dem Testplan arbeiten bzw. diesen aktualisieren, wird hingegen schon allein wegen technischer Beschränkungen ein datenbankbasiertes → Testmanagementwerkzeug unumgänglich sein.

2.3.3 Steuern der Testaktivitäten

Das Testmanagement kontrolliert bei der Testüberwachung regelmäßig die Übereinstimmung von Planung und tatsächlichem Projektverlauf. Anhand der so gewonnenen Erkenntnisse muss das Testmanagement dann im Rahmen der **Teststeuerung** bei Abweichungen vom Testplan ggf. zielgerichtete Korrekturmaßnahmen entwickeln und einleiten, um das Testprojekt wieder auf den richtigen Weg zu bringen. Zusätzlich sind regelmäßige Aktualisierungen und Anpassungen der Planungsvorgaben und des Testkonzepts abzuleiten, um steuernd auf den Testprozess einzuwirken. Grundlage der Steuerung des Testprozesses sind die Berichterstattung des Testteams sowie Zahlenmaterial und dessen Auswertungen durch entsprechende Werkzeuge (s. Unterkapitel 7.6 und Kapitel 8).

Beispiel: Steuern der Testdurchführung

Zeigt sich beispielsweise, dass die Testdurchführung dem Testplan hinterherhinkt, ist zu ermitteln, wie viele Testfälle und welche Teammitglieder betroffen sind. Daraus kann abgeleitet werden, ob und auf welche anderen Mitglieder Tests verlagert werden können. Ist eine Arbeitsumverteilung als Maßnahme nicht ausreichend, müssen Ressourcen aufgestockt werden. Der Bedarf dazu kann anhand der Daten belegt und so dem Management gegenüber argumentiert werden.

Gelingt aber weder eine Umverteilung noch eine Ressourcenaufstockung, so müssen Testfälle terminlich verschoben, neu priorisiert oder ganz gestrichen werden. Bei allen diesen Planänderungen ist es wichtig, die Nachvollziehbarkeit der Planänpassungen und ihrer Ursachen sicherzustellen, um durch nachgeschaltete Analysen wie Projektreviews, metrikbasierte Auswertungen etc. aus solchen Situationen zu lernen und in Folgeprojekten die Planungsgenauigkeit erhöhen zu können.

Mehrere Testzyklen berücksichtigen

Durch beobachtete Fehlerwirkungen, deren Beseitigung und die dadurch notwendigen erneuten Tests und evtl. neu eingebrachten Fehlerzustände entstehen unvorhergesehene Zyklen im Entwicklungs- und Testprozess. Das Testmanagement muss solche Korrekturzyklen einplanen (s. a. W-Modell, Abschnitt 3.4.5). Andernfalls sind Projektverzögerungen die Regel. Der benötigte Aufwand für die Korrekturzyklen lässt sich nur schwer im Voraus schätzen. Helfen können Vergleichsdaten aus früheren, ähnlichen Projekten oder aus den bereits absolvierten Zyklen (s. Fehler-Rückwirkungsverhältnis in Abschnitt 9.1.2).

Gegebenenfalls Testkonzept anpassen!

Die Teststeuerung nimmt auch Einfluss auf das Testkonzept und den darin definierten Testprozess selbst, um Aufgabenumfang, Teststrategie und Testziele optimal zu erfüllen. Treten beispielsweise bei der Testdurchführung an unerwarteten Programmstellen Fehlerwirkungen gehäuft auf, dann muss die Risikobewertung und damit die Priorisierung entsprechend angepasst werden, damit diese Stellen intensiver als ursprünglich geplant getestet werden können.

Um angemessen reagieren zu können, ist es somit notwendig, dass die Teststeuerung auf detaillierte Informationen der Testplanung zurückgreifen kann. Insgesamt umfasst die Teststeuerung:

- Die Umsetzung des Testkonzepts und der Teststeuerungsrichtlinien
- Das Management von Abweichungen vom Testplan
- Die Behandlung von neu identifizierten und veränderten Risiken
- Die Feststellung der Bereitschaft, mit bestimmten Testaufgaben beginnen zu können, und zwar anhand ihrer → Eingangskriterien, also den jeweiligen Bedingungen für den »offiziellen« Start einer Aufgabe.

- Die Erteilung und Einholung der Genehmigung für den Testabschluss auf der Grundlage der → Endekriterien, also den jeweiligen Bedingungen für den offiziellen Abschluss der Aufgabe.

Werkzeugunterstützung

Ohne passende Werkzeuge kann der Testprozess nicht optimal durchgeführt werden. Falls diese nicht vorhanden sind, muss eine Auswahl und Beschaffung der Werkzeuge frühzeitig eingeleitet werden (Kapitel 7). Darüber hinaus sind meist Teile der Testumgebung bzw. Testinfrastruktur selbst zu realisieren, wie beispielsweise → Testrahmen (*test harness*), in denen Teile des Systems zur Ausführung gebracht werden können. Deren Erstellung ist frühzeitig durchzuführen, damit sie rechtzeitig zum Abschluss der Programmierung der jeweiligen Testobjekte zur Verfügung stehen (s. Abschnitt 5.3.4).

2.3.4 Berichten des Testfortschritts

Informationssammlung

Nach jeder Iteration bzw. jeder Testaktivität wie z. B. dem Performanztest sind Informationen zu sammeln, zu verdichten und zu bewerten, die dazu dienen, den Testfortschritt zu berichten und ggf. eine Entscheidung über das Ende des Tests zu treffen. Der → Testfortschrittsbericht enthält den Fortschritt der Testaktivitäten gegenüber einer Baseline, Risiken und Alternativen, die eine Entscheidung erfordern.

Testfortschrittsberichte sind regelmäßig für jede Teststufe anzufertigen und es kann ein → Testabschlussbericht erforderlich sein (s. Abschnitt 2.4.1). Zur Bewertung des Testprozesses kann ein gesonderter Testbewertungsbericht nützlich sein. Der Standard ISO/IEC/IEEE 29119-3 setzt hilfreiche Rahmenbedingungen zur Verfassung der → Testberichte [ISO 29119-3].

Die zur Berichterstellung erforderlichen Informationen umfassen eine ganze Reihe von Metriken. Eine Zuordnung der Metriken bzw. der erfassten Messwerte zu den vorab in der Testplanungsphase festgelegten Endekriterien des Tests muss ohne hohen Aufwand herstellbar sein.

Zu beachtende Metriken

Folgende Informationen und **Metriken** gilt es beispielsweise zu beachten, dabei muss das Testmanagement geeignete projektspezifische Auswahlen oder Ergänzungen treffen (s. Kapitel 8):

- Die Anzahl der geplanten und zu überprüfenden → Testbedingungen und die Anzahl der geplanten und ausgeführten Testfälle, wobei zwischen bestandenen und fehlgeschlagenen Tests zu unterscheiden ist.
- Die Anzahl aller bei der Testdurchführung aufgedeckten Fehlerwirkungen unter Angabe von Fehlerschweregrad und Priorität der Behebung, sowohl für die bereits korrigierten als auch für die noch offenen Fehlerwirkungen.

- Die Summen der akzeptierten, realisierten und getesteten Änderungswünsche (*change requests*), da Änderungswünsche erhebliche Auswirkungen auf die geplanten und durchgeführten Testaktivitäten haben können.
- Der geplante Aufwand in Relation zum tatsächlichen Aufwand. Dabei sind Zeit- und Kostenaufwand separat auszuweisen.
- Die identifizierten Risiken sind nach der Testausführung dahingehend zu bewerten, welche Risiken durch den Test abgemildert werden konnten und welche weiterhin uneingeschränkt gelten.
- Der prozentuale Anteil an der Testzeit, die aufgrund von blockierenden Testfällen verloren ging.
- Der benötigte Aufwand für → Fehlernachtests, wenn im direkten Anschluss an den Nachweis einer Fehlerwirkung deren Korrektur vorgenommen wurde.
- Zusammenfassend kann die geplante Gesamtzeit mit der tatsächlich aufgewendeten Gesamtzeit für das Testen verglichen werden.

Testfortschritt kommunizieren

Besonders wichtig ist es, den Status von Testarbeitsergebnissen und -aktivitäten sowie den Testfortschritt für alle Projekt- und Business-Stakeholder verständlich, nachvollziehbar und relevant darzustellen. Dies ist besonders dann eine Herausforderung, wenn die relevanten Kennzahlen und Testziele nicht in direktem Bezug zur Systemfunktionalität oder zu einer Spezifikation stehen. Ein weiteres Hindernis ist die – insbesondere in agilen Projekten – oft nur wenig oder gar nicht vorhandene formale Dokumentation.

Stakeholder des Fachbereichs frühzeitig einbinden

Daher ist insbesondere die frühe Einbindung von Stakeholdern in die Konzeption des Überwachungsinstrumentariums anzuraten. Gemeinsam festgelegte Testziele und Kennzahlen sind dann nicht nur zur besseren Teststeuerung im Projektverlauf verwendbar, sondern helfen auch die Testaktivitäten während des Projekts voranzutreiben und zu beeinflussen.

Je nach Teststrategie (s. Unterkapitel 5.3) beginnt dies mit unterschiedlichen Aktivitäten. In risikobasierten Teststrategien beispielsweise mit der Risikoidentifizierung und -analyse (s. Unterkapitel 4.2), in modellbasierten Strategien mit der Erstellung der ersten Umgebungs- bzw. Nutzungsmodelle (s. [Winter 16], [Kramer 16]) und in systematischen Strategien bei der Festlegung der Qualitätsmodelle und der darauf basierenden Qualitätsziele. Bei prozess- oder standardkonformen Strategien ist die Beteiligung oft reglementiert. Bei reaktiven Strategien, die oft in Verbindung mit agilen Vorgehensweisen eingesetzt werden, ist die Einbeziehung der Anwendervertreter in das Team während des gesamten Projekts ein zentrales Element des Prozesses.

Es ist sinnvoll, Gruppen inhaltlich eng zusammenhängender Testbedingungen sowie ggf. einzelne wichtige Testbedingungen zum Dreh- und Angelpunkt der Testfortschrittsberichte zu machen. Darüber können dann alle anderen Arbeitsergebnisse mit der Testbasis in Beziehung gesetzt werden. Dadurch wird das komplexe Beziehungsgeflecht zwischen Entwicklungsarbeitsergebnissen, der Testbasis und den Testarbeitsergebnissen transparenter und verständlicher dargestellt.

Rückverfolgbarkeit ist Basis der Testüberwachung.

Hierfür muss die Rückverfolgbarkeit es ermöglichen, ausgehend von Elementen der Testbasis wie z. B. Anforderungen oder Qualitätsvorgaben über die Testbedingungen zu den entsprechenden Arbeitsergebnissen der Entwicklung und des Tests zu gelangen. Letztendlich ist auch über den Status der Rückverfolgbarkeit selbst Bericht zu erstatten (s. Abschnitt 5.3.5).

Abbildung 2.3 zeigt den Ablauf, die Eingangsinformationen und die Ergebnisse der Aktivität Testüberwachung und -steuerung. Zu erkennen ist, dass Testüberwachung und Teststeuerung fortlaufende Aktivitäten sind, die auf Informationen aus den rechts dargestellten Aktivitäten Testentwurf und -realisierung, Testdurchführung und aus dem Fehlermeldeprozess basieren und steuernd auf die Zeit- und Aktivitätenplanung im Testkonzept einwirken.

Abb. 2.3
Aktivitäten in Testüberwachung und -steuerung

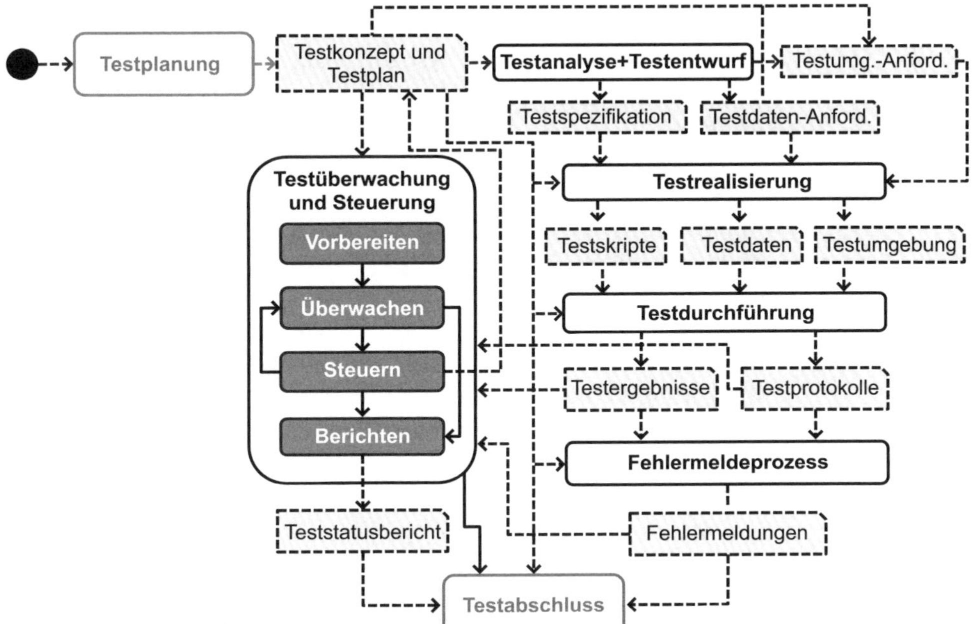

Angelehnt an das UML-Aktivitätsdiagramm. Abgerundete Kästen sind Aktionen, dickumrandete, ausgefüllte sind Daten/Informationen. Durchgezogene Pfeile sind der Ablauf, gestrichelte der Daten- bzw. Informationsfluss.

2.4 Aktivitäten zum Testabschluss

Der **Testabschluss** erfolgt in der Regel an Projektmeilensteinen (z. B. bei einem Release am Ende eines → **Testzyklus**, am Ende einer Iteration oder beim Abschluss der Teststufen). Für alle nicht behobenen Fehlerzustände werden Änderungsanträge (*change requests*) oder Product-Backlog-Einträge erstellt (s. [CTFL 4.0 23], [Spillner 24]).

Die abschließenden Testaktivitäten verlaufen wie folgt: Sobald die Endekriterien geprüft sind, wird der Testabschlussbericht erstellt, die wichtigsten Ergebnisse, die → Testmittel, archiviert, die Testumgebung bereinigt, der Testprozess reflektiert und der Testabschlussbericht genehmigt und den entsprechenden Stakeholdern zur Verfügung gestellt.

2.4.1 Erstellen des Testabschlussberichts

Testende erreicht?

Zu Beginn des Testabschlusses muss das Testmanagement kontrollieren, ob die in der Planung festgelegten Endekriterien erfüllt sind. Dies umfasst das Sammeln relevanter Informationen aus verschiedenen Testmitteln, wie (Stufen-)Testkonzepten und -plänen, Testergebnissen, Testfortschrittsberichten, Testabschlussberichten und → Fehlerberichten. Ziel ist es, sicherzustellen, dass alle geplanten Testaufgaben auch wirklich abgeschlossen oder begründet abgebrochen sind. Beispiele entsprechender Fragestellungen sind:

- Wurden alle geplanten Testsuiten durchgeführt oder aber bewusst und dokumentiert ausgelassen?
- Wurden alle erkannten Fehlerwirkungen korrigiert und nachgetestet oder auf ein zukünftiges Release verschoben bzw. als dauerhafte Einschränkung akzeptiert?

Viele Ergebnisse wurden bereits in den Testfortschrittsberichten dokumentiert (s. Abschnitt 2.3.4). Der Testabschlussbericht wird beim Erreichen von Abschlussmeilensteinen erstellt und liefert eine Beurteilung der entsprechenden Testelemente anhand der Endekriterien. Diese Konsolidierung kann zur Beendigung der Testaktivitäten führen. Sie kann aber auch ergeben, dass die Endekriterien noch nicht erreicht wurden. Gründe können z. B. darin liegen, dass zu viele Testfälle blockiert waren und deshalb nicht alle geplanten Testfälle ausgeführt werden konnten oder dass zum Erreichen der Kriterien zusätzliche Testfälle erforderlich sind.

Nichterfüllung von Endekriterien

Eine genauere Analyse kann ergeben, dass der notwendige Aufwand zur vollständigen Erfüllung aller Endekriterien nicht angemessen ist und dass auf weitere Tests verzichtet wird. Das damit verbundene Risiko ist abzuschätzen und bei der Entscheidung entsprechend zu berücksichtigen.

Sind weitere Tests erforderlich, ist der Testprozess wieder aufzunehmen und zu ermitteln, an welcher Stelle der Einstieg erfolgen kann. Gegebenenfalls muss die Planung überarbeitet werden, da zusätzliche Ressourcen notwendig sind.

Endekriterien der Praxis: Zeit und Kosten

In der Praxis bestimmen oft Zeit und Kosten das Ende des Tests und führen zum Abbruch der Testaktivitäten. Auch wenn beim Testen ggf. mehr Mittel als geplant verbraucht werden, so bewirkt das Testen insgesamt doch Einsparungen durch die Aufdeckung von Fehlerwirkungen und anschließender Beseitigung der Fehlerzustände in der Software. Fehlerzustände, die hier nicht entdeckt werden, verursachen im Betrieb meist erheblich höhere Kosten.

Testmetriken nutzen

Ausführliche Informationen zur Nutzung von Testmetriken bei der Überwachung des Testfortschritts, der Reaktion auf Testergebnisse und der Bewertung des Testendes sind in Kapitel 8 zu finden.

2.4.2 Archivierung und Übergabe der Testmittel

Wichtige Arbeitsergebnisse festhalten …

Nachdem die Testdurchführung und Berichterstattung komplett abgeschlossen sind, gilt es, die Arbeitsergebnisse festzuhalten und an die zuständigen Personen weiterzuleiten.

Alle Testmittel, die während des Testprozesses erstellt wurden und in der Zukunft nützlich sein können oder voraussichtlich wiederverwendet werden, sind zunächst zu archivieren. Dazu gehören: Dokumente, Skripte, Eingabedaten, erwartete Ergebnisse, Prozeduren zum Aufsetzen und Aufräumen von Testdaten, Dateien, Datenbanken, Umgebungen und weitere zusätzliche Software- und Dienstprogramme, die für das Testen verwendet wurden. Die Archivierung macht diese Testmittel für die zukünftige Wiederverwendung zugänglich und leicht verständlich.

Berichte dienen nicht zum Selbstzweck, sondern enthalten wichtige Informationen für verschiedene Beteiligte, an die sie weitergeleitet werden müssen. Wertvolle Arbeitsergebnisse sind an die verantwortlichen Stellen weiterzuleiten, die sie benötigen. So sollen beispielsweise bekannte Fehlerzustände, die zurückgestellt oder akzeptiert wurden, denjenigen mitgeteilt werden, die die Testmittel verwenden oder deren Verwendung unterstützen werden. Anwender der getesteten Software müssen z. B. darüber informiert werden, wenn erkannte Fehlerwirkungen nicht beseitigt, sondern deren Behebung verschoben oder ganz abgelehnt wurde.

Weiterleitung der Tests und der Testumgebung

Das Wartungs- und Supportteam muss ebenfalls mit entsprechenden Informationen versorgt werden. Eine sinnvolle minimale Unterstützung des → Wartungstests besteht darin, einen Satz manueller oder automatisierter → Regressionstests inklusive der Testumgebung zur Verfügung zu stellen.

Aufwandsarme Wiederholung von Tests

Während des produktiven Einsatzes von Softwaresystemen treten trotz aller Tests oft weitere bisher unbekannte Fehlerwirkungen auf oder es gibt Änderungswünsche des Kunden. Beides führt zu einer Überarbeitung der Software und erfordert dann einen erneuten Test.

Wenn die Testmittel (Testfälle, Testprotokolle, Testinfrastruktur, eingesetzte Werkzeuge usw.) dann vollständig archiviert sind und leicht zur Verfügung gestellt werden können, verringert sich der Testaufwand während der Wartungs- bzw. Einsatzphase der Software erheblich.

Zur Archivierung der Testergebnisse, Testprotokolle, Testberichte und sonstiger Testmittel empfiehlt sich die Verwendung des Konfigurationsmanagementsystems. Es muss dabei ein direkter Bezug zum getesteten System hergestellt werden. So haben beispielsweise Testplan und Projektplan einen eindeutigen Bezug auf das entwickelte System unter Berücksichtigung der jeweiligen Versionen. Dies erleichtert deren Rückverfolgung und Zuordnung zu den entsprechenden Versionen und → Konfigurationen des Produkts.

2.4.3 Bereinigen und Rücksetzen der Testumgebung

Diese Aufgabe stellt sicher, dass die Testumgebung für den nächsten Testzyklus oder das nächste Projekt bereit ist. Sie umfasst das Entfernen aller Testdaten, Testwerkzeuge, Testtreiber, Platzhalter und Testskripte aus der Testumgebung. Außerdem muss die Testumgebung in ihren ursprünglichen oder gewünschten Zustand zurückgesetzt werden.

Der Umfang der zu leistenden »Aufräumarbeiten« ist von der Art und dem Funktionsumfang der eingesetzten Werkzeuge abhängig. So erfordern manuell gepflegte Testumgebungen auf realer Hardware teilweise ein vollständiges Neuaufsetzen, während moderne CI/CD-Pipelines bzw. DevOps-Umgebungen (s. Abschnitt 3.4.10) lediglich die Speicherung und Pflege der entsprechenden Build-Skripte benötigen.

2.4.4 Lessons Learned erheben

In Abschlussmeetings oder → **Retrospektiven** (s. Unterkapitel 6.5) sollen wichtige Erkenntnisse aus dem Testprozess diskutiert und dokumentiert werden. Dies kann auch → Befunde für den gesamten SDLC beinhalten. Die gewonnenen Erkenntnisse können für die Verbesserung des Testprozesses genutzt werden (s. Kapitel 6).

Abschließende Aufgaben sind sehr wichtig.

Abbildung 2.4 zeigt den Ablauf, die Eingangsinformationen und die Ergebnisse der Aktivität Testabschluss. Um die Wichtigkeit all dieser Aufgaben zu unterstreichen, sind sie als expliziter Teil des Testprozesses aufgeführt. Gründe, eine oder mehrere der abschließenden Testaufgaben zu unterlassen, sind vielfältig:

- Ressourcen wie z. B. Bestandteile der Testumgebung werden vorzeitig abgezogen, da sie für nachfolgende Projekte benötigt werden,
- das Testteam ist überarbeitet und erschöpft und vernachlässigt daher die vermeintlich unnötigen Aufgaben oder
- das Team wird vorzeitig aufgelöst.

Damit diese Situationen vermieden werden, empfiehlt es sich, beispielsweise bei kundenindividuellen Entwicklungsaufträgen die abschließenden Aufgaben und die dafür benötigten Ressourcen im Vertrag festzulegen.

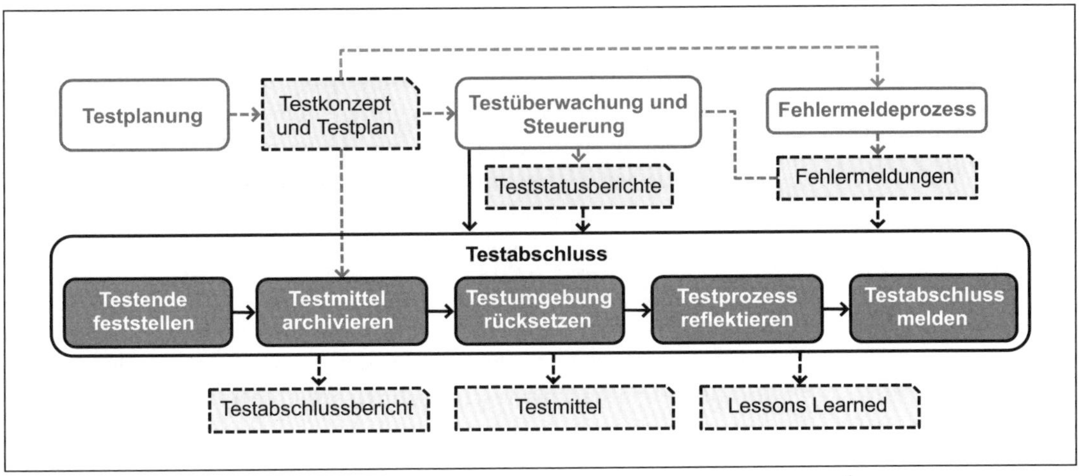

Abb. 2.4 *Aktivitäten im Testabschluss*

2.5 Zusammenfassung

Der Testprozess gliedert das Testen in einzelne Aktivitäten. Die für das Testmanagement relevanten Aktivitäten und Arbeitsergebnisse des Testprozesses stellt Abbildung 2.5 zusammengefasst dar.

- **Testplanung:** Die Festlegung der Ressourcen (Personen, Zeit, Werkzeuge) und die Bestimmung der Teststrategie mit der Auswahl der einzusetzenden Testverfahren, den jeweiligen → Überdeckungskriterien und einer Priorisierung der Tests werden vorgenommen. Auf frühzeitige Einbindung aller Stakeholder des Testens ist zu achten. Der zeitliche Ablauf der Testdurchführung wird im Testplan festgelegt.

- **Testüberwachung und -steuerung:** Während des gesamten Testprozesses sind die folgenden Aktivitäten zu überwachen und bei Abweichungen zur Planung ist steuernd einzugreifen:
  - **Testanalyse und Testentwurf:** Die Testbasis wird auf Vollständigkeit und ausreichende Präzision geprüft. Testbedingungen sind gemäß den Testzielen und Produktrisiken zu identifizieren. Testfälle sind unter Verwendung von Testverfahren und Testorakeln zu entwerfen. Die → Verfolgbarkeit zwischen den Artefakten der Entwicklung und denen des Tests ist sicherzustellen. Mit dem Aufbau der Testinfrastruktur, der Testumgebung und den Testdaten wird begonnen.
  - **Testrealisierung und Testdurchführung:** Die Testfälle werden konkretisiert und zu Testsuiten oder -szenarien gruppiert, die Testinfrastruktur wird fertiggestellt. Die Durchführung soll zuerst nachweisen, dass das Testobjekt ablauffähig ist und der Aufruf der Hauptfunktionen keine schwerwiegenden Fehlerwirkungen verursacht. Alle Testläufe sind ausführlich zu protokollieren und zu bewerten.
- **Bewertung von Endekriterien und Bericht:** Die Erfüllung der Endekriterien ist nachzuweisen, und bei Nichterfüllung ist zu entscheiden, ob weitere Tests folgen oder der Testprozess beendet werden soll. Regelmäßig sind Testfortschrittsberichte anzufertigen.
- **Abschluss der Testaktivitäten:** Hier geht es um die Erstellung und Freigabe des Testabschlussberichts, die Archivierung und Übergabe der Testmittel für die Wartung und das Lernen aus den gemachten Erfahrungen. Zur Verbesserung des Testprozesses ist ggf. ein Testbewertungsbericht anzufertigen.

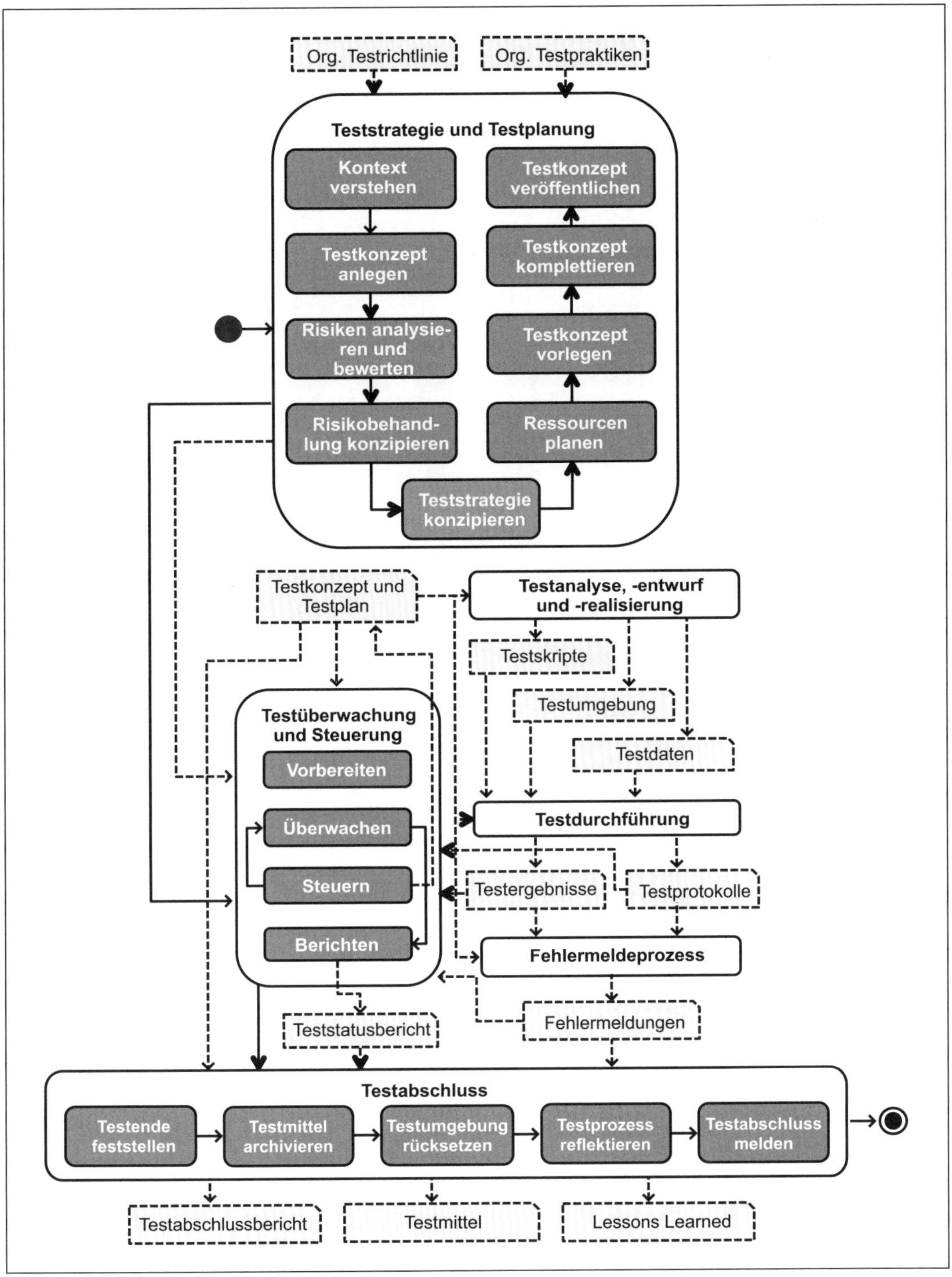

Abb. 2.5 *Aktivitäten und Arbeitsergebnisse des Testmanagements*

3 Der Kontext des Testens

Das Testmanagement trägt eine große Verantwortung für den optimalen Einsatz aller Ressourcen des Testens, und damit auch für den Erfolg des Entwicklungsprojekts und des Produkts. Es hat die Aufgabe, etablierte Teststrategien auszuwählen und die zum Produkt und den Qualitätsanforderungen passenden Testverfahren anzuwenden. Für die Erstellung von Testkonzepten, die auf den Kontext des Projekts zugeschnitten sind, ist es wichtig, dass das Testmanagement sowohl die Ziele und Besonderheiten des Projekts als auch das Umfeld versteht, in dem es stattfindet.

In diesem Kapitel werden daher die Abhängigkeiten des Testens von verschiedenen Aspekten seines Kontexts erläutert. Zu Beginn werden drei Beispielszenarien definiert, die typisch für heutige Softwareentwicklungsprojekte sind

Danach gehen wir auf die Bestandteile des Kontexts im Einzelnen ein. Dazu gehören die Ziele, der Einfluss und das Interesse der Stakeholder des Projekts, die Branche oder Domäne mit ihren speziellen Bedingungen und Regularien ebenso wie die eingesetzten Technologien und die Eigenschaften des zu testenden Systems. Enge Zusammenhänge gibt es auch zwischen Testprozess und dem spezifischen Softwareentwicklungslebenszyklus (SDLC). Neben der Klassifizierung von → Prozessmodellen werden einige aktuelle Softwareentwicklungsprozesse vorgestellt und erklärt, auf welche Weise das Prüfen und Testen in ihnen verankert ist.

Mit den Inhalten dieses Kapitels können Sie für die Prüfung zum ISTQB© Certified Tester Advanced Level Test Management …

- *TM-1.2.1 (K2) … vergleichen, warum verschiedene Stakeholder am Testen interessiert sind.*
- *TM-1.2.2 (K2) … erklären, warum das Wissen der Stakeholder im Testmanagement relevant ist.*

- *TM-1.2.3 (K2) ... das Testen in einem hybriden Softwareentwicklungsmodell erklären.*
- *TM-1.2.4 (K2) ... die Aktivitäten des Testmanagements für verschiedene Softwareentwicklungslebenszyklen zusammenfassen.*
- *TM-1.2.5 (K2) ... die Aktivitäten des Testmanagements auf verschiedenen Teststufen miteinander vergleichen.*
- *TM-1.2.6 (K2) ... die Aktivitäten des Testmanagements für verschiedene Testarten miteinander vergleichen.*
- *TM-1.2.7 (K4) ... ein vorgegebenes Projekt analysieren und dazu Testmanagementaktivitäten, insbesondere Testplanung, Testüberwachung und Teststeuerung, festlegen.*

3.1 Drei Szenarien: agil, hybrid und sequenziell

Die folgenden drei Szenarien können als typische Beispiele für heutige Softwareentwicklungsprojekte angesehen werden. Sie umfassen Informationen über Prozesse, Werkzeuge, Beteiligte und natürlich über die Testobjekte. Im Verlauf des Buches kommen wir immer wieder auf diese Szenarien zurück, um Sachverhalte realitätsnah mit Beispielen zu unterlegen.

3.1.1 TestMaster: Testmanagementwerkzeug (agil)

Allgemeine Informationen zum Projekt

Ziel des Projekts ist die Entwicklung eines modernen, Cloud-basierten Testmanagementwerkzeugs namens **TestMaster**, das sich in bestehende CI/CD-Pipelines integrieren lässt und den Beteiligten in einem Softwareentwicklungsprojekt, besonders den Testbeteiligten, eine einfache Planung, Durchführung und Auswertung von Softwaretests ermöglicht. Es handelt sich um eine komplette Neuentwicklung. Das Projekt ist bis zum ersten öffentlichen Release auf 12 Monate ausgelegt.

Das Unternehmen, das »TestMaster« entwickelt, besteht seit sieben Jahren. Es hat bisher Auftragsentwicklungen in den Branchen IT, Logistik und Finanzdienstleistungen abgewickelt und hat etwa 100 Mitarbeitende. TestMaster ist das erste Projekt, das eine Produkteigenentwicklung zum Ziel hat.

Softwareentwicklungsprozess

- Im Team soll der bereits gut etablierte agile Entwicklungsprozess nach Scrum (s. [Gloger 16], [Linz 24]) zur Anwendung kommen. Wie viele andere Scrum-Anwender setzt das Team außerdem die wesentlichen Praktiken von Extreme Programming (s. Abschnitt 3.4.9) um.
- Die Anforderungen werden vom Product Owner in Form von User Stories im **Product Backlog** gepflegt.

- Das Team arbeitet in zweiwöchigen Sprints, wobei am Ende jedes Sprints ein lauffähiges Produktinkrement geliefert wird. Vor jedem Sprint wählen der Product Owner und das Team gemeinsam die im Sprint zu entwickelnden User Stories aus, die dann das **Sprint Backlog** bilden.
- Das Unternehmen beabsichtigt, einzelne Inkremente als Betaversionen über das Internet zur frühzeitigen Nutzung durch interessierte Anwendende bereitzustellen. Bis zur ersten Marktfreigabe soll das Projekt 24 Sprints durchlaufen.
- Das Team hat die Grundregeln für das Projekt wie Rollen, Verantwortlichkeiten und Zusammenarbeit in einer **Team-Charta** festgelegt. Besonders hervorgehoben sind als zentrale Grundlage
  - die **Definition of Ready (DoR)**, die die Anforderungen definiert, die eine User Story erfüllen muss, um in ein Sprint Backlog aufgenommen und im Sprint umgesetzt (und getestet) zu werden, sowie
  - die **Definition of Done (DoD)**, die die Anforderungen definiert, die erfüllt sein müssen, damit eine User Story als »fertig« gilt.

Team-Charta: »Spielregeln« des Teams

Definition of DONE: Wann gilt eine Story als »shippable«?

- Die DoD dient als Richtschnur, insbesondere für die QS- und Testaktivitäten, und wird regelmäßig im Team überprüft. Sie gewährleistet, dass am Ende des Sprints wieder ein **potentially shippable product** steht: Nur User Stories, die die DoD erfüllen, werden in das Sprint-Ergebnis aufgenommen.
- Das Team verwendet **Planning Poker**, um sogenannte Story Points für die einzelnen User Stories zu schätzen. Beim Planning Poker nutzt das Team eine Fibonacci-Skala (1, 2, 3, 5, 8, 13, 21, ...), um schrittweise größere Aufwände abzubilden. Jedes Teammitglied schätzt jede User Story. Folglich schätzen die beiden auf den Test spezialisierten Teammitglieder den Gesamtaufwand mit und lassen ihre Erfahrung über den voraussichtlichen Umfang der Tests in die Schätzung mit einfließen. Dabei beachten sie spezifische Einflussfaktoren, die Team-Charta mit den Definitions of Done, die Analyse der User Stories und die aktuelle Team Velocity. Zur »Eichung« der Skala hat das Team drei »Referenzstories« vereinbart, die jeweils 1, 3 und 8 Story Points »schwer« sind.

Planning Poker: agile expertenbasierte Aufwandsschätzung

- Sind die Stories präzise formuliert, vergleichbar groß und mit → Akzeptanzkriterien versehen, so können im Rahmen des Sprint-Plannings jeder User Story konkrete, gut schätzbare und meistens gleiche bzw. ähnliche Aufgaben zugeordnet werden. Weichen die Schätzungen der Teammitglieder voneinander ab, so hilft dies, die Schätzungen gegenseitig zu begründen und sich im Laufe einiger Schätzrunden auf jeweils einen Wert pro Story zu einigen.

Als Programmiersprachen und wesentliche Bibliotheken kommen zum Einsatz:

Werkzeuge und Technologien

- JavaScript (React), Node.js, MongoDB
- Entwicklungs- und Testumgebungen werden mit Docker und Kubernetes erzeugt.

- Die Versionskontrolle erfolgt mit Git, als CI/CD-Pipeline kommt GitLab zum Einsatz.
- JIRA wird zur Dokumentation, Statusverfolgung und Diskussion von Aufgaben und insbesondere für die Backlog-Verwaltung eingesetzt.
- Confluence dient zur Dokumentation von Anforderungen, der Team-Charta, Release Notes u. a.
- Zur Kommunikation bevorzugt das Team persönliche Treffen (besonders für die Daily Standups). Für asynchrone Diskussionen, Erfahrungsaustausch und Dokumentation von »Know-how-Schnipseln« wird Slack verwendet.

Dokumentation und Reporting

Zur Dokumentation werden benutzt:

- Die Dokumentation der User Stories erfolgt basierend auf dem **Connextra-Template** (s. [Szabo 17]) in der allgemeinen Form »**Als** [Rolle] **möchte ich** [Funktionalität], **damit** [Nutzen/Zweck]«. Jede Story wird gemäß der Team-Charta mit einer Anzahl von Akzeptanzkriterien ergänzt. Die Stories werden in einem agilen Taskboard in JIRA verwaltet.
- Die sonstigen Dokumentationsprinzipien folgen den üblichen Scrum-Mechanismen. Der Sprint-Fortschritt wird über das Backlog in JIRA dokumentiert, Ergebnisse von Retrospektiven werden in Confluence abgelegt. Das Ergebnis von Sprint-Demos spiegelt sich in den Status der User Stories in JIRA wider.

Beteiligte Personen sind:

Beteiligte Personae

- **Product Ownerin:** Lena Berger
- **Scrum Master:** Tom Meier
- **Entwicklungsteam** (fünf Personen): David Müller (Frontend-Spezialist), Sarah Hoffmann (Backend-Entwicklerin), Michael Klein (Fullstack-Entwickler und DevOps-Experte), Peter Maier und Julia Schulz (spezialisiert auf Testen und Testautomatisierung, aber auch in der Frontend-Entwicklung tätig).
- **Testmanager:** Kein dedizierter Testmanager, die Testplanung wird vom Team übernommen. Die Verantwortung für Testaktivitäten liegt kollektiv beim Entwicklungsteam, wobei Peter Maier und Julia Schulz im Allgemeinen die testspezifischen Aufgaben übernehmen.
- **Kunden oder Endnutzer:** Personen aus Testmanagement- und Entwicklungsabteilungen in mittelständischen und großen Unternehmen

3.1.2 DiaFlow: Dialysegerät (hybrid)

Allgemeine Informationen zum Projekt

Ziel des Projekts ist die Entwicklung eines modernen Dialysegeräts namens **DiaFlow**, das sowohl den europäischen als auch den amerikanischen Markt bedienen kann, unter Berücksichtigung der jeweiligen Zulassungen. Innerhalb des Projekts wird die Software neu entwickelt, weil sich die bisherige Plattform als zunehmend schwierig wartbar erwiesen hat. Die Hardware wird dabei in Grundzügen von der vorherigen Produktgeneration übernommen, aber in zentralen Komponenten weiterentwickelt, um den steigenden Softwareanforderungen, aber auch dem erweiterten Bedarf der Anwender nach hochwertigem Zubehör gerecht zu werden. Das Vorgängergerät ist gut am Markt eingeführt und seit etwa acht Jahren in einer mittleren Anzahl von Kliniken und Dialysezentren im Einsatz.

Neben der internationalen Zulassung sind folgende Projektziele dem Produktmanagement wichtig:

- Senkung der Wartungs- und Weiterentwicklungskosten der Software durch moderne Programmiersprache und neue Betriebssystemplattform
- Lauffähigkeit der vorherigen Version der Software auf der neuen Hardware, um eine zweistufige Zulassung zu ermöglichen
- Realisierung einiger auf neuen Softwarealgorithmen basierter Alleinstellungsmerkmale:
  1. Durch *machine learning* gesteuerte Steuerung von Blutfluss und Dialysatkonzentration und
  2. autonome Überwachung von Verschleißteilen mittels *predictive maintainance*

Als Dauer des Projekts sind 24 Monate geplant, während derer in zwei Teilprojekten sowohl die Hardware-Weiterentwicklung (basierend auf dem Wasserfallmodell) als auch die Neuentwicklung der Software (agil nach Scrum) erfolgen soll.

Softwareentwicklungsprozess

Der SDLC ist hybrid:

- Entwicklungsmethode (hybride Methodik): Die Hardware wird nach dem Wasserfallmodell entwickelt, mit festen Phasen für Design, Implementierung und Test. Die Softwareentwicklung folgt einem agilen Ansatz, bei dem in vierwöchigen Sprints neue Funktionen integriert werden.
- Iterationen/Phasen: Die Hardwareentwicklung ist in fünf Phasen unterteilt (Planung, Design, Prototypenbau, Produktion, Test), während die Software iterativ in Sprints entwickelt wird.

Werkzeuge und Technologien

Als Entwicklungswerkzeuge kommen zum Einsatz:

- Entwicklungswerkzeuge: Hardwaredesign mit SolidWorks, Softwareentwicklung in C++ und Rust. Die C++-Umgebung wird lediglich für Codeinspektionen und -analysen der alten Softwareplattform sowie für die Implementierung von temporär benötigten Testtreibern genutzt. Für die Neuentwicklung dient ausschließlich Rust.

- Versionskontrolle: Git für Software, separate Versionskontrolle für die Hardwareentwürfe.
- CI/CD-Pipeline: Nur für Software verfügbar, integriert in GitLab.

Dokumentation und Reporting

Zur Dokumentation wurde Folgendes vereinbart:

- Die Dokumentation umfasst detaillierte Anforderungsdokumente (SRS), Hardwarespezifikationen, Softwaredesigndokumente und Testberichte. Konformität mit den Normen ISO 13485 [DIN 13485] und IEC 62304 [DIN 62304] (VDE 0750-101) ist wichtig.
- Kommunikationskanäle: Das Team verwendet Microsoft Teams und Confluence für die Dokumentation. Es gibt wöchentliche Meetings für die Software, monatliche für die Hardware.
- Softwarefortschritte werden in regelmäßigen Sprint-Demos gezeigt, Hardwarefortschritte in Form von Phasenberichten.

Beteiligte Personen sind:

Beteiligte Personae

- **Projektleiter (Hardware):** Dr. Jürgen Keller, ein erfahrener Ingenieur in der Medizintechnik.
- **Softwareteamleiterin:** Maria Schmitz, spezialisiert auf Embedded Systems und agile Entwicklung und sehr erfahren in der relativ neuen Programmiersprache Rust.
- **Testmanager:** Thomas Lehmann, verantwortlich für die Koordination der Hardware- und Softwaretestaktivitäten.
- **Tester:** dedizierte Tester für die Hardware (Gerätesicherheit und Leistungstests) und weitere Tester für die Software (Funktionalität und Usability)
- **Kunden oder Endnutzer:** Krankenhäuser und Dialysezentren in Europa und den USA, die Feedback in der Betaphase geben.

3.1.3 AutoSafe: Automotive-Steuergerät (sequenziell)

Allgemeine Informationen zum Projekt

Im Projekt **AutoSafe** wird ein Steuergerät für die automatische Notbremsfunktion in Fahrzeugen (automated emergency braking, AEB) entwickelt, das hohe Sicherheitsanforderungen gemäß [ISO 26262] und [ISO 21448] erfüllt. Das Steuergerät soll für die Euro-NCAP-Notbremsfunktion der Klasse 5 (AEB City + Interurban) zugelassen werden. Das Projekt ist auf 36 Monate angesetzt, unterteilt in die klassischen Phasen des Wasserfallmodells (Anforderungsanalyse, Design, Implementierung, verschiedene Teststufen, Auslieferung).

Softwareentwicklungsprozess

Als Entwicklungsmethode kommt das Wasserfallmodell zu Anwendung:

- Jede Phase wird abgeschlossen, bevor die nächste Phase beginnt. Am Ende der Phasen sind → Quality Gates definiert, die passende Qualitätssicherungsmaßnahmen und Dokumentationsanforderungen beinhalten. Der erfolgreiche Abschluss der Testphasen gilt jeweils als Teil eines Quality Gates (s. [URL: VDA-QMC]).

- Es gibt elf Phasen bis zur Produktion: Konzept und Machbarkeitsuntersuchung, Systemanforderungsdefinition, Architekturentwicklung, Design, Implementierung, Modultest, Software-Komponentenintegration, HS/SW-Integration, Systemtest, Verifikation und → Validierung, Abnahme und Freigabe.

Werkzeuge und Technologien

Als Entwicklungswerkzeuge kommen zum Einsatz:

- Embedded C, AUTOSAR [URL: AUTOSAR] für die Steuergerätearchitektur, MATLAB für die Modellierung und Simulation.
- Die Versionskontrolle erfolgt mit SVN für die Versionskontrolle, mit einer strengen Regelung zur Sicherstellung der Rückverfolgbarkeit.
- Es gibt eine eingeschränkte CI/CD-Pipeline auf Basis von Jenkins, die nur in der Implementierungsphase automatisierte → Builds und Tests unterstützt.

Dokumentation und Reporting

Zur Dokumentation wurde Folgendes vereinbart:

- Die Dokumentation umfasst strukturierte Dokumente, die zum jeweiligen Phasenende reviewt und freigegeben werden: detaillierte Anforderungsdokumente, System- und Softwarearchitekturbeschreibungen, Sicherheitsanalysen und Testberichte. Konformität mit [ISO 26262] und den Anforderungen der VDA [URL: VDA] ist entscheidend.
- Kommunikationskanäle: Regelmäßige physische und virtuelle Meetings, E-Mail und ein Intranet-System für Dokumentenaustausch. Confluence für die Projektkommunikation.
- Reporting: Statusberichte werden nach jeder Phase an die Geschäftsführung und Zulassungsbehörden übermittelt.

Beteiligte Personae

Beteiligte Personen sind:

- **Projektleiter:** Stefan Maier, ein erfahrener Projektmanager in der Automobilindustrie.
- **Lead-Entwickler:** Laura Müller, verantwortlich für die Architektur und Implementierung der sicherheitskritischen Softwarekomponenten.
- **Safety-Manager:** Irina Skrob, verantwortlich für die Prüfung der Kritikalität, die Gefährdungsanalysen und die Spezifikation der Sicherheitsanforderungen gemäß der [ISO 26262] sowie der Testszenarien gemäß der [ISO 21448].
- **Testmanager:** Michael Fischer, verantwortlich für die Durchführung der Tests und die Einhaltung der geforderten Softwaretestaktivitäten der [ISO 26262].
- **Tester:** Drei spezialisierte Tester, die die Software mit Fokus auf Sicherheits- und Failure-Mode-Tests prüfen.
- **Kunden oder Endnutzer:** Automobilhersteller und Zulassungsbehörden, die das Steuergerät auf die Sicherheitsanforderungen hin prüfen.

3.2 Test-Stakeholder

IT-Projekte sind offene Systeme.

IT-Systeme werden unter Beteiligung vieler Personen aus unterschiedlichen Organisationen und mit unterschiedlichen Interessenlagen entwickelt und betrieben. IT-Projekte sind somit keine geschlossenen, sondern offene Systeme, die mindestens Schnittstellen zu ihrer Umgebung haben und oft sogar sehr eng mit ihr verflochten sind. Im Projekt- und Testmanagementkontext werden Personen und/oder Organisationen, die für das Projekt relevant sind, als → Stakeholder bezeichnet.

3.2.1 Test-Stakeholder identifizieren

Für das Testmanagement relevant sind Test-Stakeholder, also die Teilgruppe der Stakeholder des Projekts, die ein direktes oder indirektes Interesse an der Qualität des Produkts haben. Das Testmanagement muss die verschiedenen Test-Stakeholder identifizieren, ihre Ziele kennen und in der Lage sein, mit diesen die Testziele und das gesamte Testkonzept abzugleichen. Das kann Anforderungen an die Testbedingungen oder die Überdeckungskriterien betreffen, aber auch Anforderungen an den Testprozess selbst wie z. B. Berichtsinhalte und -formate, Eigenschaften von Testwerkzeugen oder Schnittstellen.

Allgemeine Test-Stakeholder

Die nachfolgende Liste fasst zunächst recht allgemein potenzielle Test-Stakeholder von IT-Projekten inklusive ihrer unterschiedlichen Interessen am Testen zusammen (s. [CTAL-TM 3.0 25]):

- **Entwickler, Entwicklungsleiter und Entwicklungsmanager:** Neben der Implementierung des Systems unter Test und dem Handeln aufgrund der Testergebnisse sind diese Stakeholder auch an den Komponententests beteiligt (bzw. sogar für sie verantwortlich) und tragen so zum Testprozess bei.
- **Tester, Testleiter und → Testmanager:** Diese Stakeholder bereiten Testmittel vor. Dazu gehören die Entwicklung von Testkonzept und die Mitwirkung am Testprozess durch Aktivitäten wie Anforderungsanalyse, Testentwurf, Testdurchführung, Fehlerverfolgung und -berichterstattung, Testautomatisierung und Berichterstattung bezüglich des Testfortschritts.
- **Projektmanager, Produktverantwortliche und Fachbereichsangestellte:** Sie spezifizieren die Anforderungen, definieren die gewünschte Qualität und empfehlen die erforderliche Überdeckung auf der Grundlage der wahrgenommenen Risiken. Sie reviewen auch Arbeitsprodukte, nehmen am Benutzerabnahmetest (*User Acceptance Testing*, UAT) teil oder treffen Entscheidungen auf der Grundlage von Testergebnissen.

- **Betriebsteam/DevOps:** Im Rahmen der betrieblichen Abnahmetests stellt es die Produktionsreife des Systems sicher und trägt zur Definition nicht-funktionaler Anforderungen bei.
- **Kunden und Benutzer:** Die Kunden kaufen bzw. lizenzieren das Produkt, während die Benutzer es direkt nutzen. Beide spielen eine wichtige Rolle bei der Definition der Anforderungen und sollen in die Benutzerabnahmetests (User Acceptance Testing, UAT) einbezogen werden, um zu validieren, ob das Produkt ihre Bedürfnisse erfüllt.

Je nach Projektart und Einsatzdomäne des Produkts sind oft weitere Test-Stakeholder zu berücksichtigen, z. B.:

- **Marketing und Vertrieb:** Verantwortlich für Vermarktung und Vertrieb, benötigen Wissen über die Software für eine erfolgreiche Positionierung am Markt.
- **Lieferanten und externe Dienstleister:** Liefern (Teil-)Produkte, Tools oder zusätzliche Kapazitäten, wodurch sie Einfluss auf Zeitplanung und Qualität haben können.
- **Compliance bzw. Datenschutzbeauftragter:** Stellen sicher, dass regulatorische Anforderungen erfüllt werden; die Nichteinhaltung kann gravierende Folgen haben.
- **Support bzw. Kundenservice:** Direkter Kontaktpunkt zum Endnutzer, wichtig für Feedback, Fehlerberichte und Verbesserungsvorschläge.
- **Finanzabteilung bzw. Controlling:** Überwachen Budget und Wirtschaftlichkeit, haben Einfluss auf Ressourcenfreigabe und Kosteneffizienz.
- **Training und Schulung:** Organisieren und bieten Schulungen für Anwender an, sorgen dafür, dass das Produkt effektiv genutzt werden kann.
- **Konkurrenten:** Beeinflussen die Marktpositionierung indirekt durch Einfluss auf die Wettbewerbssituation, dienen als Benchmark oder Antrieb für Innovationen. Sie werden oft als indirekte Stakeholder bezeichnet.

In agilen Projekten zählen oft die durch das agile Softwareentwicklungsmodell vorgegebenen Rollen als »projektinterne« Stakeholder, in Scrum z. B.:

- **Product Owner:** Vertritt die Interessen der nicht direkt im agilen Projekt positionierten Stakeholder, priorisiert Anforderungen und trifft wesentliche Produktentscheidungen.

- **Scrum Master:** Unterstützt das Entwicklungsteam bei agilen Methoden, fördert die Kommunikation und beeinflusst die Effizienz des Teams erheblich.
- **Entwicklungsteam:** Direkt verantwortlich für die Umsetzung und Qualität der Software, maßgeblich an Erfolg und Misserfolg beteiligt.

Beispiel: Stakeholder im TestMaster-Projekt

Im TestMaster-Projekt identifiziert das Team mit der Product Ownerin Lena Berger während der Ausarbeitung der Team-Charta folgende Stakeholder und etabliert ggf. mithilfe des Scrum Masters passende Kommunikationskanäle zu diesen:

- Die drei Teammitglieder mit Aufgaben wie Architektur, Entwurf, Implementierung und Komponententest sowie die beiden Teammitglieder mit speziellen Kompetenzen zur Testautomatisierung. Neben der Umsetzung aller Anforderungen haben diese Rollen das Ziel, einen für sie adäquaten Entwicklungsprozess auszuwählen und zu nutzen. Der Testprozess ist Teil dieses Prozesses bzw. hat Schnittstellen dazu, muss also kompatibel sein. Zudem benötigt das Team rechtzeitig Feedback aus dem Produkteinsatz und ggf. Unterstützung bei der Analyse von Fehlerberichten.
- Die Product Ownerin definiert die zu realisierenden Anforderungen, repräsentiert die dafür relevanten Stakeholder außerhalb des Teams und hat hohes Interesse an der schnellen und qualitativ hochwertigen Umsetzung der Anforderungen.
- Die Endanwender wünschen sich ein gut bedienbares und performantes System.
- Vertreter einiger Schlüsselkunden wirken bereits während der Entwicklung an der Erstellung und Validierung von User Stories und an der Durchführung funktionaler Tests mit und benötigen von den Testspezialisten im Team entsprechende Anleitung und Unterstützung.

Beispiel: Stakeholder im DiaFlow-Projekt

Im DiaFlow-Projekt identifiziert der Testmanager Thomas Lehmann während der Ausarbeitung des Testkonzepts folgende Stakeholder:

- Die Geschäftsleitung des Herstellers benutzt das System, um ihre Geschäftsziele damit zu realisieren. Daher benötigt sie vom Testmanager Informationen über die aktuelle im Test festgestellte Qualität und das verbleibende Restrisiko. Vom Produktmanager erhält sie Auswertungen der aktuellen Quartalsumsätze.
- Der Produktmanager von DiaFlow möchte mit dem System möglichst schnell und nachhaltig Umsatz machen. Für einen möglichst frühen und zugleich risikoarmen Releasetermin benötigt er vom Testmanager Informationen über das verbleibende Restrisiko.

- Der DiaFlow-Projektleiter will das Entwicklungs- und Testprojekt termin-, budget- und qualitätsgerecht abwickeln. Er benötigt aussagekräftige und zeitnahe Berichte über Testfortschritt und Testergebnisse.
- Der Produktsupport wird das System nach der Inbetriebnahme betreuen und dabei von den Anwendern gemeldete Probleme analysieren. Einige davon mögen sich als Softwarefehler herausstellen, die auch im Test gefunden wurden oder hätten gefunden werden können. Das Supportteam wünscht sich eine gemeinsame Wissensbasis und einen regelmäßigen Erfahrungsaustausch mit dem Testteam während der Weiterentwicklung des Systems.
- Die Zulieferer bestimmter Hardwarekomponenten fordern präzise Spezifikationen, Akzeptanzkriterien und Zeitpläne sowie Mengenangaben. Sie müssen nach [DIN 13485] zertifiziert sein.
- Externe und interne Auditoren fordern von den Risiken bis zu den Testfällen und -berichten verfolgbare Dokumente bzw. Arbeitsergebnisse.
- Benannte Stellen und Behörden verlangen den auditierbaren Nachweis über die Einhaltung der anzuwendenden Regularien.
- Für den Betrieb der DiaFlow-Update- und -Support-Plattform ist die IT-Tochter des Herstellers zuständig. Diese erwartet bei der Freigabe des Systems durch die Entwicklung den Nachweis der Betriebsfähigkeit, insbesondere die reibungslose Zusammenarbeit der entsprechenden Client- und Serverkomponenten des Systems mit der IT-Plattform und anderen darauf arbeitenden Systemen.
- Das medizinische Personal wünscht sich ein gut bedienbares und sicheres System. Darüber hinaus werden auch möglichst wenig Komplexität bei der Anwendung fortschrittlicher Behandlungsmethoden, eine Vereinfachung der Arbeitsprozesse und insbesondere der erhöhten Anforderungen an die Dokumentation der Behandlungen gefordert.
- Patienten wünschen sich neben einer effizienten Dialysemodalität des Geräts auch ein möglichst geringes Risiko z. B. durch Infektionen, Verunreinigungen, externem Blutverlust oder Blutgerinnung. Auch soll das Gerät schon beim ersten Anblick hohe Qualität und Vertrauenswürdigkeit ausstrahlen.

Die Identifikation und die Erstellung einer detaillierten Liste der Test-Stakeholder bildet die Basis für die zielgerichtete, kontextbezogene Einbettung des Testprojekts in das IT-Projekt. Auf dieser Basis muss das Testmanagement nun die Perspektiven, das Interesse und den Einfluss der verschiedenen Stakeholder berücksichtigen. Möglichkeiten dazu stellt der folgende Abschnitt vor.

3.2.2 Das Wissen der Stakeholder im Testmanagement

Abhängig von Projektgröße und -kontext sind sowohl die Anzahl an Stakeholdern als auch deren Relevanz für das Projekt teilweise sehr unterschiedlich. Die im folgenden Abschnitt vorgestellte Stakeholder-Matrix hilft dem Testmanagement, einen Überblick zu erhalten. In Abschnitt 3.2.4 geht es dann darum, diese Informationen zu nutzen, um die die Stakeholder adäquat in das Projekt einzubinden und erwartungsorientiert mit Informationen zu versorgen, um ihre unterschiedlichen Perspektiven im Projekt möglichst zielführend zu berücksichtigen.

3.2.3 Überblick verschaffen mit der Stakeholder-Matrix

Bereits Ende der 1970er-Jahre hatte A. L. Mendelow die Idee, die Stakeholder von Vorhaben wie z. B. dem Bau einer neuen Fabrik im Rahmen der strategischen Planung näher zu analysieren und nach unterschiedlichen Gesichtspunkten zu kategorisieren (s. [Mendelow1981]). Mögliche Kategorien und ihre Ausprägungen dabei sind z. B.:

- der Einfluss der Stakeholder auf das Vorhaben (gering bis hoch),
- ihre Haltung zu dem Vorhaben (negativ bis positiv, Opponent oder Proponent),
- ihre Meinung über das Vorhaben (festgelegt bis offen),
- ihre Beeinflussbarkeit durch die Verantwortlichen des Vorhabens (gering bis hoch),
- ihr Interesse an dem Vorhaben (gering bis hoch) oder
- die Art der für einen Stakeholder zu erwartenden zeitlichen Veränderung der jeweiligen Ausprägung (eher statisch bis sehr dynamisch).

Mendelow schlug in seinem Artikel vor, in einer Matrix alle Stakeholder bezüglich der zu erwartenden Art der zeitlichen Veränderung ihres Einflusses auf das Vorhaben zu positionieren. Er bezeichnete diese als »*power dynamism matrix*«. Aus der Position eines Stakeholders in dieser Matrix schloss Mendelow u. a., wie dieser über das Vorhaben zu informieren ist und wie regelmäßig die Informationen über ihn zu aktualisieren sind.

Stakeholder-Matrix: Einfluss vs. Interesse

Die heute hauptsächlich gebräuchliche und im Lehrplan vorgestellte → **Stakeholder-Matrix** ordnet die Stakeholder anhand der Ausprägung der beiden Kategorien »Einfluss« und »Interesse« ein (Abb. 3.1).

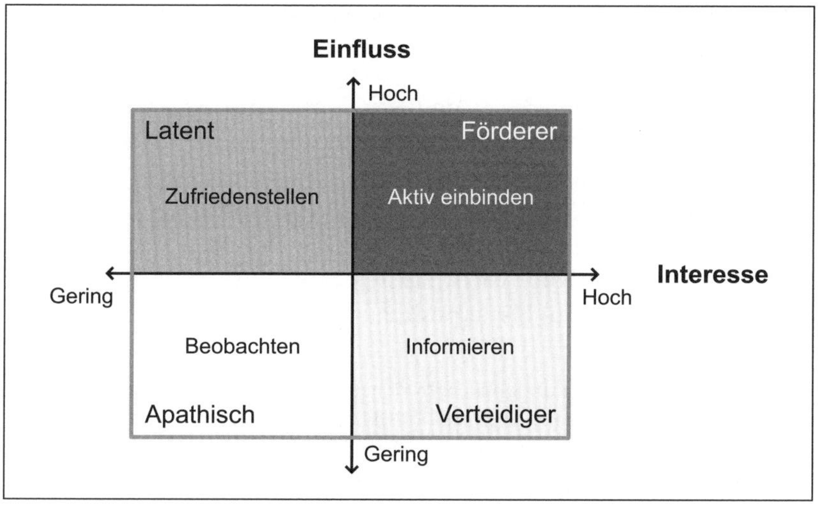

Abb. 3.1
Schema der Stakeholder-Matrix

Die Stakeholder-Matrix besteht aus vier Quadranten[1], die wie folgt im CTAL-TM charakterisiert werden:

- **Förderer** (hoher Einfluss, hohes Interesse): Sie sind wichtige Schlüsselpersonen mit hohem Einfluss und Interesse, die aktiv in die Gestaltung der Teststrategie und des Testkonzepts einzubinden sind.
- **Verteidiger** (geringer Einfluss, hohes Interesse): Sie geben oft qualitatives Feedback und können durch regelmäßige Updates der Informationen und Beteiligung an bestimmten Diskussionen eingebunden werden.
- **Latente** Personen (hoher Einfluss, geringes Interesse): Sie haben zwar kein großes Interesse an den täglichen Aufgaben, aber ihre Entscheidungen sind maßgeblich für die Ressourcenzuweisung und die Ausrichtung des Projekts auf höchster Ebene. Die von ihnen geäußerten Erwartungen müssen zufriedengestellt werden.
- **Apathische** Personen (geringer Einfluss, geringes Interesse): Sie sind zwar nicht eng eingebunden, aber wenn sie über wichtige Meilensteine auf dem Laufenden gehalten werden und ihre Meinung zu bestimmten Themen eingeholt wird, können dadurch einzigartige Erkenntnisse gewonnen werden.

1. Die im CTAL-TM verwendete zweistufige Einteilung des Einflusses und Interesses (Gering, Hoch) wird oft verfeinert in die drei Stufen (Gering, Mittel, Hoch), was eine Matrix mit 9 Feldern ergibt.

3.2.4 Erweiterungen und Nutzen der Stakeholder-Matrix

Neben der oben beschriebenen grundsätzlichen Berücksichtigung der beiden Kategorien »Interesse« und »Einfluss« ist es oft sinnvoll, in der Stakeholder-Matrix weitere Kategorien darzustellen. So können die in der Matrix dargestellten Stakeholder z. B. farblich oder mit bestimmten Symbolen gekennzeichnet werden. Eine solche erweiterte Stakeholder-Matrix könnte beispielsweise die Haltung der einzelnen Stakeholder zu dem Projekt anhand ihrer Farbe darstellen, von negativ (»Opponent«, rot), über neutral (grau) bis zu positiv (»Proponent«, grün).

> Menschen und Organisationen ändern sich, und aus Proponenten können Opponenten werden oder aus neutral eingestellten Stakeholdern aktive Befürworter. Daher stellen die Stakeholder-Analyse und die Stakeholder-Matrix immer nur einen »Schnappschuss« zu einem bestimmten Moment dar und sollen regelmäßig aktualisiert werden.

Die Stakeholder-Matrix hilft mit ihren Informationen dem Testmanagement dabei, Prioritäten bei der Einbindung von Stakeholdern zu setzen und Maßnahmen ihren Erwartungen entsprechend effizient einzusetzen. Sie ist daher als strategisches Werkzeug für das Testmanagement anzusehen (s. [CTAL-TM 3.0 25]):

- Sie macht das Fachwissen der Stakeholder für das Testmanagement nutzbar, indem z. B. Produktverantwortliche bzw. Product Owner und Personen aus dem Fachbereich sowie Endbenutzer und technische Teams aktiv eingebunden werden, um Feedback und Einblicke in die wahrgenommene Qualität wie z. B. Performanz und IT-Sicherheit zu erhalten.
- Sie unterstützt das Testmanagement beim Risikomanagement, indem sie die Interessen und den Einfluss der Stakeholder hervorhebt und so proaktive Bemühungen zur → **Risikominderung** und die gezielte Risiko-Kommunikation fördert (s. Unterkapitel 4.4).
- Sie fördert die Berücksichtigung unterschiedlicher Perspektiven und liefert wertvolles Feedback.

Als einfaches und pragmatisches Werkzeug unterstützt die Stakeholder-Matrix das Testmanagement somit bei der Identifizierung der Test-Stakeholder, der Analyse ihres Einflusses und ihres Interesses am Projekt bzw. Produkt. Sie ermöglicht es so, maßgeschneiderte Strategien für die Kommunikation und den Austausch mit den Stakeholdern zu entwickeln.

Beispiel: Stakeholder-Matrix im DiaFlow-Projekt

Im DiaFlow-Projekt hat der Testmanager Thomas Lehmann Kenntnis von zwei weiteren Stakeholdern erhalten:

- Der Stakeholder »Medizinisches Personal« muss weiter untergliedert werden, denn in einer Web-Befragung haben viele medizinische Fachangestellte die Befürchtung geäußert, durch ein zu gutes und fast vollautomatisches Dialysesystem ihre Anstellung zu verlieren. Thomas Lehmann legt einen zusätzlichen Stakeholder »Medizinisches Personal mit Arbeitsplatzsorgen« an.
- Als weiterer Stakeholder kommen Ärzte und Ärztinnen hinzu, die als Dialyse-Experten vor der Markteinführung des Produkts extern die klinische Bewertung nach der MDR[2] vornehmen.

Zur Ausarbeitung der Stakeholder-Matrix vervollständigt er alle Stakeholder mit einem Kürzel und kennzeichnet farblich ihre Haltung zum Projekt:

- **GL:** Die Geschäftsleitung des Herstellers hat hohen Einfluss und hohes Interesse am Projekterfolg. Da sie für das Projektportfolio verantwortlich ist, ist sie den einzelnen Projekten gegenüber eher neutral.
- **PM:** Der Produktmanager von DiaFlow hat hohen Einfluss und hohes Interesse am Projekterfolg und ist ein Befürworter.
- **PL:** Der DiaFlow-Projektleiter hat mittleren Einfluss und hohes Interesse am Projekterfolg und ist ein Befürworter, weil der Projekterfolg seine Hauptverantwortung ist.
- **PS:** Der Produktsupport wird das System nach der Inbetriebnahme betreuen und dabei von den Anwendern gemeldete Probleme analysieren. Er kümmert sich um alle Systeme des Herstellers und sein Einfluss und Interesse sind eher mittelmäßig.
- **HWZ:** Die Zulieferer bestimmter Standard-Hardwarekomponenten fordern präzise Spezifikationen, Akzeptanzkriterien und Zeitpläne sowie Mengenangaben. Da sie viele Kunden haben, ist auch ihr Einfluss und Interesse eher mittelmäßig.
- **IT:** Für den Betrieb der DiaFlow-Update- und -Support-Plattform ist die IT-Tochter des Herstellers zuständig. Da sie alle Systeme des Herstellers betreibt ist auch ihr Einfluss und Interesse eher mittelmäßig bis gering.
- **AUD:** Externe und interne Auditoren erwarten einen einfachen Zugriff auf alle Arbeitsergebnisse über die Verfolgbarkeit. Sie haben hohen Einfluss auf Prozesskonformität und Zertifizierungsfähigkeit durch Auditberichte und Abweichungen. Ihr Interesse am Produkt selbst ist eher gering.
- **BEN:** Benannte Stellen und Behörden verlangen die entsprechenden Nachweise und haben über ihre Entscheidung über Zulassung und Marktzugang hohen Einfluss, aber eher geringes Interesse am Produkt.

---

2. EU Medical Devices Regulation (EU MDR) 2017/745 ([URL: EU MDR], s. a. [Johner 21]).

- **MB1:** Das medizinische Bedienpersonal wünscht sich ein gut bedienbares und sicheres System. Da es Interesse an der Anwendung fortschrittlicher Behandlungsmethoden hat und sich eine Vereinfachung der Arbeitsprozesse und der Dokumentation der Behandlungen erhofft, hat es eher hohes Interesse. Sein Einfluss ist eher mittelmäßig bis gering.
- **MB2:** Medizinisches Personal mit Arbeitsplatzsorgen, wie MB1, aber (aktuell noch) Gegner des Projekts. Diese Teilgruppe hat mittleren bis höheren Einfluss und soll gezielt in → Usability-Tests und Workflow-Simulationen einbezogen werden, um Vertrauen aufzubauen und Ängste durch Transparenz zu verringern.
- **MKB:** Die in die klinische Bewertung des DiaFlow-Produkts eingebundenen Ärzte. Sie sind Schlüsselakteure im Validierungsprozess, da ihre Bewertung sowohl die Zulassungsfähigkeit als auch die Akzeptanz im Markt direkt beeinflusst, und haben daher recht hohen Einfluss. Ihr Interesse ist eher mittelmäßig.
- **PAT:** Patienten geben Feedback in den klinischen Tests. Sie haben eher hohes Interesse an einem guten und sicheren Produkt, aber nur geringen direkten Einfluss auf das Projekt.

Dann trägt er die Stakeholder in die Stakeholder-Matrix ein (s. Abb. 3.2).

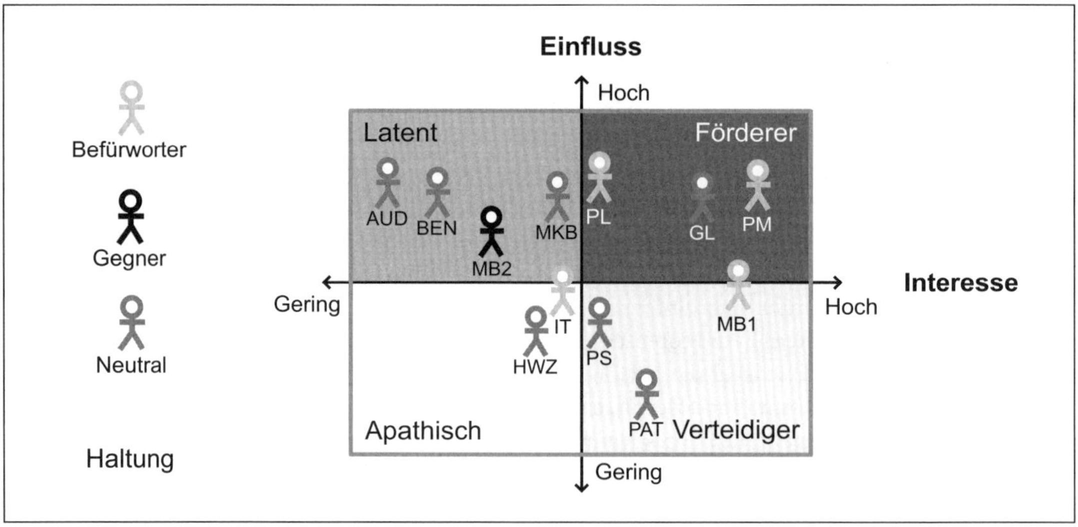

Abb. 3.2 *DiaFlow Stakeholder-Matrix*

Letztendlich erstellt Thomas eine strukturierte Übersicht über die Beziehung jedes Stakeholders im DiaFlow-Projekt zu den Testaktivitäten sowie passende Vorschläge für Stakeholder-spezifische Testberichte (s. Tab. 3.1).

Tab. 3.1 *DiaFlow-Stakeholder-Übersicht*

Stakeholder	Beziehung zu Testaktivitäten	Geeignete Testberichte und Berichtsinhalte
GL Geschäftsleitung des Herstellers	Nutzt Testergebnisse zur Beurteilung der Produktqualität im Kontext der Unternehmensziele.	Executive Summary mit: ▪ Qualitätsmetriken (z. B. Defektdichte, Testabdeckung) ▪ Status kritischer Risiken ▪ Freigabestatus ▪ Business Impact (z. B. Eintrittswahrscheinlichkeit für Haftungsrisiken)
PM Produktmanager von DiaFlow	Erwartet Aussagen über das verbleibende Restrisiko zur Bewertung der Marktreife.	Management Summary Report mit Fokus auf: ▪ Restrisikobewertung ▪ Abdeckung kritischer Anforderungen ▪ Freigabeempfehlung aus Testsicht ▪ Projektfortschritt vs. Markteinführung
PL Projektleiter DiaFlow	Benötigt zeitnahe und detaillierte Statusberichte, um Termine, Kosten und Qualität zu steuern.	Operativer Teststatusbericht (z. B. wöchentlich): ▪ Testfortschritt (geplant vs. durchgeführt) ▪ Fehlerstatus & -trends ▪ Blocker/Hindernisse ▪ Testressourcennutzung
PS Produktsupport	Interessiert an Fehlerhistorie und Wissensaustausch zur Verbesserung des Supports und Feedbackschleifen.	Fehlerklassifizierungsbericht/ Fehlerhistorie: ▪ Gefundene und nicht gefundene Fehlerarten ▪ Wiederauftretende Fehler ▪ Hinweise auf → Ursachenanalysen ▪ Vorschläge zur Dokumentationsverbesserung
HWZ Hardwarezulieferer	Bezieht sich auf Testaktivitäten zur Abnahme ihrer Komponenten nach spezifizierten Kriterien.	Abnahmetestbericht mit: ▪ Überdeckung der spezifizierten Anforderungen ▪ Ergebnisse spezifischer Komponententests ▪ Einhaltung von Normen (z. B. ISO 13485) ▪ Zeitplanrelevanz

→

Stakeholder	Beziehung zu Testaktivitäten	Geeignete Testberichte und Berichtsinhalte
IT IT-Tochter (Plattformbetrieb)	Erwartet Verifikation der Betriebsfähigkeit, insbesondere in Bezug auf Systemintegration.	Integrationstestbericht (Systemperspektive): ▪ Testergebnisse zur Client-Server-Kommunikation ▪ Kompatibilität mit Plattform und Fremdsystemen ▪ Belastungstests/Verfügbarkeitsnachweise
AUD Externe und interne Auditoren	Prüfen die Vollständigkeit, Nachvollziehbarkeit und Verknüpfung von Testartefakten (Risiken ⟶ Anforderungen ⟶ Testfälle ⟶ Ergebnisse). Kontrollieren die Umsetzung des Qualitätsmanagementsystems nach ISO 13485 / IEC 62304. Auditieren die Testmethodik und -werkzeuge im Hinblick auf regulatorische Konformität.	Dokumentationsübersicht (Auditpaket): ▪ Verfolgbarkeitsmatrix ▪ Liste aller Testartefakte, Testtools, Testverfahren ▪ Änderungshistorie und Konfigurationskontrolle ▪ Rollen und Verantwortlichkeiten ▪ Korrekturen, die aus früheren Audits resultieren.
BEN Benannte Stellen und Behörden	Bewerten das produktbezogenen Risikomanagement ISO 14971, das Softwaretestverfahren gemäß IEC 62304, Verlangen nach auditierbaren Testberichten und Validierungsnachweisen, nehmen Einblick in Änderungsverfolgung, Fehlermanagement, Versionierung, Akzeptanzkriterien etc.	Regulatorischer Testabschlussbericht: ▪ Übersicht über die durchgeführten Testaktivitäten ▪ Überdeckung regulatorischer Anforderungen ▪ Verweis auf relevante Normen ▪ Zusammenfassung der Restrisiken ▪ Akzeptanzkriterien Validierungsnachweis gem. IEC 62304 & MDR[a] ▪ Nachweis, dass Validierung der Software unter Berücksichtigung der Intended Use, Risikoanalyse und Gebrauchstauglichkeit erfolgt ist ▪ Dokumentation der Testumgebung, Testtools und deren Validierung
MB1 Medizinisches Bedienpersonal	Fokussiert auf Usability-Tests, Fehlervermeidung, Prozesssicherheit und Dokumentationsanforderungen.	Usability- und Anwendbarkeitstestbericht: ▪ Ergebnisse aus Usability-Tests ▪ Tests zu Fehlertoleranz und Prozessunterstützung ▪ Feedback aus Simulationen / Early Access

a. EU Medical Devices Regulation (EU) 2017/745 [URL: EU MDR].

⟶

Stakeholder	Beziehung zu Testaktivitäten	Geeignete Testberichte und Berichtsinhalte
MB2 Medizinisches Bedienpersonal mit Arbeitsplatzsorgen	Gezielt in Usability-Tests und Workflow-Simulationen einbeziehen, um Vertrauen aufzubauen und Ängste durch Transparenz zu verringern.	Sozialorientierter Usability-Report mit Fokus auf: - Unterstützung und nicht Ersetzung von Arbeitsprozessen - Betonung der Assistenzfunktion des Systems - Integration in bestehende Rollen - Konkrete Hinweise, wie durch das System Fehlerreduktion, nicht Personalabbau erzielt wird
PAT Patienten	Indirekte Beziehung über klinische Tests zur Sicherheit, Verlässlichkeit und Wirkung des Produkts.	Sicherheits- und Vertrauenswürdigkeitsbericht (für interne Kommunikation): - Ergebnisse von Risiko- und Usability-Tests - Qualitätseindruck (Design, Fehlerfreiheit) - Schutz vor typischen Gefährdungen (Infektion, Blutverlust etc.)

3.3 Testmanagement in hybriden Softwareentwicklungsmodellen

Dieser Abschnitt widmet sich den speziellen Anforderungen an das Testmanagement in hybriden Softwareentwicklungsmodellen. Zunächst geht es um Gründe, ein hybrides Softwareentwicklungsmodell einzusetzen (Abschnitt 3.3.1), und anschließend um Möglichkeiten des Testmanagements, diese zu unterstützen (Abschnitt 3.3.2).

3.3.1 Gründe für hybride Softwareentwicklungsmodelle

Ein → **hybrides Softwareentwicklungsmodell** ist »*eine Art von Softwareentwicklungslebenszyklus-Modell, das Elemente verschiedener solcher Modelle miteinander kombiniert*« [URL: ISTQB-Glossar]. Wie das Folgende zeigt, haben agile Methoden zur Softwareentwicklung wesentlichen Anteil am Aufkommen hybrider Modelle.

Agil ist etabliert …

Die agile Softwareentwicklung hat sich nach ihrer Einführung um die Jahrtausendwende (s. z. B. [Beck 99], [URL: Agiles Manifest]) heutzutage in der Softwarebranche fest etabliert. So ergaben z. B. die Antworten in einer der größten Umfragen zum Softwaretest im deutschsprachigen Raum einen stetigen Anstieg des agilen Vorgehens, von 2011, als 29 % der Befragten angaben, agil vorzugehen, über 2015, wo dies 43 % taten, bis 2020, als das agile Vorgehen mit 68 % bereits von einer großen Mehrheit verwendet wurde [URL: Softwaretest-Umfrage].

… passt aber nicht immer!

Es zeigt sich in der Praxis allerdings oft, dass bestimmte Faktoren des Projektkontexts die Anwendung agiler Methoden nach der »reinen Lehre« oft erschweren oder sogar unmöglich erscheinen lassen, sodass ein agiles eher zu einem hybriden Softwareentwicklungsmodell wird (s. [Kuhrmann 19]). Hierbei werden sowohl Elemente traditioneller sequenzieller Ansätze als auch agile Praktiken eingesetzt, um den spezifischen Projektanforderungen oder einem organisationsweiten Wandel gerecht zu werden. Dies bestätigte sich bei der Durchführung der o. g. Umfrage im Jahr 2024, in der auch die hybride Vorgehensweise einbezogen wurde. Es bekannten sich insgesamt 81 % der Befragten entweder zu dem agilen oder zu dem hybriden Vorgehen.

Daher oft hybrid!

Häufig erfolgt die Verwendung eines hybriden Softwareentwicklungsmodells aus einem der beiden folgenden Gründe:

- **Hybrid als Übergang zu Agile:** Der Übergang von einem eher traditionellen sequenziellen Vorgehen hin zu einem agilen Ansatz kann aufgrund der dafür erforderlichen grundlegenden Veränderungen der Arbeitsabläufe und der Kultur und Teamdynamik eine Herausforderung sein. Hybride Modelle erleichtern diesen Übergang durch einen ausgewogenen Ansatz, in dem die Struktur traditioneller Ansätze mit der Flexibilität agiler Praktiken kombiniert wird.
- **Hybride (Sonder-)Lösungen:** Manchen Organisationen oder Projekten ist es nicht möglich, auf ein agiles Vorgehen umzustellen. Projekte mit hohem Risiko erfordern möglicherweise für einige Artefakte sequenzielle Vorgehensweisen und für andere agile Praktiken. Diese Projekte können ein hybrides Modell verwenden, das für diesen Zweck maßgeschneidert ist. So antworteten ca. zwei Drittel der Teilnehmer an einer Umfrage zu den Gründen für ein hybrides Vorgehensmodell, dass der Hauptgrund die Anforderungen domänenspezifischer Standards sind, und ca. die Hälfte von ihnen gab an, dass es eine Kombination solcher Vorgaben mit den Besonderheiten der agilen Softwareentwicklung sind (Ergebnisse der HELENA-Studie, s. [Kuhrmann 19], [Kuhrmann 22]).

Die wichtigsten Motivationsfaktoren für die Implementierung eines hybriden Softwareentwicklungsmodells nach der bereits oben zitierten HELENA-Studie sind:

- **Projekt- oder Produktmanagement und Engagement:** Beispiele sind Verbesserung der Teamstabilität, Projekttyp, Produktlebenszyklusmanagement, Integration von Wasserfall- und Low-Level-Agile-Ansätzen, mangelnde Kundenbereitschaft (z. B. hinsichtlich Vertragsgestaltung oder Preisgestaltung), mangelndes Management-Buy-in und Angst vor Neuem.
- **Evolution und Pragmatismus:** Genannt wurden z. B. ständige Weiterentwicklung, schrittweiser Übergang des Unternehmens zur agilen Entwicklung, zunehmende Anzahl von Softwarekomponenten in komplexen Systemen und die Anforderungen des Alltags (»Es ergab sich von selbst« und »Wir machen, was funktioniert«).
- **Projektbetrieb und verbesserte Flexibilität:** Hier ging es u. a. um die Flexibilität von Teams und Ressourcen, Auswahl des am besten geeigneten Ansatzes, schnelle Weiterentwicklung von Produktfunktionen, Einhaltung von Terminen und besserer Umgang mit volatilen Anforderungen.
- **Kundenbeschränkungen:** Hauptsächlich mangelnde Bereitschaft und Verständnis für agile Entwicklung, Kundenzufriedenheit und Kundenanforderungen.
- **Unternehmensbeschränkungen:** Faktoren wie Unternehmensgröße, Fortführung des bestehenden Geschäfts, Unternehmensgeschichte und Unternehmensphilosophie.
- **Geschäftsbeschränkungen:** Genannt wurden der Geschäftskontext und die Anforderungen der Zieldomäne, z. B. Management, Standards und verschiedene zu adressierende Zieldomänen.

Die Gründe für ein hybrides Softwareentwicklungsmodell sind also vielfältig. Der nächste Abschnitt beschreibt, wie das Testmanagement hybride Vorgehensweisen unterstützen kann.

3.3.2 Unterstützende Aktivitäten des Testmanagements

Wie oben skizziert zielt die hybride Softwareentwicklung darauf ab, die Stärken der bislang verwendeten Modelle zu nutzen und ihre Schwächen abzumildern, je nach Kontext und Anforderungen des Projekts. So kann ein hybrides Softwareentwicklungsmodell beispielsweise ein sequenzielles Modell für die anfängliche Planungs- und Anforderungsanalysephase verwenden, gefolgt von einem agilen Modell für die Design-, Entwicklungs- und Testphase. In anderen Fällen kann ein hybrides Softwareentwicklungsmodell ein → **iteratives (Entwicklungs-)Modell** für das gesamte Projektmanagement nutzen, während für jede Iteration ein → **inkrementelles (Entwicklungs-)Modell** und für jedes Inkrement ein agiles Modell angewendet wird (s. [CTAL-TM 3.0 25], S. 15).

Abhängig vom aktuellen Kontext und den Gründen für den Einsatz eines hybriden Softwareentwicklungsmodells kann das Testmanagement mit folgenden Aktivitäten die Lage einschätzen und passend agieren:

- Zunächst ist das Verständnis und die Fähigkeit des Teams zu bewerten, nahtlos zwischen dem traditionellen (bisherigen) und dem agilen Vorgehen zu wechseln. Hier ist insbesondere die Frage wichtig, wie flexibel der Testaufwand bzw. die Testaktivitäten risikobasiert gemäß dem Entwicklungstand der aktuell umzusetzenden Anforderungen auf die Teststufen eingeteilt werden können.
- Auch wichtig ist die Identifizierung etwaiger Stärken und Schwächen bei der Anpassung an einen hybriden Ansatz. Hier geht es einerseits um das Kompetenzspektrum und die grundsätzliche Einstellung der Projektbeteiligten und andererseits um die Flexibilität und Anwendbarkeit der eingesetzten Methoden, Techniken und Werkzeuge im aktuellen Projektkontext.
- Um sicherzustellen, dass das Team in der Lage ist, strukturierte Prozesse mit agiler Flexibilität zu kombinieren, sind evtl. Schulungen oder ein Coaching sinnvoll. Der aktuelle Stand soll durch regelmäßige Prozessreviews bzw. Retrospektiven überprüft und unterstützt werden (vgl. Unterkapitel 6.5).
- Wichtig ist es auch, die Zusammenarbeit zwischen dem Testteam und den Stakeholdern zu stärken, um das Testen innerhalb von Sprints und dem traditionellen Testen besser zu verzahnen. Mit den im obigen Unterkapitel 3.2 besprochenen Ansätzen und Hilfsmitteln wie der Stakeholder-Matrix sind die entsprechenden Mitwirkungsmöglichkeiten und Informationsbedarfe für alle transparent und nachvollziehbar.
- Die Verfolgung und das Review von Tests und Testfällen innerhalb von Sprints hilft sicherzustellen, dass diese mit den agilen Praktiken übereinstimmen und z. B. entsprechend der → Testpyramide und den → Testquadranten gestaltet werden (s. Abschnitte 3.4.9 und 3.5.8).
- In größeren Projekten ist die Teilnahme an koordinierten Maßnahmen, wie z. B. dem Scrum of Scrums für Tester wichtig, um den Fokus auf das Testen beizubehalten und gleichzeitig zu den allgemeinen Entwicklungszielen beizutragen.

Hybride Entwicklungsansätze ermöglichen es Unternehmen unabhängig von Unternehmenstyp und Branche, von beiden Welten zu profitieren, indem sie Kunden und Management eine sichere Umgebung und der Entwicklung inklusive dem Test die erforderliche Flexibilität bieten.

Beispiel: Hybrides Vorgehen im DiaFlow-Projekt

In dem hybriden Softwareentwicklungsmodell von DiaFlow wird die Hardware nach einem Wasserfallmodell entwickelt, mit klar definierten Phasen: Planung, Hardwaredesign und -realisierung, Hardware-Software-Integration, Prototypenbau, klinische Validierung und Produktionsfreigabe. Die Softwareentwicklung folgt einem agilen Ansatz mit vierwöchigen Sprints.

Die agile Vorgehensweise ist vollständig in das Qualitätsmanagementsystem eingebettet und erfüllt die Anforderungen der DIN EN IEC 62304 [DIN 62304] (VDE 0750-101). Die Einhaltung regulatorischer Standards wird durch eine durchgängige Rückverfolgbarkeit (Risiken → Anforderungen → Tests, s. Abschnitt 5.3.5) und versionskontrollierte Dokumentation sichergestellt. Auditoren, benannte Stellen und Behörden erhalten vollständige, prüfbare Nachweise. Die Testaktivitäten orientieren sich an den Prozessen vom ISTQB® und den Teststandards ISO/IEC 29119, unter Berücksichtigung der Besonderheiten agiler Teams, wie in ISO/IEC TR 29119-6 [ISO 29119] empfohlen.

3.4 Testmanagementaktivitäten in den SDLC-Modellen

Damit das Testmanagement das Testen in den Kontext des in einem Projekt verwendeten → **Softwareentwicklungslebenszyklus** (SDLC) optimal einpassen kann, ist die Kenntnis verschiedener SDLC-Modelle (kurz: Entwicklungsmodelle) notwendig. Dieses Unterkapitel gibt dafür zunächst einen Überblick über die Grundlagen und Klassifikation von Entwicklungsmodellen (Abschnitte 3.4.1 und 3.4.2) und geht dann auf die Verbindungen zwischen Test und Entwicklungsprozess ein. Die darauffolgenden Abschnitte stellen dann einige konkrete Entwicklungsmodelle vor:

- Allgemeines V-Modell
- W-Modell
- V-Modell XT
- Iterativ-inkrementelle Vorgehensweisen
- Scrum und agile Praktiken des Extreme Programming (XP)

Mit diesen Kenntnissen kann das Testmanagement dann die Testaktivitäten auf die jeweiligen Entwicklungsaktivitäten abstimmen.

3.4.1 Modelle des Softwareentwicklungslebenszyklus

Für die Entwicklung von Softwaresystemen unter Gewährleistung einer geordneten Aufbau- und Ablauforganisation wurden viele Modelle für den Softwareentwicklungslebenszyklus vorgeschlagen (*software develop-*

ment lifecycle, SDLC, auch Softwareentwicklungsmodell bzw. Entwicklungsprozess[3]). SDLC-Modelle definieren Aktivitäten, die in der Softwareentwicklung durchgeführt werden, und ihre logischen und zeitlichen Verknüpfungen miteinander. Ziel aller Modelle ist eine systematische und strukturierte Vorgehensweise bei der Entwicklung und Pflege von Softwaresystemen.

Bestandteile der Modelle

Wichtige Bestandteile der SDLC-Modelle sind:

- die einzelnen Aktivitäten,
- die zu erzeugenden Arbeitsergebnisse,
- die zeitlichen und fachlichen Kriterien für den Übergang in die nächste Aktivität (Meilensteine, → Quality Gates),
- die Festlegung von Rollen und Verantwortlichkeiten sowie
- zu verwendende Methoden und Techniken, Richtlinien, Standards und ggf. Werkzeuge.

Je nach Entwicklungsprozess sind die jeweiligen Bestandteile verschiedenartig ausgeprägt und unterschiedlich detailliert beschrieben bzw. festgelegt. Auf einige der Modelle, bei denen das Testen oft einen sehr unterschiedlichen Stellenwert einnimmt, wird in diesem Kapitel näher eingegangen. Diese Auswahl ist weder repräsentativ noch vollständig, da es sehr viele Modelle für die Entwicklung von Softwaresystemen gibt. Für eine genauere Betrachtung einzelner Entwicklungsmodelle ist die entsprechende Literatur oder Internetseiten heranzuziehen. (z. B. [Broy 21], [Ludewig 23], [Liggesmeyer 09], [Spillner 24]).

3.4.2 Klassifikation der Modelle

Modelle des Softwareentwicklungslebenszyklus werden danach unterschieden, ob ein einmaliger sequenzieller Ablauf der einzelnen Aktivitäten vorgesehen ist, wie beim » allgemeinen V-Modell«[4] (s. Abschnitt 3.4.4), oder ob das zu entwickelnde System in Iterationen entsteht (s. Abb. 3.3).

---

3. Neben den genannten sind auch »Vorgehensmodell« oder »Prozessmodell« weitere sehr gebräuchliche Bezeichnungen.
4. Das »V-Modell« wird mit dem Zusatz »allgemeines« versehen, um es vom »Vorgehensmodell des Bundes und der Länder« (V-Modell XT, s. [URL: Virtualization], [URL: VDA], [URL: V-Modell XT]) zu unterscheiden, das in der deutschsprachigen Literatur oft ebenfalls als »V-Modell« bezeichnet wird.

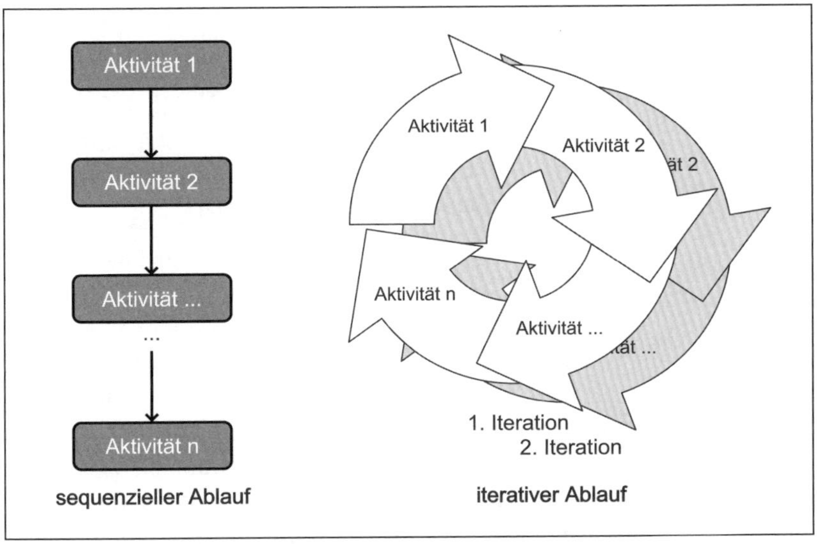

Abb. 3.3
Sequenzielle und iterative Systementwicklung

Sequenzielle Modelle

Zu den **sequenziellen Modellen** gehören das Wasserfallmodell und das allgemeine V-Modell (s. Abb. 3.4 und [Spillner 24], Unterkapitel 3.1). Ihnen gemeinsam ist die eher lineare Anordnung der Aktivitäten, die in der Regel für das gesamte System vollständig durchgeführt werden.

Die iterativen Modelle lassen sich weiter unterteilen in inkrementelle und agile Modelle (s. [Spillner 24], Unterkapitel 3.2).

Inkrementelle Modelle

Bei den **inkrementellen Modellen** werden die Anforderungen an das System möglichst vollständig erfasst und auch modelliert. Jedoch wird nur ein Teil der Anforderungen für das erste Inkrement berücksichtigt und implementiert. Der Kunde erhält frühzeitig ein einsatzfähiges System, allerdings mit eingeschränkter Funktionalität. In die nächste Ausbaustufe fließen die Erfahrungen des Kunden mit der vorherigen Ausbaustufe ein.

Der Unified Process (UP, s. Abschnitt 3.4.7) gilt als Musterbeispiel iterativ-inkrementeller Modelle. Er trägt allerdings sowohl Merkmale eines sequenziellen als auch eines inkrementellen Modells, da er Phasen (Konzeptualisierung, Entwurf, Konstruktion, Übergang) und zusätzlich Iterationen in einzelnen Phasen der Softwareentwicklung definiert.

Agile Modelle

Bei den agilen Modellen sind die Kernanforderungen des Kunden der Ausgangspunkt der Entwicklung. Liegt die erste Version vor, kann der Kunde aus der Nutzung dieser Version seine ergänzenden Wünsche und Anforderungen sowie Änderungsvorschläge für die nächste Ausbaustufe einbringen, wobei diese Vorgehensweise auch für weitere Produktversionen gilt. Vorteilhaft ist dabei, dass der Kunde in relativ kurzen Zeitabständen einsatzfähige Produkte erhält, wenn auch nur mit langsam und nicht wirklich planbar wachsendem Funktionsumfang.

Die derzeit populärsten agilen Vorgehensweisen sind Scrum (s. Abschnitt 3.4.8) und Kanban (s. z. B. [Linz 24], Unterkapitel 2.2), wobei beide oftmals durch agile Praktiken aus dem Extreme Programming (XP, s. Abschnitt 3.4.9) angereichert werden.

3.4.3 Testprozess und andere Bestandteile des SDLC

Enge Kopplung zum Entwicklungsprozess

Der Testprozess hat viele Verbindungen zu Aktivitäten der Entwicklung und Pflege von Softwaresystemen. Ein Ziel des Testens ist der Nachweis von auftretenden Fehlerwirkungen. Der Tester verfasst einen Fehlerbericht, der an die Entwicklungs- bzw. Wartungsabteilung weitergereicht wird. Die Fehlerursache wird dort ermittelt und eine entsprechende Korrektur wird durchgeführt. Danach ist erneut zu prüfen, ob die Fehlerwirkung beseitigt ist und keine neuen Fehlerwirkungen, verursacht durch die Korrektur, hinzugekommen sind. Ein weiterer Testzyklus wird durchgeführt. Die Beteiligten müssen dafür sorgen, dass Entwicklungs- (oder genauer Änderungs-) und Testprozess so aufeinander abgestimmt sind, dass es zu möglichst wenigen Reibungsverlusten kommt.

Ähnliches gilt für Änderungen während des Einsatzes des Systems. Liefertermine sind zwischen Entwicklungs- und Testmanager abzustimmen. Die Änderungen sind zu testen, bevor das geänderte System in Produktion gehen kann. Technische und Benutzerdokumentation sind anzupassen und rechtzeitig zum Test bereitzustellen. In vielen Fällen wird auch das Review der technischen Dokumentation als Bestandteil der Testaufgaben angesehen.

Verbindungen zum Anforderungsmanagement

Für den effizienten Test sind fachlich und technisch gut testbare Anforderungen wesentlich. Zur Testschätzung werden möglichst frühzeitig bereits detailliert spezifizierte Anforderungen benötigt, denn die meisten Schätzmethoden basieren auf der Kenntnis der Anforderungen (s. Kapitel 9). Auch die korrekte Spezifikation von Testfällen ist nur auf Basis der Anforderungen möglich. In den Erstellungsprozess der Anforderungen müssen daher Tester eingebunden werden: Testanalysten und technische Tester sollen aus ihren jeweiligen Perspektiven am Review der Anforderungen teilnehmen.

Dass sich die Anforderungen an ein Softwaresystem zu Beginn des Projekts vollständig festlegen lassen, widerspricht der Realität. Anforderungen bzw. das Verständnis und das Wissen über die erhobenen Anforderungen ändern sich während der Entwicklung. Dies hat selbstverständlich Einfluss auf den Testprozess. Es muss darauf geachtet werden, dass bei Änderungen der Anforderungen auch die entsprechenden Anpassungen der Testdokumente[5] vorgenommen werden. Ein »Auseinan-

5. [ISO 29119-3] bezeichnet die Dokumente als *test documents*. In der [ISO 12207] ist der Begriff weiter gefasst: *life cycle data* (bzw. *information item*).

derlaufen« der Dokumente ist unbedingt zu vermeiden; denn sonst existieren für geänderte oder neue Anforderungen keine Testfälle bzw. es werden Tests durchgeführt, die nicht mehr relevante Anforderungen prüfen. Voraussetzung hierfür ist die Rückverfolgbarkeit (s. Abschnitt 5.3.5) von Anforderungen zu den entsprechenden Stellen in den Testdokumenten. Somit unterliegen nicht nur die Entwicklungs-, sondern auch die Testdokumente einem → Änderungsmanagement.

Konfigurationsmanagement

Bei der Entwicklung und Pflege von Softwaresystemen entstehen unterschiedliche Versionen und Konfigurationen mit den entsprechenden Testmitteln. Es liegt auf der Hand, dass sich das Konfigurationsmanagement auch auf die Testmittel, also alle Testdokumente und -werkzeuge, beziehen muss. Entsprechende Konzepte sind vom Testmanager auszuarbeiten.

Auf der anderen Seite ist es ratsam, mit aus der Entwicklung gelieferten Konfigurationen defensiv umzugehen, d. h. beispielsweise die Einhaltung der Versionskontrolle vor der Testdurchführung sicherzustellen und Tests zur → Verifizierung von gelieferten Softwareversionen im Rahmen eines → **Smoke-Tests** einzuplanen. Ein Smoke-Test ist eine Testsuite, die die Hauptfunktionalität einer Komponente oder eines Systems überdeckt, um vor Beginn der geplanten Testausführung festzustellen, ob die Komponente oder das System ordnungsgemäß funktioniert.

Projektmanagement

Das Testmanagement muss sich regelmäßig und rechtzeitig mit dem Gesamtprojektmanagement sowie den Leitungen anderer Teilprojekte (z. B. Entwicklungsprojekt, Dokumentationsprojekt) über Termine, Ressourcenbedarf und Planänderungen abstimmen. Zudem liefert das Testmanagement anderen Entwicklungsbeteiligten Feedback zur Qualität des Systems.

Technischer Support

Mit dem technischen Support muss eine beiderseitige Kommunikation bekannter offener Fehler und Workarounds stattfinden. Insbesondere aus der Analyse von Problemen im Feld entsteht ein hohes Potenzial für die Optimierung der Tests.

Generischer und spezifischer Testprozess

Durch die notwendige enge Verzahnung zwischen Testprozess und Entwicklungs- und Wartungsprozess sind entsprechende Anpassungen am Testprozess vorzunehmen, um ein optimales Zusammenwirken der Prozesse zu erreichen. In diesem Zusammenhang wird auch vom generischen Testprozess gesprochen, der sich relativ flexibel an die jeweiligen Aktivitäten des verwendeten Entwicklungs- und Wartungsprozesses anpassen lässt.

Wahl des Entwicklungsprozesses

Im folgenden Abschnitt werden einige Prozessmodelle vorgestellt, wobei der Schwerpunkt der Darstellung auf den Schnittstellen zum Testprozess liegt. Für das Testmanagement spielt das verwendete Entwicklungsmodell eine entscheidende Rolle, da damit auch festgelegt wird – wenn auch indirekt –, welchen Stellenwert der Testprozess im

Entwicklungsprozess erhält. Meist hat das Testmanagement keinen oder nur einen sehr geringen Einfluss auf die Wahl des Entwicklungsprozesses.

3.4.4 Allgemeines V-Modell

Das → **sequenzielle Entwicklungsmodell** »V-Modell« ist eine Erweiterung des Wasserfallmodells (s. [Boehm 79], [ISO 12207]). Grundidee dieses Modells ist, dass Entwicklungsarbeiten und Testarbeiten aufeinander abzustimmende, gleichberechtigte Tätigkeiten sind. Da Fehler am einfachsten auf derselben Abstraktionsstufe gefunden werden, auf der sie entstanden sind, werden den auf dem linken Ast befindlichen Spezifikations- bzw. Konstruktionsschritten auf dem rechten Ast die korrespondierenden **Teststufen** zugeordnet (s. Abb. 3.4). Im Modell wird die Qualitätssicherung betont, denn Verifikation und Validierung geben dem Modell (neben der grafischen Anordnung) den Namen »V-Modell«.

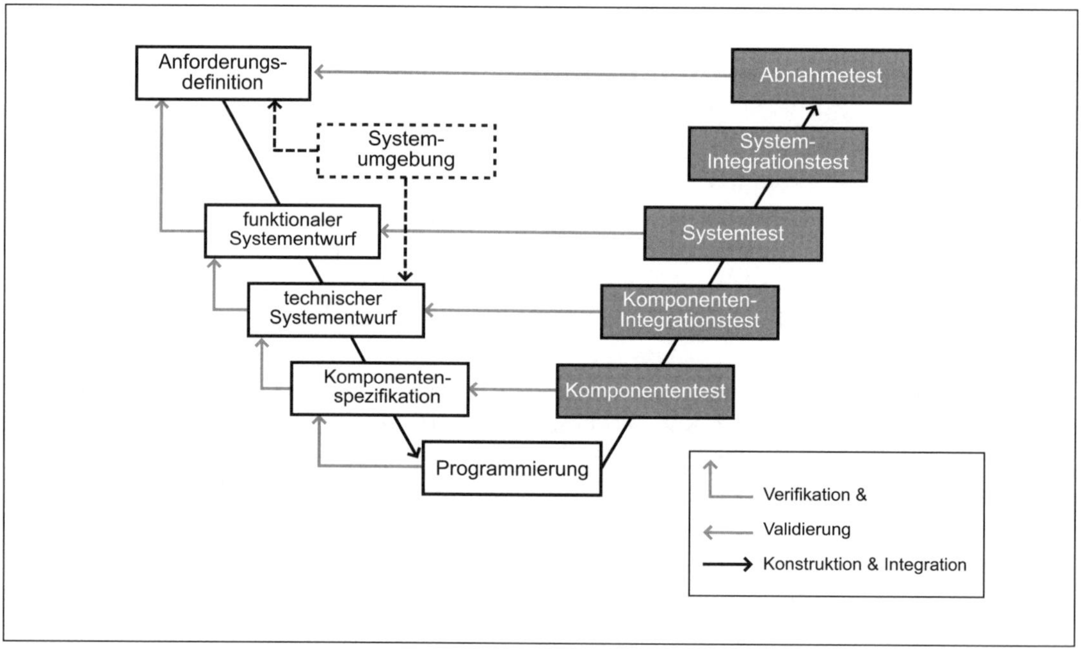

Abb. 3.4 *Allgemeines V-Modell*

Anforderungsdefinition

Ausgangspunkt für die Entwicklung von Softwaresystemen ist die Definition der Anforderungen. In ihr werden die Wünsche und Anforderungen des Kunden und der späteren Anwender dokumentiert. Zweck, Leistungsmerkmale und Qualitätsforderungen des zu entwickelnden Systems müssen aus den Anforderungen hervorgehen. Das Dokument dient als

Grundlage für alle weiteren Aktivitäten der Entwicklung, insbesondere für den funktionalen Systementwurf. Das Anforderungsdokument ist ebenfalls Grundlage für die Spezifikation der Abnahmetestfälle. Die Anforderungen müssen so präzise formuliert sein, dass sich Testfälle ableiten lassen.

Systemumgebung

Die Spezifikation der Systemumgebung beinhaltet alle Anforderungen. Im linken Zweig ist die Systemumgebung als konstruktives Gegenstück für die Teststufe Systemintegrationstest strichliert eingezeichnet. Diese ist insbesondere bei der Erstellung der Anforderungsdefinition und des technischen Systementwurfs zu berücksichtigen, was die strichlierten Pfeile anzeigen.

Funktionaler Systementwurf

Beim funktionalen Systementwurf werden auf Grundlage der Anforderungen die Funktionen und Dialogabläufe des zu entwickelnden Systems spezifiziert. Die dabei entstehende Dokumentation wird von den Testern zur Erstellung der funktionalen Systemtestfälle und zum Test der Benutzungsoberflächen benötigt, bevor das System dem Abnahmetest durch den Kunden unterzogen wird.

Technischer Systementwurf

Im technischen Systementwurf werden die Schnittstellen zur Systemumgebung definiert und die Zerlegung des Systems in überschaubare Teilsysteme sowie deren Schnittstellen und Zusammenspiel vorgenommen. Beim Systemintegrationstest werden diese Informationen verwendet, um die Schnittstellen zwischen den Teilsystemen ausreichend testen zu können und um die Systemumgebung zu simulieren.

Komponentenspezifikation

Die Spezifikation der Komponenten beinhaltet das Verhalten und den inneren Aufbau bzw. Ablauf innerhalb der Komponente. Diese Informationen sind sowohl für die Programmierung als auch für den Test der Komponenten erforderlich.

Teststufen

Den Zusammenhang zwischen den Teststufen und den Entwicklungsschritten verdeutlicht Abbildung 3.4 durch die horizontal von rechts nach links verlaufenden Pfeile. Die Validierungstätigkeiten auf dem rechten Ast beginnen, sobald die korrespondierende konstruktive Tätigkeit auf dem linken Ast beginnt. So werden z. B. (abstrakte) Testfälle für den Abnahmetest bereits mit der Anforderungsdefinition festgelegt.

3.4.5 W-Modell

Im allgemeinen V-Modell wird Testen explizit in einzelnen Teststufen dargestellt und die Testfälle werden auf Grundlage der korrespondierenden Entwicklungsaktivitäten und der dabei erstellten Dokumente erarbeitet. Die Testfälle sollen spezifiziert werden, wenn die zugehörigen Anforderungs- und Entwurfsspezifikationen vorliegen. Leider wird dieser Sachverhalt aus der grafischen Darstellung des V-Modells (s. Abb. 3.4) nicht deutlich.

W-Modell

Ein Modell, das die Parallelität von Test- und Entwicklungsprozess veranschaulicht und das Vorgehen beim allgemeinen V-Modell verdeutlicht, ist das W-Modell (s. Abb. 3.5, [Spillner 24], [Spillner 05]). Die testvorbereitenden Aktivitäten werden parallel zu den Definitions- und Spezifikationsaktivitäten der Entwicklung durchgeführt. Unter den vorbereitenden Aktivitäten sind alle Aktivitäten des Testprozesses zu verstehen, die vor Durchführung der Testfälle auszuführen sind, also Testplanung, Testanalyse und Testentwurf sowie Testrealisierung (vgl. Unterkapitel 1.1). Die rechte Seite des W-Modells wird ebenfalls in unterschiedliche Aktivitäten aufgeteilt: Testdurchführung und → Debugging.

Testen und Debugging

Oft wird Testen und Debugging miteinander vermengt, obwohl es unterschiedliche Aufgaben sind, die von unterschiedlichen Personen(gruppen) zu erledigen sind. Der Test ist im engeren Sinne für die Testdurchführung, die Testprotokollierung und die Auswertung verantwortlich. Entdeckte Fehlerwirkungen sind der Entwicklung zu melden, deren Aufgabe es ist, durch Debugging die Fehlerursachen bzw. Fehlerzustände zu ermitteln und für deren Beseitigung zu sorgen. Ein Fehlernachtest durch den Test muss dann nachweisen, dass die Fehlerwirkungen nicht mehr auftreten und dass keine neuen Fehlerwirkungen durch die Änderungen bzw. Korrekturen von der Entwicklung hinzugekommen sind. Oft entstehen so Zyklen, die im W-Modell ebenfalls explizit dargestellt werden.

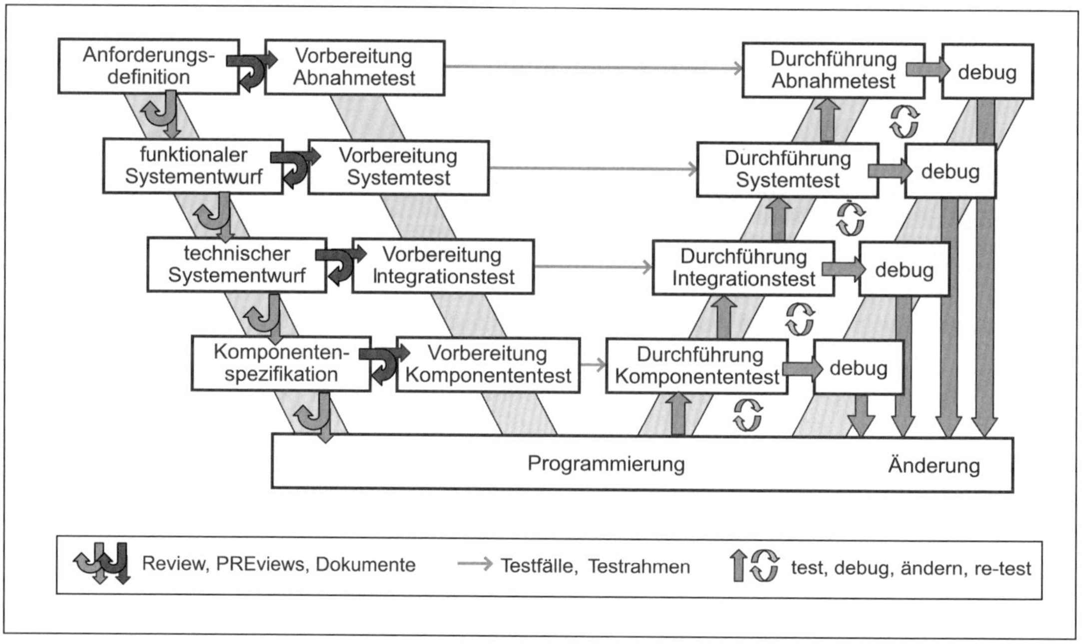

Abb. 3.5 *W-Modell*

Es wird auch deutlich, dass Änderungen ein »Zurückfallen« auf die Programmierebene beinhalten. Nach Fertigstellung der Änderungen ist ein »erneuter Aufstieg« erforderlich, der Zeit und Ressourcen beansprucht. Testmanagern ist dieser Umstand bekannt, Projektleitern kann die gewählte Darstellung des W-Modells klarmachen, dass Testen keine einmalige Aktivität in der Softwareentwicklung ist, wie es einige der vorgestellten Prozessmodelle möglicherweise suggerieren, sondern zyklisch wiederholt wird.

Sicherlich werden bei der Testdurchführung auch Entwurfs- oder Spezifikationsmängel festgestellt. Ein »Sprung« vom rechten in den linken Ast ist erforderlich, um die entsprechenden Fehler in den Dokumenten zu verbessern, gefolgt vom »erneuten Durchlaufen« des W mit entsprechender Anpassung aller anderen betroffenen Dokumente. Zur besseren Übersichtlichkeit ist dieser Sachverhalt im Modell nicht grafisch dargestellt.

PREviews

Im W-Modell ist das Testpersonal ab dem Start des Projekts an der Entwicklung beteiligt. Es arbeitet sich beispielsweise in die Anforderungen ein, um die entsprechenden Abnahmetestfälle spezifizieren zu können. Nach dem W-Modell sollen Fragen in Bezug auf den Abnahmetest bereits beim Review der Anforderungen gestellt werden. Die Anforderungen werden beim Review somit zum einen im Hinblick darauf analysiert, ob die Dokumente in ausreichender Qualität vorliegen, um den nächsten Entwicklungsschritt zu beginnen (in dem Fall die funktionale Spezifikation). Zum anderen wird auch geprüft, ob die Anforderungen präzise genug sind, um die entsprechenden Abnahmetestfälle spezifizieren zu können. Da dies ein Blick in die Zukunft – die Durchführbarkeit des Abnahmetests – ist, kann diese Prüfung auch als » → PREview« bezeichnet werden (s. a. [Spillner 04]).

Entsprechende PREviews sind auch auf den folgenden Stufen der Entwicklung durchzuführen. Durch die Teilnahme des Testpesonals an den PREviews werden die Dokumente mit Testfachwissen analysiert. Negative Auswirkungen auf den Test, beispielsweise ein hoher Testaufwand für eine komplexe Schnittstelle zwischen zwei Teilsystemen, können frühzeitig erkannt werden und zu entsprechenden Änderungen führen (sofern dies möglich ist).

Testfälle als zusätzliche Entwicklungsspezifikation

Ein weiterer Vorteil der PREviews liegt darin, dass Testanalyse und Testentwurf parallel zur Entwicklung stattfinden können und somit auch Testfallspezifikationen frühzeitig entstehen. Diese können für die weitere Entwicklung als zusätzliche Dokumente dienen, aus denen präzise Informationen, z. B. über die geforderte Funktionalität, entnommen werden können, bzw. in der → testgetriebenen Entwicklung (*test-driven development*, TDD). Neben den eigentlichen Entwicklungsdokumenten liegt somit eine zusätzliche Dokumentation für den gleichen

Sachverhalt vor. Dadurch können Ungenauigkeiten präzisiert und Unklarheiten geklärt werden, was zur Vermeidung von Fehlern führt.

Testmanager

Eine Einteilung der Aufgaben des Testmanagements bietet sich beim W-Modell an. Für den gesamten Prozess und für die einzelnen Teststufen sollen bei großen Projekten jeweils eigene Testmanager benannt werden. Dem Gesamtmanagement obliegt die Koordination der einzelnen Aktivitäten, wohingegen das Management der einzelnen Teststufen für die »innere« Koordination auf der jeweiligen Stufe verantwortlich ist. Je nach Stufe sind unterschiedliche Prüf- und Testverfahren auszuwählen und deren vereinbarte Anwendung und Intensität zu kontrollieren.

3.4.6 V-Modell XT

Das »Vorgehensmodell des Bundes und der Länder«, oft auch verkürzt als V-Modell bezeichnet, wurde erstmals 1992 publiziert und 1997 grundlegend überarbeitet. Das 2005 eingeführte aktuelle Modell mit der Bezeichnung » V-Modell XT« steht mittlerweile in der Version 2.4 zur Verfügung. Der Namenszusatz »XT« bedeutet »eXtreme Tailoring« und weist auf die im Modell vorgesehene Anpassbarkeit an den Kontext des jeweils durchzuführenden Projekts hin (s. [Höhn 08], [URL: V-Modell XT]).

Wer, wann, was?

Im Modell wird festgelegt, »wer wann was« in einem Projekt zu tun hat. Aktivitäten (Tätigkeiten) und Produkte (Ergebnisse), die während der Entwicklung von Systemen durchzuführen bzw. zu erstellen sind, werden ebenso definiert wie die Verantwortlichkeiten jeder am Projekt beteiligten Person. Zielsetzung sind auch hier, wie bei allen anderen Prozessmodellen, die Minimierung der Projektrisiken, die Erhöhung der Qualität der (Teil-)Produkte, die Eindämmung der Kosten und die verbesserte Kommunikation zwischen allen Beteiligten.

Beim V-Modell XT sind zwei Punkte besonders hervorzuheben:

- Das Tailoring, die Anpassung des Modells an ein konkret durchzuführendes Projekt, und
- die explizite Einbindung des Kunden in die Projektplanung und Durchführung.

Tailoring

Das Tailoring schafft die Möglichkeit, das Modell für verschiedene Projektkonstellationen zuzuschneiden. Das V-Modell XT ist somit ein generischer Standard, der an die jeweiligen Projektbedingungen angepasst werden kann. Ein Werkzeug zur Unterstützung des Tailorings, der Projektassistent für das V-Modell XT, ist frei verfügbar. Anhand einer Liste von vorgegebenen Projektmerkmalen (z. B. Safety und Security) wird das durchzuführende Projekt zu Beginn charakterisiert. Wichtige Merkmale sind der Projektgegenstand und die Projektrolle.

Projektgegenstand

Gegenstand des Projekts kann ein zu erstellendes System oder auch ein zu verbessernder organisationsweiter Prozess sein. Damit unterscheidet sich das V-Modell XT von den bisherigen Modellen, die sich ausschließlich auf die Erstellung von Systemen beziehen. Modelle zur Prozessbewertung und Verbesserung werden in Kapitel 6 beschrieben.

Projektrolle

Auftraggeber oder Auftragnehmer nehmen die Projektrolle ein und somit die Position, die das Projekt gegenüber anderen Projekten hat. Je nachdem, welche Rolle eingenommen wird, sind spezifische Sichtweisen auf das Entwicklungsprojekt gegeben, verbunden mit einer Reihe von definierten Projektaufgaben.

Vorgehensbausteine

Für jeden möglichen Projekttyp, der sich aus dem Gegenstand und der Rolle ergibt, stellt das Modell mindestens eine Durchführungsstrategie sowie obligatorische und fakultative Vorgehensbausteine zur Verfügung. Damit ist das Modell sehr flexibel anpassbar, da es die Möglichkeit eröffnet, sich das zum Projekt passende Modell aus einzelnen Bausteinen »zusammenzubauen«.

Projekttypen

Folgende drei Projekttypen werden im V-Modell XT beschrieben:

- Systementwicklung eines Kunden: Diese umfasst die Erstellung einer Ausschreibung und die Auswahl des Auftragnehmers. Der Auftragnehmer entwickelt das System, liefert es aus, und der Kunde nimmt das System ab.
- Systementwicklung eines Auftragnehmers: Im Projektverlauf erfolgt die Angebotserstellung und bei Übernahme des Auftrags die Entwicklung des Systems.
- Einführung und Pflege eines organisationsspezifischen Vorgehensmodells: Ein Rahmen für ein organisationsweites → Qualitätsmanagement wird vom V-Modell XT bereitgestellt. Dabei wird zwischen erstmaliger Einführung einer Prozessbeschreibung und der wiederholten Durchführung von Prozessverbesserungsprogrammen unterschieden.

Bei jeder Systementwicklung sind die beiden ersten Projekttypen gegeben. Beide sind nicht separat zu betrachten, sondern sie sind über eine sogenannte Auftraggeber/Auftragnehmer-Schnittstelle eng miteinander verbunden. Im V-Modell XT werden die jeweils angepassten Projektdurchführungsstrategien und die standardisierten Schnittstellenprodukte, die zwischen den Projekten ausgetauscht werden, zur Verfügung gestellt.

30 Rollen, aber kein Testmanager

Das Modell bietet eine Vielzahl von Informationen zur Anpassung, zu Rollen, Produkten (inkl. Vorlagen) und Aktivitäten. So sind beispielsweise mehr als 30 unterschiedliche Rollen[6] definiert, aber keine

6. Ausführliche Beschreibungen zu den Rollen sind in der Onlinedokumentation [URL: V-Modell XT] zu finden.

explizite für das Testmanagement. Für den Testprozess relevante Rollen sind: Prüfer (Tester), QS-Verantwortlicher und Qualitätsmanager. Durch die Verteilung der Aufgaben des Testmanagements auf mehrere Rollen ergibt sich auch kein separater Testprozess. Bei den einzelnen Tätigkeiten wird allerdings deutlich, dass die Testaktivitäten frühzeitig beginnen und einen angemessenen Stellenwert im Gesamtprozess einnehmen. Auch sind für die Durchführung eines reibungslosen Testprozesses alle notwendigen Dokumente im V-Modell XT aufgelistet.

3.4.7 Iterativ-inkrementelle Vorgehensweisen

Ein → **iteratives Entwicklungsmodell** ist eine Art von SDLC-Modell, bei dem die Komponente oder das System durch eine Serie von wiederholten Zyklen entwickelt wird. Ein → **inkrementelles Entwicklungsmodell** hingegen sieht vor, dass die Komponente oder das System über eine Serie von Inkrementen entwickelt wird.

Oft werden iterative und inkrementelle Entwicklungsansätze kombiniert, sodass die Komponente oder das System mit wiederholten Entwicklungszyklen über eine Serie von Inkrementen, d. h. kleinen oder größeren Ergänzungen und/oder Änderungen, erstellt (und geliefert) wird.

Als eines der ersten iterativ-inkrementellen Entwicklungsmodelle gilt der »Unified Software Development Process«, kurz »Unified Process« (UP). Mit dem UP sollen objektorientierte Systeme unter der Verwendung von UML (Unified Modeling Language) entwickelt werden (s. Abb. 3.6[7]).

Aktivitäten

Der UP gliedert sich in vier Phasen, die den zeitlichen Verlauf eines Projekts unterteilen: Konzeptualisierung (Inception), Entwurf (Elaboration), Konstruktion (Construction) und Übergang (Transition). Diese sind ihrerseits wieder in mehrere Iterationen aufgeteilt. Jede Iteration produziert in der Regel eine ausführbare, getestete (Vor-)Version und fügt dabei der Funktionalität der vorherigen Version ein Inkrement hinzu.

Die neun Aktivitäten (Workflows[8]) werden in Prozessaktivitäten (Geschäftsprozessmodellierung, Anforderungen, Analyse & Entwurf, Implementierung, Test und Verteilung) und in Unterstützungsaktivitäten (Konfigurations- & Änderungsmanagement, Projektmanagement und Entwicklungsumgebung[9]) unterteilt. Abbildung 3.6 verdeutlicht den Zusammenhang zwischen den Phasen mit ihren Iterationen und den Aktivitäten mit ihren jeweiligen Aufwänden in den einzelnen Phasen. Fast alle Aktivitäten erstrecken sich über alle Phasen, allerdings mit unterschiedlicher Intensität.

---

7. Abbildung in Anlehnung an [Kruchten 99].
8. Disciplines ist ebenfalls eine häufig verwendete Bezeichnung.
9. Deutsche Begriffe übernommen aus [Kruchten 99].

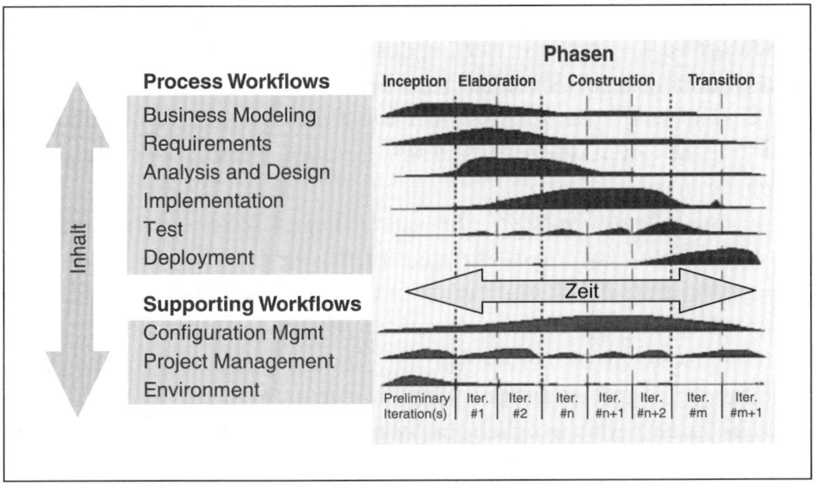

Abb. 3.6
UP – Unified Process

Testaktivität

Die Testaktivität beginnt im UP bereits in der Konzeptualisierung mit der Testplanung und somit frühzeitig im Projekt. Die Testaktivität (s. [Kruchten 99], Kap. 12) ist so gestaltet, dass Tests nie alle auf einmal durchgeführt werden. Es wird zwischen Unit-, Integrations-, System- und Abnahmetests unterschieden. Die Teststufen aus dem V-Modell finden sich hier wieder.

Unterschiedliche Tests

Neben den Teststufen werden im UP auch folgende Testarten unterschieden: Benchmarktest, Konfigurationstest, Funktionstest, Installationstest, Integrationstest, Auslastungstest, Performanztest, Stresstest und Regressionstest. Im Testmodell wird dargestellt, was alles getestet werden soll. Es beinhaltet eine Auflistung aller Testfälle, Testprozeduren, Testskripte und erwarteten Testergebnisse.

Als beteiligte »Worker« werden bei der Aktivität Test der Testdesigner, der Tester, der Systemtester, der Performanztester und der Integrationstester genannt. Die wesentlichen Artefakte (Dokumente) sind das Testkonzept, das Testmodell, ein Auslastungsmodell für den Performanztest und die Dokumentation der Fehler.

Testen im RUP

Wie die Aufzählung zeigt, wird dem Testen im UP eine wichtige Bedeutung zugemessen. Leider wird die Verzahnung der Entwicklungs- und Testaktivitäten nicht deutlich. So findet sich in [Kruchten 99] in Abschnitt 16.3 auf S. 213 zur Erstellung eines Architekturprototyps (Entwurf, 1. Iteration) nur folgender Abschnitt zum Test:

»**Test: Planung von Integrations- und Systemtests.** Der Testdesigner plant die System- und Integrationstests. Dazu wählt er messbare Testziele aus, die die Architektur betreffen. Diese Ziele können sich beispielsweise in der Fähigkeit ausdrücken, ein Use-Case-Szenario mit einem bestimmten Antwortzeitverhalten oder einer bestimmten Systembelastung auszuführen. Der Testdesigner ermittelt ebenfalls die Testfälle und Testprozeduren (Artefakt: Testplan).«

Im weiteren Verlauf finden sich in [Kruchten 99] auf S. 215 ff. in Abschnitt 16.4 »Implementierung des Systems« als letzte Iteration vor dem Übergang mehr Aussagen zum Testen, allerdings gehen die Angaben ebenso wenig auf Details oder die Zusammenhänge mit der Entwicklung ein. Zum Integrationstest steht dort folgende sehr allgemeine Beschreibung:

»**Test: Integrationstest.** Die zuvor entwickelten Testprozeduren werden vom Integrationstester ausgeführt. Der Integrationstester führt Integrationstests durch und berichtet über die Ergebnisse. Sobald unerwartete Ergebnisse auftauchen, werden die Fehler festgehalten.«

Testmanager

Die vergleichbaren Aufgaben des Testmanagements obliegen dem Test Engineer und erstrecken sich über den gesamten Entwicklungsprozess. Er ist verantwortlich für folgende Artefakte: Test Model, Test Case, Test Procedure, Test Evaluation und Test Plan.

Die Firma IBM bietet eine ganze Palette von Werkzeugen für den Entwicklungs- und Testprozess zur Unterstützung der entsprechenden Tätigkeiten an.

3.4.8 Scrum

Scrum gilt mittlerweile fast als Synonym zu agilem Vorgehen in der IT. Allerdings ist Scrum kein vollständiges Softwareentwicklungsmodell, sondern ein Rahmenwerk zur Abwicklung von Projekten. Aufgrund seiner Verbreitung und vordergründigen Einfachheit wird Scrum oft zum Einstieg in das agile Arbeiten verwendet. Es stellt die Erzeugung eines Produkts in Iterationen in den Mittelpunkt, die durch eine regelmäßige Abfolge gleich langer Iterationen, sogenannter »Sprints«, erzeugt werden.

Durch das am Ende jedes Sprints stattfindende Review des Iterationsergebnisses sowie des Verlaufs der Iteration werden regelmäßig Erkenntnisse gewonnen, die als Entscheidungsgrundlage für die weiteren Sprints dienen. Die Iterationsergebnisse bauen aufeinander auf, bis der vollständige Produktumfang erreicht ist.

Der Scrum Guide [URL: Scrum Guide] nennt folgende Konzepte als Grundlage:

- Transparenz
- Überprüfung
- Anpassung

Elemente des Scrum-Rahmenwerks

Im Scrum Guide werden des Weiteren die wesentlichen Elemente des Scrum-Rahmenwerks erläutert, nämlich:

Das Scrum-Team

Es umfasst alle Personen, die an der Realisierung des Produkts beteiligt sind, und enthält folgende Rollen:

- Product Owner (verantwortet den wirtschaftlichen Nutzen des Produkts und erstellt die Anforderungen)
- Scrum Master (verantwortet die Anwendbarkeit und Anwendung des Prozesses sowie die Beseitigung von Störungen)
- Entwicklungsteam (verantwortet die termingerechte Fertigstellung eines am Ende jedes Sprints potenziell auslieferbaren Produkts)

Ereignisse

In Scrum finden alle Ereignisse im Rahmen von Zeitfenstern gleicher Länge statt. Die Zeitfenster (*time box*) und die damit verbundenen Ereignisse sind:

- **Der Sprint:** Er soll zwischen einer und maximal vier Wochen umfassen und stellt das Zeitfenster für die Abfolge der Iterationen dar. Sprints folgen unmittelbar aufeinander. Die wesentlichen Ereignisse sind:
  - die Sprint-Planung zu Beginn des Sprints, in der die innerhalb der Iteration zu realisierenden Anforderungen ausgewählt und eingeplant werden;
  - das Sprint-Review am Ende des Sprints, bei dem der Product Owner das Sprint-Ergebnis beurteilt;
  - die Retrospektive ebenfalls am Ende des Sprints und zudem nach dem Sprint-Review. Hier beurteilt das Team die beendete Iteration und identifiziert Möglichkeiten zur Verbesserung, die im folgenden Sprint umgesetzt werden sollen.
- **Der Tag:** Einmal am Tag (nicht notwendigerweise zu Beginn) trifft sich das Entwicklungsteam zum Daily Scrum. Dabei handelt es sich um ein nicht mehr als 15-minütiges Treffen, bei dem das Team sich synchronisiert, die Arbeitsergebnisse der vergangenen 24 Stunden beurteilt und einen gemeinsamen Plan für die kommenden 24 Stunden erstellt. Die meisten Teams stellen den Fortschritt ihrer Arbeiten auf einem → Taskboard sowie in einer einfachen Metrik, dem sogenannten → Burndown-Chart, dar.

Artefakte

Die Entstehung der Artefakte bzw. Arbeitsergebnisse steht im Zusammenhang mit den Zeitfenstern. Für jedes Artefakt gibt es einen Verantwortlichen im Team.

Product Backlog
- Im **Product Backlog** beschreibt und priorisiert der Product Owner die Anforderungen des Systems sowie alles Weitere, was im System erforderlich ist. Das Product Backlog ist typischerweise nie wirklich vollständig, sondern es entwickelt sich ständig fort. Hochpriore Einträge sollen jedoch am detailliertesten beschrieben sein, da das Team zu Beginn des Sprints die zu realisierenden Eigenschaften in der Reihenfolge der Priorität auswählt.

Sprint Backlog
- Das **Sprint Backlog** enthält die für den Sprint ausgewählten Einträge aus dem Product Backlog und einen Plan zu deren Umsetzung, oftmals in Form von Detaillierungen der Product-Backlog-Einträge zu sogenannten »Tasks«. Es wird vom Entwicklungsteam gepflegt.

Inkrement
- Das **Inkrement** ist die jeweilige Summe aller fertiggestellten Einträge des Product Backlog. Es obliegt der Verantwortung des Entwicklungsteams, dass das Inkrement am Ende des Sprints »Done« ist, also die DoD erfüllt und ggf. einsatzfähig ist.

Da Scrum nicht spezifisch für Softwareprojekte ist, beschreibt es kaum Vorgehensweisen und Techniken zur Softwareentwicklung. Daher bedienen sich Teams, die Scrum einsetzen, meist weiterer Praktiken wie z. B. derer aus dem Extreme Programming (s. Abschnitt 3.4.9).

Abbildung 3.7 zeigt einen typischen »Scrum-Prozess« für die Nutzung des Scrum-Rahmenwerks inklusive des Test-Driven Development (TDD, s. a. Abb. 3.9 Mitte).

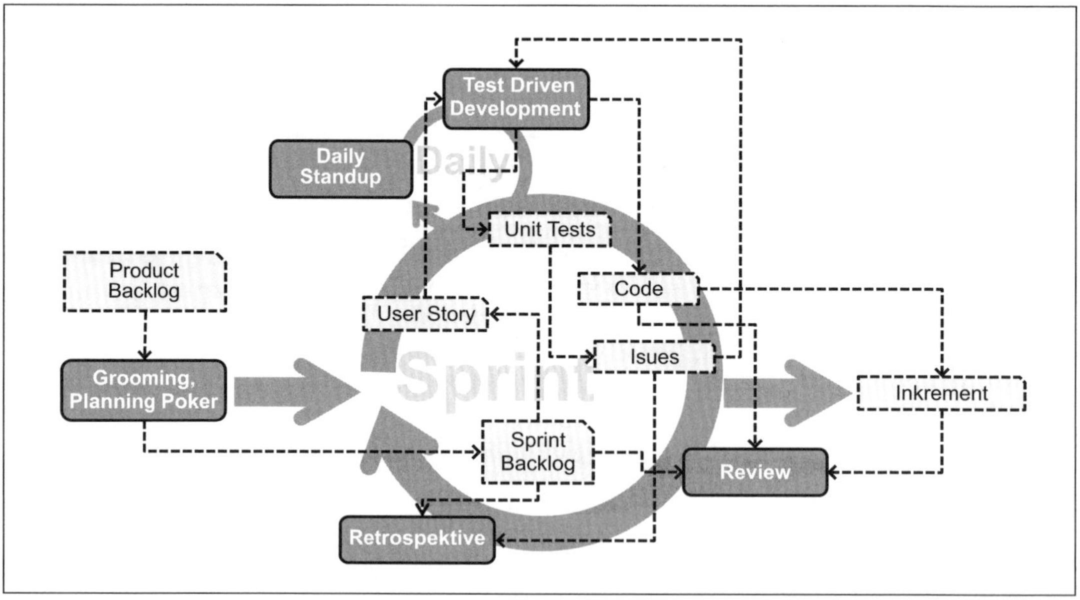

Abb. 3.7 *Typischer Scrum-Prozess mit TDD*

Testen in Scrum

In einem Scrum-Projekt ist eine besonders enge Zusammenarbeit zwischen Testern und Entwicklern erforderlich. Typische Organisationen mit getrennten Entwicklungs- und Testabteilungen und Managern können die Vorteile von Scrum nicht wirklich nutzen. Viele produktive Scrum-Teams heben daher diese Grenzen auf. Das Testen ist dann vollständig in die Arbeit des – einzigen – Teams integriert und erfolgt ähnlich wie bei XP eng verzahnt mit der Codierung. Oftmals existiert kein explizites Testmanagement mehr. Die Verantwortung für Konzeption, Planung und Steuerung der Tests wird vom gesamten Team wahrgenommen.

Eine so enge Zusammenarbeit bedarf eines tiefgreifenden Umdenkens bei allen Beteiligten und nach [Linz 24] folgender wesentlicher »Ankerpunkte« (s. a. [URL: Agiles Testen], [van Solingen 20]):

Definition of Ready

- Vereinbarung einer »**Definition of Ready**« (**DoR**) zwischen Product Owner und Team. Diese ist eine Prüfanweisung (meist eine Checkliste), mit der das Team die Verwendbarkeit der Anforderungen für den Sprint prüft. Die Anforderungen, meist in Form sogenannter »**User Stories**« (s. [Cohn 04]), müssen eindeutig formuliert sein und klein genug, um innerhalb eines Sprints umgesetzt zu werden. Sie müssen außerdem fachlich und technisch testbar sein, was oftmals durch die explizite Angabe von testbaren Akzeptanzkriterien sichergestellt wird. Es ist hilfreich, wenn die »Tester« im Team (also die Teammitglieder, die teilweise oder hauptsächlich mit dem Testen im Sprint betraut sind) dem Product Owner bei der Formulierung von Stories und Akzeptanzkriterien helfen oder sie aus Testsicht einem Review unterziehen.

Definition of Done

- Vereinbarung einer »**Definition of Done**« (**DoD**) zwischen Product Owner und Team. In dieser weiteren Checkliste wird festgelegt, was alles erfüllt sein muss, damit eine Anforderung als »fertig« betrachtet werden kann. Hier muss auch angegeben werden, welche Tests fehlerfrei gelaufen sein müssen. Sie dient damit als Verankerung der Qualitätsziele und als »Ergebnisbericht« der Tester.
- Realisierung des Testens als »**continuous testing**« **im Sprint**. Dies bedeutet, dass das Testen vom ersten Tag im Sprint an betrieben wird und nicht hinter den Entwicklungsaktivitäten »zurückfällt«. Als Mittel zur Umsetzung dieses Ziels dienen typischerweise Disziplinen wie eine flächendeckende und wartungsarme Testautomatisierung für Komponententest und Systemtest, die testgetriebene Entwicklung (TDD) oder → Test First und ebenso Pairing zwischen Testern und Entwicklern. Codierungs- und Testaktivitäten erfordern gemeinsame Planungs- und Steuerungsmechanismen. Dennoch ist es notwendig, dass der Stand der Testaktivitäten jederzeit unabhängig von den Entwicklungsarbeiten transparent ist. Dies ist im

Rahmen der allgemeinen Planung und Statusverfolgung im Sprint Backlog, dem Taskboard und dem Daily Scrum zu berücksichtigen.

- **Umdenken bei Testern und Entwicklern.** Viele Scrum-Teams setzen sich aus Personen zusammen, die vorher in klassischen Projekten mit einer weitgehenden Rollen- und Prozesstrennung zwischen Entwicklung und Test gearbeitet haben. Dadurch ergeben sich oftmals Probleme durch Rollenverständnisse, die für die agile Vorgehensweise nicht tragfähig sind, beispielsweise:
  - Zuordnen der alleinigen Verantwortung für Inhalt und Fortschritt der Tests bei den Testern. Stattdessen muss das agile Team die Verantwortung für den Test als Ganzes tragen.
  - Festhalten an der unbedingten Unabhängigkeit des Testens. Diese ist zugunsten einer engen Kommunikation und eines innigen Vertrauensverhältnisses in den Hintergrund zu stellen.
  - Bestehen auf freigegebenen Eingangsinformationen. Vielmehr sind die Tester im Team verpflichtet, sich fehlende Informationen aktiv zu beschaffen.

Für weitere Erläuterungen und Hinweise zu Test und Testmanagement in agilen Projekten s. u. a. [Crispin 02], [Crispin 09], [Black 17], [Baumgartner 23], [CT-ATLaS 23] und natürlich [Linz 24].

SafeScrum® ist ein SDLC-Modell zum Einsatz agiler Verfahren für die Entwicklung sicherheitskritischer Systeme (s. [Hanssen 2018]).

3.4.9 Agile Praktiken – Extreme Programming (XP)

Da das »pure Scrum« kein vollständiges Softwareentwicklungsmodell darstellt, wird es in den meisten Fällen durch spezifische agile Praktiken zur Softwareentwicklung ergänzt, die beispielsweise im Modell »Extreme Programming« (XP) vorzufinden sind (s. [Beck 01], [Wolf 05]). XP wird im Folgenden kurz vorgestellt (s. Abb. 3.8[10]).

User Stories

Die sogenannten »User Stories« – kurz »Stories« – sind Ausgangspunkt für jedes Projekt. Sie sind vergleichbar mit den Anwendungsfällen in der UML und dienen der Beschreibung der Anforderungen aus Sicht der Benutzer. Selbst alle Stories zusammen ergeben jedoch nicht eine vollständige Anforderungsdefinition, vielmehr soll eine einzelne Story die Beschreibung eines Kundenwunsches beinhalten, die als Einheit für die Planung, Realisierung und Kontrolle eines kleinen Release bzw. eines Teils davon dienen kann. Während der Projektlaufzeit kommen neue Stories hinzu, und vorhandene können verfeinert werden.

10. In Anlehnung an: *http://www.extremeprogramming.org/*.

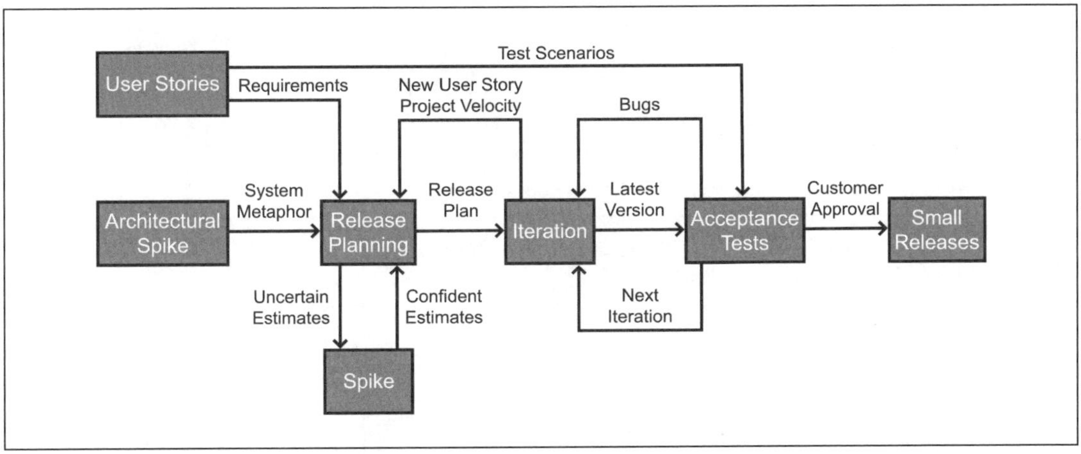

Abb. 3.8 *XP-Projektübersicht (angelehnt an [URL: Agiles Testen])*

Vom Entwicklungsteam und ggf. Management und Benutzern gemeinsam werden die Testschätzung und Planung zur Umsetzung einer Story durchgeführt. Es wird aufgrund von Prioritäten und Risikoabwägungen entschieden, welche Story in welchem Release enthalten sein soll.

Abnahmetest

Aus den Stories werden auch sogenannte Testszenarien entwickelt, die beim Abnahmetest zur Ausführung kommen. Der Abnahmetest obliegt der Verantwortung des Benutzers bzw. Kunden. Er hat auch zu entscheiden, ob die Tests Fehlerwirkungen aufzeigen oder nicht. Um die Abnahmetests bei jedem Release durchzuführen, ist deren Automatisierung erforderlich.

Vor dem Abnahmetest werden Unit Tests durchgeführt (s. Abb. 3.9). Beim Extreme Programming werden die Testfälle vor der Programmierung eines jeden Bausteins oder Inkrements erstellt oder – genauer ausgedrückt – programmiert (*test-driven development*, TDD). Als Hilfsmittel kommen Frameworks zur Erstellung und automatisierten Ausführung von Unit Tests zum Einsatz ([Crispin 02], z. B. JUnit, s. unter [URL: JUnit], [URL: xUnit])[11]. Oft wird die Testausführung dann im Rahmen von Werkzeugketten zum CI oder in DevOps automatisch gestartet (s. Abschnitt 3.4.10).

11. In Anlehnung an: *http: //www.extremeprogramming.org/*.

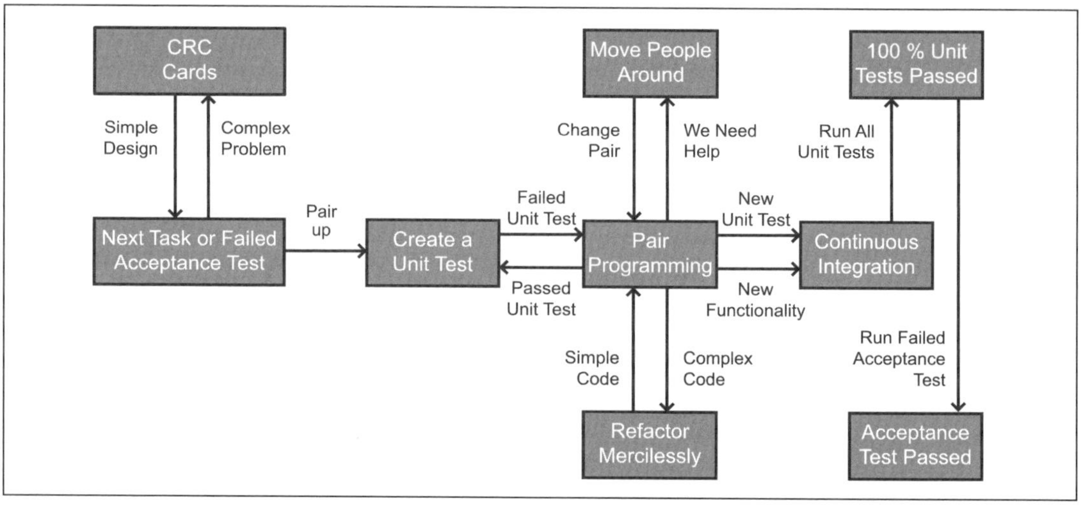

Abb. 3.9 *XP-Testaktivitäten*

Unit Test

Die Testfälle dienen auch als Spezifikation der geforderten Funktionalität der einzelnen Stories bzw. der einzelnen Inkremente des Systems. Durch die Automatisierung der Testdurchführung können neue oder geänderte Programmteile sehr schnell überprüft werden. Alle Unit Tests müssen fehlerfrei laufen, bevor die Entwicklung weiter fortgesetzt wird.

In XP hat das Testen eine hervorgehobene Bedeutung. Es wird von Projektbeginn an berücksichtigt und steht im Mittelpunkt der Überlegungen. Weitere leichtgewichtige Modelle haben diesen Ansatz aufgegriffen (Test-Driven Development oder Test-First Development).

Keine systematische Erstellung der Testfälle

Ein Problem ist, dass der Fokus bei der Entwicklung ausschließlich auf den Unit Tests liegt, also dem Test der einzelnen »Einheit«. System- und Abnahmetests liegen in der Verantwortung des Kunden. Integrationstests[12] zur Aufdeckung von Schnittstellenfehlern sind in XP kein Thema[13]. Ein weiteres Problem ist dadurch vorhanden, dass für die Erstellung der Testfälle keine Systematik angeboten oder vorgeschrieben ist. Es kommt somit immer darauf an, wie gut die Testfälle gewählt werden, damit das Vorgehen den gewünschten Erfolg erzielt. Im Artikel »Die trügerische Sicherheit des grünen Balkens« wurde diese Problematik bereits sehr früh beschrieben (s. [Fraikin 04]). Allerdings trifft diese Einschränkung auch ganz allgemein für die Erstellung von Testfällen zu. Testfälle sollen immer systematisch und auf Grundlage einer bzw. mehrerer Testverfahren erstellt werden.

---

12. Die Integration der Units (continuous integration, s. Abb. 3.9) wird zwar vorgenommen, aber es werden keine speziellen Testfälle zur Prüfung der Schnittstellen durchgeführt, sondern die Unit-Testfälle werden wiederholt.
13. Es gibt allerdings eine Reihe von Publikationen, die Vorschläge zur systematischen Durchführung der Tests machen, z. B. [Crispin 09].

Den Managementaufgaben wird in XP keine allzu große Bedeutung zuerkannt. XP-Projekte sind eher »selbstverwaltet« und von geringem Umfang. Managementaufgaben im engeren Sinne fallen daher kaum an. Es gibt die Rolle des Testers, dieser ist aber abweichend vom herkömmlichen Verständnis eher zur Unterstützung für den Kunden bei der Durchführung der Abnahmetests zu sehen, da die Unit Tests ja vor und während der Programmierung von den Entwicklern selbst erstellt und durchgeführt werden.

Rolle des Testers

3.4.10 DevOps

In modernen Softwareprojekten verschmelzen Entwicklung (Development) und Betrieb (Operations) zu einer nahtlosen Wertschöpfungskette (*value stream*). Das DevOps-Paradigma zielt darauf ab, Silos zwischen Entwicklungsteams und Betriebsteams aufzulösen, die Auslieferungsgeschwindigkeit zu erhöhen und die Qualität durch Automatisierung und Feedbackschleifen kontinuierlich zu verbessern (s. z. B. [Kim 22]).

Kernprinzipien von DevOps

- **Continuous Integration (CI):** Jeder Code-Commit wird automatisiert gebaut, getestet und bei Erfolg als Build-Artefakt bereitgestellt.
- **Continuous Delivery/Deployment (CD):** Nach erfolgreicher CI-Pipeline lässt sich eine neue Softwareversion in definierten Umgebungen (z. B. Staging, Production) automatisch oder mit minimalem manuellem Eingriff ausrollen.
- **Infrastructure as Code (IaC):** Infrastrukturdefinitionen (Server, Netzwerke, Container) werden als Quellcode in einer Skriptsprache beschrieben, um Konsistenz und Nachvollziehbarkeit zu gewährleisten.
- **Monitoring & Feedback:** In jeder Umgebung werden Telemetriedaten und Log-Informationen gesammelt, um Performanz, Verfügbarkeit und Fehler frühzeitig zu erkennen.

Auswirkungen auf Testmanagement und Qualitätssicherung

- **Schnelles Feedback durch umfangreiche Testautomatisierung auf mehreren Teststufen:** Automatisierte Unit-, Integration- und End-to-End-Tests in der CI-Pipeline liefern Entwicklern unmittelbar Rückmeldung über Regressionen oder Defekte. Die Teststrategie unterstützt die weitgehende Automatisierung der Testaktivitäten und legt Eingangs- und Endekriterien für jede Phase der Pipeline (z. B. minimale Codeüberdeckung, erfolgreiche Sicherheitstests) fest.

- **Kurze Releasezyklen:** Durch CD lassen sich Releases in kleineren, risikoarmen Schritten ausliefern, was Fehlerursachen schneller isoliert und behebt.
- **Testumgebungen on Demand:** Mit IaC können reproduzierbare Testumgebungen per Knopfdruck meist in Form von Containern (einzeln oder orchestriert) provisioniert werden. Die Reproduktion von Fehlern wird damit deutlich erleichtert.
- **Kollaboration:** Gemeinsame Verantwortlichkeit für Build, Test und Deployment fördert das gemeinsame Qualitätsverständnis zwischen Entwicklern und -Betriebsingenieuren.

Typische Bestandteile einer DevOps-Toolchain

- **CI/CD-Pipeline** (z. B. GitLab CI/CD): Das integrierte Pipeline-Framework orchestriert Build-, Test- und Deployment-Aufgaben direkt und automatisiert aus dem Repository.
- **IaC-Tools** (z. B. Terraform, Ansible): Diese Tools beschreiben Infrastruktur (Server, Netzwerke, Load Balancer, Datenbanken) deklarativ in Codeform und sorgen dafür, dass eine Zielumgebung automatisiert erstellt und konfiguriert wird.
- **Containertechniken** (z. B. Docker, Kubernetes): Diese bündeln Anwendungscode und Laufzeitabhängigkeiten (Bibliotheken, Runtime) in leichtgewichtige, isolierte Einheiten und stellen diese auch in komplexen Setups über mehrere Hosts hinweg bereit. Containerisierte Anwendungen lassen sich damit konsistent in allen Umgebungen von Komponententest bis zur Produktion betreiben.
- **Monitoring-Stacks** (z. B. Prometheus/Grafana): Sie erfassen Laufzeitmetriken und visualisieren Trends, um die Auswirkungen von Änderungen z. B. auf Performanz und Speicherbedarf im Test genauso wie in Produktion zu analysieren.

3.4.11 Tabellarische Zusammenfassung

Tabelle 3.2 fasst wesentliche Aspekte des Testmanagements in den betrachteten Arten von SDLC-Modellen zusammen.

Aspekt	Sequenzielles Entwicklungsmodell z. B. V-Modell	Hybrides Entwicklungsmodell z. B. Scrum mit V-Modell	Iteratives /Agiles Entwicklungsmodell z. B. Scrum
Schätzung	Frühzeitige detaillierte Testschätzung basierend auf Testbasis und Testobjekten.	Eher iterative Schätzung mit regelmäßiger Nachschätzung; Synchronisierung zwischen Entwicklungszyklen.	Iterative Schätzung als Teil der Story- bzw. Sprint-Planung pro Iteration.
Testmittel	U. a. Teststrategie, Testkonzept, Testplan, Testfälle, Testprotokolle, Testabschlussberichte.	Mischung aus formalen Testdokumenten und Akzeptanzkriterien; Nutzung von Checklisten und Definition of Done (DoD).	Fokus auf Akzeptanzkriterien und DoD; Test-Charta für explorative Tests; minimale Dokumentation.
Rollen	Testmanagement mit Verantwortung für Testplanung, Testüberwachung und Teststeuerung und Management des Teams.	Teilweise klassische Testmanagementrolle, teilweise Scrum Master bzw. Coach für Qualitätssicherung.	Tester sind Teil des Teams; Quality Coach oder agiler Testleiter unterstützt Teststrategie und Qualitätssicherung.
Werkzeuge	Vorwiegend Testmanagementwerkzeuge für traditionelles Testen; Fehlermanagementsysteme; Konfigurationsverwaltung.	Kombination klassischer und agiler Werkzeuge; in Multiprojekten teilweise redundante Werkzeuge wie z. B. Fehlermanagement; oft separate Versions- bzw. Konfigurationsverwaltung.	Im Zentrum Versionsverwaltung mit bzw. plus CI/CD; Automatisierung nach Testpyramide für kontinuierliches Testen, Live-Dashboards.
Testansatz	Vorab definierter Testansatz, strukturiert mit Meilensteinen; entsprechend den Projektphasen.	Mix aus vorab geplanten Phasen und iterativen Tests in Sprints.	Anpassungsfähiger Testansatz eingebettet in Iterationen/Sprints; kontinuierliches Feedback; Testautomatisierung nach Testpyramide.
Testautomatisierung	Strategisch umgesetzt, kann in verschiedenen Phasen erfolgen; oft späte Automatisierung von Regressionstests.	Automatisierung für Softwareanteile von Anfang an; Hardwaretests meist manuell.	Testautomatisierung integraler Bestandteil des Entwicklungszyklus, stark CI/CD-gestützt.
Überwachung und Berichterstattung	Meilensteinorientierte Statusberichte, optionale automatisierte Dashboards.	Kombination aus Meilensteinberichten und Sprint-Dashboards; tägliche Stand-ups.	Kontinuierliche Berichterstattung mit Echtzeit-Dashboards, Burndown-Charts, tägliche Updates.
Metriken	Im Wesentlichen test- und fehlerbasierte Metriken (z. B. Testdurchführung, Fehlerzustände, Fehlerdichte, Defect Removal Efficiency).	Ergänzt klassische Metriken durch agile Metriken wie Team Velocity.	Agile Metriken im Fokus; u. a. Velocity, Burndown, Cycle Time sowie Testmetriken wie Fehlernachtest-Erfolgsrate.

Tab. 3.2 *Aspekte des Testmanagements in den SDLC-Modellen*

3.5 Testmanagementaktivitäten auf verschiedenen Teststufen

In diesem Unterkapitel werden zuerst die allgemeinen Aufgaben der teststufenbezogenen Planung benannt. In den dann folgenden Abschnitten werden diese allgemeinen Ausführungen für die einzelnen Teststufen konkretisiert.

3.5.1 Planung und Koordination der Teststufen

Die Teststrategie und die → **Testschätzung** (vgl. Kapitel 9) müssen vom Testmanagement auf die einzelnen Teststufen (s. Abb. 3.4 auf S. 64) heruntergebrochen und zu einem detaillierten Testkonzept und Testplan weiterentwickelt werden. Ergebnis dieser Detailplanung kann die Erkenntnis sein, dass die zur Verfügung stehende Zeit oder die Ressourcen nicht ausreichen, um die Teststrategie komplett abzuarbeiten. In diesem Fall müssen ausgehend von den Prioritäten und den Ergebnissen der Risikobetrachtung (s. Kapitel 4) an geeigneter Stelle Kürzungen vorgenommen, Termine verschoben oder weitere Ressourcen angefordert werden.

Wichtig: Frühe Fehlerfindung!

Im Allgemeinen dient es der frühen Fehlerfindung und damit der günstigen Fehlerbehebung, wenn die zur Verfügung stehenden Ressourcen vorzugsweise in die niedrigen Teststufen wie Komponenten- und Integrationstests investiert werden. Es gilt: Jeder Test soll auf der frühesten Teststufe stattfinden, auf der er durchgeführt werden kann.

Automatisierte Komponententests als Sicherheitsnetz!

Darüber hinaus ist es gerade in agilen Projekten mit häufigen Erweiterungen und Änderungen wichtig, die technischen Schulden (*technical debts*) wie z. B. Verletzungen der Architekturregeln oder nicht sauber gegliederte APIs durch regelmäßiges Refaktorisieren (*refactoring*, »aufräumen« des Programmcodes ohne Funktionsänderung) zu beheben. Dafür sind möglichst vollständig automatisierte Komponententests ein wichtiges Sicherheitsnetz gegen Regressionen.

3.5.2 Die Testpyramide und Stufentestkonzepte

Aus den oben genannten Gründen ergibt sich bezüglich der Anzahl der Tests bzw. der Aufwandsverteilung und des Automatisierungsgrads eine typische Pyramidenform, die Testpyramide[14] (s. Abb. 3.10, [Cohn 09], s. a. [Linz 24]).

---

14. Mike Cohn benannte drei Stufen: Unit, Service und UI (s. [Cohn 05]).

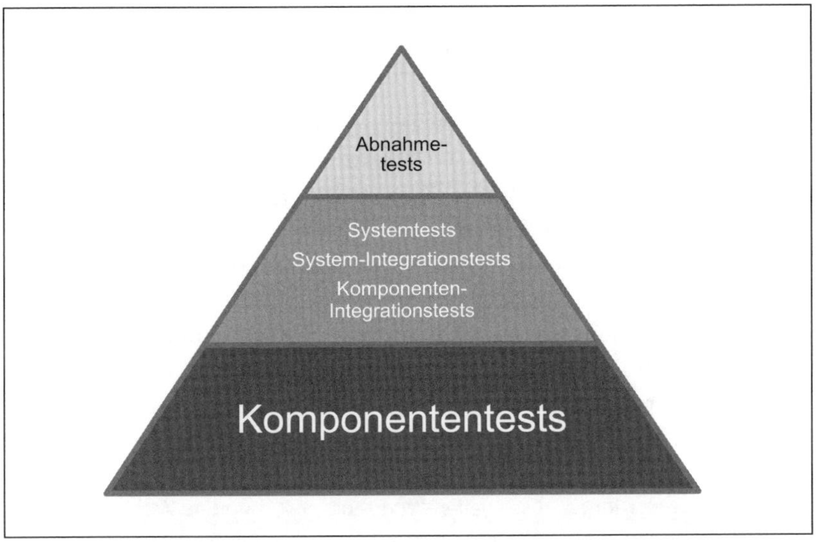

Abb. 3.10
Testpyramide (nach [Cohn 09])

Ein wichtiger Aspekt, den die Testpyramide nicht explizit beschreibt, ist die fachlich-inhaltliche Dimension der Teststufen, Testbedingungen und Testfälle. Die Ebenen der Testpyramide sind nicht unabhängig voneinander, sondern müssen inhaltlich abgestimmt sein. Ziel muss es sein, Testbedingungen auf den oberen Teststufen einzusparen, weil sie in den unteren Teststufen bereits hinreichend abgedeckt wurden, oder bewusst sehr wichtige Anforderungen auf mehreren Teststufen abzudecken.

Typische Inhalte eines Stufentestkonzepts

Für jede Teststufe kann ein eigenes → Stufentestkonzept angelegt werden. Oft werden diese in einem mit Zusatzinformationen hinterlegten → Gantt-Diagramm realisiert, das folgende Themen abhandelt:

- Zuordnung der inhaltlichen Schwerpunkte zu den Testzyklen, abhängig vom voraussichtlich implementierten Funktionsumfang des jeweiligen Testobjekts. Hier wird im Allgemeinen eine Mischung aus erstmaligem Test neuer Funktionalitäten, Fehlernachtests von in den vorigen Zyklen fehlerbehafteten Bereichen und Regressionstests der übrigen Bereiche angestrebt.
- Schrittweise Verfeinerung der zugewiesenen Schwerpunkte pro Zyklus zu einer Liste aller geplanten Tests, ausgehend von den im Testkonzept genannten Testzielen. In längeren zyklisch ablaufenden Testprojekten wird sich diese Verfeinerung nicht nur auf die Durchführung von Tests, sondern auch auf die zeitgleiche Spezifikation und ggf. Automatisierung von Tests für diejenigen Testfälle erstrecken, die in den jeweils folgenden Testzyklen zur Durchführung bereitgestellt werden sollen.

- Ergänzende Planung von Phasen, in denen ad hoc bzw. explorativ getestet werden soll, soweit die zur Verfügung stehenden Ressourcen dies zulassen und der Mehrwert der explorativen Tests darstellbar ist.
- Regelung von Zuständigkeiten im Testprojekt wie z. B. das Management, die Spezifikation, die Vorbereitung, Durchführung und Nachbereitung der Tests. Weitere Zuständigkeiten betreffen die testprojektinterne Qualitätssicherung, das Konfigurationsmanagement und die Bereitstellung und Wartung der Testumgebung. Die organisationsweite Einbindung des Testpersonals in das Gesamtprojekt, die Weisungsbefugnis im Testteam und ggf. die Aufteilung/Organisation des Testteams in verschiedene Testgruppen und/oder Teststufen müssen hier geregelt werden.

Viele Aktivitäten des Testmanagements sind mit der Erzeugung von Dokumenten bzw. Informationen in speziellen Werkzeugen verbunden. Werden die Zuständigkeiten nur auf der Ebene »Personen X, Y und Z haben die Rolle R« geregelt, dann reicht dies nicht aus, um die termingerechte Entstehung, die Pflege, und die adäquate Qualität der Dokumente bzw. Informationen sicherzustellen. Zusätzlich muss für jedes Dokument bzw. jede einzupflegende Information explizit personell geregelt werden,

- wer verantwortlicher Autor ist und wer in welcher anderen Rolle mitwirkt,
- wie, wann und durch wen die Freigabe erfolgt,
- wie, wann sowie an wen das Ergebnis nach Freigabe zu verteilen ist.

Zeiten

- Angabe von Beginn und Ende der einzelnen Testzyklen, abhängig von den entwicklungsseitigen Lieferdaten für die zu testenden »Builds« der Testobjekte.
- Zuordnung von Terminen für die einzelnen Testaufgaben bzw. Phasen innerhalb der Testzyklen, z. B. der → Eingangstests bei der Übernahme der Testobjekte aus der vorgelagerten Teststufe, der → Freigabetests vor der Weitergabe an die nachfolgende Teststufe, der übrigen Tests in der Reihenfolge ihrer Priorität, die voraussichtlich durchzuführenden Fehlernachtests etc.

Ressourcen

- Zuordnung der Aufgaben zu den Mitgliedern des Testteams unter Berücksichtigung und Dokumentation des jeweiligen anwendungs- oder testaufgabenspezifischen Know-hows, z. B. für explorative oder auch Ad-hoc-Tests, Lasttests etc.
- Angabe des Arbeitsaufwands für die Aktivität
- Belegungsplan für die Testinfrastruktur (Hard- & Software, Lastgeneratoren, Usability-Labor etc.)

- Definition einer effizienten Testreihenfolge zur Minimierung von redundanten Aktionen (beispielsweise durch Ausführen von Testfällen, die Datenobjekte kreieren, vor solchen Testfällen, die diese Daten manipulieren oder löschen; so dienen die ersten Testfälle als Vorbedingungen für die weiteren).

Abhängigkeiten

- Nennung von notwendigen externen Zulieferungen wie Testdatenbanken etc.

Eingangs- bzw. Endekriterien und Akzeptanzkriterien

Für jede Teststufe und für das gesamte Testprojekt muss durch Eingangskriterien klar geregelt werden, wann ein Testobjekt für den Test als tauglich befunden werden kann und die entsprechenden Testaktivitäten beginnen können.

Ebenso ist festzulegen, wann ein Testobjekt als ausreichend getestet zu betrachten ist und somit die zugehörigen Testaktivitäten beendet werden können. Hierfür sind adäquate und messbare Endekriterien erforderlich.

Beispiel: Eingangs- und Endekriterien im TestMaster-Projekt

Im TestMaster-Projekt hat das Entwicklungsteam festgelegt, das die Eingangs- und Endekriterien auf Ebene der User Stories festgelegt werden. Die Eingangskriterien für die Entwicklung und den über Test-Driven Development darin integrierten Komponententest werden dabei in der Definition of Ready (DoR) der User Story festgelegt. Die Endekriterien sind dann als Akzeptanzkritierien in der Definition of Done (DoD) einer User Story z. B. wie folgt formuliert:

- **User Story:** *Als Testmanager möchte ich neue Testfälle im Browser erstellen, um sie später im Testplan verwenden zu können.*
- **Akzeptanzkriterien:**
  1. Ein neuer Testfall kann über ein Formular mit Titel, Beschreibung und Priorität erstellt werden. Wenn alle Pflichtfelder ausgefüllt sind und der Benutzer auf »Speichern« klickt, wird der Testfall im System gespeichert und im Testfall-Repository angezeigt.
  2. Das System zeigt eine Validierungsfehlermeldung an, wenn ein oder mehrere Pflichtfelder leer bleiben. Wenn der Benutzer z. B. das Formular absendet, ohne einen Titel einzugeben, erscheint eine Fehlermeldung »Titel ist erforderlich«.

Auf höheren Teststufen kommen auch Akzeptanzkriterien zum Tragen, die ein System oder eine Komponente erfüllen muss, um eine Abnahme durch die Stakeholder, also z. B. durch Benutzer, Kunden oder eine bevollmächtigte Instanz, erfolgreich abschließen zu können. Diese

Kriterien sind für jeden Testfall auf entsprechende quantifizierte »bestanden/fehlgeschlagen«-Kriterien abzubilden.

Endekriterien und Metriken gehören zusammen.

Grundsätzlich sind diese Festlegungen mit der Definition und Anwendung passender Metriken verknüpft; Kapitel 8 nennt entsprechende Metriken und erläutert deren Anwendung im Rahmen der Teststeuerung und -berichterstattung.

Die Eingangs-, Ende- und Akzeptanzkriterien sollen sich, ebenso wie die Teststrategie, am → Projektrisiko und → **Produktrisiko** des zu testenden Systems orientieren. Dies betrifft sowohl die Schärfe der anzuwendenden Kriterien (also der erforderlichen Exaktheit der Metriken) als auch die Definition der Freigabeschwellen auf Basis der gewählten Metriken (also der zu erzielenden Messwerte, die für ein Testende bzw. eine Abnahme vorliegen müssen).

> Manchmal ist es sinnvoll, zwischen Endekriterien und Akzeptanzkriterien wie folgt zu unterscheiden: Endekriterien werden in jedem Testzyklus angewendet, um dessen Ende zu bestimmen. Sie beziehen sich im Allgemeinen ausschließlich auf den Testfortschritt, aber nicht auf die einzelnen Ergebnisse der Tests. Akzeptanzkriterien dienen dagegen dazu, die Lieferfähigkeit der Testobjekte an die jeweils nächste Teststufe bzw. an den Kunden zu bestimmen. Diese umfassen ggf. deutlich weiter greifende Kriterien, wie beispielsweise die Ergebnisse der Tests, das Vorhandensein von Releasedokumenten, offizielle Freigabeunterschriften etc.

Abbruchkriterien und Wiederaufnahmebedingungen

Ist ein Testobjekt nicht reif genug, um eine Teststufe vollständig zu durchlaufen (d. h., die Endekriterien können nicht erreicht werden), so besteht die Gefahr, dass innerhalb der Teststufe bei der Abarbeitung des Stufentestplans sinnlos Ressourcen verschwendet werden. Sinnvollerweise ist in einer solchen Situation das Testobjekt zurückzuweisen und für eine Nachbesserung durch Entwicklung und vorgelagerte Teststufen zu sorgen.

Testabbruchkriterien und Testeingangskriterien ergänzen sich.

Eine Teillösung dieses Problems besteht in der Definition und Anwendung von Abbruchkriterien. Ein Beispiel hierfür ist das Überschreiten einer bestimmten Anzahl auftretender Fehlerwirkungen im Smoke-Test. Die Abbruchkriterien werden ergänzt durch die Eingangskriterien für die jeweilige Teststufe, durch deren Anwendung das Eintreten einer solchen Situation verhindert oder die Wahrscheinlichkeit dafür zumindest reduziert wird. Eingangskriterien sind ebenso als Wiederaufnahmekriterien einer unterbrochenen Teststufe geeignet (s. Abschnitt 11.6.3).

3.5.3 Komponententest

Der Komponententest (*unit test*) überprüft einzelne Softwareeinheiten wie Funktionen oder Module isoliert voneinander. Ziel ist es, Fehler frühzeitig auf Codeebene zu erkennen. Er wird häufig von Entwicklern durchgeführt und nutzt teilweise auch Whitebox-Testverfahren.

Im Komponententest sind folgende Aktivitäten des Testmanagements wichtig:

- **Testplanung**
  - Definition der Testziele (z. B. Fehlererkennung in Funktionen, Modulen)
  - Auswahl geeigneter Testverfahren (z. B. Anweisungstest, Zweigtest)
  - Definition von Eingangs- und Endekriterien
  - Planung der Testumgebung (z. B. Stubs, Treiber)
  - Tester in Aktivitäten einbeziehen, die über die traditionellen Testrollen hinausgehen, wie z. B. Codereviews, bei denen ihre analytischen Fähigkeiten einen Mehrwert darstellen.
- **Testüberwachung**
  - Erhebung von Metriken wie Testfortschritt, Fehlerdichte
  - Überwachung der Testabdeckung (z. B. Anweisungsüberdeckung)
  - Abgleich mit Eingangs- und Endekriterien
- **Teststeuerung**
  - Anpassung des Testumfangs bei Abweichungen
  - Reaktion auf identifizierte Anomalien
  - Neuzuordnung von Testressourcen
  - Koordination mit dem Entwicklungsteam sicherstellen, z. B. bei der Lösung von Problemen und der Unterstützung von Komponententests.

3.5.4 Komponentenintegrationstest

Im Komponentenintegrationstest werden zusammengesetzte Module getestet, um Schnittstellenfehler zwischen Komponenten aufzudecken. Dabei werden reale oder simulierte Nachbarn (Stubs/Treiber) verwendet. Die Tests validieren die korrekte Zusammenarbeit der Komponenten (s. [Winter 13]).

Für den Komponentenintegrationstest sind folgende Aktivitäten des Testmanagements wichtig:

- **Testplanung**
  - Definition der Testziele (z. B. Fehlererkennung in Funktionsaufrufen oder der Verarbeitung von Parametern, Überprüfung der Schnittstellen zwischen Komponenten auf korrekte Daten- und Kontrollflüsse, Prüfung der Zusammenarbeit der Komponenten entsprechend der Integrationsarchitektur)
  - Auswahl geeigneter Testverfahren (z. B. Parameterüberdeckung mit → Äquivalenzklassenbildung oder paarweisem Testen, Überdeckung von Aufrufketten)
  - Definition von Eingangs- und Endekriterien
  - Planung der Integration der Komponenten in Zusammenarbeit mit den Entwicklern unter Berücksichtigung der Komponentenspezifikationen und des technischen Systementwurfs.
  - Zuweisen von Ressourcen und Zeitplanung
  - Bestimmung von Integrationsabläufen und Testzyklen in Zusammenarbeit mit dem Entwicklungsteam unter Berücksichtigung des SDLC-Modells, der Testwerkzeuge und der Prozesse. Grundsätzlich sind verschiedene Strategien denkbar, die sich an einer (gedachten oder tatsächlich vorhandenen) Schichtenarchitektur orientieren:
    - Top-down: Die Integration beginnt beim Haupt- bzw. Steuerungsmodul (z. B. dem Frontend), sukzessive werden darunterliegende Module hinzugenommen. Nicht vorhandene Module tieferer Schichten müssen mit Stubs simuliert werden.
    - Bottom-up: Die Integration beginnt mit den Basismodulen (z. B. der Bibliothek). Nach der Integration niedrigerer Module oder Schichten werden höhere hinzugenommen. Dieses Vorgehen kommt im Allgemeinen ohne Stubs aus, erfordert aber Testtreiber, die die Teilintegrationen an den jeweils äußeren Schnittstellen stimulieren und kontrollieren.
    - Big Bang: Der Integrationstest beginnt erst, wenn alle Module zumindest so weit implementiert sind, dass eine komplette Integration möglich ist. Dies erlaubt eine einfache Planung ohne Stubs und Treiber, erschwert aber die Fehlersuche.
  - Auswahl geeigneter Testwerkzeuge zur Schnittstellentestung
  - Definition geeigneter Testmetriken (z. B. API-Überdeckung, API-Parameterüberdeckung)
- **Testüberwachung**
  - Verfolgung des Fortschritts der Integrationsschritte
  - Bewertung von Fehlerberichten in Bezug auf Schnittstellenprobleme
  - Beobachten der Überdeckungsmetriken

- **Teststeuerung**
  - Anpassung der Reihenfolge der Integration
  - Einleitung zusätzlicher Tests bei kritischen Fehlerwirkungen

3.5.5 Systemtest

Der Systemtest verifiziert, dass ein System als Ganzes die spezifizierten Anforderungen erfüllt. Getestet wird das vollständig integrierte System gegen die spezifizierten funktionalen und nicht-funktionalen Anforderungen. Der Systemtest erfolgt in einer möglichst realitätsnahen Umgebung. Ziel ist die Bewertung der Gesamtsystemqualität vor der Auslieferung. Im Systemtest sind folgende Aktivitäten des Testmanagements wichtig:

- **Testplanung**
  - Definition der Testziele (z. B. Validierung, ob das System die funktionalen Anforderungen erfüllt, Überprüfung nicht-funktionaler Qualitätsmerkmale wie Performanz und Benutzbarkeit, Durchführung von Fehlernachtests, um sicherzustellen, dass behobene Defekte keine neuen Defekte erzeugt haben)
  - Auswahl geeigneter Testverfahren (z. B. Parameterüberdeckung mit Äquivalenzklassenbildung oder paarweisem Testen, Ende-zu-Ende-Tests)
  - Definition von Eingangs- und Endekriterien
  - Anpassung der Planung an das SDLC-Modell mit sorgfältiger Zuweisung von Ressourcen und Zeitplanung
  - Auswahl von Werkzeugen
  - Erstellung eines Systemtestplans auf Basis der Systemanforderungen
  - Auswahl von Testarten (funktional, nicht-funktional etc.)
  - Identifikation von Testobjekten, Testelementen und Testbedingungen
  - Planen der Testdaten und Testumgebung
- **Testüberwachung**
  - Überwachung der Testausführung gegen den geplanten Zeitplan
  - Beobachten der Überdeckungsmetriken
- **Teststeuerung**
  - Änderung der Testreihenfolge auf Basis erneuter Risikobewertungen
  - Eskalation bei Testblockern
  - Priorisierung der Tests anhand Qualitätsrisiken

Bei agilen Projekten ist die Integration von Systemtests mit iterativen Story-Tests sinnvoll. Es sind getrennte Testzyklen zu vermeiden und sicherzustellen, dass das Testen kontinuierlich und integriert erfolgt. Bei sequenziellen Modellen kann das Testen in geplanten Phasen erfolgen.

3.5.6 Systemintegrationstest

Im Systemintegrationstest werden mehrere Systeme integriert. Dies können das zu entwickelnde System (nach dem Systemtest) und die bereits in seinem Systemumfeld existierenden und von ihm genutzten bzw. dieses System nutzenden Umsysteme sein. In großen → Multisystemen oder in Systemen mit Microservice-Architektur wird oft jedes Teilsystem in einem eigenen Entwicklungsprojekt bzw. von einem eigenen Entwicklungsteam bis zum Systemtest entwickelt und getestet und dann im Systemintegrationstest zum Gesamtsystem integriert.

Der Systemintegrationstest untersucht die Interaktion der zu testenden Systeme untereinander, mit externen Systemen oder mit Infrastrukturkomponenten. Es wird geprüft, ob alle Schnittstellen korrekt funktionieren. Diese Teststufe ist besonders wichtig bei verteilten oder eingebetteten Systemen (s. [Winter 13]).

Für den Systemintegrationstest sind folgende Aktivitäten des Testmanagements wichtig:

- **Testplanung**
  - Definition der zu integrierenden Systemkomponenten (z. B. externe Systeme, Infrastrukturkomponenten)
  - Definition der Testziele (z. B. Test der Kommunikation mit externen Systemen über definierte Schnittstellen, Validierung der Interoperabilität des Systems innerhalb einer Systemlandschaft, Überprüfung der korrekten Verarbeitung von Datenflüssen über Systemgrenzen hinweg)
  - Definition von Eingangs- und Endekriterien
  - Auswahl geeigneter Testarten (z. B. Interoperabilitätstests, Contract-Tests, Thread-Tests).
  - Sicherstellung, dass der Umfang und die Ziele der Systemintegrationstests klar und auf die Risikobewertung und die Qualitätsziele abgestimmt sind.
  - Planung der Testumgebung, evtl. der Stub- bzw. Mock-Objekte und der Testdaten
- **Testüberwachung**
  - Behalten des Überblicks über den Fortschritt, die Ergebnisse und das Fehlermanagement während der Systemintegrationstests

- Monitoring der Schnittstellentests
- Erhebung von Fehlerdaten zur Integration

Teststeuerung

- Anpassung des Testzeitplans bei Verzögerungen in der Systemverfügbarkeit
- Einleitung von Regressionstests bei Fehlern in bestehenden Funktionen

3.5.7 Abnahmetest

Der Abnahmetest erfolgt mit dem Schwerpunkt, zu bestimmen, ob ein System abgenommen werden kann. Er dient als Entscheidungsgrundlage für die Freigabe zur Produktion oder Auslieferung. In agilen Projekten wird er häufig als Benutzerabnahmetest (*user acceptance testing*, UAT) durchgeführt, um festzustellen, ob vorgesehene Benutzer das System abnehmen (s. [Fieber 21], [Spillner 24]).

Für den Abnahmetest sind folgende Aktivitäten des Testmanagements wichtig:

Testplanung

- Zusammenarbeit mit Stakeholdern, um die Erfüllung der Akzeptanzkriterien zu überprüfen, zu bestätigen und Testaktivitäten zu planen, einschließlich des Managements von Benutzertests im Benutzerakzeptanztest (*user acceptance testing*, UAT).
- Definition der Testziele (z. B. Ermittlung, ob das System die Abnahmekriterien der Stakeholder erfüllt, Bewertung der Eignung zur Verwendung durch die Endnutzer oder Bestätigung der Bereitstellung des spezifizierten Geschäftswerts)
- Auswahl geeigneter Testverfahren (z. B. Ende-zu-Ende-Tests, Szenariotests, Installationstests)
- Definition von Eingangs- und Endekriterien
- Koordination der Abnahmetests und Vorbereitung von Tests beim Kunden, um sicherzustellen, dass das Produkt die geschäftlichen Anforderungen und Qualitätsstandards außerhalb der Entwicklungsumgebung erfüllt.
- Planen der Testdaten und Testumgebung

Testüberwachung

- Nachverfolgung von Abweichungen zwischen den erwarteten und tatsächlichen Ergebnissen
- Auswertung der Testergebnisse gegen die Abnahmekriterien

- Teststeuerung
  - Unterstützung bei der Behebung von Problemen während der Ausführung von Benutzerakzeptanztests sowie Führung der Stakeholder durch den Prozess der Produktfreigabe, wenn die Akzeptanzkriterien erfüllt sind.
  - Anpassung der Teststrategie basierend auf Nutzerfeedback
  - Empfehlung zur **Produktfreigabe** oder -ablehnung

3.5.8 Tabellarische Zusammenfassung

Tab. 3.3 *Testmanagement-relevante Aspekte der Teststufen*

Tabelle 3.3 führt für das Testmanagement wichtige Aspekte der Teststufen auf. Aufgrund der großen Ähnlichkeit der beiden Teststufen Komponentenintegrationstest und Systemintegrationstest sind diese in der Spalte Integrationstest zusammengefasst.

Aspekt	Komponententest	Integrationstest	Systemtest	Abnahmetest
Testziele	Fehlerzustände in Komponenten finden.	Fehlerzustände in Schnittstellen und im Zusammenspiel zwischen integrierten Komponenten finden.	Prüfen, ob die spezifizierten Anforderungen (funktional, nicht-funktional) vom Produkt erfüllt werden.	Vertrauen des Auftraggebers bzw. der Nutzer in das System oder seine nicht-funktionalen Eigenschaften gewinnen.
Testbasis	Komponentenspezifikation, detaillierter Entwurf, Datenmodell, Programmcode.	Software- und Systementwurf, Sequenzdiagramme, Spezifikation interner und externer Schnittstellen, Kommunikationsprotokolle, Anwendungsfälle, Architektur auf Komponenten oder Systemebene, Workflows.	System- und Anforderungsspezifikation, Anwendungsfälle, funktionale Spezifikation, Geschäftsprozesse, Risikoanalyseberichte.	Benutzeranforderungen, Systemanforderungen, Anwendungsfälle, Geschäftsprozesse, Risikoanalyseberichte.
Typische Testobjekte	Isolierte Softwarebausteine (Klasse, Unit, Modul), Komponenten, Programme, Code und Datenstrukturen, Datenumwandlungs-/Migrationsprogramme, Datenbankmodule.	Zu integrierende Einzelbausteine, Subsysteme und zugekaufte Standardkomponenten, z. B. Datenbanken, Infrastruktur, Schnittstellen, APIs, Microservices, Systemkonfiguration und Konfigurationsdaten.	System-, Anwender- und Betriebshandbücher, Systemkonfiguration und Konfigurationsdaten, integriertes System.	Geschäftsprozesse des integrierten Systems, Betriebs- und Wartungsprozesse, Anwenderverfahren, Formulare, Berichte, Konfigurationsdaten.
Testwerkzeuge	Entwicklungsumgebung, Debugging-Unterstützung, statische Analysewerkzeuge, Komponententest-umgebung.	Testmonitore zur Überwachung des Datenaustauschs zwischen Komponenten.	Testmanagementwerkzeuge, GUI-Automatisierungswerkzeuge.	Meist manuell durchgeführt, teilweise GUI-Automatisierungswerkzeuge.

→

Aspekt	Komponententest	Integrationstest	Systemtest	Abnahmetest
Testumgebung	Platzhalter, Treiber, Simulatoren.	Wiederverwendung/Erweiterung der Platzhalter, Treiber, Simulatoren aus dem Komponententest bzw. dem Systemtest.	Test- und Produktivumgebung sollten so weit wie möglich übereinstimmen.	Test- und Produktivumgebung sollten so weit wie möglich übereinstimmen.
Typische Fehlerwirkungen und Fehlerbehebung	Funktionalitätsfehler, unerwünschte Funktionalität, Datenflussprobleme, fehlerhafter Code und fehlerhafte Logik. Fehlerzustände i. d. R. sofort nach Aufdeckung beheben. Oftmals ohne formales Fehlermanagement. Aber: Wenn Entwickler Fehlerzustände erfassen, liefert dies wichtige Informationen für die Grundursachenanalyse und die Prozessverbesserung.	Falsche Daten, fehlende Daten oder falsche Datenverschlüsselung, falsch angepasste Schnittstellen, nicht (ordnungsgemäß) behandelte Fehlerwirkungen in der Inter-Komponenten-Kommunikation, Fehlannahmen über Bedeutung, Einheiten oder Grenzen übermittelter Daten, falsche Reihenfolge bzw. zeitliche Abfolge von Schnittstellenaufrufen. Blockierende Fehlerzustände sofort nach Aufdeckung beheben. Ab Systemtest formales Fehlermanagement.	Falsche Berechnungen, falsches oder unerwartetes funktionales oder nicht-funktionales Verhalten, falsche Kontroll- und/oder Datenflüsse innerhalb des Systems, falsche oder unvollständige Ausführung von End-to-End-Aufgaben, Versagen des Systems in Produktivumgebung, Systemfunktion weicht von System- oder Benutzeranleitung ab. Abnahmeverhindernde Fehlerzustände vor Auslieferung beheben. Formales Fehlermanagement.	System unvollständig, System funktioniert nicht wie erwartet, funktionale und nicht-funktionale Verhaltensweisen des Systems entsprechen nicht den Spezifikationen. Vertragliche oder regulatorische Konformität verletzt. Einzelne Anwendergruppen lehnen das System ab. Abnahmeverhindernde Fehlerzustände werden nach Absprache behoben. Mit formalem Fehlermanagement.
Besonderheiten	Tester in Aktivitäten, über die traditionellen Testrollen hinaus einbeziehen, z. B. Codereviews, bei denen ihre analytischen Fähigkeiten einen Mehrwert darstellen. Koordination mit dem Entwicklungsteam bei der Lösung von Problemen und der Unterstützung von Komponententests.	Bestimmung von Integrationsabläufen und Testzyklen mit dem Entwicklungsteam, dabei SDLC-Modell, Testwerkzeuge und Prozesse beachten. Überwachung des Fortschritts wichtig, damit der Integrationstest mit der Entwicklung und den Teststrategien für System- und Abnahmetests abgestimmt ist. Im Systemintegrationstest Umfang und die Ziele auf die Risikobewertung und die Qualitätsziele abstimmen.	Anpassung der Planung an das SDLC-Modell mit sorgfältiger Zuweisung von Ressourcen, Auswahl von Werkzeugen und Zeitplanung. Agil: Integration von Systemtests mit iterativen Story-Tests, getrennte Testzyklen vermeiden. Sicherstellen, dass das Testen kontinuierlich und integriert erfolgt. Sequenziell: Testen in geplanten Phasen.	Stakeholder einbeziehen bei Prüfung und Bestätigung der Erfüllung der Akzeptanzkriterien, Planung der Testaktivitäten und Management von Benutzertests im UAT. Abnahmetest mit Tests beim Kunden koordinieren, um Erfüllung geschäftlicher Anforderungen und Qualitätsstandards außerhalb der Entwicklungsumgebung zu zeigen. Unterstützung bei Problemen während der Ausführung von Benutzerakzeptanztests. Wenn Akzeptanzkriterien erfüllt, Anleitung der Stakeholder bei Produktfreigabe.

3.6 Testmanagementaktivitäten für verschiedene Testarten

Eine **Testart** ist eine Gruppe von Testaktivitäten basierend auf bestimmten Testzielen mit dem Zweck, eine Komponente oder ein System auf spezifische Merkmale zu prüfen. Effektives Testmanagement erfordert einen integrierten Testansatz, der die besonderen Anforderungen unterschiedlicher Testarten wie z.B. funktionale, nichtfunktionale, Black-Box-Tests und White-Box-Tests berücksichtigt:

- Das Testmanagement für funktionale Tests konzentriert sich darauf, dass alle Funktionalitäten gründlich getestet werden und die definierten Anforderungen erfüllt werden.
- Beim Testmanagement für nicht-funktionale Tests geht es um die Überprüfung von Systemeigenschaften, wie Performanz und IT-Sicherheit.
- Das Management von Black-Box-Tests erfordert, dass möglichst die Tests benutzerorientiert sind und alle externen Interaktionen abgedeckt werden.
- Beim Management von White-Box-Tests geht es darum, die Codestruktur des Testobjekts zu verstehen und sicherzustellen, dass die Tests die interne Logik gründlich überdecken.

3.6.1 Die vier Testquadranten

Insbesondere in der Literatur zum agilen Testen ist die Einteilung und Charakterisierung der Testziele, Teststufen und Testarten durch die sogenannten Testquadranten[15] verbreitet (Abb. 3.11, s. z.B. [Crispin 09], [Baumgartner 21], [Linz 24]). Die Testquadranten sind ein Klassifikationsmodell für Testarten bzw. Teststufen in vier Quadranten, das sich auf zwei Dimensionen von Testzielen bezieht: Unterstützung des Produktteams (*supporting the product team*) vs. Hinterfragen des Produkts (*critiquing the product*) und technologische Ausrichtung (*technology-facing*) vs. geschäftliche Ausrichtung (*business-facing*). Dementsprechend ergeben sich vier Quadranten, die in der Literatur oft mit Q1 (unten links) bis Q4 (unten rechts) bezeichnet werden. Wichtig ist, diese Bezeichnungen nicht mit der zeitlichen Reihenfolge der entsprechenden Testaktivitäten zu verwechseln (s. Abschnitt 3.6.3).

15. Das Bild der Testquadranten wurde eingeführt von Brian Marick 2003 [URL: TestingQuadrants].

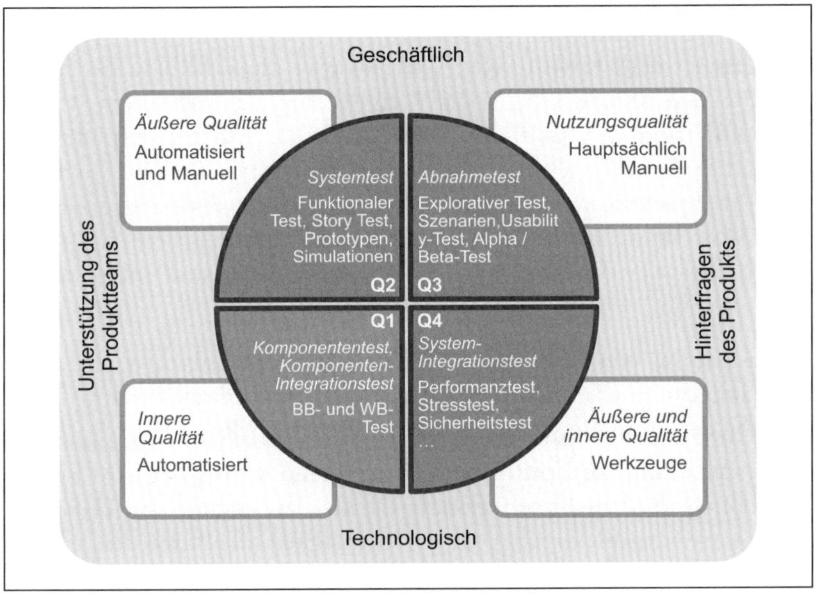

Abb. 3.11
Die Testquadranten (nach [URL: TestingQuadrants] und [Crispin 09])

Anhand der Testquadranten stellen die in folgende Abschnitte wichtige Aktivitäten des Testmanagements für die verschiedenen Testarten vor.

3.6.2 Management funktionaler Tests

Die Testart **funktionaler Test** wird eingesetzt, um die Erfüllung der funktionalen Anforderungen durch eine Komponente oder ein System zu bewerten. Funktionale Tests sind somit zentral für die Teststufen Komponententest und Systemtest, also für die beiden linken Testquadranten Q1 und Q2 in Abbildung 3.11.

Für das Management funktionaler Tests sind folgende Aspekte wichtig:

- Strategische Planung und Fortschrittsverfolgung: Eine detaillierte Teststrategie ausarbeiten, die sich an funktionalen Anforderungen und Projektzielen orientiert, sowie die Überwachung des Fortschritts der Testdurchführung.
- Ressourcenkoordination: Effiziente Zuweisung von personellen und technischen Ressourcen, um alle funktionalen Anforderungen vollständig abzudecken.
- Risikomanagement: Identifizieren potenzieller funktionaler Risiken und Entwickeln von Strategien zur Risikominderung.
- Überdeckung und Nachverfolgbarkeit: Sicherstellen, dass alle funktionalen Anforderungen vollständig durch Testfälle überdeckt sind, und die Nachverfolgbarkeit zu den Anforderungen gewährleistet ist.

3.6.3 Management nicht-funktionaler Tests

Die Testart **nicht-funktionaler Test** bewertet die Erfüllung der nicht-funktionalen Anforderungen durch eine Komponente oder ein System. Nicht-funktionale Tests sind zentral für die Teststufen Komponentenintegrationstest, Systemtest, Systemintegrationstest und oft auch für den Abnahmetest, also eher für die beiden rechten Testquadranten Q3 und Q4 in Abbildung 3.11.

Für das Management nicht-funktionaler Tests sind folgende Aspekte wichtig:

- Festlegung von Performanzanforderungen: Definition von Performanzbenchmarks und Verwaltung der Testaktivitäten zur → Messung der Systemleistung gegen diese Benchmarks.
- Verifizierung der Konformität: Überwachung von Tests zur Sicherstellung, dass nicht-funktionale Qualitätsmerkmale wie IT-Sicherheit, Gebrauchstauglichkeit, Zuverlässigkeit erfüllt werden.
- Planung spezieller Testumgebungen: Einrichtung und Management spezieller Umgebungen (z. B. für Lasttests, Sicherheitstests), um aussagekräftige Testergebnisse zu gewährleisten.
- Geeignete Stakeholder-Kommunikation: Abstimmung mit Stakeholdern, um Erwartungen zu nicht-funktionalen Eigenschaften zu verstehen und Testergebnisse nachvollziehbar zu berichten.

Nicht-funktionale Eigenschaften teilweise wichtiger als Funktionalität

Oft unterschätzt das Testmanagement die Bedeutung nicht-funktionaler Tests, sodass diese oft erst nach Abschluss der funktionalen Tests eingeplant und durchgeführt werden. Dies kann dazu führen, dass ihre Realisierung und Durchführung wegen Termin- oder Budgetproblemen eingeschränkt wird oder sogar ganz entfällt.

Für viele Softwaresysteme sind Eigenschaften wie Performanz oder Benutzbarkeit jedoch (mindestens) ebenso wichtig wie die korrekte Implementierung eines Geschäftsprozesses oder einer Berechnung. Ein korrektes, aber zu spätes Ergebnis kann ein falsches Ergebnis sein, z. B. bei der Bremssteuerung in Kraftfahrzeugen oder Kauf- oder Verkaufentscheidungen in der Aktienverwaltung! Werden solche nicht-funktionalen Qualitätsprobleme erst spät im Entwicklungsprozess oder sogar erst nach Inbetriebnahme des Systems entdeckt, sind sie schwierig und nur mit hohen Kosten zu beheben. Daher müssen bei der Testkonzeption und der Testplanung möglichst auch für nicht-funktionale Eigenschaften frühzeitige Tests vorgesehen werden.

Abwägung notwendig: Aufwand für nicht-funktionale Tests vs. Risiken

Viele nicht-funktionale Eigenschaften des Gesamtsystems sind oft nur oder zumindest am einfachsten in späten Teststufen wie dem Systemtest prüfbar. Der Aufwand für die Tests und die Risiken von nicht-funktionalen Qualitätsproblemen bei später Problementdeckung sind also vom Testmanager gegeneinander abzuwägen. Dies erfolgt idealerweise im Rahmen der risikobasierten Testplanung (s. Unterkapitel 4.4).

Strategie für frühzeitige nicht-funktionale Tests: Optimierung statt Verifikation

Performanz und Ressourcenverbrauch eines Systems sind Beispiele für nicht-funktionale Eigenschaften, die üblicherweise erst spät durch Tests verifiziert werden. Aus den einzelnen Laufzeiten von Methoden oder Transaktionen auf Komponentenebene lässt sich nicht oder nur bedingt auf die Laufzeit eines Geschäftsprozesses auf Ebene des Gesamtsystems schließen. Hinzu kommt, dass für nicht-funktionale Eigenschaften – wenn überhaupt – meist nur auf Ebene des Gesamtsystems Anforderungen spezifiziert sind. Aus diesen Anforderungen sinnvolle Testentwürfe für nicht-funktionale Tests in frühen Teststufen abzuleiten, ist praktisch unmöglich. In iterativen Entwicklungsprozessen wie z. B. den agilen Vorgehensmodellen ist die Zeit für einen nicht-funktionalen Test auf Systemebene wegen der Kürze der typischen Sprints besonders knapp. Besonders zeitintensive nicht-funktionale Tests sollen daher als separate Tätigkeiten außerhalb der Sprints angelegt werden.

Es ist aber leicht einzusehen, dass die Optimierung der Laufzeiten der einzelnen Komponenten zu einer Erhöhung der Performanz des Gesamtsystems beiträgt. Daher werden sinnvollerweise nicht-funktionale Tests auf Systemebene durch Aktivitäten in frühen Test- und Entwicklungsphasen ergänzt und abgesichert. Um diese planen und durchführen zu können, muss sich das Testmanagement eng mit den (technischen) Testanalysten sowie dem Entwicklungsteam abstimmen:

- Um das Risiko zu reduzieren, dass Performanz- und Lasttests Probleme zu spät aufdecken, sollen Testmanager und Entwicklungsteam gemeinsame Aktivitäten zur Laufzeitoptimierung von Komponenten planen. Dazu werden geeignete automatisierte Prüfungen entworfen, die während der Entwicklung regelmäßig durchgeführt werden, um Veränderungen am Laufzeitverhalten feststellen zu können. Die Entwicklungsmannschaft soll bemüht sein, die gemessenen Laufzeiten stetig zu optimieren.
- Analog dazu wird mit Tests der Ressourcennutzung eines Systems verfahren: Diese werden abgesichert durch entwicklungsbegleitende automatisierte Prüfungen des Verbrauchsverhaltens der Systemkomponenten. Auch hier ist das Ziel, durch die entwicklungsbegleitende Optimierung das Risiko von späten Problemaufdeckungen zu reduzieren.
- Auch zur Absicherung der Benutzbarkeit des Systems können frühe Tests dienen. Sichtungen der Benutzerdokumentation, Styleguide-Prüfungen von Bildschirmmasken und Bedienbarkeitstests mit Endanwendern anhand von Prototypen können teilweise auf Ebene der Komponententests, teilweise während des Integrationstests eingeplant und durchgeführt werden.

3.6.4 Management von Black-Box-Tests

In der Testart Black-Box-Test werden Komponenten oder das System auf der Grundlage einer Analyse ihrer Spezifikation und ohne Kenntnis von Realisierungsdetails getestet. Dies erfolgt in der Regel mit entsprechenden Verfahren, oft aber auch mit erfahrungsbasierten Testverfahren wie z. B. dem checklistenbasierten Test. Black-Box-Tests sind somit zentral für die Teststufen Komponententest und Systemtest, also ebenso wie funktionale Tests für die beiden linken Testquadranten Q1 und Q2 in Abbildung 3.11.

Für das Management von Black-Box-Tests sind folgende Aspekte wichtig:

- Analyse der Überdeckung: Sicherstellen, dass Black-Box-Tests alle Benutzerszenarien, geschäftlichen Anforderungen und relevanten externen Interaktionen abdecken.
- Einarbeitung von Feedback: Organisation und Management des Prozesses der Einholung von Feedback von Stakeholdern, um Black-Box-Tests zu verfeinern, Lücken zu identifizieren und Fehlerzustände zu beheben.
- Spezifikationsgetriebene Testgestaltung: Strukturierte Ableitung von Testfällen aus Spezifikationen und Anforderungen, ohne Berücksichtigung der internen Struktur.
- Management der Testdaten: Bereitstellung geeigneter Testdaten, die realistische Benutzerszenarien und -interaktionen abbilden.

3.6.5 Management von White-Box-Tests

In der Testart White-Box-Test werden Komponenten oder das System auf der Grundlage einer Analyse ihrer internen Struktur wie z. B. der Ablaufpfade im Programmcode, der Verwendung der Programmvariablen oder der Interaktionen zwischen Programmmodulen getestet. White-Box-Tests sind somit zentral für die Teststufen Komponententest, Integrationstests und Systemtest, also für die beiden unteren Testquadranten Q1 und Q4 in Abbildung 3.11.

Für das Management von Whitebox-Tests sind folgende Aspekte wichtig:

- Optimierung der Codeüberdeckung: Überwachung des Einsatzes von Werkzeugen zur Messung der Codeüberdeckung, um Abweichungen bei White-Box-Tests zu ermitteln und Ressourcen zur Behebung dieser Abweichungen bereitzustellen.

- Integration technischer Erkenntnisse: Management der Einbeziehung technischer Erkenntnisse in die Testplanung, um sicherzustellen, dass die Tests unter Berücksichtigung der internen Struktur der Anwendung entworfen werden und die interne Logik effizient überdecken.
- Fehleridentifikation in internen Strukturen: Sicherstellen, dass White-Box-Tests auch komplexe Logikpfade und selten genutzte Codepfade prüfen.
- Werkzeugunterstützung: Auswahl und Einsatz geeigneter statischer und dynamischer Analysewerkzeuge zur Unterstützung der White-Box-Tests.

> Die werkzeuggestützte Messung der Überdeckung interner Programmstrukturen während der Ausführung funktionaler Black-Box-Tests ist kein White-Box-Test, da die Testfälle ohne Kenntnis der internen Struktur abgeleitet wurden. Sie ist aber eine einfache und wichtige Hilfe bei der Aufdeckung fehlender Testfälle oder evtl. nicht erreichbarer Anweisungen im Programm (*dead code*).

3.6.6 Management explorativer Tests

Es kommt durchaus vor, dass das Testmanagement nicht auf die für einen systematischen Test eigentlich erforderlichen Dokumente (Testbasis) zugreifen kann, da diese stark veraltet sind oder manchmal gar nicht existieren. In einem solchen Fall kann ein eher informelles Vorgehen beim Testen zum Einsatz kommen: exploratives Testen.

Reaktive Teststrategie

→ Exploratives Testen (s. a. [Bach 04], [Whittaker 10], [Hendrickson 14]) ist ein Testansatz, bei dem die Tester auf der Grundlage ihres Wissens, der Erkundung des Testobjekts und der Ergebnisse früherer Tests dynamisch Tests entwerfen und durchführen. Exploratives Testen kann in die Gruppe der reaktiven Teststrategien (s. Abschnitt 5.6.4) eingeordnet werden, da die Testplanung und insbesondere der Testfallentwurf erst nach Vorliegen des Testobjekts beginnt bzw. nicht eigenständig vorab durchgeführt wird. Explorative Tests sind somit zentral für die Teststufen Systemtest und Abnahmetest, also für die beiden oberen Testquadranten Q2 und Q3 in Abbildung 3.11. Allerdings können sie auch in den unteren Testquadranten eingesetzt werden, z. B. für die Erkundung nicht dokumentierter Programme oder für explorative Sicherheitstests.

Das explorative Testen ist ein »erforschendes« Testen – Tester erforschen das Testobjekt anhand der Durchführung von Testfällen. Dabei dienen die bereits durchgeführten Tests als Informationsquelle für weitere Testüberlegungen und so können neue, bessere Testfälle spezifiziert und ausgeführt werden.

Definition: Exploratives Testen

In [URL: ET] findet sich folgende Definition von James Bach zum explorativen Testen:

> »*Exploratory testing is simultaneous learning, test design and test execution.*«

Erfahrung entscheidend

Das Verfahren beruht vorwiegend auf der Intuition und der Erfahrung der Tester. Es lässt sich auch bei zeitlichen Restriktionen gut einsetzen, da wenig oder gar keine vorbereitenden Aktivitäten durchzuführen sind und das Verfahren selbst wenig Zeit in Anspruch nimmt. Es eignet sich somit als ergänzendes Verfahren, um durch intuitive Überlegungen weitere Testfälle durchzuführen und bisher unentdeckte Fehlerwirkungen nachzuweisen.

Heuristiken verwenden

Es ist kein systematisches Testverfahren zur Spezifikation der Testfälle. Sollergebnisse werden nicht vorab ermittelt. Überlegungen zur Erlangung der Testfälle beruhen eher auf Heuristiken, die auf Erfahrungswissen basieren. Diese bieten aber keine Garantie, dass sie zur besten oder zumindest zu einer richtigen Testüberlegung führen. Beispiele solcher Heuristiken zur Identifikation von potenziellen Fehlern sind, dass neu implementierte oder geänderte Funktionalität fehleranfälliger ist als lang erprobte Funktionalität, dass späte Änderungen oft Fehlerwirkungen verursachen usw.

Testprozessaktivitäten fallen zusammen.

Beim explorativen Testen verschmelzen die Aktivitäten Testanalyse und Testentwurf, Testrealisierung und -durchführung sowie die Testprotokollierung zu einer einzigen Aktivität. Wichtig ist, dass aus den bei der Testdurchführung gewonnenen Informationen gelernt wird und dieses Wissen für die weiteren Tests direkt genutzt wird. Schritt für Schritt werden somit Informationen über das zu testende System angesammelt, die als Ersatz für die fehlende Testbasis dienen können. Es wird im Laufe des Testens immer klarer, welche Funktionalität das Testobjekt zur Verfügung stellt, wie es arbeitet, welche Qualitätsprobleme sich ergeben könnten und welche Erwartungen an das System erfüllt sein sollen.

Eine Beschränkung auf bestimmte Elemente des Systems, auf bestimmte Aufgaben oder Funktionen ist beim explorativen Testen sinnvollerweise vorzunehmen. Diese Aufteilung wird fortgesetzt, bis handhabbare Einheiten entstanden sind. Diese kleineren Testeinheiten werden als »Test-Charta« (*test charter*) bezeichnet.

Test-Charta

Der Test-Charta sind die Testziele und mögliche Testideen (oder auch Testbedingungen) zu entnehmen. Für die Durchführung bzw. Bearbeitung einer Test-Charta steht ein festgelegtes Zeitfenster zur Verfügung. In einer Arbeitssitzung (*session*) konzentrieren sich die Teilnehmer auf ein spezifisches Testobjekt unter Zugrundelegung eines bestimmten Testzieles (oder Test-Charta). Dabei soll eine Sitzung eine Dauer von ein bis zwei Stunden haben und ohne jegliche Unterbrechung (durch Telefon oder E-Mails) durchgeführt werden.

Sitzungsbasiertes Testmanagement

Das Vorgehen entspricht dem »Time Boxing«-Prinzip, bei dem die Zeiten fest vorgegeben sind und die durchzuführenden Aufgaben für die verfügbare Zeit passend zugeschnitten werden. In diesem Zusammenhang wird auch der Begriff »→ sitzungsbasiertes Testmanagement« (*session-based test management*, SBTM, [URL: SBTM]) verwendet.

Zur Dokumentation der in der Sitzung durchgeführten Aktivitäten und erzielten Erkenntnisse wird ein Sitzungsprotokoll erstellt (das sogenannte »session sheet«). Beim sitzungsbasierten Testmanagement werden Dokumente (Protokolle) erzeugt, die die bisherige Dokumentation ergänzen und zu deren Überprüfung herangezogen werden können.

Struktur des Sitzungsprotokolls

Das Sitzungsprotokoll sollte folgende Angaben umfassen:

- Untersuchte Test-Charta
- Name des bzw. der Tester
- Datum und Uhrzeit des Beginns der Sitzung
- Teil der Test-Charta, die in dieser Sitzung bearbeitet wurde
- Angabe der Dateien, die die verwendeten Testdaten enthalten
- Notizen (Was habe ich gemacht? Warum? Hinweise, Fragen etc.)
- Probleme, Schwierigkeiten und Auffälligkeiten
- Erkannte Fehlerwirkungen

Abschnitte der Testaktivitäten

Auch wenn keine strikte Trennung der Testaktivitäten beim explorativen Testen vorgegeben ist, so lässt sich eine Testsitzung doch in drei Abschnitte gliedern:

1. **Testvorbereitung**
   Die Testeinheit ist für die Testdurchführung vorzubereiten. Hierzu gehört die Einrichtung der notwendigen Testumgebung. Der Tester macht sich mit der Testeinheit »vertraut«, um ein besseres Verständnis für das zu testende Produkt zu erhalten.
2. **Testdurchführung**
   »Erforschende« Untersuchung des Testobjekts durch schrittweise Ausführung von Testfällen, Nutzung des Erkenntnisgewinns und durch die Ausführung weiterer Testfälle. Ziel ist es, mehr über das Testobjekt zu erfahren und Probleme oder Fehlerwirkungen aufzudecken.
3. **Dokumentation und Testauswertung**
   Stößt der Tester auf »etwas«, was ein Fehler sein könnte, beginnt er dies genauer zu untersuchen und dokumentiert seine Erkenntnisse. Gegebenenfalls ist hierzu die Durchführung weiterer Testfälle erforderlich.

Abschlussbesprechung

Am Ende einer Testeinheit setzt das Testmanagement eine kurze Abschlussbesprechung mit dem Testteam an. In der Sitzung werden die Kurzprotokolle gemeinsam besprochen und Verbesserungsvorschläge diskutiert, die die Test-Charta betreffen. Das Testmanagement erhält somit ein direktes Feedback vom Testteam und nutzt dieses für die Schätzung und Planung weiterer Testeinheiten.

»PROOF«-Fragen

Bei der Abschlussbesprechung soll die Beantwortung der folgenden Fragen im Mittelpunkt stehen, wobei der englische Begriff »PROOF« die Zielrichtung der Fragen vorgibt:

Past: Was passierte in der abgelaufenen Testeinheit?

Results: Welche Ergebnisse wurden erzielt?

Outlook: Was ist noch zu tun?

Obstacles: Welche Hindernisse mussten überwunden werden?

Feelings: Wie ist die Einschätzung der Tester?

Überprüfung des Testprozesses

Erwähnt sei noch ein weiterer Vorteil des explorativen Testens, wenn es ergänzend durchgeführt wird. Es kann zur Überprüfung des Testprozesses dienen und etwaige Lücken aufspüren. Dies ist der Fall, wenn durch exploratives Testen noch Fehlerwirkungen gefunden werden, die beim systematischen Testen unentdeckt geblieben sind. Das Testmanagement muss dann überlegen, ob diese Lücken durch den Einsatz von weiteren, ergänzenden Testverfahren zu schließen sind.

3.6.7 Management weiterer Testarten

Neben den bisher genannten Testarten gibt es viele weitere Testarten. Für die im ISTQB®-Glossar genannten Arten fasst Tabelle 3.4 einige wichtige Aspekte für das Testmanagement zusammen.

Tab. 3.4 *Aspekte des Testmanagements in den SDLC-Modellen*

Testart	Testquadranten und wichtige Aspekte des Testmanagements
Destruktiver Test	▪ Q1 und Q4 (technologisch, Unterstützung des Teams) ▪ Tests gestalten, die gezielt Schwachstellen provozieren und Extrembedingungen prüfen. ▪ Risiken für Betriebsstörungen durch Abgrenzung des Testumfangs und Testumgebungen minimieren. ▪ Genaue Dokumentation des Systemverhaltens unter Belastung sicherstellen.
Ende-zu-Ende-Test	▪ Q2 und Q3 (geschäftlich, Unterstützung des Teams und Hinterfragen des Produkts) ▪ Koordination aller Schnittstellen und Subsysteme für realitätsnahe Prozessflüsse. ▪ Frühes Einbinden der Stakeholder für Szenariendefinition. ▪ Integration aller Systemteile in Testumgebungen gewährleisten.

→

Testart	Testquadranten und wichtige Aspekte des Testmanagements
Gerätebasierter Test	■ Q2, Q3 und Q4 (technologisch und geschäftlich, Unterstützung des Teams und Hinterfragen des Produkts) ■ Nutzung und Verfügbarkeit physischer Geräte oder Simulatoren steuern. ■ Geräteabhängige Fehlerquellen wie Kalibrierung überwachen. ■ Wartung und Dokumentation der Testgeräte sicherstellen.
Grey-Box-Test	■ Q1 und Q4 (technologisch, Unterstützung des Teams und Hinterfragen des Produkts) ■ Kombination von Black-Box- und White-Box-Perspektiven koordinieren. ■ Zugänge zu internen Architekturteilen für Tester organisieren. ■ Internes Systemwissen mit externer Anwendersicht methodisch verbinden.
Mathematischer Test	■ Q1, Q2 und Q3 (technologisch und geschäftlich, Unterstützung des Teams und Hinterfragen des Produkts) ■ Validierung von Algorithmen mit Referenzwerten und theoretischen Ergebnissen. ■ Fokus auf Genauigkeit und Stabilität bei variablen Eingaben. ■ Nachvollziehbare Prüfprotokolle und Vergleichswerte pflegen.
→ Negativtest	■ Q1 und Q2, teilweise auch Q4 (technologisch und teilweise geschäftlich, Unterstützung des Teams und teilweise Hinterfragen des Produkts) ■ Systematische Abdeckung ungültiger Eingaben und Fehlerszenarien planen. ■ Testdaten für Grenz- und Ausnahmesituationen organisieren. ■ Fehlerberichte und Robustheit des Systems analysieren.
Performanztest	■ Q3 und Q4, teilweise auch Q2 (teils technologisch und geschäftlich, teils Unterstützung des Teams und Hinterfragen des Produkts) ■ Planung von Testläufen zur Messung von Antwortzeiten, Skalierbarkeit, Stabilität. ■ Aufbau realistischer Lastszenarien und Definition von Performanzzielen. ■ Engpassanalyse und Optimierungsempfehlungen aus Testergebnissen ableiten.
Sicherheitstest	■ Q4 (technologisch, Hinterfragen des Produkts) ■ Planung von Bedrohungsmodellen, Schwachstellenscans und Penetrationstests. ■ Schutz sensibler Testdaten und Einhaltung regulatorischer Anforderungen sicherstellen. ■ Zusammenarbeit mit Sicherheitsexperten organisieren.
Testen in Produktion	■ Q2 und Q3 (geschäftlich, Unterstützung des Teams und Hinterfragen des Produkts) ■ Abgrenzung zwischen produktivem und testbezogenem Traffic planen. ■ Rollback- und Monitoring-Strategien definieren. ■ Enge Kommunikation mit Support und Betrieb gewährleisten.
Umgebungs-basierter Test	■ Q3 und Q4, teilweise auch Q2 (teils technologisch und geschäftlich, teils Unterstützung des Teams, Hinterfragen des Produkts) ■ Verschiedene reale Umgebungsbedingungen (OS, Netzwerke, Hardware) berücksichtigen. ■ Koordination mehrerer Testumgebungen organisieren. ■ Abweichungen zwischen Test- und Produktionsumgebungen dokumentieren.
User-Agent-basierter Test	■ Q2 und Q3 (geschäftlich, Unterstützung des Teams und Hinterfragen des Produkts) ■ Auswahl und Pflege relevanter User-Agent-Profile sicherstellen. ■ Automatisierung zur Abdeckung der Variantenvielfalt nutzen. ■ Unterschiede im Verhalten je nach User-Agent detailliert berichten.

3.7 Kontextbezogene Testplanung, -überwachung und -steuerung

3.7.1 Einführung und Übersicht

Ein effektives und effizientes Testmanagement ist der Eckpfeiler jeder erfolgreichen Testarbeit. Testen umfasst eine Vielzahl von Aktivitäten, die eine sorgfältige Planung, eine aufmerksame Überwachung und eine strategische Steuerung erfordern. Dies spielt eine entscheidende Rolle, wenn es darum geht, sicherzustellen, dass der Testprozess nicht nur effektiv und effizient, sondern auch auf die besonderen Anforderungen und den Kontext des jeweiligen Projekts und Produkts zugeschnitten ist.

Die Testmanagementaktivitäten Testplanung, Testüberwachung und Teststeuerung (sowie Testabschluss) wurden im Rahmen des Testprozesses in Kapitel 2 bereits detailliert, aber ohne Projekt- und Produktkontext betrachtet.

Die folgenden Abschnitte fassen die in den vorherigen Abschnitten dieses Kapitels behandelten Aspekte des im Projekt verwendeten SDLC und der geplanten Teststufen und Testarten in einem pointierten Überblick zusammen. Beispiele zu den Testmanagementaktivitäten runden das Unterkapitel ab.

Indem sich das Testmanagement auf diese spezifischen Aktivitäten innerhalb der Testplanung, Testüberwachung und Teststeuerung konzentriert, kann es sicherstellen, dass der Testprozess gut definiert ist, an Projektänderungen angepasst werden kann und zu einem Produkt führt, das sowohl die Anforderungen des Projekts als auch die Erwartungen der Stakeholder erfüllt.

3.7.2 Aspekte der Testplanung

Umfassende Definition des Testumfangs

Ein Testkonzept muss sorgfältig ausgearbeitet werden und eine gründliche Definition des Testumfangs enthalten. Dazu gehört die Identifizierung aller funktionalen und nicht-funktionalen Anforderungen, um eine vollständige Überdeckung durch Tests zu gewährleisten. Außerdem müssen die Auswirkungen von Black-Box-Tests und White-Box-Tests berücksichtigt werden, um sicherzustellen, dass die entwickelten Testfälle in der Lage sind, das System im Test aus allen Blickwinkeln zu validieren.

Risikobewertung und Planung zur Risikominderung

Integraler Bestandteil des Testkonzepts ist ein robustes Risikomanagement-Rahmenwerk. Das Testmanagement muss eine detaillierte Risikoanalyse durchführen und potenzielle Schwachstellen und Herausforderungen aufzeigen, die sich sowohl auf den Projektablauf als auch auf das Endprodukt auswirken könnten. Die Entwicklung von Strategien zur Risikominderung ist von entscheidender Bedeutung. Dazu gehört eine vorausschauende Planung, um diese Risiken effektiv zu umgehen oder zu minimieren.

Strategie der Ressourcenzuweisung

Die Ressourcenplanung ist ein weiteres wichtiges Element. Dabei geht es nicht nur um die bloße Zuweisung von Ressourcen, sondern auch darum, die Struktur des Teams zu definieren, die Rollen abzugrenzen und Kommunikationsprozesse festzulegen. In Umgebungen, in denen die Teams verteilt sind, wie z. B. bei Onsite/Offsite-Modellen, ist dies besonders wichtig, um eine Synchronisierung und möglichst nahtlose Zusammenarbeit zu gewährleisten.

3.7.3 Aspekte der Testüberwachung

Überwachung der Ausführung

Die Testüberwachung spielt eine zentrale Rolle im Testmanagementprozess. Sie umfasst eine kontinuierliche Überprüfung der Testdurchführung hinsichtlich der festgelegten Testplanung, die Verfolgung des Fortschritts der Testausführung und das Management aller auftretenden Fehlerzustände. Die Anpassung der Prioritäten für die Tests auf der Grundlage von Risikobewertungen und Echtzeitentwicklungen stellt sicher, dass die Tests auf die kritischsten Bereiche ausgerichtet bleiben (s. Unterkapitel 4.4).

Auswahl und Überwachung von Testwerkzeugen und -umgebungen

Die umsichtige Auswahl und Verwendung von Testwerkzeugen und -umgebungen sind entscheidend für die Unterstützung der Teststrategie (s. Unterkapitel 7.1). Die kontinuierliche Überwachung stellt sicher, dass sie effektiv in die CI/CD-Pipeline integriert sind, was kontinuierliche Tests und unmittelbare Feedbackschleifen ermöglicht, die für den agilen Entwicklungsprozess unerlässlich sind (s. Abschnitt 3.4.10).

Zusammenarbeit mit der Entwicklung

Die Pflege einer engen Zusammenarbeit mit dem Entwicklungsteam als wichtiger Stakeholder ist für erfolgreiche Testergebnisse unerlässlich (s. Unterkapitel 3.2). Diese Zusammenarbeit sollte einen umfassenden Testansatz unterstützen, bei dem Erkenntnisse aus allen testrelevanten Perspektiven genutzt werden, um potenzielle Probleme präventiv anzugehen.

3.7.4 Aspekte der Teststeuerung

Anpassungsfähiges Prozessmanagement

Bei der Teststeuerung geht es darum, den Testprozess dynamisch als Reaktion auf neue Erkenntnisse, Herausforderungen und die sich entwickelnde Projektdynamik anzupassen. Dies erfordert, dass die Verantwortlichen für das Testmanagement schnell reagieren und flexibel in der Lage sein sollten, Änderungen am Testansatz vorzunehmen, die dem aktuellen Stand des Projekts entsprechen.

Quality Gate Management

Ein Quality Gate ist ein Meilenstein, bei dem eine Entscheidung, zur nächsten Phase überzugehen, getroffen wird, basierend auf vordefinierten Qualitätskriterien. Für das Testmanagement ist ein strukturierter Ansatz für das Quality Gate Management von grundlegender Bedeutung. Dazu gehören die Definition, was ein Quality Gate innerhalb des Testlebenszyklus darstellt und wie man fundierte Entscheidungen über den Fortschritt des Testzyklus trifft, was entscheidend für die Sicherstellung der Produktintegrität ist.

Wichtige Aspekte zur Festlegung von Quality Gates sind:

- Produktorientierte Aspekte
  - Kritikalität und Sicherheitsanforderungen (z. B. funktionale Sicherheit nach [ISO 26262])
  - Komplexität der Architektur (z. B. DiaFlow: HW/SW-Integration)
  - Risikofaktoren des Produkts (z. B. hohe Komplexität, viele Integrationsabhängigkeiten)
  - Regulatorische oder normative Anforderungen
  - Stakeholder-Interessen (z. B. Endnutzerakzeptanz, gesetzliche Prüfungen oder Markteinführungsziele)
- SDLC-orientierte Aspekte
  - Definition klarer Phasen oder Iterationen (z. B. Wasserfall vs. agile Sprints)
  - Übergangspunkte zwischen Phasen oder Sprints, an denen Fortschrittsentscheidungen nötig sind.
  - Vorhandene oder erforderliche Arbeitsergebnisse je Phase (z. B. Testentwurf, Testausführung, Testabschlussberichte)
  - Verfügbarkeit von Metriken und Kennzahlen zur Testabdeckung, Fehlerdichte, Reifegrad der Software
  - Festlegung formaler Kriterien für Abnahme oder Freigabe zur nächsten Phase

3.7.5 Beispiele zur Testplanung, -überwachung und -steuerung

Dieser Abschnitt enthält Beispiele für die Festlegung von Testmanagementaktivitäten, insbesondere Testplanung, Testüberwachung und Teststeuerung anhand des Projekt- und Produktkontexts in den drei Szenarien TestMaster (agil), DiaFlow (hybrid) und AutoSafe (sequenziell).

Beispiel: Testmanagementaktivitäten im TestMaster-Projekt

Im agilen TestMaster-Projekt (Abschnitt 3.1.1) plant das Scrum-Team die Testmanagementaktivitäten. Zunächst ein kurzer Ausschnitt aus der Diskussion:

Lena (Product Ownerin): »*Wir brauchen in jedem Sprint Klarheit über die Testziele – Julia, wie planst du das?*«

Julia (Testerin): »*Ich erstelle pro Sprint für alle Stories Testfälle. Bei größeren Stories definieren wir zusätzlich explorative Testsessions. Die Regression decken wir durch automatisierte Tests ab.*«

Tom (Scrum Master): »*Julia, stell dir vor, die Product Ownerin möchte im Sprint wissen, wo ihr mit den Tests steht. Gib ein Beispiel für eine mögliche Antwort.*«

Julia: »*Vier Stories sind zu 80 % getestet, zwei Blocker sind noch offen, die David heute fixen will.*«

Lena: »*Sollten wir bei Verzögerungen im Test den Sprint verlängern?*«

Peter (Tester): »*Nein, wir priorisieren kritische Tests zuerst, um das Release nicht zu gefährden.*«

Lena: »*Welche Verfahren brauchen wir?*«

Julia: »*Wir leiten Tests aus den Akzeptanzkriterien ab, ergänzen explorativ und sichern Stabilität mit automatisierter Regression.*«

Die resultierenden Aktivitäten sind:

Testplanung:

- Da im agilen Umfeld (Scrum) gearbeitet wird, erfolgt die Testplanung iterativ pro Sprint (2 Wochen).
- Die Testaktivitäten werden direkt mit den priorisierten Product Backlog Items (PBIs) verknüpft.
- Jede User Story enthält Akzeptanzkriterien, die gleichzeitig als Basis für Testfälle dienen (anforderungsbasiertes Testen).

Testarten: Funktionale Tests (automatisierte GUI-Tests mit Selenium), nichtfunktionale Tests (Performanz in späteren Sprints)

Teststufen: Sprint-übergreifende Systemtests vor Releases

Testüberwachung:

- Daily Standups als primäres Mittel zur Statusverfolgung
- Testfortschritt wird über Burndown-Charts in JIRA visualisiert.

Metriken: Anzahl gefundener Fehler pro Sprint, Abdeckung der Akzeptanzkriterien

Teststeuerung:

- Sprint-Reviews als informelle Quality Gates, an denen über den Fortschritt und die Freigabe von Inkrementen entschieden wird.
- Anpassung der Prioritäten nach Sprint-Review und Retrospektive
- Bei Verzögerungen werden Scope oder Ressourcen des Tests mit dem Team abgestimmt (Whole-Team-Ansatz).
- Regressionstests werden bei Bedarf intensiviert (z. B. bei größeren Architekturänderungen).

Testverfahren:

- Anforderungsbasiertes Testen (zur Ableitung von Testbedingungen aus User Stories)
- Exploratives Testen (für schnelles Feedback)
- Automatisierte Regressionstests (Selenium)

Beispiel: Testmanagementaktivitäten im DiaFlow-Projekt

Im DiaFlow-Projekt (Abschnitt 3.1.2), dem ein hybrider SDLC mit agiler Softwareentwicklung nach Scrum und sequenzieller HW-Entwicklung zugrunde liegt, plant das Scrum-Team zusammen mit dem HW-Projektleiter die Testmanagementaktivitäten für die Softwareentwicklung. Zunächst auch hier ein kurzer Ausschnitt aus der Diskussion:

Thomas (Testmanager): »*Maria, wie integrieren wir Hardware- und Softwaretests?*«

Maria (SW-Teamleiterin): »*Wir nutzen SIL-Tests, bis Hardware-Prototypen verfügbar sind, und synchronisieren Integrationspunkte in der Teststrategie.*«

Thomas: »*Was tun wir, wenn wir aufgrund Verzögerungen der Hardware hinter dem Plan liegen. Können wir Testressourcen umschichten?*«

Jürgen (HW-Projektleiter): »*Nur begrenzt. Wir priorisieren dann gemäß der Sicherheitskritikalität die HIL-Tests.*«

Thomas: »*Wir brauchen was für die regulatorische Abdeckung.*«

Maria: »*Safety für HW und SW, risikobasiert mit DSGVO und HIPPA für SW und Usability für Softwareakzeptanz.*«

Maria: »*Wir legen den Fokus bei der SW-Entwicklung auf Fehlerbehebung, statt immer neue Features zu entwickeln.*«

Thomas: »*Richtig. Wir müssen regulatorische Vorgaben einhalten. Ich update das im Testkonzept entsprechend.*«

Die resultierenden Aktivitäten sind:

Testplanung:

- HW: Zu Projektbeginn Erstellung eines Mastertestkonzepts, das alle Phasen des Wasserfallteils abdeckt.
- SW: Sprint-weise Planung (Scrum-ähnlich)

Teststufen:

- HW: Komponententest, Integrationstest, Systemtest nach [DIN 62304] (VDE 0750-101), passend zu [DIN 13485].

- SW: SIL-Unit-Tests (automatisiert), Integrations- und Usability-Tests pro Sprint, HW/SW-Integrationstest ab HIL-Test.

Testarten: Sicherheits-, Leistungs-, Usability- und Konformitätstests

Testüberwachung:

- CAPA(Corrective and Preventive Action)-Prozess über den gesamten Lebenszyklus des Geräts.
- SW: Wöchentliche Reviews der Testfortschritte in Sprint-Meetings.
- HW: Testfortschritte monatlich in Phase-Gates überprüft.
- Gemeinsame Defect-Statistiken (exportiert aus JIRA für SW, MedQMS für HW).

Metriken: Fehlerdichte, Abdeckung regulatorischer Anforderungen

Teststeuerung:

- Quality Gates für HW und SW unterschiedlich getaktet: HW-Gates sind formale Phase-Gates nach jedem Entwicklungsabschnitt (z. B. Design-Freeze), während SW-Gates an Sprints gekoppelt sind.
- Verschiebung geplanter Usability-Tests bei Verzögerungen in der Hardwareentwicklung.
- Anpassung der Ressourcen zwischen SW- und HW-Teams.
- Risikoanalyse wird nach jedem Sprint-Review im CAPA-Prozess aktualisiert (Schwerpunkt: regulatorische Risiken).

Testverfahren:

- Safety-Tests gemäß [ISO 26262] (SW)
- Risikobasiertes Testen für nicht sicherheitskritische Anforderungen (SW), Sicherheits- bzw. Security-Tests nach [ISO 15408] zur Sicherung der DSGVO-Anforderungen [URL: DSGVO] und HIPAA [URL: HIPPA].
- Usability-Tests nach [ISO 9241] (SW)

Beispiel: Testmanagementaktivitäten im AutoSafe-Projekt

Im sequenziell durchgeführten AutoSafe-Projekt (Abschnitt 3.1.3) plant der Testmanager zusammen mit einigen Stakeholdern die Testmanagementaktivitäten für die Softwareentwicklung. Auch hier wieder ein kurzer Ausschnitt aus der Diskussion:

Michael (Testmanager): »*Wir müssen alle sicherheitskritischen Anforderungen mit Safety-Tests abdecken, inklusive Failure Injection Tests.*«

Stefan (Projektleiter): »*Verstanden, wir blocken Budget und Zeit in der Integrationsphase für diese Tests.*«

Laura (Lead-Entwicklerin): »*Was tun wir, wenn wir in der Implementierung neue Failure Modes identifizieren?*«

Michael: »*Diese müssen in die Safety-Testfälle übernommen und überwacht werden. Ich aktualisiere dann den Testplan und den Teststatus-Report.*«

Michael: »*Wir dürfen keine Abstriche bei den Safety-Tests machen. Wenn die HIL-Tests verzögert werden, stoppt das gesamte Release.*«

Stefan: »*Klar, Sicherheit hat Priorität. Ich informiere in diesen Fällen das Management über die Verzögerung.*«

Michael: »*Safety zuerst, alle Failure Modes prüfen!*«
Laura: »*Und zusätzlich mit Anforderungen abgleichen.*«

Die resultierenden Aktivitäten sind:

Testplanung: Detaillierte Testplanung zu Projektstart

Teststufen: SW-Komponententests, SW-Komponentenintegrationstest, MiL-SW-Systemtests, HW/SW-Integrationstests, HIL-Systemtests, Gesamtsystem-Integrationstest, Abnahmetests (ViL, DiL, PGT, OGT nach ASAM) mit Fokus auf funktionale Sicherheit nach [ISO 26262]

Testarten: Funktionale Tests, Safety-Tests, Fehlermodus-Tests (Failure-Mode-Testing)

Testüberwachung:

- Reviews mit allen Stakeholdern nach jeder Teststufe
- Fortschrittsberichte nach jeder Phase an Management und Zulassungsbehörden

Metriken:

- Testabdeckung gegen Anforderungen
- Status offener Fehler
- Sicherheitsnachweise (Safety Evidence)

Teststeuerung:

- Quality Gates am Ende jeder Phase (Anforderungsanalyse, Design, Implementierung, Test, Auslieferung) definiert, mit klaren Kriterien aus [ISO 26262] für funktionale Sicherheit und regulatorische Nachweise.
- Bei Testabweichungen (z. B. fehlerhafte Safety-Tests) wird das Projekt gestoppt, bis Korrekturmaßnahmen greifen.
- Anpassung der Testressourcen, ggf. Einplanung zusätzlicher Tests zur Erfüllung der Konformität nach [ISO 26262].
- Testfreigaben strikt an das Erfüllen aller Endekriterien gebunden.

Testverfahren:

- Anforderungsbasiertes Testen
- Fehlereinfügung
- ASIL-abhängig weitere strukturierte Tests ([ISO 26262] und ASAM)

Tabelle 3.5 zeigt die Verteilung der Testverfahren auf die Teststufen (nach [URL: ASAM_Report]).

Tab. 3.5 *Teststufen und Testverfahren in AutoSafe*

Teststufe	Bezeichnung	Requirements-based Test	Interface Test	Fault Injection	Performance Test	Scenario-based Test
MIL	Model-in-the-Loop	x		x		x
SOL	Software-open-Loop	x		x	(x)	

→

Teststufe	Bezeichnung	Requirementsbased Test	Interface Test	Fault Injection	Performance Test	Scenariobased Test
SIL	Software-in-the-Loop	x	x	x		x
HOP	Hardware-OPEN-Loop		x	x	(x)	
HIL	Hardware-in-the-Loop	x	x	x	x	x
VIL	Vehicle-in-the-Loop	x	x		(x)	x
DIL	Driver-in-the-Loop			x		x
PGT	Proving-Ground Test	x		x		x
ORT	Open-Road Test	x				x

3.8 Zusammenfassung

Der Kontext des Testens umfasst verschiedenste Aspekte, die alle großen Einfluss auf das Testen und die notwendigen Tätigkeiten des Testmanagements haben:

- **Testkontext verstehen:** Das Testmanagement muss die spezifischen Bedingungen und Einschränkungen (z. B. Produkt, Branche, gesetzliche Anforderungen, SDLC) kennen, die den Testprozess und die Teststrategie beeinflussen.
- **Rolle von Organisation und Kultur:** Testmanagement muss an bestehende Organisationsstrukturen, Kultur und Praktiken angepasst werden.
- **Test-Stakeholder identifizieren:** Stakeholder wie Entwickler, Manager, Kunden oder Benutzer haben unterschiedliche Interessen und Perspektiven auf das Testen; ihre Einbindung ist entscheidend. Dazu ist eine detaillierte Liste der Stakeholder zu erstellen.
- **Bedeutung des Stakeholder-Wissens:** Eine Stakeholder-Matrix hilft, das Wissen und die Beziehung der einzelnen Stakeholder zum Projekt und den Testaktivitäten zu verstehen, um die Effektivität des Testmanagements zu verbessern, indem Kommunikationsstrategien, Einflussnahmen und Informationsflüsse optimal gestaltet werden.
- **Testmanagement in hybriden SDLC-Modellen:** Im hybriden Entwicklungsansatz (z. B. Mischung aus agilen und sequenziellen Methoden)

ist es besonders wichtig, geeignete Testmanagementpraktiken und Schnittstellen zwischen den unterschiedlichen SDLC-Aktivitäten und ggf. Werkzeugen zu definieren.

- **Anpassung an verschiedene SDLC-Modelle:** Testaktivitäten müssen an unterschiedliche Lebenszyklusmodelle (iterativ, inkrementell, sequenziell etc.) angepasst werden.
- **Eigenschaften des zu testenden Systems:** Zu beachten sind spezifische Vorgehensweisen z. B. beim Testmanagement von Multisystemen und sicherheitskritischen Systemen.
- **Berücksichtigung der Teststufen:** Das Management der Testaktivitäten variiert je nach Teststufe (z. B. Komponententest, Komponentenintegrationstest, Systemtest, Systemintegrationstest, Abnahmetest).
- **Berücksichtigung der Testarten:** Unterschiedliche Testarten (funktional, nicht-funktional, Black-Box und White-Box etc.) erfordern unterschiedliche Managementaktivitäten.
- **Planung, Überwachung, Steuerung:** Der Kontext bestimmt, wie Planungs-, Überwachungs- und Steuerungsaktivitäten im Testmanagement ausgestaltet werden müssen.
- **Kontinuierliche Kontextanpassung:** Da sich der Projektkontext im Verlauf ändern kann, ist eine regelmäßige Überprüfung und Anpassung der Teststrategie und Testaktivitäten notwendig.

4 Risikobasiertes Testen

Das Testmanagement unterstützt durch aktive Beteiligung am Projektrisikomanagement einerseits die Risikoanalyse durch die Identifizierung und Bewertung von Risiken. Andererseits trägt das Testmanagement bei der Risikosteuerung durch die Überwachung und Minderung von Risiken in allen Testaktivitäten zur Beherrschung der Risiken bei.

Beim risikobasierten Testen bestimmt dann die Risikostufe der Testobjekte, wie früh deren Testen beginnt und wie aufwendig und intensiv es sein sollte. Bei nicht sicherheitskritischen und insbesondere bei agilen Projekten kommen eher leichtgewichtige, informelle risikobasierte Verfahren wie PRAM, SST oder PRISMA oder aber andere Verfahren zur Testauswahl wie das anforderungsbasierte oder das reaktive Testen zum Einsatz. Für sicherheitskritische Systeme unterstützt das Testmanagement oft vorgeschriebene schwergewichtige, formale Verfahren zur Risikobewertung wie Gefährdungsanalysen, → FMEA oder FTA.

Mit den Inhalten dieses Kapitels können Sie für die Prüfung zum ISTQB© Certified Tester Advanced Level Test Management …

- *TM-1.3.1 (K2) … die verschiedenen Maßnahmen erläutern, die bei risikobasiertem Testen ergriffen werden müssen, um auf Risiken zu reagieren.*
- *TM-1.3.2 (K2) … Beispiele für verschiedene Verfahren nennen, die ein Testmanager zur Identifizierung von Risiken im Zusammenhang mit der Produktqualität verwenden kann.*
- *TM-1.3.3 (K2) … die Faktoren zusammenfassen, die die Risikostufen in Bezug auf die Produktqualität beeinflussen.*
- *TM-1.3.4 (K4) … geeignete Testaktivitäten zur Minderung von Risiken gemäß ihrer Risikostufe in einem bestimmten Kontext auswählen.*

- *TM-1.3.5 (K2) … Beispiele von schwergewichtigen und leichtgewichtigen risikobasierten Testverfahren unterscheiden.*
- *TM-1.3.6 (K2) … Beispiele für Erfolgsmetriken und Schwierigkeiten im Zusammenhang mit risikobasierten Tests nennen.*

4.1 Worum geht es im risikobasierten Test?

IT = Risiko!

Im langjährigen Mittel steht immer noch fast jedes zweite IT-Projekt vor großen Herausforderungen und unsicherem Ausgang. Einige erreichen ihre Ziele nicht bzw. scheitern schlichtweg. Dies gilt für ca. ein Drittel der großen, rein sequenziell entwickelten »Wasserfallprojekte«, aber auch jedes zehnte agile Projekt scheitert (s. z. B. [Standish 20]). IT-Projekte gehen also inhärent mit Risiken einher.

Risiko allgemein: Auswirkung von Unsicherheit auf Ziele

Allgemein bezeichnet ein Risiko die Auswirkung von Unsicherheit auf Ziele. Die Auswirkung kann positiv, negativ oder beides sein und Chancen oder Bedrohungen umfassen, diese verursachen oder durch diese verursacht sein (vgl. [ISO 31000]).

Das Testmanagement ist unter anderem dafür verantwortlich, den Stakeholdern Informationen für eine korrekte und zuverlässige Bewertung der Qualität und Reife des Produkts sowie des aktuellen Risikostatus zu liefern. Dies erfordert die aktive Beteiligung des Testmanagements am Projektrisikomanagement.

Risiken durch gezielte Tests minimieren

Die Intention des risikobasierten Testens ist es, unter gegebenen Randbedingungen (Aufwand, Zeit, Verfügbarkeit usw.) den Test einer Software so auszulegen, dass vorab identifizierte Risiken möglichst minimiert werden (vgl. [Spillner 24], dort Abschnitt 6.2.4). Grob gesagt bedeutet **risikobasiertes Testen** also, zunächst die mit den Testobjekten verbundenen Risiken zu identifizieren und zu bewerten. Gemäß der so erfolgten Risikobewertung der Testobjekte ist dann zu planen, wie früh deren Testen beginnt und wie aufwendig und intensiv es sein sollte, um die Risiken zu mindern (s. [Felderer 18]). Ohne die Einbeziehung der gewonnenen Erkenntnisse zu den Risiken ist das risikobasierte Testen daher ein Flug ohne Sicht und ohne Instrumente.

Inhaltsübersicht des Kapitels

Der Rest dieses Unterkapitels erörtert zunächst die Verschränkung von risikobasiertem Testen und Risikomanagement (Abschnitt 4.1.1). Dann geht Abschnitt 4.1.2 auf Risiken in IT-Projekten ein und erläutert die Unterschiede zwischen Projekt-, Produkt- und Qualitätsrisiken. Abschnitt 4.1.3 dieses Unterkapitels charakterisiert dann die wichtigsten Aktivitäten des Risikomanagements.

Unterkapitel 4.2 stellt dann Verfahren zur Identifizierung von Risiken vor, während Unterkapitel 4.3 solche zu ihrer Bewertung beschreibt. Zur Minderung von Qualitätsrisiken umfasst Unterkapitel 4.4 jeweils einen Abschnitt zum risikobasierten Testen bei den Aktivitäten des Testprozesses:

- Risikobasierte Testplanung (Abschnitt 4.4.1)
- Risikoüberprüfung und Risikoüberwachung (Abschnitt 4.4.2)
- Risikobasierte Testüberwachung und Teststeuerung (Abschnitt 4.4.3)
- Risikobasierte Testrealisierung und -durchführung (Abschnitt 4.4.4)
- Risikobasierter Testabschluss (Abschnitt 4.4.5)

Unterkapitel 4.5 behandelt informelle, auch für agile Projekte geeignete risikobasierte Verfahren wie PRAM (Pragmatic Risk Analysis and Management), SST (Systematic Software Testing) und PRISMA (Product Risk Management).

Für sicherheitskritische Systeme kommen formale Verfahren wie die Fehlzustandsart- und -auswirkungsanalyse (FMEA) oder die → Fehlzustandsbaumanalyse (FTA) zum Einsatz, die Unterkapitel 4.6 erläutert.

Ausführungen zu Erfolgsmetriken und Schwierigkeiten für risikobasiertes Testen in Unterkapitel 4.7 runden das Kapitel zum risikobasierten Testen ab.

4.1.1 Risikomanagement im Überblick

Risikomanagement ist der Prozess zur Behandlung von Risiken durch – salopp gesagt – eine gezielte Prognose möglicher Fehlschläge sowie die Planung zu ihrer Verhinderung bzw. den Umgang mit ihren Folgen (s. [DeMarco 03]). Der Risikomanagementprozess umfasst die systematische Identifikation, Analyse, Bewertung, Steuerung, Bewältigung, Überwachung und Kommunikation von Risiken. Damit sollen auf wirtschaftliche Weise Verluste minimiert und Chancen optimiert werden (vgl. u. a. [DIN 62198], [ISO 16085], [ISO 31000], [Boehm 91], [Boehm 97], [DeMarco 03], [Wallmüller 14]).

Ziel des Risikomanagements ist es, diejenigen Risiken zu identifizieren, deren Eintreten z. B. aufgrund deutlicher Kosten- und Terminüberschreitungen massiv den Projekterfolg gefährden oder zu einer grob mangelhaften Produktqualität führen kann. Auf dieser Basis werden mit geeigneten Maßnahmen die Eintrittswahrscheinlichkeit des Risikos und/oder die Auswirkungen des »Schadensfalls« gemindert.

Für nachhaltiges Risikomanagement ist es wichtig, dass alle Stakeholder des Projekts inklusive des »oberen Managements« risikobasiert denken und handeln. Die Aktivitäten und Ergebnisse des Risikomanagements ergeben das Sicherheitsnetz für den erfolgreichen Projektverlauf, begonnen bei der Entscheidung für oder wider ein Projekt über die Projektplanung bis hin zur Realisierung des Produkts und zu seinem Betrieb.

Testen im Projektrisikomanagement

Das Testen soll immer in den Kontext des Projektrisikomanagements eingebettet sein. Hierbei liegt für das Testmanagement der Schwerpunkt auf Risiken im Zusammenhang mit der Qualitätssicherung und der Produktqualität (z. B. unklare Anforderungen, die zu großen Problemen bei der späten Validierung führen, oder unzureichende Testumgebungen, die die Testdurchführung behindern).

Testplanung und Teststeuerung!

Insbesondere im Rahmen der Testplanung und Teststeuerung muss dabei vom Testmanagement festgelegt werden, nach welchen Gesichtspunkten der Testaufwand aufzuteilen ist. Um die Testziele optimal zu erfüllen, ist gemäß der Teststrategie aus der potenziell unendlichen Menge an Kombinationen von Testbedingungen eine Teilmenge auszuwählen, für die mit entsprechenden Testverfahren und Endekriterien Testfälle abgeleitet und ausgeführt werden. Bei den meisten Projekten reichen die Ressourcen selbst für die so geplanten Tests nicht aus, sodass im Rahmen der Testüberwachung und -steuerung noch eine Auswahl der tatsächlich zu realisierenden und durchzuführenden Testfälle zu treffen ist. Für beide Problematiken bietet sich risikobasiertes Testen an.

Im Folgenden wird zunächst der Risikobegriff in der IT präzisiert, um dann die wesentlichen Aktivitäten des Risikomanagements zu beleuchten.

4.1.2 Risiken in IT-Projekten

Risiko in der IT: Faktor mit negativen Konsequenzen

Im Kontext von IT-Projekten und Softwaretest wird ein Risiko üblicherweise als Faktor angesehen, der zu negativen Konsequenzen in der Zukunft führen könnte. Risiken werden gewöhnlich ausgedrückt durch deren Eintrittswahrscheinlichkeit und Schadensausmaß.

Für das Testmanagement relevante Risiken können z. B. potenzielle Ereignisse, Gefahren, Bedrohungen oder Situationen bei der Nutzung des Testobjekts sein, deren Eintritt nachteilige Auswirkungen verursacht. Eine Liste solcher Risiken und resultierender Schadensfälle aufgrund des Einsatzes von IT-Produkten wird seit über 40 Jahren von Peter G. Neumann veröffentlicht und weiterhin regelmäßig aktualisiert (s. [Neumann 95], [URL: InsideRisks], [URL: RisksDigest]).

Das Testmanagement hat im Prinzip zwei Möglichkeiten des Umgangs mit Risiken:

- Ignoranz der Risiken (»Vogel-Strauß-Taktik«) oder
- proaktives Management der Risiken.

Ersteres verhindert zwar nicht unbedingt den Projekterfolg, lässt die Stakeholder des Projekts aber bis zuletzt im Unsicheren darüber, was »morgen« vielleicht passieren könnte. Letzteres kann den Projekterfolg zwar nicht immer sicherstellen, ermöglicht es den Stakeholdern aber, innerhalb gewisser Grenzen in die Zukunft zu blicken und mit entsprechender Sicherheit handeln zu können. Daher ist das proaktive Management der Risiken – und damit das risikobasierte Testen – die beste Option im Testmanagement!

Risiken frühzeitig erkennen und beherrschen

Die Handlungssicherheit erhöht sich, je besser die Risiken gehandhabt werden können. Werden drohende Risiken frühzeitig erkannt und rechtzeitig Maßnahmen eingeleitet, die die Eintrittswahrscheinlichkeit oder das Schadensausmaß mindern, so lassen sich Risiken beherrschen.

Man unterscheidet im Testmanagement in erster Linie zwei Risikoarten:

- Ein **Produktrisiko** ist ein Risiko, das die Qualität eines Produktes beeinträchtigt.
- Ein **Projektrisiko** ist ein Risiko, das den Projekterfolg beeinträchtigt.

Ein Produktrisiko ist z. B. ein unentdeckter Fehlerzustand, der zum Versagen des Systems führen kann, ein Projektrisiko ist z. B. die Nichteinhaltung eines Liefertermins aufgrund eines Personalengpasses.

Fehlerfindung mindert Produktrisiken.

Wenn Tests Fehlerzustände aufdecken, hat das Testen dazu beigetragen, das Produktrisiko zu mindern bzw. zu eliminieren, indem es die Möglichkeit eröffnet, diese vor der Freigabe zu beseitigen. Decken Tests keine oder nur sehr wenige Fehlerzustände auf, könnte das auf ein geringes Produktrisiko hinweisen, evtl. aber auch auf unzureichende Tests und damit möglicherweise auf ein hohes Projektrisiko.

Testplanung mindert Projektrisiken.

Projektrisiken sind durch entsprechende Minderungs- und Notfallmaßnahmen im Testplan zu berücksichtigen. Eine adäquate Informationspolitik muss die aktuelle Risikolage jederzeit sichtbar machen. Testmanagement ist also immer auch Risikomanagement.

Für das Testmanagement spielt die folgende dritte Risikoart die Hauptrolle:

- Ein → **Qualitätsrisiko** ist ein Produktrisiko, das die Qualität des resultierenden Produkts und damit das Qualitätsmanagement beeinträchtigt.

Das risikobasierte Testen, und damit das Testmanagement, adressiert also hauptsächlich Qualitätsrisiken und bringt diese Aspekte in das Risikomanagement ein.

4.1.3 Aktivitäten des Risikomanagements

Risikobasiertes Testen unterstützt das Risikomanagement

Wie gezeigt ist das risikobasierte Testen eng verzahnt mit dem Risikomanagement des Projekts. Die grundlegenden Aktivitäten und Aspekte des Risikomanagements in IT-Projekten beschrieb Barry Boehm bereits

1991 (s. [Boehm 91]). Zur umfassenden Einbeziehung der Risiken im Test muss das Testmanagement in diesen Aktivitäten mitwirken:

- **Risikoanalyse**, bestehend aus
  - Risikoidentifizierung inklusive Ermittlung des Risikokontexts und
  - Risikobewertung inklusive Risikokategorisierung und -einstufung.
- → Risikosteuerung, bestehend aus
  - Risikoüberwachung mit Analyse neuer Qualitätsrisiken sowie Anpassung des → Risikoregisters und
  - Risikominderung durch geeignetes Testen, Notfallpläne, Risikoübertragung oder Risikoakzeptanz.

Risikomanagement im Rahmen des gesamten Softwarelebenszyklus

Die Aktivitäten des Risikomanagements sind ohne effektive Kommunikation zwischen allen Beteiligten nicht möglich und werden iterativ während des gesamten Projekts durchgeführt (s. Abb. 4.1). Letztendlich gehört es zu jeder Managementtätigkeit, aus abgeschlossenen Projekten zu lernen, sodass bei dem Projektabschluss auch das Risikomanagement zu überwachen und zu überprüfen ist.

Abb. 4.1 *Aktivitäten im Risikomanagement (angelehnt an [DIN ISO 31000])*

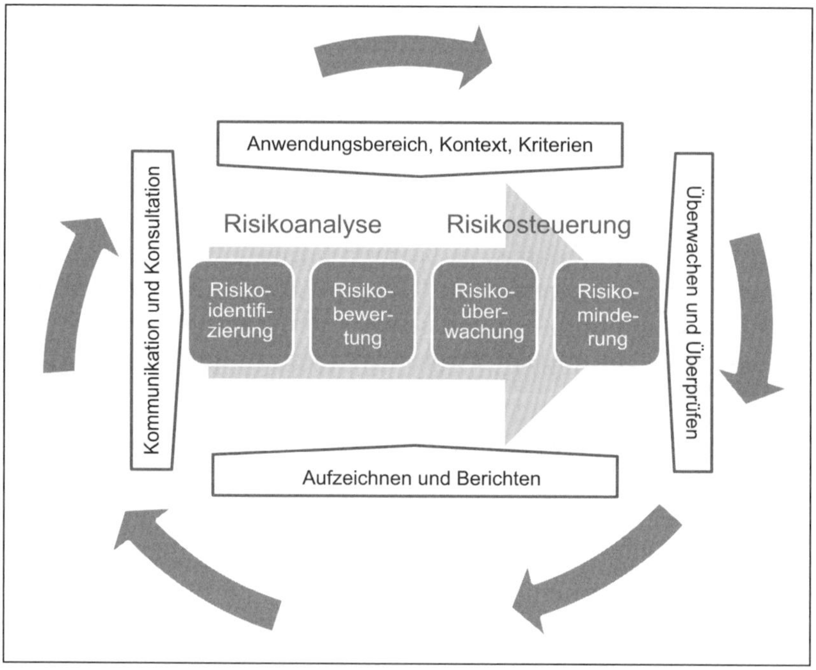

Um maximalen Nutzen aus dem risikobasierten Test ziehen zu können, ist er zusammen mit den Aktivitäten des Projektrisikomanagements zum frühestmöglichen Projektzeitpunkt zu beginnen und dann laufend fortzuführen.

Nach den einführenden Betrachtungen zum Risikomanagement fokussieren die Unterkapitel 3.2, 3.3 und 3.4 die Unterstützung des Testmanagements bei der Identifizierung, Bewertung sowie der Überwachung und Minderung von Qualitätsrisiken. Dabei berücksichtigen sie auch andere Produktrisiken und Projektrisiken, sofern das Testmanagement dabei unterstützend sein kann.

4.2 Identifizierung von Qualitätsrisiken

Dreh- und Angelpunkt des Risikomanagements und damit auch des risikobasierten Tests ist die möglichst vollständige Kenntnis aller relevanten Risiken. Dazu erfolgt als erste Aktivität der Risikoanalyse die Risikoidentifizierung (vgl. obige Abb. 4.1).

Die **Risikoidentifizierung** umfasst die Ermittlung, Erkennung und Beschreibung von Risiken (s. [DIN ISO 31000]). Sie beginnt mit der Ermittlung des Risikokontexts. Darin erfolgt dann die möglichst vollständige Identifizierung aller relevanten Risiken.

ISO 29119 und 90003 fordern Risikoidentifizierung schon bei der Testplanung!

Die Standards der ISO-29119er-Reihe zum Softwaretest und die ISO 90003 zur Anwendung der ISO 9001 in der Softwareentwicklung sehen die Identifikation der durch den Test adressierten Risikobereiche als inhärenten Schritt während (oder sogar vor) der Testplanung an, der im Testkonzept ausführlich zu dokumentieren ist (s. [ISO 9001], [ISO 29119], [ISO 90003]).

4.2.1 Ermittlung des Kontexts

Der Risikokontext bezeichnet alle internen und externen Aspekte, in deren Rahmen das Projekt stattfindet bzw. das Produkt eingesetzt wird und die daher Quelle von Risiken sein können. Zu den internen Aspekten gehören insbesondere die Stakeholder des Projekts und deren Perspektiven (s. Unterkapitel 3.2), die vereinbarten Projektziele und Ergebnisse (s. Unterkapitel 5.5) sowie der Geltungsbereich und die Abgrenzung des Risikomanagements im Rahmen des Projekts.

Zusätzlich sind auch Schnittstellen und Überlappungen mit anderen Projekten zu ermitteln sowie alle externen organisatorischen und strategischen Aspekte. Diese umfassen auch Randbedingungen, die das Projekt einschränken oder von seinem Plan abbringen bzw. den Produkteinsatz gefährden oder durch den Einsatz des Produkts gefährdet werden können (s. [ISO 16085]). Die Betrachtung solcher Aspekte erleichtert die Identifizierung von Risiken über den gesamten Lebenszyklus des Systems (s. Abb. 4.2).

Abb. 4.2 Aspekte des Risikokontexts

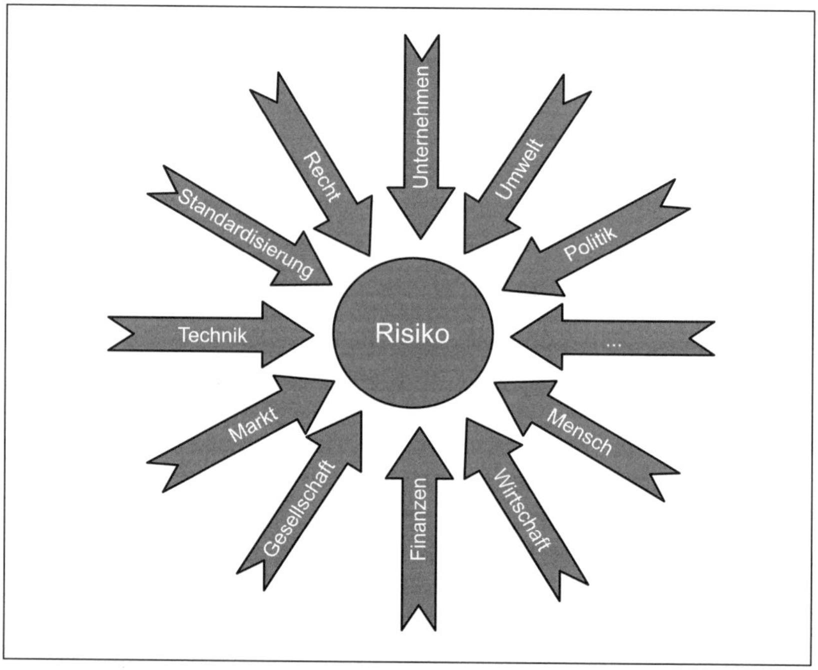

Bei der Identifizierung und Bewertung der Risiken ist die Aufstellung aller Projektziele behilflich, mit denen Projekt-, Unternehmens- und Kundenanforderungen erfüllt werden sollen. Darüber hinaus sind generelle Kriterien für die Annehmbarkeit und Tolerierbarkeit von Risiken anzugeben, die bei der Bewertung der identifizierten Risiken in späteren Prozessphasen verwendet werden.

4.2.2 Stakeholder und Risikokategorien

Die Risikoidentifizierung soll umfassend und prozessorientiert erfolgen. Dafür sind Stakeholder aus möglichst allen Bereichen einzubeziehen und ihr Engagement zu fordern und zu fördern (s. a. Unterkapitel 2.1). Oft ist es sinnvoll, geeignete Risikokategorien vorzugeben, denen die einzelnen Risiken dann zugeordnet werden. Beides wird im Folgenden erläutert.

Stakeholder einbeziehen!

Die Einbeziehung möglichst aller relevanten Stakeholder in die Risikoidentifizierung, Analyse und Bewertung ist wichtig, damit eine umfassende 360°-Rundumsicht auf alle Risiken zustande kommt:

- Kunden bzw. Auftraggeber fordern Risikomanagement und liefern Informationen bezüglich der für sie akzeptablen Risiken und des Produktumfelds; bei Standard- oder Massenmarktsoftware können das Marketing und einige potenzielle Kunden diese Rolle vertreten.

- Die Leitung des Auftragnehmers fordert und fördert das Projektrisikomanagement und liefert Informationen bezüglich des Projektumfelds und des unternehmensweiten Umgangs mit Risiken. An erster Stelle ist die Unterstützung durch das oberste Management wichtig. Ohne diese werden die Ergebnisse des Risikomanagements ins Leere laufen.
- Projektmanagement, Produktverantwortliche bzw. Product Owner und Fachbereich berücksichtigen im Projektbudget die Kosten der risikomindernden Maßnahmen und des Risikomanagements selbst, wirken federführend am Risikomanagement mit und stellen ggf. weitere Ressourcen wie z. B. ausreichend erfahrene Personen bereit.
- Das Testmanagement wirkt aktiv am Risikomanagement mit und optimiert Teststrategie und Testaufwand bezüglich der Minderung der Produktrisiken.
- Entwicklung, Entwicklungsleitung und ggf. Kunden liefern Informationen bezüglich Projekt- und Produktrisiken.
- Das Betriebsteam liefert Informationen zur Produktionsumgebung und zu den Qualitätsanforderungen wie z. B. Performanz und IT-Sicherheit.
- Benutzer und Fachexperten liefern Informationen zur tatsächlichen Anwendung und zu möglichen Problemen des (geplanten) Produkts.

> Durch die Einbeziehung einer möglichst großen Bandbreite von Stakeholdern werden bei der Risikoidentifizierung oft die meisten und kritischsten Produktrisiken identifiziert. Daher ist es sehr wichtig, festzulegen, welche Stakeholder an dieser Phase beteiligt werden sollen. Entscheidend ist, dass die Liste der teilnehmenden Stakeholder alle Arten von Stakeholdern umfasst und mit dem Projektmanagement abgestimmt ist [CTAL-TM 3.0 25].

Risikokategorien vorgeben

Eine grobgranulare, die Identifikation ausreichend unterstützende Unterteilung in → Risikokategorien unterscheidet externe und strategische Risiken sowie die für Testmanager besonders wichtigen Risikokategorien Projekt- und Produktrisiko. Eine feinere Kategorisierung insbesondere der Produktrisiken z. B. nach dem DIN/ISO-Standard 25010 [ISO 25010] erfolgt in der Regel erst im Laufe der Risikobewertung zusammen mit den Stakeholdern, insbesondere den Kunden und den Projektbeteiligten mit fachlicher Expertise.

Externe Risiken: kaum beeinflussbar, schlecht vorhersehbar

- **Externe Risiken** sind beispielsweise Naturereignisse (Blitzschlag, Wasserschäden), politische, juristische oder gesellschaftliche Veränderungen, makroökonomische Risiken wie Rezessionen oder Marktverschiebungen, die Entstehung neuer Branchentrends und neuer Märkte, technische Veränderungen sowie Änderungen des Kundenverhaltens. Diese Risiken zeichnen sich dadurch aus, dass sie nicht wirklich beeinflussbar sind. Zusätzlich sind einige dieser Risiken auch nicht vorhersehbar (zumindest mittelfristig).

Strategische Risiken: schwer beeinflussbar, aber oft gut vorhersehbar

- **Strategische Risiken** subsumieren mikroökonomische Risiken wie wechselnde Marktanteile des Unternehmens, die Unternehmensliquidität, Unternehmensübernahmen und die Auslagerung von Unternehmensbereichen (Outsourcing) wie z. B. der IT-Abteilung. Hinzu kommen organisatorische Risiken wie Änderungen der unternehmensweiten Aufbau- und Ablauforganisation und damit zusammenhängende Unwägbarkeiten der strategischen Investitions- und Projektsteuerung und -planung oder Ressourcenknappheit bei konkurrierenden Projekten. Auch ein unzureichendes unternehmensweites Krisenmanagement sowie Kommunikationshemmnisse bezüglich »schlechter Nachrichten« gehören hierzu. Strategische Risiken sind für den Projekt- bzw. Testmanager eher nicht beeinflussbar, aber oft zumindest einigermaßen gut vorhersehbar.

Projektrisiken: relativ gut beeinflussbar und vorhersehbar

- Zu den **Projektrisiken** (operationelle Risiken, Planungsrisiken, technische Risiken) zählen mögliche Probleme in der Logistik und im Vertrieb, z. B. wenn ein Zulieferer ausfällt oder eine Lizenzvereinbarung nicht so abgeschlossen werden kann, wie es für die Verwendung einer Fremdsoftware in der eigenen Entwicklung benötigt wird.

  Weitere Projektrisiken bestehen in Personalfluktuationen, fehlenden Trainingsmaßnahmen, Teamkonflikten, Vertragsrisiken, Zuliefererproblemen, zu optimistischen Testschätzungen und Zeitplänen sowie ggf. einer aggressiven Preis- oder Terminpolitik, aufgrund derer Ressourcen zu stark eingeschränkt werden. Auch technische Projektrisiken wie mangelnde IT-Sicherheit (z. B. → Ausfall des Projektservers durch Virenbefall), mangelhaftes Anforderungsmanagement, Unwägbarkeiten der Produktlinie, geforderter Einsatz neuer, unausgereifter Technologien und Entwicklungswerkzeuge führen häufig zum Scheitern von Projekten.

- Insbesondere in komplexen, räumlich verteilt durchgeführten Entwicklungsprojekten ergeben sich unterschiedlichste **Risiken, die aus der Projektstruktur** selbst erwachsen: Kommunikationsprobleme, verschiedene Prozessreife der an der Entwicklung beteiligten Organisationen, Termindruck und Anwendung neuer, nicht sicher beherrschter Entwicklungsverfahren.

- Zu den Projektrisiken zählen weiterhin **Fehlerkorrekturrisiken** aufgrund zu spät eingebundener Qualitätssicherung oder sich zu stark bzw. häufig ändernder Anforderungen. Zu Letzteren gehören z. B. erhöhter Zeitbedarf für → Fehleranalyse, Korrektur und Regressionstest sowie erneute Auslieferung und Installation ggf. verbunden mit aufwendiger Nachschulung des Kunden. Dazu zählt auch der Verzug bei Neuprodukten wegen Bindung der Entwicklerkapazität im Wartungsbereich. Insgesamt sind Projektrisiken für den Projekt- bzw. Testmanager oft beeinflussbar und meistens auch vorhersehbar.

Produktrisiken und Qualitätsrisiken: gut beeinflussbar und gut vorhersehbar

Produktrisiken resultieren oft aus Problemen bei der Nutzung des ausgelieferten Produkts, während Qualitätsrisiken alle Risiken umfassen, die aus mangelnder Qualität des Entwicklungsprojekts oder des Produkts entstehen und Gegenstand des Qualitätsmanagements bzw. der Qualitätssicherung sind.

Der risikobasierte Test konzentriert sich beim Testen auf die Qualitätsrisiken. Eine erste Unterteilung dieser Risiken ist möglich in

- funktionale Aspekte, die besonders kritische Funktionen oder Geschäftsprozesse betreffen, die bei Ausfall oder fehlerhaften Ergebnissen beeinträchtigt werden, und
- nicht-funktionale Aspekte wie z. B. schlechte Benutzbarkeit oder Flexibilität (kein Workaround möglich), mangelhafte Performanz oder fehlende Interoperabilität.

Qualitätsrisiken sind für den Projekt- bzw. Testmanager durch die zielgerichtete, risikobasierte Anwendung entsprechender Methoden und Techniken, die in diesem Kapitel behandelt werden, relativ gut beeinflussbar und mit Qualitätsmetriken bzw. Tests auch gut mess- bzw. vorhersagbar.

> Auch die bei Projektbeginn getroffenen Annahmen bezüglich des Projektumfelds und des Produkteinsatzes stellen eine Risikoquelle dar und müssen regelmäßig hinsichtlich ihrer Gültigkeit geprüft werden.

4.2.3 Techniken und Hilfsmittel zur Risikoidentifizierung

Prämisse der Risikoidentifizierung: think the unthinkable …

Zur Identifizierung konkreter Qualitätsrisiken sind – abgestimmt auf die spezifische Projektsituation – z. B. folgende Techniken und Hilfsmittel anwendbar, die in den nachfolgenden Abschnitten näher erläutert werden:

- Experteninterviews und Fragebögen
- Unabhängige Einschätzungen (Audits, Assessments)
- Durchführung von Risiko-Workshops
- Risiko-Brainstormings

- Verwendung von Risikoformularen (Templates) und Checklisten
- Erfahrungen aus abgeschlossenen Projekten

Ausführliche Hinweise und Beispiele zur Anwendung und Einsatzmöglichkeiten von diesen sowie vielen weiteren Techniken für den gesamten Prozess des Risikomanagements gibt [IEC 31010].

Experteninterviews

Zu Experteninterviews sind unterschiedlichste Stakeholder heranzuziehen, von Mitgliedern der Firmenleitung über externe Berater oder erfahrene Projektleiter oder Testmanager bis hin zu bereits im Ruhestand befindlichen ehemaligen Mitarbeiterinnen und Mitarbeitern. Wichtig ist, dass die betroffenen Personen bei ihren Angaben möglichst unbeeinflusst von etwaigen vorgegebenen Projektzielen und Wünschen anderer Stakeholder sind und dass sie umfassend sowie möglichst objektiv über den Kontext des Projekts und die spezifischen Projekt- und Produktcharakteristiken informiert werden.

Audits, Assessments

Unabhängige Einschätzungen (Audits, Assessments)

Im Kontext der Risikoidentifizierung kann die Analyse der Ergebnisse einer unabhängigen Überprüfung von Arbeitsergebnissen oder Prozessen durch eine dritte Partei neue, bislang unbekannte Risiken aufdecken sowie bereits identifizierte Risiken bestätigen und ggfs. präziser analysieren. Für große Projekte sind auch Audits oder Assessments speziell zur Risikoidentifizierung möglich, die von der Organisation und Durchführung her denjenigen bei der in Abschnitt 6.2.4 und Unterkapitel 6.3 vorgestellten modellbasierten Ansätzen zur Prozessverbesserung ähneln.

Durchführung eines Risiko-Workshops

Risiko-Workshops

Risiko-Workshops können ähnlich wie Delphi-Sitzungen (s. Abschnitt 9.2, [URL: Delphi-Methode]), Reviews (vgl. [Spillner 24], Unterkapitel 4.3) oder eine Retrospektive (s. Unterkapitel 6.5) geplant und durchgeführt werden.

Kick-off

Im **Einladungsschreiben** bzw. im **Kick-off-Meeting** für den Risiko-Workshop sind alle Beteiligten zu informieren, wobei neben Teilnehmenden aus dem Projekt selbst (Architektur, Entwicklung, Test etc.) auch Mitglieder des Managements sowie ggf. externe Experten hinzuzuziehen sind. Zur Vorbereitung auf den Workshop erhalten die Teilnehmenden ausreichende Informationen über das Projekt und seinen Kontext (Pflichtenheft, Projektplan, Risikochecklisten etc.) und ermitteln individuell mögliche Risiken.

Vor dem Workshop

Vor dem Workshop ist dafür zu sorgen, dass in einem Präsenz-Workshop Hilfsmittel wie Pinnwände, Moderationsmaterial und ggf. ein Beamer bereitstehen. Es ist z. B. sinnvoll, für die zu berücksichtigenden Hauptrisikokategorien farbige Haftnotizzettel oder sogar separate Pinnwände zu reservieren. In Online-Workshops sind spezielle kollaborationsfähige webbasierte virtuelle Whiteboard-Lösungen wie z. B. von Miro einzusetzen [URL: Miro]. Wichtig ist es, eine geeignete Person aus dem Risikomanagement zur Moderation des eigentlichen Workshops zu bestimmen.

Im Workshop

Im Workshop werden die Beteiligten über den Ablauf informiert. Sind noch keine individuellen Risikolisten vorhanden, sind diese zu Beginn des Workshops zu erstellen, wozu ca. 30 Minuten ausreichen sollen. Die Risiken werden notiert und nach ihrer Risikokategorie zusammengestellt. Für sicherheitskritische Bereiche ist eine systematische Vorgehensweise gemäß Gefährdungsanalyse (s. Abschnitt 4.6.1) und/oder FMEA (s. Abschnitt 4.6.3) möglich und ggf. auch gefordert. Dann werden die Risiken kategorienweise diskutiert und konsolidiert, wobei Duplikate entfernt, ggf. geeignetere Bezeichnungen gesucht und oft auch neue Risiken hinzugefügt werden.

Abschluss des Workshops

Zum Abschluss des Workshops werden für jedes verbleibende Risiko erste Ideen zu dessen Bewertung (s. Unterkapitel 4.3) gesammelt. Ebenso werden mögliche Eintrittsindikatoren wie z. B. ein hoher Krankenstand als → Indikator für Projektrisiken oder häufige Änderungen bestimmter Funktionen als Indikator für Produktrisiken diskutiert (s. Abschnitt 4.3.3).

> Eine Risikoidentifizierung, bei der wichtige Stakeholder übersehen werden, kann sehr problematisch sein. Das Wichtigste ist, dass alle relevanten Stakeholder die Möglichkeit bekommen, sich zu beteiligen. Wenn sie nicht teilnehmen können, sollen sie zumindest die Möglichkeit haben, die Aufgabe zu delegieren. Wenn es sein kann, dass wichtige Stakeholder nicht vertreten sind, kann das Kick-off-Meeting genutzt werden, die anwesenden Personen nach ihnen bekannten wichtigen, aber nicht anwesenden Stakeholdern zu fragen [CTAL-TM 3.0 25].

Szenariobasierte Katastrophen-Brainstormings

Um etwaige Unsicherheiten und Ängste bei der Benennung insbesondere großer Risiken zu begegnen, helfen szenariobasierte Katastrophen-Brainstormings nach DeMarco und Lister (s. [DeMarco 03]). Hierbei benennen die Teilnehmer zunächst ihre größten projektbezogenen »Albträume«. Zusätzlich kann der Moderator z. B. prophezeien, dass das Projekt nach x Monaten scheitern wird, woraufhin die Teilnehmer Ursachen benennen müssen, die zu dem Fiasko geführt haben könnten. Oft hilft auch ein Perspektivenwechsel, bei dem zunächst nach dem bestmöglichen Projektausgang gefragt und dann nach möglichen Ursachen geforscht wird, die diesen Ausgang verhindern könnten.

Insgesamt wird versucht, möglichst viele unterschiedliche Szenarien drohender Projektmisserfolge zusammenzustellen. Nachdem »Albträume« und die zu ihnen führenden Szenarien gesammelt wurden, werden die ihnen zugrunde liegenden Ursachen analysiert und damit die entsprechenden Risiken identifiziert.

Bei Sicherheitsrisiken FMEA, FMECA und FTA

Zur näheren Betrachtung und Analyse hoher Produktrisiken vornehmlich bei sicherheitskritischen Systemen dienen qualitative und quantitative Fehlzustandsanalysen wie FMEA, → FMECA und FTA (s. Unterkapitel 4.6), die vom Testmanagement im Rahmen der Risikoidentifizierung und der Risikobewertung entsprechend zu unterstützen sind.

Risiko-Brainstorming

Risiko-Brainstorming

Im Unterschied zu den oben skizzierten Risiko-Workshops wird beim Risiko-Brainstorming von jedem beteiligten Stakeholder oder externen Experten völlig unabhängig, unstrukturiert und ohne Nachfragen das eigene Wissen eingebracht, um mögliche Risiken eines Projekts oder Produkts kompetent zu identifizieren. Anschließend werden die gefundenen Risiken grob sortiert und gruppiert sowie ggf. doppelte Risiken aussortiert. Es folgt eine gemeinsame Diskussion der Risiken mit dem Ziel, diese zu verstehen, zu klären und mit Ursache und Auswirkung zu versehen und ggf. zu vereinheitlichen. Oft werden dabei auch schon mögliche Risikostufen zugeteilt.

Ein Risiko-Brainstorming ist oft ein Teil eines Risiko-Workshops. Risiko-Workshops sind umfassender und tiefergehend, während Risiko-Brainstormings auf die Ideengenerierung fokussiert sind. Beide Methoden ergänzen sich gut.

Checklisten bündeln frühere Erfahrungen.

Checklisten

Checklisten für die Risikoidentifizierung bündeln Erfahrungen früherer Projekte, die nicht notwendigerweise im eigenen Unternehmen gemacht wurden. Sie helfen, bekannte Fehler zu vermeiden, und verhindern, wichtige und oft zu findende Risiken zu übersehen.

Allgemeine Risikocheckliste für Softwareprojekte

Als initiale Checkliste zur Risikoidentifizierung lassen sich Top-Ten-Listen der Softwareentwicklungsrisiken bis hin zu typischen Softwarefehlern heranziehen (s. z. B. [Ebert 22], [Elzamly 16], [Tharwon 11], [Borner 08]). Hierin finden sich Risiken wie z. B.:

- Unzureichende Unterstützung durch das Topmanagement
- Unrealistische Termin- und Kostenvorgaben
- Fehlende Einbeziehung der Benutzer und damit unvollständig ermittelte Anforderungen und ständige Anforderungsänderungen

- Fehlende oder zu grobe Planung
- Mangel an Entscheidungsfreudigkeit oder -fähigkeit des Leitungsgremiums (»Wird schon gutgehen ...«)
- Entwicklung falscher Funktionen und Eigenschaften
- Entwicklung einer falschen bzw. schlechten Benutzungsschnittstelle
- Unnötiges »Vergolden« von bereits ausreichenden Funktionen und Eigenschaften (über das Ziel hinausschießen)
- Unzureichende Qualifikation bzw. Produktivität der Teammitglieder

Projektrisiken gefährden das Testprojekt.

Die folgende Checkliste enthält spezielle Projektrisiken, die für das Testmanagement relevant sind (s. a. [Pol 02]):

- Unzureichende oder nicht rechtzeitig verfügbare Testbasis (Geschäftsablaufverfahren, Benutzungsanleitung, Entwurfsspezifikationen)
- Seitens der Eingangsqualität mangelhafte oder aufgrund vieler Anforderungsänderungen zu instabile Testobjekte
- Zu optimistisches bzw. »aggressives« Festlegen eines Datums für die Auslieferung und damit Verhinderung der vollständigen Durchführung der Testaktivitäten
- Zu wenig oder nicht rechtzeitig verfügbares Testpersonal (quantitativ und qualitativ)
- Produktivitätsprobleme infolge mangelnden Testwissens bzw. verfrühter Einführung neuer Testverfahren
- Effizienzverluste infolge nicht vorhandener bzw. nicht eingespielter Testmanagementprozesse
- Aufwands- und Terminüberschreitung für den Test bei alleiniger Schätzung und Planung auf der Basis von Erfahrungswerten
- Verzögerte Bereitstellung der erforderlichen Testumgebung
- Unvollständige Kontrolle über die Testumgebung und die dazugehörigen Elemente (Hardware, Software, Daten etc.)
- Zu komplizierte, fehlerhafte oder unzureichende Testwerkzeuge
- Mangelhafte Überdeckung bzw. Unkenntnis über die in der Software noch enthaltenen Fehlerzustände und Risiken bei Nichtnutzung von angemessenen Testverfahren für das Testobjekt
- Systemausfall bzw. unvertretbar schlechte Performanz einzelner Funktionen infolge fehlender Performanz- und Lasttests

Produktrisiken sind oft Qualitätsrisiken.

Typische Produktrisiken und Qualitätsrisiken finden sich in der Testliteratur, und jeder erfahrene Testmanager pflegt seine ganz persönliche »Liste der üblichen Verdächtigen«. Auch die Qualitätsmerkmale der [ISO 25010] sind ein guter Einstiegspunkt (s. Abschnitt 5.5.1). Eine sehr generische (und etwas eigenwillige) Checkliste verwendet z. B. James Bach zur Identifizierung von Produkt- und Qualitätsrisiken (vgl. [Bach 99]):

- **Komplex:** Alles, was überproportional groß, kompliziert oder verworren erscheint.
- **Neu:** Alles, was im Produkt keine Geschichte hat.
- **Verändert:** Alles, was (häufig) manipuliert oder »verbessert« wurde.
- **Upstream-Abhängigkeit:** Alles, dessen Fehler im Rest des Systems einen Folgeausfall verursacht.
- **Nachgelagerte Abhängigkeit:** Alles, was besonders für Fehler im Rest des Systems empfindlich ist.
- **Kritisch:** Alles, dessen Versagen erhebliche Schäden verursachen kann.
- **Präzise:** Alles, was seine Anforderungen genau erfüllen muss.
- **Populär:** Alles, was viel verwendet wird.
- **Strategisch:** Alles, was für Ihr Unternehmen besondere Bedeutung hat, wie beispielsweise eine Funktion, die Sie vom Wettbewerb abhebt.
- **Drittanbieter:** Alles, was im Produkt verwendet wird, aber außerhalb des Projekts entwickelt wurde.
- **Verteilt:** Alles, was in Zeit oder Raum verteilt ist, aber wo Elemente zusammenarbeiten müssen.
- **Buggy:** Alles, was bekannt dafür ist, viele Probleme zu haben.
- **Jüngste Misserfolge:** Alles mit einer jüngsten Geschichte des Scheiterns.

Rex Black stellt folgende schon etwas konkretere Checkliste mit Qualitätsrisiken bereit (vgl. [Black 03]):

- **Funktionalität:** Fehler, die dazu führen, dass bestimmte Funktionen nicht funktionieren.
- **Auslastung, Kapazität und Volumen:** Die erwarteten Spitzen gleichzeitiger Nutzung werden nicht bewältigt.
- **Zuverlässigkeit/Stabilität:** Ausfälle, die das System zu häufig oder zu lange lahmlegen.
- **Stress, Fehlerbehandlung und Wiederherstellung:** Fehler aufgrund von illegalen Bedingungen (z. B. die Nebenwirkungen von absichtlich verursachten Fehlern).
- **Datums- und Zeitbehandlung:** Fehler bei der Datums- oder Zeitberechnung, Formatierung, geplanten Ereignissen, und andere zeitabhängige Operationen.

- **Betrieb und Wartung:** Ausfälle, die den laufenden Betrieb gefährden, einschließlich Sicherungs-/Wiederherstellungsprozessen, Patches und Upgrades usw.
- **Datenqualität:** Fehler beim Verarbeiten, Speichern oder Abrufen von Daten.
- **Leistung:** Nicht rechtzeitige Erledigung von Aufgaben unter erwarteter Belastung.
- **Lokalisierung:** Fehler in bestimmten Regionen, einschließlich Zeichensatzverarbeitung, Sprachunterstützung, Grammatik, Wörterbuch, Thesaurusfunktionen, Fehler- und Hilfemeldungen.
- **Kompatibilität:** Fehler mit bestimmten unterstützten Browsern, Netzwerken, Betriebssystemen und anderen Umgebungselementen.
- **Sicherheit/Datenschutz:** Versäumnisse beim Schutz des Systems und der gesicherten Daten vor betrügerischem oder böswilligem Missbrauch.
- **Installation/Migration:** Fehler, die die Bereitstellung des Systems verhindern oder erschweren.
- **Dokumentation:** Fehler in Installations- und Bedienungsanleitungen für Benutzer oder Systemadministratoren.
- **Schnittstellen:** Fehler in Schnittstellen zwischen Komponenten.

Solche Checklisten sind projektübergreifend an die konkreten Verhältnisse des Unternehmens anzupassen. Außerdem sind sie kontinuierlich mit Notizen zu konkreten Erfahrungen mit den aufgelisteten Risiken, möglichen Eintrittsindikatoren und ihrer Präzision sowie getroffenen Maßnahmen und ihrer Wirkung anzureichern und zu adaptieren.

Erfahrungen aus abgeschlossenen Projekten

Post-mortem-Analysen

Last, but not least sind natürlich auch Erfahrungen aus abgeschlossenen Projekten wichtig und hilfreich für die Risikoidentifizierung, insbesondere, wenn das aktuelle Projekt einen ähnlichen Kontext hat wie frühere Projekte. Wichtig hierzu sind eine gut zugreifbare Dokumentation, bis Projektende bzw. Produkteinstellung geführte Risikoregister (s. Abschnitt 4.3.4) und → Fehlerdatenbanken (s. Unterkapitel 10.6) und evtl. Protokolle von Post-mortem-Analysen.

Anwendungshinweise zu diesen und vielen anderen Methoden und Techniken zur Risikoidentifizierung und -bewertung sowie allgemein zum Risikomanagement in IT-Projekten geben z. B. [Felderer 18], [Knoll 14], [Moran 14], [Pandian 07] und [Wallmüller 14].

Beispiel: Risikoidentifizierung für AutoSafe

Zur Identifikation der Risiken im Projekt AutoSafe erstellt der Testmanager Michael Fischer zunächst eine initiale Risikoliste. Etwas Nachdenken und Blättern in alten Projektstatusberichten liefert folgende Liste:

- Ausfall des erfahrensten Testers
- Späte Änderungen der Anforderungen
- Probleme mit der Qualität des neuen Simulationswerkzeugs
- Verzögerungen in der Hardwareentwicklung
- Zu optimistische Testplanung
- Unzureichende Eingangsqualität der Testobjekte
- Unzureichende Qualität der Testbasis
- Konfigurations- und Versionsprobleme
- Verlust der Konfigurationsmanagement-Datenbank

Diese Liste enthält vornehmlich Projektrisiken. Im zweiten Schritt setzt Michael daher ein Risiko-Brainstorming an, an dem der Projektleiter Stefan Maier, die Safety-Managerin Irina Skrob, die Lead-Entwicklerin Laura Müller sowie einige Mitglieder aus Test und Entwicklung teilnehmen.

Als zusätzliche Risiken identifizieren ...

- Irina, dass die Nichteinhaltung der Anforderungen zur Antwort- bzw. Reaktionszeit des Geräts zum Versagen führen kann;
- Laura, dass ein Wechsel des Codegenerators die Performanz beeinträchtigen und weitere Performanztests erfordern kann;
- Stefan, dass durch einen vorgezogenen Modellwechsel des Autoherstellers der Auslieferungstermin vorgezogen werden könnte.

Am Ende des Brainstormings stellt Michael noch seine eigene initiale Liste vor. Dann diskutieren Irina und Laura insbesondere das Risiko der Konfigurations- und Versionsprobleme. Sie nennen es »Verlust der Konfigurationsmanagement-Datenbank (KonfigDB)«. Irina sieht es zunächst als Projektrisiko, da die KonfigDB ihrer Meinung nach nur die Entwicklungsprodukte betrifft. Laura wirft ein, dass es sich um ein Projekt- und ein Qualitätsrisiko handelt, da während des Einsatzes von AutoSafe in der KonfigDB auch Parameter der Fahrzeuge und der Bremssysteme gepflegt werden. Die Rohdaten dafür werden von den Herstellern bereitgestellt und dann für AutoSafe aufbereitet und in der KonfigDB eingestellt. Mit jedem neuen Release von AutoSafe gelangen die aktuellen Parameter dann über die Hersteller und deren Vertragswerkstätten in die Fahrzeuge.

Zum Schluss wird noch das Risiko eines vorgezogenen Modellwechsels diskutiert, aber von Stefan dann stark relativiert, sodass Michael es nicht in die weitere Betrachtung einbezieht.

Es ergibt sich folgende konsolidierte Liste mit den Projektrisiken (PR) R1-R4, den Qualitätsrisiken (QR) R5-R7 und dem kombinierten Projekt- und Qualitätsrisiko (PQ) R8:

- R1: Ausfall des Cheftesters
- R2: Verzögerungen in der Entwicklung

- R3: Zu optimistische Testplanung
- R4: Unzureichende Eingangsqualität der Testobjekte
- R5: Probleme mit der Qualität des neuen Modellierungs- und Simulationswerkzeugs
- R6: Unzureichende Qualität der Testbasis
- R7: Nichteinhaltung der Anforderungen zur Antwort- bzw. Reaktionszeit des Geräts kann zum Versagen führen.
- R8: Verlust der Konfigurationsmanagement-Datenbank

Die Liste enthält noch keine Aussagen zur Risikohöhe und keine Eintrittsindikatoren, da diese erst bei der Risikobewertung ermittelt werden.

Typischerweise werden alle kleineren Probleme und insbesondere solche, für die bereits eine Lösung bekannt ist oder die sich einfach umgehen lassen, penibel aufgelistet und verfolgt, die wirklich großen Risiken werden aber oft nicht einmal erwähnt. Wagen Sie es, auch das Unaussprechliche auszusprechen, und verwenden Sie in Risiko-Workshops Worte wie z. B. »Scheitern«, »Technologierevolution« und »Grippeepidemie«!

4.3 Bewertung von Qualitätsrisiken

Die zweite Aktivität der Risikoanalyse ist die **Risikobewertung** (s. Abb. 4.1 am Ende von Abschnitt 4.1.3). Dabei werden die Risiken begutachtet und quantitativ oder zumindest qualitativ einer **Risikostufe** zugeteilt. Die Risikostufe ergibt sich grundsätzlich aus dem möglichen Schadensausmaß und der Eintrittswahrscheinlichkeit des Risikos. Auch bei der Risikobewertung sollen wieder Stakeholder aus allen Bereichen mitwirken. Die Kategorisierung insbesondere der Qualitätsrisiken wird bei der Risikobewertung oft noch verfeinert, und die Zuteilung der Risikostufe erfolgt mit Schadens- bzw. – falls möglich – Kostenbetrachtungen. Die Risikoeinstufung kann für komplette Systeme, einzelne Systemfunktionen oder sogar für einzelne Fehlermöglichkeiten durchgeführt werden.

Viele Ansätze!

Zur Risikobewertung gibt es vielfältige Ansätze mit unterschiedlichen Exaktheitsgraden, die von der einfachen qualitativen Zuteilung zu einer Risikostufe bis hin zu exakten wahrscheinlichkeitstheoretischen Berechnungen reichen. Qualitative Analysen sind früh im Projektlebenszyklus durchführbar, auch wenn nur wenige oder unsichere Daten vorliegen. Quantitative Techniken können dann angewendet werden, sobald und falls mehr Daten zur Verfügung stehen. Stark divergierende Einstufungen unterschiedlicher Stakeholder weisen hier oft auf unterschiedliches Verständnis der betroffenen Risiken hin und geben Anlass zu vertiefenden Diskussionen, zu Klärung und Konsensbildung.

Ergebnis: Risikoregister

Ergebnis der Risikobewertung ist ein ausführliches Risikoregister, in dem alle Risiken kategorisiert, klassifiziert bzw. quantifiziert, erläutert und zusammen mit dem zeitlichen Verlauf der wiederkehrend durchgeführten Schätzungen für ihre Eintrittswahrscheinlichkeit und das erwartete Schadensausmaß aufgelistet sind. Außerdem sind zu jedem Risiko Eintrittsindikatoren anzugeben, anhand derer ein bevorstehender Risikoeintritt frühzeitig erkannt werden kann. Diese Aspekte werden in den folgenden Abschnitten näher erläutert.

4.3.1 Feingranulare Risikokategorisierung

Die meisten externen und strategischen Risiken sowie – bei hohem Reifegrad der Prozesse – viele Projektrisiken werden bereits bei der Risikoidentifizierung kategorisiert bzw. anhand von Checklisten vorgegeben. Teilweise sind sie aber auch von der Art und dem Kontext des zu entwickelnden Produkts abhängig. Dies gilt für fast alle Produktrisiken, sodass hier die endgültige Risikokategorisierung oft erst während der Risikobewertung vorgenommen wird. Für die Risikobewertung ist dabei zusätzlich die mögliche Schadenshöhe in Betracht zu ziehen.

Qualitätsstandards zur Kategorisierung

Die Kategorisierung der Produktrisiken erfolgt oft nach standardisierten oder firmeninternen Qualitätsstandards wie z. B. dem bereits im Basiswissen in [Spillner 24] skizzierten DIN/ISO-Standard ISO 25010 ([ISO 25010], s. Unterkapitel 8.2).

Informationssicherheit

Zu Risiken im Bereich der Informationssicherheit (IT-Sicherheit, *security*) sind die Grundschutz-Dokumente des BSI eine wichtige Informationsquelle (s. [URL: BSI], s. a. [Simon 19]). Zu den wesentlichsten Produktrisiken zählen Schwachstellen in der Software, die unbefugten Zugriff oder Datenmanipulation ermöglichen. Auch besteht das Risiko unzureichender Authentifizierungs- und Zugriffskontrollmechanismen, was zu Datenverlust oder -diebstahl führen kann. Oft gefährden auch fehlende oder fehlerhafte Verschlüsselungsverfahren die Vertraulichkeit sensibler Informationen.

(Funktionale) Sicherheit

Für sicherheitskritische Systeme ist das Thema »(funktionale) Sicherheit« (*safety*) eine eigene Risikokategorie. Die grundsätzliche Fragestellung dabei ist, welchen Schaden das Produkt im Einsatz seinem Umfeld zufügen kann, z. B. bei Systemen wie einem Bestrahlungsgerät im Krankenhaus. Hier kann auch bei einem »fehlerfreien« System im Betrieb ein Produkt- oder Einsatzrisiko gegeben sein. Beispielsweise wenn durch Fehlbedienung des Systems ein Schaden eintritt (z. B. Einstellung einer zu hohen Strahlendosis) oder wenn externe Ereignisse die Betriebsvoraussetzungen oder die Systemumgebung ändern (z. B. Stromausfall). Bezüglich Sicherheitsrisiken müssen also Themen wie Bedienbarkeit, Redundanz und Fehlertoleranz betrachtet werden und dafür gesorgt werden, dass das Produkt dem Risiko angemessene Funktionen bzw. Eigenschaften aufweist (nähere Ausführungen finden sich z. B. in [Lyu 96], [Musa 04], [Bongard 2020], [DIN 61508] und [ISO 26262]).

Fehlerkosten beziffern

Produktrisiken führen bei den unterschiedlichen Betroffenen zu direkten und indirekten Fehlerkosten (s. Unterkapitel 12.2, vgl. auch [Spillner 24], dort Abschnitt 6.2.7), die bei der Quantifizierung bzw. Klassifizierung der Risiken eine große Rolle spielen.

4.3.2 Quantitative und qualitative Risikoeinstufung

Quantitativ oder qualitativ

Die Einstufung der Risiken kann je nach Gegebenheit quantitativ oder qualitativ vorgenommen werden. Die Quantifizierung der Risiken basiert auf statistischem Datenmaterial und Wahrscheinlichkeitsrechnung, System- und Sensitivitätsanalysen sowie für sicherheitskritische Systeme evtl. auf Fehlzustandsbaumanalysen oder Störfallablaufanalysen (s. Unterkapitel 4.6). Stoßen die quantitativen Verfahren an ihre Grenzen, so können die bei der Risikoidentifizierung (s. Abschnitt 4.2.3) vorgestellten Techniken, szenariobasierte Analysen oder Techniken wie ABC-Analysen, Scoring-Modelle und Risikomatritzen (vgl. [Romeike 04]) verwendet werden.

Aus dem CTFL (s. a. [Spillner 24], dort Abschnitt 6.4.3) ist bereits bekannt, dass ein Risiko quantitativ eingestuft werden kann, wenn sich sowohl die **Eintrittswahrscheinlichkeit** (W) des Risikos als auch das damit verbundene **Schadensausmaß** (S) beziffern lassen. Das Risiko R berechnet sich dann zu:

$$R = W \times S$$

Produktqualität und Ausführungshäufigkeit bestimmen W

Die Eintrittswahrscheinlichkeit W kann als Wahrscheinlichkeitswert bzw. reelle Zahl aus dem abgeschlossenen Intervall [0.0, 1.0] bzw. prozentual angegeben werden, wobei 0.0 bzw. 0 % den unmöglichen Eintritt und 1.0 bzw. 100 % den sicheren Eintritt bedeuten. Oft wird sie jedoch wie weiter unten beschrieben qualitativ bestimmt. Bei Produktrisiken hängt die Eintrittswahrscheinlichkeit einerseits davon ab, wie viele Fehlerzustände bzw. Qualitätsprobleme nach dem Test im Produkt verbleiben. Andererseits spielt die Ausführungshäufigkeit der einzelnen Funktionen eine große Rolle, das sogenannte → operationale Profil. Die Eintrittswahrscheinlichkeit wird also größtenteils durch technische Faktoren beeinflusst, daher wird auch von »technischen Risiken« (*technical risks*) gesprochen.

Fehlerkosten und Sicherheitsrelevanz bestimmen S

Das Schadensausmaß S wird – falls möglich – quantitativ als Geldwert angegeben, oft aber auch nur qualitativ (s. u.). Es resultiert aus den Fehlerkosten bzw. der Kritikalität und Sicherheitsrelevanz der Funktionen. Bei der Schätzung des Schadensausmaßes spielen insbesondere auch die Anzahl der zu erwartenden Installationen bzw. Lizenznehmer der Software sowie ihre Kritikalität (vgl. Abschnitt 4.3.2) eine Rolle.

Zur Beurteilung von Risiken mit sehr großen Schadenswirkungen wird lediglich der MPL (*maximum possible loss*) oder der PML (*probable maximum loss*) ermittelt sowie die Wahrscheinlichkeiten, mit denen bestimmte Schadensausmaße erreicht bzw. überschritten werden (s. a. [Romeike 04]). Bei quantitativer Angabe erscheint insbesondere die exakte Bezifferung gesellschaftlicher Risiken oder des Verlusts von Gesundheit oder sogar Leben Einzelner oder vieler problematisch. Das Schadensausmaß wird also größtenteils durch geschäftliche Faktoren beeinflusst, daher wird auch von »geschäftlichen Risiken« (*business risks*) gesprochen.

Risiko oft nur qualitativ

Wie oben bereits angedeutet, sind in vielen Fällen Eintrittswahrscheinlichkeit und Schadensausmaß nicht exakt quantifizierbar und werden nur qualitativ, der Tendenz nach angegeben. Die Risikoeinstufung erfolgt dann innerhalb einer Anzahl von Klassen oder Kategorien wie z. B. »vernachlässigbar«, »niedrig«, »mittel«, »hoch« sowie »sehr hoch«, die zur »Berechnung« des Risikos oft auf Werte z. B. von 1 bis 9 abgebildet werden. Ebenso kann das Schadensausmaß qualitativ angegeben werden, wobei die Abbildung auch in einer nicht linearen Stufung vorgenommen werden kann, beispielsweise 1, 10, 50, 100 und 1.000. Insbesondere schwer quantifizierbare Risiken hinsichtlich Marktverlust bzw. Imageverlust können so besser berücksichtigt werden, da die sich ergebenden höheren Werte eher ins Auge fallen.

Liegen keine verlässlichen Angaben vor, so erfolgt die Analyse anhand subjektiv empfundener Wahrscheinlichkeiten und Schadenseinschätzungen. In solchen Fällen sind die Ergebnisse von der Erfahrung der beurteilenden Person abhängig und müssen von mehreren Personen unabhängig geschätzt und dann gemittelt werden.

Der IEEE/ISO/IEC-Standard 29119-3 [ISO 29119-3] sieht sowohl für die Eintrittswahrscheinlichkeit als auch für das Schadensausmaß allgemein eine Skala von 1 bis 6 vor, wobei der Wert 6 jeweils am höchsten ist. Die Risikostufe ergibt sich dann aus der Multiplikation dieser beiden Werte.

Zum Vergleich: Der durch die 29119er-Reihe ersetzte Standard IEEE 829 enthielt die in Tabelle 4.1 dargestellte vierstufige Klassifizierung zur Risikoeinstufung, in der sich die Risikostufe unmittelbar durch die Eintrittswahrscheinlichkeit und das mögliche Schadensausmaß ergibt (s. [IEEE 829], dort S. 73]).

Tab. 4.1
Risikostufen nach [IEEE 829]

Eintritt / Schadenshöhe	Oft	Wahrscheinlich	Gelegentlich	Unwahrscheinlich
Katastrophal	4	4	4 oder 3	3
Kritisch	4	4 oder 3	3	2 oder 1
Marginal	3	3 oder 2	2 oder 1	1
Vernachlässigbar	2	2 oder 1	1	1

Beispiel: Risikobewertung für AutoSafe

Zur Bewertung von Sicherheitsrisiken im Projekt AutoSafe nutzt die Safety-Managerin Irina Skrob den ISO-Standard 26262 zur funktionalen Sicherheit von Straßenfahrzeugen. Dieser sieht für das Schadensausmaß eine vierstufige Skala (s. Tab. 4.2) und für die Eintrittswahrscheinlichkeit eine fünfstufige Skala vor (s. Tab. 4.3).

Tab. 4.2 *Schadensausmaß nach [ISO 26262]*

S0	S1	S2	S3
Keine Verletzungen	Leichte bis moderate Verletzungen	Ernste bis lebensgefährliche Verletzungen (Überleben wahrscheinlich)	Lebensgefährliche Verletzungen (Überleben unwahrscheinlich)

Tab. 4.3 *Eintrittswahrscheinlichkeit nach [ISO 26262]*

E0	E1	E2	E3	E4
Unwahrscheinlich	Sehr geringe Wahrscheinlichkeit	Geringe Wahrscheinlichkeit	Mittlere Wahrscheinlichkeit	Hohe Wahrscheinlichkeit

Zur Einstufung funktionaler Sicherheitsrisiken im Automotive-Bereich wird noch die Steuerbarkeit bzw. Kontrollierbarkeit (*controllability*) herangezogen, für die der ISO-Standard 26262 eine vierstufige Skala vorsieht (s. Tab. 4.4).

Tab. 4.4 *Kontrollierbarkeit nach [ISO 26262]*

C0	C1	C2	C3
Jederzeit kontrollierbar	Einfach kontrollierbar	Normal kontrollierbar	Schwer kontrollierbar oder unkontrollierbar

In einem Risiko-Workshop spielen die Safety-Managerin zusammen mit dem Testmanager und weiteren Stakeholdern nun verschiedene Szenarien des Risikos R7 »Nichteinhaltung der Anforderungen zur Antwort- bzw. Reaktionszeit des Geräts kann zum Versagen führen« durch. Danach wird das Risiko mit den Werten S3, E2 und C2 eingestuft, was insgesamt eine Einstufung in *Automotive Safety Level* **ASIL A** ergibt.

Risikoeinstufung pro Funktion

In kleineren, nicht sicherheitskritischen Projekten kann die Risikoeinstufung für jede Funktion bzw. funktionale Anforderung wie folgt bestimmt werden (s. [Winter 99]):

- Das geschäftliche Produktrisiko R_B (inwiefern gefährdet die Nichterfüllung der Funktion den Geschäftswert (business value) bzw. den Absatz und die Akzeptanz des Produkts) kann z. B. durch einen Risiko-Workshop mit der Geschäftsleitung bzw. dem Product Owner und Marketing- sowie Fachexperten ermittelt werden. Für Massensoftware wie z. B. mobile Apps eignet sich eine Kano-Analyse zur Einstufung der Funktionen als Basis-, Leistungs- und Begeisterungsmerkmale (s. [Kano 84], [Ebert 22]).

- Das technische Produktrisiko R_T (wie kompliziert wird die Realisierung der Funktion, wie hoch daher die Wahrscheinlichkeit von Fehlerzuständen) wird aus der Komplexität der Beschreibung abgeleitet (z. B. textuelle Spezifikation bzw. User Story, ggf. GUI-Skizzen, Aktivitätsdiagramme etc.).
- Das Projektrisiko R_P (inwiefern gefährdet die Nichterfüllung der Funktion zu einem bestimmten Zeitpunkt den weiteren Projektfortschritt) ergibt sich z. B. aus der Anzahl der von der betrachteten Funktion abhängigen Funktionen.
- Die geschätzte Ausführungshäufigkeit bzw. Einsatzfrequenz F gibt an, wie oft die Funktion verwendet wird. Bei häufig verwendeten Funktionen besteht einerseits eine große Wahrscheinlichkeit dafür, dass Fehlerzustände im Programm die Ausführung beeinflussen und zu Fehlerwirkungen führen. Andererseits wachsen die direkten Fehlerkosten mit der Anzahl der aufgetretenen Fehlerwirkungen an.
- Die Kritikalität C repräsentiert die (schlimmst-)möglichen Auswirkungen bei Ausfall oder fehlerhafter Bearbeitung der Funktion. Sie wird wie in diesem Abschnitt dargestellt durch Folgeabschätzungen in Zusammenarbeit mit dem Kunden und Fachexperten festgelegt und oft zusätzlich monetär, also hinsichtlich der finanziellen Auswirkungen, bewertet.

Die Zuteilung konkreter Werte erfolgt aus der Erfahrung früherer Projekte und anhand aktueller Metriken (vgl. Kapitel 8). Drei Werte – »gering«, »mittel« und »hoch« – reichen erfahrungsgemäß zur Quantifizierung der einzelnen Faktoren aus, zudem diese auch nicht unabhängig voneinander sind (s. z. B. [Lyu 96]). Durch Abbildung dieser drei Werte auf die natürlichen Zahlen 1, 2 und 3 kann dann jeder Funktion eine Risikostufe R nach der folgenden Formel zugewiesen werden:

$$R = \frac{R_B + R_T + R_P}{3} + F \cdot R_B + C \cdot R_T$$

Unterschiedliche Sichtweisen

Bei der Risikoeinstufung haben Projektmanagement, Entwicklung, Testmanagement, Testpersonal und Benutzer unterschiedliche Sichtweisen:

- Während das Projektmanagement in erster Linie Projektrisiken als hoch einstuft, wird in der Entwicklung, obwohl man dort gerne Risiken z. B. hinsichtlich der Verwendung neuester Technologien eingeht, bei der Risikobewertung das Augenmerk auf Produktrisiken gelegt und dabei eher zur Vorsicht geraten.

- Auch Testmanager und Tester konzentrieren sich auf Produktrisiken, speziell auf mögliche Fehlerwirkungen und damit verbundene indirekte Fehlerkosten. Testmanager beachten darüber hinaus auch den Teil der Projektrisiken, der den Test gefährden könnte.
- Für Benutzer stehen Produktrisiken und insbesondere damit verbundene direkte Fehlerkosten im Mittelpunkt der Risikoeinstufung. Daher ist es wichtig, bei der Analyse und Einstufung der Risiken einen Konsens herbeizuführen, damit spätere Maßnahmen zur Risikosenkung und Risikobewältigung nicht von einzelnen Beteiligten untergraben werden.

Darüber hinaus muss allen Beteiligten klar sein, dass auch mit einer noch so fein skalierten numerischen Einstufung der Risiken nicht unbedingt eine höhere »Sicherheit« der Resultate einhergeht. Solange die Eintrittswahrscheinlichkeit nicht anhand wahrscheinlichkeitstheoretisch fundierter Verfahren wie z. B. der Fehlzustandsbaumanalyse erfolgt (s. Unterkapitel 4.6) und/oder das Schadensausmaß nicht durch genaue finanzmathematische Analysen ermittelt wird, bleibt die Einstufung eine reine (wenn auch detaillierte) Kategorisierung der Risiken.

4.3.3 Risikoeintrittsindikatoren

Eintrittsindikatoren für jedes Risiko angeben

Zu jedem identifizierten Risiko ist die Angabe von Indikatoren (*trigger*) wichtig, die den bevorstehenden Eintritt des Risikos ankündigen. Indikatoren für die einzelnen Risiken einer Risikokategorie können z. B. durch Maximumbildung zu einem Indikator für die gesamte Kategorie kondensiert werden, was eine übersichtliche Darstellung erlaubt. Diese Indikatoren bilden sozusagen das Datenmaterial für den Leitstand, der dem Risikomanager das Analysieren, Bewerten, Steuern und Beherrschen der Risiken ermöglicht.

Zu jedem Indikator gehören eine oder mehrere Metriken, eine Berechnungsvorschrift für den Gesamtwert des Indikators aus den einzelnen Metrikwerten sowie ein Schwellenwert (*threshold*), ab dem die Maßnahmen zur Risikominderung einsetzen müssen. Während die den Metriken zugrunde liegenden Daten zu Projektbeginn noch eher dürftig sind und keine präzise Eintrittsvorhersage erlauben, wird das Datenmaterial im Laufe des Projekts immer umfangreicher und genauer, sodass »Fehlalarme« mit zunehmender Projektlaufzeit abnehmen. Konkrete Metriken hierzu finden sich in den Kapiteln 8 und 9.

Beispiel: Eintrittsindikatoren für Risiken im AutoSafe-Projekt

Zur Beobachtung der Risiken im Projekt AutoSafe reichert der Testmanager die Risikoliste um Eintrittsindikatoren und mögliche Metriken an. Beispiele hierfür sind:

- R1: Ausfall des Cheftesters: Schlechte Laune; zu viele Überstunden pro Woche; häufige kurzfristige Krankmeldungen pro Monat.
- R2: Verzögerungen in der Entwicklung: Meilensteine verschoben; Fehlerbehebungsrate niedrig; E-Mails werden nicht beantwortet; zu viele Überstunden; hoher Krankenstand.
- R3: Zu optimistische Testplanung: Ausfallrate kurz vor Testendetermin zu hoch; zu viele Überstunden; viele blockierte Tests.
- R4: Unzureichende Eingangsqualität der Testobjekte: Eingangstests schlagen fehl; sehr hohe initiale Ausfallraten.
- R5: Probleme mit der Qualität des neuen Simulationswerkzeugs: Keine Vorabversion verfügbar; Hersteller verschiebt/nennt keinen Liefertermin.
- R6: Unzureichende Qualität der Testbasis: Häufige Dokumentenänderungen; viele Reviewbefunde.
- R7: Nichteinhaltung der Anforderungen zur Antwort- bzw. Reaktionszeit des Geräts kann zum Versagen führen: Die Simulation liegt in bestimmten Szenarien nahe an den Grenzwerten, im HIL-Test kommt es zu sporadischen Zeitüberschreitungen.
- R8: Verlust der Konfigurationsmanagement-Datenbank: Bei gleichbleibendem Datenvolumen steigende Antwortzeit; nicht wiederholbare Fehlermeldungen der Datenbank; häufiges Recovery.

4.3.4 Risikoregister

Risikoregister enthält alle Risikoinformationen!

Alle Erkenntnisse der Risikobewertung fließen – gegliedert nach Schaden und Eintrittswahrscheinlichkeit – in das Risikoregister ein (auch: Risikoinventar, Risikoportfolio, Risikoprofil). In komprimierter und übersichtlicher Form sind dort alle Risiken aufgelistet (s. Tab. 4.5 auf S. 161) und grafisch z. B. in Form eines Risikodiagramms (s. Abb. 4.3) oder einer Risikomatrix (s. Abb. 4.4) dargestellt, um Entscheidungsträgern einen Überblick über die Risikolage und insbesondere die Bedeutung für das Projekt zu geben.

Die in der Risikomatrix in Abbildung 4.4 als Kreise eingetragenen Risiken können je nach aktuellem Wert der Eintrittsindikatoren farbig oder durch die Kreisgröße codiert werden, z. B. hellgrau/klein (Indikatorwerte niedrig), mittelgrau/mittel (Indikatorwerte nahe am Schwellenwert) und dunkelgrau/groß (Indikatorwerte größer oder gleich dem Schwellenwert).

Aus den Ergebnissen der Risikobewertung soll auch der Grad der Unsicherheit erkennbar sein, mit der die Bewertung der Risiken erfolgte. Neben quantitativen Angaben z. B. im Bereich 0 % (absolut unsicher) bis

100 % (absolut sicher) kann auch nach Kategorien wie z. B. »sehr unsicher«, »unsicher«, »mittel«, »sicher« sowie »sehr sicher« klassifiziert werden.

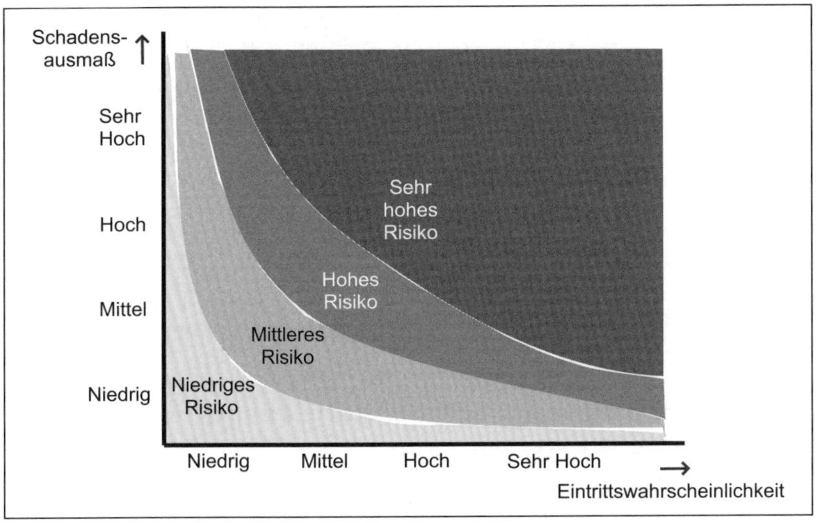

Abb. 4.3
Risikodiagramm

Risikoeinschätzungen periodisch wiederholen

Risikoeinschätzungen werden periodisch wiederholt. Im Risikoregister ist der sich ergebende zeitliche Verlauf der Schätzungen sowie der Indikatorwerte für die einzelnen Risiken bzw. Risikokategorien zu erfassen. Werden im Zeitverlauf steigende Werte beobachtet, sind die geplanten Maßnahmen (s. u.) einzuleiten.

Beispiel: Risikoregister in AutoSafe

Der AutoSafe-Testmanager hat die wichtigsten Risiken in die folgende Risikomatrix (s. Abb. 4.4) eingetragen. Die Eintrittsindikatoren der Risiken R3 und R5 bis R7 sind weit unterhalb ihrer Schwellenwerte, die der Risiken R1, R2 und R4 nahe am Schwellenwert, und Risiko R8 steht kurz vor dem Eintritt (Indikatorwerte bereits über dem Schwellenwert).

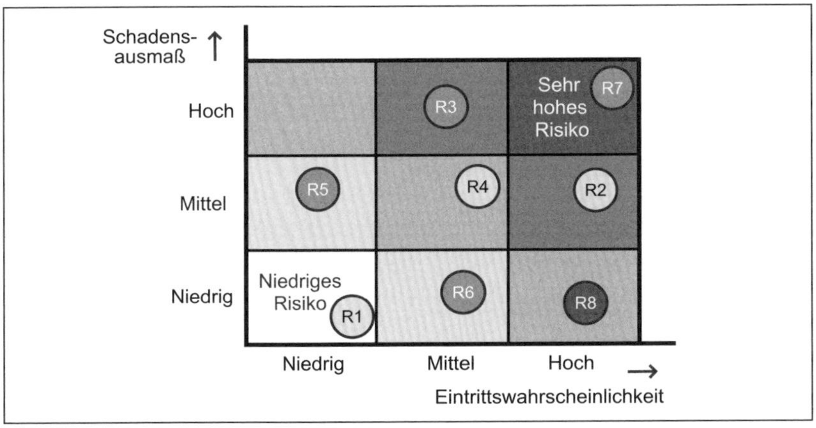

Abb. 4.4
Risikomatrix, Eintrittsindikatoren mit Farbcodierung

4.4 Minderung von Qualitätsrisiken durch geeignetes Testen

Eine Schlüsselrolle im Risikomanagement nimmt die Risikosteuerung ein. Sie umfasst alle Aktivitäten, die als Reaktion auf die identifizierten und analysierten Risiken ergriffen werden. Hierzu sind die Risiken laufend zu überwachen und ggf. Maßnahmen zur Risikominderung einzuleiten (s. Abb. 4.1 am Ende von Abschnitt 4.1.3).

Reaktionen auf identifizierte Risiken

Mögliche Reaktionen auf identifizierte Risiken sind:

- Bedingungslose *Risikoakzeptanz*, also gar nichts tun und abwarten, ob das Problem eintritt oder nicht[1].
- Identifizierte Risiken zunächst nur beobachten und durch *Notfallpläne* dafür sorgen, dass bei Problemeintritt schnell gehandelt werden kann, um die Schadenshöhe zu minimieren.
- **Risikominderung**, indem Entscheidungen getroffen und Schutzmaßnahmen umgesetzt werden, um das Risiko auf eine vorgegebene Stufe zu reduzieren oder um es auf einer Stufe zu halten. Bestimmte Risiken können z. B. durch vorbeugende Maßnahmen (wie z. B. gezieltes Testen) abgefedert oder durch die Ausgliederung von Unternehmensfunktionen (Outsourcing) unwahrscheinlicher gestaltet werden.
- *Risikoübertragung* bzw. Schadensabwälzung vor Problemeintritt an andere, beispielsweise an Versicherungsunternehmen durch Abschluss einer Haftungsübernahmeversicherung oder an die Kunden durch Haftungsausschlussklauseln in den Lizenzverträgen.
- Absolute *Risikovermeidung* z. B. durch Aufgabe des Projekts, um das damit verbundene Risiko vollständig auszuschalten.

Die Wahl einer geeigneten Reaktion auf ein Risiko ist abhängig von dem Nutzen, der mit der Beseitigung oder Reduzierung des Risikos verbunden ist, sowie von den Kosten der risikoreduzierenden Maßnahme (s. Kapitel 12). Die folgenden Abschnitte beschreiben die risikobasierte Testplanung inklusive einiger Verfahren zur optimalen Zuteilung der Testintensität und des Testaufwands.

4.4.1 Risikobasierte Testplanung

Minderung von Projektrisiken: risikobasierte Testplanung

Zur Minderung von Projektrisiken sind organisatorische und technische Maßnahmen zu treffen. Im Vordergrund für das Testmanagement steht als organisatorische Maßnahme die risikobasierte Testplanung

1. Die Risikoakzeptanz ist nicht zu verwechseln mit der Risikoignoranz, bei der nicht einmal die Identifizierung von Risiken stattfindet (s. Abschnitt 4.1.2).

(s. Unterkapitel 2.2), wobei besonderer Wert auf die frühzeitige Einbindung des Testens im Projekt zu legen ist, damit die Testbasis gründlich analysiert und die Testobjekte einem Smoke-Test unterzogen werden können. Zusätzlich ist auf die rechtzeitige Verfügbarkeit des Testpersonals sowie der Testumgebung inklusive der Testwerkzeuge zu achten (Schulung nicht vergessen!).

Zu den technischen Minderungsmaßnahmen für Projektrisiken gehören Bereiche wie Arbeitsplatzergonomie, regelmäßiges Anlegen von Sicherheitskopien bzw. Backups, Schutz der Infrastruktur z. B. durch Rauchmelder, klimatisierte Serverräume und eine unterbrechungsfreie Notstromversorgung, Schutz gegen Beschaffungs-, Entwicklungs-, Absatz- und Haftungsrisiken, Schutz gegen Unterschlagung, Untreue, Betrug seitens der Angestellten sowie gegen Computermissbrauch und Industriespionage. Last, but not least ist auch an die Verhütung von Einbruch, Diebstahl und Vandalismus zu denken, beispielsweise durch Einbau entsprechender Alarmanlagen, Beauftragung eines Werkschutz-Dienstleisters oder Abschluss von Transportversicherungen.

Minderung von Produktrisiken: konstruktive Maßnahmen ...

Produktrisiken werden zuerst durch konstruktive Maßnahmen gemindert – Vorbeugen ist besser als testen! Als konstruktive Maßnahmen können eine robustere Architektur konzipiert, bessere Algorithmen verwendet oder das Exception Handling optimiert bzw. gewisse »Notlaufeigenschaften« vorgesehen werden.

In agilen Projekten spannt oft die testgetriebene Entwicklung mit den automatisierten Komponententests ein Sicherheitsnetz für konstruktive Maßnahmen wie z. B. die Refaktorisierung zum Abtragen von technischen Schulden auf.

Last, but not least ist Risikominderung auch dadurch möglich, dass bewährte Lösungen bzw. Technologien Verwendung finden, die vielleicht etwas »altmodisch« erscheinen, aber dafür sicher funktionieren.

... und risikobasiertes Testen

Je höher das Produktrisiko, desto rigoroser sind natürlich die Testaktivitäten zu organisieren. Die risikobasierte Testkonzepterstellung, Teststrategie und Testpriorisierung ist hier das Mittel der Wahl, um Produktrisiken zeitnah zur Entwicklung zu erkennen und zu beherrschen (s. Unterkapitel 2.2 und 5.4). Nähere Ausführungen zur Testaufwandszuteilung und -priorisierung enthält Abschnitt 4.4.3.

Um das Gesamtrisiko durch Testen bestmöglich zu mindern, empfiehlt der CTAL-TM die folgenden kontextbezogenen Faktoren zu analysieren und einen geeigneten Testansatz zu wählen:

Testelemente

- Verschiedene Testelemente innerhalb eines Testobjekts können unterschiedliche Stufen desselben Risikos haben, sodass für ein Testobjekt ggf. unterschiedliche Testansätze bzw. Testverfahren ausgewählt werden können. In agilen oder iterativen Projekten empfiehlt sich ein »top-down«-Vorgehen, bei dem zunächst die Risiken größerer Funktionsbereiche bzw. Epics oder Teilsysteme zur groben Testplanung herangezogen werden, um dann auf User Stories oder Softwarekomponenten heruntergebrochen zu werden.

Qualitätsmerkmale

- Risiken, die sich auf bestimmte Qualitätsmerkmale auswirken, sollen durch passende Testarten verringert werden, die einen spezifischen Testaufwand, Testumgebungen und Testfähigkeiten erfordern. Besteht z. B. ein hohes Sicherheitsrisiko, so geben oft domänenspezifische → Normen und Standards bestimmte Testarten und Testverfahren vor. Besteht ein hohes geschäftliches Risiko bei Ausfall des Produkts, sind entsprechende Last- und Stresstests einzuplanen.

Bei hohen Risiken frühe statische Tests!

- Für Bereiche mit hohen Produktrisiken helfen statische Tests, Fehler möglichst früh in der Entwicklung zu erkennen. Dies ermöglicht, diese zeitnah zu ihrer Entdeckung zu beheben, und verhindert damit unnötige und kostspielige Mehrarbeit in darauf aufbauenden Entwicklungsaktivitäten (s. [Fagan 76], [CTFL 4.0 23], [Rösler 13], [Spillner 24]).

Mix aus dynamischen und statischen Tests

- Für bestimmte Risiken können Tests nur dynamisch auf bestimmten Teststufen durchgeführt werden (z. B. Qualitätsrisiken im Bereich Performanz und Skalierbarkeit durch Performanztests), für andere sind statische Tests (z. B. durch statische Analyse und Codereviews zur Wartbarkeit) oder eine Kombination aus beidem möglich (z. B. durch eine Überprüfung der Architektur und dynamische Tests des integrierten Systems auf Sicherheitsschwachstellen). Das Testen jedes Testelements so früh wie möglich verringert das Risiko, kritische Fehlerzustände erst spät im Lebenszyklus zu finden, was sonst zu höheren internen Fehlerkosten und Verzögerungen führen würde.

SDLC

- Die jeweiligen Eingangskriterien der Testaktivitäten werden in den unterschiedlichen SDLCs zu unterschiedlichen Zeitpunkten erfüllt. So startet die Testanalyse in sequenziellen SDLCs bereits während der Anforderungsanalyse, während sie in agilen Projekten nach Scrum erst kurz vor der Umsetzung einer User Story beginnt. Bei der Sprint-Planung müssen dann vor der Übernahme der User Story aus dem Product Backlog in das Sprint Backlog Akzeptanzkriterien formuliert werden.

Testteam

- Die am besten qualifizierten Personen sollen die Testelemente mit den höchsten Risikostufen testen. Dabei sind je nach Testelement unterschiedliche Kriterien für die Fach- und Methodenkompetenz zu beachten, teilweise hohe technische Kompetenz, z. B. in der Testautomatisierung, teilweise hohe Domänenkompetenz, z. B. für den Entwurf fachlicher Abnahmetests (s. a. Kapitel 11).

Normen und Standards beachten!

- Zur Minderung der Produktrisiken spielt darüber hinaus bei Auftragssoftware und insbesondere bei sicherheitskritischen Systemen in regulierten Domänen auch die Beachtung relevanter Normen und

Standards eine Rolle, nach denen spätestens immer dann gefragt wird, wenn der Schadensfall eingetreten ist und juristische Folgen drohen. Die Nichtbeachtung relevanter Normen und Standards wird dann schnell als Indiz für einen Verstoß gegen die »Allgemein anerkannten Regeln der Technik« angesehen, was durchaus als Fahrlässigkeit ausgelegt werden kann.

- Der aktuelle Stand der Risiken ist regelmäßig unter Einbeziehung aller relevanten Informationen z. B. in einer Risikoliste wie in Tabelle 4.5 dargestellt projektweit zu veröffentlichen. Letztendlich muss berücksichtigt werden, dass die Risikosteuerung und -beherrschung selbst wiederum neue Risiken schaffen können, die dann ebenfalls zu berücksichtigen sind.

Beispiel: Risikominderung im Projekt AutoSafe

Der Testmanager im Projekt AutoSafe analysiert die Risikoliste der nicht sicherheitsrelevanten Risiken in Tabelle 4.5. Die Werte für die Eintrittswahrscheinlichkeit und das Schadensausmaß sind nach IEEE/ISO/IEC-Standard 29119-3 [ISO 29119-3] auf der Skala von eins bis sechs bemessen. Im Fokus sind nun die Werte der Eintrittsindikatoren. Zu erkennen ist, dass die aktuellen Werte der Indikatoren bezüglich des Risikos R2 (Verzögerungen in der Entwicklung) und R4 (Unzureichende Eingangsqualität der Testobjekte) sich besorgniserregend ihren Schwellenwerten nähern.

Risikoliste		Projekt: AutoSafe					Version: 1.8e		Vom 15. Mai 2025	
	Risikobewertung[a]						Risikostatus			
ID	**Bezeichnung/ Eigentümer**	**W**	**S**	**R**	**Indikator**	**Schwellenwert**	**Akt. Wert**	**Maßnahmen**	**Verantw.**	**Eingeleitet am**
R2	Verzögerungen in der Entwicklung/Me	6	5	30	Meilensteinverzug	14 T	7 T	Testplan angleichen	MF	10.06.25
					Krankenstand	3	3	Testpersonal nutzen		15.06.25
R4	Unzureichende Eingangsqualität der Testobjekte/Sc	4	6	24	Fail-Eing. Test	3/T	2/T	Codereviews intensivieren	MF	-
					Ausfallrate	15/T	12/T		LM	
R8	Verlust der Konfig-Management-Datenbank/Sc	3	6	18	Antwortzeit	5 s	1 s	Neuer Server oder Cloud	LM	-
					Recovery	2/T	0,1/T			
...	...				...			...	...	...

a. W = Eintrittswahrscheinlichkeit, S = Schadensausmaß, $R = W \cdot S$ (Risiko)

Tab. 4.5 *Risikoliste im Projekt AutoSafe*

Das Risiko R2 (Verzögerungen der Entwicklung) scheint unmittelbar vor seinem Eintritt zu stehen, da der aktuelle Wert des Indikators »Krankenstand« den Schwellenwert »3« erreicht hat. Da auch bereits ein Meilensteinverzug von

7 Tagen eingetreten ist, werden zwei Tester vorübergehend der Entwicklung zugeteilt und der Projektplan sowie das Testkonzept entsprechend geändert.

Zur Risikominderung vom R4 (Unzureichende Eingangsqualität der Testobjekte) werden die Vorgaben für die zulässigen Werte der Komplexitätsmetriken verschärft, der gesamte Quellcode mit einem statischen Analysator geprüft und Codereviews für alle Softwaremodule mit einer zyklomatischen Komplexität größer als 8 durchgeführt.

Testaufwand und Testnutzen

Ein vollständiger Test bedeutet, dass das System unter allen möglichen Einsatzumgebungen, Betriebssystemen, Parameterkonstellationen usw. installiert wird und jeweils so viele Testfälle durchzuführen sind, dass alle möglichen Ein-/Ausgabekonstellationen und systeminternen Zustände vollständig abgedeckt werden. Schon für sehr kleine Softwaresysteme wären astronomisch viele Kombinationen bzw. Testfälle durchzuführen (Testfallexplosion).

No risk, no test!

Aufgabe des risikobasierten Tests ist es, den Testaufwand in einem vernünftigen Verhältnis zur erzielbaren Risikominderung zu halten. Martin Pol et al. bemerken hierzu: »Testen ist ökonomisch sinnvoll, solange die Kosten für das Finden und Beseitigen eines Fehlers im Test niedriger sind als die Kosten, die mit dem Eintreten einer Fehlerwirkung bei der Nutzung verbunden sind« [Pol 02]. Ziel ist eine optimale Test-Risiko-Passung, wie dies Abbildung 4.5 verdeutlicht.

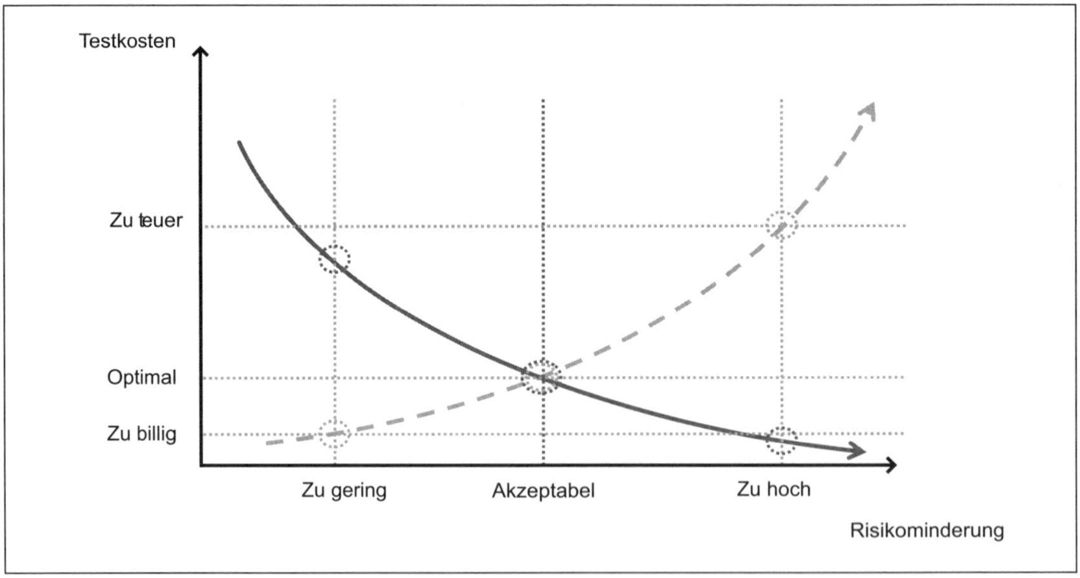

Abb. 4.5 *Ziel: Optimale Test-Risiko-Passung*

Drei Arten der Risikobegegnung im risikobasierten Test

Auch ohne eine genaue quantitative Ermittlung des optimalen Verhältnisses von Testkosten und Risikominderung soll das Testmanagement dieses Leitbild verinnerlichen und bei den Planungs- und Steuerungsentscheidungen berücksichtigen. In diesem Rahmen können die Ergebnisse des Risikomanagements optimal genutzt werden. Den Risiken ist dabei auf dreierlei Arten zu begegnen:

- Zielgerichtet testen, indem Systemfunktionen je nach Risikostufe mit unterschiedlichen Testverfahren und → Testtiefen abgedeckt sowie bei der Fehlerbehebung gesondert betrachtet werden. *Produktrisiken mindern*
- Priorisiert testen, wobei Bereiche mit höherem Risiko bei der Testplanung eine höhere Priorität erhalten und entsprechend frühzeitig und intensiv getestet werden. *Projektrisiken mindern*
- In den Testberichten die Restrisiken beziffern, die bei einer Auslieferung der Software trotz Verkürzung des Tests oder Verzicht auf die Ausführung geplanter Tests verbleiben. *Restrisiken beziffern*

Das Prinzip aller Verfahren zum risikobasierten Testen ist in Abbildung 4.6 skizziert. Die Schätzungen der Eintrittswahrscheinlichkeit und des Schadensausmaßes der identifizierten Risiken anhand unterschiedlichster Informationen ergeben deren Risikostufe und ordnen sie in der Risikomatrix ein. Die Risikostufe bestimmt dann in der Testplanung die Testintensität der mit den Risiken verknüpften Testobjekte bzw. Testelemente in den Aktivitäten des Testprozesses. Die Testergebnisse wiederum beeinflussen bei der Fortführung des Risikomanagements (vgl. Abb. 7.1) die Risikoeinstufung, die dann im Rahmen der Testüberwachung und -steuerung in den Testaktivitäten berücksichtigt wird.

Abb. 4.6
Risikobasierter Test (nach [Ramler 2017])

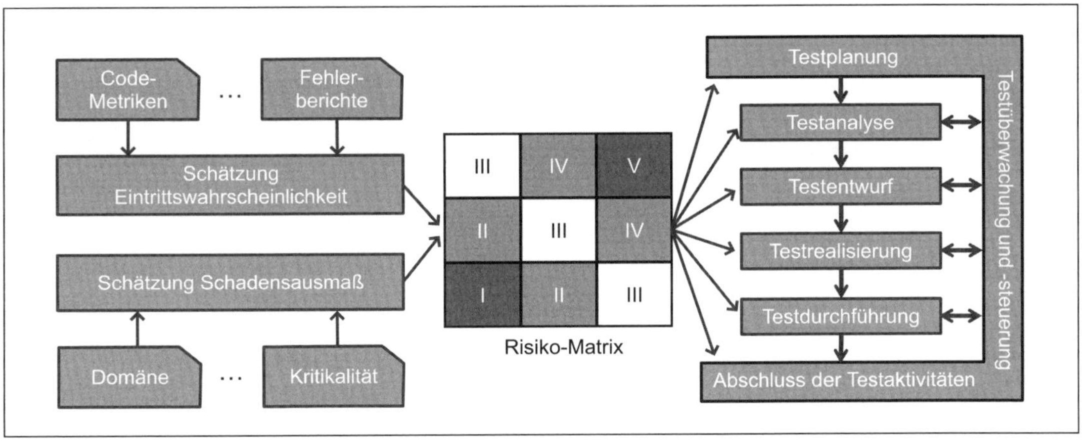

Zielgerichtete Testpriorisierung

Testmanager nutzen das Wissen um die Risiken, um das Testkonzept und den Testplan festzulegen. Hierzu werden geeignete Testverfahren gemäß den Risikokategorien und Risikostufen bestimmt sowie die Tests entsprechend priorisiert.

Produktrisiken bestimmen die Teststrategie.

Entsprechend dem Produktrisiko bzw. Qualitätsrisiko können

- Reviews und statische Analysen der Testbasis, der Testobjekte und der Testspezifikationen geplant,
- spezielle Testverfahren bzw. Testfälle ausgewählt,
- das Testpersonal je nach Fähigkeit und Erfahrung zugeteilt und
- der Umfang von Fehlernachtests und Regressionstests veranschlagt werden (vgl. Unterkapitel 2.2).

So können z. B. Produktrisiken, die in Zusammenhang mit der Benutzeroberfläche eines Softwareprodukts stehen, durch intensive Benutzbarkeitstests gemindert werden. Für die Herstellerfirma eines Computerspiels kann ein fehlerhaftes Speichern eines komplexen Spielfelds ein sehr hohes Risiko bedeuten (obwohl es keine direkten Kosten verursacht), da das fehlerhafte Spiel bei der Kundschaft nicht akzeptiert wird und zu hohen Absatzverlusten, möglicherweise bei allen Spielen der Firma, führen kann. Abbildung 4.7 zeigt ausschnittsweise die Eignung von Testverfahren in Abhängigkeit von Testarten und Testzielen.

Abb. 4.7 *Auswahl von Testverfahren*

Testverfahrensauswahl © M. Winter 2025		-Box			Erfahrungst		White-Box					Black-Box				White-
Aspekt	**Ausprägungen**	CRUD Test	Scenario-Based Testing	Metamorpher Test	Session-Based Testing	Crowd Testing	Entscheidungstest	Modifizierter Bedingungs-/Entscheidungstest (MC/DC)	Mehrfachbedingungstest	API-Test (Schnittstellentest)	Fehlereinpflanzung	Klassifikationsbaumverfahren	Syntaxtest	Ursache-Wirkungs-Graph	Anforderungsbasierter Test	Bedingungstest
Testart	Statischer Test															
	Funktionaler Test	x	x	x	x	x					x	x	x	x	x	
	Nicht-funktionaler Test		x								x					
	White-Box-Test						x	x	x	x	x					x
	Änderungsbezogener Test	x	x	x	x	x	x	x	x	x	x	x	x	x	x	x
Testziel	Funktionale Vollständigkeit	x		x	x	x	x	x	x	x		x	x	x	x	
	Funktionale Korrektheit	x	x	x	x	x						x	x	x	x	
	Funktionale Angemessenheit		x		x	x									x	
	Performanz	x				(x)				x			x			
	Kompabilität		x			x				x						
	Benutzbarkeit		x		x	x										
	Zugänglichkeit		x		x	x										
	Zuverlässigkeit	x	x		x	x				x			x			
	Sicherheit (Security)		x	x	(x)	x				x						
	Sicherheit (Safety)		x	x	(x)		x	x	x	x	x	x		x	x	

Projektrisiken bestimmen den Testplan.

Auch Projektrisiken werden teilweise im Testkonzept adressiert, z. B. durch Reviews von Codeteilen (bzw. Testspezifikationen) unerfahrener Mitglieder des Teams. Hauptsächlich werden sie allerdings im Testplan berücksichtigt, z. B. indem die Testaktivitäten früh genug begonnen und die Endekriterien entsprechend den Risiken festgesetzt werden oder die Testumgebung bzw. die Testwerkzeuge frühzeitig bereitgestellt werden.

Da das Testbudget in der Regel begrenzt ist, werden Testfälle priorisiert. Gelingt es, eine Zuordnung zwischen Tests bzw. Testfällen und Risiken zu treffen, impliziert die Priorisierung der Risiken eine Priorisierung der Tests: Tests, die ein hohes Risiko abdecken, werden dann zeitlich zuerst und mit höherer Intensität bzw. Testtiefe geplant und ausgeführt.

Tests priorisien

Im Folgenden werden zwei Verfahren zur Testpriorisierung erläutert:

- Die für alle Projektarten geeignete Testpriorisierung nach Schaefer
- Die eher für sicherheitskritische Projekte geeignete »Breadth-first«-Bestimmung der Testintensität nach Gutjahr

Testpriorisierung nach Schaefer

Ein einfaches tabellarisches Verfahren zur risikobasierten Testpriorisierung hat Hans Schaefer beschrieben (s. [Schaefer 96]).

Risikofaktoren

Zunächst werden allgemeine Risikofaktoren ermittelt, wobei n Schadensfaktoren r_i, $i = 1..n$ den erwarteten Schaden beschreiben, und m Testrisikofaktoren f_j, $j = 1..m$ die Wahrscheinlichkeit umreißen, mit der Fehlerzustände trotz Tests im Produkt zu erwarten sind. Mögliche Faktoren sind in den Abschnitten 4.2.2 und 4.2.3 aufgeführt. Schaefer empfiehlt, nicht zu viele Faktoren anzusetzen, und hält z. B. jeweils drei Schadens- und Testrisikofaktoren für angemessen (also $n = m = 3$).

Jedem Risikofaktor wird ein Gewicht $g(r_i)$ bzw. $g(f_j)$ z. B. aus dem Wertebereich [1..10] zugeordnet. Der Faktor Sichtbarkeit z. B. spiegelt die Offensichtlichkeit eines Fehlers und den damit verbundenen Vertrauensverlust bei den Benutzern wider.

Testbedingungen

Dann richtet das Testmanagement sein Augenmerk auf einzelne Testbedingungen wie z. B. Tests bestimmter Funktionen oder nicht-funktionale Tests bezüglich der Performanz oder der Benutzbarkeit. Zu jeder Testbedingung t und jedem der o. g. allgemeinen Risikofaktoren r_i bzw. f_j wird ein Wert $r_i(t)$ bzw. $f_j(t)$ angegeben, der die Relevanz der Testbedingung für den Faktor beziffert.

Testeffektivität

Letztendlich bewertet ein Faktor $I(t)$ für jede Testbedingung die Qualität der Tests, also die Effektivität des bereits bestehenden Testkonzepts bezüglich der Testrisiken dieser Testbedingung, d. h. Tests, Reviews etc., die unabhängig vom Risiko geplant oder bereits durchgeführt sind, wie beispielsweise Entwicklertests oder informelle Reviews.

Schaefer empfiehlt, für die Gewichte $g(r_i)$ bzw. $g(f_j)$ sowie die Gütefaktoren $I(t)$ lediglich die drei Werte 1 (gering), 3 (mittel) und 10 (hoch) zu verwenden. Für die Risikofaktoren $r_i(t)$ bzw. $f_j(t)$ sind Werte von 1 (sehr niedrig) bis 5 (sehr hoch) anzusetzen.

Priorisierung der Testaspekte

Die Priorität $P(t)$ einer Testbedingung t ergibt sich dann zu

$$P(t) = [(\Sigma_{i=1..n}\, r_i(t) \times g(r_i)) \times (\Sigma_{j=1..m}\, f_j(t) \times g(f_j))] / I(t)$$

Die Priorisierung der Testbedingungen und der entsprechenden Testfälle erfolgt tabellarisch, wie es Tabelle 4.6 skizziert. Hilfreich ist es, wenn die Werte in der Spalte »Priorität« farblich unterlegt werden, z. B. rot für die am höchsten priorisierten Testbedingungen, grün für die am niedrigsten priorisierten und gelb für den Rest. Wie viele Testbedingungen am höchsten priorisiert werden, ist abhängig vom Testbudget – je höher, desto mehr, da ja höhere Priorisierung mehr Test bedeutet. Üblich sind 10–30 % hoch priorisierte, 20–50 % mittel priorisierte und 30–70 % niedrig priorisierte Testbedingungen.

Tab. 4.6 *Testpriorisierung nach Schaefer*

Bereich	**Schaden**			**Testrisiko**			**Testgüte**	**Priorität**
Faktor	**Sichtbarkeit**	**Wirkung**	**Häufigkeit**	**Zeitverzug**	**Personal**	**Komplexität**	**Ist**	
Testbedingung	g = 1	g = 3	g = 10	g = 1	g = 3	g = 3		
Benutzbarkeit	1	4	5	1	5	5	2	977
Performanz	0	1	1	1	1	4	2	104
Sicherheit	5	1	2	3	1	5	1	588
Komponente A	2	2	2	2	2	5	2	322
Komponente B	1	1	1	1	1	2	1	140
Komponente C	1	2	1	2	1	1	1	136
Integration A – B	2	1	2	1	2	2	1	325
C – D	1	2	1	2	2	1	1	187
B – C	2	1	2	1	1	1	1	175
A – C	2	2	2	1	1	1	1	196
Datenbank	1	1	1	1	1	1	1	98
Web	2	4	2	4	2	4	1	748
Legende: rot · gelb · grün								

»Breadth-first« – Bestimmung der Testintensität nach Gutjahr

Eine rein risikobasierte Zuteilung der Testressourcen als »Testen in die Tiefe« (*depth first testing*) kann dazu führen, dass der Test von Risiken niedrigerer Priorität nicht durchgeführt wird, wenn Budget oder Zeit im Projekt aufgebraucht sind. Dieser Umstand kann auf folgende zwei Arten behandelt werden.

Normative Bestimmung der Testintensität

Normativ kann die Intensität der durchzuführenden Tests anhand der Risikostufe gesteuert werden. Die meisten Sicherheitsstandards wie z. B. die [DO-178C] oder die [DIN 50128] verwenden diesen Ansatz und schreiben für jede Sicherheitsstufe neben den anzuwendenden Testverfahren auch entsprechende Endekriterien vor. Oft wird z. B. für Komponenten, die der höchsten Sicherheitsstufe angehören, eine hundertprozentige → Zweigüberdeckung des Testobjektcodes gefordert.

Zusätzlich kann sichergestellt werden, dass auch niedriger eingestufte Bereiche mit minimaler Tiefe getestet werden, quasi als »Testen in die Breite« (*breadth first testing*). Ein entsprechendes Verfahren zur risikobasierten Bestimmung der Testintensität ist in [Gutjahr 95] und [Gutjahr 96] beschrieben. Anhand funktionsübergreifender Charakteristika wie z. B. des Projektbudgets, der Anzahl zu erwartender Installationen bzw. Lizenznehmer der Software oder der Kritikalität des Gesamtsystems wird zunächst die Anzahl der Tests bzw. das Testbudget bestimmt.

Dann werden jeder einzelnen Funktion eine Ausführungswahrscheinlichkeit p, eine qualitative Fehlerwahrscheinlichkeit f (als Stufencode zwischen »NN« = sehr niedrig und »HH« = sehr hoch) und ein Fehlerkostenfaktor c zugeordnet und daraus die Anzahl der auszuführenden Tests bzw. das Testbudget für die Funktionen bestimmt (s. Tab. 4.8).

Anschließend sind die Stufencodes für die Fehlerwahrscheinlichkeit f anhand Tabelle 4.7 in numerische Werte zu übersetzen.

Tab. 4.7 *Stufencodes für Fehlerwahrscheinlichkeit und Kosten nach Gutjahr*

Stufencode	**Bedeutung**	**f**	**c**
NN	Sehr niedrig	0,0001	1
N	Niedrig	0,001	5
M	Mittel	0,01	20
H	Hoch	0,05	100
HH	Sehr hoch	0,2	1000

Aus diesen Werten wird dann der Risikoparameter g als Produkt aus c und der Wurzel[2] aus f berechnet.

$$g = \sqrt{f} \cdot c$$

Bei m zu testenden Funktionen ergibt für die Funktion Nr. i (i=1..m) das auf 1 normierte Produkt aus der jeweiligen Ausführungswahrscheinlichkeit pi und dem Risikoparameter g_i dann den prozentualen Anteil t_i der für die Funktion i anzusetzenden Testressourcen.

$$t_i = pi \cdot g_i \,/\, \Sigma_{j=1..m} \cdot (p_j \cdot g_j)$$

2. Damit sich die Einheit des Risikoparameters g als Währungseinheit ergibt, werden in der detaillierten Rechnung die Fehlerkosten c vorab quadriert, die Fehlerwahrscheinlichkeit jedoch nicht (vgl. [Gutjahr 96], S. 208).

Die Werte in der letzten Spalte von Tabelle 4.8 geben z. B. die Anzahl der Testfälle an, wobei hier angenommen ist, dass im Rahmen der zur Verfügung stehenden Testressourcen insgesamt 100 Testfälle erstellt und ausgeführt werden können.

Tab. 4.8
Testintensitätsbestimmung nach Gutjahr

Nr.	Funktion	p [%]	f	c	F [1/F]	c [Geld]	g	p*g	t	#Tests
		1,000					**25,953**	**5,675**	**1,000**	**99**
1	Status anzeigen	0,080	N	H	0,0010	100	3,162	0,253	0,044	4
2	Fahrbahn erkennen	0,100	M	H	0,0100	100	10,000	1,000	0,175	17
3	AEB aktivieren	0,100	M	N	0,0010	5	0,500	0,050	0,009	1
4	Objekte erkennen	0,390	M	H	0,0100	100	10,000	3,900	0,682	68
5	AEB deaktivieren	0,180	N	M	0,0010	20	0,632	0,114	0,020	2
6	Bremslicht aktivieren	0,200	M	M	0,0100	20	2,000	0,400	0,070	7

Abschätzung des Restrisikos

Aufgrund der getroffenen Zuordnung zwischen Testfällen und Risiken sind nun die schlecht oder gar nicht durch den Test abgedeckten Risiken bekannt. Vor diesem Hintergrund muss vom Projektmanagement bzw. vom Steuerungsgremium entschieden werden, ob das Softwareprodukt freizugeben ist und das verbleibende Risiko akzeptiert wird.

Tests informieren zur Risikobewertung.

Testen kann also dazu genutzt werden, Risiken zu mindern, denn das Finden von Fehlern im Produkt und deren Beseitigung trägt wesentlich zur Reduzierung von Produktrisiken bei. Auch Projektrisiken werden durch die Umsetzung eines geeigneten Testkonzepts reduziert, indem z. B. Fehlerzustände in Zwischenprodukten bei einer frühen Testfallerstellung gefunden werden, bevor sie in weiteren Aktivitäten der Softwareentwicklung zum Tragen kommen. Zusätzlich informiert der Test über die aktuelle Risikolage, da hohe bzw. niedrige Ausfallraten in bestimmten Bereichen des Softwareprodukts benutzt werden können, um die Güte der Risikobewertung zu verbessern.

Abschließend ist zu erwähnen, dass Risikomanagement und die risikobasierte Testkonzepterstellung und Testpriorisierung permanente Prozesse während des gesamten Projektverlaufs sind. Testergebnisse können als Eingaben für das Risikomanagement genutzt werden und zur Neubewertung von Risiken führen, Unsicherheitsgrade können neu bestimmt werden und entsprechende Umverteilungen des verbleibenden Testbudgets oder eine Überarbeitung des Testplans oder sogar des Testkonzepts erfordern.

4.4.2 Risikoüberprüfung und Risikoüberwachung

Die Risikoüberprüfung und **Risikoüberwachung** (s. Abb. 4.1 am Ende von Abschnitt 4.1.3) wird vom Testmanagement im Rahmen der Testüberwachung unterstützt. Hierbei wird einerseits überwacht, wie sich die bekannten Qualitätsrisiken entwickeln, und auch analysiert, ob neue Qualitätsrisiken zutage getreten sind. Beides erfordert in der Regel die Anpassung des Risikoregisters und damit auch eine Überarbeitung der Testplanung.

Andererseits ist sicherzustellen, dass die Risikosteuerung und -beherrschung wirksam bleiben. Bei den Risikoüberprüfungen während der Laufzeit eines Projekts ist daher darauf zu achten, dass relevante Dokumente, Normen, Verfahren und Aktionslisten aktualisiert und gepflegt werden.

Die Risikoüberwachung soll lückenlos während der gesamten Projektlaufzeit erfolgen und die Überprüfung des Projektbudgets, des Projektplans und weitere Informationen aus dem Projekt mit einbeziehen. Größere Überwachungsaktivitäten können an den Meilensteinen des Projekts durchgeführt werden oder wenn sich der Projektkontext erheblich geändert hat.

Beispiel: Risikoüberprüfung im Projekt AutoSafe

Der Testmanager betrachtet die Risikoliste mit den nicht sicherheitsrelevanten Risiken im Projekt AutoSafe (s. Tab. 4.5) und erkennt, dass die zur Minderung des Risikos R2 (Verzögerungen in der Entwicklung) getroffene Maßnahme »Ausleihen von Mitgliedern des Testteams an die Entwicklung« die Eintrittswahrscheinlichkeit aller Produktrisiken erhöht (weil diese einerseits nicht ausreichend für die Entwicklungstechnologie geschult sind und andererseits nicht mehr ausreichend testen können).

Daher werden große Teile dieses Risikos durch eine zeitlich begrenzte Einführung des Produkts und die Planung eines bald folgenden zweiten Releases gemindert. Zur Risikovermeidung wird weiterhin beschlossen, das Produkt aufgrund des hohen Produkthaftungsrisikos in den USA dort nicht auf den Markt zu bringen. Alternativ kann als Maßnahme zur Risikofinanzierung auch eine Versicherung gegen Haftungsschäden und Regressforderungen abgeschlossen werden.

Werden die Risikoidentifizierung und -bewertung nicht oder nur unzureichend durchgeführt, kann sich ein großer Teil des Gesamtrisikos hinter der Pseudokategorie »nicht identifizierte Risiken« verstecken, sodass auch die Risikoüberwachung und die Risikominderung nicht effektiv sein können.

Wichtig ist das Aufstellen von Maßnahmen und Notfallplänen, auch für den Fall, dass unvorhergesehene Risiken eintreten.

4.4.3 Risikobasierte Testüberwachung und Teststeuerung

Bei der fortlaufenden Testüberwachung und Teststeuerung ermöglicht risikobasiertes Testen jederzeit die Berichterstattung über den Testfortschritt in Bezug auf die verbleibende Risikostufe. Grundlage für die Berichterstattung ist ein sorgfältig geführtes Risikoregister (s. Abschnitt 4.3.4). Dies unterstützt das Entwicklungsteam und die Stakeholder bei der Überwachung und Steuerung der Softwareentwicklung, einschließlich der Freigabeentscheidungen, auf der Grundlage der verbleibenden Risikostufen.

Risikobasierte Testüberwachung mit Risiko-Cockpit

Dazu ist es erforderlich, die Testergebnisse in Bezug auf die Risiken in einer für die Stakeholder verständlichen Weise zu berichten. Hierzu dient z. B. ein Risiko-Cockpit bzw. Risiko-Dashboard, in dem die Risikolage und der Verlauf der Risikoeinstufungen über Darstellungen mit unterschiedlicher Abstraktion und Granularität verfolgt werden kann.

> Ausgehend von einer Risikomatrix, in der die Werte der Risikoindikatoren erkennbar sind (s. Abb. 4.4), sollen durch Klick auf die Risiken deren detaillierte Werte aus der Risikoliste (s. Tab. 4.5) erreicht werden. Von dort aus könnte optimalerweise z. B. über die Verfolgbarkeitsinformation und Fehlerdatenbank zu den entsprechenden Anforderungen bis hin zu den Testfällen und ihren Ergebnissen navigiert werden.

Risikobasierte Teststeuerung durch Repriorisierung

Für die risikobasierte Teststeuerung sind die in Abschnitt 4.4.1 beschriebenen Verfahren zur Testpriorisierung das Mittel, um eine geänderte Risikolage im Testmanagement zu berücksichtigen. Hierzu sind die aktualisierten Risikodaten in die Berechnungen einzusetzen und der Testplan entsprechend zu aktualisieren und zu kommunizieren.

Betrifft die Repriorisierung auch Tests, die gerade realisiert und/oder z. T. schon ausgeführt werden, ist es wichtig, dass das Testmanagement »am Puls« des Projekts ist, um die entsprechenden Betroffenen umgehend informieren bzw. instruieren zu können.

> In agilen Projekten soll die veränderte Risikolage als Grund zur Repriorisierung der Entwicklung und/oder der Tests optimalerweise im Daily Standup Meeting kurz angesprochen und danach mit den Betroffenen zeitnah am Planning Board diskutiert und anschließend umgesetzt werden.

4.4.4 Risikobasierte Testrealisierung und -durchführung

Oft – und insbesondere in agilen Projekten – erfolgt die Priorisierung der Tests auf der Grundlage der Risikostufen erst vor oder sogar während der Testrealisierung. Dort sorgt dies ohne größeren vorherigen Planungsaufwand für eine frühzeitige Überdeckung der kritischsten

Bereiche und für die Minderung der Risiken der höchsten Stufe. Dies kann auf zwei Arten erfolgen:

Depth-First

In einigen Fällen werden die Tests für die Durchführung in streng absteigender Reihenfolge der Risikostufen, die sie überdecken, priorisiert, beginnend mit der höchsten Stufe. Dieser Ansatz wird als »depth-first« (Tiefentest-Ansatz) bezeichnet und ist dann angebracht, wenn es wichtig ist, die höchsten Risiken so früh wie möglich zu verringern.

Breadth-first

Alternativ wird für jedes Risiko mindestens ein Test mit der höchsten Priorität versehen. Alle anderen Tests werden entsprechend der von ihnen überdeckten Risikostufen priorisiert. Dieser Ansatz wird als »breadth-first« (Breitentest-Ansatz) bezeichnet und ist dann angebracht, wenn die Stakeholder so früh wie möglich einen Gesamtüberblick über die Qualität des Produkts erhalten möchten.

In der Praxis beginnt das Testen häufig mit dem »depth-first«-Ansatz. Wird die Zeit jedoch knapp, geht man zum »breadth-first«-Ansatz über und testet alle verbliebenen Risikoelemente mindestens einmal.

Manchmal werden die beiden Ansätze auch kombiniert verwendet, z. B. testet man mit zwei Dritteln des Testbudgets alle Risiken ab einer bestimmten Risikostufe in die Tiefe und setzt währenddessen ein Drittel für den Test der geringer eingestuften Risiken in die Breite ein.

4.4.5 Risikobasierter Testabschluss

Unabhängig davon, ob der risikobasierte Test in einem agilen, hybriden oder sequenziellen Projekt erfolgt und ob er in der Tiefe, in der Breite oder kombiniert durchgeführt wird, wird oft die für das Testen vorgesehene Zeit bzw. der geschätzte Aufwand verbraucht, ohne dass alle geplanten Tests durchgeführt wurden. An diesem Punkt erleichtert das risikobasierte Testen die Abgabe einer begründeten Empfehlung an das für die Freigabe verantwortliche Stakeholder Management, ob die Tests ausgeweitet werden oder die verbleibenden Risiken akzeptiert werden sollen.

Auch für den Testabschluss ist das oben beschriebene Risiko-Cockpit von großem Wert. Dazu ist es wichtig, alle Daten zur Generierung des Cockpits im Konfigurationsmanagement zu verwalten, sodass das Cockpit zum Ende des Testprozesses in den Testabschlussbericht aufgenommen werden kann.

4.5 »Leichtgewichtige« Verfahren zum risikobasierten Test

Dieser Abschnitt skizziert mit SST, PRAM und PRISMA einige pragmatische und eher leichtgewichtige Ansätze zum risikobasierten Test. Es handelt sich dabei im Wesentlichen um Spezialisierungen und/oder Vereinfachungen der in Unterkapitel 4.2 beschriebenen generellen Vorgehensweise zur Risikoidentifizierung sowie der in den Unterkapiteln 4.3 und 4.4 dargestellten Ansätze zur Risikobewertung und -minderung. SST, PRAM und PRISMA erfordern in der Regel geringeren Aufwand und lassen sich daher auch gut in kleineren und in agilen Projekten umsetzen. Während SST auf der Existenz einer Anforderungsspezifikation basiert, sind PRAM und PRISMA auch allein mit Informationen der Stakeholder durchzuführen. Einen ähnlichen risikobasierten Testansatz für E-Business-Systeme beschreiben Gerrard und Thompson in [Gerrard 02]. Anmerkungen zum Umgang mit Risiken in agilen Projekten schließen die Ausführungen zu den leichtgewichtigen risikobasierten Testansätzen ab.

4.5.1 Systematic Software Testing (SST)

Im Buch »Systematic Software Testing« (SST, [Craig 02]) stellen Craig und Jaskiel ihren Ansatz zur Risikoanalyse vor. Dieser Ansatz entspricht weitgehend der in Unterkapitel 4.1 beschriebenen allgemeinen Vorgehensweise des risikobasierten Tests sowie dem später beschriebenen PRAM-Ansatz. Craig und Jaskiel legen dabei Wert auf die separate Betrachtung von Produkt- und Projektrisiken. Erstere werden in der Software-Risikoanalyse betrachtet und führen zu Testprioritäten, während Letztere unmittelbar in die Projektplanung einfließen.

Software-Risikoanalyse nach SST

Craig und Jaskiel benennen die folgenden zehn Schritte zur Software-Risikoanalyse:

1. Selektion der Stakeholder und Zusammenstellung des Risikoteams.
2. Zusammenstellung von Dokumenten wie z. B. den Anforderungen, der Produktspezifikation, Change Requests und ggf. einer Liste der mit ihnen einhergehenden Risiken.
3. Bestimmung der Eintrittswahrscheinlichkeit der Risiken (dreistufig in »Niedrig«, »Mittel« und »Hoch«).
4. Bestimmung des zu erwartenden Schadens (auf der gleichen Skala).
5. Quantifizierung der beiden Faktoren aus den Schritten 3 und 4 (auf einer dreistufigen Skala, z. B. 1 = Niedrig, 2 = Mittel, 3 = Hoch).
6. Berechnung der Priorität durch Addition der quantifizierten Faktoren.
7. Kritische Analyse der Prioritäten und der vergebenen Werte. Hierbei ist insbesondere darauf zu achten, dass nicht alle Risiken »vorsichtshalber« eher hoch priorisiert wurden, sondern eine Begründung für die Risikoeinstufung gegeben wird, z. B. anhand des Einsatzes neuer Technologien sowie hoher Komplexität oder hoher Änderungsrate der Anforderungen, der Komplexität des Programmcodes etc.

8. Anhand der Risikoprioritäten werden nun die Produktfunktionen bzw. Anforderungen priorisiert. Ist hierbei eine Anforderung oder Produktfunktion mit mehreren Risiken verknüpft, wird in der Regel der Maximalwert der Prioritäten dieser Risiken herangezogen.
9. Es wird entschieden, unterhalb welcher Grenze der Priorität einer Anforderung oder Produktfunktion gar kein oder nur geringer Testaufwand zugeteilt wird.
10. Insbesondere für hoch priorisierte Risiken werden oft noch Maßnahmen zur Risikominderung angegeben, anhand derer die Eintrittswahrscheinlichkeit oder das erwartete Schadensausmaß gemindert werden kann.

SST benötigt Spezifikationen.

Für die Durchführung von Schritt zwei werden Dokumente wie Anforderungs- oder Systemspezifikationen benötigt, deren Vorliegen somit eine wesentliche Voraussetzung für die Anwendung von SST darstellt. Die unten beschriebenen Verfahren PRAM und PRISMA verwenden diese Dokumente ebenfalls, kommen aber auch ohne diese aus, wobei die erforderlichen Informationen dann im Rahmen dieser Ansätze von den Stakeholdern erhoben werden.

Planungsrisiken und Notfallpläne in SST

Bezüglich der Projekt- bzw. Planungsrisiken empfehlen Craig und Jaskiel in SST die folgenden vier generischen Notfallpläne:

- Reduktion des Projekt- bzw. Testumfangs
- Verzögerung des Liefertermins
- Erhöhung der Ressourcen
- Minderung der Qualitätsanforderungen

4.5.2 Pragmatic Risk Analysis and Management (PRAM)

7 Schritte zum risikobasierten Test nach PRAM

Der von Rex Black vorgeschlagene Ansatz Pragmatic Risk Analysis and Management (PRAM, [Black 03], [Black 09a], [Black 09b]) sieht für jedes Projekt vor, den geeigneten Mix an Verfahren und Dokumentationsmitteln zur Risikoidentifizierung und -bewertung zu bestimmen. PRAM umfasst die folgenden sieben Schritte:

Verfahrenswahl für Risikoidentifizierung und -bewertung

1. **Verfahrenskonzeption**
   Zunächst sind Vorschläge für Verfahren zur Risikoidentifizierung und -bewertung und die dazugehörigen Vorlagen zur Dokumentation der Ergebnisse auszuarbeiten. Je nach Kritikalität des Projekts bzw. Produkts können informelle Verfahren wie z.B. Brainstormings oder Umfragen bis hin zu formalen Verfahren wie FMEA oder FTA zur Anwendung kommen. Rex Black empfiehlt, beim Einstieg in den risikobasierten Test mit informellen Verfahren zu beginnen und vor dem so gewonnenen Erfahrungshintergrund (und Vertrauen der Stakeholder) ggf. zu formaleren Verfahren überzugehen.

2. **Teambildung**
   In diesem Schritt ist ein funktionsübergreifendes Team aus Stakeholdern für die Risikoidentifizierung und -bewertung zusammenzustellen und mit diesem die Verfahren und Dokumentationsmittel abzustimmen. Wie bereits in Abschnitt 4.2.2 verdeutlicht wurde, ist die Einbeziehung möglichst aller relevanten Stakeholder in die Risikoidentifizierung und -bewertung der Dreh- und Angelpunkt für ein erfolgreiches Risikomanagement. Rex Black weist insbesondere auf die paritätische Einbeziehung von Stakeholdern sowohl aus den technischen als auch den betriebswirtschaftlichen Bereichen hin. Erstere fokussieren oft auf Produktrisiken, während letztere eher die geschäftlichen Risiken in den Vordergrund stellen.
   Die Teilnahme sowohl von Personen aus dem Projektmanagement als auch der Leitung von Entwicklungsabteilungen fördert darüber hinaus deren Verständnis für die bei der Testpriorisierung und -aufwandszuteilung zu treffenden Entscheidungen. So können spätere Dispute über Fragen wie z. B. »Warum wurde Modul X nicht ausgiebiger getestet?« oder »Wieso sind die Tests zu Teilsystem Y noch nicht abgeschlossen?«, wenn nicht ganz verhindert, so doch zumindest versachlicht geführt werden.
3. **Risikoidentifizierung und -bewertung**
   Als Techniken zur Risikoidentifizierung und -bewertung sieht PRAM entweder ein Brainstorming mit allen Stakeholdern oder eine Serie von strukturierten Interviews mit einzelnen Stakeholder-Gruppen vor. Ersteres eignet sich eher für kleine und mittlere Projekte, Letzteres für große Projekte, bei denen ein Workshop mit allen Stakeholdern mehrere Tage dauern kann. Für beide Möglichkeiten wird der Einsatz von Checklisten als initiale Risikoquellen empfohlen. Die Ergebnisse (Risiken mit Einstufung etc.) werden in einer vorläufigen Risikoliste festgehalten. Zusätzlich sind Indikatoren für den Risikoeintritt sowie Möglichkeiten zur Risikominderung aufzunehmen.
4. **Einstufungsanalyse**
   Es wird geprüft, ob die Risikoeinstufung aus Schritt 3 plausibel und zielführend ist. Hier sieht PRAM vor, die Verteilung der Risikostufen mit der Normalverteilung abzugleichen und auf »Schieflagen« zu untersuchen. Gegebenenfalls ist eine erneute Diskussion und Analyse der Risiken notwendig, um die Einstufung und damit den Testaufwand realitätsnäher zu gestalten.
5. **Risikoverfolgung zu Entwicklungsartefakten**
   Dieser Schritt bildet die Produkt- bzw. Qualitätsrisiken im Rahmen der Verfolgbarkeit auf Entwicklungsartefakte wie Anforderungen, Entwurfsspezifikationen, Programmcode und Testfälle ab. Wurde die Verfolgbarkeit so realisiert, wie es Abschnitt 5.3.5 beschreibt,

so brauchen den Risiken lediglich die betroffenen Anforderungen zugeteilt werden. Über die Verfolgbarkeit pflanzt sich dann die Einstufung der Risiken auf die entsprechenden Entwicklungsartefakte fort, wobei jedes Artefakt das Maximum der Einstufungen aller zu ihm verfolgbaren Risiken erhält. Die so »vererbte« Risikoeinstufung gibt Hinweise für den jeweils zu betreibenden Aufwand für Reviews, statische Analysen oder dynamische Tests.

6. **Risikoverfolgung zu Testfällen**
   Dann werden die Produkt- bzw. Qualitätsrisiken auf Testfälle abgebildet. Hierbei sind solche Testfälle und -ergebnisse genau zu studieren, die von keinem der Risiken »erreicht« werden, da sie evtl. Hinweise auf noch nicht identifizierte Risiken geben.
7. **Management der Dokumente**
   Die erstellten Dokumente werden im Projekt-Repository gepflegt und im Laufe der Risikosteuerung und -beherrschung kontinuierlich weiterentwickelt.

Beispiel: PRAM im AutoSafe-Projekt

Im AutoSafe-Projekt wurden die Eintrittswahrscheinlichkeit und das Schadensausmaß der nicht sicherheitsrelevanten Risiken mit den Werten 1, 3 und 9 quantifiziert. Der Testmanager überprüft nun die Ergebnisse der vorläufigen Risikobewertung. Zunächst trägt er die Anzahlen der mit einer bestimmten Risikohöhe bewerteten Risiken in einem Balkendiagramm ein (s. Abb. 4.8). Zusätzlich skizziert er im Diagramm die »Glockenkurve« der Normalverteilung[3].

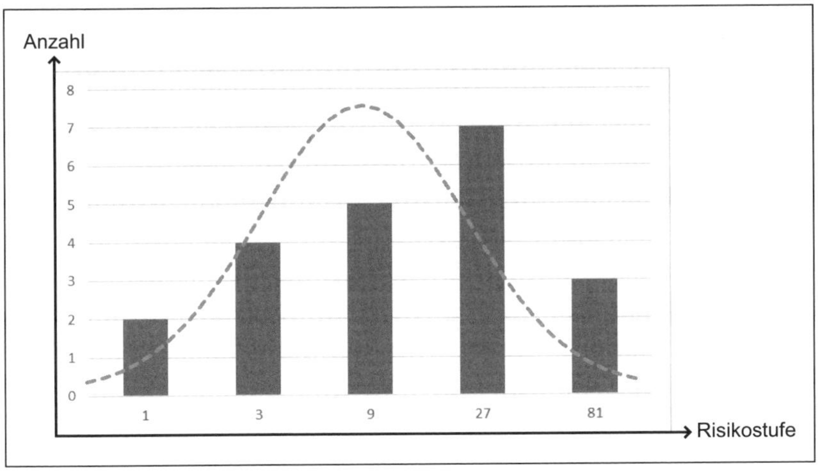

Abb. 4.8
Risiko-Verteilungs-Check nach PRAM

3. Die Normalverteilung nähert für viele Vorgänge aus Natur, Wirtschaft und Technik die Abweichungen der Merkmale vom Mittelwert dann gut an, wenn viele unterschiedliche und insbesondere voneinander unabhängige Einflussfaktoren auf sie einwirken (s. z. B. [Hedderich 20], [URL: Normalverteilung]).

Es zeigt sich eine leichte Anhäufung im Bereich mittel- bis hoch eingestufter Risiken. Da jedoch weder zu viele Risiken als sehr hoch oder als sehr niedrig eingestuft wurden, fährt er ohne erneute Diskussion mit dem Risikoprozess fort.

Wenn sich die zugeteilten Stufen deutlich im Bereich des hohen Risikos häufen, so könnten zu hohe Sicherheitsbedürfnisse der Stakeholder oder eine Risikovermeidungstendenz zugrunde liegen. Eine erneute Diskussion ist erforderlich.

Eine Schieflage der zugeteilten Risikostufen nach links, in Bereiche niedrigen Risikos, weist entweder auf ein höchst unkritisches Projekt hin, dessen Vision und Sinnhaftigkeit hinterfragt werden sollte, oder auf eine zu optimistische Grundhaltung des Risikoteams. Resultiert eine Schieflage nur aus der Einstufung der Eintrittswahrscheinlichkeit oder aber nur aus derjenigen des Schadensausmaßes, sind der entsprechende Wertebereich und die Einstufungskriterien zu überprüfen und ggf. zu erweitern.

Ziel ist es, die Risiken anhand ihrer Einstufung so differenzieren zu können, dass eine »belastbare« Priorisierung und Aufwandszuteilung möglich ist. Oft hilft es, die Stakeholder darauf hinzuweisen, dass mit einer überwiegend zu hohen bzw. zu niedrigen Einstufung unnötiger bzw. zu geringer Testaufwand und damit entsprechend unnötige Mehrkosten bzw. Qualitätsrisiken verbunden sind.

4.5.3 Product Risk Management (PRISMA)

Ein weiterer leichtgewichtiger Ansatz zum risikobasierten Testen ist Erik van Veenendaals *Product Risk Management* (PRISMA, [van Veenendaal 12]). PRISMA fokussiert auf die hauptsächlichen Risikobereiche bzw. -objekte (*risk items*). Dies sind im Wesentlichen Testobjekte wie z. B. Funktionen oder Funktionsbereiche inklusive ihrer Anforderungen und der Realisierung in der Software. Die mit den Risikobereichen bzw. -objekten einhergehenden Risiken werden wieder nach der Eintrittswahrscheinlichkeit und des Schadensausmaßes bei Eintritt, also im Schadensfall, kategorisiert.

Zur Bewertung der Eintrittswahrscheinlichkeit berücksichtigt PRISMA technische Aspekte wie die Komplexität eines Risikoobjekts z. B. anhand seiner Anforderung, seines Entwurfs und/oder seiner Implementierung. Für die Einschätzung der Kosten im Schadensfall werden geschäftliche Aspekte betrachtet, z. B. die geschätzte Häufigkeit der Nutzung und die Auswirkungen im Fehlerfall.

PRISMA definiert zur umfassenden Risikobetrachtung den folgenden Prozess aus sechs Schritten:

Sechs Schritte nach PRISMA

1. **Planung des Prozesses**
   Anhand der relevanten Dokumente (i. d. R. der Testbasis) identifiziert das Testmanagement die hauptsächlichen Risikobereiche bzw. -objekte. Zusätzlich sind die einzubeziehenden Stakeholder, die Bewertungskategorien und -skalen sowie die Regeln zur Bewertung festzulegen. Van Veenendaal empfiehlt, nicht mehr als 30–40 Risikoobjekte zu betrachten, da diese einzeln von den Stakeholdern analysiert und bewertet werden müssen. Gegebenenfalls sind einzelne Risikoobjekte zu Risikobereichen zusammenzufassen und gemeinsam zu betrachten. Sind die Risikoobjekte aufgelistet und die entsprechenden Dokumente zusammengestellt, werden der weitere Ablauf sowie die erforderlichen Ressourcen geplant.
2. **Optionale Kick-off-Sitzung**
   Falls erforderlich, werden die beteiligten Stakeholder in einer Kick-off-Sitzung über den Prozess sowie dessen Ziele, Durchführung, die einzelnen Risikobereiche und die erwarteten Ergebnisse der einzelnen Schritte informiert. Das Kick-off ist wichtig, damit alle Stakeholder den gleichen Informationsstand bezüglich der Ziele und Vorgehensweise haben.
3. **Individuelle Vorbereitung und Risikobewertung**
   Anhand der vorliegenden Dokumente analysieren und bewerten die Stakeholder unabhängig voneinander die ihnen zugewiesenen Risikoobjekte. Schon hierbei soll darauf geachtet werden, dass die Risikobewertungen »streuen«, also nicht etwa ein Großteil der Risiken als »hoch« oder »gering« bewertet werden. Während dieses Schrittes steht das Testmanagement für Rückfragen zur Verfügung.
4. **Sammeln der individuellen Bewertungen**
   In diesem Schritt sammelt das Testmanagement die individuellen Bewertungen ein und analysiert sie z. B. hinsichtlich größerer Abweichungen oder »Ausreißer«. Häufen sich bei den individuellen Bewertungen eines Stakeholders die Abweichungen vom Mittelwert, so sind diesem die Bewertungskategorien und -skalen sowie die Regeln zur Bewertung noch einmal zu erläutern und er wird ggf. um eine erneute individuelle Bewertung gebeten. Das vorläufige Risikoregister wird zusammengestellt, wobei Risikoobjekte mit großer Streuung ihrer individuellen Bewertungen zunächst separat aufgeführt werden.
5. **Sitzung zur Konsensbildung**
   Zu Beginn der Sitzung stellt das Testmanagement das Ziel der Sitzung vor: die Übereinkunft aller Stakeholder über das Risikoregister. Nach einer Präsentation des vorläufigen Risikoregisters werden die individuell sehr unterschiedlich bewerteten Risikoobjekte diskutiert, gemeinsam bewertet und in das Risikoregister eingefügt. Zum

Schluss wird das resultierende Risikoregister hinsichtlich der Risikoverteilung sowie auf überraschende, unerwartete Ergebnisse hin untersucht und finalisiert. Eine abschließende, reflektierende Diskussion über den Prozess, die Bewertungskategorien und -skalen sowie die Regeln zur Bewertung hilft, die Vorgehensweise in Bezug auf die Organisations- und Projektspezifika zu optimieren.

6. **Definition des Testansatzes**
Hinsichtlich der Risikoklassen und der entsprechend eingestuften Testobjekte können nun gemäß der Teststrategie die jeweiligen Testverfahren und die Testintensität festgelegt werden. Auf Grundlage der durch die Risikobewertung vorgegebenen Priorisierung der Testobjekte kann der einzuplanende Testaufwand dann zielgerichtet auf die einzelnen Testobjekte heruntergebrochen werden.

Abbildung 4.9 zeigt den Ablauf der sechs Schritte nach PRISMA.

Abb. 4.9
Risikobetrachtung nach PRISMA (s. [van Veenendaal 12])

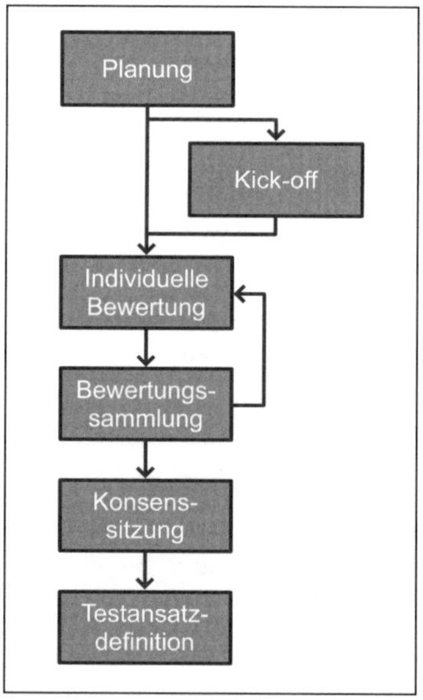

Auffallend ist die Analogie des PRISMA-Vorgehens zum Reviewprozess (vgl. z. B. [CTFL 4.0 23], [Spillner 24]).

Da bei PRISMA die Risikobereiche bzw. die Risikoobjekte vorab bei der Planung durch das Testmanagement anhand der Testbasis festgelegt werden, ist dessen Erfahrung sowie die Qualität der Testbasis ausschlaggebend für den Erfolg des Vorgehens. Hier kann ein initiales Brainstorming mit vielen Stakeholdern eingefügt werden, um möglichst viele Risikobereiche abzudecken.

Für große Projekte empfiehlt van Veenendaal, zunächst teststufenabhängige Risikobereiche abzustecken und dann entsprechend viele Risikoregister in separaten PRISMA-Durchläufen zu erarbeiten.

4.5.4 Risikobeherrschung durch agile Vorgehensweisen

Im Rahmen agiler Vorgehensweisen wie z. B. Scrum (s. Abschnitt 3.4.4) werden Qualitätsrisiken meistens eher informell oder sogar implizit behandelt. So realisiert z. B. das Team im Rahmen der testgetriebenen Entwicklung die Testfälle für den Komponententest und fokussiert dabei einerseits die Anforderungen und andererseits die Schnittstellen der zu entwickelnden Komponenten. Hierbei treten oft Unstimmigkeiten und problematische (risikoreiche) Zusammenhänge in den Anforderungen (*user stories*) zutage.

Im explorativen Test des Systems verfolgt das Team bestimmte Heuristiken oder »Touren«, die auf bestimmte Qualitätsrisiken zielen (s. Abschnitt 3.6.6 sowie [Kaner 02], [Whittaker 10], [Hendrickson 14]).

Produktrisiken werden in Scrum durch permanente Einbeziehung des Product Owners und oft auch des Kunden bei der Erstellung der User Stories und im (Scrum-)Review identifiziert und bewertet sowie durch kurze Entwicklungszyklen gemindert, an deren Ende lauffähige Releases der Software stehen (s. a. [Brandstaeter 13]).

Projektrisiken werden in agilen Vorgehensweisen in der Retrospektive vom Team und dem Scrum Master ggf. unter Einbeziehung des Product Owners behandelt. Ist der Kunde betroffen, nutzt man in der Regel das (Scrum-)Review.

Agile Praktiken zur Risikobeherrschung

Darüber hinaus können viele etablierte agile Praktiken zur → Risikobeherrschung beitragen, z. B.:

- Regelmäßige MVPs (*minimum viable products*) und Reviews reduzieren Qualitätsrisiken wie unbrauchbare, fehlende oder überflüssige Funktionalität, Verzögerungen in der Entwicklung und bieten den Stakeholdern die Gelegenheit, frühzeitiges Feedback zu geben und bei Fehlentwicklungen gegenzusteuern.
- Regelmäßige Retrospektiven reduzieren viele Ursachen für Projektrisiken wie z. B. unvollständige, inkonsistente oder fehlerhafte Aktivitäten, Methoden und Werkzeuge sowie Reibungsverluste durch Kommunikationsprobleme.
- Die Nutzung von Continuous Integration mit integrierten automatisierten Komponenten-, Integrations- und Systemtests bis hin zu einem vollständigen DevOps-Verfahren reduziert die Risiken verzögerter Auslieferungen aufgrund fehlerhafter neuer oder geänderter Komponenten.

Fail fast and fail early!

Probleme »agiler Tests«

Obwohl agiles Vorgehen auf diese Weise einen Beitrag zur Risikobeherrschung leistet, sollte sich das Testmanagement der Einschränkungen bewusst sein.

So stellen sowohl die von den Entwicklern erstellten Komponententests als auch die im explorativen (System-)Test verfolgten Nutzungspfade in der Regel nur konkrete Testfälle dar. Oft sind für diese weder Testziele noch Testbedingungen definiert, bezüglich derer eine gewisse Vollständigkeit des Tests angegeben werden kann. Darüber hinaus sind diese Testfälle bzw. Nutzungspfade vielleicht nur aus der Sicht des entsprechenden Entwicklers oder Testers angelegt, sodass der Test subjektiv bleibt und die Qualität der Tests hauptsächlich von deren Fähigkeit und Erfahrung abhängt. Auch die Sichten anderer, nicht im agilen Team vertretener Stakeholder wie z. B. Systemadministratoren oder Datenschutzbeauftragte werden oft nur ungenügend berücksichtigt.

Darüber hinaus führt das agile Vorgehen tendenziell dazu, dass Bereiche der Software mit zu geringer Intensität getestet werden. Dies ist oft dann der Fall, wenn mit den erstellten Tests nur wenige Fehlerwirkungen gefunden werden, und keine Notwendigkeit gesehen wird, weitere Tests durchzuführen.

Letztendlich finden die Risikobetrachtungen beim explorativen Systemtest – wenn überhaupt – während der Testdurchführung statt. Sie können daher in Entwicklungsaktivitäten desselben Entwicklungszyklus bzw. Sprints nicht genutzt werden. Aus diesem Grund bleibt ein großes Potenzial des risikobasierten Testens in agilen Vorgehensweisen oft ungenutzt.

Sprint-Planung risikobasiert durchführen

Zu empfehlen ist daher, bereits bei der Erstellung der Anforderungen bzw. User Stories mögliche Produktrisiken zu identifizieren und diese bei der Sprint-Planung z. B. im Planning Poker (s. Abschnitt 9.3.1) mit einzubeziehen und zu einem informellen Risikoregister zusammenzustellen. In den Retrospektiven können diese dann abgeglichen und für die nächsten Sprints aktualisiert werden.

Leichtgewichtige Schätzung der Eintrittswahrscheinlichkeit

Einen interessanten Ansatz dazu stellen Ramler, Felderer und Leitner vor (s. [Ramler 2017]). In ihrem Beitrag befassen sie sich mit der Aufgabe, Risiken zu quantifizieren, indem sie einen leichtgewichtigen Ansatz zur Schätzung der Eintrittswahrscheinlichkeiten vorschlagen. Sie folgen dabei dem Prinzip »yesterdays weather« zur Planung im Extreme Programming, das besagt, *»dass man in der nächsten Woche wahrscheinlich ähnlich viel abarbeiten kann wie in der letzten Woche«* (s. [Beck 01]).

Die Schätzung der Eintrittswahrscheinlichkeit von Softwarefehlern basieren sie in diesem Sinne auf fehler- oder codebasierten Metriken wie z. B. der Anzahl der (gemeldeten) Fehler in der vorherigen Version oder der Komplexität des Programmcodes. Diese einfache Heuristik kann im Rahmen risikobasierter Tests im agilen Umfeld leicht implementiert werden, da dort oft entsprechende Werkzeuge zur Versionsverfolgung, zum Fehlermanagement und zur statischen Codeanalyse verwendet werden (vgl. auch Abb. 4.6).

Der Ansatz entspricht somit der Notwendigkeit kleiner und mittlerer Unternehmen sowie agiler Umgebungen, die weder Zeit noch Ressourcen für den Einsatz komplexerer Ansätze und Verfahren für die Risikoidentifikation, -analyse und -bewertung haben.

Zu beachten ist, dass der Ansatz eines »eingeschwungenen« Prozesses bedarf sowie einer Umgebung, die die Einflussfaktoren auf Risiken über aufeinanderfolgende Versionen hinweg stabil hält. Daher sollen die Schätzungen durch Expertenmeinungen (s. Abschnitt 4.2.3) angepasst werden, um Erkenntnisse über störende Ereignisse im Entwicklungsprozess, beim Testen oder bei der Nutzung des Softwaresystems einzubeziehen. Menschliches Urteilsvermögen ist auch zur Entscheidung über Grenzfälle und neue Softwarekomponenten heranzuziehen, für die keine historischen Daten verfügbar sind.

4.6 Formale Verfahren zur Risikoidentifizierung und -bewertung

In diesem Abschnitt werden einige formale Verfahren, insbesondere zur Risikoidentifizierung und Risikobewertung, skizziert, die vor allem in sequenziellen oder hybriden Entwicklungsmodellen für regulierte Domänen zum Einsatz kommen:

- HAZOP (Gefährdungsanalysen)
- CoE (Kostenanalyse der Fehleraufdeckung)
- FMEA (Fehlzustandsart- und -auswirkungsanalyse) und FMECA
- FTA (Fehlzustandsbaumanalyse) und als Exkurs
- QFD (Quality Function Deployment).

Exkurs

4.6.1 HAZOP (Gefährdungsanalysen)

Gefahr erkannt, Gefahr gebannt

Im Bereich der Maschinensicherheit ist eine Gefährdung ein tatsächlicher oder möglicher Zustand eines Bauteils, der zu einem Unfall führen kann. Die → Gefährdungsanalyse (auch: Gefahrenanalyse, *hazard analysis*, *hazard and operability study*, HAZOP) weitet die Risikoidentifikation und -analyse auf frühere Phasen einer Produktentwicklung aus, indem sie versucht, die Gefahren zu identifizieren, die jedem Risiko zugrunde liegen.

Ein Team mit Fachkenntnis über das gesamte System und seine Entwicklung führt in einer Reihe von Sitzungen eine strukturierte Prüfung des geplanten bzw. konzipierten Produkts anhand vorliegender Informationen wie Anforderungen, Architektur, Entwurf etc. durch.

Dabei werden sowohl funktionale als auch nicht-funktionale Aspekte einbezogen. Wichtig ist es, auch das Verhalten des Systems im Produktivbetrieb zu betrachten (einschließlich der Nutzungs- und Wartungsaspekte). Die Moderation ermutigt dabei die Beteiligten zur Kreativität bei der Ermittlung möglicher Gefährdungen. Dazu ist es hilfreich, wenn jeder Aspekt bzw. jede Komponente und jedes Teilsystem durch Leitwörter vorgestellt wird wie z. B. »keines«, »mehr von«, »weniger von«, »Teil von«, »mehr als«, »ebenso wie« oder »anders als«.

Jede nach vernünftigem Ermessen vorhersehbare Ereigniskette, unter der eine Gefährdung zustande kommen könnte, wird auf ihre Möglichkeit beurteilt:

- wie sie zustande kommen kann,
- ihre möglichen Auswirkungen (entsteht eine Gefährdung?),
- wie sie vermieden werden könnte und
- ob das Verfahren zur Vermeidung den Aufwand wert ist.

Gefährdungsanalysen können an vielen Stufen der Projektentwicklung stattfinden, sind jedoch am wirksamsten, wenn sie früh genug ausgeführt werden, um die funktionalen und nicht-funktionalen Anforderungen sowie den Entwurf der Software beeinflussen zu können.

Das HAZOP-Verfahren wurde in der Prozessindustrie entwickelt und erfordert Anpassungen für Anwendungen mit Software. Abgeleitete Verfahren (Rechner-HAZOP, *computer HAZOPs* – CHAZOPs) bringen in der Regel neue Leitwörter ein und/oder schlagen Ansätze zur systematischen Abdeckung des Systems und der Softwarearchitektur vor (s. [DIN 61508-7]).

Die Durchführung einer Gefährdungsanalyse ähnelt der eines Risiko-Workshops (s. Abschnitt 4.2.3) oder einer FMEA (s. Abschnitt 4.6.3).

Gefährdungsanalysen ziehen insbesondere auch Fehler bei der Nutzung des Produkts in Betracht – z. B. durch mutwillige MisUser oder den DaU (»Dümmster anzunehmender User«). Dabei konzentriert man sich darauf, die wahrscheinlichen Abweichungen von den normalen Abläufen zu identifizieren und die potenziellen Auswirkungen dieser Abweichungen zu analysieren und zu bewerten.

4.6.2 CoE (Kostenanalyse der Fehleraufdeckung)

Die Kostenanalyse der Fehleraufdeckung[4] (*cost of exposure*, CoE) bestimmt für jedes Qualitätsrisiko die Eintrittswahrscheinlichkeit einer

4. Die Übersetzung von cost of exposure im Lehrplan ist verkürzend, da die Kostenanalyse nicht nur die Kosten zur Fehleraufdeckung umfasst, sondern auch die Kosten der Fehlerwirkungen auf exponierte Personen oder Gegenstände.

Fehlerwirkung, die Verlustkosten bei Auftreten einer typischen Fehlerwirkung und die Kosten des Testens auf solche Fehlerwirkungen. Diese werden dann in Relation gesetzt, um dann z. B. nach dem ALARP-Prinzip (*as low as reasonably practicable*, vgl. [ISO 31010]) zu entscheiden, bis zu welchen Kosten eine Risikominderung angemessen ist.

4.6.3 FMEA (Fehlzustandsart- und -auswirkungsanalyse)

Die Fehlzustandsart- und -auswirkungsanalyse (*failure mode and effects analysis*, FMEA[5]) stellt eine systematische Vorgehensweise für die Risikoidentifizierung und die Analyse möglicher Arten von Fehl(er)zuständen bzw. Fehler(aus)wirkungen sowie zu ihrer Klassifizierung hinsichtlich ihrer Kritikalität dar (s. [DIN 60812]). Ursprünglich stammt die Methode aus dem militärischen Umfeld, wo sie 1949 erstmals im Standard MIL-P-1629 beschrieben wurde. In den 1960er-Jahren wurde sie von der NASA im Apollo-Raumfahrtprogramm eingeführt [URL: NASA] und gehört mittlerweile zum Standardrepertoire für Zuverlässigkeitsanalysen im Rahmen des Qualitäts- und Testmanagements.

FMECA = Fehlzustandsart-, -auswirkungs- und -kritikalitätsanalyse (failure mode, effects, and criticality analysis)

FMEA bzw. die diese erweiternde Fehlzustandsart-, -auswirkungs- und -kritikalitätsanalyse (*failure mode, effects, and criticality analysis*, FMECA) sind in Deutschland auch bekannt als Ausfalleffektanalyse bzw. Ausfallbedeutungsanalyse und z. B. in der Luftfahrt und im Automotive-Bereich weit verbreitet und werden mit Erfolg angewendet.

Die FMEA ist eine induktive »bottom-up«-Methode für die Durchführung einer qualitativen Systemzuverlässigkeits- oder Sicherheitsanalyse. Induktiv bedeutet hierbei, dass die Analyse beginnend von Systemkomponenten auf niederen Ebenen über solche auf höheren Ebenen bis hin zum Gesamtsystem durchgeführt wird. Die FMEA wird allgemein angewendet, um einzelne Ausfälle bzw. schwerwiegende Fehlerwirkungen und deren Folgen zu analysieren. Die Technik ist nicht anwendbar auf Situationen mit mehrfachen oder voneinander abhängigen Fehlerwirkungen.

FMECA umfasst auch die Entdeckungswahrscheinlichkeit.

In der Erweiterung der FMEA zur Fehlzustandsart-, -auswirkungs- und -kritikalitätsanalyse (*failure mode, effects and criticality analysis*, FMECA) werden Risiken wie bei der bereits in Abschnitt 4.3.2 dargestellten Risikobewertung zunächst nach ihrer Eintrittswahrscheinlichkeit *W* und dem zu erwartenden Schaden *S* quantifiziert. Die Einstufung erfolgt auch hier oft in Stufen von 1 bis 10, wobei 1 niedriges Risiko (»günstiger Fall«) und 10 hohes Risiko (»ungünstiger Fall«) bedeutet.

Zusätzlich erfolgt bei der FMECA eine Analyse der Auf- bzw. Entdeckungswahrscheinlichkeit *E*, also eine quantitative Bewertung der

5. Im Lehrplan als »Fehlermöglichkeits- und Einflussanalyse« bezeichnet.

Risikominderung, z. B. durch die identifizierten Risikoeintrittsindikatoren, die eingesetzten Testverfahren oder die zur Risikominderung neu eingeführten Funktionen der Software, die Fehlerwirkungen zur Laufzeit automatisch erkennen und behandeln.

Aufdeckungswahrscheinlichkeit reziprok!

Unter Risikogesichtspunkten wird die Aufdeckungswahrscheinlichkeit reziprok bewertet, d. h., eine *hohe* Bewertung von E bedeutet eine *hohe* Wahrscheinlichkeit dafür, dass der Eintritt eines Risikos (insbesondere eines Fehlerzustands) vor der Auslieferung des (Zwischen-) Produkts bzw. vor dem Eintritt einer Fehlerwirkung im Produktivbetrieb **nicht** aufgedeckt wird (»ungünstiger Fall«). Es kann also eher von der Entdeckungs**un**wahrscheinlichkeit gesprochen werden.

FMECA ermittelt Risikoprioritätszahl RPZ.

Aus diesen drei Faktoren (Eintrittswahrscheinlichkeit W, erwarteter Schaden S, Aufdeckungswahrscheinlichkeit E) wird die → Risikoprioritätszahl RPZ ermittelt:

$$RPZ = W \times S \times E$$

FMEA und FMECA werden für die vorausschauende und auch für die rückblickende Risikoidentifizierung und -bewertung verwendet. Bei Ersterer wird laufend die aktuelle terminliche, personelle und ressourcenbedingte Situation analysiert, um mögliche Probleme frühzeitig erkennen und abwehren zu können. Bei Letzterer werden Probleme der Vergangenheit analysiert, um mit den daraus gewonnenen Informationen derartige Probleme künftig zu vermeiden.

4.6.4 FTA (Fehlzustandsbaumanalyse)

Oft wird FMEA bzw. FMECA durch eine Fehlzustandsbaumanalyse (auch: Störungsbaumanalyse, Fehlerbaumanalyse, *fault tree analysis*, FTA[6]) ergänzt. Die FTA-Technik verwendet eine grafische Darstellung des Zusammenwirkens verschiedener Fehlerzustände und erlaubt die Berechnung der Eintrittswahrscheinlichkeit einer Fehlerwirkung (s. [DIN 61025]). Die FTA-Technik wurde 1961 in den Bell Telephone Laboratories entwickelt (s. a. [Dugan 96]).

FMEA oft »bottom-up«, FTA oft »top-down«

Die Fehlzustandsbaumanalyse ist ein grafisches Verfahren zur Ermittlung, Darstellung und Analyse von Ursache-Wirkungs-Zusammenhängen in technischen Systemen. Während die FMEA und die FMECA oft induktiv verwendet werden, d. h. »bottom-up« von Systemkomponenten auf niederen Ebenen über solche auf höheren Ebenen bis hin zum Gesamtsystem voranschreiten, nimmt die FTA den umgekehrten Weg: Von einer betrachteten (Fehler-)Wirkung auf Gesamtsystemebene

---

6. Im Lehrplan als »Fehlerbaum-Analyse« (FBA) bezeichnet.

werden »top-down« mögliche Ursachen und deren Wirkungszusammenhänge untersucht. Ausgehend von einem sogenannten Hauptereignis (Wirkung) auf einer höheren Systemebene werden die möglichen auslösenden Grundereignisse (Ursachen) auf den tieferen Ebenen bis hin zur → Grundursache analysiert.

SFMEA = Anwendung der FMEA auf Software

Bei Zuverlässigkeits- und Risikoanalysen für Software wird die FMEA auch als Software-FMEA (SFMEA) bezeichnet (vgl. [Elahi 22], sect. 15.3). Gleiches gilt für FMECA und FTA. Hier geht die Analyse im Programmcode oft bis hin zu den einzelnen Anweisungen, sodass die SFMEA eher nur auf einzelne Funktionen hochkritischer Komponenten anwendbar ist. Da sich die weiteren Ausführungen auf ihre Anwendung im Rahmen des Softwaretestmanagements beschränken, wird das »S« der Kürze halber nicht mit aufgeführt.

4.6.5 QFD (Quality Function Deployment)

Exkurs

Quality Function Deployment (QFD) ist ein Verfahren, mit dem die Anforderungen der Stakeholder optimal durch das Produkt umgesetzt und entsprechend getestet werden können (s. [ISO 16355-1]). QFD hilft, die Stimmen »des Kunden« und »der Entwickler« eines Projekts in Einklang zu bringen, und wird oft im Rahmen von »Six Sigma«-Qualitätsoffensiven (s. Abschnitt 6.2.3) eingesetzt. Das Verfahren ist aber auch in herkömmlichen Projekten anwendbar.

4.6.6 HAZOP vs. Kostenanalyse vs. FMEA vs. FTA

Gefährdungsanalysen wie z. B. HAZOP und Kostenanalysen werden eher auf der Prozessebene beim Einsatz des Produkts eingesetzt und erfordern die Kenntnis des Kontexts und die Fähigkeit, auch unvorhergesehene (Nutzungs-)Szenarien durchspielen und potenzielle Schwachstellen entdecken zu können. FMEA und FTA sind eher auf der Ebene des Produkts einsetzbar, da dessen strukturelle und funktionale Gliederung bekannt sein muss.

Größere Softwaresysteme sind so komplex, dass es oft nicht möglich ist, die oben beschriebene traditionelle Vorgehensweise der FMEA zu nutzen und alle Komponenten und deren einzelne Ausfallarten nacheinander und »bottom-up« zu analysieren. Daher ist es oft notwendig, den Anwendungsbereich der FMEA auf einen Teil der Software zu reduzieren, z. B. einige kritische Komponenten oder die kritischen Funktionen zu analysieren, um die kritischen Komponenten und deren Ausfallarten zu finden (z. B. mit einer »top-down«-Analyse ähnlich wie bei der FTA).

Testmanager, Tester und Entwickler sollen an der Erstellung einer Gefährdungsanalyse, einer Kostenanalyse sowie einer FMEA bzw. FMECA oder einer FTA mitwirken können. Dafür ist es erforderlich, dass das Testmanagement sich Verständnis für ihren Zweck, ihre Durchführung und die Erstellung der entsprechenden Dokumente aneignet und vermittelt. Vorteil bei mehreren Beteiligten ist, dass ihr jeweiliges Fachwissen zur Bestimmung von Risikofaktoren mit eingebracht wird.

4.7 Erfolgsmetriken und Schwierigkeiten für risikobasiertes Testen

Nach den obigen Ausführungen ist klar, dass risikobasiertes Testen den gesamten Softwarelebenszyklus begleitet. Daher sind die entsprechenden Aktivitäten frühzeitig bei der Testplanung zu berücksichtigen und wirken sich ihrerseits auf den Testprozess aus. Darüber hinaus sind die identifizierten Produktrisiken auch wichtige Informationen für die Entwicklung, da sie die Qualitätsanforderungen auf Produktmerkmale abbilden und somit die Auswahl entsprechender konstruktiver Verfahren und Entwicklungstechniken sowie Realisierungstechnologien steuern.

Die beiden folgenden Abschnitte motivieren anhand von Leitfragen Metriken zur Darstellung der Effektivität risikobasierter Tests sowie zur Verbesserung des risikobasierten Tests selbst. Zum Schluss werden einige Fallstricke bei der Anwendung des risikobasierten Testens umrissen.

4.7.1 Effektivität risikobasierter Tests

Effektivität risikobasierter Tests messen

Spätestens beim Abschluss der Testaktivitäten ist die Effektivität des risikobasierten Tests zu messen, wobei folgende vier Fragen anhand entsprechender Metriken (s. Unterkapitel 8.6) operationalisiert und möglichst zu bejahen sind:

- *Wurden mehr schwerwiegende Fehlerwirkungen bzw. entsprechende Fehlerzustände aufgedeckt als weniger schwere?* Die Beantwortung dieser Frage erfolgt anhand der Informationen des Fehlermanagements, wobei aus den Fehlerberichten die Testfälle und über die Rückverfolgbarkeit die Anforderungen und die entsprechenden Produktrisiken erreicht werden.
- *Wurden die meisten schwerwiegenden Fehlerwirkungen bzw. entsprechende Fehlerzustände zu Beginn der Testdurchführung entdeckt oder erst kurz vor ihrem Ende?* Auch hier hilft das Fehlermanagement, indem die Zeitpunkte der Fehlerentdeckung mit dem Test(zeit)plan abgeglichen werden.

- *Konnten die Testergebnisse den Stakeholdern in Bezug auf die Risiken erklärt und die Restrisiken verdeutlicht werden?* Anhand der bestandenen Testfälle und der erreichten Überdeckung sowie der Rückverfolgbarkeit können »abgedeckte« Anforderungen und Produktrisiken aufgezeigt werden. Restrisiken aufgrund nicht durchgeführter Testfälle sind ebenso bezifferbar.
- *Wurden im Rahmen der Teststeuerung nur solche Tests zurückgestellt, die Risiken auf geringerer Stufe abdecken als die ausgeführten Tests?* Durch die Rückverfolgbarkeit der Testfälle auf Anforderungen und damit verknüpfte Produktrisiken lässt sich diese Frage beantworten.

DeMarcos Metriken zur Testeffektivität

Tom DeMarco empfiehlt, für jede Version eines Softwareprodukts die folgenden fehlerbasierten Metriken zu erheben, um Aussagen über die (finanzielle) Effektivität des Testprozesses zu erhalten (s. [DeMarco 04]):

- **Im Test entdeckte Fehler:** Anzahl der vor der Auslieferung des Produkts entdeckten und behobenen Fehlerwirkungen
- **Im Test ermittelte Fehlerdichte:** Im Test entdeckte Fehler/KDSI[7]
- **Projektschaden:** Fehlerbehebungskosten vor der Auslieferung in Euro/KDSI
- **Ausgelieferte Fehler:** Anzahl der nach der Auslieferung des Produkts entdeckten Fehlerwirkungen
- **Produktfehlerdichte:** Ausgelieferte Fehler/KDSI
- **Produktschaden:** Fehlerbehebungskosten nach der Auslieferung in Euro/KDSI
- **Gesamtschaden:** Projektschaden + Produktschaden

Der Testprozess ist nach DeMarco dann effektiv, wenn die Testkosten nicht höher als der Gesamtschaden sind (vgl. auch [Jones 12]).

> Damit die Testeffektivität zeitnah zur Produktauslieferung bewertet werden kann, werden oft anstelle der insgesamt nach Lieferung aufgedeckten Fehlerwirkungen bzw. des Gesamtschadens nur die in den ersten drei oder sechs Monaten gefundenen Fehlerwirkungen bzw. der dort entstandene Produktschaden betrachtet. In jedem Fall sind als Kosten die tatsächlichen Diagnose- und Reparaturkosten und nicht etwa nur die Fehlerentdeckungskosten anzusetzen.

7. KDSI (*kilo delivered source instructions*) ist eine Maßeinheit für 1000 Quellcode-Anweisungen und entspricht in etwa 1000 Quellcode-Zeilen ohne Kommentare und Leerzeilen.

4.7.2 Prinzipien und Fallstricke bei risikobasierten Tests

Der risikobasierte Test ist eng verschränkt mit dem Projektrisikomanagement. Das Testmanagement soll daher in allen Aktivitäten die folgenden Prinzipien des Risikomanagements beachten (vgl. [EN 62198]):

- *Risikomanagement schafft und schützt Werte*
  Es trägt zur nachweisbaren Erreichung von Zielen und der Verbesserung der Leistung und Qualität in Projekten sowie den von ihnen geschaffenen Vermögenswerten, Produkten und Dienstleistungen bei. Die Ziele werden von allen Parteien klar verstanden.
- *Risikomanagement ist ein wesentlicher Bestandteil aller mit dem Projekt verbundenen organisatorischen Prozesse*
  Es ist keine eigenständige Aktivität, die von den Hauptaktivitäten und -prozessen des Projekts oder der Organisation getrennt ist. Risikomanagement ist Teil der Verantwortlichkeiten des Projektmanagements und Personals auf allen Ebenen. Es ist ein wesentlicher Bestandteil aller organisatorischen Prozesse, die mit einem Projekt verbunden sind, einschließlich strategischer Projekt- und Investitionsplanung, Projektmanagement und Management von Projektänderungen.
- *Risikomanagement ist Teil der Managemententscheidungen*
  Es hilft Entscheidungsträgern dabei, fundierte Entscheidungen über das Projekt in jeder Phase des Lebenszyklus zu treffen, Maßnahmen zu priorisieren und zwischen alternativen Maßnahmen zu unterscheiden. Dies impliziert, dass alle Entscheidungen das Risiko berücksichtigen sollen.
- *Risikomanagement befasst sich ausdrücklich mit Unsicherheit*
  Alle am Management Beteiligten sollen ausdrücklich die Unsicherheit berücksichtigen, die Art der Unsicherheit und die Art und Weise, wie sie angegangen werden kann, insbesondere in kritischen Prozessen.
- *Risikomanagement ist systematisch, strukturiert und zeitnah*
  Ein systematischer, zeitnaher und strukturierter Risikomanagementansatz trägt zu konsistenten, vergleichbaren und zuverlässigen Projektentscheidungen sowie zur Effizienz von Projektmanagementprozessen bei und ist vorteilhaft für das Projekt. Ab dem Beginn eines Projekts soll ein solider Rahmen für das Risikomanagement angewendet werden.
- *Risikomanagement basiert auf den besten verfügbaren Informationen*
  Die am Risikomanagement Beteiligten sollen sich jedoch über die Einschränkungen der verwendeten Daten, die Unsicherheit der verfügbaren Informationen oder die Möglichkeit von Differenzen zwischen Expertenmeinungen informieren und diese berücksichtigen.

- *Risikomanagement ist maßgeschneidert*
  Die Aktivitäten des Risikomanagements müssen an die Art des Projekts, den externen und internen Kontext des Projekts und die mit dem Projekt verbundenen Organisationen sowie an den Grad der Unsicherheit und Komplexität des Projekts angepasst sein. Der Aufwand des Risikomanagements ist proportional zur Projektsituation.
- *Risikomanagement berücksichtigt menschliche und kulturelle Faktoren*
  Die Fähigkeiten, Wahrnehmungen und Absichten von Menschen und Organisationen können die Erreichung der Projektziele erleichtern oder behindern und sind daher im Risikomanagement zu berücksichtigen.
- *Risikomanagement ist transparent und integrativ*
  Die rechtzeitige und angemessene Beteiligung der Stakeholder und insbesondere der Entscheidungsträger auf allen Ebenen der Organisation stellt sicher, dass das Risikomanagement relevant und aktuell bleibt. Dies ermöglicht es den Stakeholdern, ordnungsgemäß repräsentiert zu werden und ihre Ansichten bei der Bestimmung der Risikokriterien einzubringen.
- *Risikomanagement ist dynamisch, iterativ und reagiert auf Veränderungen*
  Im Verlauf eines Projekts treten externe und interne Ereignisse auf, der Kontext und das Wissen ändert sich, Überwachung und Überprüfung finden statt, neue Risiken treten auf, einige Risiken ändern sich und andere Risiken verschwinden. Daher helfen Risikomanagementaktivitäten den Projektbeteiligten, Veränderungen kontinuierlich zu identifizieren, zu verstehen und darauf zu reagieren.
- *Risikomanagement unterstützt die kontinuierliche Verbesserung der Organisation*
  Organisationen sollen Strategien entwickeln und umsetzen, um die Reife ihres Projektrisikomanagements zusammen mit allen anderen Aspekten ihrer Organisationsprozesse zu verbessern.

Das Management von Risiken und damit auch der risikobasierte Test stößt oft auf unerwartete Schwierigkeiten, weil die Komplexität häufig übersehen wird. Der Lehrplan nennt die folgenden Probleme und skizziert Lösungsmöglichkeiten (s. [CTAL-TM 3.0 25]):

- *Schwierigkeiten bei der Bewertung der Risikostufe:* Die Abschätzung des Schadensausmaßes und der Eintrittswahrscheinlichkeit des Risikos kann sehr schwierig sein.
  Lösung: Verwendung historischer Daten und Befragung der wichtigsten Stakeholder des Projekts nach ihrer Einschätzung.

- *Zaghafte Anfänge:* Die Einrichtung und Pflege eines angemessenen risikobasierten Testansatzes wird angesichts eines hohen kurzfristigen Erfolgsdrucks oft vernachlässigt.
  Lösung: regelmäßige Überwachung und Berichterstattung der Risiken an die Stakeholder.
- *Déjà-vu:* Bei jedem Projekt werden die gleichen Risiken angesprochen, was zu einer Gleichgültigkeit gegenüber Risiken führt.
  Lösung: Einbeziehung der richtigen Personen zur Risikoidentifizierung und Beschränkung der Risikominderung auf solche Risiken, die als wichtig erachtet werden.
- *Wichtige Risiken werden übersehen:* Die Grundursache für dieses Problem liegt in der Regel darin, dass unerfahrene oder ungeeignete Personen in den Prozess eingebunden sind.
  Lösung: Einbeziehung geeigneter Personen und ihre Schulung.
- *Stakeholder-Fluktuation:* Stakeholder können im Laufe der Zeit wechseln und auch neue Risiken können auftauchen. Auch aus diesem Grund ist die Risikoanalyse eine fortlaufende, iterative Tätigkeit und soll nicht nur einmal zu Beginn durchgeführt werden.

4.7.3 Verbesserung des risikobasierten Testens

Wie bei allen Aktivitäten soll das risikobasierte Testen regelmäßig hinterfragt und ggf. verbessert werden. Dies kann z. B. in der Retrospektive oder der regelmäßigen Sitzung des Testteams anhand von situationsbezogenen Leitfragen geschehen. Der CTAL-TM empfiehlt, folgende Fragen unter Einsatz von Metriken und Beobachtungen aus der letzten Zeit zu stellen (s. [CTAL-TM 3.0 25], s. a. Abschnitt 6.5):

- *Wurden die relevanten Stakeholder an der Risikoanalyse beteiligt und waren sie vertreten?* Falls nicht, sollen Zeitpunkt und Art der Ansprache bzw. Einladungen analysiert und ggf. verbessert werden.
- *War die Einbeziehung der Beteiligten in die Risikoanalyse angemessen?* Falls nicht, soll die Wichtigkeit der Stimmen aller Stakeholder für die Effektivität des risikobasierten Testens und damit für die Güte der durch den Test gelieferten Informationen zur aktuell erreichten Produktqualität betont werden. Zusätzlich könnten die Stakeholder nach für sie unklaren oder unwichtig erscheinenden Aspekten der Risikoanalyse gefragt werden.
- *Wenn es in der Produktion kritische Störfälle gegeben hat, die auf übersehene Fehler hinweisen, wurden diese behoben?* Falls nicht, sollen diese mit den Stakeholdern besprochen werden, um Informationsdefizite und ggf. übersehene Stakeholder aufzudecken.

Auch sollen die verwendeten Verfahren zur Identifizierung und Bewertung der Qualitätsrisiken evaluiert und ggf. geändert oder gewechselt werden.

- *Wurden bei der Testdurchführung die meisten hoch priorisierten Fehlerzustände früh gefunden?* Falls nicht, sollen die Grundursachen für das späte Finden hoch priorisierter Fehlerzustände analysiert werden. Konnten z. B. die diese aufdeckenden Testfälle aufgrund blockierender Testfälle nicht früher ausgeführt werden, gibt es evtl. nicht berücksichtigte Abhängigkeiten zwischen den entsprechenden Testelementen bzw. Testobjekten.
- *Hatten die Testelemente bzw. Testobjekte der ausgelassenen Tests eine geringere Risikostufe als die der durchgeführten Tests?* Falls nicht, ist evtl. einigen Testern die Wichtigkeit des risikobasierten Tests nicht bewusst, und sie haben selbstständig oder beauftragt von anderen Stakeholdern die risikobasierte Testausführungsreihenfolge geändert.
- *War das Testteam in der Lage, den Stakeholdern die Testergebnisse im Hinblick auf das Risiko zu erläutern?* Falls nicht, sollen Art und Aufbereitung der aktuellen Risikoberichte mit den Stakeholdern diskutiert und evtl. an deren Bedürfnisse angepasst werden.

Ein erfolgreich eingesetzter risikobasierter Test sollte relativ kurzfristig zu immer positiveren Antworten auf diese Fragen führen. Langfristig sollen Prozessverbesserungsziele für die Erfolgsmetriken des risikobasierten Tests festgelegt werden, um bei der Verbesserung des Testprozesses (s. Kapitel 6) auch das risikobasierte Testen zu verbessern.

4.8 Zusammenfassung

In diesem Kapitel wurden in erster Linie risikobasierte informelle, formelle und andere Verfahren für die Testpriorisierung und Aufwandszuteilung betrachtet. Dabei waren folgende Punkte wichtig:

- Ein Risiko ist ein Problem, das in der Zukunft eintreten und unerwünschte Folgen haben kann. Die Risikostufe ergibt sich aus der Eintrittswahrscheinlichkeit und dem damit verbundenen Schadensausmaß. Risiken lassen sich unterteilen in Produktrisiken (Qualitätsrisiken) und Projektrisiken.
- Zu den Kernaktivitäten im Rahmen des projektbegleitenden Risikomanagements gehören Risikoidentifizierung, Risikobewertung, Risikoüberwachung sowie Risikominderung bzw. Risikovermeidung.

- Eine genaue Risikoanalyse inklusive Risikokategorisierung und Risikobewertung sowie der Ermittlung von Risikoeintrittsindikatoren und der Festlegung geeigneter Maßnahmen zur Risikovermeidung ermöglicht erst die Steuerung und Beherrschung der Risiken sowie die Überwachung des Risikomanagements selbst. Dabei können Risiken sowohl qualitativ als auch quantitativ eingestuft werden.
- Testen stellt eine vorbeugende Maßnahme dar, Qualitätsrisiken durch das Finden und Beheben von Fehlern zu reduzieren. Risikobasiertes Testen nutzt das Wissen über die Risiken dazu, den Inhalt des Testkonzepts und den Testplan so festzulegen, dass unter gegebenen Rahmenbedingungen (Aufwand, Zeit, Verfügbarkeit usw.) die Risiken möglichst minimiert werden. Darüber hinaus informiert Testen auch über die Risikobewertung selbst – hohe bzw. niedrige Ausfallraten in bestimmten Bereichen des Softwareprodukts können benutzt werden, um die Güte der Risikoanalyse zu verbessern.
- Anhand der wichtigsten Risiken sind gemäß der risikobasierten Teststrategie geeignete Testverfahren auszuwählen. Die Tests sind so zu priorisieren, dass Tests, die ein hohes Risiko abdecken, zeitlich zuerst durchgeführt werden. Ein entsprechend hoher Aufwand ist dafür einzuplanen.
- Kriterien für die Priorisierung und Risikoeinschätzung, wie sie in der Risikobewertung und dem Testkonzept festgelegt wurden, können sowohl in der Testanalyse auf Anforderungen bzw. Testobjekte als auch im Testfallentwurf auf Testfälle angewendet werden. Weiterhin ist die Intensität der durchzuführenden Tests aus der Art der Risiken und der Risikostufe zu bestimmen.
- Risikobasierte Verfahren müssen nicht formal sein, und auch andere Verfahren werden für die Testpriorisierung und Aufwandszuteilung eingesetzt. Je nach Projektkontext kommen auch informelle risikobasierte Verfahren wie SST, PRAM, PRISMA zum Einsatz oder aber andere Verfahren zur Testauswahl wie das anforderungsbasierte oder das reaktive Testen werden angewendet.
- Gefährdungsanalyse, Kostenanalyse der Fehleraufdeckung sowie FMEA/FMECA und FTA ermöglichen qualitative und quantitative Risikobetrachtungen auch für sicherheitskritische Systeme. Das Testmanagement unterstützt die Verfahren und die Erstellung entsprechender Dokumentation und verwendet die Ergebnisse im risikobasierten Test.

5 Die Teststrategie des Projekts

Dieses Kapitel erweitert und detailliert die eher allgemeinen Hinweise zur Definition von Teststrategien aus Unterkapitel 2.2 hinsichtlich des aktuellen Projektkontexts.

Eine Teststrategie beschreibt, wie das Testen durchgeführt wird, um Testziele unter gegebenen Umständen zu erreichen. Sie legt Geltungsbereich, Testansatz und Ressourcen für das Testen fest und kann für ein Projekt, Produkt oder eine einzelne Teststufe/Testart formuliert sein.

Ein Testansatz ist eine konkrete Umsetzungsebene innerhalb der Teststrategie, der die Art und Weise definiert, wie Testaufgaben umgesetzt werden, insbesondere die Auswahl und Kombination von Teststufen, Testarten und Testverfahren (z. B. statisch/dynamisch, manuell/automatisiert).

Die Teststrategie sowie die darin definierten Testansätze werden im Testkonzept dokumentiert und von der organisationsweiten Teststrategie beeinflusst.

Mit den Inhalten dieses Kapitels können Sie für die Prüfung zum ISTQB© Certified Tester Advanced Level Test Management …

- *TM-1.4.1 (K2) … die typische Auswahl an Testansätzen erläutern.*
- *TM-1.4.2 (K4) … eine organisationsweite Teststrategie und den Projektkontext analysieren, um einen geeigneten Testansatz auszuwählen.*
- *TM-1.4.3 (K3) … die S.M.A.R.T.-Zieldefinitionsmethode verwenden, um messbare Testziele und Endekriterien zu definieren.*

5.1 Einführung

Die → **Teststrategie** beschreibt, wie das Testen durchzuführen ist, um Testziele unter den gegebenen Umständen zu erreichen. Sie wird in der Regel in einem Testkonzept oder als Teil anderer Dokumente dokumentiert, je nach dem Kontext des Testens. Teststrategien werden auf zwei Organisationsebenen definiert:

Organisationsweite Teststrategie

- Eine → organisationsweite Teststrategie beschreibt die allgemeinen Anforderungen an das Testen und wie Testen innerhalb einer Organisation durchzuführen ist. Sie legt damit unabhängig vom konkreten Testprojekt anzuwendende Standards, einheitliche Rollen, Prozesse, Testansätze, -verfahren, -werkzeuge und -vorgehen für einen Bereich (z. B. eine Abteilung, einen Unternehmensbereich oder das gesamte Unternehmen) fest (s. [ISO 29119-3], s. a. [Gregory 24], [Witte 20]). Die Entwicklung und Anpassung einer organisationsweiten Teststrategie werden im Lehrplan »ISTQB® Certified Tester Expert Level – Test Management« [CTEL-TM 11] bzw. für agile Organisationen im Lehrplan »ISTQB® Certified Tester – Agile Test Leadership at Scale« [CT-ATLaS 23] beschrieben.

Projektteststrategie

- Eine **Projektteststrategie** konkretisiert und ergänzt im Idealfall die organisationsweite Teststrategie für ein bestimmtes Softwareentwicklungsprojekt, Produkt, Release, Testobjekt oder eine Teststufe. Die Projektteststrategie bildet damit den roten Faden von den Anforderungen an das zu testende System hin zu den einzelnen Testaktivitäten.

Eine praxisorientierte Anleitung für die Entwicklung einer zielführenden Teststrategie umfasst die folgenden Punkte.

Berücksichtigung organisationsweiter Vorgaben

Liegt eine organisationsweite Teststrategie vor, so fällt die Projektteststrategie ggf. sehr kompakt aus und referenziert im Wesentlichen die auf Organisationsebene beschriebenen Grundlagen des Testmanagements (s. Unterkapitel 5.2). Für projektspezifische Themen muss die Projektteststrategie beschreiben, wie diese erreicht werden können und welche Metriken zum Nachweis zu erfassen sind.

Ohne (ausreichende) organisationsweite Teststrategie ist es unerlässlich, durch frühzeitige Einbeziehung aller Stakeholder möglichst alle notwendigen Informationen zu beschaffen. Auf jeden Fall sind fehlende Grundlagen projektspezifisch festzulegen.

Risikobasiert Testen!

Die Identifikation und Bewertung von Risiken ist ein zentraler Testansatz jeder Teststrategie. Der risikobasierte Ansatz hilft, die Testaktivitäten zu priorisieren und die verfügbaren Ressourcen optimal einzusetzen. Daher widmet sich Kapitel 4 der Analyse und Behandlung von Produkt- und Projektrisiken.

Analyse des Projektkontexts

Die Teststrategie muss sich aus den spezifischen Rahmenbedingungen des Projekts ableiten. Eine fundierte Analyse umfasst (s. Abschnitt 5.2.3):

- **Projektziele:** Klärung der übergeordneten Ziele, z. B. Markteinführungszeitpunkt, Qualitätsstandards und geschäftliche Prioritäten (s. Unterkapitel 5.5).
- **Stakeholder-Bedürfnisse:** Identifikation der Hauptbeteiligten (z. B. Kunde, Management, Endbenutzer) und ihrer Erwartungen an die Qualität des Produkts (s. Unterkapitel 3.2).
- **Risiken:** Identifikation und Analyse der Projekt- und Produkt- bzw. Qualitätsrisiken sowie der Maßnahmen zu ihrer Minderung (s. Kapitel 4).
- **Zusammenarbeit:** Prozess, in den das Testen eingebettet wird; Schnittstellen, Kommunikationswege, gemeinsame Werkzeuge und Dokumentationen (s. Unterkapitel 3.3 und 3.4 sowie Kapitel 7 und 10).
- **Ressourcen und Einschränkungen:** Bewertung von Zeit, Budget, Personal und technologischen Möglichkeiten (s. Kapitel 6, 9, 11 und 13).
- **Regulatorische Anforderungen:** Berücksichtigung branchenspezifischer Standards und Vorschriften, wie z. B. ISO 13485 (s. [DIN 13485]) oder IEC 62304 (s. [DIN 62304] (VDE 0750-101)).

Festlegung des Testansatzes

Nach der Frage der Abgrenzung, also dem »Was« des Testprojekts, kann nun das »Wie« festgelegt werden. Zentraler Begriff ist hier der Testansatz (s. Unterkapitel 5.3). Dieser Teil des Testkonzepts fordert Fertigkeiten, die über klassisches Projektmanagement hinausgehen. Es geht darum, Qualitätsmerkmale und -anforderungen zu verstehen und zu bewerten sowie dazu die passendsten Testarten und Testverfahren auszuwählen. Bei der Ausarbeitung dieses Teils der Teststrategie ist daher eine enge Zusammenarbeit mit den Testanalysten und technischen Testanalysten zu empfehlen.

Priorisierung der Testaufgaben

Definition von Testreihenfolge, Testaufwand und Testtiefe

Typischerweise steht das Testmanagement bei der Testplanung vor dem Problem, dass nicht alle Testziele mit gleicher Intensität verfolgt werden können. Es besteht ein hohes Risiko, dass gegen Ende des geplanten Testzeitraums Aufgaben unerledigt bleiben, weil sich Zulieferungen verzögern, geplante Ressourcen nicht zur Verfügung stehen oder das zu testende System so instabil ist, dass der Testbetrieb verlangsamt wird. Die Aufgaben im Testprojekt müssen also priorisiert werden.

Dies erfolgt hauptsächlich mit risikobasiertem Testen (Kapitel 4). In Unterkapitel 5.6 werden weitere Verfahren zur Auswahl und Priorisierung von Tests beschrieben.

5.2 Analyse des Organisations- und Projektkontexts und anderer Aspekte

5.2.1 Ziel der Analyse

Bevor in der Teststrategie die Testziele und im Testansatz die Teststufen, Testarten und Testverfahren festgelegt werden, muss das Testmanagement die produkt-, organisations- und projektspezifischen Rahmenbedingungen verstehen. Die gewonnenen Erkenntnisse bilden die Grundlage für:

- die Auswahl geeigneter Teststufen und Testtypen (Unterkapitel 5.3),
- die Priorisierung von Testaktivitäten (Abschnitt 4.4.1 und Unterkapitel 5.6),
- das Risikomanagement (Kapitel 4) und
- die Dokumentation gemäß organisationsweiter Richtlinien (Kapitel 13).

Analog zu einer architektonischen Bauplanung verhindert diese Voranalyse späteren Mehraufwand und stellt sicher, dass Testaufwand, Ressourcen und Risiken im Einklang stehen.

5.2.2 Faktoren des Organisationskontexts

Zu den wesentlichen Faktoren der Analyse des Organisationskontexts gehören:

- die Domäne und regulatorische Vorgaben,
- Organisationsziele und Qualitätsmerkmale und
- ggf. die Organisationsweite Teststrategie.

Domäne und regulatorische Vorgaben

Jede Branche bringt spezifische Anforderungen an Testtiefe, Dokumentation und Nachweisbarkeit mit sich. Hierzu Beispiele für die drei Szenarien:

TestMaster (Cloud-Software für Entwicklungsteams):
TestMaster ist ein webbasiertes Tool zur Unterstützung des Softwareentwicklungsprozesses (IDE-as-a-Service, Plugin-Ökosystem, CI/CD-Integration). Die Domäne zeichnet sich durch hohe Anforderungen an Performanz, Verfügbarkeit und Erweiterbarkeit aus, weniger durch formale Branchenvorgaben. Erfahrungsgemäß wird bei der Auswahl bzw. beim Einsatz von Werkzeugen dieser Art zusätzlich zur Funktionalität Wert auf ein stabiles API zur Integration des Werkzeugs, schnelle Reaktionszeiten auch bei vielen gleichzeitigen Sessions und gute Bedienbarkeit gelegt. Security-Standards wie die OWASP Top 10 [URL: OWASP] Authentifizierung über *single sign-on* gelten als *State of the Art* bei der Entwicklung solcher Systeme. Darüber hinaus orientiert sich TestMaster an Best Practices aus der Web- und Cloud-Entwicklung (ISO/IEC 25010-Qualitätsmodell [ISO 25010]), kombiniert mit unternehmensinternen Guidelines zu Coding- und Deployment-Standards.

DiaFlow (medizinisches Gerät)
DiaFlow ist ein automatisiertes Dialysegerät, das in Kliniken und Dialysezentren zur Therapie von Nierenkranken eingesetzt wird. Da es als Medizinprodukt der Klasse IIa (EU) bzw. Klasse II (FDA, [URL: FDA]) gilt, unterliegt es strengen Regularien aus der ISO 13485 [DIN 13485], der MDR 2017/745 [URL: EU MDR] und der [FDA 21] CFR Part 11 hinsichtlich der Nachverfolgbarkeit und der Validierung sowohl der für die Entwicklung verwendeten Werkzeuge und Prozesse als auch des entwickelten Produkts und muss eine FMEA/FTA (s. Abschnitte 4.6.3 und 4.6.4) für das Risikomanagement einhalten.

AutoSafe (sicherheitkritisches Assistenzsystem)
AutoSafe ist ein automatischer Notbremsassistent für Fahrzeuge, der gemäß Euro-NCAP AEB Class 5 in Stadt- und Überlandverkehr zugelassen wird. Die Entwicklung folgt den strengen Normen [ISO 26262] und [ISO 21448] für funktionale Sicherheit. Üblich sind in dieser Branche modellbasierte Tests (hardware in the loop, model in the loop, software in the loop). Der korrekte Umgang mit Fehlsituationen und -funktionen wird mit Fehlerinjektion, Safety- und Stresstests nachgewiesen. Strenge Coverage-Ziele und statische Codeanalysen sind für sicherheitskritische Module vorgeschrieben. Alle Testartefakte, Traceability-Matrizen und Safety-Reports werden revisionssicher gepflegt und freigegeben.

Je nach Domäne variiert somit nicht nur der Testaufwand, sondern auch die verwendeten Testtechniken und -artefakte.

Organisationsziele und Qualitätsmerkmale

Übergeordnete Unternehmensziele bringen weitere Anforderungen an den Testprozess. Sie zielen meist auf die Kostensenkung, Effizienzsteigerung oder Qualitätserhöhungen des Prozesses.

Beispiel: Übergeordnete Unternehmensziele mit Auswirkung auf die Teststrategie

Im Projekt TestMaster wird ein hoher Automatisierungsgrad angestrebt, um für bereits implementierte User Stories aufwandsarm Regressionen zu vermeiden. Die Teststrategie muss also Verfahren, Werkzeuge und Umfang der Entstehung solcher Tests während des Sprints geeignet verankern, z. B. durch Festschreibung in der Team- Charta.

Im DiaFlow-Projekt kommen auf Initiative des Produktmanagements erstmals ML-Techniken zum Einsatz, um *predictive maintenance* zu etablieren. Die Verifikation dieser neuen Funktionen erfordert den rechtzeitigen Aufbau von Wissen über ML beim Testteam und den Einsatz neuer Testentwurfsverfahren.

Der Hersteller von AutoSafe strebt in einem unternehmensweiten SPICE-Assessment den AutomotiveSPICE Level 3 an. Für das anstehende Assessment wurde das AutoSafe-Projekt als eines von drei Projekten ausgewählt. Das Team achtet daher besonders auf die Einhaltung der teilweise erst kurzfristig überarbeiteten Standardprozesse und eine saubere Dokumentation aller Tailoring-Schritte.

Diese Ziele beeinflussen die Auswahl von Teststufen (s. Unterkapitel 3.5) ebenso wie die Entscheidung zwischen manuellen und automatisierten Testverfahren und den entsprechend benötigten Werkzeugen (Kapitel 7).

Organisationsweite Teststrategie

Der CTAL-TM geht davon aus, dass eine organisationsweite Teststrategie vorhanden ist. Ihre Entwicklung und Wartung wird in der ISO/IEC/IEEE-Norm 29119-2 [ISO 29119-2] beschrieben (wo sie als »Organisationsbezogene Testpraktiken« bezeichnet wird), ihr Inhalt und ihre Struktur in ISO/IEC/IEEE 29119-3 (s. [ISO 29119-3], s. a. Kapitel 13). Sie wird in den Lehrplänen »ISTQB® Certified Tester Expert Level – Test Management« [CTEL-TM 11] und »ISTQB® Certified Tester – Agile Test Leadership at Scale «[CT-ATLaS 23] detailliert dargestellt.

Mit organisationsweiter Teststrategie …

Liegt eine organisationsweite Teststrategie vor, so fällt die Projektteststrategie ggf. sehr kompakt aus und referenziert im Wesentlichen die auf Organisationsebene beschriebenen Grundlagen des Testmanagements, beispielsweise anzuwendende Prozesse, Testansätze, Dokumente und Werkzeuge (s. Unterkapitel 5.3). Bei weiteren Themen wie den zu erreichenden Qualitäts- und Testzielen muss die Projektteststrategie beschreiben, wie diese erreicht werden können und welche Metriken zum Nachweis zu erfassen sind.

... oder ohne

Existiert keine organisationsweite Teststrategie oder deckt diese den gegebenen Kontext des Testprojekts nicht ab, dann ist es unerlässlich, durch frühzeitige Einbeziehung aller Stakeholder möglichst alle notwendigen Informationen zu beschaffen und fehlende Grundlagen projektspezifisch festzulegen.

5.2.3 Faktoren des Projektkontexts

Zu den wesentlichen Faktoren der Analyse des Projektkontexts gehören:

- Projekttyp und -ziele,
- Art und Umfang der Tests,
- Testressourcen,
- Softwarelebenszyklusmodell (SDLC) (SDLC),
- Schnittstellen zu anderen (Teil-)Projekten und Systemen sowie
- die Verfügbarkeit von Testdaten.

Projekttyp und -ziele

Der Typ eines Projekts, seine Ziele und seine Rahmenbedingungen bestimmen die Risiken und Chancen (s. Tab. 5.1).

Tab. 5.1
Projekttyp, -ziele und Rahmenbedingungen

Projekt	Typ	Hauptziel	Rahmenbedingungen
TestMaster	Market-Oriented Development	Hohe Conversion & schnelle Releases	Enge Sprint-Zyklen, Budgetplafond
DiaFlow	Kundenprojekt (LIMS)	GxP-Validierung, hohe Verfügbarkeit	Externe Audits, strikte Meilensteine
AutoSafe	Produktentwicklung (ECU-SW)	ASIL C-Zertifizierung	Safety-Reviews, lange Lieferzeiten

In allen Fällen ist ein risikobasierter Ansatz empfehlenswert (s. Kapitel 4), um unter Zeit- und Budgetdruck kritische Tests priorisiert durchzuführen.

Art und Umfang der Tests

Zur Festlegung von Art und Umfang der Tests muss das Testmanagement Qualitätsmerkmale und -anforderungen verstehen und bewerten sowie mit verschiedensten Testverfahren vertraut sein. Gemeinsam mit

Testanalysten und technischen Testanalysten werden in der Testanalyse aus den Qualitäts- und Testzielen zunächst Testbedingungen abgeleitet, die im Testentwurf die Leitlinie für die Abletung der einzelnen Testfälle bilden.

Strategie zur Auswahl geeigneter Testverfahren

Die Prüfung der für das System geforderten Qualitätsmerkmale erfordert je nach Merkmal völlig unterschiedliche Vorgehensweisen und Testverfahren, die auf den verschiedenen Teststufen angewendet werden müssen. Testen ist im Kontext der ISO/IEC 25010 (s. [ISO 25010]) ein Vorgang, mit dem der Grad der Erfüllung der Qualitätsmerkmale durch Anwendung der definierten Messverfahren ermittelt werden soll (s. Unterkapitel 5.5 und Kapitel 8).

Die Teststrategie ordnet jedem zu testenden Leistungsmerkmal eine Spezifikation der anzuwendenden Verfahren zu, mit denen dieses Leistungsmerkmal angemessen geprüft wird, sowie das zur Akzeptanz des Merkmals nachzuweisende Einstufungsniveau.

Viele Testverfahren sind grundsätzlich skalierbar, d. h., durch höheren Aufwand kann eine höhere Überdeckung erreicht werden. Im Normalfall muss diese Skalierbarkeit bei der Verteilung der zur Verfügung stehenden Ressourcen auf die Testaktivitäten genutzt werden, da nicht alle möglichen Testaufgaben gleich intensiv bearbeitet werden können.

In einer reifen Testorganisation kann diese Aufgabe auf der Ebene der organisationsweiten Teststrategie erledigt werden – diese enthält dann Informationen über den allgemeinen Testansatz und ordnet hierfür die allgemeinen Qualitätsmerkmale und die im Unternehmen verfügbaren Testverfahren einander zu.

Zur Vermeidung von systematischen Schwächen einer methodisch aufgebauten Teststrategie sowie bei fehlenden Anforderungsdokumenten kann exploratives Testen (s. Abschnitt 3.6.6) als ergänzender Bestandteil der Teststrategie sinnvoll sein.

Wiederverwendbarkeit von Teststrategien

Die Ausarbeitung einer passenden Teststrategie ist ein aufwendiger und komplexer Vorgang, der – wie erwähnt – den iterativen Abgleich von Testzielen, Aufwand und Organisationsstrukturen erfordert. Umso wichtiger ist es, dass eine so gewonnene Strategie gut dokumentiert und – von projektspezifischen Anteilen befreit – zur Wiederverwendung in das → Testhandbuch der Organisation(seinheit) aufgenommen wird. Kandidaten für eine solche Wiederverwendungsstrategie sind zumindest:

- die Definition von Testverfahren und deren Zuordnung zu Qualitätsmerkmalen sowie
- das Verfahren zur Ableitung der Testtiefe und Testreihenfolge auf Basis von Risikofaktoren.

Beispiele für Testverfahren

Folgende zwei Beispiele illustrieren diese Zuordnung von Merkmalen, Verfahren und Einstufungsniveaus:

»Richtigkeit«

Das funktionale Qualitätsmerkmal »Richtigkeit« (functional correctness) ist definiert als »der Grad, zu dem das System korrekte Ergebnisse mit der benötigten Präzision liefert« [ISO 25010].

Geeignetes Testverfahren ist auf der Ebene des Systemtests der anwendungsfallbasierte Test (s. [Spillner 24], dort Abschnitt 5.1.6) unter ergänzender Anwendung von Äquivalenzklassenanalyse und → Grenzwertanalyse (s. [Spillner 24], Abschnitte 5.1.1 und 5.1.2).

Eine geeignete Metrik zur Bestimmung des Einstufungsniveaus ist beispielsweise die Abweichung zwischen berechnetem und erwartetem Wert eines Ausgabeparameters.

Denkbare Einstufungsniveaus für die Akzeptanz:

- 0 .. 0.0001: akzeptabel
- > 0.0001: nicht akzeptabel

»Benutzbarkeit«

Das nicht-funktionale Qualitätsmerkmal »Benutzbarkeit« (*usability*) ist definiert als »das Ausmaß, in dem ein Produkt von spezifizierten Benutzern in einem spezifizierten Gebrauchskontext verwendet werden kann, um spezifizierte Ziele effektiv, effizient und zufriedenstellend zu erreichen« [ISO 25010].

Ein geeignetes Testverfahren hierfür ist ein Usability-Test, bei dem die Hauptanwendungsfälle des Systems durchgespielt werden.

Eine geeignete Metrik ist die Messung des mittleren Zeitaufwands für jeden dieser Hauptanwendungsfälle für unterschiedliche Klassen von Benutzern (z. B. Neuanwender, Profis).

Die Einstufungsniveaus sind dann sinnvollerweise spezifisch für jeden → Anwendungsfall festzulegen; beispielsweise könnte für einen eher administrativen Anwendungsfall zum Anlegen neuer Stammdaten Folgendes angegeben werden:

- < 1 Minute: hervorragend geeignet
- 1–2 Minuten: akzeptabel
- 2–3 Minuten: bedingt akzeptabel
- > 3 Minuten: nicht akzeptabel

Testressourcen

Verfügbare Tools, Infrastruktur und Personal prägen den Testumfang:

- **Testteam:** Zusammensetzung nach Skills (Domain-Know-how bei DiaFlow, Safety-Expertise bei AutoSafe)

- **Werkzeuge:** Lizenzrestriktionen (TestMaster: 20 parallele Websessions), spezialisierte Systeme (MATLAB/Simulink bei AutoSafe)
- **Infrastruktur:** HIL- bzw. GMP-Umgebungen (AutoSafe, DiaFlow, [URL: GMP]) vs. Cloud-Testumgebungen (TestMaster)

Eine realistische Planung (s. Abschnitt 1.2.5, Ressourcenmanagement) verhindert Engpässe im → Testablauf.

Softwarelebenszyklusmodell (SDLC)

Je nach Entwicklungsmodell sind unterschiedliche Teststufen und -zyklen erforderlich:

- **Agile CI/CD (TestMaster):** Kontinuierliche Integration erfordert automatisierte Smoke- und Regressionstests in jeder Pipeline (s. Unterkapitel 6.2).
- **V-Modell XT (DiaFlow, AutoSafe):** Formale Eingangs- und Endekriterien, Meilenstein-Reviews und getrennte Integrations- sowie Systemtests (s. Unterkapitel 4.1).

Die Wahl des Modells beeinflusst Testplanung, Testdurchführung und Reporting (s. Kapitel 2).

Schnittstellen zu anderen (Teil-)Projekten und Systemen

In verteilten Architekturen ist die Koordination mit anderen Teams essenziell. Hierzu sind entsprechende Kommunikationswege einzurichten, z. B. über gemeinsam benutzte Anforderungs-, Fehler- oder Testmanagementsysteme. Aber auch die Kenntnis der Schnittstellen zwischen (Teil-) Systemen ist u. a. für den Systemintegrationstest wichtig (s. Tab. 5.2).

Tab. 5.2
Produktschnittstellen

Projekt	Schnittstellen
TestMaster	REST-APIs und Payment-Gateways
DiaFlow	HL7-Schnittstellen zu Analysegeräten
AutoSafe	CAN-Bus und Sensor-ECU-Kommunikation

Die Abstimmung von System- und End-to-End-Tests sichert die Qualitätsziele systemübergreifend (s. Kapitel 12).

Verfügbarkeit von Testdaten

Testdaten sind oft knapp oder restriktiv. Folgende Möglichkeiten sind gegeben:

- Anonymisierte Produktionsdaten (TestMaster & DiaFlow)

- Synthetische Last- und Fehlerdaten (TestMaster)
- Reale oder simulierte Fahrdatensätze und Wetterszenarien (AutoSafe)

Der Einsatz von Werkzeugen zur Testdatengenerierung (s. Unterkapitel 7.2) kann hier Engpässe entschärfen und die Wiederverwendbarkeit erhöhen.

5.3 Auswahl eines Testansatzes

Der Testansatz beschreibt die Art und Weise, wie Testaufgaben umgesetzt werden, insbesondere die Auswahl und Kombination von Teststufen, Testarten und Testverfahren (z. B. statisch/dynamisch, manuell/automatisiert). Der Testansatz ist eine konkrete Umsetzungsebene innerhalb der Teststrategie. Der vom Testmanagement gewählte Testansatz beeinflusst die Effektivität und Effizienz der Tests und trägt wesentlich zur Erreichung der Ziele der Teststrategie bei.

Der bislang in Kapitel 4 behandelte risikobasierte Testansatz gehört zum grundlegenden Instrumentarium des Testmanagements. Je nach Projektkontext und Produktvorgaben müssen ergänzend oder sogar alternativ weitere Ansätze zur Auswahl des Testverfahrens sowie zur Priorisierung und Aufwandszuteilung der Tests herangezogen werden.

5.3.1 Testansätze nach ISTQB®

Das Testmanagement steht bei der Auswahl und Kombination von Testansätzen vor einer fast unüberschaubaren Vielfalt von Möglichkeiten, denn theoretisch können alle Testarten auf jeder Teststufe zum Einsatz kommen und jedes Testverfahren kann in allen Testarten und auf allen Teststufen angewendet werden. In der Praxis haben die richtige Auswahl und Kombination dieser Möglichkeiten einen erheblichen Einfluss auf die Effektivität und Effizienz des Testens.

So kann z. B. die Wartbarkeit des Programmcodes oft sehr effektiv und effizient durch statische Tests wie statische Analysen oder Codereviews beurteilt werden. Andererseits kann die Performanz aufgrund der Interaktion interner Komponenten besser durch automatisierte Systemtests bewertet werden. Zudem kann die Zweckmäßigkeit der Funktionalität besser durch gemeinsam mit den Benutzern entwickelte manuelle Abnahmetests überprüft werden.

Die Wahl eines adäquaten Testansatzes für eine Teststrategie kann ein komplexer Prozess sein, der durch die organisationsweite Teststrategie, den Projektkontext und weitere Aspekte beeinflusst werden kann.

Das Glossar des ISTQB® definiert die in Tabelle 5.3 aufgeführten Testansätze (s. [URL: ISTQB-Glossar]). Einige dieser Ansätze sind eher durch die Technik des Testobjekts motiviert, z. B. API-Test oder A/B-Test. Andere zielen eher auf das verwendete SDLC-Modell ab, wie z. B. der auf Zusammenarbeit basierende Testansatz, Shift-Right oder → Shift-Left. Die Definition der Testansätze gibt damit in der Regel Hinweise auf Projekt- und Produktkontexte, in denen diese anwendbar sind.

Auch hier Testquadranten

Eine weitere sehr nützliche Hilfe bei der Auswahl und Kombination von Testansätzen bieten das in Unterkapitel 3.5.8 bereits zur Auswahl von Testarten verwendete Konzept der Testquadranten. Zur Auswahl und Kombination der Ansätze (s. nächster Abschnitt) sind bei den in Tabelle 5.3 aufgeführten Testansätzen aus dem ISTQB®-Glossar der Testbegriffe (s. [URL: ISTQB-Glossar]) auch die passendsten Testquadranten (s. Abschnitt 3.6.1) angegeben.

Tab. 5.3 *Testansätze im ISTQB®-Glossar*

Testansatz	Definition und Testquadrant(en)
→ Auf Zusammenarbeit basierender Testansatz	▪ Ein Testansatz, der durch Zusammenarbeit zwischen Stakeholdern auf Vermeidung von Fehlerzuständen fokussiert. ▪ Q2 und Q3 (geschäftlich, Unterstützung des Teams und Hinterfragen des Produkts)
A/B-Test	▪ Ein Testansatz, bei dem zwei Komponenten oder Systeme statistisch bewertet werden, um zu bestimmen, welche von ihnen bezüglich spezifizierter Kriterien besser abschneidet. ▪ Q2 und Q3 (geschäftlich, Unterstützung des Teams und Hinterfragen des Produkts)
API-Test	▪ Ein Testansatz, der durch das Übermitteln von Anfragen an ein Testobjekt über dessen Programmierschnittstelle ausgeführt wird. ▪ Q1 und Q2 (technologisch und geschäftlich, Unterstützung des Teams)
Back-to-Back-Test	▪ Ein Testansatz, bei dem ein Pseudo-Orakel genutzt wird. ▪ Q1 und Q2 (technologisch und geschäftlich, Unterstützung des Teams)
Dynamischer Anwendungssicherheitstest	▪ Ein Testansatz, bei dem Angriffe simuliert und die Reaktionen analysiert werden, um die Sicherheitslücken einer Komponente oder eines Systems zu ermitteln. ▪ Q4 (technisch, Hinterfragen des Produkts)
Eigenschaftsbasierter Test	▪ Ein Testansatz, bei dem die Testergebnisse anhand festgelegter Relationen zwischen Eingaben und erwarteten Ergebnissen eines Testfalls verifiziert werden. ▪ Q1 und Q2 (technologisch und geschäftlich, Unterstützung des Teams)
Erfahrungsbasierter Test	▪ Ein Testansatz, der auf der Erfahrung, dem Wissen und der Intuition des Testers basiert. ▪ Alle
Erschöpfender Test	▪ Ein Testansatz, bei dem die Testsuite alle Kombinationen von Eingabewerten und Vorbedingungen umfasst. ▪ Q1 und Q2 (technologisch und geschäftlich, Unterstützung des Teams)
Explorativer Test	▪ Ein Testansatz, bei dem die Tester auf der Grundlage ihres Wissens, der Erkundung des Testobjekts und der Ergebnisse früherer Tests dynamisch Tests entwerfen und durchführen. ▪ Alle

→

Testansatz	Definition und Testquadrant(en)
Fehlerjagd	▪ Ein Testansatz, bei dem das spielerische Element (Gamification) und Belohnungen für gefundene Fehlerzustände als Motivation genutzt werden. ▪ Alle
Geskripteter Test	▪ Ein Testansatz, der die Erstellung und Verwendung eines Testskripts beinhaltet. ▪ Q1 und Q2 (technologisch und geschäftlich, Unterstützung des Teams)
GUI-Test	▪ Ein Testansatz, der durch Interaktion mit einem Testobjekt über die grafische Benutzungsschnittstelle ausgeführt wird. ▪ Q2 und Q3 (geschäftlich, Unterstützung des Teams und Hinterfragen des Produkts)
Interaktiver Anwendungs-sicherheitstest (IAST)	▪ Ein Testansatz, der den ausgeführten Code analysiert und durch die Kombination von dynamischen und statischen Anwendungssicherheitstests auf Sicherheits-lücken hinweist. ▪ Q1 und Q4 (technisch, Unterstützung des Teams und Hinterfragen des Produkts)
Kontinuierlicher Test	▪ Ein Testansatz, der das Testen früh, häufig und während des gesamten Softwareentwicklungslebenszyklus einbindet und automatisiert, um eine Rückmeldung zu den Geschäftsrisiken eines Software-Releasekandidaten so schnell wie möglich zu erhalten. ▪ Alle
Massentest (Crowd-Test)	▪ Ein Testansatz, bei dem das Testen auf eine große Gruppe von Testern verteilt wird. ▪ Q2 und Q3 (geschäftlich, Unterstützung des Teams und Hinterfragen des Produkts)
Reaktiver Test	▪ Ein Testansatz, der dynamisch auf das Verhalten eines Testobjekts und bereits erhaltene Testergebnisse reagiert. ▪ Alle
Risikobasierter Test	▪ Ein Testansatz, bei dem sich das Management, die Auswahl, Priorisierung und Anwendung von Testaktivitäten und -ressourcen an entsprechenden Risikotypen und Risikostufen orientieren. ▪ Alle
Shift-Left	▪ Ein Testansatz zur Ausübung von Test- und Qualitätssicherungsaktivitäten so früh wie möglich im Softwareentwicklungslebenszyklus. ▪ Alle
Shift-Right	▪ Ein Testansatz, bei dem ein System kontinuierlich im Produktivbetrieb getestet wird. ▪ Q2 und Q3, teils auch Q4 (geschäftlich, Unterstützung des Teams und Hinterfragen des Produkts, teils technologisch)
→ Sitzungsbasierter Test	▪ Ein Testansatz, bei dem die Testaktivitäten als Testsitzungen geplant werden. ▪ Q1 und Q2 (technologisch und geschäftlich, Unterstützung des Teams)
Test in Paaren	▪ Ein Testansatz, bei dem zwei Teammitglieder gleichzeitig beim Testen eines Arbeitsprodukts zusammenarbeiten. ▪ Q1 und Q2 (technologisch und geschäftlich, Unterstützung des Teams)

5.3.2 Kombination von Testansätzen

Der richtige Mix von Testansätzen

In der Praxis werden je nach Organisations- und Projektkontext unterschiedliche Testansätze auf verschiedenen Teststufen angewendet und ggf. kombiniert (s. Unterkapitel 3.5). Der Testansatz wird stark von den Projektanforderungen, Risiken, verfügbaren Ressourcen und der Teststrategie auf organisationsweiter Ebene beeinflusst. Je nach den verfügbaren Informationen über die Testobjekte, den jeweiligen Testzielen und den nutzbaren Methoden und Ressourcen erweisen sich manche Ansätze als effektiver und/oder effizienter als andere.

Methodentabellen beachten

Für einige, insbesondere regulierte Domänen stellen Normen sogenannte → Methodentabellen zur Verfügung. Dies sind Tabellen mit verschiedenen Testansätzen, Testtechniken und Testarten, die z. B. in Abhängigkeit von bestimmten Sicherheitsmerkmalen wie dem Automotive Safety Integrity Level (ASIL) und vom Kontext des Testobjekts erforderlich sind.

Testquadranten abdecken

Wie oben erwähnt sind bei den in Tabelle 5.3 aufgeführten Testansätzen die Testquadranten angegeben, deren Testziele die Ansätze normalerweise unterstützen können. In der Auswahl ist dann eine ausreichende Abdeckung der Testquadranten gemäß ihrer Relevanz im Projektkontext anzustreben.

5.3.3 Integration der Teststrategie in das Projektmanagement

Die Teststrategie ist eng mit dem Projektmanagement zu verzahnen. Folgende Informationen aus dem übergreifenden Projektplan sind bei der Entwicklung der Teststrategie zu berücksichtigen:

- **Ressourcen-, Termin- und Budgetplanung:** Die Testaktivitäten müssen im Gesamtprojektplan berücksichtigt werden. Abhängigkeiten der Testaktivitäten von anderen Projektteilen müssen identifiziert und der Umgang damit beschrieben werden.
- **Kommunikation:** Ein regelmäßiger Austausch mit Stakeholdern und Projektbeteiligten sollte etabliert werden, um sicherzustellen, dass die Teststrategie auf sich möglicherweise während der Laufzeit ändernde Projektziele abgestimmt bleibt.
- **Überwachung und Anpassung:** Die Teststrategie muss kontinuierlich überprüft und bei Änderungen im Projektumfeld angepasst werden. Änderungen müssen rechtzeitig an Stakeholder und Projektbeteiligte kommuniziert werden.

Dokumentation der Teststrategie

Die Teststrategie wird im → **Testkonzept** (*test plan*) dokumentiert, um Transparenz und Nachvollziehbarkeit sicherzustellen (s. Kapitel 13). Wichtige Inhalte sind:

- Testziele und -kriterien
- Auswahl und Begründung der Testansätze
- Geplante Testaktivitäten und Ressourcen
- Festgelegte Werkzeuge und Prozesse
- Endekriterien und geplante Überwachungsmaßnahmen

5.3.4 Definition der Testumgebung

Testplattform = Basis-SW und -HW und sonstige Voraussetzungen

Um dynamische Tests auf Testobjekten ausführen zu können, wird eine Umgebung benötigt, die Hardware, Instrumentierung, → Simulatoren, Softwarewerkzeuge und andere unterstützende Hilfsmittel umfasst. Das Testkonzept muss darlegen,

- welche Anforderungen an die Testplattform, z. B. in Form von Hardware, Betriebssystem und sonstiger Basissoftware, bestehen,
- in welchem Umfang entsprechende Ressourcen bereitzustellen oder zu beschaffen sind und
- welche sonstigen Voraussetzungen, z. B. Referenzdatenbanken oder Konfigurationsdaten, für den Test erforderlich sind.

Testschnittstellen und Werkzeuge

Darüber hinaus müssen auch die folgenden Themen behandelt werden:

- Welches sind die »Points of Control« und die »Points of Observation«, d. h., über welche Schnittstellen wird das Testobjekt bei der Testdurchführung stimuliert bzw. seine Reaktionen überprüft?
- Welche sonstige Soft- und Hardware ist dafür erforderlich? Hierzu gehören beispielsweise Monitoring- und Protokollumgebungen, Simulatoren, Debugger, Signalgeneratoren sowie ggf. eine Testumgebung, die der künftigen → Produktionsumgebung möglichst weitgehend entspricht (für Last- und Performanztests). Auch ein Usability-Labor für Bedienbarkeitstests mag notwendig sein. Zeitbedarf und Kosten für Anschaffung, Einführung und Betrieb dieser Hard- und Software und die ggf. notwendige Ausbildung des Personals müssen in die Aktivitätenplanung und in die Aufwandsabschätzung (s. Kapitel 9) einfließen. Die Einführung oder ggf. Eigenentwicklung von Werkzeugen muss wegen des potenziell hohen Aufwands strategisch verfolgt werden (s. Kapitel 7).

- Welche Ansätze zur Testautomatisierung sind in dieser Umgebung möglich und sollen ggf. genutzt werden? Für datengetriebene Tests ist beispielsweise der Zugriff auf die Testdatenbank wichtig, für schlüsselwortgetriebene Tests die Verwaltung der Schlüsselwort-Bibliotheken.
- Sind zur Beschaffung der notwendigen Testdaten besondere Maßnahmen erforderlich? Für Tests mit produktionsnahen Daten spielen beispielsweise Datenschutzaspekte eine wichtige Rolle. In solchen Fällen ist ggf. eine werkzeuggestützte Anonymisierung der Echtdaten oder die Generierung künstlicher Datenbestände einzuplanen.

Die Antworten auf diese Fragen können für das gleiche Testobjekt je nach Teststufe unterschiedlich ausfallen. So wird die Software eines eingebetteten Systems während des Komponententests evtl. in einer Hostentwicklungsumgebung unter Zuhilfenahme einer typischen Komponententestumgebung getestet, wie z. B. eines der auf JUnit [URL: JUnit] aufbauenden xUnit-Testframeworks [URL: xUnit] oder eines der für bestimmte Kontexte spezialisierten Testframeworks wie z. B. Tessy [URL: Tessy] für eingebettete Systeme. Dagegen wird im Systemtest aber auf der Ziel-Hardware in einem speziell konfigurierten Testrahmen integriert unter Verwendung typischer Umgebungen für den Test eingebetteter Systeme wie z. B. Simulatoren oder Prüfstände.

Die Definition der Testumgebungen wird dabei zum einen beeinflusst durch das technisch Machbare, zum anderen aber auch durch die Testaufgaben und die daraus resultierenden Testverfahren und zu guter Letzt auch durch die zur Verfügung stehende und budgetierbare Hard- und Software sowie die darüber vorhandenen Kenntnisse der Testteammitglieder.

Ressourcenmanagement für die Bestandteile der Testumgebung

Eine Ressourcenverwaltung (*asset management*) – sei es über einen einfachen Belegungsplan in Form einer Tabellenkalkulation, eine Ressourcennutzungsdatenbank oder die Abbildung in einem Projektmanagementwerkzeug – ist bei komplexen Testumgebungen angeraten. Teil des Risikomanagements (s. Abschnitt 4.4.3) müssen dann auch Strategien zur Behandlung fehlender Ressourcen sein. Gerade die produktionsnahe Testumgebung für nicht-funktionale Tests ist ggf. sehr teuer und daher zeitlich nur begrenzt verfügbar. Eventuell steht sogar keine eigene Testumgebung zur Verfügung, sodass der Zugriff auf die Produktionsumgebung eingeplant werden muss. Auch die Werkzeuge für den Lasttest sind ein hoher Kostenfaktor, da die sogenannten → virtuellen Benutzer, die zur Lastgenerierung benötigt werden, von den Werkzeugherstellern meistens nach Anzahl der parallelen simulierten Benutzer und der Dauer der Nutzung lizenziert werden.

Das Management der Testumgebung sowie der Testmittel erfordert neben der Ressourcenkoordination auch die Einbindung ins testseitige Versions- und Konfigurationsmanagement. Nur zu oft ist die Lauffähigkeit der Testumgebungen von einer exakten Kombination bestimmter Versionen von Betriebssystem, Testautomatisierungswerkzeug, Analysewerkzeug und dem Stand des Testobjekts abhängig. In einigen Branchen wie Medizintechnik, Automobil-, Luftfahrt- und Raumfahrtindustrie oder auch Bahntechnik erfordern strenge Nachweispflichten die Aufbewahrung aller Testumgebungsbestandteile sowie der Testmittel für zehn oder mehr Jahre. Auch dies ist im Testkonzept zu berücksichtigen.

Testmittel ins Konfigurationsmanagement!

Ein effizientes Management von Testplattformen ist ein leicht umzusetzender Faktor zum Effizienzgewinn. Durch projektübergreifende Bereitstellung von schnell einzuspielenden »Containern« für Testumgebungen mit oft benötigten Kombinationen aus Betriebssystem, Testsoftware und anderen Plattformbestandteilen (z. B. Office-Paket) und den Einsatz einer entsprechenden Lösung zur Erstellung, Bereitstellung und Verwaltung von Containern wie z. B. Docker [URL: Docker] lassen sich die Rüstzeiten für Testläufe signifikant reduzieren und leicht in die Werkzeugkette einbinden. Für eine weiter gehende Isolation der Testumgebung lassen sich mit Virtualisierungslösungen wie VMware [URL: Virtualization] auch ganze Maschinen-Images auf virtuelle Hardware abbilden und somit weitgehend unabhängig von der kurzlebigen Hardwareentwicklung machen. Beide Technologien können außerdem eingesetzt werden, um Snapshots des Rechnerzustands vor Beginn längerer Testläufe anzufertigen und so Wiederaufsetzpunkte zu erzeugen, auf die bei Scheitern des Testlaufs zurückgefallen werden kann.

Die Testumgebung ist Teil der gesamten Testinfrastruktur, die alle Ressourcen umfasst, die für die Durchführung des Tests benötigt werden. Hierzu gehören z. B. Testwerkzeuge, Büroräume, Drucker und Kopiergeräte, Kommunikationseinrichtungen, Datenbanken und alles, was sonst zur Durchführung der Testfälle notwendig ist, ebenso wie bestimmte regulatorisch geforderte Verfahren wie brandgesicherte Archive oder sichere Zugriffsberechtigungen. Auch diese sind bei der Testplanung zu berücksichtigen. Oft erfolgt dies im Rahmen des Managements der gesamten IT-Infrastruktur, wobei Standards wie ITIL oder ISO 20000 hilfreiche Referenzen darstellen (s. [URL: ITIL], [ISO 20000]).

Frühzeitig an Testinfrastruktur denken

5.3.5 Sicherstellen der Rückverfolgbarkeit

Insbesondere zur Überwachung und Steuerung des Tests stehen Testmanager immer wieder vor Fragen wie »Welcher Stakeholder hat wann eine bestimmte Anforderung formuliert?«, »Welche Anforderungen und welche Produktrisiken sind durch eine bestimmte Testbedingung berücksichtigt?« oder »Welche Testfälle beziehen sich auf eine bestimmte Anforderung?«.

Frage: Welche Information wird wo berücksichtigt?

Zurückführen lassen sich solche Fragen oft auf die generelle Fragestellung: »Wie hängt eine bestimmte Information bzw. ein bestimmtes Dokument (oder »Artefakt«) mit anderen Dokumenten zusammen?« Hierzu müssen die Zusammenhänge aller Entwicklungsartefakte bekannt sein, also ihre jeweiligen Ursprünge und weiteren Verwendungen.

Antwort: Rückverfolgbarkeit sicherstellen

Das Identifizieren aufeinander aufbauender bzw. (inhaltlich) zusammenhängender Artefakte wird als → Rückverfolgbarkeit (*traceability*, auch: Verfolgbarkeit, Nachvollziehbarkeit) bezeichnet (vgl. [IEEE 610.12], [URL: SEVOCAB]). Hierfür ist festzuhalten, welche Anforderungen wann von wem formuliert, mittels welcher fachlichen und technischen Entwurfsdokumente spezifiziert, durch welche Programmteile realisiert und aufgrund welcher Testbedingungen mit welchen Testfällen getestet wurden. Erst mit diesen Informationen können z. B. entsprechende Überdeckungen für Endekriterien vorgegeben und ermittelt werden.

Verfolgbarkeit wird bezüglich der zeitlichen und inhaltlichen Abhängigkeit in die horizontale und die vertikale Verfolgbarkeit unterschieden (vgl. [DeMarco 03], [DeMarco 16]).

Horizontale Verfolgbarkeit

Die horizontale Verfolgbarkeit setzt einerseits Elemente der gleichen Entwicklungstätigkeit in einen (zeitlichen) Bezug. In diesem Zusammenhang wird auch von Versionen eines Artefakts gesprochen. Andererseits beschreibt die horizontale Verfolgbarkeit, wie bestimmte Teile von Artefakten innerhalb ein- und derselben Entwicklungstätigkeit durch andere verfeinert bzw. präzisiert werden.

Vertikale Verfolgbarkeit = Rückverfolgbarkeit

Die vertikale Verfolgbarkeit betrachtet die Relationen zwischen Elementen verschiedener Entwicklungstätigkeiten und gibt Antwort auf die Frage, wie ein bestimmtes Element (z. B. eine Klasse im Code) aus einem anderen (z. B. einer Entwurfsklasse) hervorgegangen ist oder mit welchen Testfällen es geprüft wurde. Während die horizontale Verfolgbarkeit Gegenstand des Konfigurations- und Versionsmanagements ist, steht die vertikale Verfolgbarkeit im Zentrum obiger Fragen des Testmanagements. Rückverfolgbarkeit meint also in der Regel die vertikale Verfolgbarkeit.

Richtungen der Rückverfolgbarkeit

Relativ zu den Anforderungen lassen sich mit der obigen Definition die in Abbildung 5.1 gezeigten vier Richtungen der (vertikalen) Verfolgbarkeit ableiten. Bei den ersten beiden Richtungen wird auch von Vor-Verfolgbarkeit (*pre-traceability*) gesprochen, bei den letzten beiden dementsprechend von Nach-Verfolgbarkeit (*post-traceability*).

Erfolgt die Dokumentation und Verwaltung der Anforderungen über einfache Werkzeuge z. B. zur Textverarbeitung oder Tabellenkalkulation, muss die Verfolgbarkeit manuell über entsprechende Hyperlinks realisiert werden, was in großen Projekten schnell zu Konsistenzproblemen führt. Spezielle Werkzeuge zum Anforderungsmanagement und zum Testmanagement bieten in der Regel komfortablere Möglichkeiten zur Verlinkung von Anforderungen mit Spezifikationen und weiteren Artefakten, über die die Rückverfolgbarkeit realisiert wird.

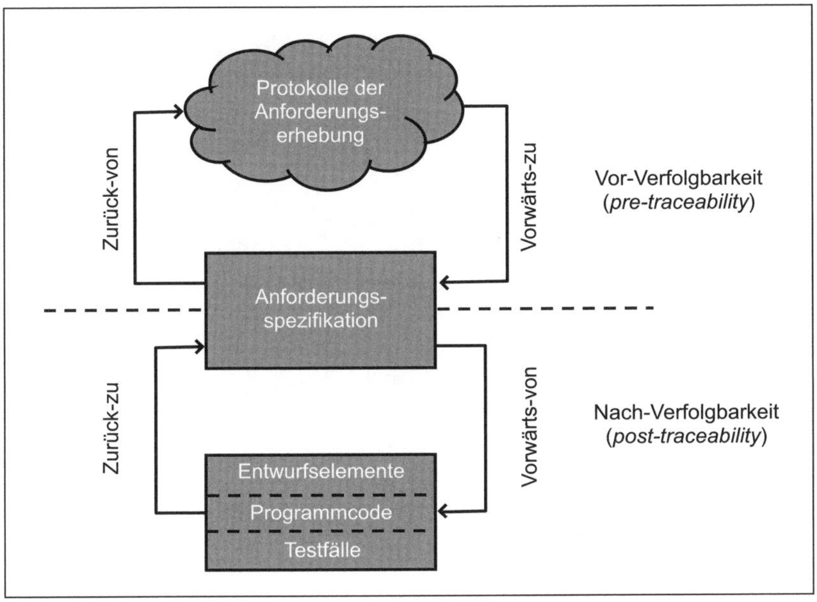

Abb. 5.1
Richtungen der Rückverfolgbarkeit

Technisch kann die Rückverfolgbarkeit prinzipiell auf drei unterschiedliche Arten realisiert werden:

Schlüsselbasierte Rückverfolgbarkeit

- durch eine Rückverfolgbarkeitsmatrix,
- durch entsprechende Schlüssel in einer Datenbank bzw. einem Wiki[1]-basierten Dokumentationssystem oder
- in einem Werkzeug zum Testmanagement oder zum Anforderungsmanagement.

Matrixbasierte Rückverfolgbarkeit

Die einfachste, aber nur für eher kleinere Projekte zu empfehlende Möglichkeit bietet eine z. B. im Tabellenkalkulationsprogramm zu pflegende Matrix, in der für jede Anforderung eine Zeile angelegt wird. In den Spalten werden sowohl die Vorgängerdokumente als auch die darauf aufbauenden Artefakte aus Entwicklung und Test aufgeführt.

1. Ein Wiki ([URL: Wiki], auch WikiWeb) ist ein Hypertextsystem, dessen Inhalte über Schlüsselworte automatisch verlinkt werden.

Beispiel: Matrixbasierte Rückverfolgbarkeit in AutoSafe

Abbildung 5.2 zeigt einen Ausschnitt aus der Rückverfolgbarkeitsmatrix im AutoSafe-Projekt. Vor den Referenzen auf abhängige Dokumente ist in der Spalte »Status« der Bearbeitungszustand der jeweiligen Anforderung aufgeführt.

Anf.-ID	Beschreibung	Status	Quell-dokument	Review-protokolle	Entwurfs-komponenten	Code-einheiten	Testziele	Testbe-dingungen	Testfälle	Test-protokolle
HMI.01.010	AEB-System aktivieren	Komp.getestet	ANFWS001	RA250218 RA250315 RC250322 RA250403	K01	C01_001 C01_002	TZ01_001	TB01_001 TB01_002	TF01_001 TF01_002 TF01_003	TP250503
HMI.01.020	AEB-System deaktivieren	Komp.getestet	ANFWS001	RA250218 RA250315 RA250403	K01	C01_002	TZ01_001	TB01_001 TB01_003	TF01_001 TF01_002	TP250503
HMI.01.030	Status der AEB-Funktion anzeigen	Komp.getestet	ANFWS001	RA250218 RA250315 RA250403	K01	C01_001	TZ01_001	TB01_001 TB01_002 TB01_005	TF01_001 TF01_004	TP250503
HMI.01.040	Fahrerbewusstsein überwachen	Integrat.test	ANFWS001 ANFWS002	RA250218 RA250315 RA250403	K02	C01_004	TZ02_001	TB01_001 TB01_004	TF01_005 TF01_006	TP250504
HMI.01.050	Akustische und visuelle Warnung bei Auslösung oder Störung	Implementierung	ANFWS001	RA250218 RA250315	K02	C02_001 C02_002	TZ02_002			
HMI.01.060	Bremslicht beim Bremsen aktivieren	Implementierung	ANFWS001	RA250218 RA250315	K02	C02_002	TZ02_003			
AEB.01.010	Objekte erkennen, insbesondere Position und Geschwindigkeit des vorausfahrenden Fahrzeugs	Implementierung	ANFWS002	RA250218 RA250315	K03	C02_001	TZ02_002			
AEB.01.020	Fahrzeuggeschwindigkeit/-beschleunigung und Bremspedalstellung bestimmen	Implementierung	ANFWS002	RA250218 RA250315	K03	C02_004	TZ02_003			
AEB.01.030	Äußere Fahrbahnumgebung erkennen	Spezifiziert	ANFWS002	RA250219	K04		TZ02_004			
AEB.01.040	Fahrbahntyp bestimmen (z. B. Autobahn oder Stadt, z. B. über GPS-Signal)	Spezifiziert	ANFWS002	RA250219	K04		TZ02_004			

Abb. 5.2 *Matrix zur Rückverfolgbarkeit*

In größeren Projekten empfiehlt es sich, die Informationen zur Rückverfolgbarkeit in einer speziellen Datenbank zu pflegen, sodass bessere Abfragemöglichkeiten realisiert werden können. Die Rückverfolgbarkeit wird dann durch Fremdschlüssel auf Datenbankeinträge der abhängigen Artefakte ermöglicht. In Wiki-basierten Dokumentationssystemen kann die Rückverfolgbarkeit über eindeutige Bezeichner der Artefakte realisiert werden, die dann jeweils als Metadaten (tag) den abhängigen Artefakten hinzugefügt werden.

Werkzeuggestützte Rückverfolgbarkeit

Letztendlich unterstützen auch Werkzeuge zum Testmanagement (s. Kapitel 7) sowie zum Anforderungsmanagement die Rückverfolgbarkeit. Neben dem automatischen Erzeugen von eindeutigen Bezeichnern werden auch die Zuordnung abhängiger Artefakte sowie Konsistenz- und Vollständigkeitsprüfungen der Abhängigkeiten unterstützt. Darüber hinaus bieten die meisten Werkzeuge auch entsprechende Metriken und Vorlagen zur Erstellung von Berichten zum Status der Artefakte sowie der Rückverfolgbarkeit selbst an.

5.3.6 Testanalyse bis Testdurchführung

Testanalyse

Im Rahmen der Testplanung haben sich Anforderungen bzw. zu verfolgende Ziele für den Test ergeben. Dabei wurde festgelegt, welche Einheit zu prüfen ist, welche Funktion oder Transaktion getestet werden soll und welche Qualitätsmerkmale nachzuweisen sind. Bei der Testanalyse und dem darauffolgenden Testentwurf wird dieses Wissen nun weiterverwendet, um zu klären, welche Aspekte bzw. Kriterien zu prüfen sind. Der Begriff Testbedingung (*test condition*) umfasst alle oben genannten Gesichtspunkte. Es sind

- Testbedingungen zu identifizieren, also zu klären, was wie intensiv getestet werden soll, und
- zu entscheiden, in welchem Detaillierungsgrad bzw. welcher Granularität die Testbedingungen zu spezifizieren sind.

Dabei ist die vorgenommene Prioritätsfestlegung (z. B. anhand der Produktrisiken) sowohl bei der Testanalyse und dem Testentwurf als auch bei der Realisierung und Durchführung der Tests zu berücksichtigen.

Identifikation der Testbedingungen

Was ist wie zu testen?

Zur Bestimmung der Testbedingungen dienen die Testziele, die Testbasis und die Produktrisiken. Es ist festzulegen, was in welcher Intensität mit welchen Testverfahren getestet werden soll. Hierzu zählen z. B. Funktionen, Transaktionen, → Features, Qualitätsmerkmale oder aber strukturelle Eigenschaften von Komponenten oder Systemen, sofern sie durch Testfälle überprüft werden können. Grundlage der Überlegungen ist der Testansatz (s. Abschnitte 5.3.1 und 5.3.2).

Die Testbedingungen können nach unterschiedlichen Vorgehensweisen bestimmt werden. Die Testbasis kann hinsichtlich der Produktrisiken analysiert werden, hinsichtlich der betroffenen funktionalen und nicht-funktionalen Anforderungen sowie hinsichtlich des effektiven Einsatzes von Testverfahren.

Je nach Teststufe werden Testbedingungen eher anforderungsbasiert oder entwurfsbasiert identifiziert. So zielen z. B. typische Testbedingungen für den Komponententest auf die Operationen und Operationsparameter der Komponentenschnittstellen, während im Systemtest auf Ereignisse, Regeln und Daten der zu unterstützenden Geschäftsprozesse fokussiert wird. Unabhängig von der Teststufe sollen Risikobetrachtungen immer mit einbezogen werden.

Umfang und Detaillierungsgrad der Testbedingungen

Um Umfang und Detaillierungsgrad bzw. Granularität der Testbedingungen festzulegen, werden sowohl funktionale als auch nicht-funktionale Eigenschaften des Testobjekts, Detaillierungsgrad und Qualität der Testbasis ebenso wie vorhandene Gegebenheiten im Umfeld des Tests herangezogen.

Beispiele für Einflussfaktoren

Hierzu einige Beispiele:

- **Detaillierungsgrad der Testbasis** (z. B. der Anforderungsdefinition)
  Werden nur sehr allgemeine, abstrakte Anforderungen gestellt, so können daraus auch nur sehr allgemeine Testbedingungen und dann Testfälle abgeleitet werden.
  Wird z. B. in den Anforderungen zum TestMaster-System lediglich beschrieben, dass ein Eingabedialog zu einer Testsuite (mit Testfällen) anzuzeigen ist, so ist im Test nachzuweisen, dass der Eingabedialog vom Programm korrekt aufgebaut wird. Legen die Anforderungen jedoch konkret fest, dass bei Eingabe eines bereits vorhandenen Testsuite-Namens diese mit einer entsprechenden Fehlermeldung abzuweisen ist, dann kann aus einer solchen Beschreibung relativ direkt eine ganz konkrete Testbedingung (doppelte Testsuite-Bezeichner abweisen) und ein entsprechender Testfall abgeleitet werden.
- **Erkannte Risiken**
  Ist ein Risiko als hoch eingestuft, so ist es ratsam, Testbedingungen mit einem hohen Detaillierungsgrad zu definieren und festzulegen.
- **Beziehungsgeflecht zwischen Testbasis, Testobjekten und Testverfahren**
  Je tiefer die Teststufe, desto feingranularer sind die stufentypischen Testobjekte. Auch sind die einzusetzenden Testverfahren oft stufenabhängig, wobei auf unteren Teststufen teilweise auch White-Box-Tests zum Einsatz kommen. Entsprechend feingranularer sind die Testbedingungen zu spezifizieren.
- **Managementanforderungen**
  Der Detaillierungsgrad der Berichte für das Management und die Notwendigkeit der Rückverfolgbarkeit der Testfälle zu den Anforderungen sind ebenfalls bei der Festlegung der Struktur und des Umfangs der Testbedingungen zu berücksichtigen.
- **Im Projekt verwendeter Softwarelebenszyklus**
  Während bei wasserfallartigen Entwicklungsprozessen in der Regel eher feingranulare Testbedingungen zu spezifizieren sind, ist der Detaillierungsgrad der Testbedingungen in agilen Entwicklungsprozessen unterschiedlich, von eher grobgranular auf der Systemebene bis hin zu feingranular auf Ebene der Implementierung bzw. Codierung.

- **Reifegrad des Testprozesses und des Unternehmens**
  Je höher der Reifegrad eines Unternehmens ist, umso höher sind auch die Anforderungen an den Test, was oft einen höheren Detaillierungsgrad der Testbedingungen erforderlich macht.
- **Erfahrung und Fachwissen der Stakeholder**
  Je mehr Erfahrung und Fachwissen bei den Projektbeteiligten vorhanden ist (s. Unterkapitel 3.2), desto eher kann auf detaillierte Testbedingungen verzichtet werden. Sind insbesondere die Testanalysten mit dem Testobjekt und seiner Fachlichkeit bzw. Technologie sehr vertraut, kann der Testentwurf auch bei grobgranularen Testbedingungen zu effektiven Testfällen führen.
- **Verwendetes Testmanagementwerkzeug**
  Oftmals geben Werkzeuge zum Testmanagement die Struktur der Testbedingungen vor. Idealerweise ist diese konfigurierbar, um den Detaillierungsgrad der Testbedingungen adäquat zu den obigen Merkmalen wählen zu können.
- **Verzicht auf Testfälle**
  In einigen Fällen kann es sinnvoll sein, nur die Testbedingungen festzulegen und auf die Definition von Testfällen zu verzichten. Bei der Ausführung des Testobjekts sind dann die Einhaltung der Testbedingungen zu prüfen. Im TestMaster-System kann es z. B. sinnvoll sein, für den Aufbau des Eingabefeldes für die Testfall-ID keinen speziellen Testfall vorzusehen, da dieser beim Test der Testfall-ID-Eingabe problemlos »mitgeprüft« werden kann.

Testentwurf

Schrittweises Vorgehen

Ausgehend von den identifizierten Testbedingungen werden die Testfälle entworfen. Dies erfolgt in einer schrittweisen Ausarbeitung und Verfeinerung unter Anwendung der Testverfahren, die in der Teststrategie (Testhandbuch) festgelegt wurden. Besonders ist darauf zu achten, dass die Testfälle reproduzierbar, nachprüfbar und zu den Anforderungen rückverfolgbar sind.

Zusammensetzung eines Testfalls

Zu jedem Testfall gehören

- Festlegung der Ausgangssituation (→ Vorbedingungen), die sich auf das Testobjekt oder auf die Testumgebung beziehen kann, und deren Bereitstellung bzw. Herbeiführung,
- Vorgabe bzw. Spezifikation der Testdaten,
- erwartete Ausgaben (Sollergebnis) bzw. Sollverhalten sowie
- Nachbedingungen, die nach der Ausführung des Testfalls gelten, und
- Testorakel.

Um die erwarteten Ergebnisse und das Sollverhalten zu bestimmen, werden ein oder mehrere Testorakel »befragt«, die die jeweiligen Sollergebnisse vorhersagen. Als Testorakel sind meist Artefakte der Testbasis, wie z. B. die entsprechende Anforderung, die Spezifikation des Testobjekts oder – bei Migrationsprojekten – das Altsystem heranzuziehen. Aus ihnen lassen sich die erwarteten Ergebnisse zu den jeweiligen Testfällen herleiten.

Eingangskriterien der Testbasis festlegen

Wenn eine eindeutige und klar definierte Testbasis vorliegt, ist es einfach, daraus Testfälle abzuleiten – zumindest theoretisch. In aller Regel sind aber die Aussagen in den Dokumenten, die als Testbasis heranzuziehen sind, vage formuliert, manchmal widersprüchlich, enthalten Lücken an wichtigen Stellen, oder die Dokumente sind gar nicht oder nur in veralteten Versionen vorhanden. In solchen Fällen ist der Tester auf seine Erfahrung und sein Wissen in dem betreffenden Fachgebiet angewiesen. Oft ist es aber erforderlich, das Wissen im Fachgebiet sich von den Fachkollegen vermitteln zu lassen.

Selbst bei guter Qualität der Testbasis gestaltet sich die Erstellung der Testfälle und besonders der Sollergebnisse als schwierig. Oft haben komplexe Wechselwirkungen einen Einfluss auf das Sollergebnis und das Testobjektverhalten, die nur schwer kalkulierbar und vorhersagbar sind. Das Testorakel ist deshalb von wesentlicher Bedeutung.

Verzicht birgt Gefahren.

Wird auf die Vorhersage und Verifizierung der Sollergebnisse verzichtet, hat der ganze Test nur einen sehr begrenzten Wert und Nutzen. Ein solches Vorgehen führt zu ungenügenden Abweichungsberichten und schafft falsches Vertrauen in das Testobjekt bzw. das getestete System.

Für alle Teststufen

Der Entwurf der Testfälle ist für alle Teststufen durchzuführen, allerdings mit unterschiedlichen Testbasen. Formale Abnahmetests werden in erster Linie auf Basis der Spezifikation der Benutzeranforderungen, der Anwendungsfälle und der definierten Geschäftsprozesse beruhen, während die Testfälle auf Komponentenebene auf einer detaillierten Komponentenspezifikation basieren.

Dokumentation der Testfälle

Dokumentation nach ISO 29119-3

Die Erstellung der Testbedingungen und Testfälle ist zu dokumentieren. Ein sinnvollerweise anzuwendender Standard für die Dokumentation ist die ISO-Norm [ISO 29119-3]. In der Praxis wird Umfang, Detaillierungsgrad und Qualität der Dokumentation sehr unterschiedlich sein. Dies wird beispielsweise beeinflusst durch

- die erkannten Projektrisiken (was muss dokumentiert werden, was nicht),

- den »Mehrwert«, den die Dokumentation für das Projekt besitzt,
- die Standards, deren Einhaltung vorgeschrieben ist,
- das verwendete Softwareentwicklungsmodell (agile Ansätze beispielsweise minimieren den Dokumentationsaufwand und gleichen dies durch enge und häufige Teamkommunikation aus) sowie
- die Forderung der Verfolgbarkeit von Testbasis, Testanalyse und Entwurf bis zum einzelnen Testfall (und zurück).

Qualitätsmerkmale

Je nach Testumfang können Testanalyse und Testentwurf auch Qualitätsmerkmale des Testobjekts berücksichtigen und prüfen. Das oben skizzierte Qualitätsmodell der Norm [ISO 25010] definiert solche Qualitätsmerkmale und ist daher auch im Testentwurf eine nützliche Referenz. Da dieser Standard für Softwaresysteme ausgelegt ist, sind ggf. zusätzliche Qualitätseigenschaften beim Testen von Hardware-/Softwaresystemen (embedded systems) zu berücksichtigen.

Reviews durchführen

Der Prozess der Testanalyse und des Testentwurfs kann durch die Ergänzung von Reviews und statischer Analyse bedeutend verbessert werden. Zum Beispiel ist die Durchführung der Testanalyse und des Testentwurfs unter Nutzung der Anforderungsdokumente als Testbasis eine ausgezeichnete Vorbereitung, um an einer Reviewsitzung über die Anforderungsdokumente teilzunehmen. Gleiches gilt aber auch umgekehrt: Eine Reviewteilnahme ist ein guter Einstieg, um das Anforderungsdokument danach als Testbasis zu nutzen.

Auch die Qualität der während der Testanalyse und des Testentwurfs entstandenen Ergebnisse (Testfälle, Risikobewertung usw.) ist durch Reviews oder – soweit möglich – statische Analysen zu sichern, damit beispielsweise fehlerhafte Testfälle vor deren Ausführung korrigiert werden.

Testinfrastruktur rechtzeitig bereitstellen

Die benötigte Testinfrastruktur, in der die Testobjekte mit den spezifizierten Testfällen ablaufen können, ist parallel zu den Aktivitäten der Testanalyse und des Testentwurfs aufzubauen. Dadurch wird verhindert, dass es zu Beginn der Durchführung der Testfälle zu Verzögerungen kommt. Die Testinfrastruktur soll zu diesem Zeitpunkt so weit wie möglich aufgebaut, integriert und geprüft sein. In der Praxis wird die endgültige Infrastruktur oft erst kurz vor dem Beginn der Testdurchführung vollständig vorliegen.

Testrealisierung

In diesem Schritt des Testprozesses sind die Testfälle zu konkretisieren, zu Testsuiten zusammenzustellen und diese dann ggf. zu automatisieren. Spätestens zur Testdurchführung sind Testinfrastruktur und Testrahmen erforderlich, deren Realisierung – falls noch nicht erfolgt – abzuschließen ist.

Testszenarien und Testsuiten

In den meisten Fällen wird eine große Zahl von Testfällen vorliegen. Es bedarf daher einer Organisation der Testfälle, wenn diese zur Ausführung gebracht werden sollen. Die einzelnen Testfälle werden zweckmäßigerweise zu Testsuiten bzw. zu Testszenarien gruppiert, um die Testfälle effizient in einer sinnvollen Abfolge hintereinander durchführen zu können und eine übersichtlichere Struktur zu erhalten. Die Aneinanderreihung der Testfälle ist Voraussetzung für den automatischen Ablauf der Testfälle (Erstellung von Testskripts).

Testausführungsplan

Vor Beginn der Ausführung der Testfälle sind die Testdaten und die Testumgebung zu konkretisieren und festzulegen. Alle Testszenarien und -sequenzen mit ihrem jeweiligen Kontext und ihren geplanten zeitlichen Abfolgen zusammen mit den Testdaten werden im → Testausführungsplan dokumentiert. Da bereits die einzelnen Testfälle priorisiert worden sind, ist klar, dass dies auch für die Testszenarien gilt. Anzustreben ist dabei die effiziente Erreichung der in der Teststrategie bzw. im Testhandbuch festgelegten Testziele.

Festlegung der Reihenfolge

Die Festlegung der Reihenfolge der Testfälle ist sehr sorgfältig vorzunehmen, dies gilt besonders bei einer automatischen Durchführung. Einzuhaltende Beschränkungen wie z. B. Vorbedingungen sind zu berücksichtigen, da sie eine bestimmte Reihenfolge zwingend vorgeben. So kann z. B. ein Auslesen eines Datensatzes aus einer Datenbank nur dann erfolgen, wenn die Datenbank zugänglich, geöffnet und der Datensatz auch vorhanden ist. Testfälle, die diese Vorbedingungen prüfen bzw. schaffen, sind somit vorab auszuführen.

Fortsetzung des Ablaufs im Fehlerfall

Eine weitere Schwierigkeit besteht bei der Festlegung der Reihenfolge der Testfälle darin, wie im Testskript mit Fehlerwirkungen umgegangen werden soll. Stellt ein Testfall nicht das erwartete Ergebnis und somit die Vorbedingung für den folgenden Testfall her, lässt sich beispielsweise der Datensatz nicht lesen, dann darf nicht der gesamte Testablauf scheitern. Im Skript muss für diese Fälle ein »Aufsetzpunkt« definiert werden, der es gestattet, den automatischen Testablauf weiter fortzusetzen.

Eingangskriterien prüfen

Bevor mit der Testdurchführung begonnen werden kann, sind explizit oder implizit gegebene Eingangskriterien zu prüfen oder es ist sicherzustellen, dass diese Eingangskriterien durch die Ausführung vorheriger Testfälle erfüllt sind. Eingangskriterien für Testszenarien können beispielsweise spezifische Vorbelegungen der Inhalte einer Datenbank sein, wenn das Testszenario die korrekte Änderung eines Datenbankeintrags testet.

Korrektheit der Testumgebung

Beim Testprozess für die Teststufen Komponententest und Integrationstest sind neben den Testszenarien auch spezielle Testumgebungen und Testrahmen notwendig, um die Testobjekte ausführen zu können. Die benötigte Testumgebung muss vollständig bereitgestellt werden und deren Korrektheit geprüft sein. Durch die Prüfung sollen bei der

Testdurchführung auftretende Fehlerwirkungen weitgehend vermieden werden, deren Ursache in einer fehlerhaften Testumgebung liegen.

Darüber hinaus soll die Testumgebung vorhandene Fehlerwirkungen des Testobjekts anzeigen bzw. »durchreichen« und nicht verändern oder überlagern. Die Testumgebung muss »normal« operieren, wenn keine Ausfälle oder Fehlerwirkungen im Testobjekt vorkommen.

Auf den höheren Teststufen muss die Testumgebung die spätere Produktions- oder Anwenderumgebung angemessen abbilden, um einen realistischen Test durchführen zu können.

Verantwortlichkeiten festlegen

Das Testmanagement muss verantwortliche Personen für die Aufgaben zur Realisierung und Pflege der Testumgebung benennen. Testumgebungen sind nicht nur vor der Testdurchführung zu realisieren, sondern unterliegen auch der Wartung, da sie beispielsweise bei späteren Regressionstests erneut eingesetzt werden.

Abläufe müssen klar sein.

Weiterhin ist sicherzustellen, dass die gesamten Testmittel und die benötigten Werkzeuge zur Testunterstützung einsatzbereit zur Verfügung stehen. Die Vorgehensweisen und Regeln zum Einsatz der Werkzeuge müssen klar definiert und allen Beteiligten bekannt sein. Dies schließt das Konfigurationsmanagement, das Fehlermanagement, die Testprotokollierung und das Testmanagement mit ein.

Für die Berichterstattung müssen die Verfahren den Beteiligten klar sein, mit denen während der Testdurchführung die Daten für die Testendekriterien gesammelt werden sollen. Dies gilt ebenso für die Vorgehensweisen zur Aufbereitung der Testergebnisse für die Berichterstattung.

Standards können vorgeschrieben sein.

Das Testmanagement ist nicht immer frei in der Gestaltung und dem Detaillierungsgrad der Testszenarien, der Auswahl von Testverfahren, der Berichterstattung usw. In manchen Fällen gelten gesetzliche Bestimmungen, deren Einhaltung und Umsetzung nachzuweisen ist. Die Norm [DO-178C] für den Luftfahrtbereich ist hierfür ein Beispiel.

Datenbank für die Testdaten

Wie bereits erwähnt, sind meist sehr viele Testfälle spezifiziert und damit auch sehr viele Testdaten zu verwalten. Während der Realisierungsphase obliegt es dem Tester, die Daten in einer Datenbank oder einem Repository abzulegen. Auch für die Testskripte ist ein solches Vorgehen sinnvoll.

Sind Lasttests für den Systemtest geplant, müssen Testdatengeneratoren spätestens in der Testrealisierung bereitgestellt werden, um im nächsten Schritt bei der Testdurchführung eingesetzt werden zu können und eine entsprechende Last für das Testobjekt zu erzeugen.

Flexibilität sinnvoll

In der Praxis ist es für das Testmanagement sinnvoll, flexibel auf bestimmte Sachverhalte zu reagieren. Zum Beispiel kann sich durch das Verhalten der Testobjekte während der Testdurchführung der Bedarf an weiteren sinnvollen Testfällen ergeben, die nicht vorab geplant waren.

Explorativer Test

Entsprechende Tests ohne vorherige detaillierte Festlegung von Testszenarien müssen aber nicht ziellos sein oder ad hoc erfolgen. Um die aufzuwendende Zeit für das Testen abschätzen und eingrenzen zu können, nutzt z. B. der explorative Test (s. Abschnitt 3.6.6) das »Time Boxing«-Prinzip. Es wird für eine bestimmte Testaufgabe oder Testbedingung eine festgelegte Zeit zur Verfügung gestellt. In dieser Zeit entwickeln die Tester iterativ neue Testfälle und führen diese sogleich aus. Die Ergebnisse der Testfälle werden genutzt, um weitere Testfälle zu entwickeln und auszuführen. Das Testobjekt wird »erforscht«, daher auch der Begriff »explorativer« Test.

Erfahrungsbasierter Test

Neben dem explorativen Test sind weitere erfahrungsbasierte Vorgehensweisen erfolgreich einsetzbar, so z. B. error guessing oder die Ansätze aus dem Buch »How to Brake Software« (s. [Whittaker 02]). Testanalyse, Testentwurf und Testrealisierung sind dabei keine klar abgrenzbaren und aufeinanderfolgenden Phasen, sondern eng mit der Testdurchführung verwoben, was auf Erfahrung, Wissen und Intuition beruht. Die Testergebnisse jedes einzelnen Tests beeinflussen die Analyse, den Entwurf und die Realisierung der nachfolgenden Tests.

Agile Teststrategien

Diese Teststrategien können als »agil« bezeichnet werden und sind häufig effektiv beim Auffinden von Fehlerwirkungen. Sie sind als zusätzliche Testaktivitäten anzusehen und können nicht das systematische Testen durch Testexperten ersetzen. Nachteile bei diesen agilen Vorgehensweisen sind, dass die zu veranschlagende Zeitdauer für die Tests schlecht abschätzbar ist, dass sie keine Informationen über die erreichte Überdeckung liefern und dass die Testfälle gar nicht oder nur schwer wiederholbar sind, es sei denn durch Einsatz eines spezifischen Testwerkzeugs für die Regressionstests (z. B. durch automatische Aufzeichnung der manuell durchgeführten Testfälle).

Testdurchführung

Vorbereitende Aktivitäten abgeschlossen

Mit Freigabe des Testobjekts durch die Entwickler kann mit der Testdurchführung begonnen werden. Sinnvollerweise sind alle vorbereitenden Testtätigkeiten bereits durchgeführt, um keine unnötigen Verzögerungen in Kauf zu nehmen. Vor der Testdurchführung müssen eventuelle Eingangskriterien geprüft und erfüllt sein. Die einzelnen Testläufe sind durchzuführen und umfassend zu protokollieren.

Auf neue Erkenntnisse flexibel reagieren

Wie oben erwähnt gibt es Verfahren, die ausnutzen, dass bei der Durchführung von Testfällen Ideen für weitere Testfälle entstehen. Auch bei den Verfahren, bei denen die Testfälle vor deren Durchführung zu spezifizieren sind, kommt es durchaus vor, dass während der Testdurchführung sich neue Erkenntnisse ergeben, die zu weiteren Testszenarien und vielleicht sogar zum Einsatz von zusätzlichen Testverfahren führen. Diese zusätzlichen Tests unterliegen aber den gleichen Dokumentationsanforderungen wie die Testfälle, die in der Testanalyse und dem Testentwurf entwickelt wurden. Gerade für diese neuen Testfälle ist die Reproduzierbarkeit besonders wichtig, damit die zusätzlichen Erkenntnisse nicht wieder verloren gehen.

Bei automatisiert durchgeführten Tests kommt es meist nicht zu neuen zusätzlichen Testfällen, da die Testfälle »am Stück« durch Abarbeitung der Testskripte ausgeführt werden. Eine anschließende Bewertung einzelner Testfälle findet in der Regel nur dann statt, wenn im Verlauf der Testdurchführung eine Abweichung des tatsächlichen Verhaltens vom erwarteten Verhalten festgestellt wurde.

Vergleich der erwarteten und tatsächlichen Ausgaben

Hauptaufgabe der Testdurchführung ist somit das Vergleichen der tatsächlichen mit den erwarteten Ausgaben der Testobjekte bzw. dem erwarteten Programmverhalten. Der Vergleich muss sehr sorgsam durchgeführt werden, da sonst die vorbereitenden Testaufgaben nicht den gewünschten Erfolg erzielen können. Wenn vorhandene Fehlerwirkungen nicht erkannt werden (»falsch negatives Ergebnis«, *false-negative result*) oder wenn korrektes Verhalten bzw. korrekte Ausgabedaten fälschlicherweise als inkorrekt gedeutet werden (»falsch positives Ergebnis«, *false-positive result*), wird sich der Aufwand für das Testen nicht auszahlen. Im einen Fall werden fehlerhafte Programmteile an die nächste Teststufe weitergereicht oder fehlerhafte Systeme an die Kunden ausgeliefert, im anderen Fall wird viel Zeit in das Analysieren und Korrigieren von Fehlerzuständen bzw. Defekten investiert, was zu keinem Ergebnis führen kann, da gar keine (tatsächliche) Fehlerwirkung vorlag.

Sorgfältige Prüfung unabdingbar

Es muss also sehr sorgfältig geprüft werden, ob bei einer Abweichung zwischen erwartetem und tatsächlichem Testergebnis faktisch eine Fehlerwirkung vorliegt oder ob die Testspezifikation fehlerhaft ist. Das Fehlermanagement legt fest, welche Daten zusätzlich beim Auffinden von Fehlerwirkungen zu dokumentieren sind (s. Kapitel 10).

Zuerst Testspezifikation prüfen

Um sicherzugehen, dass tatsächlich eine Abweichung bzw. Fehlerwirkung bei der Testdurchführung aufgedeckt wurde, ist daher zunächst die Testspezifikation einer genauen Bewertung zu unterziehen, um Fehler in dieser ausschließen zu können.

Testspezifikationen können aus unterschiedlichen Gründen inkorrekt sein:

- Es können die Testdaten (Ein- oder Ausgaben) falsch gewählt worden sein.
- Es kann Mängel und Ungenauigkeiten in der Testdokumentation geben.
- Es kann der Test falsch durchgeführt worden sein (z. B. falsche Reihenfolge oder falsche Eingangskriterien) bzw. die Testspezifikation falsch in ein Testskript übertragen worden sein.

Liegt der Fehler in der Testspezifikation, muss diese (ggf. auch weitere abhängige Dokumente) korrigiert und die Testdurchführung wiederholt werden.

Testspezifikation aktuell halten

Nach Änderungen an der Testbasis und/oder dem Testobjekt selbst kommt es durchaus vor, dass vergessen wird, Testspezifikationen entsprechend anzupassen. Tester müssen sich deshalb immer auch der Tatsache bewusst sein, dass die beobachteten Testergebnisse auf einer inkorrekten Testspezifikation bzw. einem fehlerhaften Testfall beruhen können.

Protokollierung

Die Durchführung der Tests ist exakt und vollständig zu protokollieren. Die Protokollierung dient der chronologischen Aufzeichnung aller relevanten Details in Zusammenhang mit der Testdurchführung. Anhand der Testprotokolle muss die Testdurchführung nachvollziehbar sein und der Nachweis erbracht werden, dass die geplante Teststrategie tatsächlich umgesetzt wurde. Welche Teile wann, von wem, wie intensiv und mit welchem Ergebnis getestet wurden, sind weitere Bestandteile des Protokolls.

Fehlt die Protokollierung, müssen Tests wiederholt werden, damit die erzielten Ergebnisse nachgewiesen werden. Dies führt zu unnötigen und vermeidbaren Verzögerungen.

Pro Testfall

Die Protokollierung der Testergebnisse bezieht sich auf den einzelnen Test und die Ergebnisse. Jeder Test ist eindeutig zu identifizieren und sein Status (geplant, ausgeführt, erfolgreich, ...) zu aktualisieren. Jedes Ereignis und jede Änderung, die Auswirkungen auf die Testdurchführung haben, sind ins Protokoll aufzunehmen. Das Testprotokoll muss ausreichend Informationen festhalten, um einerseits daraus die Überdeckung auszuwerten und andererseits Verzögerungen oder Unterbrechungen im Testbetrieb begründen zu können. Zusätzlich sind Informationen zu protokollieren, die für die Testprozesssteuerung, die Berichte zum Testfortschritt, die Messung der Endekriterien und zur Testprozessverbesserung von Nutzen sind.

Versionsangabe

Da sich Testobjekt, Testmittel und Testumgebungen weiterentwickeln, sind bei der Protokollierung jeweils die getesteten Versionen zu vermerken.

Je nach Teststufe und Teststrategie ist die Protokollierung unterschiedlich. Während beim automatisierten Komponententest die eingesetzten Testrahmen in aller Regel die Protokolldaten selbstständig aufsammeln und aufbereiten, muss beim manuellen Abnahmetest das Protokoll oft ebenfalls manuell angefertigt werden.

Standard ISO 29119-3

Auch bei der Protokollierung ist das Testmanagement oft an Vorschriften oder Prüfungsvorgaben gebunden. Informationen zur Aufbereitung und zum Inhalt von Testprotokollen sind beispielsweise zu finden in Teil 3 des Standards ISO/IEC/ IEEE 29119 [ISO 29119-3].

Die bei agilen Softwareentwicklungsmodellen (s. Abschnitte 3.4.8 und 3.4.9) übliche enge Kooperation mit dem Kunden bzw. späteren Nutzer des Systems trifft auch für die Testdurchführung zu. Nimmt der Kunde an der Testdurchführung teil, kann dies dazu beitragen, dass das Vertrauen des Kunden in das zukünftige System gestärkt wird. Dies wird aber nur dann eintreten, wenn sich die Anzahl der beim Test aufgedeckten Fehlerwirkungen in vertretbarem Rahmen hält. Das Risiko, den Rahmen zu überschreiten, ist bei den unteren Teststufen sicherlich größer als bei den höheren Teststufen, z. B. beim Systemtest.

Einbindung des Kunden

5.4 Ableitung der Projektteststrategie

Die Projektteststrategie beinhaltet den oder die Testansätze, identifiziert die zu erreichenden Testziele und legt die Testende- und Akzeptanzkriterien fest. Zu den wichtigsten Entscheidungen gehören die Auswahl von Teststufen, Testarten und Testverfahren für statische und dynamische Tests sowie weiterer Testverfahren (z. B. Testskripte, manuelle Tests, vergleichende Tests). In der Projektteststrategie werden außerdem die benötigten Ressourcen geschätzt und deren Verteilung auf die Testaktivitäten sowie die Reihenfolge von deren Durchführung bestimmt.

Eine praxisorientierte Anleitung für die Entwicklung einer zielführenden Teststrategie wurde bereits in Unterkapitel 5.1 vorgestellt. In diesem Unterkapitel geht es darum, aus den bisher betrachteten Aspekten bei der Auswahl und Kombination von Testansätzen gemäß der organisationsweiten Teststrategie die Projektteststrategie zu konzipieren.

5.4.1 »Generische« Teststrategien analysieren

Ebenso wie bei den Testansätzen muss auch hier das Rad nicht immer wieder neu erfunden werden, denn anhand der in Tabelle 5.4 aufgeführten »generischen« Teststrategien aus dem Glossar des ISTQB® [URL: ISTQB-Glossar] kann oft anhand der Projekt- und Produktmerkmale eine geeignete Kombination getroffen werden.

Tab. 5.4
Teststrategien im ISTQB®-Glossar

Teststrategie	Definition
Analytische Teststrategie	Eine Teststrategie, bei der das Testteam die Testbasis analysiert, um zu überdeckende Testbedingungen zu identifizieren.
Beratungs-unterstützte Teststrategie	Eine Teststrategie, bei der das Testteam auf die Informationseingaben eines oder mehrerer Stakeholder vertraut, um die Details der Teststrategie zu bestimmen.
Methodische Teststrategie	Eine Teststrategie, bei der das Testteam einen festgelegten Satz an Testbedingungen nutzt, z. B. einen Qualitätsstandard, eine Prüfliste, oder einen Satz verallgemeinerter abstrakter Testbedingungen, die ggf. zu einer spezifischen Domäne, Applikation oder Testart gehören.

→

Teststrategie	Definition
Modellbasierte Teststrategie	Eine Teststrategie, bei der das Testteam Testmittel von Modellen ableitet (s. z. B. [Kramer 16], [Winter 16]).
Prozesskonforme Teststrategie	Eine Teststrategie, bei der das Testteam vorgegebenen Prozessen folgt, wobei die Prozesse Elemente adressieren wie Dokumentation, die angemessene Identifikation und Nutzung der Testbasis und der Testorakel und die Organisation des Testteams.
Reaktive Teststrategie	Eine Teststrategie, bei der das Testteam erst mit dem Erhalt der Software Testfälle entwirft und realisiert, wobei auf das getestete System reagiert wird.
Regressions-vermeidende Teststrategie	Eine Teststrategie, bei der das Testteam verschiedene Verfahren für das Management des Risikos von Regression verwendet, z. B. durch funktionale und/oder nicht-funktionale Regressionstestautomatisierung auf einer oder mehreren Teststufen.
Standardkonforme Teststrategie	Eine Teststrategie, bei der das Testteam einem Standard folgt. Die zu folgenden Standards können gültig sein z. B. für ein Land (rechtliche Standards) oder für Geschäftsbereiche (Bereichsstandards) oder intern (Organisationsstandards).

Beispielhaft werden im Folgenden das risikobasierte Testen, das modellbasierte Testen und das explorative Testen näher erläutert.

Risikobasiertes Testen (ausführlich behandelt in Kapitel 3) ist der primäre, für alle Projekte geeignete Testansatz – vom kleinen agilen Projekt bis hin zu Projekten, bei denen bestimmte Teile des Systems kritische Risiken bergen wie z. B. bei finanziellen Systemen oder in stark regulierten Branchen (z. B. Automotive, Bahntechnik, Medizin, Luftfahrt). Insbesondere wenn Ressourcen (Zeit, Personal, Budget) knapp sind, hilft risikobasiertes Testen dabei, die Testaktivitäten auf die wichtigsten und risikoreichsten Bereiche zu konzentrieren. In Situationen, in denen die Anforderungen nicht vollständig definiert oder instabil sind, ermöglicht risikobasiertes Testen eine Priorisierung der Tests auf Grundlage der Risiken, die durch die unklaren Anforderungen entstehen.

Die Vorteile des risikobasierten Testens sind:

- Fokussierung auf die kritischsten Bereiche des Systems
- Effiziente Nutzung der verfügbaren Ressourcen
- Frühzeitige Identifizierung und Minderung von Risiken

Modellbasiertes Testen (s. [Kramer 16], [Winter 16]) eignet sich hervorragend für Systeme, die komplexe Geschäftslogiken, Zustandsmaschinen oder Workflows abbilden, wie z. B. Steuerungssoftware, Telekommunikationssysteme oder Business-Process-Management-Systeme. Dieser Ansatz ist besonders nützlich, wenn die Möglichkeit besteht, Tests aus generierten Modellen zu automatisieren, was bei umfangreichen Regressionstestsuiten in agilen oder iterativen Entwicklungsmodellen hilfreich ist. In Projekten, in denen Tests regelmäßig wiederholt werden (z. B. bei häufigen Releases), können modellbasierte Tests schnell angepasst und wiederverwendet werden.

Die Vorteile des modellbasierten Testens sind:

- Erleichterung der Testautomatisierung
- Hohe Überdeckung durch systematische Generierung von Testfällen
- Unterstützung bei der Validierung komplexer und dynamischer Systeme

Exploratives Testen (s. [Whittaker 02], [Hendrickson 14]) ist besonders geeignet für Systeme oder Bereiche, die noch nicht vollständig verstanden sind oder für die es keine oder nur unvollständige Spezifikationen gibt. In agilen Projekten, wo sich Anforderungen schnell ändern, ermöglicht exploratives Testen eine schnelle Anpassung und Entdeckung von Problemen, die in formalen Tests möglicherweise übersehen werden. Wenn schnell Ergebnisse benötigt werden, bietet exploratives Testen eine Möglichkeit, mit wenig formaler Vorbereitung wichtige Einblicke in den Systemzustand zu gewinnen.

Die Vorteile des explorativen Testens sind:

- Flexibilität und schnelle Anpassung an Veränderungen
- Fördert kreatives und kritisches Denken bei der Testausführung.
- Besonders nützlich für die Entdeckung unerwarteter Probleme oder Edge Cases.

5.4.2 Projektteststrategie definieren

Auf Basis dieser Analyse wählt das Testmanagement eine Kombination aus Teststufen, Testarten und Testverfahren, die:

1. die organisationsweite Teststrategie erfüllt,
2. den Projektzielen und Risiken gerecht wird,
3. Ressourcen optimal nutzt und nahtlos in das SDLC-Modell integriert ist.

Beispiel: Projektteststrategie für TestMaster

Im Projekt TestMaster hat das Team die folgende Projektteststrategie erarbeitet:

- Eine Mischung aus automatisierten und manuellen Tests. Unit-, API- und UI-Tests sowie automatisierte Last- und Security Tests werden in passenden Werkzeugen automatisiert, explorative Tests erfolgen manuell durch spezialisierte Tester.
- Testplanung: Testfälle für neue Features werden in jedem Sprint erstellt, je nach Testart als ausführlich kommentiertes Testskript (automatisierte Tests) oder als Test-Charta (explorative Tests).

- Testumfang: Definiert durch die priorisierten Product Backlog Items und deren Akzeptanzkriterien.
- Defect Management: Fehler werden in JIRA erfasst und in täglichen Stand-up-Meetings besprochen.
- Testumgebungen: Bereitgestellt über Docker-Container und Kubernetes.
- Testwerkzeuge: Selenium, Jenkins, WireMock

Typische testbezogene DoD-Elemente sind:

- Durchführung manueller und automatisierter Tests
- Dokumentation der Testergebnisse
- Abnahme durch den Product Owner
- Sicherstellung der verlangten Überdeckung im Regressionstest

---

Beispiel: Projektteststrategie für DiaFlow

Im Projekt DiaFlow hat der Testmanager mit dem Team die folgende Projektteststrategie definiert:

- Teststrategie: Die Hardwaretests erfolgen nach Normen der Medizintechnik (z. B. ISO 13485 [DIN 13485]), während die Software agilen Teststrategien folgt, einschließlich UnitTests, Integrationstests und Usability-Tests.
- Testplanung: Für die Hardware wird ein detailliertes Testkonzept zu Beginn des Projekts erstellt. Die Softwaretests werden pro Sprint geplant. Dokumente umfassen Testpläne, Protokolle und Berichte.
- Testumfang: Der Umfang wird anhand der regulatorischen Anforderungen definiert. Für die Software sind Funktions- und Usability-Tests besonders wichtig.
- Defect Management: JIRA für die Erfassung von Softwarefehlern und ein separates Tool für Hardwarefehler (MedQMS).
- Testumgebungen: Separate Testumgebungen für Hardware (Laboreinrichtungen) und Software (virtuelle Maschinen mit simulierten Dialyseprozessen).
- Testwerkzeuge: Für die Softwaretests wird Selenium verwendet, für die Hardwaretests spezielle Medizingeräte-Prüfsysteme.
- Für Hardware/Software-Integrationstests findet LabVIEW Anwendung.

Beispiel: Projektteststrategie für AutoSafe

Im Projekt AutoSafe hat der Testmanager mit der Safety-Managerin anhand der regulativen Vorgaben die folgende Projektteststrategie abgeleitet:

- Teststrategie: Die Tests basieren auf den Anforderungen der funktionalen Sicherheit nach ISO 26262-6. Es werden Unit Tests und Softwareintegrationstests nach ISO 26262-6 sowie Integrationstests und Systemtests nach ISO 26262-4 durchgeführt, mit einem besonderen Fokus auf Safety- und Failure-Mode-Tests (s. [ISO 26262]).
- Testplanung: Ein detailliertes Testkonzept wird zu Beginn des Projekts erstellt, das Testaktivitäten für jede Phase des Wasserfallmodells vorsieht. Dokumente umfassen Testprotokolle, Fehlerberichte und Sicherheitsnachweise.

- Testumfang: Umfasst alle sicherheitskritischen Funktionen des Steuergeräts, einschließlich Fehlermodi und redundanter Sicherheitssysteme.
- Defect Management: Fehler werden in einem speziellen System für sicherheitskritische Software (Polarion) dokumentiert und nachverfolgt.

Testumgebungen:

- Realistische Fahrzeugsimulationen in einer SIL-Umgebung
- Virtuelle Steuergeräte (V-ECUs): Die zu testende Steuerungssoftware wird als virtuelle ECU auf einem Standard-PC oder in der Cloud ausgeführt. Dies erlaubt umfassende Integrationstests ohne physische Hardware und unterstützt parallele Testläufe.
- Vector CANoe mit SIL-Adapter: CANoe von Vector Informatik bietet mit dem integrierten SIL-Adapter die Möglichkeit, Embedded-Software-Komponenten oder komplette Subsysteme zu virtualisieren. Dies ermöglicht die Simulation von Kommunikationsschnittstellen wie dem CAN-Bus und unterstützt die Entwicklung und das Testen von Steuergerätesoftware in einer virtuellen Umgebung.
- Testautomatisierung mit ecu.test: Das Tool ecu.test von tracetronic ermöglicht die Spezifikation, Implementierung, Ausführung und Auswertung von Testfällen. Es unterstützt verschiedene Teststufen, einschließlich SIL, und bietet Schnittstellen zu zahlreichen Testwerkzeugen und -umgebungen. Die grafische Erstellung von Testfällen erleichtert die Automatisierung und Wiederverwendbarkeit von Tests.
- Simulation von Kommunikationsschnittstellen: Die SIL-Umgebung soll die Simulation von Kommunikationsschnittstellen wie dem CAN-Bus ermöglichen. Dies kann durch die Integration von Tools wie CANoe erfolgen, die die Simulation und Analyse von Kommunikationsprotokollen unterstützen.
- Integration von Anforderungen und Rückverfolgbarkeit: Für die Einhaltung der [ISO 26262] ist die Rückverfolgbarkeit von Anforderungen zu Tests und Testergebnissen entscheidend. Die Testumgebung soll daher Tools integrieren, die diese Rückverfolgbarkeit gewährleisten, und die Dokumentation unterstützen sowie Hardware-in-the-Loop-(HIL-)Tests für sicherheitsrelevante Funktionen.
- Testwerkzeuge: VectorCAST für Unit Tests, dSPACE HIL-Simulatoren für Integrationstests

5.5 Definition von Testzielen

5.5.1 Testziele und Endekriterien

Testziele steuern die Durchführung der Testaktivitäten.

Ein **Testziel** beschreibt den Zweck des Testens, also was mit den Tests erreicht werden soll. Es handelt sich um spezifische Ziele, die sicherstellen, dass das getestete System die erforderlichen Qualitätsstandards erfüllt. Testziele können beispielsweise darin bestehen, sicherzustellen, dass alle kritischen Funktionen korrekt arbeiten oder dass die Software den Sicherheitsanforderungen entspricht.

Die Projekttestziele sollten alle angestrebten Aspekte von Qualität und Quantität abdecken, sofern diese messbar oder bewertbar sind. Beispiele für Projekttestziele sind:

- Erreichen der festgelegten Akzeptanzkriterien innerhalb des definierten Zeitrahmens.
- Erfüllung der Qualitätsziele der Organisation (z. B. gemessen als Key Performance Indicator für die Anzahl der Reklamationen von Kunden für ein Produkt).
- Einhaltung von Regeln und Vorschriften der jeweiligen Branche.

Mit Endekriterien das Testende definieren

Endekriterien legen fest, unter welchen Bedingungen der Testprozess bzw. eine Aktivität des Testprozesses als abgeschlossen betrachtet werden kann. Sie definieren die spezifischen Bedingungen oder Ziele, die erfüllt sein müssen, bevor eine Aktivität, eine Teststufe oder das gesamte Testprojekt beendet werden kann. Diese Kriterien basieren auf den Testzielen und können Metriken wie den Erfüllungsgrad bestimmter Qualitätsmerkmale, die Anzahl der gefundenen und behobenen Fehler oder das Erreichen einer bestimmten Überdeckung umfassen.

5.5.2 Qualitätsziele

Identifikation der Qualitätsziele

Projektziele bei der Entwicklung eines Systems umfassen Ziele, die auf das Testprojekt Auswirkungen haben. Hierzu gehören u. a. der geplante Freigabetermin, das Gesamt- und das dem Test zugewiesene Teilbudget sowie die Art und Umsetzung der einzelnen Qualitätsmerkmale des Systems. Weitere Beispiele sind:

- Erreichen der festgelegten Akzeptanzkriterien innerhalb des definierten Zeitrahmens.
- Erfüllung der Qualitätsziele der Organisation (z. B. gemessen als Key Performance Indicator für die Anzahl der Reklamationen von Kunden für ein Produkt).
- Einhaltung von Regeln und Vorschriften der jeweiligen Branche.
- Sicherstellung der Verfügbarkeit von Daten nur für autorisierte Benutzer (z. B. durch Zugriffsrechte).
- Überprüfung der funktionalen Vollständigkeit, funktionalen Korrektheit, Leistung, Effizienz, Portabilität und Sicherheit von Datenmigrationen.
- Erhöhung des Automatisierungsgrades bei Tests (z. B. für Regressionstests oder Leistungstests um einen definierten Prozentsatz).

- Erfolgreiches → Refactoring des Codes und Nachweis, dass keine neuen Fehler eingeführt wurden (z. B. um schlecht strukturierten Quellcode oder technische Schulden zu entfernen, während die bestehende Funktionalität erhalten bleibt, nachgewiesen durch einen Regressionstest).
- Nachweis der Sicherheit von Schnittstellen (z. B. durch Validierung von XML-Nachrichten gegen ihre XML-Schema-Definition zur Sicherstellung der Ablehnung schädlicher Daten).
- Überprüfung der Benutzerfreundlichkeit einer Benutzeroberfläche und Erreichen eines bestimmten Grades einer Unterkategorie (z. B. durch Messen der Zeit, die benötigt wird, um eine bestimmte Aufgabe in einem Onlineshop abzuschließen).

Das Testkonzept stellt in Bezug auf die Qualitätsmerkmale eine Art Kontrakt zwischen Projektleitung und Testmanagement dar. Es legt fest, welche der Qualitätsmerkmale in welcher Weise im Test nachgewiesen werden, welches also die Testziele des Projekts bezüglich der geforderten Qualität sind.

Qualitätsmodelle der ISO/IEC 250nn ersetzen ISO/IEC 9126.

Um eine nachvollziehbare und über alle Teststufen einheitliche Zuordnung von Qualitätsmerkmalen zu Testzielen und den zu deren Prüfung geeigneten Testverfahren zu erreichen, soll man auf einen wohldefinierten und nachvollziehbaren Qualitätsbegriff wie den der ISO/IEC-Normenfamilie 25000 *Software Engineering – Software product Quality Requirements and Evaluation* (SQuaRE) zurückgreifen ([ISO 250nn], s. a. [Winter 24], [URL: TAV49]). Die SQuaRE-Familie löste ab 2011 schrittweise die altbekannten und bewährten Standards der ISO/IEC 9126:1991 zur Softwarequalität ab. Sie unterstützt bei der Entwicklung und dem Erwerb von Systemen und Softwareprodukten die Spezifikation und Bewertung von Qualitätsanforderungen. Tabelle 5.5 skizziert die sechs Bereiche der Normenfamilie 250nn.

Tab. 5.5
Bereiche der Normenfamilie ISO/IEC 250nn

Bereich	Inhalt	Beschreibung
ISO/IEC 2500n	Qualitätsmanagement	Wichtige Begriffe und Definitionen der SQuaRE-Familie. Anforderungen und Leitlinien für das Management der Anforderungen, die Spezifikation und die Bewertung der Softwareproduktqualität. Praktische Hinweise zur Anwendung der Qualitätsmodelle.
ISO/IEC 2501n	Qualitätsmodelle	Qualitätsmodelle für Computersysteme und Softwareprodukte, Daten, IT-Services und die Nutzungsqualität.
ISO/IEC 2502n	Qualitätsmessung	Qualitätsmessung, mathematische Definitionen von Qualitätsmaßen und praktische Anleitungen für deren Anwendung. Beispiele für Qualitätsmaße für interne und externe Eigenschaften von Produkten, Daten, IT-Services und Nutzungsqualität.

→

Bereich	Inhalt	Beschreibung
ISO/IEC 2503n	Qualitätsanforderungen	Festlegung von Qualitätsanforderungen basierend auf Qualitätsmodellen und Qualitätsmaßen. Ermittlung von Qualitätsanforderungen für Informationssysteme und IT-Services oder als Input für Evaluierungen.
ISO/IEC 2504n	Qualitätsbewertung	Anforderungen, Empfehlungen und Richtlinien für die Bewertung von Softwareprodukten z. B. durch Evaluatoren, Auftraggeber oder Entwickler. Richtlinie zur Dokumentation einer Maßnahme als Bewertungsmodul.
ISO/IEC 25050 bis 25099	Erweiterungen	Umfasst aktuell Anforderungen und Testanweisungen an die Qualität einsatzbereiter Softwareprodukte (ready-to-use software product, RUSP), das Common Industry Format (CIF) für Usability-Berichte sowie Qualitätsmodelle und -maßnahmen für neue Technologien wie Cloud-Dienste und künstliche Intelligenz.

Der Bereich ISO/IEC 2501n umfasst Qualitätsmodelle zu unterschiedlichen Aspekten[2] (s. Tab. 5.6, mittlere Spalte). Ein Qualitätsmodell definiert für einen Qualitätsaspekt mehrere Qualitätsmerkmale, die in der Regel durch entsprechende Untermerkmale präzisiert werden, und ihre Beziehungen untereinander. Qualitätsmerkmale repräsentieren Fähigkeiten des Produkts, die sich auf die Bedürfnisse und Qualitätsanforderungen auswirken. Diese können dann anhand der in den Normen des Bereichs ISO/IEC 2502n angegebenen Metriken (s. Tab. 5.6, rechte Spalte, s. a. Kapitel 8) quantifizierbar zur Präzisierung der Testziele vorgegeben und am Produkt bzw. Testobjekt gemessen werden.

Die Normen ISO/IEC 25059 und ISO/IEC 25058 ergänzen zum Zeitpunkt der Drucklegung noch die ISO/IEC 25010 um Qualitätsmerkmale und Hinweise für die Evaluierung der Produktqualität und die Nutzungsqualität von KI-Systemen (s. Tab. 5.6, unterste Zeile, s. a. Liste zu [ISO 250nn]).

Tab. 5.6
Softwarequalitätsmodelle nach ISO 250nn

Softwarequalitätsmodelle der ISO/IEC-Normenreihe 250nn		
Norm	**Modellaspekt**	**Metriken**
ISO/IEC 25010:2023	Produktqualität	ISO/IEC 25023:2016
ISO/IEC TS 25011:2017	Dienstqualität	ISO/IEC TS 25025:2021
ISO/IEC 25012:2008	Datenqualität	ISO/IEC 25024:2015
ISO/IEC 25019:2023	Nutzungsqualität	ISO/IEC 25022:2016
ISO/IEC 25059:2023	KI-Qualität	ISO/IEC TS 25058:2024

2. Hinweis: Die beiden Qualitätsmodelle zur Produkt- und Nutzungsqualität aus der ISO 9126-1:2001 bzw. der ISO/IEC 25010:2014 2023 wurden auf die zwei Normen ISO/IEC 25010:2023 und ISO/IEC 25019:2023 aufgeteilt (s. [ISO 25010], [ISO 9126], [ISO 250nn]).

Tabelle 5.7 zeigt die Merkmale der Produktqualität nach [ISO 25010] (s. a. [Spillner 24] und Anhang A in [Baumgartner 21]). Man kann diese wie in der [ISO 9126] in externe und interne Qualitätsmerkmale unterscheiden:

- Externe Qualitätsmerkmale werden vorzugsweise in einer Testumgebung an der »laufenden« Software gemessen, z. B. für das Merkmal »Zeitverhalten« mit Performanztests.
- Interne Qualitätsmerkmale ergeben sich eher aus dem Programmcode inklusive der Dokumentation bis hin zu den Testfällen der Software, so kann z. B. das Merkmal Modularität gut mit statischen Analysen oder Reviews gemessen bzw. beurteilt werden.

Tab. 5.7
Produktqualitätsmerkmale nach ISO/IEC 25010 [ISO 25010]

Produktqualität nach ISO/IEC 25010:2023 Externe Qualitätsmerkmale		
Merkmal	**Untermerkmale**	**Typische Fragestellungen**
Funktionale Eignung ***(functional suitability)***	Vollständigkeit Richtigkeit Angemessenheit	Bietet die Software alle spezifizierten Funktionen vollständig? Unterstützen die Funktionen den Nutzer beim Erreichen seiner Ziele effizient?
Performanz ***(performance efficiency)***	Zeitverhalten Ressourcengebrauch Kapazität	Wie lange dauert es, bis eine typische Benutzeranfrage vollständig verarbeitet wird? Welche CPU, RAM oder Netzwerklast verursacht die Software im Normalbetrieb?
Kompatibilität ***(compatibility)***	Koexistenz Interoperabilität	Funktioniert die Software ohne Konflikte mit anderen parallel installierten Systemen? Verhält sich die Software auf verschiedenen Betriebssystemen/Browsers gleich?
Interaktionsfähigkeit ***(interaction capability)***	Erkennbarkeit Erlernbarkeit Bedienbarkeit Benutzerfehlerschutz Benutzerbindung Zugänglichkeit Selbstbeschreibungsfähigkeit	Ist die Bedienung für Erstnutzer verständlich und nachvollziehbar? Werden Nutzereingabefehler erkannt und hilfreich behandelt? Erfüllt die Software anerkannte Barrierefreiheitsstandards?
Zuverlässigkeit ***(reliability)***	Fehlerfreiheit Verfügbarkeit Fehlertoleranz Wiederherstellbarkeit	Wie häufig treten Systemfehler oder Abstürze bei realer Nutzung auf? Können verlorene Daten oder Sitzungen nach einem Fehler wiederhergestellt werden?
(IT-)Sicherheit ***(security)***	Vertraulichkeit Integrität Nachweisbarkeit Nichtabstreitbarkeit Verantwortlichkeit Authentifizierbarkeit Widerstandsfähigkeit	Wie gut schützt die Software die persönlichen oder vertraulichen Daten der Nutzer? Wird jeder sicherheitsrelevante Zugriff korrekt geloggt und ist rückverfolgbar?

→

Produktqualität nach ISO/IEC 25010:2023 Externe Qualitätsmerkmale		
Merkmal	**Untermerkmale**	**Typische Fragestellungen**
(Funktionale) Sicherheit ***(safety)***	Operationale Beschränktheit Risikoidentifizierung Fehlersicherheit Gefährdungswarnung Sichere Integration	Gibt das System bei einem sicherheitskritischen Zustand rechtzeitig Warnungen aus? Bleibt bei Systemfehlern ein sicherer Zustand erhalten?
Produktqualität nach ISO/IEC 25010:2023 Interne Qualitätsmerkmale		
Merkmal	**Untermerkmale**	**Typische Fragestellungen**
Wartbarkeit ***(maintainability)***	Modularität Wiederverwendbarkeit Analysierbarkeit Modifizierbarkeit Testbarkeit	Ist die Software in klar abgegrenzte, unabhängige Module strukturiert? Können Änderungen leicht getestet werden (z. B. durch automatisierte Unit Tests)?
Portierbarkeit ***(flexibility)***	Anpassbarkeit Installierbarkeit Austauschbarkeit	Kann die Software einfach an neue Betriebssysteme oder Umgebungen angepasst werden? Ist die Software ohne manuelle Schritte installierbar und updatefähig?

Tabelle 5.8 zeigt die Merkmale der Nutzungsqualität nach ISO/IEC 25019 [ISO 250nn].

Nutzungsqualität nach ISO/IEC 25019:2023		
Merkmal	**Untermerkmale**	**Typische Fragestellungen**
Vorteilhaftigkeit	Gebrauchstauglichkeit Zugänglichkeit Angemessenheit	Können Benutzer typische Aufgaben ohne Schulung intuitiv bedienen? Ist die Software für Benutzer mit Sehbehinderungen über Screenreader vollständig bedienbar? Ermöglicht die Software dem Benutzer, seine geschäftlichen oder persönlichen Ziele ohne unnötige Umwege zu erreichen?
Risikoabwesenheit	Wirtschaftliche Risiken Umgebungs- und Umweltrisiken Gesundheitsrisiken Tödliche Risiken	Kann ein Bedienfehler in der Software unter definierten Bedingungen dazu führen, das Leben von Menschen, die Gesundheit, das Eigentum oder die Umwelt zu gefährden?
Akzeptierbarkeit	Verwendbarkeit Vertraulichkeit Konformität	Sind Benutzeroberfläche und Interaktionsdesign intuitiv und den Erwartungen der Zielgruppe entsprechend? Wird die Software in der Zielgruppe tatsächlich eingesetzt und positiv bewertet?

Tab. 5.8 *Qualitätsmerkmale der Nutzungsqualität nach ISO/IEC 25019*

Durch dieses Schema sind die (funktionalen und nicht-funktionalen) Eigenschaften der Software gut beschreibbar; insbesondere die Angabe geeigneter Testarten und Testverfahren und die Quantifizierung von Akzeptanzkriterien werden durch diese Norm unterstützt (s. a. Unterkapitel 8.6). Vor allem aber wird das Augenmerk auf die in der Praxis oft vernachlässigten nicht-funktionalen Qualitätsmerkmale wie z. B. Zuverlässigkeit und Interaktionsfähigkeit gelenkt.

Nicht-funktionale Qualitätsmerkmale werden oft vernachlässigt.

Die Norm liefert eine allgemeine Definition für diesen Bewertungsprozess (s. Abb. 5.3).

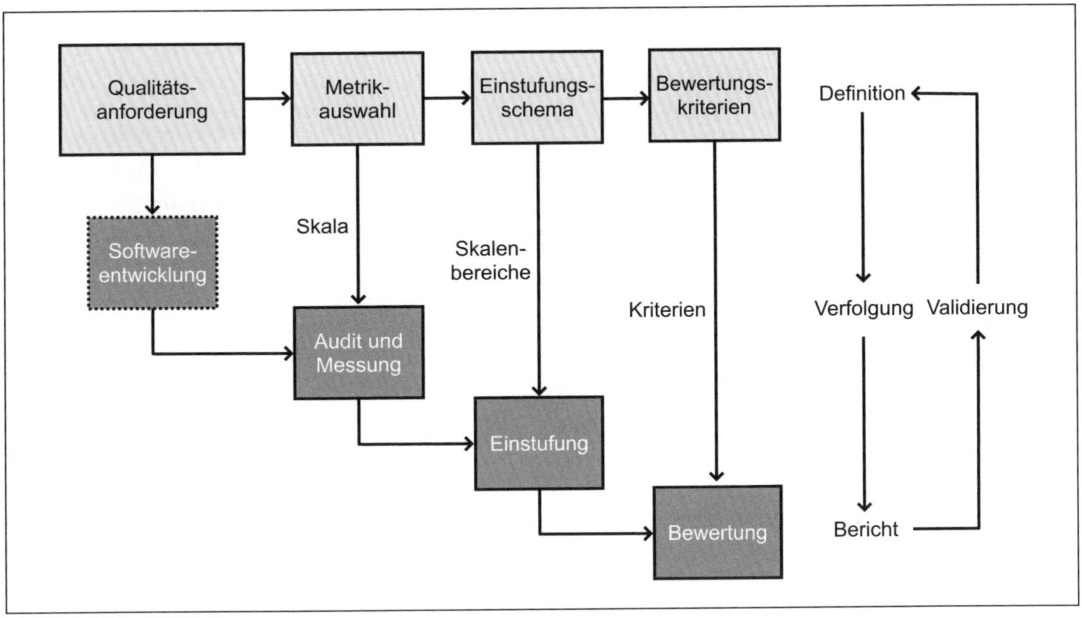

Abb. 5.3 *Bewertungsprozess für Software*

Testen kann in diesem Prozess aufgefasst werden als Abfolge dieser Tätigkeiten:

- Metriken auswählen (d. h. die dazu geeigneten Testverfahren festlegen),
- Einstufungsniveaus festlegen (d. h. Akzeptanzkriterien definieren),
- Messen (d. h. Tests durchführen),
- Einstufen (d. h. Vergleich des Istverhaltens mit den Akzeptanzkriterien).

Da die nicht-funktionalen Anforderungen vielfach schlecht oder gar nicht explizit als Anforderungen spezifiziert sind, fällt dem Testmanagement folgende Aufgabe zu: Die impliziten Erwartungshaltungen möglichst aller verschiedenen Stakeholder des Systems (z. B. Endanwender, Betreiber, Wartungspersonal) während der Testplanung weitgehend zu konkretisieren und in eine adäquate Planung nicht-funktionaler Tests umzusetzen. Dabei ist zu berücksichtigen, dass erst durch das Vorliegen erster Ergebnisse dieser Tests die vagen Anforderungen konkretisiert werden können und anschließend ggf. weitere nicht-funktionale Tests erforderlich werden.

Planung frühzeitiger Reviews von Anforderungsdokumenten

»Nachträgliches« Requirements Engineering, das im Testmanagement oft erforderlich ist, um aussagekräftige Testziele zu erhalten, lässt sich vermeiden oder deutlich reduzieren, wenn frühzeitig auf Umfang und Qualität der nicht-funktionalen Anforderungen geachtet wird. Testmanager können dies durch die Planung und Durchführung von Reviews der Anforderungen erreichen. Dabei ist eine Review-Checkliste hilfreich, die folgende Punkte enthält, auf die die Reviewer besonders achten sollen (s. [ISO 29148], [Ebert 22]):

- Anforderungen müssen in möglichst einfacher und klarer Sprache gehalten sein; bestimmte Schlüsselwörter wie »soll« (kennzeichnet eine notwendige Eigenschaft des Systems) und »sollte« (kennzeichnet eine wünschenswerte Eigenschaft des Systems) müssen einheitlich verwendet werden. Alle Anforderungen sollen in einem einheitlichen Format dokumentiert werden.
- Leser von Anforderungsdokumenten haben einen unterschiedlichen fachlichen und technischen Hintergrund. Beim Review ist möglichst ein Vertreter jeder Stakeholder-Gruppe einzubinden.
- Quantitative Angaben für das geforderte Verhalten des Systems sind qualitativen Angaben vorzuziehen. Am besten wird bei der Formulierung der Anforderung bereits eine Metrik und die verschiedenen Akzeptanzniveaus angegeben.

Beispiel: Testziele im TestMastertestkonzept

Das Testkonzept für TestMaster enthält beispielsweise die folgenden Aussagen:

- Als Testziel zur »Funktionalität« wird festgehalten, dass alle User Stories in demjenigen Sprint, in dem sie entwickelt werden, explorativ durch Tests abzudecken sind. Falls möglich sollen auch automatisierte Tests entstehen, die die testbaren Akzeptanzkriterien des Product Owners in diesem und folgenden Sprints automatisiert prüfen und somit die Stabilität der einmal entwickelten Funktion in der Folgezeit sicherstellen. Da die bereitzustellenden Testmetriken eine Kernfunktion des Systems sind, werden insbesondere frühzeitige Tests der Richtigkeit der Berechnungen im Komponententest vorgesehen.
- Als typisches Mehrbenutzersystem wird TestMaster während des Betriebs wechselnden Lastanforderungen gerecht werden müssen. Um diese adäquat testen zu können, werden im Testkonzept automatisierte Lasttests vorgesehen. Dabei sollen die Nutzungsprofile der zukünftigen Anwender im Hinblick auf Nutzerzahl, Nutzungshäufigkeit der einzelnen Features und deren zeitliche Verteilung auf einen typischen Arbeitstag in Form eines Lastprofils modelliert und anschließend mit einem Performanztestwerkzeug automatisiert durchgeführt. Durch diese Tests werden Qualitätsziele im Bereich »Effizienz«, aber auch im Bereich »Zuverlässigkeit«

abgedeckt. Die Ergebnisse der Lasttests werden mit wichtigen Kunden und Vertretern unterschiedlicher Testorganisationen diskutiert, um festzustellen, ob das Verhalten des Systems unter Last für den Praxiseinsatz ausreichend ist.

- Da TestMaster von zertifiziertem Testpersonal ohne langwierige Einarbeitung benutzt werden soll, wird dem Qualitätsmerkmal »Interaktionsfähigkeit« ebenfalls ein hoher Stellenwert eingeräumt, der allerdings parallel zu den im Sprint integrierten Tests als separate Aktivität adressiert werden soll[3]. Dafür soll ein Usability-Test unter Beteiligung von jeweils zwei typischen Vertretern von Anwenderrollen wie Product Owner oder Teammitglied durchgeführt werden.

5.5.3 Qualitätsziele, die nicht getestet werden

Identifikation der Nicht-Ziele des Testprojekts

Es ist eine wichtige Aufgabe des Testmanagements, klarzustellen, welche Projektziele explizit im Testkonzept berücksichtigt werden, d. h. aber auch, welche Qualitätsmerkmale nicht einem Test unterzogen werden können oder sollen. Dies unterstützt die klare Aufteilung der Verantwortlichkeiten zwischen dem Test und anderen Formen der Qualitätssicherung, z. B. die konstruktive Berücksichtigung bestimmter Qualitätsanforderungen durch entsprechende Entwurfsmethoden.

Beispiel: Nicht-Testziele bei TestMaster

Das Testkonzept für TestMaster sieht z. B. für das Backend Folgendes vor:

- Änderbarkeit und Übertragbarkeit müssen durch Reviews oder andere statische Qualitätssicherungsmaßnahmen geprüft werden.
- Der Ressourcenverbrauch der Implementierung spielt keine wesentliche Rolle und wird nicht explizit getestet.
- Die multilinguale Datenbank mit den Begriffen und Dokumentationsschablonen der ISO-Standardreihen [ISO 29119] und [ISO 26262] sowie nach Scrum wird von einem Unterauftragnehmer zugeliefert, der diese als Standardprodukt vermarktet; daher werden lediglich Regressionstests der Funktionalität dieser Datenbank als Eingangsprüfung bei Lieferung neuer Versionen vorgesehen.

---

3. Da vorher bereits ein Benutzungsprototyp erstellt wurde, kennen die späteren Anwender schon die Benutzungsoberfläche. Ansonsten wäre ein erster Test der Benutzbarkeit auf der Systemteststufe sehr riskant, weil es durch den Test zu erheblichen Änderungen des Systems kommen kann.

5.5.4 Ziele SMART definieren

Projekttestziele und Ende- bzw. Akzeptanzkriterien müssen möglichst messbar, nachvollziehbar und entscheidbar definiert werden. Dies kann unter Verwendung der → **S.M.A.R.T.-Zieldefinitionsmethode** (SMART) geschehen:

- **S = spezifisch:** Ein Projekttestziel und ein Akzeptanzkriterium sollen klar und unmissverständlich sein.
- **M = messbar:** Es soll quantifizierbar sein und über spezifische Kriterien zur Messung des Fortschritts verfügen, um festzustellen, ob es erreicht wurde.
- **A = erreichbar:** Es soll angesichts der verfügbaren Ressourcen, des Zeitrahmens und der Fähigkeiten realisierbar sein.
- **R = relevant:** Es soll mit den übergeordneten Projektzielen in Einklang stehen.
- **T = terminiert:** Es soll einen spezifischen Zeitrahmen und eine festgelegte Frist für den Abschluss haben.

Die Testziele des Projekts sollten alle qualitativen und quantitativen Aspekte abdecken, soweit diese messbar oder bewertbar sind. Beispiele für Projekttestziele sind:

Beispiele für Projekttestziele

- Erreichen der definierten Endekriterien innerhalb des definierten Zeitrahmens.
- Erfüllung der Qualitätsziele des Unternehmens (z. B. gemessen als Key Performance Indicator (KPI) für die Anzahl der Kundenreklamationen für ein Produkt).
- Einhaltung der Regeln und Vorschriften der jeweiligen Branche.
- Sicherstellung der Verfügbarkeit der Daten nur für autorisierte Nutzer (z. B. durch Zugriffsrechte).
- Prüfung einer Datenmigration auf funktionale Vollständigkeit, funktionale Korrektheit, Performanz, Effizienz, Übertragbarkeit und IT-Sicherheit.
- Erhöhung der Testautomatisierung (z. B. um einen bestimmten Prozentsatz für Regressions- oder Performanztests zu erreichen).
- Erfolgreiches Refactoring des Codes und Nachweis, dass dadurch keine neuen Fehlerzustände entstanden sind (z. B. Beseitigung von schlecht strukturiertem Quellcode oder technischen Schulden unter Beibehaltung der bestehenden Funktionalität, nachgewiesen durch einen Regressionstest).

- Nachweis der IT-Sicherheit von Schnittstellen (z. B. durch Validierung von Extensible-Markup-Language-(XML-)Nachrichten gegen ihre XML-Schema-Definition, um sicherzustellen, dass schädliche Daten abgewiesen werden).
- Überprüfung der Gebrauchstauglichkeit einer Benutzerschnittstelle und Erreichen eines bestimmten Grades eines Teilmerkmals (z. B. durch Messung der Zeit, die benötigt wird, eine bestimmte Aufgabe in einem Onlineshop zu erledigen).

Neben der Erfassung und Messung der Testziele des Projekts sollte auch die Qualitätsbewertung durch Fachexperten und Stakeholder berücksichtigt werden. Die folgenden Beispiele zeigen Testziele und Testendekriterien auf Basis der drei Szenarien.

Szenario 1: Agile Entwicklung eines webbasierten Testmanagementwerkzeugs (TestMaster)

Projekttestziel: Erhöhung des Automatisierungsgrades bei Tests (z. B. für Regressionstests um einen definierten Prozentsatz).

Testendekriterien
Endekriterium: Mindestens 80 % aller definierten Regressionstestfälle müssen automatisiert sein.
Messbarkeit: Überprüfung der Anzahl automatisierter Testfälle im Vergleich zur Gesamtanzahl der Regressionstests. Eine vollständige Automatisierung aller kritischen Tests, die regelmäßig wiederholt werden (z. B. nach jedem Sprint), muss nachweislich erfolgen.
Qualitätssicherung: Manuelle Tests sollen nur bei nicht automatisierbaren Funktionen durchgeführt werden. Bei Tests, die noch nicht automatisiert sind, muss ein begründeter Plan zur Automatisierung vorliegen.
Zeitrahmen: Dieses Kriterium soll innerhalb von 8 Wochen nach dem Start der Regressionstests erreicht werden.

Szenario 2: Hybride Entwicklung eines Dialysegeräts (DiaFlow)

Projekttestziel: Einhaltung von Regeln und Vorschriften der jeweiligen Branche (z. B. gemessen an regulatorischen Anforderungen wie FDA [URL: FDA], CE-Kennzeichnung und MDR [URL: EU MDR]).

Testendekriterien
Endekriterium: Das Dialysegerät muss alle regulatorischen Anforderungen nach [DIN 13485], [DIN 62304] (VDE 0750-101) und den jeweiligen Normen für die Zulassung durch die FDA und die CE-Kennzeichnung erfüllen.

Messbarkeit: Alle erforderlichen Testberichte und Nachweise müssen vorliegen, die bestätigen, dass das Gerät alle vorgeschriebenen Sicherheits- und Funktionsanforderungen erfüllt. Jede Regelabweichung wird als Defekt behandelt und muss vollständig behoben sein, bevor die Tests als abgeschlossen gelten.
Qualitätssicherung: Die Übereinstimmung mit den regulatorischen Anforderungen wird durch eine unabhängige Auditierung verifiziert. Die Endabnahme erfolgt erst nach erfolgreichem Abschluss aller regulatorischen Prüfungen.
Zeitrahmen: Die Einhaltung der Vorschriften muss spätestens 6 Monate vor der geplanten Markteinführung bestätigt sein.

Szenario 3: Wasserfallentwicklung eines sicherheitskritischen Steuergeräts im Automobil (AutoSafe)

Projekttestziel: Nachweis der Sicherheit von Schnittstellen (z. B. durch Validierung von XML-Nachrichten gegen ihre XML-Schema-Definition zur Sicherstellung der Ablehnung schädlicher Daten).

Testendekriterien
Endekriterium: Alle Daten, die über die Schnittstellen des Steuergeräts gesendet und empfangen werden, müssen den definierten Sicherheitsrichtlinien entsprechen, insbesondere hinsichtlich der Abwehr potenziell schädlicher Daten (z. B. XML-Injections).
Messbarkeit: Die Schnittstellen müssen zu 100 % validierte XML-Nachrichten verwenden, die gegen die jeweilige XML-Schema-Definition überprüft werden. Die Testüberdeckung für alle Schnittstellen muss mindestens 95 % betragen, einschließlich negativer Tests zur Validierung von Sicherheitsanforderungen.
Qualitätssicherung: Ein Penetrationstest auf die Schnittstellen muss zeigen, dass keine unsicheren Daten akzeptiert werden. Alle Tests müssen erfolgreich durchgeführt und dokumentiert sein, ohne verbleibende kritische Sicherheitsmängel.
Zeitrahmen: Die Validierung muss innerhalb der Testphase (nach der Implementierung und vor der Integration) vollständig abgeschlossen werden.

5.6 Auswahl und Priorisierung von Tests

Die Priorisierung der Aufgaben im Testprojekt ist eine wichtige Tätigkeit im Rahmen der Testplanung, aber auch bei der Teststeuerung.

Hierzu bedarf es zweier Betrachtungen:

- Welche Faktoren werden herangezogen, um die Priorität einer Aufgabe zu definieren? Nachdem Testen ein risikominderndes Verfahren darstellt, ist der wesentliche Faktor das Produktrisiko. In den Unterkapiteln 4.2 und 4.3 wird darauf im Detail eingegangen.
- Welche Steuergrößen im Testprojekt sollen durch die Priorisierung wie beeinflusst werden? Grundsätzlich können folgende Parameter gesteuert werden:
  - Die Reihenfolge, in der die Testziele abgearbeitet werden sollen. Prinzipiell ist es aus fachlicher Sicht sinnvoll, diejenigen Testaktivitäten zuerst durchzuführen, die die wichtigsten Eigenschaften des Systems prüfen. Zusätzlich gibt es aber meistens technische Abhängigkeiten, die die Reihenfolgeplanung beeinflussen, und nicht zuletzt bildet die Reihenfolge der Lieferung der Leistungsmerkmale seitens der Entwicklung eine wichtige Planungsgrundlage.
  - Der Aufwand, der für die einzelnen Testziele angesetzt werden soll. Dies umfasst Aufwände für Testvorbereitung und -durchführung. Bei der Berücksichtigung der hochprioren Testziele mit hohem Aufwand ist in der Planung zu bedenken, dass auch andere Faktoren wie technische Randbedingungen, Komplexität und Testbarkeit der zu testenden Funktionalitäten etc. einen Einfluss haben.
  - Die Testverfahren, die eingesetzt werden sollen. Wie im vorigen Abschnitt erläutert, eignen sich verschiedene Testverfahren unterschiedlich gut zur Prüfung unterschiedlicher Qualitätsmerkmale. Außerdem sind die meisten Testverfahren skalierbar, d. h., sie können mit mehr oder weniger Aufwand eingesetzt werden, und erzeugen dadurch eine höhere oder niedrigere Testintensität.

Eine Priorisierung, die ausschließlich die Reihenfolge der Aktivitäten bestimmt, kann dazu führen, dass bei Zeitmangel Testziele komplett unbearbeitet bleiben. Um dies zu vermeiden, kann jedem Testziel der (maximal) zu erbringende Aufwand zugeordnet werden. Dies erfolgt z. B., indem die zur Verfügung stehenden Ressourcen proportional zum ermittelten Risikoindex (ermittelt durch das Schaefer- oder Gutjahr-Verfahren, s. Abschnitt 4.4.1) auf die Testziele verteilt werden. Auch niedrig priorisierte Testziele erhalten damit ein Mindestbudget. Zur Feinjustierung empfiehlt es sich schließlich, gestaffelt nach Priorität die Anwendung bzw. Ausprägung der einzusetzenden Testverfahren festzuschreiben. Hoch priorisierten Testzielen werden aufwendigere Testverfahren zugeordnet, was erfahrungsgemäß zu einer höheren Fehlerfindung führt.

Beispiel: Priorisierung in TestMaster

Im Projekt TestMaster wurden von der Product Ownerin Lena Berger mit dem Verfahren nach Hans Schaefer (s. Abschnitt 4.4.1) die Risiken der wichtigsten Anwendungsfälle analysiert. Es entsteht folgende Priorisierung:

Anwendungsfall	Priorität	Reihenfolge	Budget (Stunden)	Testverfahren
Testsuite anlegen	322	1	9	exploratives Testen
Testfall anlegen	122	2	3	Smoke-Test
Testsuite speichern	78	3	2	Smoke-Test
Testdaten generieren	677	4	18	Äquivalenzklassenkombination

Bei der Testplanung kann die Priorität nicht als alleiniges Kriterium zur Reihenfolgenbildung herangezogen werden, weil die Funktionen aufeinander aufbauen (so muss z. B. zuerst eine Testsuite angelegt sein, damit ein Testfall angelegt werden kann). Daher entschließt sich das Team im Planning Poker, zusätzlich den maximal zu erbringenden Testaufwand zu planen (damit die Tests bei den weniger riskanten Funktionen nicht zu viel Aufwand benötigen) und die anzuwendenden Testverfahren zu definieren (um die Verwendung des Zeitbudgets sinnvoll zu steuern).

Die Auswahl und Priorisierung von Tests erfolgt hauptsächlich mit risikobasiertem Testen (s. Kapitel 4). In diesem Abschnitt werden einige weitere im CTFL beschriebene Verfahren vorgestellt:

- Anforderungsbasierte Testauswahl
- Nutzungsbasierte Testauswahl
- Methodische erfahrungsbasierte Testauswahl
- Reaktive Testauswahl

5.6.1 Anforderungsbasierte Testauswahl

Beim anforderungsbasierten Test werden die Testziele und Testbedingungen unmittelbar aus den Anforderungen abgeleitet. Dazu gehören sowohl funktionale Tests, die einzelne Funktionen oder Funktionsbereiche prüfen, als auch solche, die nicht-funktionale Eigenschaften wie Zuverlässigkeit oder Benutzbarkeit untersuchen.

Hierbei können mehrere Verfahren eingesetzt werden, wie z. B. Reviews, Analysen der Testbedingungen, Ursache-Wirkungs-Graph-Analysen oder anwendungsfall- oder geschäftsprozessbasiertes Testen.

Reviews der Anforderungsdokumente

Reviews der Anforderungsdokumente untersuchen diese auf Kriterien wie z. B. Vollständigkeit, Konsistenz und Mehrdeutigkeiten. Vorteilhaft ist die Anwendung von Checklisten mit häufigen Anforderungsfehlern. Diese werden in der Regel analytisch für die Prüfung der Artefakte verwendet, können aber auch konstruktiv während ihrer Erstellung eingesetzt werden. Damit eine Checkliste effektiv eingesetzt werden kann, ist ihr Umfang auf wenige Fragestellungen zu beschränken. Im Idealfall soll eine Checkliste nur so umfangreich sein, dass sie während der Erstellung oder der Fehlersuche in Erinnerung behalten werden kann. Dies vermeidet die Notwendigkeit, die Checkliste während der Durchführung der Validierung wiederholt lesen zu müssen. Aus praktischen Gründen soll eine Checkliste den Umfang einer bedruckten Seite nicht übersteigen, was einem Umfang von ca. 10 bis 15 Fragestellungen je Checkliste entspricht. Eine Checkliste für die Prüfung auf Korrektheit umfasst z. B. folgende Fragen (s. [Ebert 22]):

- Wurden die Anforderungen durch verschiedene Stakeholder geprüft?
- Sind die Anforderungen inhaltlich freigegeben?
- Wird klar zwischen Anforderungen und Lösungen unterschieden (Lastenheft versus Pflichtenheft)?
- Folgen alle Anforderungen einem definierten Template? Sind die minimalen Inhalte pro Anforderung beschrieben (also Referenznummer, Titel, Inhalt, Quelle, Erfüllungskriterien, Priorität, Nutzen etc.)?
- Sind Referenzen zu definierten Wörtern konsistent mit ihrer jeweiligen Definition und dem Eintrag im Glossar?
- Werden Begründungen für den Nutzen von Anforderungen im Kontext beschrieben? Ist der Kontext ausreichend?
- Gibt es Anforderungen, die mit gegebenen Einschränkungen nicht konform gehen?
- Wurden die Anforderungen modelliert und geprüft, um Konflikte zu identifizieren (z. B. logisch, temporär, Ausführungsverhalten, Antwortverhalten)?
- Sind die nicht-funktionalen Anforderungen präzise und quantitativ beschrieben?

Die Befundlage sowie die aus den Reviews resultierende Einschätzung der Anforderungen wird dann zur Bestimmung des Testansatzes herangezogen. So sind z. B. Funktionen, deren Anforderungen mit komplexen Modellen und hohen Qualitätsanforderungen spezifiziert sind, mit entsprechenden modellbasierten Testverfahren und hoher Testintensität zu prüfen.

Testbedingungsanalyse

Die schon in Abschnitt 4.5.1 zitierten Autoren Craig und Jaskiel beschreiben mit der Testbedingungsanalyse ein Verfahren, bei dem aus Dokumenten wie der Anforderungsspezifikation, Entwurfsspezifikationen, Benutzungshandbüchern, Produktspezifikationen, Gesetzen, Trainingsunterlagen und Kundenfeedback in einer aus 9 Schritten bestehenden Vorgehensweise die abzudeckenden Testbedingungen identifiziert und in einem Testbedingungsinventar (*test objective inventory*) aufgeführt werden (s. [Craig 02]). Die Schritte sind:

1. Zusammenstellen der Dokumente
2. Formen des Brainstorming-Teams
3. Ableiten der Testbedingungen
4. Priorisieren der Testbedingungen
5. Zusammenstellen der Testbedingungen im Testbedingungsinventar
6. Rückverfolgen vorhandener Testfälle auf das Testbedingungsinventar in einer Testmatrix
7. Ableiten von Tests für nicht abgedeckte Testbedingungen
8. Prüfen der adäquaten Überdeckung aller Testbedingungen
9. Pflege und Fortentwicklung des Testbedingungsinventars im Lebenszyklus

Für die Priorisierung der Testbedingungen in Schritt 4 empfehlen Craig und Jaskiel eine Kombination aus Anforderungskomplexität und Risikobetrachtungen.

Ursache-Wirkungs-Graph-Analyse

Die Ursache-Wirkungs-Graph-Analyse (*Cause-Effect Graphing*) verwendet eine grafische Darstellung der Eingaben und/oder Auslöser (Ursachen) und der zugeordneten Ausgaben (Wirkungen) für den Entwurf von Testfällen (s. [Myers 11]). Bei der Überdeckung von Kombinationen von Testbedingungen in Testanalyse und Testentwurf kann dieses Verfahren z. B. Lücken in der Testbasis entdecken. Dadurch können Fehlerzustände früh im Softwarelebenszyklus gefunden werden, wenn der Testentwurf für den Abnahmetest z. B. auf Basis des Lastenhefts erfolgt.

Die Komplexität der resultierenden Ursache-Wirkungs-Graphen gibt Anhaltspunkte für den Testaufwand, da für jede Wirkung die Kombinationen von Ursachen gefunden werden müssen, die die Wirkung auslösen. Komplexe Zusammenhänge mit hohem Ausfallschaden sind entsprechend intensiv zu testen.

Anwendungsfall- oder geschäftsprozessbasiertes Testen

Anwendungsfälle beschreiben die Interaktionen bei der Benutzung eines Systems im Rahmen eng umrissener Funktionalitäten durch Akteure (Menschen oder »maschinelle Benutzer«). Geschäftsprozesse spezifizieren größere Abläufe, bei denen mehrere Anwendungsfälle auf ggf. mehreren Systemen zusammenspielen. Die möglichen Schritte bei der Durchführung sind dabei textuell beschrieben und/oder durch grafische

Darstellungen wie z. B. UML-Aktivitätsdiagramme oder BPMN-Diagramme spezifiziert. Das anwendungsfall- und das geschäftsprozessbasierte Testen fokussiert nun auf konkrete Abläufe, sogenannte Szenarien, die bei der Durchführung eines Anwendungsfalls oder eines Geschäftsprozesses auftreten können (vgl. [Bach 04], [Winter 16], [Fieber 21]).

Oft sind Anwendungsfälle mit nicht-funktionalen Anforderungen hinterlegt, die zur Priorisierung und Aufwandszuteilung herangezogen werden können. Bei Geschäftsprozessen lässt sich in der Regel der zu erwartende Schaden im Fehlerfall einzelner Schritte recht gut beziffern. Die Komplexität der Diagramme gibt Hinweise auf die Anzahl erforderlicher Testfälle, wobei u. a. kontroll- und datenflussbezogene Überdeckungskriterien aus dem Whitebox-Test verwendet werden (s. [CTAL-TA 22], [Kramer 16], [Winter 16]).

Probleme anforderungsbasierter Ansätze

Sind die Anforderungen oder bereits vorhandene Testbedingungen bei der Nutzung eines anforderungsbasierten Ansatzes schon priorisiert, so können diese Prioritäten für die Testpriorisierung und Aufwandszuteilung herangezogen werden. Ist dies nicht der Fall, so muss die anforderungsbasierte Testauswahl z. B. mit risikobasiertem Testen kombiniert werden.

In vielen Projekten sind Anforderungsspezifikationen häufig mehrdeutig, nicht testbar, unvollständig oder sogar überhaupt nicht vorhanden. Da eine sorgfältige Anforderungserhebung nicht nur die Grundlage für die anforderungsbasierten Ansätze, sondern auch für den Erfolg des Gesamtprojekts darstellen (vgl. u. a. [Broy 21], [DeMarco 16], [Ebert 22]), müssen solche Probleme gelöst werden, was allerdings oft an Zeit-, Aufwands- und Verständnishürden scheitert. In solchen Situationen sind diese Ansätze daher gar nicht oder nur mit hohem Aufwand und geringer Zielschärfe einsetzbar.

In agilen Projekten, bei denen die Anforderungen zunächst eher grobgranular z. B. als User Stories formuliert werden, sind anforderungsbasierte Ansätze nur in enger Absprache mit Benutzern bzw. dem Product Owner durchführbar.

5.6.2 Nutzungsbasierte Testauswahl

Insbesondere für den Test sicherheitskritischer interaktiver Systeme werden oft operationale Profile (auch: Nutzungs- oder Anwendungsprofile) eingesetzt, um den Testaufwand zu steuern. Dies ermöglicht nicht nur das Testen der Funktionalität, sondern auch anderer Qualitätsmerkmale wie Benutzbarkeit, Interoperabilität, Zuverlässigkeit, Sicherheit und Performanz. Nähere Ausführungen zu Zuverlässigkeitsbetrachtungen und Nutzungsmodellen finden sich in [Lyu 96], [Liggesmeyer 09] und [Winter 16].

5.6.3 Methodische erfahrungsbasierte Testauswahl

Erfahrene Testmanager haben oft eigene methodische Vorgehensweisen und »Rezepte« für den Test entwickelt. Solches Erfahrungswissen kann z. B. in Checklisten kondensiert werden, anhand derer bestimmt wird, was mit welcher Intensität in welcher Reihenfolge getestet wird. Für die Tests im Rahmen der Wartung einer seit Langem im Einsatz befindlichen Software kann eine solche Checkliste z. B. anhand früher im Test oder in Produktion aufgetretener Fehlerwirkungen die wichtigsten zu testenden funktionalen und nicht-funktionalen Anforderungen umfassen und auf bestehende Testfälle für den Regressionstest verweisen. Darüber hinaus können Heuristiken für die Zuweisung von Aufwand und für die Ablaufplanung der Tests, meist basierend auf Art und Anzahl der angefallenen Änderungen, eingesetzt werden.

Erfahrungsbasierte Ansätze zur Testauswahl sind mit wachsendem Änderungsumfang kritisch zu betrachten, da sich das neue Release der Software immer mehr vom Vorgängerrelease unterscheidet und damit neue Risiken möglicherweise nicht in den Checklisten adressiert werden.

5.6.4 Reaktive Testauswahl

In der Praxis sind häufig → reaktive Teststrategien wie z. B. explorative Tests (Abschnitt 3.6.6) zu finden, bei denen der Schwerpunkt auf der Testdurchführung liegt. Vorgelagerte Aktivitäten wie Testanalyse, Testentwurf oder Testrealisierung werden entweder gar nicht oder nur in geringem Umfang durchgeführt. Dies ist oft in Projekten ohne explizites Vorgehensmodell der Fall, aber auch in agilen Vorgehensweisen, bei denen Priorisierung und Aufwandszuweisung sehr dynamisch zu Beginn oder sogar während der Entwicklungszyklen bzw. Sprints erfolgen (s. Abschnitt 3.4.8). Reaktive Tests können andere Vorgehensweisen recht gut ergänzen, sollen aber aus den in den Abschnitten 3.6.6 und 4.5.4 genannten Gründen nicht ausschließlich eingesetzt werden.

5.7 Zusammenfassung

- Die Projektteststrategie beschreibt das übergreifende Vorgehen für das Testen im Projekt, angepasst an Ziele, Risiken, Organisation und Umfeld.
- Bei der Definition der Projektteststrategie müssen Projektkontext, Testziele, Risiken, Produktcharakteristika, Organisation, Prozesse und Stakeholder berücksichtigt werden.

- Die Projektteststrategie basiert ggf. auf der übergeordneten Teststrategie der Organisation und wird aus dieser abgeleitet und konkretisiert diese.
- Zentraler Bestandteil bei der Definition der Teststrategie ist die Wahl des Testansatzes (z. B. analytisch, modellbasiert, reaktiv). Diese beeinflusst die Effektivität und Effizienz des Testens beträchtlich.
- Die Ziele einer Teststrategie sind z. B. Risiken zu reduzieren, Qualität zu steigern und Projektziele innerhalb gegebener Ressourcen und Zeitrahmen zu erreichen.
- Die Teststrategie ist mit den relevanten Stakeholdern abzustimmen, um Akzeptanz und Unterstützung sicherzustellen.
- Die Teststrategie sollte immer risikobasiertes Testen einbeziehen, um Ressourcen auf kritische und risikoreiche Bereiche zu fokussieren.
- Die Teststrategie wird typischerweise im Testkonzept dokumentiert; dieses sollte die Testziele, Testansätze, Teststufen, Testarten, Testverfahren sowie die Verantwortlichkeiten, den Zeitrahmen und die Ressourcenplanung enthalten.
- Da sich Projekte entwickeln, muss die Teststrategie regelmäßig überprüft und angepasst werden, um veränderte Bedingungen, Risiken und Erkenntnisse zu berücksichtigen.
- Die Teststrategie dient als wesentliches Kommunikationsinstrument, um Testaktivitäten, Prioritäten und Erwartungen im Projektteam und gegenüber den Stakeholdern transparent zu machen.

6 Verbesserung des Testprozesses

Dieses Kapitel behandelt unterschiedliche Ansätze zur Bewertung und Verbesserung des Testprozesses. Nach Hinweisen zur Einbettung der Prozessverbesserung in das Qualitätsmanagement wird das IDEAL-Modell zur Konzeption, Planung und Durchführung von Prozessverbesserungen vorgestellt, das den Deming-PDCA-Zyklus erweitert. Diesen allgemeinen Rahmen verwenden viele Ansätze zum Assessment und zur Verbesserung von Organisationen, Prozessen, Produkten oder Dienstleistungen sowie auf den Softwareentwicklungslebenszyklus zielende Ansätze wie z. B. CMMI und die Normenreihe ISO/IEC 330nn, die jeweils kurz skizziert werden.

Im Mittelpunkt dieses Kapitel stehen speziell auf die Verbesserung von Testprozessen zugeschnittene Ansätze. Einerseits modellbasierte Ansätze wie die beiden auf Referenzmodellen basierenden Ansätze → Test Maturity Model integration (TMMi) und → Test Process Improvement (TPI Next®) sowie als Exkurs die beiden auf Inhaltsmodellen basierenden Ansätze Critical Testing Process (CTP) und Systematic Test and Evaluation Process (STEP)[1]. Andererseits als analytische Ansätze die Grundursachenanalyse, die kennzahlenbasierte Analyse und der Ansatz → Ziel-Frage-Metrik (GQM).[2]

Hinweise zum Einsatz dieser Verbesserungsansätze und zu möglichen Hindernissen bei der Prozessverbesserung im Rahmen sequenzieller, agiler und inkrementeller Entwicklungsmodelle runden das Kapitel ab.

---

1. CTP und STEP werden im ISTQB®-Advanced-Level-Lehrplan »Testmanagement« 3.0 nicht mehr behandelt, hier aber als Exkurse zur Vertiefung bereitgestellt.
2. Der ISTQB®-Expert-Level-Lehrplan »Improving the Testing Process« beschäftigt sich ausführlich mit diesen und weiteren Ansätzen (s. [URL: ISTQB CTE-2011] und [Bath 14]).

Mit den Inhalten dieses Kapitels können Sie für die Prüfung zum ISTQB© Certified Tester Advanced Level Test Management …

- *TM-1.5.1 (K2) … erklären, wie das IDEAL-Modell zur Testprozessverbesserung bei einem bestimmten Projekt einzusetzen ist.*
- *TM-1.5.2 (K2) … den modellbasierten Ansatz zur Verbesserung des Testprozesses zusammenfassen und verstehen, wie man ihn im Projektkontext anwendet.*
- *TM-1.5.3 (K2) … den analytisch basierten Ansatz zur Verbesserung des Testprozesses zusammenfassen und verstehen, wie man ihn im Projektkontext anwendet.*
- *TM-1.5.4 (K3) … eine Projekt- oder Iterationsretrospektive implementieren, um Testprozesse zu bewerten und verbesserungswürdige Testbereiche zu ermitteln.*

6.1 Warum Prozessverbesserung?

Eine Reihe von Untersuchungen und Statistiken belegen, dass viele Softwareentwicklungsprojekte die geforderten Ziele nicht oder nur zum Teil erreichen (s. a. Unterkapitel 4.1). Der Anteil an erfolgreichen IT-Projekten, die in der veranschlagten Zeit und im Kostenrahmen bleiben und die geforderte Funktionalität mit der notwendigen Qualität liefern, ist nach wie vor gering. Um diesen Anteil zu erhöhen, gibt es eine Vielzahl unterschiedlicher Ansätze, die auf der Hypothese basieren, dass die Qualität von Produkten abhängt von der Qualität der Prozesse, mit denen die Produkte entwickelt und produziert werden.

Qualitätsmanagement (QM)

Einige dieser Ansätze zur Prozessverbesserung beziehen sich allgemein auf die Durchführung von Projekten, die Produktion von Gütern oder die Bereitstellung von Dienstleistungen, wie beispielsweise Total Quality Management (TQM).

Die Prozessverbesserung in Organisationen ist in der Regel eine der wichtigsten Aufgaben des Qualitätsmanagements (QM), das Gegenstand der in der EU weitverbreiteten Normenreihe der DIN/EN/ISO 900x [ISO 9000] ist.

Verbesserung ist einer der sieben QM-Grundsätze

Die Grundnorm EN/ISO 9000 dieser Reihe definiert die Grundlagen und Begriffe für Qualitätsmanagementsysteme (QMS). Insbesondere gehört die (ständige) Verbesserung des eigenen Tuns zu den sieben Grundsätzen des Qualitätsmanagements aus dieser Norm:

1. Kundenorientierung
2. Führung

3. Engagement von Personen
4. Prozessorientierter Ansatz
5. Verbesserung
6. Faktengestützte Entscheidungsfindung
7. Beziehungsmanagement

Zahlreiche Firmen wenden die Norm ISO 9001 an und sind nach ihr auch zertifiziert. In der Norm sind Anforderungen definiert, nach denen das QMS einer Firma oder einer Organisation zertifiziert werden kann (s. [ISO 9001]). Sie beschreibt, welche Themen im QMS reglementiert und wie diese sowie deren Einhaltung dokumentiert werden müssen.

Speziellere Ansätze zur Prozessverbesserung konzentrieren sich insbesondere auf den Softwareentwicklungslebenszyklus. Zu diesen gehören z. B. CMMI [URL: CMMI] und die Normenreihe ISO/IEC 330nn[3] (s. [ISO 33001], [ISO 33003]). Für das Testmanagement relevante Ansätze sind z. B. TPI Next® (s. [van Ewijk 11]) und TMMi (s. [van Veenendaal 20]), die ausschließlich die Verbesserung des Testprozesses behandeln und – neben anderen Ansätzen – in diesem Kapitel beschrieben werden.

Ziele der Verbesserungen

Allen Ansätzen gemeinsam sind folgende Zielsetzungen:

- Projekte realistisch zu planen und die Planung erfolgreich umzusetzen,
- Transparenz über den Projektstand und -fortschritt zu erreichen,
- die Erhöhung der Qualität der ausgelieferten (Software-)Produkte,
- die Senkung der Kosten während der Entwicklung (und Wartung) sowie
- die Verkürzung der Entwicklungszeit (*time to market*) zu erzielen.

Fehlervermeidung und frühzeitige Fehlererkennung

Fehlervermeidung und frühzeitige Fehlererkennung helfen, viele dieser Ziele zu erreichen. Testen leistet hier einen wesentlichen Beitrag, indem es belastbare Informationen zur Qualität und zum Entwicklungsstand liefert. Bei mangelnder Qualität können dann korrigierende Maßnahmen ergriffen werden. Frühzeitige Fehlererkennung und -behebung führen zur Minderung der Kosten und zur Verkürzung der Entwicklungszeiten, da erst später entdeckte Fehlerwirkungen erheblich mehr Kosten verursachen und Zeit für die Behebung beanspruchen.

Testkosten: oft 30 % der Projektkosten

Allerdings ist Testen auch ein nicht unerheblicher Kostenfaktor, denn zumindest in größeren Projekten machen die Testkosten oft mehr

3. Die Normenreihe ISO/IEC 330nn »Information technology — Process assessment« löst seit 2015 schrittweise die Normenreihe ISO/IEC 15504-nn [ISO 15504] (»SPICE«) ab.

als 30 % der gesamten Projektkosten aus (s. Kapitel 12, vgl. [Jones 07], dort S. 341/496, [Jones 12], dort S. 96 ff.). Zudem ist das Testen zunehmend von technischen und nicht technischen Herausforderungen betroffen, mit denen Softwareprojekte konfrontiert sind (z. B. zunehmende Komplexität und Größe, zunehmend unternehmenskritische Anwendungen, neue Technologien, eine Vielzahl von Geräten und Betriebssystemen sowie immer wieder neue Sicherheitsschwachstellen). Daher besteht die Notwendigkeit, die Effektivität und Effizienz des Testens zu optimieren und dafür die Testprozesse entsprechend zu verbessern.

Auslöser für Veränderungsbedarf …

Auslöser jedes Bedarfs zur Veränderung bzw. Verbesserung von Prozessen sind oft eher unbestimmt gefühlte oder geäußerte »Probleme«. Dies können auf Organisationsebene z. B. unerfüllte Geschäftsziele, zu viele Kundenbeschwerden, zu hohe Betriebskosten oder unzufriedenes Personal sein. In der Softwareentwicklung sind es z. B. »gerissene« Meilensteine (was oft nicht bemerkt oder kommuniziert wird), übersehene bzw. nicht geäußerte und damit nicht erfüllte Anforderungen, unauffindbare, aber erforderliche Informationen oder schlecht programmierter sowie schlecht bzw. gar nicht kommentierter und damit nicht wartbarer Programmcode.

Im Test sind oft folgende Probleme Auslöser für den Bedarf zur Veränderung bzw. Verbesserung:

… im Testen

- Unzufriedenheit mit den Testergebnissen,
- nicht wiederholbare Tests,
- unerwartete Fehlerzustände,
- zu viele blockierte Testfälle wegen nicht behobener Fehler,
- zu wenig Zeit für den Test,
- zu wenig Ressourcen für den Test,
- die Testumgebung wird nicht (rechtzeitig) bereitgestellt,
- die Testdaten sind unvollständig, inkonsistent oder gar nicht vorhanden,
- das Testen ist zu teuer,
- das Testen dauert zu lange oder
- mangelnde Kommunikation zwischen Test und Entwicklung.

Die folgenden Abschnitte gehen auf die einzelnen Ansätze zur Prozessverbesserung ein. Den Anfang machen der → Deming-Zyklus PDCA als grundlegendes Modell zur Verbesserung und das diesen präzisierende → IDEAL-Modell. Es folgt ein Exkurs zu allgemeingültigen Vorgehensweisen zur Qualitätsverbesserung. Danach werden Ansätze zur Verbesserung des gesamten Softwareentwicklungsprozesses skizziert, um dann zum Kern des Kapitels zu gelangen, den verschiedenen Ansätzen zur Verbesserung des Testprozesses.

6.2 Verbesserung von Prozessen mit PDCA und IDEAL

Dieses Unterkapitel erläutert zunächst den Deming-Zyklus und das darauf aufbauende IDEAL-Modell als zwei Konkretisierungen des grundlegenden Qualitätsmanagementprinzips »Ständige Verbesserung«. Danach folgt ein Überblick über die allgemeinen Qualitätsmanagementansätze TQM, Kaizen, Six Sigma und EFQM. Diese Ansätze orientieren sich ebenso wie die oben beschriebenen Normen der Reihe ISO 9000 an den »traditionellen« Managementfunktionen Planung, Durchführung und Kontrolle.

6.2.1 Der »Deming-Zyklus« (PDCA)

Eine grundlegende Herangehensweise, die bereits seit vielen Jahrzehnten in ganz unterschiedlichen Bereichen zur kontinuierlichen Verbesserung von Prozessen im Rahmen des Qualitätsmanagements erfolgreich eingesetzt wird, ist der »→ Deming-Zyklus«[4] oder der »PDCA-Zyklus« (s. [Deming 86], [URL: PDCA]).

Der Deming-Zyklus besteht aus den in Abbildung 6.1 skizzierten vier zyklisch wiederholt durchzuführenden Aktivitäten Plan, Do, Check und Act – PDCA. Zuerst ist die vorgesehene Änderung bzw. Verbesserung der bisherigen Vorgehensweise zu planen (P), danach einzuführen und umzusetzen (D). Eine Prüfung, ob die Veränderung die erwarteten Ziele erreicht, schließt sich an. Durch Soll-Ist-Abgleich werden dabei mögliche Abweichungen zu der geplanten Veränderung identifiziert (C). In der letzten Aktivität werden die Ursachen für die Abweichungen abgestellt (A). Der Kreislauf wird dann mit einer weiteren Verbesserung fortgesetzt.

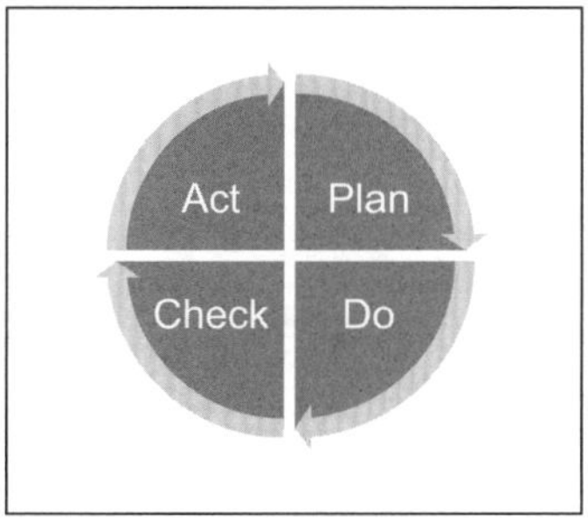

Abb. 6.1
Deming-Zyklus – PDCA

Der Deming-Zyklus beruht auf dem Grundsatz »Aus den eigenen Fehlern lernen«. Die Abläufe in der Organisation sollen so kontinuierlich

4. Benannt seit den 1950er-Jahren nach William Edwards Deming. Deming selbst schreibt (in [Deming 86]) den PDCA-Zyklus Walter A. Shewhart zu, der (mit Deming als »Editor-Assistent«) im Buch »Statistical Method from the Viewpoint of Quality Control« (Graduate School, Department of Agriculture, Washington, 1939) einen Zyklus aus Spezifikation, Produktion und Inspektion einführte.

verbessert werden, was auch das Grundprinzip vieler prozessorientierter Standards wie z. B. die ISO 9001 ist, die die Anforderungen an Qualitätsmanagementsysteme definiert (s. [ISO 9001]).

6.2.2 IDEAL-Modell

Eine empfehlenswerte Erweiterung des Deming-Zyklus speziell für die Prozessverbesserung in Softwareunternehmen ist das **IDEAL**-Modell. IDEAL ist ein Akronym aus **I**nitiieren (*Initiating*), **D**iagnostizieren (*Diagnosing*), **E**tablieren (*Establishing*), **A**gieren (*Acting*) und **L**ernen (*Learning*).

IDEAL wurde am Software Engineering Institute der Carnegie Mellon University ursprünglich definiert, um Verbesserungsaktivitäten auf der Organisationsebene zu unterstützen (s. [McFeeley 96], [URL: IDEAL]). Die grundsätzliche Vorgehensweise ist jedoch auch auf Ebene eines Projekts oder eines Teams in der agilen Softwareentwicklung anwendbar. Hierbei müssen die Ziele der unten beschriebenen IDEAL-Schritte durch geeignete Maßnahmen erreicht werden.

Abb. 6.2
IDEAL und Deming-Zyklus

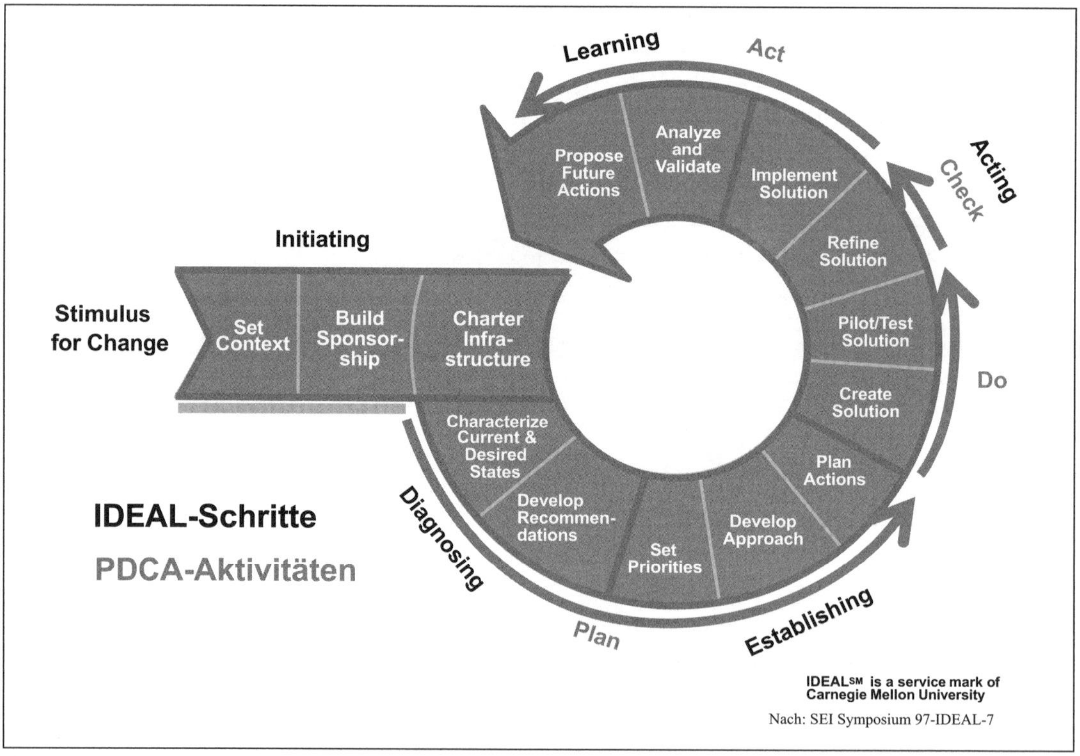

Der Hauptunterschied zwischen der Anwendung von IDEAL auf Organisations- und auf Projekt- oder Teamebene besteht am ehesten in der Initiierungsphase, die auf Projekt- oder Teamebene weniger umfangreich und aufwendig ist als auf Organisationsebene. Meistens sind auch die Diagnosephase sowie die Etablierung des Plans auf Projekt- oder Teamebene z. B. im Rahmen einer Retrospektive (vgl. Unterkapitel 6.5) deutlich einfacher. Agieren und Lernen sind gleichermaßen auf Projekt- oder Teamebene von Bedeutung.

Als Reaktion auf den Auslöser eines Veränderungsbedarfs sind laut IDEAL folgende Schritte bzw. Aktivitäten durchzuführen:

- **Initiieren:** Es ist Einigkeit zwischen allen Stakeholdern bezüglich des Umfangs und der Reichweite der erkannten Probleme sowie der Zielsetzung der zu erwartenden Prozessverbesserungen herbeizuführen. Sponsoren müssen akquiriert und Budgets vereinbart werden. Das einzusetzende Vorgehen zur Prozessverbesserung ist aus der Vielzahl der verfügbaren Vorgehensweisen auszuwählen. Die angestrebten Erfolgskriterien sind zu definieren und die Methoden zu deren Nachweis sind festzulegen. Letztendlich ist die erforderliche Organisationsinfrastruktur zur Prozessverbesserung bereitzustellen (Ressourcen wie Personal, Räumlichkeiten, Werkzeuge etc.). *Initiating*
- **Diagnostizieren:** Das ausgewählte Vorgehen zum → Prozess-Assessment ist durchzuführen. Die Ergebnisse müssen analysiert und hinsichtlich eines zu erreichenden Zustandes operationalisiert werden. Ergebnis ist eine Liste von möglichen Prozessverbesserungen. *Diagnosing*
- **Etablieren:** Die aufgezeigten Prozessverbesserungen sind mit Prioritäten zu versehen. Grundlage für die Prioritätsvergabe können Return on Investment, vermutete Risiken, Übereinstimmung mit der Gesamtstrategie der Organisation sowie messbarer quantitativer oder qualitativer Nutzen sein. Ein Plan mit durchzuführenden Aktionen unter Berücksichtigung der Prioritäten zur Umsetzung der Verbesserungen ist aufzustellen. *Establishing*
- **Agieren:** Zur Umsetzung der identifizierten Prozessverbesserungen wird es erforderlich sein, zusätzlich benötigte Prozesse zu definieren und zu pilotieren bzw. bereits bestehende Prozesse anzupassen. Das Ausrollen aller geänderten und neuen Prozesse ist entsprechend vorzubereiten. *Acting*

  Nachdem die Umsetzung der Vorschläge und Änderungen abgeschlossen ist, werden diese in der Breite ausgerollt. Training oder Coaching sowie die Durchführung und Auswertung von Pilotprojekten können erforderlich sein, um letztendlich die vollständige Umsetzung der Assessmenterkenntnisse zu gewährleisten.
- **Lernen:** Das Erreichen der zu Beginn festgelegten Erfolgskriterien ist unbedingt zu prüfen. Das Eintreten der erhofften Vorteile ist außerdem kritisch zu analysieren und zu bewerten. *Learning*

In Abhängigkeit vom verwendeten Ansatz zur Prozessverbesserung ist zu analysieren, ob ein weiterer Durchlauf in Angriff zu nehmen ist (z. B. für die nächste (Reifegrad-)Stufe, s. Abschnitte 6.3.1 und 6.3.2) oder der Verbesserungsprozess als abgeschlossen anzusehen ist und beendet werden kann.

IDEAL gehört zu den allgemeinen Ansätzen zur Prozessverbesserung wie z. B. »TQM«, »Kaizen«, »Six Sigma« und »EFQM«, die sich für die Bewertung und Verbesserung von Prozessen zu Entwicklung und Herstellung von Produkten und ebenso für Dienstleistungen eignen und im folgenden Exkurs skizziert werden. Alle genannten allgemeinen Ansätze lassen sich auf Softwareentwicklungsprozesse übertragen.

Exkurs

6.2.3 TQM, Kaizen, Six Sigma und EFQM

Total Quality Management (TQM)

Beim Total Quality Management (TQM) steht die Qualität sowohl von Produkten und Dienstleistungen als auch von Prozessen im Mittelpunkt. Oberstes Ziel ist die Zufriedenheit der Kunden. Alle in einer Organisation oder Firma Beschäftigten sind für die Qualität verantwortlich. Qualität wird durch die Verbesserungen der Prozesse erreicht und die Prozessverbesserung ist kontinuierlich fortzusetzen. Das setzt aktives Handeln aller Beschäftigten voraus und muss täglich erarbeitet werden.

Die im TQM formulierten Grundsätze und Prinzipien lassen sich ohne Weiteres auch auf den Testprozess übertragen und anwenden. Das Testmanagement finden in TQM eine Vielzahl von Anregungen für die tägliche Arbeit (s. [URL: SWEBOK], [URL: TQM], [Mellis 98], [Brueggemann 24]).

Kaizen

Kaizen ist ein japanischer Begriff und setzt sich aus den beiden Worten »Kai« (Veränderung) und »Zen« (zum Besseren) zusammen. Kaizen bedeutet »kontinuierliche Verbesserung«. Die Ausgangsüberlegung ist folgende: Ein System oder ein Prozess ist ab seiner Einsetzung »dem Verfall preisgegeben«, wenn nicht ständig Erneuerungen bzw. Verbesserungen vorgenommen werden (s. [Imai 01], [URL: Kaizen]).

Wie bei TQM ist auch bei Kaizen das gesamte Personal einbezogen, und die Verbesserungen erfolgen durch schrittweise Perfektion und Optimierung. Beide Managementansätze sollen zu einer höheren Identifikation des Personals mit dem Unternehmen und letztendlich zu einer stetigen Verbesserung der Wettbewerbsposition des Unternehmens führen. Der »kontinuierliche Verbesserungsprozess« (KVP) kann als westliche Variante von Kaizen angesehen werden[5].

---

5. TQM kann ebenfalls als vergleichbare Variante gesehen werden.

Six Sigma

Six Sigma ist ebenfalls ein Vorgehen oder ein Rahmenwerk zur Prozessverbesserung, wobei Daten und statistische Analysen zur Ermittlung von Problemen und Möglichkeiten der Verbesserungen herangezogen werden. Ziel ist es, möglichst fehlerfreie Produkte durch einen fehlerfreien Prozess zu erstellen (s. z. B. [John 12]).

σ (griech. Sigma) bezeichnet die Standardabweichung.

Der Begriff »Six Sigma« kommt aus der Statistik. Sigma (σ) bezeichnet die Standardabweichung der Gauß'schen Normalverteilung. Diese ist durch die beiden Parameter Mittelwert und Standardabweichung eindeutig bestimmt. Liegt beispielsweise eine Standardabweichung von 3σ vor, dann ist der untersuchte Prozess zu etwa 93,3 % fehlerfrei oder, anders ausgedrückt, bei einer Million Fehlermöglichkeiten treten ca. 66.800 Fehler ein. Bei 6σ sind es nur noch 3,4 Fehler – also fast Fehlerfreiheit. Six Sigma meint somit die systematische Verringerung von Abweichungen bis hin zum Idealzustand, nahezu fehlerfrei zu sein.

DMAIC, DMADV und DFSS

Das Vorgehen bei Six Sigma beruht auf den Methoden DMAIC, DMADV und DFSS. DMAIC steht für »define, measure, analyse, improve, control« und wird für bestehende Prozesse eingesetzt. DMADV steht für »define, measure, analyse, design, verify« und ist eine Spezialisierung von DMAIC, die allgemein für die Produktentwicklung und somit auch zur Softwareentwicklung geeignet ist. Dabei kommt hauptsächlich die Methode »Quality Function Deployment« (QFD, s. Abschnitt 4.6.5) zum Einsatz. DFSS ist die Abkürzung für »design for six sigma« und soll dafür sorgen, dass neue Prozesse gleich dem Six-Sigma-Anspruch genügen.

Bei Six Sigma lassen sich ebenfalls viele Parallelen zu TQM und Kaizen erkennen. Hauptunterschied ist die Zielsetzung der Fehlerfreiheit, die durch statistische Erhebungen belegt wird. Für Testmanager ist sicherlich auch Fehlerfreiheit der getesteten Systeme ein anzustrebendes, aber auch sehr hohes Ziel. In keiner anderen Teilaufgabe der Softwareentwicklung stehen jedoch so viele und auch aussagekräftige Daten für statistische Analysen zur Verfügung wie im Softwaretest. Daher ist die statistische Analyse und damit Six Sigma durchaus ein umsetzenswerter Ansatz.

Auf der anderen Seite ist umfangreiches und vor allen Dingen untereinander vergleichbares Datenmaterial erforderlich, um die statistischen Auswertungen von Six Sigma anwenden zu können. Meist ist die direkte Vergleichbarkeit der ermittelten Daten aus verschiedenen Projekten nicht ohne Weiteres gegeben. Die Grundkonzepte von Six Sigma lassen sich aber auf den Testprozess anwenden. Ausführliche Informationen zu Six Sigma und der entsprechenden Werkzeugunterstützung sind in Fehler! Es wurde kein Textmarkenname vergeben. und [El-Haik 11] zu finden.

EFQM

EFQM [URL: EFQM] ist ein weltweit anerkanntes Management-Framework, das Organisationen bei der Bewältigung von Veränderungen und bei der Leistungssteigerung Orientierung bietet. Initiiert wurde es 1988 von Vertretern europäischer multinationaler Unternehmen mit Unterstützung der Europäischen Kommission sowie der European Organisation for Quality. Die nationale Partnerorganisation der EFQM in Deutschland ist die Deutsche Gesellschaft für Qualität e. V. (DGQ, [URL: DGQ]). EFQM wird seit mehr als 30 Jahren weltweit eingesetzt und hat in dieser Zeit bereits eine Reihe von Verbesserungszyklen durchlaufen. In der 2025 veröffentlichten Version von EFQM wurde insbesondere das Konzept des »nachhaltigen Nutzens« in Abgrenzung zu »Nachhaltigkeit« geschärft, sodass nun die »nachhaltige Leistungssteigerung« im Mittelpunkt steht. Auch wird dem Konzept der Technologieführerschaft (beispielsweise hinsichtlich KI) nun mehr Bedeutung beigemessen. Die Struktur von EFQM basiert auf der einfachen, aber wirkungsvollen Logik dreier Fragen:

Strategie

- »Warum« existiert die Organisation? Welchen Zweck erfüllt sie? Warum gerade diese Strategie?

Operationalisierung

- »Wie« beabsichtigt das Unternehmen, seinen Zweck und seine Strategie zu erfüllen?

Ergebnisse

- »Was« hat sie tatsächlich bisher erreicht? Was gedenkt sie morgen zu erreichen?

EFQM stuft den Reifegrad einer Organisation anhand von neun Kriterien ein, davon fünf sogenannten Befähigerkriterien, die die Vernetzung, die internen Prozesse sowie deren ständige Verbesserung durch die Organisation fordern, und vier Ergebniskriterien, die die Einschätzung durch andere Organisationen und die Strategie sowie die tatsächlich erbrachten Leistungen der Organisation bewerten. Zur Bewertung von Organisationen stellt EFQM die sogenannte RADAR-Logik inklusive einer Bewertungsmatrix bereit. Sie dient sowohl als Instrument zur Selbstbewertung wie auch als Bewertungsgrundlage für die Bewerbung um EFQM-Excellence-Preise und -Anerkennungen.

Wichtiges Merkmal von EFQM gegenüber den anderen in diesem Abschnitt skizzierten Ansätzen ist die konsequente Personal- und Kundenorientierung. Nachteil dieser Ansätze ist, dass ihre Nutzung gerade für kleine Organisationen sehr anspruchsvoll und aufwendig ist.

Exkurs

6.2.4 Ansätze zur Verbesserung des Softwareentwicklungsprozesses

Für die Verbesserung von Softwareentwicklungsprozessen werden in großen Organisationen teilweise »schwergewichtige« Ansätze wie z. B.

die in der Einleitung dieses Kapitels erwähnten CMMI und ISO 330nn eingesetzt. Diese umfassen eine Reihe von Indikatoren für die Prozessleistung und die Prozessfähigkeit von Organisationen. Die Indikatoren dienen als Grundlage für die Erhebung objektiver Nachweise, die es Gutachtern (→ Assessoren, Auditoren) ermöglichen, Bewertungen gemäß den Anforderungen des jeweiligen Ansatzes zu vergeben.

CMMI

Das Capability Maturity Model Integration® (CMMI, [URL: CMMI]) wurde vom Software Engineering Institute (SEI) der Carnegie Mellon University in Pittsburgh entwickelt. Ziel ist die Bewertung der Reife einer Organisation, Prozesse definiert durchzuführen und zu verbessern. Das bis 2016 gültige CMMI V.1.3 umfasste insgesamt vier Anwendungsgebiete, wobei insbesondere das Gebiet Softwareentwicklung (CMMI-SW) für das Testmanagement von Interesse war.

Das CMMI Institute des SEI wurde im März 2016 von der Organisation ISACA übernommen. 2018 erschien dann das CMMI V2.0, in dem die oben erwähnten vier Anwendungsgebiete in einem Modell integriert wurden und das in einigen Prozessbereichen auch »agile Aspekte« enthält. Das CMMI Institute formulierte die Leitprinzipien von CMMI wie folgt:

- Fokussiere die Schaffung von Geschäftswert.
- Fokussiere auf Geschäftsleistung und -ergebnisse.
- Nutze eine flexible, skalierbare Architektur.
- Reduziere Redundanz.
- Verwende eine einfache Sprache.
- Benutze Grafiken und Symbole für Verständnis und Akzeptanz.

Die aktuell gültige CMMI-Version 3.0 wurde im April 2023 veröffentlicht. Sie unterscheidet weiterhin zwischen einer gestuften und einer kontinuierlichen Darstellung. In der gestuften Darstellung sind fünf konsekutiv aufeinander aufbauende Reifegradstufen gegeben (1: Initial, 2: Geführt, 3: Definiert, 4: Quantitativ geführt, 5: Optimierend). Jede Reifegradstufe charakterisiert die gesamte betrachtete Organisation bzw. Organisationseinheit.

In der kontinuierlichen Darstellung werden einzelnen Praktiken vier konsekutive Fähigkeitsgrade zugeordnet (0: Unvollständig, 1: Durchgeführt, 2: Geführt, 3: Definiert). Dies ermöglicht es, den Fokus einer Prozessverbesserung auf einzelne Aspekte zu legen.

In CMMI werden alle Anforderungen zu einem »Thema« in einem Praxisbereich (*practice area*, PA) zusammengefasst. Jeder der 31 Praxisbereiche besteht aus einem »Kern« mit einer allgemeinen Beschreibung und einem kontextspezifischen Abschnitt z. B. aus der Perspektive von Agile/Scrum, Entwicklung, Services etc.). Der Schwerpunkt liegt auf der

Sicherstellung der Umsetzung von PAs und deren kontinuierlicher Anwendung, bis sie zur Gewohnheit werden.

Für das Testmanagement von Bedeutung sind u. a. die Praxisbereiche »Incident Resolution and Prevention (IRP)«, »Peer Reviews (PR)«, »Product Integration (PI)«, »Risk and Opportunity Management (RSK)« und »Verification and Validation (VV)«.

Für weitere Informationen zum CMMI sei mangels aktueller Bücher auf entsprechende Literatur des CMMI Institute [URL: CMMI] verwiesen. Eine Literaturstudie zu CMMI 3.0 und DevOps findet sich in [Rajab 25].

ISO 90003: 9001 in der SW-Entwicklung

Die Norm [ISO 90003] ist ein Leitfaden für die Anwendung der oben bereits erwähnten Norm [ISO 9001] auf die Entwicklung, Lieferung und Wartung von Software. Sie referenziert die Softwareentwicklungsprozessnorm [ISO 12207] und kann damit in modellbasierten Ansätzen zur Analyse, Bewertung und Verbesserung von Softwareentwicklungslebenszyklus-Modellen herangezogen werden.

ISO 330nn ersetzt SPICE.

Die Normenreihe ISO/IEC 330nn [ISO 33001] ersetzt die SPICE-Normenreihe ISO 15504-n [ISO 15504] und beschreibt in der [ISO 33063] einen modellbasierten Ansatz zur Bewertung von Softwaretestprozessen. Dieser Ansatz wird in Abschnitt 6.3.3 skizziert.

6.2.5 Ansätze zur Testprozessverbesserung

In der Literatur sind viele unterschiedliche Ansätze zur **Testprozessverbesserung** dokumentiert, von denen die üblichsten in Abbildung 6.3 skizziert sind. Die strichliert umrandeten Ansätze sind im CTAL-TM nicht berücksichtigt, sondern gehören zum Inhalt des Expert-Level-Lehrplans zur Testprozessverbesserung (s. [Bath 14], [CTEL-ITP 11]).

Der CTAL-TM konzentriert sich auf die folgenden beiden Arten von Ansätzen zur Testprozessverbesserung:

- Modellbasierte Ansätze
- Analytische Ansätze

Während modellbasierte Ansätze wie im vorherigen Abschnitt bereits skizziert im Prinzip die Anwendung bewährter Best Practices widerspiegeln, basieren analytische Ansätze eher auf Erkenntnissen und dem Lernen aus den eigenen Fehlern. Die beiden Ansätze haben folgende Merkmale.

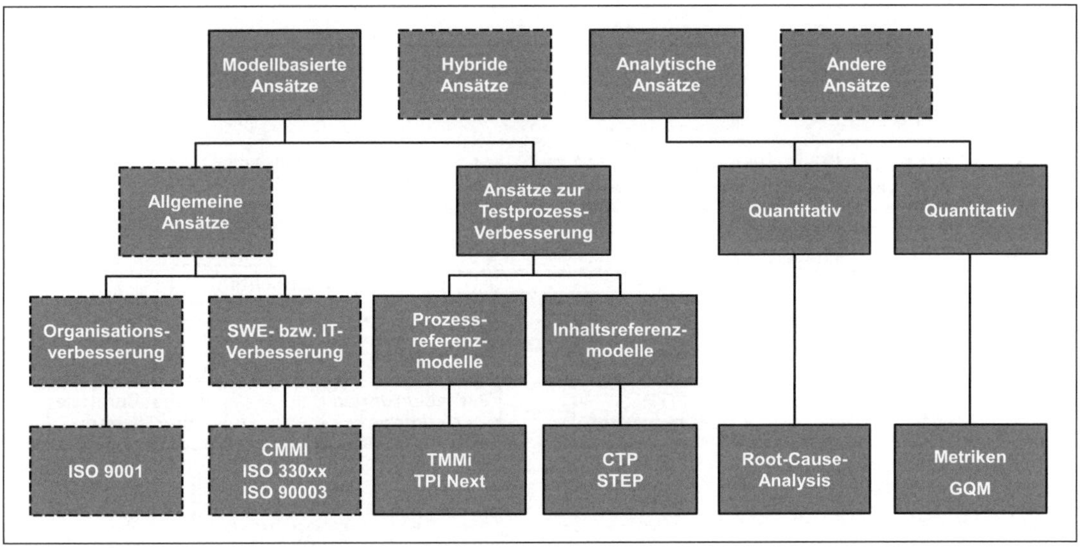

Abb. 6.3 *Ansätze zur Testprozessverbesserung (angelehnt an [Bath 14])*

Modellbasierte Ansätze

Modellbasierte Ansätze zur Prozessverbesserung sind eine bewährte Vorgehensweise, die in der Software- und Testbranche oft angewendet wird. Das zugrunde liegende Prinzip und die Philosophie der Verwendung von Modellen zur Prozessverbesserung basiert auf der beobachteten Korrelation der Prozessreife und -fähigkeit einer Organisation hinsichtlich der Vorhersagbarkeit der resultierenden Funktionalität, des benötigten Aufwandes, der Durchlaufzeit und der Qualität des Softwareprozesses (vgl. [Bath 14]).

Analytische Ansätze

Analytische Ansätze werden verwendet, um Problembereiche in Prozessen zu identifizieren und spezifische Verbesserungsziele festzulegen. Das Erreichen dieser Ziele wird dann anhand von vordefinierten Kenngrößen gemessen.

Analytische Ansätze werden somit eher bottom-up angewendet, beginnend mit den aktuell im Projekt auftretenden Problemen. Im Gegensatz dazu verfahren modellbasierte Ansätze am häufigsten top-down entlang des jeweils zugrunde liegenden Modells.

Das prinzipielle, auf dem in Abschnitt 6.2.2 beschriebenen IDEAL-Modell basierende Vorgehen bei der Verbesserung von Testprozessen (*Improvement of Testing Processes*, ITP) zeigt Abbildung 6.4[6] (angelehnt an [Garousi 18] und [Bath 14]).

6. Abbildung 6.4 ist angelehnt an das UML-Aktivitätsdiagramm. Abgerundete Kästen stellen Aktionen dar, dickumrandete und ausgefüllte Kästen entsprechen Daten bzw. Informationen. Durchgezogene Pfeile zeigen den Ablauf, gestrichelte Pfeile den Daten- bzw. Informationsfluss.

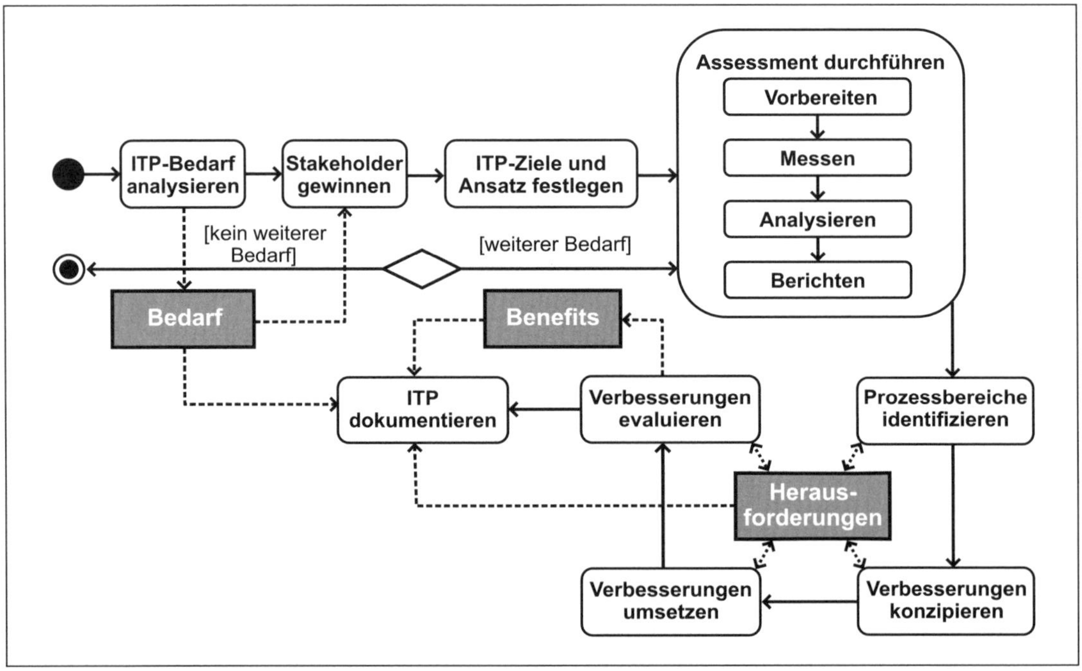

Abb. 6.4 *Vorgehen bei der Testprozessverbesserung (ITP)*

6.3 Modellbasierte Ansätze zur Testprozessverbesserung

Modelle zur Testprozessverbesserung

Da viele allgemeine modellbasierte Ansätze wie z. B. CMMI für eine Bewertung des Testprozesses überdimensioniert sind, ist der Einsatz von Bewertungs- und Verbesserungsmodellen sinnvoll, deren Fokus sich ausschließlich auf den Testprozess richtet.

Exkurs

Die in diesem Abschnitt vorgestellten modellbasierten Ansätze zur Testprozessverbesserung werden in zwei Kategorien eingeteilt:

Prozessreferenzmodelle

- Prozessreferenzmodelle wie TPI Next® und TMMi liefern eine Messung der Prozessreife. Hierfür werden die Prozesse, deren Aktivitäten und die erstellten Dokumente einer Organisation mit denjenigen der Reifegrade des Modells verglichen, innerhalb des Rahmenwerks des Modells bewertet und es wird ein Weg für die Prozessverbesserung aufgezeigt.

Inhaltsreferenzmodelle

- Inhaltsreferenzmodelle wie STEP und CTP liefern geschäftsgetriebene Bewertungen und Verbesserungsmöglichkeiten für die Organisation. Dies beinhaltet in manchen Fällen objektive Messungen für benchmarkartige Vergleiche mit dem Branchendurchschnitt. Sie zeigen teilweise auch einen Weg für die Verbesserung des Prozesses auf.

Die folgenden beiden Abschnitte stellen die im CTAL-TM behandelten Ansätze zur Testverbesserung vor: die Prozessreferenzmodelle »Test Maturity Model integration« (TMMi) und »Business Driven Test Process Improvement« (TPI Next®). In zwei Exkursen geht es dann um die Inhaltsreferenzmodelle »Systematic Test and Evaluation Process« (STEP) und »Critical Testing Processes« (CTP).

Die vorgenommene Auswahl dieser Modelle ist nicht als zwingende Empfehlung zu sehen, vielmehr soll mit ihnen repräsentativ dargelegt werden, wie entsprechende Modelle grundsätzlich aufgebaut und anzuwenden sind.

Keine vollständige Aufzählung

Neben den vier näher beschriebenen Modellen gibt es viele weitere: »Test Organization Maturity« (TOM), »Test Improvement Model« (TIM) und »Software Quality Rank« (SQR). Damit ist die Liste keineswegs komplett, es gibt noch eine Vielzahl weiterer Modelle (s. a. [Garousi 18]). Im Testmanagement sollen Kenntnisse über die verfügbaren Modelle vorhanden sein, um den für eine spezifische Situation am besten geeigneten Ansatz auswählen und anwenden zu können.

Bevor die Ansätze nun im Einzelnen beschrieben werden, sollen zunächst ein paar Gemeinsamkeiten und Unterschiede aufgezeigt werden.

Gemeinsamkeiten und Unterschiede

Bei jedem der Ansätze erhält die beauftragende Organisation nach Durchführung des Prozess-Assessments eine detaillierte Einschätzung, wo sie gegenwärtig mit ihrem derzeitigen Testprozess steht. In den Prozessreferenzmodellen TMMi und TPI Next® werden zusätzlich konkrete Hinweise zur Umsetzung der Empfehlungen zur Testprozessverbesserung gegeben. Beide bieten einen »roten Faden« für die Umsetzung an.

Im Gegensatz dazu liefern die Inhaltsreferenzmodelle CTP und STEP den Organisationen nur Informationen, wo sich Investitionen in die Testprozessverbesserung lohnen. Sie geben aber keine konkreten Hinweise für die Umsetzung. Die Organisationen müssen angemessene Wege zur Verbesserung selbst finden oder durch erfahrene Berater aufzeigen lassen.

Einsatz ist gängige Praxis.

Der Einsatz von Modellen zur Verbesserung der Testprozesse ist gängige Praxis, da hierbei standardisierte Methoden nach erprobten und bewährten Rezepten verwendet werden. Nichtsdestoweniger ist es möglich, auf den Einsatz der Modelle ganz zu verzichten und die in Unterkapitel 6.4 beschriebenen allgemeinen analytischen Ansätze mit rückblickender Aufarbeitung einzusetzen.

6.3.1 Test Maturity Model integration (TMMi)

Grundlage für TMMi war CMMi

Das **Test Maturity Model integration** (TMMi, [van Veenendaal 11], [URL: TMMi]) ist eine Weiterentwicklung des Testing Maturity Model (TMM^{sm}), das 1996 am Illinois Institute of Technology in Chicago, USA entwickelt wurde (s. [Burnstein 96], [Burnstein 03]). Eine weitere Grundlage für das Modell ist das Capability Maturity Model Integration V1.3 (CMMI V1.3, s. Abschnitt 6.2.4). TMMi legt sein Augenmerk insbesondere auf den Test als Prozess, der evaluiert und verbessert wird.

Fünf Reifegradstufen

TMMi definiert in Anlehnung an CMMI fünf Reifegradstufen und stellt ein hierarchisches und für jede Stufe identisches Rahmenwerk bereit, das aus folgenden Teilen besteht (s. Abb. 6.5):

Abb. 6.5
Struktur der TMMi-Stufen

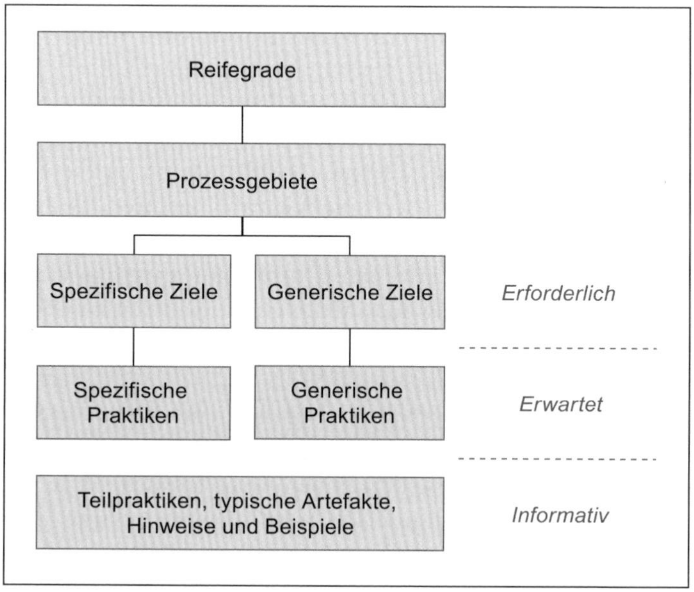

TMMi unterscheidet drei »Verpflichtungsgrade« bei den einzelnen Komponenten:

- **Erforderlich** (*required*):
  Erforderliche Komponenten beschreiben, was eine Organisation erreichen muss, um ein Prozessgebiet zu erfüllen. Diese Leistung muss sichtbar in den Prozessen der Organisation implementiert werden. Erforderliche Komponenten in TMMi sind die spezifischen und generischen Ziele. In Assessments wird die Zielerreichung dazu herangezogen, über die Abdeckung eines bestimmten Prozessgebietes zu entscheiden.
- **Erwartet** (*expected*):
  Erwartete Komponenten beschreiben, was eine Organisation in der Regel implementieren wird, um eine erforderliche Komponente zu erreichen. Diese Komponenten sind die inhaltlichen »Leitplanken« für diejenigen, die die Verbesserungen implementieren oder Assessments durchführen sollen. Sie umfassen sowohl generische als auch spezifische Praktiken und müssen entweder wie beschrieben oder

aber durch akzeptable Alternativen erreicht werden, bevor ein Ziel als erfüllt bewertet werden kann.

- **Informativ** (*informative*):
  Informative Komponenten erleichtern Unternehmen den Einstieg in die Überlegungen, wie die erforderlichen und erwarteten Komponenten erreicht werden können. Hierzu gehören Teilpraktiken, typische Artefakte, Hinweise und Beispiele.

Die fünf Reifegradstufen im TMMi sind wie folgt gegliedert und enthalten folgende Prozessgebiete (s. Tab. 6.1):

Tab. 6.1 *TMMi-Reifegradstufen und -Prozessgebiete*

Stufe	Prozessgebiete (Reifeziele)
1 - Initial	Ohne Prozessgebiet
2 - Managed	Testrichtlinie und Teststrategie; Testplanung, -kontrolle und -überwachung; Testverfahren und Testdurchführung; Testumgebung
3 - Defined	Testorganisation; Testschulungsprogramm; Testprozessintegration im Entwicklungsprozess; Peer Reviews; nicht-funktionale Tests
4 - Measured	Formale Reviews; Testmetriken; Softwarequalitätsmanagement
5 - Optimization	Fehlerprävention; Testprozessoptimierung; statistische Qualitätskontrolle und -regelungen

Im Folgenden werden die einzelnen Stufen charakterisiert (s. [van Veenendaal 11], [URL: TMMi]):

1 - Initial

- Auf der Stufe 1 ist Testen ein chaotischer, nicht definierter Prozess und wird meist als Teil des Debuggings betrachtet. Die Organisation bietet kein stabiles Umfeld zur Unterstützung der Prozesse. Der Erfolg hängt von der Kompetenz und den »Heldentaten« der Menschen in der Organisation und nicht von der Verwendung von bewährten Verfahren ab. Tests werden ad hoc entwickelt, nachdem die Codierung abgeschlossen ist. Testen und Debuggen sind »verzahnt«, um die Fehler aus dem System zu entfernen. Das Ziel des Testens auf diesem Niveau ist zu zeigen, dass die Software ohne größere Ausfälle läuft. Produkte werden ohne ausreichenden Nachweis von Qualität und Risiken veröffentlicht. Im Feld erfüllt das Produkt oft nicht die Anforderungen, ist nicht stabil und zu langsam. Im Test fehlt es an Ressourcen, Werkzeugen und gut ausgebildetem Personal. Es gibt keine definierten Prozessgebiete. Die Organisation tendiert zur Selbstüberschätzung, fällt in Zeiten von Krisen in chaotische Zustände zurück und ist unfähig, ihre Erfolge zu wiederholen. Darüber hinaus werden Produkte oft nicht rechtzeitig freigegeben, das Budget überzogen und unzureichende Qualität geliefert.

2 – Managed

Auf Stufe 2 wird Testen als eigenständiger Prozess gesehen und ist klar vom Debugging getrennt. Es erfolgt eine Testplanung, die auch die Bestimmung der Teststrategie umfasst. Der Testprozess wird überwacht und gesteuert und auch in Krisenzeiten verfolgt. Risikomanagementtechniken werden verwendet, um auf Grundlage der dokumentierten Anforderungen Produktrisiken zu identifizieren. Das Testkonzept definiert u. a., welche Tests auf welchen Teststufen erforderlich sind und wie und von wem sie durchgeführt werden. Der Status der Arbeitsprodukte und die Leistungen des Tests sind für das Management sichtbar. Um Testfälle aus den Anforderungen herzuleiten und auszuwählen, werden Testverfahren verwendet. Testaktivitäten beginnen allerdings noch recht spät, z. B. parallel zur Komponentenspezifikation oder zur Programmierung. Testen dient hauptsächlich dem Nachweis der Erfüllung der spezifizierten Anforderungen. Viele Qualitätsprobleme auf diesem Reifegrad treten auf, weil Tests erst spät im Entwicklungszyklus einsetzen und Fehler in den Anforderungen und im Entwurf sich in den Programmcode fortpflanzen. Es gibt keine offiziellen Reviewvorgaben, um dieses wichtige Problem zu beheben.

3 – Defined

Auf Stufe 3 ist der Testprozess im Softwareentwicklungsprozess vollständig integriert. Testplanung findet zu einem frühen Zeitpunkt statt. Bei der Festlegung der Teststrategie stehen ausführlich dokumentierte Anforderungen zur Verfügung, und es fließen umfangreiche Risikoüberlegungen mit ein. Ungültige Eingaben und fehlerhafte Situationen werden beim Testen berücksichtigt. Reviews werden durchgeführt, wenngleich noch nicht einheitlich, nicht formal und nicht im gesamten Entwicklungsprozess verankert. Es werden auch nicht-funktionale Tests durchgeführt. Unternehmensweite Testprozesse und eine Testorganisation sind institutionalisiert, ebenso ein spezielles Schulungsprogramm für Tester. Testen wird als eigenständiges Berufsbild angesehen. Auch die Verbesserung des Testprozesses wird unternehmensweit verfolgt.

Eine wichtige Unterscheidung zwischen den TMMi-Reifegraden 2 und 3 ist der Anwendungsbereich von Standards, Prozessbeschreibungen und Verfahren. Diese werden auf Reifegrad 2 oft in jedem Projekt anders ausgelegt. Auf Reifegrad 3 werden organisationsweit gültige Standardprozesse gemäß den Anforderungen des Projekts oder der Organisationseinheit nach formalen Richtlinien zugeschnitten. Eine weitere wichtige Unterscheidung ist, dass auf Reifegrad 3 die Prozesse in der Regel rigoroser beschrieben sind als auf Reifegrad 2.

4 – Measured

Die Verbesserungen auf Stufe 2 und 3 führen zu einer belastbaren Testinfrastruktur. Auf der vierten Stufe ist der gesamte Testprozess umfassend definiert und quantifizierbar. Die einzelnen Testaktivitäten sind begründet und Reviews für die Dokumente des gesamten Entwicklungsprozesses werden entsprechend den vereinbarten Auswahlkriterien systematisch durchgeführt. Sie werden als wichtige Ergänzung zum Testen angesehen. Softwareprodukte werden im Hinblick auf alle Qualitätsmerkmale wie Zuverlässigkeit, Benutzbarkeit und Wartbarkeit überprüft. Testfälle werden in einer zentralen Datenbank gesammelt, gesichert und für eine spätere Wiederverwendung und die durchzuführenden Regressionstests verwaltet. Testmetriken sind organisationsweit definiert und werden erhoben und in einem zentralen Repository hinterlegt, um Auskunft über die Qualität des Testprozesses und des Softwareprodukts zu geben und faktenbasierte Entscheidungen zu ermöglichen. Testen wird als Evaluierung über den gesamten Entwicklungsprozess gesehen, was die Integration → dynamischer Tests mit Reviews und der Qualitätssicherung aller Lebenszyklusprodukte einschließt.

5 – Optimization

- In der fünften und obersten Stufe ist der Testprozess komplett definiert und quantifiziert. Kosten und Effektivität des Tests sind kontrollierbar. Testverfahren werden optimal eingesetzt. Der Testprozess wird kontinuierlich inkrementell optimiert. Fehlerprävention und statistische Qualitätskontrolle sind Bestandteil des Prozesses. Der Prozess zur Auswahl und Evaluation von Testwerkzeugen ist dokumentiert. Werkzeuge werden bei möglichst allen Testaktivitäten zur Unterstützung eingesetzt. Frühzeitige Vermeidung von Fehlern ist das Hauptziel des Testprozesses. Alles dies wirkt sich auch positiv auf den gesamten Entwicklungsprozess aus.

Um eine genauere Vorstellung von den einzelnen Reifezielen und ihren Teilzielen zu vermitteln, werden im Folgenden einige exemplarisch dargestellt:

Stufe 2 Testrichtlinie und Testziele

- Im Unternehmen existiert eine unternehmensweite Testrichtlinie. Diese definiert und dokumentiert Ziele für das Testen sowie für das Debugging. Die Testziele sind mit Performanzindikatoren hinterlegt und spiegeln sich in den Testplänen wider.

Stufe 2 Testplanung

- Ein Testkonzept-Template ist entwickelt und im Projektmanagement und der Entwicklung verfügbar. Grundlegende Werkzeuge zur Planung sind evaluiert, empfohlen und angeschafft worden.

Stufe 2 Testverfahren

- Ein unternehmensweit gültiger Satz von grundlegenden Testverfahren ist erarbeitet und evaluiert (z. B. einzelne Black-Box- und White-Box-Tests, Rückverfolgbarkeit sowie die Unterscheidung zwischen den Teststufen Komponententest, Komponentenintegrationstest, Systemtest, Systemintegrationstest und Abnahmetest). Adäquate Werkzeugunterstützung ist ebenfalls vorhanden.

Stufe 3 Testorganisation

- Es existiert eine organisationsweite Testgruppe mit entsprechender Unterstützung durch das Management. Rollen und Verantwortlichkeiten im Testprozess sind definiert. In der Testgruppe ist gut ausgebildetes und motiviertes Personal. Die Gruppe unterhält Kommunikationswege, die eine direkte Beteiligung von Anwendern und Kunden am Testprozess zulassen. Wünsche, Sorgen und Anforderungen der Anwender werden gesammelt, dokumentiert und in den Testprozess eingebracht.

Stufe 3 Testschulungsprogramm

- Das Management hat ein Trainingsprogramm unter Berücksichtigung von Trainingszielen und -plänen aufgestellt. Innerhalb der Organisation ist eine Trainingsgruppe eingerichtet und mit entsprechenden Werkzeugen, Räumlichkeiten und Material ausgestattet worden.

Stufe 4 Kontrolle und Überwachung

- Das Unternehmen hat Mechanismen und Ziele zur Regelung und Beobachtung des Testprozesses festgelegt. Grundlegende prozessbezogene Maßzahlen sind definiert und dokumentiert. Für den Fall von signifikanten Abweichungen von der Testplanung sind Korrekturmaßnahmen sowie Notfallpläne entwickelt und dokumentiert worden.

TMMi als Ergänzung zu CMMI

TMMi ist als Ergänzung zu CMMI gedacht. Die Reifegradstufen beider Modelle korrespondieren weitestgehend miteinander. Da der Testprozess als ein Teil des Softwareentwicklungsprozesses gesehen wird, stehen die Prozessgebiete in TMMi (*maturity goals*) in engem Zusammenhang mit den Prozessgebieten (*key process areas*) des CMMI V1.3. Tabelle 6.2 stellt beispielhaft Beziehungen zwischen den Stufen der beiden Bewertungsmodelle dar:

Tab. 6.2 *Prozessgebiete und Reifegradstufen in TMMi und CMMI*

TMMi	CMMI	Prozessgebiete
2	2	Anforderungsmanagement, Projektplanung, Konfigurationsmanagement, Projektverfolgung und Projektsteuerung, Qualitätssicherung von Prozessen und Produkten
2	3	Anforderungsentwicklung, Risikomanagement
3	3	organisationsweiter Prozessfokus, organisationsweite Prozessdefinition, organisationsweites Training, Verifikation, Peer Reviews
4	3	formale Reviews
4	4	quantitatives Projektmanagement, Softwarequalitätsmanagement
5	5	Fehlerprävention, Management bei Prozess- und Technologieänderungen

TMMi-Assessment-Anforderungen (TAMAR)

Damit Organisationen ihren Testprozess mit einem modellbasierten Ansatz beurteilen und verbessern können, soll dieser ein Assessmentmodell beinhalten, das bei der Beurteilung behilflich ist. Mit einem entsprechenden Assessment kann dann nachvollziehbar festgestellt werden, ob das

Unternehmen einen bestimmten Reifegrad erreicht hat oder nicht. Die Ergebnisse eines Assessments erlauben darüber hinaus, Empfehlungen für vorzunehmende Verbesserungsmaßnahmen zu geben. TMMi definiert kein eigenes Assessmentverfahren, sondern formuliert lediglich Anforderungen an die Durchführung von Assessments (TMMi Assessment Method Application Requirements, TAMAR). TAMAR unterscheidet formelle und informelle Assessments.

TAMAR: formelle und informelle Assessments

Ein formelles Assessment muss genügend Tiefe aufweisen, um den Reifegrad einer Organisation valide festzustellen. Es wird von einem akkreditierten Lead-Assessor geleitet und unter Beteiligung von Stakeholdern aus allen betrachteten Bereichen durchgeführt. Unterschiedliche Quellen wie Dokumente, Interviews und Arbeitsplatzbeobachtungen sind zu berücksichtigen. Ein informelles Assessment unterliegt weitaus geringeren Anforderungen. Es führt aber nicht zu einer offiziellen Einstufung hinsichtlich des Testreifegrads, sondern gibt lediglich Hinweise auf diesen.

Nach Durchführung des Assessments umfasst der → Assessmentbericht fünf Rubriken (Datum des Assessments, Liste der untersuchten Artefakte, die Begründung für die gefundenen Stärken und Schwächen, Details der verwendeten Assessmentmethode und – bei formalen Assessments – die Gesamtbewertung). Für ausführlichere Beschreibungen des Test Maturity Model integration sei auf die offizielle Webseite der TMMi-Foundation [URL: TMMi] verwiesen.

6.3.2 Business Driven Test Process Improvement (TPI Next®)

Business Driven Test Process Improvement (**TPI Next**®, [van Ewijk 11]) basiert auf den langjährigen Erfahrungen im Bereich Testen der Firma Sogeti Nederland B.V. [URL: Sogeti]. Das Bewertungsmodell ist ein durchgängiges Rahmenwerk für die Testprozessverbesserung. TPI Next® beschreibt die Schlüsselelemente eines effektiven und effizienten Testprozesses, ermöglicht die Bestimmung der Reife des Testprozesses in einer Organisation und unterstützt die schrittweise Prozessverbesserung. Es ist eine Fortschreibung des Ende der 90er-Jahre veröffentlichten Modells TPI (s. [Koomen 99], [Pol 02]) und baut auf dem TMap Next®-Testprozess auf (s. [Koomen 08]). Abbildung 6.6 zeigt die Hauptelemente von TPI Next®.

16 Kernbereiche und entsprechende Reifegrade

Da der Testprozess eine ganze Reihe von Aufgaben und Aktivitäten umfasst, die zu bewerten sind, definiert TPI Next® 16 Kernbereiche. Die Kernbereiche werden in drei Kategorien eingeordnet: Stakeholder-Beziehungen, Testmanagement und Testkompetenz. Dadurch werden die relativen Stärken und Schwächen nach der Bewertung deutlich. Ein Kernbereich umfasst beispielsweise wichtige Aspekte zum Einsatz von Werkzeugen.

Abb. 6.6
Hauptelemente des TPI Next®-Modells

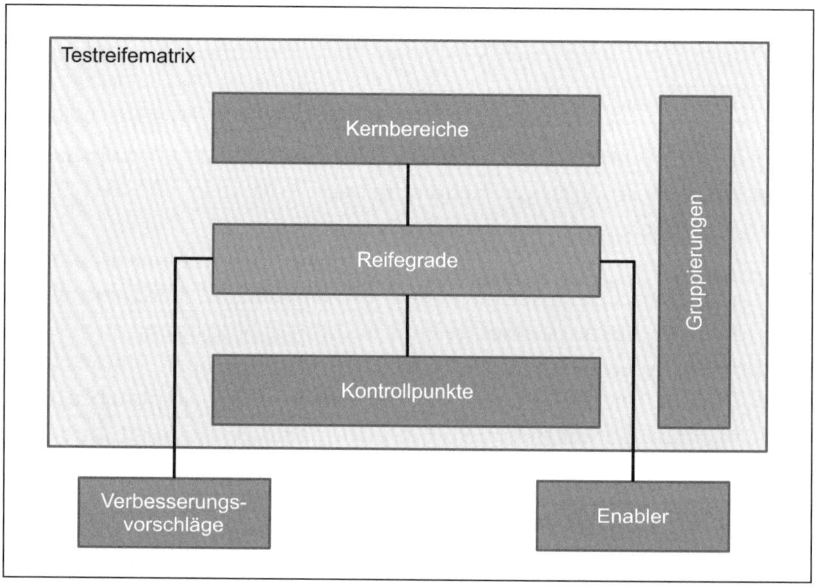

Bei der Bewertung des Testprozesses wird für jeden der 16 Kernbereiche eine Einstufung in einen der folgenden vier Reifegrade vorgenommen:

Vier Reifegrade inTPI Next®

- **Initial:** Der Testprozess ist unstrukturiert und besteht aus Ad-hoc-Aktivitäten.
- **Kontrolliert:** Alle Aktivitäten des Testprozesses werden geplant und durchgeführt. Der Testprozess ermöglicht ausreichende Erkenntnisse über die Qualität des getesteten Objekts.
- **Effizient:** Die Aktivitäten des Testprozesses werden so aufeinander abgestimmt, dass es zu einem günstigeren Kosten-Nutzen-Verhältnis kommt.
- **Optimierend:** Der erreichte Zustand des Testprozesses wird ständig gepflegt, analysiert und an sich ändernde Erfordernisse angepasst.

Die Stärken und Schwächen eines Testprozesses und die Einstufung in die Reifegrade werden mithilfe von jeweils zwei bis vier sogenannten Kontrollpunkten ermittelt. Die Reifegrade sind so definiert, dass Verbesserungen von einem niedrigeren auf einen höheren Reifegrad einen messbaren Einfluss auf die für das Testen erforderliche Zeit, das benötigte Budget und/oder die resultierende Qualität haben. Für jeden Reifegrad eines Kernbereichs sind Optimierungsvorschläge zur Erreichung des nächsten Reifegrads beschrieben.

Enabler verknüpfen Testprozess und Softwareentwicklung.

Darüber hinaus sind Enabler (Voraussetzungen Schaffende) angegeben. Diese verweisen auf Aktivitäten des Softwarelebenszyklus und zeigen, wo die Aktivitäten dieses Kernbereichs des Testprozesses auf dem entsprechenden Reifegrad noch besser mit denen des Softwarelebenszyklus verzahnt werden können. Abbildung 6.6 verdeutlicht die Zusammenhänge zwischen den Hauptelementen des TPI Next®-Modells.

Kernbereiche, Reifegrade, Kontrollpunkte

TPI Next®- Kernbereiche

Im Folgenden werden die 16 Kernbereiche des TPI Next®-Modells genannt und drei von ihnen exemplarisch vorgestellt. Die 16 Kernbereiche sind: Engagement der Stakeholder, Grad der Beteiligung, Teststrategie, Testorganisation, Kommunikation, Berichterstattung, Testprozessmanagement, Kostenschätzung und Planung, Metriken, Fehlermanagement, Testwaremanagement, Methodisches Vorgehen, Professionalität der Tester, Testfalldesign, Testwerkzeuge, Testumgebung[7].

Kernbereich Teststrategie

»Die Teststrategie führt den Testprozess zu einem optimalen Einsatz von Aufwand und Ressourcen. Die Teststrategie definiert die Verteilung des Testaufwands und der Testüberdeckung über die zu testenden Teile oder Aspekte des Testobjekts. Ziel der Teststrategie ist es, die wichtigsten Fehler so früh und so kostengünstig wie möglich zu finden. Die Wichtigkeit der Fehler wird durch Testziele wie z. B. Korrektheit der Geschäftsprozesse, kritische Erfolgsfaktoren oder bekannte Produktrisiken bestimmt« [van Ewijk 11].

Kernbereich Grad der Beteiligung

»Ein hoher Einbindungsgrad des Testens in das Projekt unterstützt die Verbesserung der Produktqualität von Anfang an und hilft dabei, die Testaktivitäten vom kritischen Pfad des Projekts fernzuhalten. Die verschiedenen Tests können rechtzeitig geplant und koordiniert werden. Gleichzeitig kann die Zeit, in der sich die Testaktivitäten auf dem kritischen Pfad des Projekts befinden, auf ein Minimum reduziert werden. Eine frühzeitige Einbindung des Testteams in den Softwarelebenszyklus hilft dabei, Fehler so früh und so leicht wie möglich zu finden und evtl. sogar zu vermeiden. Das Testteam unterstützt frühzeitig die Analyse der Projektrisiken sowie das Review der Anforderungen und des Entwurfs« [van Ewijk 11].

Kernbereich Testumgebung

»Die Testumgebung ist in Entwurf, Implementierung und Wartung auf die Ziele der jeweiligen Teststufe abgestimmt. Die Testumgebung besteht aus den folgenden Hauptkomponenten: Testarbeitsplatz, Netzwerk, Speicher, (Enterprise) Server, Middleware und Testdaten. Die Zusammenstellung und der Aufbau der Testumgebung sollen die Testziele widerspiegeln. Die Testumgebung hat einen bedeutenden Einfluss auf die Qualität, die Durchlaufzeit und die Kosten des Testprozesses. Wichtige Aspekte der Testumgebung sind Verantwortlichkeiten, Management, rechtzeitige und ausreichende Verfügbarkeit, Repräsentativität und Flexibilität« [van Ewijk 11].

---

7. Die oben erwähnte Variante TPI Automotive hat den Integrationstest als zusätzlichen Kernbereich.

Reifegrade und Kontrollpunkte

Wie erwähnt, sind zu jedem der 16 Kernbereiche Reifegrade definiert. Zur Bewertung und Einordnung in einen Reifegrad dienen jeweils zwei bis vier Kontrollpunkte. Zum Erreichen des Reifegrads »Kontrolliert« im Kernbereich »Teststrategie« sind z.B. die folgenden vier Kontrollpunkte zu prüfen:

- Reifegrad »**Kontrolliert**«

Kernbereich »Teststrategie«, Reifegrad »Kontrolliert«, Kontrollpunkte

1. Der Kunde stimmt der dokumentierten Teststrategie zu.
2. Die Teststrategie basiert auf einer Produktrisikoanalyse.
3. In Abhängigkeit von den analysierten Risiken wird nach Teststufen, Testarten, Testüberdeckung und Testintensität differenziert.
4. Bei Fehlernachtests und Regressionstests findet eine einfache Strategiefestlegung statt[8].

Enabler dieses Kernbereichs für diesen Reifegrad ist das Risikomanagement, das jedoch häufig auf Projektrisiken bezogen ist. Es sind bereits in frühen Projektphasen auch Produktrisiken als Grundlage für die Teststrategie zu analysieren.

Für den Kernbereich »Grad der Beteiligung« sind folgende Kontrollpunkte und Enabler für die vier Reifegrade gegeben (s. [van Ewijk 11]):

Kernbereich »Grad der Beteiligung«, Reifegrade und Kontrollpunkte

- Reifegrad »**Kontrolliert**«

1. Als eine der ersten Testaktivitäten werden Testauftrag, Betrachtungsbereich und Vorgehen frühzeitig mit dem Kunden vereinbart.
2. Testaktivitäten werden frühzeitig und rechtzeitig vor der Durchführung der Tests begonnen. Das Ziel dabei ist es, die Testaktivitäten vom kritischen Pfad des Projekts fernzuhalten.
3. Ein Tester ist in die Projektplanung eingebunden: Abhängigkeiten zwischen dem Testprozess und anderen Prozessen werden berücksichtigt.
4. Ein Tester ist in die Analyse und Begrenzung allgemeiner Projektrisiken eingebunden.

Enabler sind die Methoden des Projektmanagements.

- Reifegrad »**Effizient**«

1. Die Tester tragen zur Analyse der Auswirkungen und Risiken von Änderungsanforderungen und Änderungen der Testbasis bei.
2. Die Tester tragen zur Analyse der Fehlerwirkungen bei.
3. Die Tester sind aktiv an der Optimierung der Testbasis beteiligt (über ein Review der Testbarkeit hinausgehend), in der das zu testende Objekt beschrieben wird.

---

8. Aus [van Ewijk 11] Kontrollpunkte, s. a. dort für die weiteren Kontrollpunkte der drei oberen Ebenen des Kernbereichs »Teststrategie«.

Enabler auf diesem Reifegrad sind das Projektmanagement und die Entwicklung der funktionalen Anforderungen und des Entwurfs.

- Reifegrad »**Optimierend**«

1. Das Testteam ist an der Projektbewertung beteiligt. Die gewonnenen Erfahrungen aus dem Testprozess werden bewertet und fließen in zukünftige Projekte oder deren Vorbereitung ein.
2. Das Testteam spielt eine selbstverständliche Rolle in allen relevanten Entwicklungsaktivitäten und wird anerkannt und geschätzt.

Enabler des Kernbereichs »Grad der Beteiligung« auf dem Reifegrad »Optimierend« ist das Prozessmanagement auf Organisationsebene.

Können alle jeweiligen Kontrollpunkte positiv beantwortet werden, dann gilt der Reifegrad des Kernbereichs als erreicht. Neben den Kontrollpunkten und Enablern sind jeweils konkrete Verbesserungsvorschläge aufgeführt, die eine zusätzliche Unterstützung zum Erreichen des Reifegrads bieten.

TPI Next®-Matrix

TPI-Matrix

Die Kernbereiche werden in TPI Next® in die drei Kategorien »Stakeholder-Beziehungen«, »Testmanagement« und »Testkompetenz« unterteilt. In der Testreifematrix werden alle Kernbereiche mit den Reifegraden miteinander verknüpft, um die Prioritäten und Abhängigkeiten zwischen den Kernbereichen und Reifegraden darstellen zu können. Tabelle 6.3 zeigt die Struktur der Testreifematrix mit den jeweiligen Kontrollpunkten der Kernbereiche.

Tab. 6.3
Testreifematrix

Kat.	Nr.	Kernbereich	Initial	Kontrolliert				Effizient				Optimierend		
Stakeholder-Beziehung	1	Engagement der Stakeholder		1	2	3	4	1	2	3		1	2	3
	2	Grad der Beteiligung		1	2	3	4	1	2	3		1	2	
	3	Teststrategie		1	2	3	4	1	2	3		1	2	
	4	Testorganisation		1	2	3	4	1	2	3	4	1	2	3
	5	Kommunikation		1	2	3	4	1	2	3		1	2	
	6	Berichterstattung		1	2	3		1	2	3		1	2	
Testmanagement	7	Testprozessmanagement		1	2	3	4	1	2	3		1	2	
	8	Kostenschätzung u. Planung		1	2	3	4	1	2	3	4	1	2	3
	9	Metriken		1	2	3		1	2	3	4	1	2	
	10	Fehlermanagement		1	2	3	4	1	2	3	4	1	2	3
	11	Testwaremanagement		1	2	3	4	1	2	3		1	2	3

→

Kat.	Nr.	Kernbereich	Initial	Kontrolliert				Effizient				Optimierend		
Testkompetenz	12	Methodisches Vorgehen		1	2	3		1	2	3	4	1	2	
	13	Professionalität der Tester		1	2	3	4	1	2	3	4	1	2	3
	14	Testfalldesign		1	2	3		1	2	3	4	1	2	3
	15	Testwerkzeuge		1	2	3		1	2	3	4	1	2	3
	16	Testumgebung		1	2	3	4	1	2	3	4	1	2	3

Durch die Darstellung in einer Matrix ist sehr leicht zu sehen, welcher Kernbereich welchen Reifegrad erreicht hat. »Ausreißer« – sowohl in positiver als auch in negativer Hinsicht – werden deutlich. Ziel ist ein kontinuierlicher Anstieg, ohne dabei Kernbereiche auf den unteren Reifegraden zurückzulassen.

TPI-Assessment

Mit einem TPI-Assessment wird der Testprozess bewertet. Hierbei wird für die 16 Kernbereiche anhand der erfüllten Kontrollpunkte der erreichte Reifegrad ermittelt. Die Testreifematrix dient aber auch dazu, die nächsten Verbesserungen und die angestrebte Situation festzulegen. Dafür werden die einzelnen Kontrollpunkte der Kernbereiche gemäß ihrer Wichtigkeit bezüglich der angestrebten Geschäftsziele des Testens in Gruppen aufgeteilt, die in aufsteigender Reihenfolge mit Buchstaben bezeichnet werden (s. Tab. 6.4).

Tab. 6.4
Ist-Situation

Kat.	Nr.	Kernbereich	Initial	Kontrolliert				Effizient				Optimierend		
Stakeholder-Beziehung	1	Engagement der Stakeholder		A	B	B	C	F	H	H		K	M	M
	2	Grad der Beteiligung		A	B	C	E	H	H	J		L	L	
	3	Teststrategie		A	A	B	E	F	F	H		K	L	
	4	Testorganisation		A	D	D	E	I	I	J	J	K	L	L
	5	Kommunikation		A	C	C	D	F	F	J		M	M	
	6	Berichterstattung		A	C	C		F	G	G		K	K	
Testmanagement	7	Testprozessmanagement		A	A	B	B	G	H	J		K	M	
	8	Kostenschätzung u. Planung		B	B	C	C	G	G	I	I	K	K	K
	9	Metriken		C	C	D		G	H	H	I	K	K	
	10	Fehlermanagement		A	A	B	D	E	F	H	J	K	L	L
	11	Testwaremanagement		B	B	D	E	I	I	J		L	L	L
Testkompetenz	12	Methodisches Vorgehen		C	D	E		F	H	J	J	M	M	
	13	Professionalität der Tester		D	D	E	E	G	G	I	I	K	K	M
	14	Testfalldesign		A	A	E		F	I	I	J	K	K	M
	15	Testwerkzeuge		E	E	E		F	G	G	I	L	M	M
	16	Testumgebung		C	D	D	E	G	H	J	J	L	M	M

Optimierungsvorschläge

Zum Erreichen einer höheren Ebene stellen bereits die Kontrollpunkte konkrete Ansatzpunkte dar. Soll der in Tabelle 6.4 bewertete Testprozess z. B. insgesamt den Reifegrad »Kontrolliert« erreichen, so müssen die nicht grau unterlegten Kontrollpunkte der Kernbereiche 1, 2, 4, 5, 13, 14 und 16 erfüllt werden. Die gewählte Gruppierung in die Gruppen A bis M legt nahe, zunächst die in den Gruppen A bis C zusammengefassten sechs Kontrollpunkte der Kernbereiche 1, 2, 4 und 5 anzustreben und danach die in den Gruppen D und E enthaltenen sechs Kontrollpunkte der Kernbereiche 2, 13, 14 und 16.

Weitere Anregungen zur Verbesserung des Testprozesses geben die Verbesserungsvorschläge. Für jeden Übergang auf einen höheren Reifegrad bietet das TPI Next®-Modell eine Vielzahl von Vorschlägen. Die Verwendung der Vorschläge und der darin enthaltenen Hinweise und Tipps ist im Gegensatz zur Erfüllung der Kontrollpunkte nicht zwingend vorgeschrieben. Auf eine Aufzählung der Vorschläge wird hier verzichtet (s. hierzu [van Ewijk 11]).

Verbesserungsverfahren

Das Vorgehen zur Optimierung des Testprozesses ähnelt jedem anderen Verbesserungsverfahren (vgl. Abschnitt 6.2). Nach der Einsicht in die Notwendigkeit einer Veränderung und der Schaffung eines entsprechenden Bewusstseins bei allen Beteiligten wird festgelegt, welche Ziele auf welche Weise erreicht werden sollen.

Durch ein TPI Next®-Assessment wird die derzeitige Situation ermittelt. Der Einsatz des TPI Next®-Modells ist dabei ein wesentlicher Bestandteil, da es einen Bezugsrahmen für die Ermittlung der Stärken und Schwächen des Testprozesses bietet. Durch Befragungen von Beteiligten und Beurteilung von Dokumenten werden die einzelnen Kernbereiche auf Grundlage der Kontrollpunkte bewertet. Dabei wird festgestellt, welche Fragen positiv beantwortet werden können und welche nicht oder nur teilweise. Die Testreifematrix wird hier dazu verwendet, eine umfassende Übersicht über den Testprozess der Organisation zu vermitteln.

Optimierungsmaßnahmen

Die Optimierungsmaßnahmen werden bestimmt, sodass eine stufenweise Verbesserung möglich ist. Die Testreifematrix des TPI Next®-Modells hilft bei der Auswahl der verbesserungswürdigen Kernbereiche. Für jeden Kernbereich ist es möglich, die nächsthöhere Ebene zu erreichen oder – in Sonderfällen – in die übernächste Ebene aufzusteigen (s. a. Tab. 6.4).

Planung

Zur Realisierung von möglichst kurzfristig erreichbaren Optimierungsmaßnahmen wird ein Plan erstellt. In diesem Plan werden die Ziele festgehalten und angegeben, welche Verbesserungen zum Erreichen dieser Ziele wann umgesetzt werden müssen.

Umsetzung der Maßnahmen

Im nächsten Schritt wird der Plan umgesetzt. Einen wesentlichen Teil der Implementierung bildet die Konsolidierung. Sie soll vermeiden, dass die durchgeführten Optimierungsmaßnahmen »Eintagsfliegen« bleiben.

Bewertung

In der Bewertung ist festzustellen, in welchem Maße die Aktionen erfolgreich durchgeführt und in welchem Umfang die ursprünglichen Ziele erreicht wurden. Eine Entscheidung über die Fortsetzung und ggf. Anpassung des Änderungsprozesses wird getroffen. Ist das angestrebte Gesamtziel erreicht, ist der Verbesserungsprozess beendet.

Zusammenfassung

Mit TPI Next® ist ein bewährtes → Reifegradmodell gegeben, das eine strukturierte Bewertung und Verbesserung von Testprozessen anhand definierter Kernbereiche und Reifegrade ermöglicht. Es bietet Unternehmen einen flexiblen, situationsangepassten Fahrplan zur systematischen Weiterentwicklung des Testprozesses. Vorteile des Modells sind seine Praxisnähe und Anpassungsfähigkeit, während ein Nachteil in der Komplexität der Einführung und dem erforderlichen Aufwand zur regelmäßigen Bewertung liegt.

Modellbasierte Ansätze zur Verbesserung des Testprozesses bieten dem Testmanagement die praktischen Vorteile eines strukturierten Rahmenwerks zur Analyse von Stärken und Schwächen im Testprozess. Sie liefern objektive Bewertungskriterien für Audits und Assessments und sind eine geeignete Grundlage für Verbesserungsvorhaben, etwa durch gezielte Maßnahmenplanung basierend auf den bewerteten Schwächen.

Im Testmanagement ermöglichen sie eine objektive Standortbestimmung der Testprozesse. Sie können darüber hinaus in organisationsweite Assessments und Prozessverbesserungsinitiativen z. B. in regulierten oder qualitätskritischen Branchen integriert werden. Die Reifegradbewertung fördert durch abgestufte Reifegrade die Transparenz in der Kommunikation mit Stakeholdern und eignet sich daher auch als Reporting-Element für Management oder Kunden.

Exkurs

6.3.3 Testprozess-Bewertungsmodell ISO/IEC 33063

ISO/IEC 33063 bewertet nach ISO/IEC 29119-2

Die Norm [ISO 33063] definiert ein Prozessbewertungsmodell (Process Assessment Model, PAM) speziell für Softwaretestprozesse. Sie basiert auf der übergeordneten Norm ISO/IEC 330nn (s. Abschnitt 6.2.4, früher: ISO/IEC 15504 SPICE [ISO 15504]) und dient der strukturierten Bewertung der Testprozessfähigkeit einer Organisation. Ziele sind die systematische Analyse und Verbesserung von Testprozessen, die Vergleichbarkeit zwischen Organisationen oder Projekten (Benchmarking) sowie die Unterstützung bei der kontinuierlichen Prozessverbesserung.

Das Prozessbewertungsmodell der [ISO 33063] fußt auf einem Prozessreferenzmodell (PRM), das die relevanten Testprozesse nach den Phasen des Softwaretestens nach [ISO 29119] gliedert. Das Prozessbewertungsmodell (PAM) der ISO 33063 bewertet jede Prozesskategorie nach Fähigkeitsgraden (*capability level*, 0: Nicht vorhanden, 1: Ausgeführt, 2: Verwaltet, 3: Etabliert, 4: Quantitativ gesteuert, 5: Optimierend). Das Modell unterstützt die Durchführung entsprechender Bewertungen, indem es Indikatoren hinsichtlich der in ISO/IEC ISO 29119-2 [ISO 29119] beschriebenen Prozessziele und -ergebnisse sowie der in [ISO 33020] beschriebenen Prozessattribute angibt. Darüber hinaus enthält es Hinweise zu deren Definition, Auswahl und Nutzung im Rahmen einer Prozessbewertung anhand spezifischer und generischer Prozessattribute (z. B. Zielerreichung, Management, Verbesserung).

6.3.4 Systematic Test and Evaluation Process (STEP)

Exkurs

Im Gegensatz zu TMMi und TPI Next® bietet STEP kein konkretes Referenzmodell mit detailliert beschriebenen Einzelschritten an, sondern es werden wie auch bei CTP (s. Abschnitt 6.3.5) einzelne sinnvolle Maßnahmen und Vorgehensweisen vorgestellt und erörtert. STEP gehört somit zur Gruppe der Inhaltsreferenzmodelle.

Grundlage für STEP (s. [Craig 02]) sind die damaligen IEEE-Standards zum Unit Test [IEEE 1008] und zur Testdokumentation[9] [IEEE 829]. STEP beschreibt alle Aktivitäten der Evaluation bei Softwareprojekten, dazu gehören Analyse, Review und Test.

Testen beginnt früh.

Das Testen beginnt mit dem Projektstart und ist als paralleler Prozess zum Softwareentwicklungsprozess über den gesamten Lebenszyklus zu sehen. Grundsatz ist: »Erst testen, dann programmieren.« Damit wird ausgedrückt, dass vor der Implementierung einer Eigenschaft des zu realisierenden Systems geklärt wird, wie die korrekte Umsetzung der Implementierung geprüft werden soll. Anforderungsbasierte Teststrategien werden bevorzugt eingesetzt. Die frühzeitige Spezifikation der Testfälle dient dazu, die Anforderungsdefinition noch vor dem Entwurf und der Programmierung zu validieren, und hilft dadurch, frühzeitig Fehler und Unstimmigkeiten in den Anforderungen aufzudecken.

Testprozess nach STEP

Der Testprozess nach STEP besteht aus den Phasen

- Planen (Ermittlung der Risiken und Auswahl der Strategie),
- Analyse (Testziele, -bedingungen und -anforderungen festlegen),
- Entwurf (Spezifikation der Testfälle),
- Implementierung (Konstruktion und Bereitstellung der Testspezifikationen und Testfälle),

9. Eine Anpassung von STEP an die Softwareteststandards [ISO 29119] soll möglich sein, da diese die oben erwähnten IEEE-Standards abgelöst haben (s. a. [Garcia 14], [Garousi 18]).

- Ausführung (Lauf und ggf. wiederholter Lauf der Testfälle) und
- Wartung (Sicherung und Aktualisierung der Tests nach Änderungen).

Der Prozess hat zum Testprozess nach CTFL keine nennenswerten inhaltlichen Unterschiede. Auch er betont die Bedeutung aller Testaktivitäten und stellt nicht die Ausführung der Testfälle in den Mittelpunkt.

Wie in einigen anderen Vorgehensmodellen unterscheidet STEP zwischen spezifischen Aufgaben, Arbeitsergebnissen und Verantwortlichkeiten (Rollen) und definiert deren Zusammenhänge und Abhängigkeiten. Dabei wird keine spezielle Organisationsform des Testteams oder notwendige Werkzeugunterstützung vorausgesetzt.

Teststufen

Teststufen sind in der Planung festzulegen. Bei kleineren Projekten kann es ausreichend sein, nur zwei Stufen vorzusehen: Komponenten- und Abnahmetest. Bei umfangreichen Neuentwicklungen sind weitere Stufen erforderlich. Nach STEP sind für jede Stufe die Planung der Strategie (*planning*), die Bereitstellung der Testmittel (*acquisition*) sowie die Messung des Verhaltens bzw. der Ergebnisse (*measurement*) durchzuführen.

Aufgaben

Die einzelnen Aufgaben dabei sind:

- Planung der Strategie
  - Aufstellen eines Mastertestkonzepts
  - Entwicklung der detaillierten Testpläne
- Bereitstellung der Testmittel
  - Ableitung bzw. Ermittlung der Testziele (anforderungsbasiert, entwurfsbasiert und implementierungsbasiert)
  - Entwurf der Testfälle (Gestaltung der Tests und der Testumgebung, anforderungsbasiert, entwurfsbasiert und implementierungsbasiert)
  - Konkretisierung der Ziele, der Testumgebung und der Testfälle
- Messung des Verhaltens
  - Ausführung der Tests
  - Prüfung, ob die durchgeführten Tests ausreichen (Endekriterien erfüllt?)
  - Beurteilung der getesteten Software und des Testprozesses

Die Aufgaben zu jeder Teststufe werden zeitlich überlappend mit den Entwicklungsaktivitäten und nicht sequenziell nach diesen durchgeführt. Beispielsweise ist mit der detaillierten Planung des Abnahmetests direkt nach Festlegung der Anforderungen zu beginnen (s. a. Abschnitt 2.2.1).

Arbeitsergebnisse

In STEP führt jede Aufgabe bzw. Phase zu einem Arbeitsergebnis. Die wichtigen Dokumente werden wie im CTFL als »Testmittel« bezeichnet. Dazu gehören Testkonzept, Testspezifikation, Testprozeduren, Testfälle und Testdaten.

Verantwortlichkeiten

STEP unterscheidet vier Rollen bzw. Verantwortlichkeiten, die zu besetzen bzw. zu übernehmen sind: Manager, Analyst, Techniker und Reviewer. Dabei muss nicht jede Rolle von einer Person ausgefüllt werden. Bei umfangreichen Projekten sind auch mehrere Personen für eine Rolle vorzusehen.

Das Testmanagement ist verantwortlich für die Leitung und Koordination sämtlicher Testaktivitäten und kommuniziert alle wichtigen Informationen an die interessierten Parteien. Der Testanalyst ist zuständig für die Detailplanung, Ermittlung der Testziele und des Testumfangs (Überdeckungsmaße). Er entwirft und spezifiziert die Tests, prüft und bewertet sie. Der Testtechniker realisiert die Umsetzung und ist zuständig für die Ausführung der vom Analysten definierten Testfälle und Testsuiten. Er prüft die Ergebnisse auf Erreichung der Endekriterien und ist verantwortlich für die Testprotokolle und Testberichte. Der Testreviewer beaufsichtigt und begutachtet alle Schritte und Ergebnisse des Testprozesses. Ihm obliegt die direkte Qualitätskontrolle.

Bewertung mit STEP

Wird ein vorhandener Testprozess auf Grundlage von STEP bewertet, werden quantitative und qualitative Metriken wie beispielsweise folgende erhoben:

- Entwicklung des Testfortschritts
- Erreichte Überdeckung der Anforderungen und der Risiken
- → Fehlertrends in Bezug auf Entdeckung, Schwere und Häufigkeit
- Fehlerdichte
- Effektivität der → Fehlerkorrektur
- → Fehlerfindungsrate
- Zeitdauer zwischen Anzeigen einer Fehlerwirkung, Ermittlung des Fehlerzustands und Fehlerbehebung
- Kosten für die Tests in Bezug auf Zeit, Aufwand und finanzielle Ressourcen

Qualitative Metriken sind beispielsweise die Verwendung und Einhaltung des definierten Testprozesses und die Zufriedenheit des oder der Kunden.

In einigen Fällen kann eine STEP-Bewertung mit dem TPI Next®-Modell kombiniert werden, da dieses ähnliche und ergänzende Metriken und Befragungen der Beteiligten vorsieht.

6.3.5 Critical Testing Processes (CTP)

Exkurs

Kommt bei der Verbesserung des Testprozesses CTP zum Einsatz, dann werden nicht alle Testaktivitäten oder die zu berücksichtigenden Aspekte des Testens gleich intensiv betrachtet, sondern nur bestimmte, die als »kritisch« eingestuft werden (s. [Black 03]). Eine »kritische« Aktivität (bzw. Aspekt) ist in diesem Zusammenhang als eine Aktivität anzusehen, die besonders wichtig und entscheidend für den Erfolg des Testens als Ganzes ist.

Sind diese kritischen Aktivitäten etabliert und werden sie gut ausgeführt, dann unterstützen sie erfolgreich das Testteam. Umgekehrt gilt, dass bei schlechter Umsetzung der kritischen Aktivitäten selbst sehr gute Tester und Testmanager das Testen nicht erfolgreich durchführen können.

Checklisten als Grundlage

Das Vorgehen basiert auf Checklisten, die eine ganze Reihe von Fragen enthalten. Die Fragen sind dabei als eine Art Leitfaden zu sehen und die an den Aktivitäten beteiligten Personen sollen die Fragen in der Regel mit »ja, haben wir gemacht« beantworten. CTP gehört somit zur Gruppe der Inhaltsreferenzmodelle.

Overall test process

CTP nennt zwölf kritische Aspekte bzw. Aktivitäten (oder Ablauf von Aktivitäten), die zu berücksichtigen sind. Die erste ist dabei der gesamte Testprozess selbst, der die Planung, Vorbereitung, Durchführung und Vervollständigung (*plan, prepare, perform, perfect*) umfasst. Diese vier dienen auch zur Strukturierung der weiteren Abfolgen von Aktivitäten, die kurz mit einigen der entsprechenden Fragestellungen auszugsweise vorgestellt werden (s. a. [Black 03], [Schlich 07]).

Planen (*plan*)

Folgende kritische Aktivitäten gehören zum Planen:

Test lifecycle adaptation process

- Umfeld berücksichtigen
  - Werden alle (Haupt-)Aktivitäten des Lebenszyklus im Unternehmen (Akquisition, Entwicklung, Wartung, Verbesserungsinitiativen etc.) von den Beteiligten verstanden?
  - Ist eine Analyse der Test- und Qualitätsdokumente, der im Projekt vorliegenden Daten und Metriken vorgenommen worden?
  - Sind die Testaktivitäten anderer Personen in vorangegangenen und in folgenden Projektphasen mit ihnen diskutiert worden?
  - Konnten die Testprozess-Stakeholder aus dem Kollegenkreis identifiziert werden und wurde mit ihnen diskutiert?

Quality risk analysis process

- Risiken managen
  - Sind Test- und Qualitäts-Stakeholder identifiziert und gibt es eine einheitliche Einschätzung der Qualitätsrisikoanalyse?

- Gibt es Konsens zu Techniken und Methoden der Risikoanalyse?
- Wurden die Qualitätsrisiken identifiziert, analysiert, priorisiert und Maßnahmen zu deren Bewältigung identifiziert?
- Stehen Berichte zu Problemen früherer Projekte zur Verfügung, in denen die Risiken dokumentiert sind?

- Testaufwand schätzen[10]

Test estimation process

  - Ist ein Testprojektstrukturplan (TPSP) erarbeitet und wurde der Zeitbedarf abgeschätzt?
  - Ist das aufzuwendende Budget auf Basis von TPSP und Zeitplanung abgeleitet worden?
  - Wurden die einzelnen Schritte der Planung und Schätzung so lange wiederholt, bis sämtliche Ressourcen zum Testaufwand und -umfang passen, und sind diese von allen Beteiligten und vom Management akzeptiert?

- Tests planen

Test planning process

  - Sind die notwendigen Zuarbeiten zwischen Testprojekt und Gesamtprojekt vereinbart und dokumentiert?
  - Sind die Kommunikationswege klar und die Planungsdetails abgeschlossen?
  - Wurden Reviews durchgeführt und die Planung ggf. optimiert?

Vorbereiten (*prepare*)

Vorbereitend sind folgende kritische Aktivitäten durchzuführen:

- Testteam zusammenstellen

Test team building process

  - Konnten für die durchzuführenden Aufgaben »passende« Teammitglieder gewonnen werden?
  - Wurden die Fähigkeiten des Teams verbessert und ist eine Karriereplanung für das Testteam entwickelt worden? (Falls notwendig, ist der erste Punkt zu wiederholen; der zweite Punkt ist kontinuierlich durchzuführen.)

- Testsystem erstellen

Test development process

  - Sind Testsuiten neu erstellt oder überarbeitet worden?
  - Wurden passende Testsuiten ausgewählt und Tests bezogen auf die höchsten bisher noch nicht abgedeckten Risiken hinzugefügt?

10. In [Black 03] sehr ausführlich beschrieben.

Durchführen (*perform*)

Kritische Aktivitäten der Durchführung sind:

Test release deployment process

- Testreleases managen
  - Sind die Inhalte für das nächste Testrelease ausgewählt?
  - Wurden die notwendigen Änderungen implementiert und der Code durch die Entwickler getestet?
  - Wurde das Testrelease generiert und mit einer passenden Versionskennung versehen?
  - Wurden Smoke-Tests auf der Entwicklungsumgebung durchgeführt und ggf. Korrekturen vorgenommen, bis ein einwandfreier Durchlauf vorlag?

Test execution process

- Tests durchführen
  - Sind Testsuiten basierend auf den Risiken und der Planung ausgewählt worden?
  - Wurden die einzelnen Testfälle jeder Testsuite den Testern zugewiesen?
  - Wurden die Testsuiten ausgeführt, erkannte Abweichungen verwaltet und die Testdurchführung dokumentiert?
  - Konnten testblockierende Probleme behoben werden?

Vervollständigen (*perfect*)

Abschließende kritische Aktivitäten sind:

Bug reporting process

- Abweichungen managen
  - Konnten alle Fehlersituationen nachgestellt werden?
  - Konnte das Fehlverhalten isoliert werden und ist evtl. ein »Workaround« erarbeitet worden?
  - Sind die Fehlverhalten präzise und ohne unnötige Informationen dokumentiert?

Test results reporting process

- Ergebnisse berichten
  - Ist die Zielgruppe klar, die die Berichte erhält?
  - Sind die Inhalte der Berichte so, dass sie die Fragen der Zielgruppe hinsichtlich des Tests beantworten?
  - Sind die passsenden Metriken ausgewählt und sind in den Berichten Grafiken enthalten, die die Fragen der Zielgruppe beantworten können?

Test change management process

- Änderungen managen
  - Sind alle Anforderungen zu Änderungen dokumentiert?
  - Wurde ein Review der Änderungen vorgenommen?

- Wurden die Änderungen geplant, umgesetzt, getestet und integriert?
- Sind Kosten, Nutzen, Konsequenzen und Risiken der Änderungen dokumentiert worden?

CTP anpassen

CTP kann auf die angetroffenen Gegebenheiten angepasst werden. Dabei sind die spezifischen Herausforderungen beim jeweiligen Testprozess zu identifizieren, die Eigenschaften und Merkmale der gut durchgeführten Aktivitäten sowie die Reihenfolge und die Wichtigkeit für die Umsetzung der Prozessverbesserungen entsprechend zu berücksichtigen. Grundsätzlich kann CTP für alle Testprozesse in den unterschiedlichen Softwarelebenszyklusmodellen (s. Unterkapitel 3.4) verwendet und angepasst werden.

Bei der Bewertung des bestehenden Testprozesses wird zuerst identifiziert, welche der Testaktivitäten überzeugend und gut definiert sowie durchgeführt werden und welche nicht. Ergebnis ist eine priorisierte Liste von Empfehlungen für Verbesserungen, basierend auf den Bedürfnissen der Organisation.

Quantitative Metriken

Unabhängig von der Anpassung auf die jeweilige Organisation werden in der Regel die folgenden quantitativen Metriken ermittelt und begutachtet: die Fehlerfindungsrate, der Return on Investment des Testens insgesamt, die erreichte Überdeckung der Anforderungen und der Risiken, die indirekten Kosten (Overhead) eines Testrelease sowie die Anzahl der zurückgewiesenen Fehlerberichte.

Qualitative Faktoren

Neben den zahlenmäßig zu ermittelnden Metriken, und dadurch leicht vergleichbaren und bewertbaren Ergebnissen, sind bei einer Bewertung auf Grundlage von CTP in der Regel folgende qualitativen Einflussfaktoren auf den Testprozess zu analysieren und zu bewerten: die Aufgaben und die Effektivität des Testteams, die Brauchbarkeit des Testkonzepts, die Fähigkeiten des Testteams im Testen, Branchenkenntnisse und Technologien, die Zweckmäßigkeit der Berichterstattung der Fehler und der Testergebnisse sowie der Nutzen und die Ausgewogenheit des Änderungsmanagements.

Zur Ermittlung und Begutachtung der Metriken und Faktoren dienen die oben erwähnten und in Auszügen wiedergegebenen Checklisten bzw. Fragenkataloge.

Nachdem die Schwachstellen identifiziert wurden, sind Pläne für deren Verbesserung auszuarbeiten und umzusetzen. CTP liefert keine konkreten, sondern eher allgemeine Verbesserungsvorschläge für jede der kritischen Testaktivitäten. Vom Bewertungsteam wird erwartet, dass es die allgemeinen Vorschläge auf die jeweilige Situation und die Randbedingungen in der Organisation anpasst und konkretisiert, damit die Umsetzung in der Organisation vorgenommen werden kann.

6.4 Analytisch basierte Ansätze zur Testprozessverbesserung

Die im vorherigen Abschnitt beschriebenen modellbasierten Verbesserungsansätze TMMi und TPI Next sowie der Exkurs zum Testprozess-Bewertungsmodell [ISO 33063] führen Verbesserungen ein, indem der Testprozess eines Projekts oder Teams mit Best Practices verglichen und bewertet wird. Dieser Abschnitt skizziert drei analytische Ansätze zur Testprozessverbesserung:

- Grundursachenanalyse (*Root Cause Analysis*, RCA),
- Analyse mit Kennzahlen, Metriken und Indikatoren sowie
- Ziel-Frage-Metrik (*Goal Question Metric*, GQM).

Analytische Ansätze identifizieren Probleme auf der Grundlage von Erkenntnissen und Daten aus dem Projekt oder dem Team selbst, z. B. aus:

- quantitativen Daten aus dem Testprozess,
- Daten aus dem Fehlermanagement,
- Informationen über gefundene Fehlerzustände,
- Protokollen aus Reviewsitzungen und Retrospektiven oder
- Interviews mit Projektbeteiligten.

Anhand einer methodischen Analyse dieser Informationen und mit viel Erfahrung lassen sich die Ursachen von Problemen identifizieren und geeignete Verbesserungsvorschläge ableiten. Analytische Ansätze können zusammen mit modellbasierten Ansätzen verwendet werden, um deren Ergebnisse zu verifizieren oder durch die Nutzung verschiedener Methoden validere Ergebnisse zu erzielen.

6.4.1 Grundursachenanalyse (RCA)

Oft sind wahrgenommene Probleme nur Symptome für tiefer sitzende Missstände. Bei der Grundursachenanalyse (*Root Cause Analysis*, RCA) werden Probleme analysiert, um diesen Missständen, also den Ursachen der Probleme, auf den Grund zu gehen. Sind die Grundursachen für Probleme erst einmal erkannt, ermöglicht das die Identifizierung von Lösungen, die diese beseitigen, anstatt nur die offensichtlichen Symptome zu bekämpfen. Die Norm [DIN 62740] beschreibt den Prozess und viele Methoden und Techniken zur Grundursachenanalyse.

Die Suche nach Ursachen, also kausalen Einflussfaktoren, erfordert ein tiefgehendes Verständnis des zugrunde liegenden Sachverhalts, sodass die Grundursachenanalyse oft als Gruppenarbeit durchgeführt wird, z. B. in einem Qualitäts-Dojo, an dem möglichst alle betroffenen Stakeholder beteiligt sind.

Wie so oft lohnt es sich auch bei der Grundursachenanalyse, mehrmals mit dem berühmten »Warum?« nachzuhaken.[a] So könnte z. B. für das Problem »Der Test verzögert die Entwicklung« zunächst die Ursache »Die automatisierten Testfälle laufen zu lange« entdeckt werden. Dies könnte dann mit einer Aufrüstung der Testinfrastruktur gelöst werden. Weiteres Nachfragen könnte jedoch zur tatsächlichen Grundursache führen, nämlich der Existenz zu vieler veralteter und nicht mehr valider automatisierter Regressionstests, die mit ihrem Fehlschlagen das zeitaufwendige Rücksetzen der Testumgebung bewirken. Das Entfernen bzw. Refaktorisieren dieser Regressionstests erspart dann die evtl. unnötige Aufrüstung.

a. Das mehrfache Fragen nach dem »Warum« ist in der Literatur als »Warum-Methode« oder »Die 5 Ws« bekannt, z. B. in der o. g. DIN EN 26470 [DIN 62740] zur Grundursachenanalyse. Eltern kennen die Methode genau, denn der Wissens- und Verstehensdrang unserer Kinder manifestiert sich ja geradezu im »Warum?« – was leider oftmals von ungeduldigen Eltern (oder Lehrern) »ab-erzogen« wird.

Die prinzipielle Vorgehensweise bei der Grundursachenanalyse ist wie folgt:

1. Für ein identifiziertes Problem (im RCA-Kontext »Wirkung« genannt) sucht man Hauptursachen, die zu dem Problem führen können.
2. Für jede Hauptursache werden dann Nebenursachen ermittelt, die die Hauptursache möglicherweise bewirken können.
3. Finden sich dabei Ursachen, die keiner Hauptursache als Nebenursachen zugeteilt werden können, setzt man diese ggf. als weitere Hauptursachen an.
4. Zum Schluss werden Verbesserungsmaßnahmen abgeleitet, um das Auftreten dieses oder ähnlicher Probleme zu verhindern.

Zur Unterstützung des Einstiegs in den Prozess werden häufig einige Kategorien von Hauptursachen vorab festgelegt. In der Softwareentwicklung können z. B. die »5 M« angesetzt werden:

- Mensch (*man*)
  - Entwickler (Stress, mangelnde Qualifikation, Nachlässigkeit, Mobbing etc.)
  - Benutzer (Ungeduld, Handbuch-Legasthenie, falsche Erwartungen etc.)
  - Andere Stakeholder (Product Manager, Scrum-Master, CIO etc.)
- Maschine (*machine*)
  - Hard- und Software des Entwicklers
  - Hard- und Software des Benutzers
  - Server, Netze etc.

- Material (*material*)
  - Externe Softwarekomponenten, OSS
  - Datenbestände
  - Rohmedien (Originalbilder, Videos, Sounds, Texte etc.)
- Methode (*method*)
  - Entwicklungsprozess
  - »Didaktik« des Produkts (Usability etc.)
- Milieu (*milieu*) bzw. Management (*management*)
  - Interne und externe Kommunikation
  - Arbeitsplatz etc.

Weitere Kategorien für Hauptursachen sind z. B.:

- Die **6 M:** Methode, Maschine, Management, Material, Mensch, Mammon (*methods, machinery, management, materials, manpower, money*)
- Die **4 P:** Orte, Verfahren, Personen, Richtlinien (*places, procedures, people, policies*)
- Die **4 S:** Umgebung, Zulieferer, Systeme, Fähigkeiten (*surroundings, suppliers, systems, skills*)
- Andere Hauptursachen, z. B. Prozesse (*processes*), Umgebung (*environment*), Ausrüstung (*equipment*), Metriken (*metrics*) und Messverfahren (*measurements*)

In der Regel sind die einzelnen Aspekte und Einflussgrößen der zu analysierenden Sachverhalte sehr stark vernetzt, sodass die Ursache-Wirkungs-Zusammenhänge recht komplex werden können. Das Ziel ist ja, alle Einflussfaktoren (Ursachen) auf eine bestimmte Größe (die Wirkung bzw. das zu analysierende »Problem«) zu erfassen und darzustellen.

Ishikawa-Diagramm

Diese Komplexität sucht das nach seinem Erfinder genannte Ishikawa-Diagramm möglichst zu verringern (vgl. [DIN 62740], [IEC 31010]). Der grundsätzliche Aufbau des Diagramms ist wie folgt:

Auf die zu analysierende Wirkung (das Problem) zeigt eine Haupt-Wirkungslinie. Darin münden für jede Hauptursache eine Unter-Wirkungslinie, zu der hierarchisch weitere Unter-Wirkungslinien für gefundene Nebenursachen zeigen können (s. Abb. 6.7). Die Beschriftungen der Unter-Wirkungslinien können dabei farblich markiert werden, z. B. rot, wenn die Ursache negative Auswirkungen hat, und grün, wenn sie eher positiv auf das Problem einwirkt. Aufgrund seines Aussehens wird das Ishikawa-Diagramm auch als »Fischgräten-Diagramm« bezeichnet.

Beispiel: Grundursachenanalyse in TestMaster

Das TestMaster-Team möchte die Grundursachen bestimmter Fehlerzustände in der Software ermitteln. In einem vom Scrum Master Tom Meier moderierten Workshop wählt das Team zusammen mit der Product Ownerin Lena Berger und einem internen Benutzer von TestMaster alle Abweichungsberichte mit den bereits gefundenen Fehlerzuständen aus der Fehlerdatenbank (s. Unterkapitel 10.6). Für die Cluster-Analyse der Informationen in den Abweichungsberichten verwendet das Team ein LLM. Nach Identifizierung und Priorisierung der Cluster zu besonders wichtigen Fehlern fügt das Team dann den Fehler als Wirkung sowie die bereits vermuteten Gründe als Nebenursachen in das in Abbildung 6.7 dargestellte Ishikawa-Diagramm-Template ein. Hierbei fügt das Team nötigenfalls weitere Hauptursachen ein. Dies wird dann analysiert und weiter verfeinert, um die Grundursachen zu ermitteln.

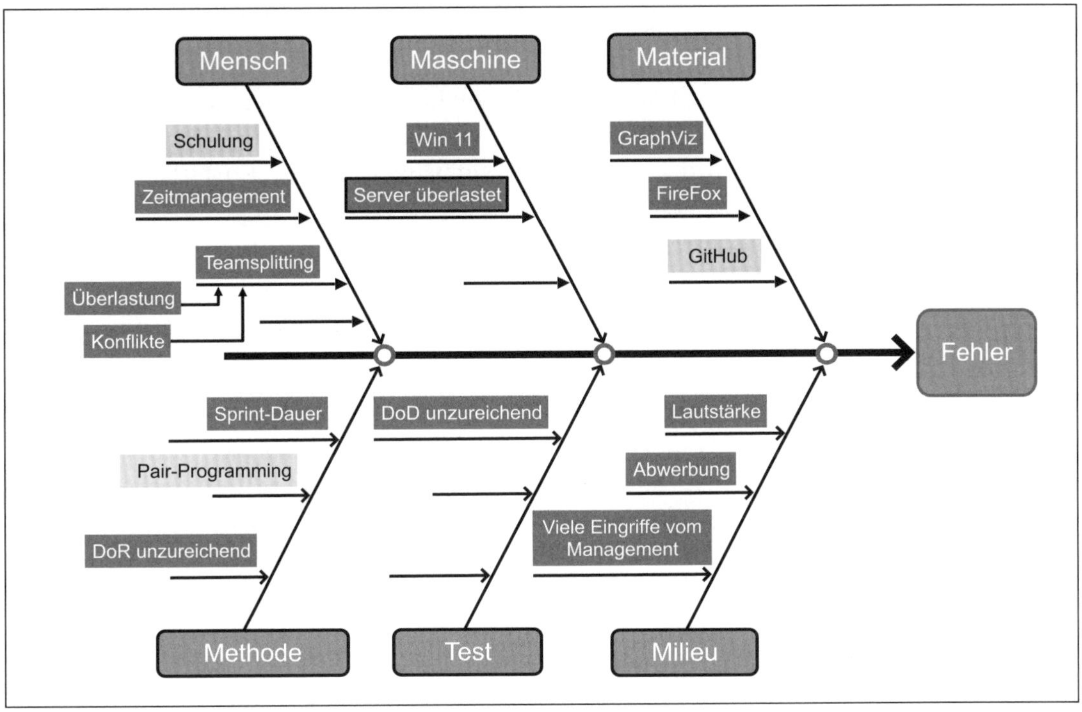

Abb. 6.7 *Ishikawa-Diagramm*

Die Stärken der Grundursachenanalyse z. B. mit Ishikawa-Diagrammen sind (vgl. [IEC 31010], Anhang B 3.3):

- Fördert die Teilnahme und nutzt Gruppenkenntnisse.
- Bietet einen fokussierten Ansatz für Brainstorming oder ähnliche Identifikationstechniken.

- Kann auf eine Vielzahl von Situationen angewendet werden.
- Bietet eine strukturierte Analyse der Ursachen mit einer leicht zu lesenden grafischen Darstellung.
- Ermöglicht Menschen, Probleme in einer neutralen Umgebung zu melden.
- Kann sowohl für die untersuchten als auch für andere unerwünschte Wirkungen mitvertretende Faktoren identifizieren.

Einige Einschränkungen der Grundursachenanalyse sind:

- Die Trennung von Ursachen in die Hauptkategorien zu Beginn der Analyse bedeutet, dass Wechselwirkungen zwischen den Kategorien möglicherweise nicht angemessen betrachtet werden.
- Potenzielle Ursachen, die nicht von den ausgewählten Kategorien abgedeckt werden, werden evtl. nicht identifiziert.

Für die Analyse von Problemen in komplexen Systemen bieten sich die Fehlzustandsbaumanalyse oder auch Causal-Loop-Diagramme (CLDs) an, mit denen auch die Zusammenhänge sowie verstärkende oder abschwächende Wechselwirkungen untersucht werden können (s. [Loeffler 14], [ISO 31010])

6.4.2 Analyse mit Kennzahlen, Metriken und Indikatoren

Messungen bestimmter Kennzahlen sind wichtig für die Verbesserung des Testprozesses, um die Wirkung von Verbesserungen zu bewerten. Dazu werden die Werte vor und nach der Durchführung der Verbesserung verglichen. Die Datenanalyse ist wichtig für eine möglichst objektive Verbesserung des Testprozesses. Sie ist auch eine wertvolle Unterstützung von rein qualitativen Bewertungen, die ansonsten zu ungenauen Empfehlungen führen könnten, die nicht durch Daten unterstützt werden. Messungen sollen also aus folgenden Gründen Teil eines Testverbesserungsprogramms sein (s. [Bath 14]):

- Die aktuelle Situation verstehen (Effektivität, Effizienz und Vorhersagbarkeit des Testprozesses, Produktqualität, Projektqualität).
- Die Vorteile der Testverbesserung hinsichtlich dieser Eigenschaften zeigen.
- Die Möglichkeit zum Benchmarking mit anderen Projekten oder Organisationen schaffen.

Im Zusammenhang mit Messungen werden die Begriffe Kennzahl, Metrik und Indikator ebenso oft verwendet wie verwechselt. Diese Begriffe werden in Kapitel 8 ausführlich erläutert, zum Verständnis dieses Abschnitts reicht folgende kurze Charakterisierung:

Metrik

- Eine **Metrik** definiert sowohl das Messverfahren als auch die Größe, mit der eine bestimmte Eigenschaft bestimmter Messobjekte ausgedrückt wird, z. B. die in Sekunden angegebene Laufzeit automatisierter Tests.

Messung

- Eine Messung ist eine konkrete Beobachtung eines Messobjekts zur Ermittlung einer Metrik, z. B. die Laufzeit eines bestimmten Tests in einer bestimmten Testumgebung.

Kennzahl

- Eine Kennzahl fasst dann die gemessenen Werte einer oder mehrerer Metriken für einen bestimmten Zweck zusammen, z. B. die mittlere Laufzeit der automatisierten Tests im Vergleich zur mittleren Durchführungszeit manueller Tests.

Für die Verbesserung des Testprozesses betrachtet der Lehrplan CTAL-TM die Effektivität, Effizienz und Vorhersagbarkeit als die wichtigsten zu berücksichtigenden Merkmale. Einige Metriken zur Messung dieser Merkmale des Testprozesses sind in Tabelle 6.5 zusammengefasst und werden in Kapitel 8 ausführlich erläutert (vgl. [CTEL-ITP 11], [Bath 14]).

Tab. 6.5
Metriken zur Testprozess-Verbesserung

Testprozess-Merkmal	Metrik	Erläuterung
Effektivität	Fehlerfindungsrate (Defect Detection Percentage, DDP)	Verhältnis Anzahl im Test gefundener Fehler zu in Test und Produktion gefundenen Fehlern
	Post-Release-Ausfallrate	Verhältnis Anzahl Fehlerwirkungen in Produktion z. B. zu Betriebsstunden, Anzahl Transaktionen etc.
Effizienz/Kosten	Test Efficiency	Verhältnis Anzahl und Schwere im Test gefundenen Fehler zu Testaufwand
	Relativer Testaufwand	Verhältnis Testaufwand zu Projektaufwand
	Automatisierungsgrad	Verhältnis automatisierter Testfälle zu allen Testfällen
Vorhersagbarkeit	Schlupf der Testdurchführungszeit	Differenz zwischen geschätzter und tatsächlicher Testdurchführungszeit
	Schlupf des Testaufwands	Differenz zwischen geschätztem und tatsächlichem Testaufwand

Durch das Messen, Verwalten und Analysieren der entsprechenden Daten lassen sich Kennzahlen berechnen, die bei der Testprozessverbesserung z. B. die Identifikation und Priorisierung der Bereiche ermöglicht, die am dringendsten verbessert werden sollen.

6.4.3 Ziel-Frage-Metrik-Ansatz (GQM)

Der **Ziel-Frage-Metrik**-Ansatz GQM (*Goal Question Metric*) wurde von Victor Basili und David Weiss als Antwort auf die Frage entwickelt, welche der vielen vorgeschlagenen Metriken (vgl. Kapitel 8) eigentlich in welchen Kontexten und für welchen Zweck erhoben werden sollen (s. [Basili 84a], [van Solingen 99]). In den darauffolgenden Jahren wurde der Ansatz weiterentwickelt und mit vielen Konzepten insbesondere zur Analyse und Verbesserung der strategischen Ausrichtung von Organisationen erweitert (z. B. GQM+, [Basili 14]).

Ein GQM-Vorhaben muss auf den Informationsbedarf der relevanten Projektbeteiligten zugeschnitten sein. Die Messziele definieren oft einen Qualitätsaspekt eines Objekts, wie z. B. eines Prozesses, eines Produkts oder einer Dienstleistung, der für einen bestimmten Zweck, eine bestimmte Perspektive und einen bestimmten Kontext erreicht werden soll. Wichtig ist, das Messziele Auskunft darüber geben, was warum in Erfahrung zu bringen ist. Hierbei werden Informations-, Kontroll- und Verbesserungsziele unterschieden. Informationsziele beziehen sich auf den aktuellen Stand von Produkten oder Prozessen (»Wo sind wir?«), während Kontrollziele mögliche Einwirkungen auf den Prozess beschreiben (»Wie können wir uns bewegen?«). Verbesserungsziele sollen letztendlich mögliches Optimierungspotenzial aufdecken (»Wo wollen wir hin?«).

Diese Messziele werden durch Fragen verfeinert, die den Qualitätsaspekt aus der Sicht der Beteiligten definieren. Fragen stellen zielbezogene Hypothesen dar, die zu bestätigen bzw. zu widerlegen sind. Die Beantwortung erfolgt durch die zu ermittelnden Daten bzw. Messwerte.

Anschließend werden Metriken ausgewählt, die die notwendigen Informationen zur Beantwortung der Fragen liefern können. Die für die Metriken gesammelten Daten dienen der Beantwortung der Fragen und der Bewertung der Ziele. Nicht zuletzt müssen sie die Informationsbedürfnisse der Stakeholder erfüllen.

Phasen in GQM

Die Ziel-Frage-Metrik verläuft oft in vier Phasen:

1. Die **Planungsphase** wird durchgeführt, um alle grundlegenden Anforderungen zu erfüllen, die ein GQM-Programm zum Erfolg führen. Hier wird das Projekt zur Anwendung von GQM definiert, charakterisiert und geplant. Ergebnis ist ein Projektplan, einschließlich Schulungen, Managementbeteiligung und zeitlicher Planung.
2. In der **Definitionsphase** wird das Messprogramm definiert und dokumentiert (Ziel, Fragen, Metriken und Hypothesen werden definiert). Während der Definitionsphase werden alle GQM-Arbeits-

produkte konzipiert, hauptsächlich basierend auf strukturierten Interviews oder anderen Wissenserfassungstechniken. Die Definitionsphase identifiziert das Ziel, alle Fragen, verwendbare Metriken und die Erwartungen (Hypothesen) der Messungen. Sind alle Definitionsaktivitäten abgeschlossen, kann die tatsächliche Messung beginnen.

3. In der **Datenerfassungsphase** findet die tatsächliche Datenerfassung statt. Während dieser Datenerfassungsphase werden die Formate, Quellen und ggf. Formulare zur Datenerfassung definiert, gefüllt und in einer Messdatenbank gespeichert. Mit den auszuwertenden Daten kann die »eigentliche Arbeit« beginnen, das Interpretieren der Messdaten.
4. Die **Interpretationsphase** verwendet die Messungen, um die angegebenen Fragen zu beantworten. Dazu werden die gesammelten Daten in Bezug auf die definierten Metriken zu interpretierbaren Messergebnissen verarbeitet, um Antworten auf die definierten Fragen zu liefern, mit denen das Ziel erreicht werden kann.

Zur Evaluierung der umgesetzten Verbesserungen werden die GQM-Metriken und Antworten erneut verwendet, um festzustellen, ob die definierten Ziele erreicht wurden, und dies für die Stakeholder verständlich zu dokumentieren.

Verwechseln Sie im zweiten Schritt von GQM (Definitionsphase) das Ziel nicht mit dem Weg! Oft werden Ziele, wie die Verbesserung einer bestimmten Metrik, angegeben, z. B. »Verdoppelung der Anzahl automatisierter Testfälle«. Auch hier lohnt es sich wieder, mehrmals mit dem berühmten »Warum?« nachzuhaken. So könnte sich dann z. B. zunächst das Ziel »Verkürzen der Sprint-Dauer des agilen Projekts« herausschälen. Weiteres Nachfragen könnte zum geschäftlichen Ziel »Verkürzung der Time-to-Market« führen, was evtl. auf anderen Wegen erreicht (und mit anderen Metriken gemessen) werden sollte.

Beispiele zur Anwendung des Ziel-Frage-Metrik-Ansatzes sowie konkrete Testmetriken finden sich in Kapitel 8.

6.5 Retrospektiven

Retrospektiven sind regelmäßige, klar strukturierte Treffen, in denen Teams ihre Arbeitsweisen reflektieren, Muster und Einflussfaktoren erkennen und daraus mögliche Maßnahmen ableiten. Nach Boris Gloger sind die Sprint-Retrospektiven sogar das Herzstück des Scrum-Prozesses, denn sie schließen den oben vorgestellten Deming-Zyklus ab (vgl. [Gloger 16], dort S. 182).

Im Fokus steht das gemeinsame Lernen und kontinuierliche Optimieren, wobei in Retrospektiven meist nur ein oder zwei kleine Veränderungen für die nächste Arbeitsphase ausgewählt werden. Diese iterative und inkrementelle Vorgehensweise erlaubt es, den bisherigen Weg bewusst zu hinterfragen und bei Bedarf durch gezielte Anpassungen den Kurs zu korrigieren. In Retrospektiven können Aspekte auf allen Ebenen – von Projektprozessen bis hin zum Teamverhalten – betrachtet und verbessert werden (vgl. auch [Derby 06] bzw. [Derby 24], [Loeffler 14], [Andresen 14]).

Die im Projekt gemachten Erfahrungen sollen dabei rückblickend analysiert, bewertet und für zukünftige Projekte zur Verfügung gestellt werden. In der Praxis wird dies in sequenziellen oder hybriden Lebenszyklusmodellen leider meist aus Zeitgründen vernachlässigt. In vielen agilen Projekten sind Retrospektiven zwar fest vorgesehen, werden aber oft nicht effektiv umgesetzt, insbesondere, wenn die Velocity für die geplanten Sprint-Tasks nicht (mehr) auszureichen scheint und die Beteiligten noch auf dem Weg zu einem wirklichen »agilen Mindset« sind.

Erst Spielregeln vereinbaren!

Wichtig ist daher vor der ersten Retrospektive ein Workshop zu den Zielen, der Durchführung und den wichtigsten Verhaltens- und Kommunikationsregeln von Retrospektiven. Hier soll das Team sich auf Regeln einigen, die für alle »lebbar« sind (vgl. Abschnitt 11.6.4 zur Teambildung). Diese sollen auch in der Team-Charta festgehalten sein.

Wer nimmt teil?

Ein weiterer Punkt, der zu beachten ist, besteht in der Auswahl der Personen, die an den Retrospektiven teilnehmen (dürfen bzw. sollen). Im Scrum Guide steht dazu z. B. »*Das Scrum Team überprüft, wie der letzte Sprint in Bezug auf Individuen, Interaktionen, Prozesse, Werkzeuge und seine Definition of Done verlief?*«, und dort gehören z. B. Product Owner und Scrum Master nicht zum Scrum-Team. In der Praxis hat es sich jedoch als sinnvoll herausgestellt, dass Scrum Master zumindest die ersten Retrospektiven moderieren.

In agilen Projekten möchten oft die Product Owner an den Retrospektiven teilnehmen, in hybriden oder sequenziellen Projekten sind es oft Verantwortliche aus dem Projektmanagement, die danach fragen. Marc Löffler gibt hier folgenden pragmatischen Praxistipp für Moderatoren bzw. »Facilitatoren« von Retrospektiven:

»Es ist immer das Team selbst, das entscheidet, wer außer dem Team selbst an der Retrospektive teilnehmen soll. Halten Sie also mit dem Team Rücksprache, bevor Sie die Einladung verschicken« ([Loeffler 14]).

Achten Sie auch immer darauf, dass nur solche Personen an der Retrospektive teilnehmen, mit denen wirklich eine offene und vertrauensvolle Atmosphäre für alle Beteiligten möglich ist.

6.5.1 Fünf Phasen einer Retrospektive

Viele Retrospektiven verlaufen nach den von Derby et al. vorgeschlagenen fünf Phasen, die sowohl einer fünf-minütigen »Blitz-Retro« als auch einem mehrtägigen Retrospektiv-Workshop den passenden Rahmen geben (s. [Derby 24], [Loeffler 14]):

1. **Den Boden bereiten** (*set the stage*): Diese Phase dient dazu, alle Teilnehmer der Retrospektive abzuholen und einzustimmen. Hierzu gehören eine Einleitung mit Begrüßung, Vorstellung des im Fokus stehenden Themas und Zeitrahmens der Retrospektive und ggf. eine Erinnerung an die Verhaltens- und Kommunikationsregeln. Hier wird der für eine gute Retrospektive geschützte Raum geschaffen, denn alle Beteiligten sollen sich sicher fühlen und brauchen die Gewissheit, dass ihnen durch ehrliche Äußerungen später nichts geschehen kann. Wichtig in dieser Phase ist auch, eine Gelegenheit zu schaffen, in der alle Beteiligten kurz etwas äußern müssen, z. B. für ein Stimmungsbild jeweils ein paar Sätze zum eigenen Befinden oder den Erwartungen an die Retrospektive einzubringen.
2. **Beobachtungen sammeln** (*gather data*): In dieser Phase werden zunächst »Daten« aus den letzten Sprints gesammelt, z. B. anhand von Kurzprotokollen, Notizen und Fehlerberichten. Auch innerhalb einer Timebox von 5–10 Minuten kann jeder Teilnehmer für sich mindestens fünf Fakten, Symptome oder gute und weniger gute Erlebnisse mit Bezug auf den Fokus der Retrospektive notieren. Oft hilft ein Zeitstrahl mit den wichtigsten subjektiven Beobachtungen bzw. Problemen dabei, zu dokumentieren, wie die einzelnen Teammitglieder über diese Probleme denken. Andererseits können Daten z. B. aus den Metriken zum Testfortschritt, zur Fehlerfindung, Testeffektivität, Testeffizienz und Vorhersagbarkeit von Tests einen objektiven Einblick in die Tests des Projekts oder der Iteration geben.
3. **Einsichten gewinnen** (*generate insights*): Ziel dieser Phase ist es, die möglichen Ursachen und Zusammenhänge zu verstehen. Hierzu werden die in Phase zwei gesammelten Beobachtungen hinsichtlich der Frage analysiert, warum etwas passiert ist, oder warum etwas gut oder eben nicht so gut gelaufen ist. Für wichtige Probleme soll eine Grundursachenanalyse durchgeführt werden, um die Ursachen zu ermitteln, und es kann ein Brainstorming abgehalten werden, um Ideen für mögliche Ursachen und ihre Wirkzusammenhänge zu finden. Ergebnis dieser Phase sind Hypothesen, die im nächsten Schritt dazu dienen, Maßnahmen zur Verbesserung abzuleiten.

4. **Maßnahmen definieren** (*decide what to do*): Nach oder während der vorherigen Phase haben die meisten Beteiligten schon Ideen, was sie verbessern oder ausprobieren möchten. Wichtig ist, die Hypothesen zu priorisieren und sich nun auf ein bis zwei Hypothesen zu einigen und zu entscheiden, mit welchen Maßnahmen und von wem diese umgesetzt werden sollen. Es geht darum, sicherzustellen, dass genug Zeit ist, um diese Maßnahmen neben dem »normalen Tagesgeschäft« durchführen zu können. Bei zu vielen Maßnahmen wäre es später schwieriger, diese in nachvollziehbaren Schritten zu bewerkstelligen und zu analysieren, welche Maßnahme tatsächlich einen Effekt hatte.
5. **Abschluss der Retrospektive** (*close the retrospective*): Ebenso wichtig wie es in Phase eins ist, alle Teilnehmer der Retrospektive abzuholen, ist es nun wichtig, alle auch wieder gut daraus zu entlassen. Einerseits müssen die Ergebnisse dokumentiert werden, z. B. in agilen Projekten als Backlog-Einträge inklusive der Zuteilung von Verantwortlichkeiten. Andererseits sollen alle Beteiligten einen abschließenden Satz zum Verlauf und zu Verbesserungsmöglichkeiten als »Retrospektive der Retrospektive« abgeben. Zum Schluss soll dann allen Beteiligten wertschätzend für ihre Beiträge gedankt werden.

Bei einem sequenziellen Entwicklungsmodell müssen Befunde, Schlussfolgerungen und Empfehlungen in der Regel offiziell an bestimmte Stakeholder verbreitet und auf verständliche Weise kommuniziert werden. In agilen Projekten sollen Probleme und Maßnahmen ebenfalls dokumentiert werden, um ein Review der Maßnahmen und ihrer potenziellen Auswirkungen auf die Probleme in der nächsten Iteration zu ermöglichen.

> Neben dem vernachlässigten »Abholen« der Beteiligten in der ersten Phase wird die Phase »Einsichten gewinnen« oft vergessen. Viele Teams überspringen sie, um direkt Maßnahmen zu den Beobachtungen zu definieren, ohne sich vorher Gedanken gemacht zu haben, was denn die wirklichen Ursachen sind. Das führt dazu, dass man nur an der Oberfläche kratzt und lediglich die Symptome behandelt, anstatt die tatsächlichen Ursachen zu beseitigen.

Nach [Loeffler 14] kann und soll bei schon länger laufenden Projekten in Retrospektiven vor Phase 2 ggf. noch folgende Phase 2a eingeschoben werden:

2a. **Frühere Hypothesen und Maßnahmen überprüfen:** Hier werden die Wirksamkeit der beschlossenen Veränderungsmaßnahmen zu den Hypothesen der vorherigen Retrospektiven überprüft und nicht effektive Maßnahmen und/oder die entsprechenden Hypothesen evtl. auch verworfen oder neu diskutiert.

Gloger weist darauf hin, dass das Entwicklungsteam nach dem Abschluss der Retrospektive gemeinsam mit dem Product Owner und dem Scrum Master die Veränderungsmaßnahmen dahingehend priorisieren sollen, welches Problem sofort gelöst werden soll und welche Veränderungen dem Team den höchsten Produktivitätsgewinn bringen (vgl. [Gloger 16], dort S. 192).

6.5.2 Divergenz und Konvergenz in den Phasen

Sam Kaner, ein bekannter Trainer für Facilitatoren, weist darauf hin, dass es wichtig ist, in jeder partizipativen[11] Diskussion und Entscheidungsfindung zunächst einen divergenten Verlauf zuzulassen und das Äußern möglichst vieler Ideen zu unterstützen. Diese sind dann in einem konvergenten Folgeverlauf zu strukturieren, zu bewerten und »auf den Punkt« zu bringen (s. [Kaner 14]).

Divergente Diskussion und …

Divergenz bedeutet nach Kaner, offen und frei zu diskutieren, Alternativen zu suchen, unterschiedliche Standpunkte zuzulassen und insbesondere nicht zu werten und keine Urteile zu fällen. Hier sind die Beteiligten zur umfassenden, kreativen Teilnahme zu ermutigen und das gegenseitige Verständnis zu stärken.

… konvergente Lösungsfindung

Mit Konvergenz meint Kaner, Alternativen zu evaluieren, wichtige Ideen zu kategorisieren, Kernergebnisse zusammenzufassen und auch zu bewerten. Hier ist es wichtig, integrative Lösungen zu unterstützen und die gemeinsame Verantwortung des Teams für die beschlossenen Maßnahmen zu fördern.

Abbildung 6.8 zeigt den charakteristischen Verlauf von Divergenz und Konvergenz in den ersten vier Phasen einer Retrospektive (nach [Derby 24]).

1. In der ersten Phase starten die Teilnehmer bereits divergent, da sie aus unterschiedlichen Kontexten und mit ihren individuellen Stimmungen und Erwartungen erscheinen.
2. Erst, wenn alle »angekommen« sind, beginnt in Phase zwei divergierend das Sammeln von Beobachtungen und Daten z. B. mit einem Brainstorming. Die Ergebnisse werden dann konvergierend kategorisiert und zusammengefasst.
3. Dann können sie in der dritten Phase analysiert werden, wobei zunächst wieder divergierend möglichst viele Interpretationen und Perspektiven gesucht werden, um diese dann wiederum konvergie-

11. Partizipativ bedeutet hier, unter gleichberechtigter und aktiver Beteiligung aller auf Basis geteilter Informationen zu einer gemeinsam verantworteten Übereinkunft zu kommen (vgl. z. B. Wikipedia unter »partizipativ«).

rend zu Einsichten zu verdichten und Hypothesen zu den Grundursachen erkannter Probleme zu formulieren.

4. Dabei wird sich jeder schon Gedanken zu möglichen Maßnahmen gemacht haben, die zu Beginn der Phase vier, Maßnahmen definieren, oft nur noch konvergierend strukturiert, bewertet und integriert werden.

Abb. 6.8
Phasen der Retrospektive (nach [Derby 24])

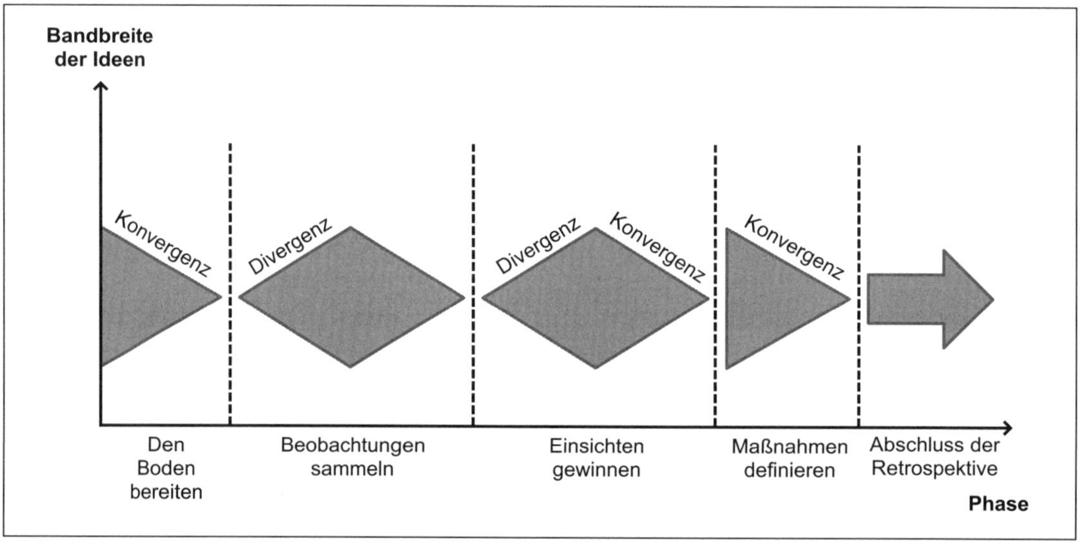

Folgende Fallstricke sind bei Retrospektiven insbesondere in der Phase »Beobachtungen sammeln« nach dem divergenten Verlauf zu beachten:

- Die Beteiligten sind ob der schieren Menge an Beobachtungen überfordert und konzentrieren sich auf einfach zu erkennende »Probleme«, für die sie bereits Lösungen im Kopf haben.
- Die Beteiligten verlieren sich in Diskussionen zu einzelnen schwerwiegenden Beobachtungen, die dann frustriert als »nutzlos« oder »mission impossible« abgebrochen werden.
- Die Moderation bricht die Diskussion ab, setzt selbst die weiter zu behandelnden Beobachtungen fest und verliert die Hälfte der Beteiligten für die nächsten Phasen.

Hier ist es Aufgabe der Moderation, während der Sammlung von Beobachtungen rechtzeitig gegenzusteuern, um den Fokus der Retrospektive zu halten und die Beteiligten vor einer zu frühen Bewertung einzelner Beobachtungen oder zu frühen Diskussionen von Lösungen zu bewahren.

Die gewonnenen Erkenntnisse einer Retrospektive beziehen sich oft nicht nur auf den Testprozess, sondern meist auf den gesamten Softwarelebenszyklus. Entsprechende Erkenntnisse und Verbesserungspotenzial sind zu sammeln und daraus Pläne abzuleiten, damit zukünftige

Projekte reibungsärmer durchgeführt werden können. Auch diese Ergebnisse werden im Protokoll der Retrospektive dokumentiert.

Beispiel: Phasen 1+2 einer Retrospektive in DiaFlow

Im agilen Softwareteam des Projekts DiaFlow wurden die ersten Sprints durchgeführt und der resultierende Prototyp im Review präsentiert und akzeptiert. Maria Schmitz, die neben der Rolle als Teamleiterin auch die des Scrum Masters einnimmt, plant nun die Durchführung der nächsten Retrospektive.

Sie lädt dazu wie mit dem Team abgesprochen den Testmanager Thomas Lehmann, die Softwareentwickler sowie die beiden Softwaretester zu einer dreistündigen Retrospektive mit dem Fokus-Thema »Stand und Verbesserungsmöglichkeiten des Softwaretests« für kommenden Mittwoch von 9:30 Uhr bis 12:30 Uhr ein. Der Projektleiter für die Hardware, Dr. Keller, wird wie abgesprochen nicht eingeladen, da das Team ihn noch nicht gut genug kennengelernt hat. Maria hat beim Aufsetzen des Projekts für ein separates Budget zur Unterstützung des agilen Softwareteams gesorgt und kann daher den großen Workshop-Raum und ein entsprechendes Catering inklusive eines Mittagessens buchen.

Eine Woche später beginnt Maria die Retrospektive mit einer Begrüßung aller Beteiligten, sorgt dafür, dass sich alle etwas stärken können, und erläutert dann anhand Abbildung 6.8 kurz den geplanten Ablauf. Darüber hinaus erinnert sie an die gemeinsam verabschiedete Team-Charta, speziell an die Regeln zur konstruktiven Kommunikation. Sie bittet dann alle Beteiligten, ihre Erwartungen bezüglich des Hauptthemas in wenigen Sätzen zusammenzufassen. Wichtig ist ihr, eine Atmosphäre des gegenseitigen Vertrauens zu schaffen, sodass Probleme ohne Schuldzuweisungen oder Beurteilungen (Blame Game) offen angesprochen werden können. Als Eisbrecher und um ein Beispiel für »wenige Sätze« zu geben, beginnt sie selbst:

»In den vergangenen Sprints haben wir richtig Fahrt aufgenommen und auf unseren Prototyp für das erste Review bin ich richtig stolz! Allerdings habe ich in letzter Zeit zunehmend das Gefühl, das die automatisierten Testfälle zum Systemtest sehr heterogen strukturiert sind und nicht wirklich unsere umgesetzte Funktionalität widerspiegeln. Hier wünsche ich mir mehr Transparenz und Einheitlichkeit.«

Nachdem die anderen Beteiligten – teilweise mit etwas Ermutigung – ihre Erwartungen geschildert haben, dankt Maria allen und gibt jedem für die Phase »Beobachtungen sammeln« einige Moderationskarten, auf denen zunächst alle ihre eigenen Beobachtungen zum Fokus-Thema stichwortartig notieren sollen. Dazu hat sie drei Farben ausgewählt:

- Grün für »Das finde ich gut!«,
- Gelb für »Das sollen wir ändern!« und
- Rot für »Das finde ich nicht gut!«.

Maria erinnert zur Einleitung dieser Phase daran, dass Beobachtungen objektiv sein können, wie z. B. die Sprint Velocity oder die Anzahl blockierter Testfälle, aber auch subjektiv, wie z. B. Freude oder Frust während bestimmter Arbeitsphasen oder Schwierigkeiten bei der Suche nach bestimmten Informationen. Nach ca. 10 Minuten heften alle Beteiligten nacheinander ihre Karten auf die vorbereitete Moderationswand und erläutern diese kurz. Dabei tauchen bereits einige Karten mit ähnlichen Themen auf, die nahe beieinander angeheftet werden (s. Abb. 6.9).

Abb. 6.9
Pinnwand mit ersten Beobachtungen

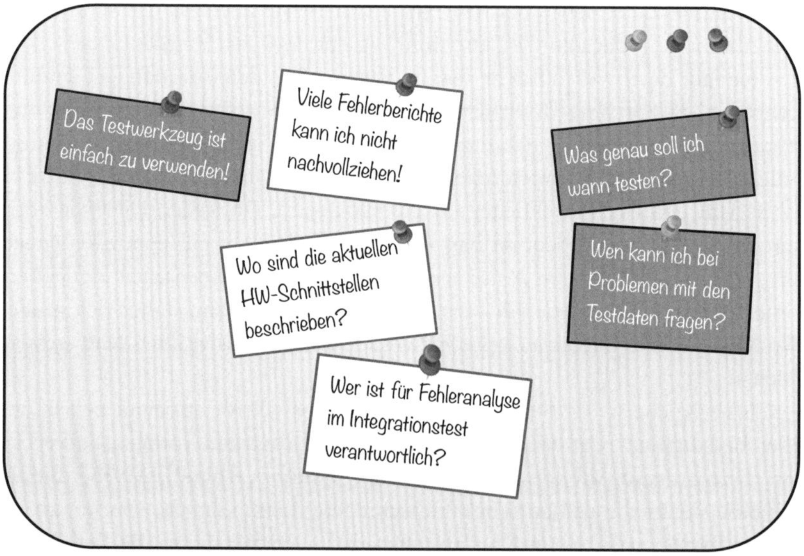

Das Team diskutiert dann weitere Gemeinsamkeiten in den Beobachtungen und bildet letztendlich die drei Kategorien »Testaspekte«, »Aufwandsschätzung« und »Kommunikation«. Gemeinsam entscheidet das Team dann, in den verbleibenden Phasen der Retrospektive die beiden Bereiche »Testaspekte« und »Aufwandsschätzung« weiter zu analysieren und entsprechende Maßnahmen zur Verbesserung zu diskutieren.

Im Folgenden sind noch einige weitere Beispiele für gewonnene Erkenntnisse und mögliche Veränderungen aus Retrospektiven zum Testprozess aufgeführt:

Ursachen für Häufungen von Fehlerwirkungen

- Werden relativ spät unerwartete Anhäufungen von Fehlerwirkungen nachgewiesen, so kann dies daran liegen, dass eine Benutzergruppe, und damit deren spezielle Verwendung der Software, nicht ausreichend berücksichtigt wurde. In zukünftigen Projekten ist darauf zu achten, dass ein breiterer Querschnitt an zukünftigen Benutzern in die Besprechungen besonders zur Risikoidentifizierung und -bewertung mit eingebunden wird.
- Aufgedeckte Fehlerwirkungen sind darauf zu untersuchen, warum und wann sie auftraten und ob sich daraus Tendenzen ableiten lassen. So können späte Änderungswünsche die Qualität des Entwick-

lungsprozesses und der Arbeitsergebnisse negativ beeinflussen und zu Fehlerwirkungen führen. Aber auch das Auslassen einer Teststufe, auf der die Fehlerwirkungen früher und kostengünstiger aufgedeckt worden wären, kann Ursache sein und muss ins Verhältnis zur (vermeintlich) eingesparten Zeit gesetzt werden. Fehlertendenzen können auch im direkten Zusammenhang mit (veränderten) Rahmenbedingungen stehen: Einsatz neuer Technologie, Personalveränderung oder mangelnde fachliche Qualifikation.

Fehleinschätzung des Aufwands

- Die Testschätzungen hatten wenig bis gar nichts mit der Realität zu tun. Ursachenforschung ist erforderlich: Wurde das Testen ineffektiv durchgeführt oder basierten die Schätzungen von vornherein auf falschen Annahmen und waren zu niedrig angesetzt? Für zukünftige Schätzungen sind daraus die entsprechenden Lehren zu ziehen.

Retrospektiven gehören zu den Methoden, die auf einem offenen und vertrauensvollen Austausch basieren. Gerade hier ist daher meist eine Anpassung der Vorgehensweise an den tatsächlichen Kontext und die Beteiligten des Projekts notwendig. Hierzu sind Fragen zu stellen wie z. B.:

- Wie geht man miteinander um?
- Spricht man auch Vorgesetzte normalerweise mit Du an?
- Ist die Organisation wirklich agil oder ist das hierarchische, an die Aufbauorganisation gebundene Rollendenken noch tief verwurzelt?
- Redet man von Abteilung oder Team?
- Wie wichtig ist die »Governance«?
- Gibt es ein zentrales Qualitätsmanagement?

> Bei passender Umsetzung sind Retrospektiven in allen Organisationsformen und Softwareentwicklungslebenszyklen ein probates Mittel zu Verbesserungen!

6.6 Vergleich der Bewertungs- und Prozessmodelle

Ein Verbesserungsprozess ist auf der Organisationsebene in der Regel nachhaltiger und nützlicher als ein Verbesserungsprozess auf Projekt- oder Teamebene. Es ist dennoch auch möglich und oft auch vorteilhaft, eine Prozessverbesserung auf Projekt- oder Teamebene vorzunehmen. Sie soll allerdings auf die Bedürfnisse des Projekts oder Teams zugeschnitten sein.

Die beiden oben beschriebenen Ansätze zur modellbasierten Prozessverbesserung sind ausschließlich auf den Testprozess fokussiert und damit zumindest teilweise auch auf Ebene einzelner Test- bzw. agiler Entwicklungsteams einsetzbar. TMMi wurde auf Grundlage von

CMMI entwickelt und führt zu einer Bewertung des gesamten Testprozesses in Reifegradstufen. TPI Next® bewertet 16 für den Testprozess relevante Kernbereiche separat und ähnelt damit mehr dem CMMI in der kontinuierlichen Darstellung bzw. der ISO/IEC 330nn, die ebenso den einzelnen Prozessgebieten Fähigkeitsgrade zuteilt.

STEP und CTP sind Beschreibungen von Vorgehensweisen beim Testprozess und liefern keine direkten Bewertungen oder Einstufungen. Es werden Aktivitäten beschrieben (STEP) oder deren Umsetzung abgefragt (CTP). Sicherlich stellen beide wertvolle Quellen für »Best Practices« dar und tragen dazu bei, den eigenen Testprozess in Relation zu den Modellen zu vergleichen und zu vervollkommnen.

TPI Next® & TMMi für das Testmanagement

Die Bewertungsmodelle TPI Next® und TMMi sind für das Testmanagement von großer Bedeutung, da sie ihm helfen, den Testprozess zu analysieren, zu bewerten und entsprechende Verbesserungen in Angriff zu nehmen. Viele nützliche Hinweise und konkrete Tipps zum Testprozess finden sich in beiden Modellen. Welches Bewertungsmodell anzuwenden ist, ist auch von den Gegebenheiten im Unternehmen abhängig. Wird im Unternehmen ein CMMI-Assessment (Stufendarstellung) durchgeführt, ist TMMi möglicherweise als Modell mit einem ähnlichen Aufbau vertrauter. Beide, TPI Next® und TMMi, eignen sich jedoch als Ergänzung der universellen Assessmentmodelle CMMI und SPICE gleichermaßen gut.

Ausführliche Beschreibungen für TMMi sind in [van Veenendaal 11] sowie in [URL: TMMi] vorhanden und für TPI Next® in [van Ewijk 11] sowie in [URL: TPINext]. STEP ist im Buch »Systematic Software Testing« [Craig 02] und CTP in [Black 03] detailliert dargestellt.

Die modellbasierte Verbesserung des Testprozesses kann auch auf Projektebene angewendet werden. In solchen Fällen konzentrieren sich die Bewertung und der Verbesserungsprozess speziell auf die im Modell definierten Testprozesse oder Kernbereiche, die sich auf die Aktivitäten auf Projektebene beziehen (z. B. Testplanung und Testentwurf) und lassen die Bereiche auf der Organisationsebene (z. B. organisationsweite Teststrategie und Testorganisation) oft weitgehend aus. Alternativ können auch die Praktiken, die sich auf die Organisationsebene beziehen, auf den Projektkontext zugeschnitten werden.

Certified Tester – Expert Level

Der Lehrplan zum »Certified Tester Expert Level – Improving the Testing Process« [CTEL-ITP 11] enthält viele weiterführende Informationen. Zusammen mit dem »Certified Tester Expert Level – Test Management« [CTEL-TM 11] bilden diese den »Expert Level« des internationalen Aus- und Weiterbildungsprogramms ISTQB® Certified Tester. Beide Lehrpläne liegen zum Zeitpunkt der Drucklegung dieses Buches noch in der englischen Version von 2011 vor (s. unter [URL: ISTQB CTE-2011]), werden jedoch gerade überarbeitet und aktualisiert.

7 Testwerkzeuge

Werkzeuge zur Unterstützung des Testprozesses

In die Anschaffung von Werkzeugen wird oftmals viel Hoffnung, Zeit und Geld investiert – dennoch bleibt so manches Softwarewerkzeug ungenutzt. Dieses Kapitel erläutert, wie die geeigneten Werkzeuge für die Testorganisation, das Testteam oder das Testprojekt ausgewählt werden.

Des Weiteren wird veranschaulicht, welche Lebenszyklusphasen ein Testwerkzeug durchläuft. Ergänzend werden verschiedene Arten und Eigenschaften von Testwerkzeugen sowie deren Unterstützung für die Erfassung und Bewertung von Metriken beschrieben.

Mit den Inhalten dieses Kapitels können Sie für die Prüfung zum ISTQB© Certified Tester Advanced Level Test Management …

- *TM-1.6.1 (K2) … die Best Practices für die Einführung von Werkzeugen zusammenfassen.*
- *TM-1.6.2 (K2) … die Auswirkungen der verschiedenen technischen und fachlichen Aspekte bei der Entscheidung für eine Werkzeugart erklären.*
- *TM-1.6.3 (K4) … eine gegebene Situation analysieren und damit einen Plan für die Auswahl von Werkzeugen erstellen, der Risiken, Kosten und Nutzen berücksichtigt.*
- *TM-1.6.4 (K2) … die Phasen des Lebenszyklus eines Werkzeugs voneinander unterscheiden.*
- *TM-1.6.5 (K2) … Beispiele für die Erfassung und Bewertung von Metriken mithilfe von Testwerkzeugen nennen.*

7.1 Zielsetzung und Bedarfsanalyse für Testwerkzeuge

Die Auswahl eines geeigneten Testwerkzeugs beginnt mit einer fundierten Analyse des tatsächlichen Bedarfs und der erwarteten Nutzenpotenziale. Ohne diese Grundlage besteht die Gefahr, Werkzeuge aufgrund von Trends, Herstellerempfehlungen oder subjektiven Präferenzen auszuwählen – mit der Folge, dass das Werkzeug später ungenutzt bleibt oder ineffektiv eingesetzt wird.

7.1.1 Wo besteht Handlungsbedarf?

Nicht alle verfügbaren Testwerkzeuge sind für ein konkretes Projekt oder eine Organisation relevant. Entscheidend ist, welche Probleme im aktuellen Testprozess bestehen und ob ein Werkzeug zur Lösung dieser Probleme beitragen kann. Mögliche Ansatzpunkte sind:

- Ineffiziente oder fehleranfällige manuelle Tätigkeiten
- Mangelnde Nachvollziehbarkeit oder Dokumentation der Testergebnisse
- Hoher Aufwand für Testplanung, -durchführung oder -auswertung
- Begrenzte Testabdeckung, z. B. bei Regressionstests oder Lasttests

Ein klares Verständnis der Schwächen und Engpässe im aktuellen Prozess ist die Voraussetzung für eine zielführende Werkzeugentscheidung.

7.1.2 Was soll das Werkzeug verbessern?

Ein Testwerkzeug kann unterschiedlichen Nutzen liefern. Die wichtigsten Nutzenkategorien sind:

- **Effizienzsteigerung:** Entlastung der Testbeteiligten durch Automatisierung repetitiver Aufgaben (z. B. Testdurchführung, Protokollierung, Ergebnisbewertung).
- **Qualitätsgewinn:** z. B. bessere Testfälle, präzisere, reproduzierbare Ergebnisse und verbesserte Nachweisführung – z. B. bei sicherheitskritischen Systemen
- **Erweiterte Testabdeckung:** Realisierung von Testarten, die manuell nicht oder nur eingeschränkt möglich sind (z. B. Lasttests, stochastische Tests).
- **Motivationssteigerung:** Höherwertige Tätigkeit der Testbeteiligten durch Verlagerung vom mechanischen Arbeiten hin zu kreativen und analytischen Aufgaben.

Wichtig: Mehr Testfälle bedeuten nicht automatisch bessere Tests. Es muss sichergestellt werden, dass die gewonnene Kapazität sinnvoll für qualitätssteigernde Aktivitäten genutzt wird.

Beispiel: Werkzeuge zur Automatisierung der Testdurchführung und der Testfallspezifikation

Werkzeuge zur automatisierten Durchführung von Tests machen »lediglich« die Durchführung zuvor erstellter Testfälle kostengünstiger, schneller und exakter, fügen aber keine »neue Dimension« zur Aufgabe des Testens hinzu. Zum effizienten Betrieb solcher Werkzeuge sind bestehende Prozesse in der Regel zu ergänzen, z. B. in der Planungsphase um Aktivitäten zur Identifikation der zu automatisierenden und automatisch durchzuführenden Testfälle. Der Testprozess als Ganzes bleibt aber im Wesentlichen derselbe. Der Einsatz des Werkzeugs bringt folgende Vorteile:

- Mittel- bis langfristig führt es zu einer Ersparnis von Personalressourcen für die Testdurchführung bzw. zu einer Erhöhung der Anzahl durchführbarer Testfälle bei gleichbleibendem Ressourcenbedarf. Beispielsweise kann als Ziel gesetzt werden, im Laufe von zwei Jahren nach der Einführung 50 % der Personalkosten für die Testdurchführung einzusparen.
- Der Durchsatz bei der Testdurchführung wird erhöht. Die Tests können erstens schneller und zweitens auch nachts und am Wochenende durchgeführt werden. Durch die Automatisierung von Regressionstests werden Entwicklungszyklen deutlich verkürzt und die Dauer eines Testzyklus wird wegen des gleichbleibenden Durchsatzes des Werkzeugs besser vorhersagbar. Ein quantitatives Ziel hierfür wäre z. B. die Senkung der mittleren Dauer eines iterativen Entwicklungszyklus von 4 auf 3 Wochen.
- Die Genauigkeit der Testdurchführung und -protokollierung wird erhöht. Entsprechende Ziele könnten darin liegen, die Fehlerfindungsrate pro durchgeführtem Testfall zu erhöhen (diese lässt sich allerdings kaum direkt messen, da die Grundgesamtheit der findbaren Fehler im Allgemeinen ja nicht bekannt ist), oder auch beispielsweise in der Quantifizierung des Aufwands, der für die Erstellung eines Testprotokolls benötigt wird. Insbesondere beim Test sicherheitskritischer Systeme, bei dem eine hohe Nachweispflicht besteht, stellt die effiziente und detaillierte Protokollierung einen hohen Mehrwert dar.
- Eine Ausweitung der Tests wird ermöglicht. Durch ein Werkzeug können Testarten, die vorher nicht sinnvoll manuell durchführbar waren (z. B. Lasttests), umsetzbar werden.
- Die Qualifikation und Reputation des Testpersonals steigt, da es nicht mehr nur »stupide« manuelle Tests durchführt, sondern anspruchsvollere Tätigkeiten wie Testfallentwurf und -automatisierung übernimmt.

Beispiel: Werkzeuge schaffen neue Fähigkeiten.

Testwerkzeuge können aber auch einen ganz neuen Prozess oder neue Aktivitäten in einem bestehenden Prozess erst ermöglichen, indem sie neue oder zusätzliche technologische oder organisatorische Möglichkeiten schaffen. In diese zweite Kategorie fallen beispielsweise Werkzeuge zur automatischen Generierung von Testfällen aus Modellen (s. [Winter 16]). Die Einführung eines solchen Werkzeugs hat Auswirkungen auf den gesamten Testprozess:

- Die Planung kann sich nicht mehr auf einzelne Testfälle beziehen, da diese ja während des Testens erst erzeugt werden und somit nicht mehr individuell identifizierbar sind. Die Spezifikationsphase zielt nicht mehr auf die Beschreibung von Testfällen, sondern liefert Generierungsstrategien für die gewünschten Testfälle.
- Die Durchführung der generierten Tests ist zu automatisieren, weil der Vorteil der Testgenerierung – das Entstehen einer sehr großen Menge von Testfällen zu geringen Kosten – sonst nicht nutzbar ist.
- Die Bewertung der Testüberdeckung und der Produktqualität muss sich auf das der Generierung zugrunde liegende abstrakte Modell des getesteten Systems beziehen.

Wichtige Ziele für die Einführung eines solchen Werkzeugs wären (neben ähnlichen Einsparpotenzialen wie im ersten Beispiel) die folgenden:

- Die Qualität der generierten Testfälle und damit die Effektivität des Tests soll deutlich höher sein als die der manuell erzeugten Tests. Dies ließe sich beispielsweise durch die Messung der Fehlerfindungsrate (s. Abschnitt 8.6.2) vor und nach der Einführung messen.
- Die zur Einführung notwendigen Prozessveränderungen müssen klar definiert und die Kosten hierfür kalkulierbar sein. Neben der Evaluation des Werkzeugs (s. Abschnitt 7.3.8) kann dafür die Bewertung von Umfang und Güte von Begleitunterlagen des Werkzeugs herangezogen werden.

7.1.3 Wie lassen sich die Verbesserungen nachvollziehen?

Damit ein Werkzeug gezielt eingeführt und sein Nutzen später bewertet werden kann, müssen die angestrebten Ziele konkret, nachvollziehbar und möglichst messbar formuliert werden:

- Welche Aktivitäten im Testprozess sollen verbessert oder automatisiert werden?
- Welche quantifizierbaren Verbesserungen werden erwartet? Beispiele:
  - »Reduktion des manuellen Testaufwands um 30 % innerhalb eines Jahres«
  - »Erhöhung der automatisierten Regressionstestabdeckung von 60 % auf 90 %«
- Sollen neue Prozesse etabliert werden, z. B. modellbasierte Testfallgenerierung oder strukturiertes Testdatenmanagement?
- Gibt es geplante parallele Werkzeugeinführungen in anderen Bereichen? Solche Potenziale zur Integration und Synergie sollen genutzt werden.

Die Definition solcher Ziele bildet die Basis für eine strukturierte Auswahl und spätere Erfolgskontrolle.

Sobald Ziele definiert sind, kann der erwartete Nutzen qualitativ oder quantitativ abgeschätzt werden. Hierzu empfiehlt sich:

- die Erstellung einer **Scoring-Matrix**, in der potenzielle Werkzeuge anhand gewichteter Nutzenkriterien verglichen werden, sowie
- die Berechnung eines **Return on Investment (ROI)**, sofern belastbare Zahlen vorliegen (zur ROI-Berechnung s. a. Abschnitt 12.2).

Diese Instrumente bilden die Grundlage für die spätere Bewertung und Auswahl

7.1.4 Kommunikationsbedarf und Stakeholder-Abgleich

Die Ziele des Werkzeugeinsatzes müssen von allen relevanten Stakeholdern verstanden, akzeptiert und getragen werden. Unklare, schlecht kommunizierte oder widersprüchliche Zielsetzungen führen häufig dazu, dass Werkzeuge nach kurzer Zeit nicht mehr genutzt werden. Daher sollen folgende Punkte Berücksichtigung finden:

- Beteiligung der späteren Nutzer bereits in der frühen Zieldefinition, z. B. mittels Durchführung von Interviews zu Anforderungsdefinition (s. Abschnitt 7.3.2), Erwartungen und Zielen.
- Dokumentation und Abstimmung von erhobenen Anforderungen, Zielsystematik und Vorgehen
- Transparenz gegenüber Projekt- und Linienverantwortlichen

7.1.5 Betrachtung möglicher Alternativlösungen

Nach der genauen Identifikation der anzugehenden Probleme ist folgende Frage zu stellen: »Können diese Ziele tatsächlich nur mit einem neuen Werkzeug erreicht werden oder gibt es Alternativen?«

Alternativen bewerten

- »Sind die Ziele wirklich geeignet, um durch ein Werkzeug erreicht zu werden, oder liegen die Ursachen der abzustellenden Probleme vielmehr in unvollständigen oder nicht aktuellen Prozessdokumenten, unzureichender Qualifikation der Mitarbeiter oder unzureichenden Kommunikationsmitteln?« Dann sind diese Unzulänglichkeiten direkt abzustellen, anstatt ihre Existenz durch Einführung eines Werkzeugs zu kaschieren.
- »Kann ein bereits existierendes Werkzeug erweitert, parametrisiert oder durch Erstellung geeigneter Arbeitsanweisungen genutzt werden, um die Ziele abzudecken?« Kann diese Frage nicht eindeutig verneint werden, so macht es zumindest Sinn, in die folgenden Pha-

sen der Werkzeugauswahl das bestehende Werkzeug und die Zusatzmaßnahmen mit aufzunehmen.

- »Ist es vielleicht sogar am sinnvollsten, mit dem Status quo zu leben und den Aufwand für die Einführung eines neuen Werkzeugs einzusparen?« Um diese Frage zu beantworten, ist eine Kosten-Nutzen-Betrachtung erforderlich.

7.1.6 Betrachtung der Kosten

Prinzipiell stehen den erwarteten Vorteilen oder Einsparungen durch den Werkzeugeinsatz – basierend auf der quantifizierten Bewertung der Ziele – unterschiedliche direkte und indirekte Kosten gegenüber. Einige dieser Kosten sind bereits zu diesem frühen Zeitpunkt der Überlegungen bekannt, andere können erst während der späteren Einführung und Nutzung ermittelt werden. Die Kostenbetrachtung muss daher ggf. mehrfach hinterfragt und aktualisiert werden.

Einmalige Kosten

Zunächst erfolgt die Identifikation der einmaligen Kosten für die Anschaffung und die Nutzung des Werkzeugs. Diese sind pro Evaluationskandidat zu erheben, sodass in der Praxis dieser Schritt erst durchgeführt werden kann, wenn die Liste von Kandidaten existiert:

- Kosten der Auswahl
  - Personalkosten für die Anforderungserhebung
  - Personal- und Sachkosten (z. B. für eine Evaluationsumgebung) für die Durchführung der Evaluation
  - Opportunitätskosten, die dadurch entstehen, dass das Testpersonal mit Auswahl oder Einführung des Werkzeugs beschäftigt ist und somit weniger Zeit für die eigentlichen Tätigkeiten zur Verfügung hat.
- Kosten der Einführung
  - Bei Open-Source- oder maßgeschneiderten Werkzeugen: Personalkosten für die Entwicklung bzw. Anpassung
  - Bei kommerziellen Werkzeugen: Lizenzkosten für die Anschaffung. Sind pro Arbeitsplatz oder pro Benutzer Lizenzen anzuschaffen oder wird die maximale parallele Anzahl von Nutzungen lizenziert? Wie sieht das beabsichtigte Nutzungsprofil im eigenen Unternehmen aus, d. h., von wie vielen Nutzern und welcher durchschnittlichen Nutzungsdauer muss ausgegangen werden? Gibt es Rabattstaffeln, die bei der Anzahl anzuschaffender Lizenzen zum Tragen kommen? Je nach Einsatzbereich des Werkzeugs kann es im Testprozess zu einer hohen Schwankungsbreite zwischen minimaler, durchschnittlicher und maximaler Anzahl von Nutzern kommen (z. B. Werkzeuge für die Unterstützung der Testdurchführung werden nur in Testdurchführungszy-

klen benötigt). Gibt es hierfür ein Modell für »Peak-Lizenzen«, die temporär in Spitzenzeiten genutzt werden können?
  - Erfordern die Systemanforderungen des Werkzeugs ggf. Nachrüstungen der Hard- und Software der Testarbeitsplätze? Ist das Werkzeug bei einem zukünftigen Wechsel der Systemplattform portabel?
- Wie aufwendig sind die Neuinstallation, eine Update- oder Upgrade-Installation und die Konfiguration? Gibt es eine Unterstützung für ein zentralisiertes Management der Installationen?
- Was kostet die Qualifikation der Benutzer durch Schulungen?
- Wie hoch ist der Aufwand für die Erstellung eines Einsatzkonzepts, d. h. für die notwendigen Anpassungen/Erweiterungen der Prozessdokumentationen?
- Sind Schnittstellen zu bereits vorhandenen Werkzeugen kundenspezifisch anzupassen oder neu zu erstellen? Welcher Aufwand für derartige »Customizing«-Leistungen wird benötigt? Kann der Werkzeughersteller solche Unterstützung bieten oder kompetente Partner vermitteln?

Einige Werkzeughersteller haben die Praxis eingeführt, dass die Lizenzen nur für ein bestimmtes Projekt Gültigkeit haben. Oftmals spielt ein Werkzeug seine Anschaffungskosten aber erst durch Einsatz in mehreren aufeinanderfolgenden Projekten ein. Der Nutzen der Werkzeuge ist somit beschränkt und die Amortisation deutlich erschwert. Prüfen Sie daher das Lizenzierungsmodell auf solche Aspekte genau und treten Sie ggf. rechtzeitig in Verhandlung mit dem Hersteller, um ein adäquates Modell zu erhalten.

Die Miete eines Werkzeugs kann betriebswirtschaftlich sinnvoller als der Kauf sein, insbesondere wenn die Miete bereits o. g. Wartungsgebühren beinhaltet. Bietet der Hersteller ggf. ein solches Mietmodell an?

Wiederkehrende Kosten

Neben diesen einmaligen Kosten gibt es noch regelmäßig oder unregelmäßig wiederkehrende Kosten während des Betriebs:

- Durchschnittliche Kosten für Updates und Upgrades, basierend auf der typischen Releasefrequenz des Herstellers
- Kosten für Anwendersupport
- Bei Mietmodell: wiederkehrende Mietkosten
- Nachschulungen der Werkzeuganwender bei wesentlichen Änderungen des Werkzeugs
- Anpassungen des Einsatzkonzepts bei wesentlichen Änderungen des Werkzeugs
- Kosten für die Anpassung des Werkzeugs an zukünftige Anforderungen

7.1.7 Identifikation und Management von Risiken

Als Abschluss der Grundsatzüberlegungen sind mögliche weitere Kostenfaktoren, Einschränkungen und negative Auswirkungen der Werkzeugeinführung zu lokalisieren, die bisher nicht diskutiert wurden. Ist die Entscheidung für die Einführung eines Werkzeugs gefallen, so müssen diese Risiken im Rahmen des Auswahl- und Einführungsprojekts gemanagt werden.

- Kann die Einführung des Werkzeugs andere Prozesse negativ beeinflussen, beispielsweise durch Wegfall einer bisher – z. B. durch den Vorgänger des neu einzuführenden Werkzeugs – bedienten Schnittstelle oder durch Einführung eines neuen, proprietären Datenformats?
- Wodurch bzw. durch wen kann die Werkzeugauswahl negativ beeinflusst werden? Ist sichergestellt, dass sie objektiv durchgeführt werden kann? Manchmal gibt es im Unternehmen Personen, die subjektive Vorbehalte gegen Neuerungen im Allgemeinen und Werkzeuge im Speziellen haben oder die sich lieber durch Implementierung eines Werkzeugs Marke »Eigenbau« ein »Denkmal« setzen wollen, statt ein Werkzeug »von der Stange« anzuschaffen.
- Wodurch kann die Einführung des ausgewählten Werkzeugs scheitern? Gefährdet die Einführung ein laufendes Projekt ggf. so stark, dass die angestrebte Qualität oder die geplanten Termine nicht eingehalten werden können?
- Ist die Organisation überhaupt so reif, dass die Einführung eines Werkzeugs zu einem geeigneten Zeitpunkt stattfindet?

Beispiel für Risiken des Werkzeugeinsatzes

Als Beispiele für Risiken des Werkzeugeinsatzes sind zu nennen:

- Hoher Wartungsaufwand der Testmittel. Insbesondere bei Werkzeugen zur Testdurchführung stellt dies einen wichtigen Aspekt dar. Der Aufwand zur Wartung und Aktualisierung von Testskripten während der Entwicklungszyklen des zu testenden Systems übersteigt erfahrungsgemäß den initialen Programmieraufwand für die Skripte deutlich.
- Verlust der Kreativität. Im Gegensatz zu einem menschlichen Tester variieren und erweitern Werkzeuge zur Testdurchführung den Testablauf nicht und sind damit nicht in der Lage, Fehler zu finden, die »dicht neben« dem festgelegten Ablauf liegen.

Die Vermeidung dieser Risiken ist im Allgemeinen nicht durch das Werkzeug selbst, sondern durch eine geeignete Einführungs- und Nutzungsstrategie möglich.

7.2 Drei Arten von Testwerkzeugen und strategische Optionen

Durch die Einführung eines Testwerkzeugs können erhebliche Kosten entstehen. Unter Umständen amortisieren sich diese Kosten nicht in einem einzelnen Testprojekt, sodass die Werkzeugauswahl und -einführung auf unternehmensweiter Basis strategisch betrachtet werden muss. Wenn dies der Fall ist, wird die Auswahl und Einführung fast automatisch komplexer als für ein einzelnes Projekt: Die Anforderungen steigen und werden vielfältiger, es entsteht die Notwendigkeit einer firmenweiten Regelung für Anschaffung, Wartung und Vorgehensweise beim Einsatz des Werkzeugs. Zur Unterstützung einer solchen strategischen Vorgehensweise sollen die folgenden Ausführungen dienen.

Bestandteil einer solchen strategischen Entscheidung muss auch die Klärung einer zentralen Frage sein: Soll ein kommerzielles Werkzeug angeschafft, ein Open-Source-Werkzeug eingeführt oder ein maßgeschneidertes Werkzeug implementiert werden?

7.2.1 Open-Source-Software

Bei Open-Source-Werkzeugen trägt eine typischerweise weltweit verteilte Community die Entwicklung. Der Quelltext der Software ist öffentlich einsehbar. Die Software darf kostenlos beliebig kopiert, verteilt, genutzt und für die eigenen Zwecke angepasst werden.

Bewertung von Open-Source-Software aus der Sicht des Testmanagements

Gut verbreitete Werkzeuge mit einer aktiven Community haben oft eine sehr gute Qualität. Bei Problemen erhält der Anwender auf ggf. recht untypische, aber engagierte Weise Unterstützung durch die Gemeinschaft der Entwickler und Anwender. Zu berücksichtigen ist dabei allerdings, dass viele Open-Source-Werkzeuge ursprünglich für ein spezifisches Projekt oder zur Lösung eines konkreten Problems geschaffen wurden und ggf. nicht überall einsetzbar sind. Das Werkzeug kann und muss für den Einsatz daher oft angepasst oder ergänzt und mit anderen Werkzeugen integriert werden. Daher muss das Testteam eigene Entwicklungsarbeiten durchführen oder solche beauftragen und sich um Wartung und Support kümmern. Es gilt also genau zu prüfen, ob die Kompetenzen des Testteams oder der Testorganisation dafür ausreichen und ob der erwartete Nutzen und die Kosteneinsparung gegenüber kommerziellen Werkzeugen (Kaufpreis, Lizenzgebühren) die meist recht hohen Entwicklungs- und Supportkosten eines Open-Source-Werkzeugs rechtfertigt.

Die Nutzung unterliegt häufig bestimmten Lizenzbedingungen, die den Einsatz für kommerzielle Zwecke einschränkt oder den Nutzer zur kostenlosen Weitergabe von Änderungen verpflichtet, die er am Werkzeug vornimmt. Bekanntes Beispiel für eine Open-Source-Lizenz ist die → GPL, GNU Gerneral Public License [URL: GNU].

Unterliegen Entwicklung und Test im Arbeitsfeld des Testteams regulatorischen Auflagen, so ist oftmals eine Zertifizierung oder Validierung der eingesetzten Werkzeuge erforderlich. Für Open-Source-Software liegt normalerweise keine Zertifizierung vor, sodass ein Einsatz in diesen Fällen nicht möglich ist oder zumindest wegen der notwendigen Validierung sehr kostenintensiv wird.

7.2.2 Kommerzielle Werkzeuge

Bei kommerziellen Werkzeugen dagegen finden sich viele Anbieter von Werkzeugarten, die eine Zertifizierung vorlegen können. Der Support erfolgt durch den Anbieter oder von ihm beauftragte Dritte und ist im Allgemeinen durch klare → Service Levels geregelt. Das Werkzeug ist normalerweise »closed source« und wird im Rahmen von Kauf- oder Mietmodellen vertrieben. Manche kommerziellen Werkzeuge entstehen durch Parallel- oder Weiterentwicklung aus Open-Source-Werkzeugen.

Bewertung von kommerziellen Werkzeugen aus der Sicht des Testmanagements

Die Gesamtbetriebskosten für kommerzielle Software sind in der Regel leichter zu bestimmen (aber nicht zwangsläufig höher oder geringer) als die von Open-Source-Software. Anschaffung, Wartung, Support und Ausbildung werden durch ein klares Preismodell des Anbieters ausgewiesen. Dafür hat der Anwender auf die Weiterentwicklung der Software weniger Einfluss und kann sie nicht so spezifisch auf das eigene Arbeitsumfeld anpassen. Rechtliche Rahmenbedingungen wie Lizenzbestimmung und Zertifizierung sind oft leichter zu handhaben als bei Open-Source-Software.

7.2.3 Maßgeschneiderte Software

Maßgeschneiderte Systeme werden durch die Testorganisation, von ihr beauftragte Dritte oder die Entwicklungsabteilung im eigenen Haus erstellt. Lizenzierung, Weiterentwicklung und Support erfolgen im Allgemeinen intern je nach Unternehmen nach unterschiedlichsten Spielregeln – vom einfachen »copy and use« bis hin zu hausinternen Verrechnungs- und Lizenzmodellen.

Bewertung von maßgeschneiderter Software aus der Sicht des Testmanagements

Noch besser als Open-Source-Software lässt sich eigenentwickelte Software an die konkreten Bedürfnisse des Projekts, die internen Prozesse, Arbeits- und Testumgebungen sowie interne Dokumentenformate und -standards anpassen. In manchen Fällen, z.B. zur Ansteuerung von proprietärer Hardware oder Anbindung an hausinterne Software, stellt sie sogar die einzige Alternative dar. Ist ein Einsatz der Software bei einem breiten Anwenderkreis im Unternehmen denkbar, so rechnen sich ggf. auch die deutlich höheren Entwicklungskosten.

Allerdings werden in hohem Maße Softwareentwicklungskompetenzen von der Testorganisation verlangt: Anforderungen müssen erhoben, klar spezifiziert und zwischen den verschiedenen Stakeholdern abgestimmt werden. Die Entwicklung muss sauber dokumentiert werden, um eine zu starke Abhängigkeit von Einzelpersonen zu verhindern. Und nicht zuletzt muss auch solche Software sehr sorgfältig getestet werden – was erstaunlicherweise gerade beim Einsatz durch eine Testorganisation oftmals vernachlässigt wird.

7.3 Systematische Werkzeugauswahl als Prozess

Die erfolgreiche Einführung eines Testwerkzeugs erfordert eine strukturierte Vorgehensweise, um den Nutzen des Werkzeugs zu maximieren und Risiken zu minimieren.

Normen zur Werkzeugauswahl

Als Grundlage für das Vorgehen zur Auswahl von Werkzeugen kann die Norm [ISO 14102] dienen, die den zurückgezogenen Standard IEEE 1209 von 1992 ersetzt. Beide Normen sind praxistauglich und ähneln sich hinsichtlich der Inhalte, benennen und strukturieren die einzelnen Phasen des Prozesses aber unterschiedlich. Die ISO 14102 ist deutlich detaillierter als die IEEE 1209 und stärker auf einen organisationsweiten Auswahlprozess ausgerichtet.

Ausführlich und aktuell: ISO/IEC 20741

Noch detaillierter (und aktueller) sind die folgenden auf dem ISO/IEC-Standard 20741 (Systems and software engineering (SSE) — Guideline for the evaluation and selection of software engineering tools, [ISO 20741]) aufbauenden und jeweils für bestimmte SDLC-Aktivitäten spezifischen Standards (s. [ISO 20582], [ISO 23531], [ISO 23396], [ISO 30130]):

- ISO/IEC 20582 (Capabilities of build and deployment tools)
- ISO/IEC 23531 (Capabilities of issue management tools)
- ISO/IEC 23396 (Capabilities of review tools)
- ISO/IEC 30130 (Capabilities of software testing tools)

7.3.1 Objektive Sammlung von Auswahlkriterien

Die Auswahl eines Testwerkzeugs soll anhand objektiver Kriterien erfolgen. Wesentliche Aspekte sind:

- **Anforderungen:** Welche funktionalen und nicht-funktionalen Eigenschaften muss das Werkzeug aufweisen?

- **Anbieter:** Insbesondere bei kommerziellen Werkzeugen werden Kosten und Nutzen wesentlich durch Marktposition, Unterstützungsleistungen, Wartungsangebote und Qualität des Anbieters beeinflusst.
- **Wissen:** Welche Trainings sind für das Werkzeug verfügbar? Gibt es im Unternehmen ggf. bereits Know-how-Träger, die als Coaches oder Mentoren bei der Einführung und der Nutzung des Werkzeugs fungieren können?
- **Lizenzmodelle:** Kauf-, Miet- oder Open-Source-Modelle sind mit Blick auf Kosten und Flexibilität abzuwägen.

7.3.2 Dokumentation und Priorisierung von Anforderungen

Anforderungsprozess wie bei der Softwareentwicklung

Die Festlegung der Anforderungen an das Werkzeug ist wie die Anforderungsphase eines Softwareentwicklungsprojekts zu betreiben:

- **Erhebung der Nutzeranforderungen:** Eindeutige Identifikation der Ziele aller Stakeholder des Werkzeugs. Üblicherweise gibt es drei Ebenen, auf denen Anforderungen an ein neues Werkzeug gestellt werden:
  - Auf Ebene der Organisation ist vor allem zu bewerten, ob die beabsichtigte Investition rentabel ist und die Unternehmensziele unterstützt.
  - Auf der Ebene der Projekte, die das Werkzeug einsetzen werden, ist sicherzustellen, dass das Werkzeug effektiv ist und das Projekt bzw. den Projektfortschritt nicht gefährdet.
  - Auf der Ebene der einzelnen Mitarbeiter, der späteren Nutzer des Werkzeugs, ist zu gewährleisten, dass diese ihre Aufgaben effizient und motiviert wahrnehmen können.
- **Anforderungsanalyse:** Ähnliche Anforderungen sind zusammenzufassen. Sich widersprechende Anforderungen sind zu identifizieren und eine Konfliktlösung herbeizuführen.
- **Ausarbeitung der Selektionskriterien:** Eine Detaillierung der Nutzeranforderungen in Form von Selektionskriterien ist anzufertigen sowie eine Zusammenfassung der Kriterien in schriftlicher Form. Dabei werden die Priorisierungen der Nutzeranforderungen auf die Selektionskriterien übernommen.
- **Review:** Die Selektionskriterien und die Prioritäten sind den Stakeholdern vorzulegen und eine einvernehmliche Freigabe ist anzustreben.

Sehr wichtig sind in diesem Prozess die Priorisierung und die Sicherstellung der Rückverfolgbarkeit. In jedem Schritt muss klar sein, wer eine Anforderung geäußert hat (um später Anforderungskonflikte oder Zweifelsfälle klären zu können) und wie wichtig sie für diese Person oder Rolle und auch für den Gesamtkreis der zukünftigen Nutzer ist. Denn wahrscheinlich erfüllt kein Produkt alle Anforderungen, daher muss die spätere Auswahl sich an Anzahl und Wichtigkeit der jeweils erfüllbaren Anforderungen orientieren.

7.3.3 Funktionale Anforderungen an das Testwerkzeug

Beispiele für funktionale Anforderungen

Typische funktionale Anforderungen an ein Werkzeug können beispielsweise wie folgt aussehen:

- »Das Testmanagementsystem benötigt eine Schnittstelle für den Import von Anforderungsobjekten aus der Datenbank der Anforderungsmanagementsoftware; außer dem Inhalt der Anforderungen müssen auch alle vordefinierten und alle benutzerdefinierten Attribute importiert werden können.«
- »Das Testautomatisierungssystem muss in der Lage sein, alle Objekte der grafischen Oberfläche der Testobjekte zu erkennen und zu bedienen (beispielsweise Testobjekte, die in Java Swing implementiert sind).«

Abb. 7.1 *Beispiel für die Integration von Entwicklungs- und Testwerkzeugen*

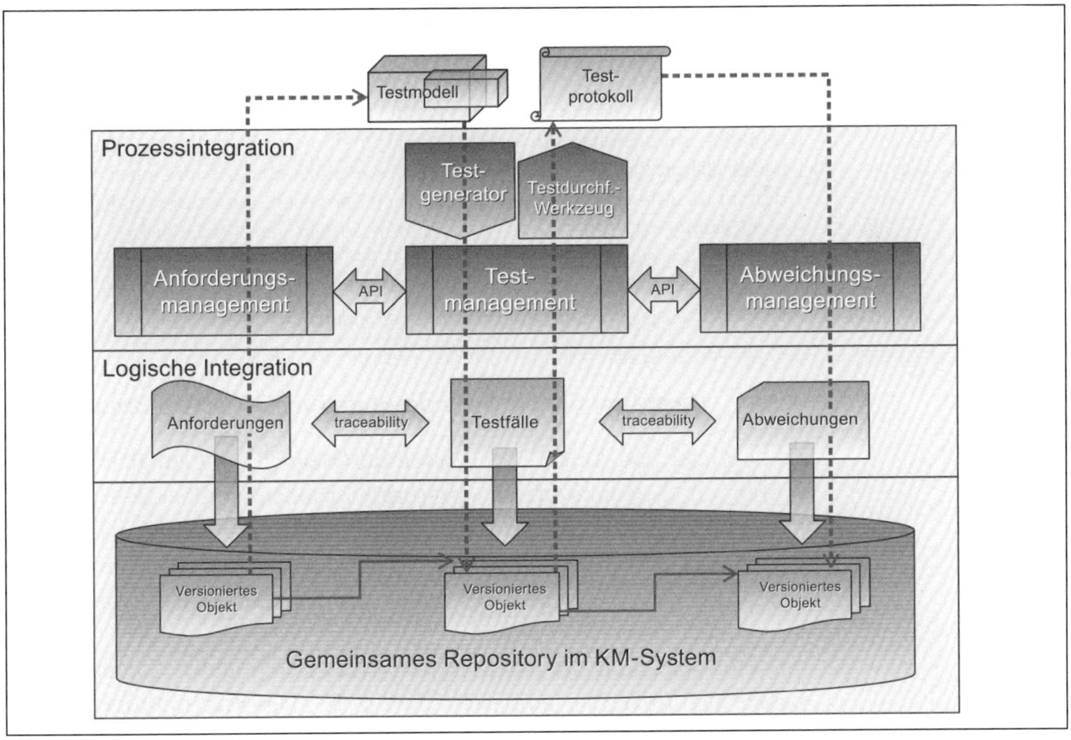

Werkzeugintegration

Ein besonderes Augenmerk liegt auf der Integrationsfähigkeit des Werkzeugs in die bestehende Werkzeuglandschaft. Abbildung 7.1 zeigt ein typisches Szenario aus verschiedenen Managementwerkzeugen (Konfigurations-, Anforderungs-, Abweichungs- und Testmanagement), einem modellbasierten Testgenerator und einem Werkzeug zur Testdurchführung. Zwischen diesen Werkzeugen bzw. den in ihnen verwalteten Daten muss Nachverfolgbarkeit (*traceability*) unterstützt werden. Beispielsweise muss festzustellen sein, welche Anforderungen durch welche Testfälle abdeckt werden und welche Fehlerberichte ihnen zugeordnet sind. Ebenso sind Statusinformationen abzugleichen (z. B. müssen die Ergebnisse der automatisierten Tests vom Testdurchführungswerkzeug zum Testmanagementwerkzeug weitergeleitet werden). Sind Beziehungen und Daten manuell oder durch primitive Import-Export-Funktionen der einzelnen Werkzeuge zu aktualisieren, so entsteht ein erheblicher Aufwand und Fehler sind abzusehen. Eine direkte Integration der Werkzeuge über entsprechende Datenbank- und API[1]-Schnittstellen ist daher zu empfehlen. Unterstützen alle beteiligten Werkzeuge den gegenseitigen API-Zugriff, so kann die Nachverfolgbarkeit von der Anforderung über die Generierung der Testfälle und deren automatisierte Durchführung durch die Werkzeuge selbst verwaltet werden, wie in Abbildung 7.1 durch die gestrichelten Linien angedeutet ist.

Das Bedürfnis nach solcher Integrationsfähigkeit bedeutet nicht, dass die verschiedenen Werkzeuge unbedingt von einem einzigen Hersteller zu beziehen sind, auch wenn die meisten Hersteller die Fähigkeit ihrer Werkzeugkette zur Integration mit bestehenden Werkzeuglandschaften herausstellen. In vielen Fällen haben die großen Werkzeughersteller ihre Werkzeugpalette im Laufe der Jahre durch Aufkäufe von anderen Unternehmen erworben, sodass deren Integration nicht zwingend besser ist als die von Werkzeugen verschiedener Anbieter. Für u. a. die Open-Source-Plattform Eclipse [URL: Eclipse] stehen herstellerneutrale Lösungen zur Verfügung, auf deren Basis eine ständig größer werdende Anzahl von Werkzeugen effizient integriert werden kann.

7.3.4 Nicht-funktionale Anforderungen an das Testwerkzeug

Diese Klasse von Anforderungen kann prinzipiell mit dem gleichen Verfahren wie die funktionalen »Features« erhoben werden; dies gestaltet sich erfahrungsgemäß aber schwieriger. Typische Äußerungen wie »Das System soll einfach bedienbar sein« oder »Das System soll schnell genug für 20 parallele Nutzer sein« können nicht direkt an den Evaluationskandidaten überprüft werden.

Einerseits sind die gewünschten nicht-funktionalen Eigenschaften besser quantifizierbar aufzuschreiben (z. B. »Das System muss eine Be-

1. API – application programming interface.

nutzerschnittstelle aufweisen, deren Gestaltung sich an einem bestimmten Styleguide orientiert, um den Benutzern die Einarbeitung und die tägliche Bedienung zu erleichtern«). Andererseits ist einzuplanen, dass einige nicht-funktionale Eigenschaften (i. Allg. Benutzbarkeit und Performanz) nicht durch bloße Augenscheinprüfung der Evaluationskandidaten verifiziert werden können, sondern durch entsprechende Usability- bzw. Performanztests.

Zertifizierung von Werkzeugen

Zu den wichtigen nicht-funktionalen Anforderungen gehört auch die Frage, ob das anzuschaffende Werkzeug im Rahmen des Testens von sicherheitskritischer Software eingesetzt werden soll. In diesem Fall muss es ggf. gemäß den geltenden Sicherheitsstandards der betreffenden Branche validiert bzw. zertifiziert werden. Einige Hersteller können eine solche Zertifizierung bereits vorweisen, für andere (insbesondere für Open-Source-Werkzeuge und für Eigenentwicklungen) ist sie mit erheblichem Aufwand selbst zu leisten.

Beispiele für nicht-funktionale Anforderungen

Auch zu den nicht-funktionalen Anforderungen hier einige Beispiele für einen sinnvollen Kriterienkatalog:

- »Die im Testmanagementsystem verwendete Terminologie muss zum ›ISTQB® Certified Tester‹-Glossar konform sein.«
- »Bei paralleler Nutzung des Testmanagementsystems durch zwei Testmanager, drei Testanalysten und fünf Tester unter typischen Benutzungsprofilen muss das System so performant sein, dass im Mittel Antwortzeiten von max. 3 Sekunden auftreten.«

Die Ergebnisse der vorangegangenen Kosten-Nutzen-Überlegungen werden als besondere nicht-funktionale Anforderungen aufgenommen. Auf diese Weise können funktionale, nicht-funktionale und finanzielle Anforderungen sowie solche an die Begleitleistungen des Produkts (s. Abschnitt 7.3.6) bei der Evaluation einheitlich im Kriterienkatalog (s. Abschnitt 7.3.7) verwaltet werden, sodass das Ergebnis der Evaluation sowohl Nutzen als auch Kosten widerspiegelt.

7.3.5 Anforderungen an die technologische und organisatorische Integration

Ein Werkzeug kann nur erfolgreich eingeführt werden, wenn es mit der bestehenden IT-Infrastruktur kompatibel ist. Folgende Themen sind zu berücksichtigen:

- *Kompatibilität* mit vorhandenen Entwicklungs- und Testumgebungen
- *Schnittstellen* zu bestehenden Tools (z. B. CI/CD-Pipelines, Anforderungsmanagementsysteme)

- *Regulatorische Anforderungen* in bestimmten Branchen (z. B. [ISO 26262] für Automotive oder [DIN 13485] für Medizintechnik)
- *Bedienbarkeit und Benutzbarkeit* sollen ein neues Werkzeug auszeichnen. Es soll den Arbeitsablauf erleichtern und nicht durch hohe Einarbeitungszeiten die Produktivität senken.

7.3.6 Anforderungen an Begleitleistungen zum Produkt

Beispiele für Begleitleistungen

Softwareentwicklungswerkzeuge sind heutzutage so komplex, dass zu ihrer Einführung und Nutzung oft Unterstützung durch den Hersteller oder Anbieter erforderlich ist. Ein nur als Verkaufsorganisation auf dem Markt präsenter Werkzeuganbieter könnte in diesem Kontext als weniger attraktiv angesehen werden als z. B. ein Lösungsanbieter mit breitem Spektrum an Dienstleistungen und Produkten. Zur Bewertung dieser Zusatzleistungen können folgende Fragestellungen hilfreich sein:

- Wie ist der Produktsupport aufgestellt – als ausgelagertes Callcenter oder als Kompetenzstelle innerhalb der Organisation des Werkzeugherstellers selbst? Dies gibt u. U. wichtige Hinweise auf die Kompetenz der Mitarbeiter. Weitere Aussagen zur Kompetenz können ggf. erst während der Evaluation durch tatsächliche Ansprache des Supports getroffen werden.
- Zu welchen Zeiten und über welche Kanäle (E-Mail, Telefon, vor Ort) ist der Support erreichbar? Sind maximale Reaktionszeiten zugesichert? Wie lange sind diese?
- Für international aufgestellte Unternehmen: Gibt es Vor-Ort-Support in mehreren Ländern? Sind der Telefon- und E-Mail-Support mehrsprachig? Werden verschiedene Zeitzonen unterstützt?
- Bietet der Hersteller Schulungen, Einführungspakete und nutzungsbegleitendes Coaching und Consulting durch kompetente Mitarbeiter?
- Wie verlässlich ist der Hersteller, d. h., wie lang ist er am Markt tätig, wie stabil ist er aufgestellt (hat er beispielsweise mehrere Standbeine oder ist das Produkt seine einzige Einnahmequelle)?
- Wie hoch ist die Qualität des Produkts selbst, d. h., wie viele Fehler werden bei der Evaluation im Produkt, in der Dokumentation etc. festgestellt?

Hilfreich zur Identifikation funktionaler und nicht-funktionaler Anforderungen ist die bereits in Abschnitt 5.5.1 sowie in [Spillner 24], dort Abschnitt 2.1.3, behandelte Norm [ISO 25010]. Die Norm [ISO 14102] enthält ebenfalls einen Katalog von generischen Anforderungen für verschiedene Klassen von Werkzeugen für den Softwareentwicklungsprozess.

7.3.7 Aufstellung des Kriterienkatalogs für die Evaluation

Kriterien tabellarisch dokumentieren

Sind alle Anforderungen gesammelt, erfolgt die Ausarbeitung des Kriterienkatalogs. Üblicherweise wird der Katalog mithilfe einer Tabellenkalkulation in Form einer sogenannten Nutzwertanalyse aufgebaut, sodass die Evaluationsergebnisse automatisch zu Teil- und Gesamtbewertungen der einzelnen Werkzeuge verdichtet werden können. Ziel ist es, durch die Evaluation jedem Werkzeugkandidaten eine »Note« zu geben, die die Nutzbarkeit des Werkzeugs in Bezug auf das geforderte Einsatzprofil anzeigt.

Kriterienkataloge können mit unterschiedlichen Verfahren aufgebaut werden; hier sind einige Hinweise für den Aufbau:

- **Bildung von Gruppen:** Die einzelnen Anforderungen können in Gruppen einsortiert werden, um später ein Profil der Stärken und Schwächen der einzelnen Werkzeuge in Bezug auf diese Gruppen ermitteln zu können. Idealerweise entsprechen die Gruppen den während der Zieldefinitionsphase identifizierten groben Zielen des Werkzeugeinsatzes. Jede der Gruppen kann, falls sinnvoll, eine eigene Gruppengewichtung erhalten, die in die Ermittlung des Gesamtergebnisses eingeht. Diese spiegelt dann die Priorisierung der ursprünglichen Ziele wider.
- **Einordnung der Selektionskriterien:** Jedes Kriterium wird in eine der Gruppen einsortiert. Dabei erhält es ebenfalls eine Gewichtung, die seine Bedeutung gegenüber den anderen Anforderungen in der gleichen Gruppe repräsentiert.
- **Definition von Metriken für die Kriterien:** Jedes Kriterium soll bei der Durchführung der Evaluation durch eine Zahl bewertet werden. Hierzu ist für den gesamten Katalog ein geeigneter Wertebereich zu definieren (z. B. 0 = nicht geeignet bis 5 = optimal) (s. hierzu auch das Beispiel im folgenden Abschnitt). Für jedes Kriterium sind konkrete Einstufungshinweise anzugeben, unter welchen Umständen das Werkzeug in Bezug auf das Kriterium wie einzuordnen ist.

7.3.8 Evaluation

In den meisten Fällen kann davon ausgegangen werden, dass zur Überdeckung der Anforderungen mehrere verschiedene Werkzeuge alternativ eingesetzt werden können. Ohne detaillierte Vorbereitung und ernsthafte Durchführung eines Vergleichs zwischen den Alternativen besteht ein erhöhtes Risiko, dass hohe Kosten für Anschaffung und Einführung des Werkzeugs entstehen, es aber dann unzureichend oder schlimmstenfalls gar nicht genutzt wird.

Der Vergleich muss fair und nachvollziehbar ablaufen. Eine Evaluation stellt ein geordnetes Vorgehen zur neutralen, vollständigen und wiederholbar dokumentierten Bewertung der ausgearbeiteten Kriterien dar.

Die Evaluation verläuft dann oft in den folgenden fünf Schritten:

- Selektion der Evaluationskandidaten
- Planung und Setup
- Bewertung der Werkzeuge anhand der Kriterien
- Berichterstellung
- Entscheidung

Selektion der Evaluationskandidaten

Je nach verfügbarem Budget kann eine Evaluation eine geringe oder eine größere Anzahl von Werkzeugen umfassen. Als Einstiegspunkt für die Lokalisierung geeigneter Kandidaten kommt eine Recherche im Internet infrage, bei der nach geeigneten Stichworten gesucht wird (z. B. »Test Case Generation Tool for Java code«).

Zur Vereinfachung sind bereits existierende Werkzeuglisten im Internet nützlich. Einige Beispiele sind:

- Test Tool Review [URL: TTR]
- Software QA Testing and Test Tool Resources [URL: APTEST]

Mit hoher Wahrscheinlichkeit liefert eine solche Recherche eine größere Anzahl von Kandidaten, als in dem zur Verfügung stehenden Rahmen evaluierbar ist. Um die endgültige Liste von Kandidaten zusammenzustellen, können folgende Schritte durchgeführt werden:

Sonstige Selektionskriterien

- Einzelne Selektionskriterien können als K.-o.-Kriterien behandelt werden, d. h., wenn ein bestimmtes Werkzeug das Kriterium nicht erfüllt, wird es aus der Kandidatenliste gestrichen. Die Kriterien sollen anhand der Werkzeugdokumentation eindeutig bewertbar sein.
- Befragungen aktueller Referenzkunden der Werkzeughersteller durchführen.
- Befragen von Benutzern der Werkzeuge auf Konferenzen und Werkzeugausstellungen.
- Reviews von Testberichten aus Projekten durchführen, bei denen das Werkzeug bereits eingesetzt wurde.

Planung und Setup

Projektplanung der Evaluation

Vor der eigentlichen Durchführung sind typische Projektmanagementtätigkeiten zu erledigen:

- Klärung der personellen Besetzung des Evaluations- und Auswahlteams. Neben einem Projektleiter, der in größeren Unternehmen u. U. aus der IT-Abteilung stammt, werden aus jeder Abteilung und für jede Rolle Vertreter benötigt, die mit dem Werkzeug zukünftig arbeiten werden.
- Individualisierung der Kriterienkataloge. »Unstrittige«, weil objektiv beurteilbare Kriterien sind nicht durch jeden Teilnehmer separat zu bearbeiten, da dies redundante Arbeit darstellt. Diese Kriterien brauchen nur durch eine Person bearbeitet zu werden (beispielsweise die Installierbarkeit auf unterschiedlichen Plattformen). Diejenigen Evaluationskriterien, die subjektiv, individuell oder je nach Abteilung oder Rolle des Teilnehmers unterschiedlich beurteilt werden können, sollen von allen Teilnehmern bearbeitet werden (z. B. Bedienbarkeitsaspekte). Dabei ist zu beachten, dass die unterschiedliche Erfahrung und Ausbildung der Teilnehmer unbedingt zusammen mit den Evaluationsergebnissen festzuhalten sind.
- Definition des Evaluationsszenarios. Die Evaluation läuft umso zielgerichteter, je strikter sich die Teilnehmer an einen vordefinierten Ablauf halten. Die Vorgabe eines Drehbuches bzw. einer Beispielaufgabe (wie auch beim Usability-Test üblich) erzielt diesen Effekt, hat aber u. U. zur Folge, dass die Teilnehmer nicht mehr »links und rechts schauen« und somit keine zufällig beobachteten Auffälligkeiten registrieren können.
- Zeit- und Ressourcenplanung. Bei allen umfassenderen Aufgaben und Tätigkeiten ist eine solche Planung vorzunehmen.
- Dokumentationsplanung. Was genau soll über den ausgefüllten Kriterienkatalog hinaus im Projekt an weiteren Dokumenten erstellt werden (Beispieldaten und -projekte im jeweiligen Werkzeug etc.)?
- Bereitstellung von Ressourcen, u. a. der notwendigen Hardware zur Installation der Werkzeuge. Grundsätzlich ist die Entscheidung zu treffen, ob jedes Werkzeug auf einer separaten Hardware installiert wird und die Evaluationsteilnehmer zu deren Begutachtung die Arbeitsplätze wechseln oder ob alle Werkzeuge auf jedem Arbeitsplatz bereitgestellt werden. Letzteres hat den Nebeneffekt, dass bei der Durchführung mit mehreren Werkzeugen parallel und somit stärker vergleichend gearbeitet werden kann – aber es birgt das Risiko, dass sich die Softwarewerkzeuge gegenseitig beeinflussen und destabilisieren.

- Die Installationsmedien und ggf. notwendige Evaluationslizenzen sind rechtzeitig bereitzustellen.
- Vorbereitung der Arbeitsplätze durch Installation der Werkzeuge, Bereitstellung des Kriterienkatalogs zum Online-Ausfüllen etc. sind weitere durchzuführende Aufgaben.
- Ein Briefing der Teilnehmer ist ebenfalls sehr sinnvoll.

Bewertung der Werkzeuge anhand der Kriterien

Werkzeugpräsentation durch Hersteller oder Anbieter ist sinnvoll.

Zur Vorbereitung der Evaluation ist eine Werkzeugpräsentation durch den Hersteller oder Anbieter vor allen Teilnehmern sinnvoll. Dies liefert einen ersten Einblick in die Bedienung und gibt eine Gelegenheit zu konkreten Fragen an den Hersteller sowie evtl. bereits zur aufwandsarmen Bewertung einiger Evaluationskriterien. Die Präsentation ist am besten anhand einer eigenen kleinen Testaufgabe durchführen zu lassen, denn die vorgefertigten, »filmähnlichen« Demonstrationen der Werkzeughersteller betonen einseitig die Stärken des jeweiligen Werkzeugs. Die Bereitschaft der Werkzeughersteller zu solchen individualisierten Präsentationen steigt mit der Bereitschaft des Kunden, einen gewissen Beratungsbetrag zu zahlen – oft rechnet sich dieser schon dadurch, dass die Probleme und Fallstricke der Werkzeugnutzung bereits hier zutage treten statt erst später in einem Projekt unter Zeitdruck.

Individuelle Beurteilung anhand der Kriterien

Gemäß der Ressourcen- und Zeitplanung erfolgt dann die Bewertung der Werkzeuge durch jeden Teilnehmer individuell und unabhängig voneinander durch Studium und Bewertung der Dokumentation, Bearbeiten der vorgegebenen Szenarien und paralleles oder zeitnah daran anschließendes Ausfüllen des Kriterienkatalogs. Gegebenenfalls auftretende Auffälligkeiten und subjektive Eindrücke sind entsprechend zu protokollieren.

Beispiel: Kriterienkatalog für Usability

Beispiel für Kriterienkatalog und Auswertung:

Das folgende Beispiel zeigt den Aufbau einer Evaluationsgruppe zum Thema »Usability«, die alle Teilnehmenden an der Evaluation zunächst unabhängig voneinander bewerten auf einer Skala von 0 (unbenutzbar) bis 5 (hervorragend). Im Laufe der Verdichtung der Ergebnisse zum Bericht (s. folgender Abschnitt) erfolgt dann eine Durchschnittsbildung, deren Ergebnisse dann in eine Tabelle eingetragen, mit den Gewichtungen der Kriterien multipliziert und zur Gesamtbewertung aufsummiert werden (Nutzwertanalyse, s. Tab. 7.1):

Kriterium	Gewichtung	Tool A	Tool B	Tool C
Intuitive Benutzerführung	10 %	4	2	5
Klarheit der Navigation und Struktur	8 %	3	3	5
Anpassbarkeit der Benutzeroberfläche	6 %	5	2	4
Tooltipps/Inline-Hilfen	7 %	3	1	4
Anzahl Klicks für häufige Aktionen	10 %	4	2	5
Tastaturkürzel	5 %	2	1	4
Latenz bei Interaktionen	7 %	4	2	4
Lokalisierung/Mehrsprachigkeit	5 %	3	5	2
Lernkurve für neue Benutzer	8 %	5	2	4
Allgemeine Zufriedenheit	34 %	4	1	5
Gesamtbewertung (gewichtet)	**100 %**	**3,84**	**1,77**	**4,52**
Ranking (1 = beste Bewertung)		**2**	**3**	**1**

Tab. 7.1 *Beispiel eines ausgefüllten Kriterienkatalogs*

Berichterstellung

Detaillierter Evaluationsbericht

Nach Abschluss der Durchführung konsolidiert der Evaluationsleiter die Ergebnisse und prüft die Vollständigkeit und Konsistenz. Die Ergebnisse werden in Form eines Evaluationsberichts zusammengestellt. Dieser beinhaltet üblicherweise:

- Namen, Hersteller und Versionskennungen der evaluierten Werkzeuge sowie ggf. einen kurzen Steckbrief der Werkzeuge als »Management Abstract«
- Evaluationsbasis, d. h. verwendete Konfigurationen von Hard- und Software
- Hintergrund, beispielsweise Prozess und Prozessphase, in der das Werkzeug eingesetzt werden soll
- Kurze Beschreibung des Evaluationsprozesses, beispielsweise durch Verweis auf eine der o. g. Normen (oder auch diesen Buchabschnitt)
- Detaillierte Evaluationsergebnisse pro Kriterium
- Auflistung der subjektiven Beobachtungen unter Angabe des Profils des jeweiligen Beobachters

Verdichtung der Evaluationsergebnisse

Die Evaluationsergebnisse sind möglichst zu einer einzelnen Zahl, d. h. zu einer »Gesamtnote«, für jedes Werkzeug zu verdichten. Dabei werden die Gruppen- und Kriteriengewichtungen zunächst ggf. zwischen unterschiedlichen Beteiligten gemittelt (s. o.), dann mit den während der Evaluation ermittelten Werten multipliziert und die Ergebnisse anschließend addiert. Hilfreich zur Beurteilung der Ergebnisse ist eine grafische Darstellung.

Die [ISO 30130] beschreibt Anforderungen an Testwerkzeuge. Die [ISO 14102] beschreibt in Anhang B weitere Bewertungs- und Entscheidungsverfahren.

Bei der Verdichtung der einzelnen Bewertungen kann mit einfacher Multiplikation und Addition gearbeitet werden, aber auch beispielsweise mit Quadrierung von Gewichtungsfaktoren, um die Unterschiede der Werkzeuge deutlicher herauszuarbeiten. Grundsätzlich zu entscheiden ist, ob eine absolute Bewertung der Werkzeuge in Bezug zu den Idealzielen vorgenommen werden soll (d. h., die Bewertung der Werkzeuge wird in aller Regel deutlich weniger als 100 % erreichen). Im Gegensatz dazu hat eine relative Bewertung der Werkzeuge zueinander zur Folge, dass das bestgeeignete Werkzeug mit 100 % bewertet wird. Ersteres stellt die Frage in den Mittelpunkt, ob die Ziele überhaupt durch ein oder mehrere Werkzeuge in relevantem Umfang erreicht werden. Letzteres betont stattdessen die Differenzierung der Eigenschaften der Werkzeuge untereinander.

Zur grafischen Darstellung der vollständigen Bewertung aller Kriterien bietet sich ein gestapeltes Säulendiagramm an (s. Abb. 7.2):

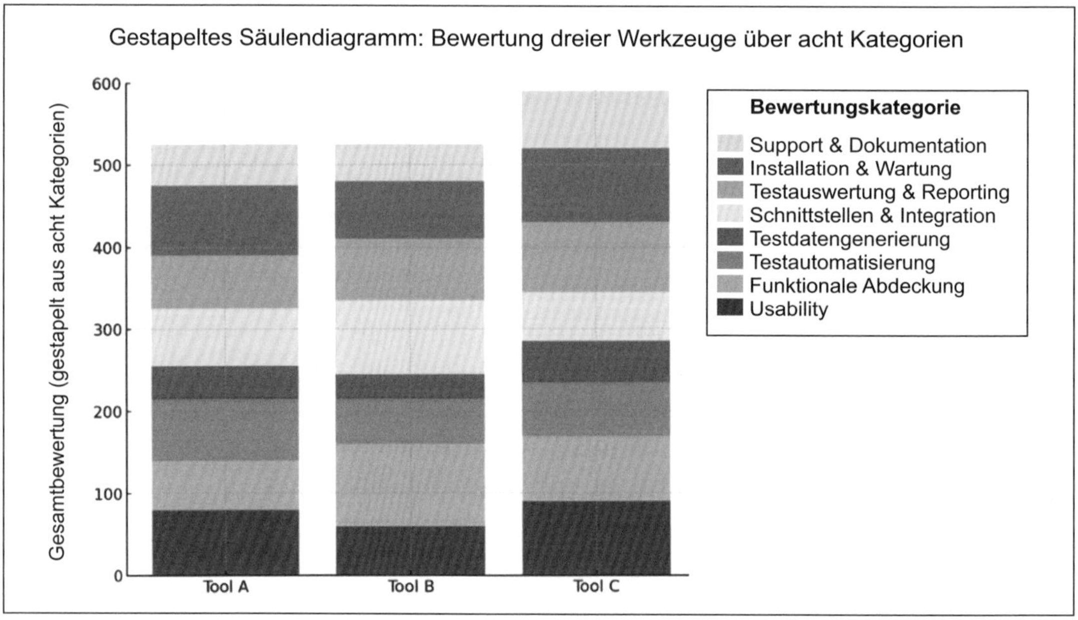

Abb. 7.2
Bewertung nach Bereichen

Die Gesamtauswertung zeigt Tool C als Sieger. Die Grafik zeigt aber auch, dass dieses Tool gegenüber Tool A und vor allem Tool B deutliche Schwächen im Bereich von Schnittstellen und Integrationsfähigkeit zeigt. Je nach Zielsetzung und Anforderungen muss im Bericht auf solche Schwächen deutlich hingewiesen werden.

Entscheidung

Sieger nach Punkten

Die eigentliche Entscheidung über den Werkzeugeinsatz trifft üblicherweise das verantwortliche Management basierend auf den technischen Daten und ggf. weiteren, nicht technischen Kriterien. Im Idealfall liegt nach der Auswertung des Kriterienkatalogs und des Evaluationsberichts ein eindeutiger »Sieger nach Punkten« vor. Eventuell liefert die Auswertung aber auch mehrere Werkzeuge, deren Gesamtbewertungen dicht beieinander liegen, oder aber keines der betrachteten Werkzeuge erfüllt die Anforderungen in hinreichendem Umfang, um seine Einführung zu rechtfertigen.

Bei knappem Resultat: Nachevaluation oder Pilotbetrieb

Bei einem knappen Evaluationsresultat werden ggf. weitere Entscheidungskriterien erforderlich. Entweder werden die Priorisierungen der Kriterien nach kritischer Betrachtung modifiziert, Kriterien für eine Nachevaluation ergänzt oder – in vielen Fällen der einfache, weil praxisnahe Weg – mit einigen der infrage kommenden Werkzeuge ein Pilotbetrieb durchgeführt. Insbesondere die Beurteilung einiger nichtfunktionaler Eigenschaften wie der Bedienbarkeit wird hierdurch auf eine breitere Basis gestellt.

Es ist aber auch empfehlenswert, dass an dieser Stelle die oben erwähnten K.-o.-Kriterien nochmals kritisch betrachtet werden. Lägen diese im Beispiel von Abbildung 7.2 beispielsweise im Bereich der Integrationsfähigkeit, so kann dies bei Entscheidungen als Grundlage herangezogen werden, sich gegen den »Punktsieger« zu entscheiden.

7.3.9 Pilotierung zur Validierung der Evaluationsergebnisse

Einsatzkonzept als Resultat eines Pilotprojekts

Ein **Pilotprojekt** ist ein wirksames Instrument, um ggf. uneindeutige Evaluationsergebnisse zu hinterfragen, indem ein oder mehrere Werkzeuge unter realen Bedingungen nochmals »auf Herz und Nieren« geprüft werden. Aber auch wenn nach der Evaluation ein eindeutiger »Sieger« bestimmt werden konnte, ist ein Pilotprojekt ein sinnvoller nächster Schritt.

Ein weiteres Ziel des Pilotprojekts ist nämlich die Validierung der diversen Annahmen der initialen Kosten-Nutzen-Abschätzung, beispielsweise der geschätzten Kosten für die Werkzeugeinführung und -schulung. Das Training des Projektpersonals, die Werkzeuginstallation und -konfiguration etc. sind also ebenfalls unter realitätsnahen Bedingungen und unter Anwendung entsprechender Aufwandsmessungen durchzuführen.

Idealerweise hat das Pilotprojekt eine überschaubare, aber nicht zu kurze Laufzeit (1–3 Monate) und eine für das Unternehmen repräsentative Größe und Kritikalität. Das Management hat dem Pilotprojekt ausreichenden Support, z. B. in Form von zusätzlichen Ressourcen, zur Verfügung zu stellen.

Ein solches Projekt ist auch die ideale Grundlage dafür, vorbereitend für den Produktiveinsatz Material für später notwendige Prozessanpassungen, Schulungen, notwendige technische Anpassungen und ein Einsatzhandbuch zu sammeln, das Regeln und Best Practices festhält.

Wichtige Rollen im Pilotprojekt

Im Pilotprojekt sind einige einführungsspezifische Rollen zu besetzen, die üblicherweise von Mitgliedern des Projektteams selbst eingenommen werden (neben den projektspezifischen Rollen wie Testmanager oder Tester, die sie ggf. ebenfalls einnehmen). Die Auswahl des richtigen Pilotprojekts hängt daher auch von der Besetzung dieser vier Rollen ab:

- Der **Coach** ist vom Werkzeug überzeugt; oftmals ist er auch derjenige, der die Werkzeuganschaffung ausgelöst oder stark befürwortet hat. Er erkennt potenzielle Probleme und positive Aspekte des Einsatzes frühzeitig. Dadurch und durch seinen Enthusiasmus stößt er die Einführung des Werkzeugs an und ist der Katalysator des Teams, mit dem er gut zusammenarbeitet.
- Der **Change Manager** zeichnet sich durch eine methodische und im Vergleich zum Coach eher bedächtige Vorgehensweise aus, die aber bewirkt, dass er die Einführung besser planen, organisieren und dokumentieren kann als der Coach. Oftmals ist er der Hauptautor des resultierenden Einsatzkonzepts.
- Der **Werkzeugverantwortliche** oder Werkzeugadministrator hat einen Wissensvorsprung bezüglich der Werkzeugverwendung und leistet internen Support. Oftmals fungiert er gegenüber dem externen Produktsupport als Hauptansprechpartner, der Anfragen von innen kanalisiert und Supportinformationen weiterverbreitet.
- Das Ausfüllen der obigen drei Rollen – zusätzlich zu den eigentlichen Projektrollen – sowie die hinzukommenden Risiken, die die Werkzeugeinführung für das Pilotprojekt mit sich bringt, erfordern einen **Sponsor** aus dem Management. Der Sponsor unterstützt die Einführung des Werkzeugs offiziell und hält den Teammitgliedern für die zusätzliche Aufgabe den Rücken frei.

Ergebnisauswertung und Entscheidung

Nach Abschluss des Pilotprojekts wird beurteilt, ob die Einführungsziele erreicht werden können und ob das Werkzeug in die bestehenden Prozesse möglichst nahtlos eingebracht werden kann.

Ergebnisse der Pilotierung können Erkenntnisse sein, die den Werkzeugeinsatz einschränken, z. B.:

- Das Werkzeug adressiert nicht alle Ziele, aber die wichtigsten.
- Das Werkzeug kann nur für einen bestimmten Typ von Projekten oder nur in einem bestimmten Unternehmensbereich wirtschaftlich eingesetzt werden.

- Zum erfolgreichen Einsatz sind Modifikationen des Werkzeugs, weitere Schulungen oder Consulting-Leistungen durch den Hersteller erforderlich.
- Die Pilotierung war erfolgreich, aber durch die Pilotierung wurden Probleme im Werkzeugauswahl- und/oder Werkzeugeinführungsprozess festgestellt, sodass dieser in Zukunft angepasst werden muss.

7.3.10 Einführungsprojekt und Vorbereitungen für den produktiven Einsatz

Die Erfahrungen aus der Pilotierung stellen eine wertvolle Grundlage für den folgenden Einsatz des Werkzeugs im Projekt oder der Organisation dar. Aus ihnen sind die konkreten Ziele für das nun folgende Einführungsprojekt abzuleiten:

- Welche Änderungen an der Architektur der bisherigen Testmittel sind notwendig oder empfehlenswert (wenn beispielsweise Spezifikationsdokumente künftig in einem Testentwurfswerkzeug erstellt werden sollen)? Dazu gehören u. a. auch Namenskonventionen und Regeln für das Konfigurationsmanagement.
- Welche Rollen sind beim Produktiveinsatz zu besetzen, welche Verantwortung haben diese (z. B. IT-seitige Administration, fachlicher und technischer Support, Weiterentwicklung)?
- Wie erfolgt die notwendige Ausbildung der Mitarbeitenden?
- Welche Arbeitsabläufe ändern sich unter Einbindung des Werkzeugs?
- Welche technischen Schnittstellen zur bestehenden Arbeitsumgebung müssen implementiert werden und durch wen?
- Welche sonstigen Änderungen an der technischen Infrastruktur wie veränderte Anforderungen an Hard- oder Software, Backup-Konzept, Setup von Datenbanken oder anderen Backoffice-Komponenten sind zu berücksichtigen?
- Welche allgemeinen Regeln zum Einsatz der Werkzeuge im Testprozess (Nutzungskonzept bzw. Nutzungshandbuch) sind zu dokumentieren? Hier ist u. a. ein Entwurf einer Architektur für die vom Testwerkzeug verarbeiteten Artefakte (z. B. Skripte) zu dokumentieren, mit dem Ziel, diese im Hinblick auf optimale Wiederverwendbarkeit, Wartbarkeit und Erweiterbarkeit zu entwerfen und zu implementieren. Dies ist insbesondere bedeutend für Werkzeuge zur Testausführung (s. a. [Spillner 24], dort Kap. 7).

TPI und Tools

Das Prozessreifemodell TPI Next® (s. Abschnitt 6.3.2) identifiziert in nachvollziehbarer Weise die Grundlagen für den Erfolg eines Werkzeugeinsatzes: Bestimmte Teile des Testprozesses müssen eine gewisse Mindestreife aufweisen, bevor der Einsatz eines Tools sinnvoll möglich ist. So ist beispielsweise die Einführung eines Werkzeugs zur Testautomatisierung ohne vorherige Etablierung formaler Methoden zur Testspezifikation sinnlos. TPI Next® bildet daher eine gute Basis, die vor der Werkzeugeinführung ggf. notwendigen Verbesserungsmaßnahmen am Testprozess zu identifizieren und konkrete Umsetzungshilfe zu erhalten.

Umgekehrt werden Testwerkzeuge einen positiven Einfluss auf den Reifegrad von bestimmten Aktivitäten im Testprozess haben oder zumindest die Verbesserung dieser Aktivitäten erleichtern.

Normen zur Werkzeugeinführung

Wie für die Auswahl, so existiert auch für die Einführung von Werkzeugen ein ISO-Standard (s. [ISO 14471]), der als Orientierung für das genaue Vorgehen dienen kann. Der Standard beinhaltet nochmals gekürzte Beschreibungen der Zielfindungs- und Auswahlprozesse und ergänzt diese um die wesentlichen Konzepte für die Einführung: Pilotprojekt und Verbreitung.

7.3.11 Rollout und Schulung

Sind alle Grundlagen durch das Einführungsprojekt geschaffen, so kann das Werkzeug schrittweise im Unternehmen ausgerollt werden. Best Practices für den Rollout sind:

- **Schrittweise Einführung** in einzelnen Projekten. Zwar erfordert dies feinere Planungen als ein »Big Bang«-artiger Rollout ins gesamte Unternehmen in einem Schritt, und es birgt das Risiko von zeitweisen Inkompatibilitäten bzw. Inkonsistenzen in der internen Zusammenarbeit während der Umstellungsphase. Das Risiko von weitreichenden Produktivitätseinbrüchen durch Verzögerungen oder gar einen Fehlschlag der Einführung werden damit aber vermieden.
- **Multiplikatoren nutzen.** Ehemalige Teilnehmende des Pilotprojekts sind an das neue Tool bereits gewöhnt und können bei der Unterstützung der Schulung der weiteren Mitarbeitenden wertvolle Tipps weitergeben sowie Beruhigung oder sogar Begeisterung vermitteln.
- **Coaching und/oder Mentoring** für alle Anwendenden zusätzlich zu Schulungen sicherstellen. Dies setzt voraus, dass frühzeitig eine Gruppe von Mitarbeitenden entsteht, die einen Wissens- und Erfahrungsvorsprung vor den Kolleginnen und Kollegen gewinnen.
- **Regelmäßige Feedbackrunden,** um Anpassungen an Prozessen vorzunehmen, aber auch um konstruktiv mit Widerständen von einzelnen Mitarbeitern bzw. Gruppen umzugehen, die beispielsweise das Vorgängerwerkzeug »liebgewonnen« haben.

7.4 Der weitere Lebenszyklus von Werkzeugen

Die Auswahl und Beschaffung stellt zwar eine wichtige, aber im Allgemeinen auch die kürzeste Phase im Lebenszyklus eines Testwerkzeugs dar. Das Testmanagement oder die Leitung der Testorganisation muss auch die nachfolgenden Phasen im Blick haben, um den Werkzeugeinsatz nutzbringend zu gestalten.

7.4.1 Betrieb

Nach erfolgreicher Einführung des Werkzeugs ist durch den Werkzeugverantwortlichen die Nachhaltigkeit des Einsatzes sicherzustellen. Dazu tragen folgende Faktoren bei:

- Ein qualitativ hochwertiger interner Support für die Werkzeuganwender. Handelt es sich beim Werkzeug um eine Eigenentwicklung, so stellt dieser den einzigen Supportkanal dar. Bei Einsatz eines Open-Source-Werkzeugs kann ein interner Support die einzelnen Anwender von der Suche nach Hilfe in den weltweiten Communitys entlasten. Sogar bei Einsatz eines kommerziellen Werkzeugs mit entsprechendem herstellerseitigem Support ist ein interner Support sinnvoll, um gegenüber dem Hersteller einen eindeutigen Ansprechpartner zu definieren und interne Anfragen und Problemmeldungen zu bündeln.
- Die technische Wartung des Werkzeugs ist sicherzustellen. Dazu gehören die Bereitstellung von Updates und Upgrades, die Integration in Lizenz- und Softwaremanagementsysteme sowie die Anbindung an Konfigurationsmanagement- und Backup-Systeme und ggf. das Wiedereinspielen von Backups bei Datenverlusten der Anwender.
- Der Aufbau und die Unterhaltung einer »Community of Interest« der Werkzeuganwender sorgt für einen regelmäßigen Erfahrungsaustausch und den kontinuierlichen Aufbau von »Best Practices«.

7.4.2 Kontinuierliche Wartung, Verbesserung und Weiterentwicklung

Ein Werkzeug lebt von einer kontinuierlichen Weiterentwicklung und Anpassung an neue Anforderungen. Wichtige Maßnahmen sind:

- Erfassung von Metriken zur Messung des Nutzens des Werkzeugs
- Regelmäßige Wartung und Updates durch das IT- und Testmanagementteam
- Eine lebendige, mit ausreichend Ressourcen ausgestattete Community of Practice, um Best Practices weiterzugeben – aber auch, um die Bedeutung des Werkzeugs zu unterstreichen und die Akzeptanz neuer Anwenderkreise zu fördern.

Das Werkzeug ist regelmäßig an neue geschäftliche und technische Anforderungen anzupassen, um eine möglichst lange effektive und effiziente Nutzung zu gewährleisten. Dies umfasst folgende Änderungen und Anpassungen:

- Anpassung an neue oder geänderte Schnittstellen zu anderen Werkzeugen
- Änderungen an der Testumgebung oder der Betriebsumgebung
- Änderungen am Werkzeug durch den Anbieter, die zu notwendigen Anpassungen der Test- oder Betriebsumgebungen beim Anwender führen.
- Wesentliche Änderungen der zu testenden Systeme
- Neue Anforderungen an Qualität und Quantität der Tests
- Anpassungen an dem zugrunde liegenden Testprozess
- Bei kommerziellen Werkzeugen: Änderung des Geschäftsmodells des Anbieters, Fusion des Anbieters mit einem anderen oder andere Firmenveränderungen
- Bei Open-Source-Projekten: Änderungen der Projektstruktur, des Repository, der Plattformtechnologie etc. Hier kann es sich als sinnvoll erweisen, wenn Personen des Unternehmens sich im Open-Source-Projekt langfristig engagieren, um die Qualität zu fördern und die langfristige Weiterentwicklung zu unterstützen. Nicht zu vernachlässigen ist auch die Chance, hierüber auf die Inhalte der Weiterentwicklung verstärkt Einfluss zu nehmen.

7.4.3 Außerbetriebnahme

In der Summe können die vorgenannten Änderungen dazu führen, dass irgendwann die Kosten für weitere Anpassungen und Weiterentwicklungen des Werkzeugs den realisierbaren Nutzen übersteigen. Ebenso können veränderte Randbedingungen wie z. B. ein neues Betriebssystem oder die Abkündigung durch den Anbieter den weiteren Betrieb des Testwerkzeugs unmöglich machen. Dann ist meist ein geordneter Übergang zu einem neuen Werkzeug zu organisieren:

- Das Nachfolgewerkzeug ist auszuwählen und einzuführen.
- Bestandsdaten sind vom alten ins neue Werkzeug zu migrieren.
- Das alte Werkzeug und die darin enthaltenen Daten sind ggf. (insbesondere bei regulatorischen Auflagen) für eine längere Aufbewahrungsfrist zu archivieren und in einer »Notumgebung« betriebsfähig zu halten.

Es ist aber ebenso möglich, dass das Werkzeug ersatzlos außer Betrieb genommen wird, weil

- es technisch nicht mehr notwendig ist,
- ein geänderter Testansatz den Einsatz nicht mehr erforderlich macht,
- der Werkzeughersteller das Werkzeug nicht mehr unterstützt und es keinen Ersatz dafür gibt oder
- weil das Betriebssystem bzw. die Plattform für das Werkzeug außer Betrieb genommen und damit zu leicht angreifbar wird oder gar nicht mehr lauffähig ist.

7.5 Werkzeuge für das Testmanagement

Neben der Bedeutung des Testmanagements als initiierende und koordinierende Stelle für die Einführung eines Werkzeugs gibt es noch eine zweite, im Alltag bedeutendere Verbindung: Die Aktivitäten des Testmanagements können durch Werkzeuge unterstützt werden. Welche Funktionen solche Werkzeuge bieten, erläutern die folgenden Absätze.

Unterstützung von Planung und Steuerung

Planung und Steuerung sind die ersten Aktivitäten im Testprozess. Die entsprechenden unterstützenden Testmanagementwerkzeuge bieten Mechanismen zur Erfassung, Priorisierung, Katalogisierung und Verwaltung von Testfällen. Der Status der Testfälle wird überwacht, es wird also festgehalten und ausgewertet, ob, wann, wie oft und mit welchem Resultat ein Testfall ausgeführt wurde.

Darüber hinaus können Ressourcen- und Zeitplanung der Tests unterstützt werden. Das Testmanagement kann die Tests planen und hat somit jederzeit den Überblick über Hunderte oder Tausende von Testfällen. Außer dem Testmanagement nutzen aber auch andere Personen im Test diese Werkzeugfunktionen.

Unterstützung für weitere Managementaufgaben

Neben diesen Kernaufgaben des Testmanagements bieten die Werkzeuge Unterstützung für beispielsweise folgende Aufgaben und Aktivitäten an:

Verknüpfung zum Anforderungsmanagement

- Die Anforderungen an die Testobjekte können entweder direkt im Testmanagementwerkzeug erfasst werden oder sie werden über eine geeignete Schnittstelle zu einem Anforderungsmanagementwerkzeug referenziert. Sie können anschließend mit denjenigen Tests verknüpft werden, die die entsprechende Anforderung prüfen. Auf Basis dieser Verknüpfung können verschiedene Konsistenzprüfungen durchgeführt werden, z. B. ob zu jeder Anforderung mindestens ein Testfall eingeplant wurde, ob die Versionen von Anforderungen und Testfällen zueinander passen etc.

Wichtige Unterstützung beim Test von sicherheitskritischen Systemen

- Wenn das Testmanagementwerkzeug auch Funktionen zur Verwaltung von Fehlerberichten, Testskripten und Testentwürfen bietet, entsteht eine durchgängige Verfolgbarkeit zwischen Anforderungen, Testfällen, Bestandteilen der Testfälle und Testergebnissen. Diese Durchgängigkeit ist insbesondere beim Test sicherheitskritischer Systeme zur Erfüllung der Nachweispflicht erforderlich.

Fehlermanagement

- Zur Verwaltung der Abweichungs- bzw. Fehlerberichte als wesentliche Ergebnisse der Testdurchführung ist eine Werkzeugunterstützung unverzichtbar. In vielen Fällen befindet sich im Unternehmen bereits ein → Fehlermanagementsystem (s. Unterkapitel 10.4) im Einsatz, weshalb das Testmanagementwerkzeug eine Schnittstelle zu diesem zur Verfügung stellen soll. Der aktuelle Stand der einzelnen Fehlerberichte wird dadurch für das Testmanagement jederzeit ermittelbar. Durch geeignete Statistikfunktionen können Fehleraufkommen, Fehlerdichte und Trends analysiert und die Güte der Testfälle beurteilt werden.

Verwaltung von Testdaten und Informationen über die Testumgebungen

- Die Verwaltung von Testumgebungsinformationen und Testdaten erleichtert das Management von komplexen Testprojekten. Manche Testmanagementwerkzeuge enthalten Ablaufsteuerungen für manuelle und automatisierte Testfälle, mit denen die Verteilung der Tests auf die verschiedenen zur Verfügung stehenden Testplätze und -rechner geplant, angestoßen und kontrolliert werden kann.

Auswertung von Daten und Berichtserzeugung

Daten über Anzahl und Eigenschaften der verwalteten Testfälle, der Testergebnisse und Testbedingungen, der Testüberdeckung etc. können zusammengefasst, ausgewertet und als Berichte dargestellt werden. Die Darstellungsmöglichkeit reicht bis hin zur Generierung der kompletten Testdokumentation aus den verwalteten Daten (Testkonzept, Testspezifikation, Testbericht). Testmanagementwerkzeuge eignen sich im Allgemeinen nicht nur zur Verwaltung dynamischer, sondern auch statischer Tests, z. B. mithilfe statischer Analysatoren. Auch Reviews und deren Ergebnisse können mithilfe eines Testmanagementwerkzeugs verwaltet werden.

7.6 Werkzeugmetriken

Metriken und deren Erhebung in Testwerkzeugen

Viele Testwerkzeuge bieten nicht nur Unterstützung bei Planung, Durchführung oder Verwaltung von Tests, sondern ermöglichen auch die automatische oder halbautomatische Erfassung, Aggregation und Auswertung von Metriken (s. Kapitel 8). Diese Funktion ist besonders für das Testmanagement relevant. Es gewinnt dadurch Erkenntnisse z. B. über den Zustand der Testobjekte, den Verlauf der Tests und die Produktivität des Testprozesses. Tabelle 7.2 zeigt exemplarisch, welche Werkzeuge zur Erhebung typischer Metriken herangezogen werden können:

Tab. 7.2
Typische Werkzeugmetriken

Metrik	Bedeutung	Typische Werkzeuge
Anzahl durchgeführter Testfälle pro Zyklus	Fortschrittskontrolle	Testmanagementwerkzeuge
Automatisierungsgrad	Anteil automatisierter Testfälle	Testautomatisierungs-Frameworks
Defect Density	Fehler pro Testobjekt oder Modul	Defect-Tracking-Systeme
Mean Time to Repair (MTTR)	Mittlere Zeit zur Fehlerbehebung	Fehler- und Aufgabenmanagementsysteme
Testabdeckung	Anteil getesteter Anforderungen	Testmanagement + Anforderungs-Tool-Kopplung
Aufwand pro Testfall	Effizienzindikator	Zeiterfassung + Testmanagement
Wiederverwendungsrate von Testskripten	Qualität und Wartbarkeit der Automatisierung	CI/CD-Systeme + Versionskontrolle
Fehlerverteilung nach Kategorien	Fehlerklassifikation für Ursachenanalyse	Defect Management Tools

Für das Testmanagement ist es entscheidend, die Metriken nicht isoliert, sondern im Zusammenhang mit Testzielen und Testphasen zu betrachten. Werkzeuge unterstützen dabei nicht nur die Erfassung, sondern zunehmend auch die Visualisierung von Trends, z. B. durch Dashboards oder automatisch erzeugte Berichte.

Die Fähigkeit eines Werkzeugs, relevante und aussagekräftige Metriken bereitzustellen, soll bereits bei der Werkzeugauswahl bewertet und mit den Zielen des Testprozesses abgeglichen werden. So zeigt Abbildung 7.3 ein Mini-Dashboard mit einigen vom Testmanagementwerkzeug erhobenen Metriken.

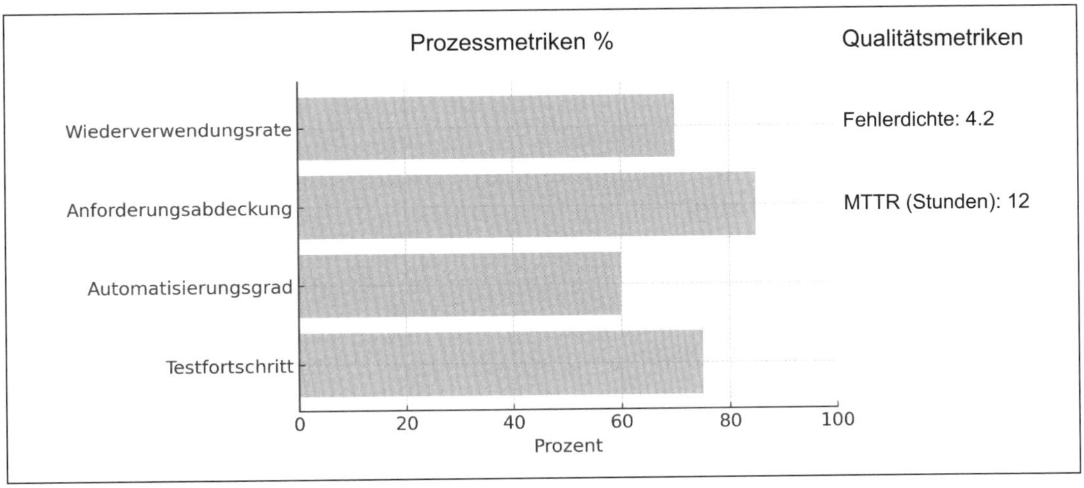

Abb. 7.3
Visualisierung typischer Metriken im Mini-Dashboard

Viele weitere praktische und technische Hinweise zur Testautomatisierung finden sich in [Baumgartner 21].

7.7 Zusammenfassung

- Testwerkzeuge können keine grundlegenden Prozessmängel beheben. Ihr Nutzen entfaltet sich nur im Kontext eines strukturierten, reflektierten Testprozesses.
- Ziele des Werkzeugeinsatzes liegen in der Effizienzsteigerung bestehender Tätigkeiten oder in der Erschließung neuer Möglichkeiten (z.B. durch Automatisierung, systematische Wiederverwendung oder datengestützte Steuerung). Diese Ziele müssen vor der Auswahl klar formuliert, qualifiziert und idealerweise quantifiziert werden.
- In einer Kosten-Nutzen-Betrachtung sind neben Anschaffungs- oder Lizenzkosten auch Aufwand und Investitionen für Evaluation, Einführung, Betrieb, Wartung, Weiterentwicklung und Außerbetriebnahme einzubeziehen.
- Die Werkzeugauswahl beginnt mit einer strukturierten Marktanalyse. Hilfreich sind aktuelle, gepflegte Werkzeuglisten und systematische Recherchestrategien.
- Die Evaluation geeigneter Werkzeuge soll als eigenständiges, methodisch vorbereitetes Projekt durchgeführt werden – ggf. ergänzt durch Pilotprojekte, wenn mehrere vergleichbare Kandidaten vorliegen oder eine einfache Bewertung keine klare Entscheidung ermöglicht.
- Die Einführung eines Werkzeugs erfolgt idealerweise schrittweise:
  - Ein Pilotprojekt konkretisiert das Einsatzkonzept, definiert organisatorische Anpassungen und erprobt den Nutzen. Erfolgsentscheidend sind hier bestimmte Rollen wie Coach, Change Manager, Werkzeugverantwortlicher und Sponsor.
  - Nach erfolgreichem Abschluss des Pilotprojekts wird das Werkzeug im Unternehmen skaliert. Die Teilnehmenden aus dem Piloteinsatz übernehmen dabei oft die Rolle interner Multiplikatoren.
- In der Betriebsphase sichern Wartung, Supportstrukturen und Erfahrungsaustausch den langfristigen Erfolg. Bei geänderten Anforderungen kann eine Weiterentwicklung des Werkzeugs notwendig werden.
- Die Außerbetriebnahme eines Werkzeugs muss ebenfalls geplant erfolgen. Dazu gehören ggf. die Auswahl eines Nachfolgesystems, Datenmigration und eine regelkonforme Archivierung aus Nachweisgründen.

- Moderne Testwerkzeuge unterstützen auch die automatisierte Erhebung und Visualisierung von Testmetriken, z. B.:
  - Fortschritt und Status (z. B. Anzahl ausgeführter Tests)
  - Abdeckungsgrade und Defektdichte
  - Automatisierungsraten
  - → Fehlerklassifikation und MTTR
- Insbesondere Testmanagementwerkzeuge bieten in der Regel Funktionen für:
  - Planung und Steuerung von Tests
  - Verwaltung von Anforderungen, Testfällen, Testdaten und Fehlerberichten
  - Unterstützung der Testautomatisierung
  - Berichterstellung und Metrikanalyse
  - Schnittstellen zu angrenzenden Werkzeugen (z. B. Anforderungsmanagement oder CI/CD)

Teil 2

Management des Produkts

Dieser Teil beschreibt die wesentlichen Aktivitäten und Arbeitsergebnisse des Testmanagements unter den Aspekten des Produkts. Er umfasst folgende drei Kapitel mit den jeweils skizzierten Lernzielen:

- *In Kapitel 8 »**Testmetriken definieren und nutzen**« lernen Sie, das Testen mithilfe von Testmetriken zu überwachen und zu steuern, um die Testziele zu erreichen sowie den Testfortschritt zu bewerten und zu berichten.*
- *In Kapitel 9 »**Testschätzung**« lernen Sie die Auswahl geeigneter Testschätzungsverfahren bei verschiedenen Organisationen nach unterschiedlichen Softwareentwicklungsmodellen.*
- *In Kapitel 10 »**Fehlermanagement**« lernen Sie, wie man einen Fehlerworkflow innerhalb des Fehlermanagements für sequenzielle, agile und hybride Softwareentwicklungsmodelle definiert.*

8 Testmetriken definieren und nutzen

Metriken dienen allgemein zur Messung, Berichterstattung, Prognose und Entscheidungsfindung in Projekten. Dieses Kapitel beschreibt, wie das Testmanagement aus dem Testprozess heraus für das Projekt, das Produkt und den Prozess geeignete Metriken definieren, verfolgen und berichten kann. Testmetriken erlauben quantitative Aussagen bezüglich des aktuellen Projektstands, der Produktqualität und der Reife des Entwicklungs- und Testprozesses. Ihre zeitnahe Erhebung, Verfolgung und Präsentation sowie ihre einheitliche und von allen Stakeholdern akzeptierte Interpretation bilden die Grundlage für die transparente und nachvollziehbare Planung, Steuerung und Optimierung des Testprozesses. Anhand der unterschiedlichen Messobjekte ergeben sich testfallbasierte Metriken, testbasis- und testobjektbasierte Metriken, fehlerbasierte Metriken, risikobasierte Metriken und kosten- bzw. aufwandsbasierte Metriken.

In diesem Kapitel werden sehr viele Metriken genannt und beschrieben. Dies soll einen möglichst breiten Überblick bieten. In einem konkreten Projekt gilt es, aus dieser großen Menge sorgfältig und gezielt diejenigen auszuwählen, die den meisten Nutzen bringen. Mit den Inhalten dieses Kapitels können Sie für die Prüfung zum ISTQB© Certified Tester Advanced Level Test Management …

- *TM-2.1.1 (K2) … Beispiele für Metriken zur Erreichung der Testziele nennen.*
- *TM-2.1.2 (K2) … erklären, wie man den Testfortschritt mithilfe von Testmetriken steuern kann.*
- *TM-2.1.3 (K4) … Testergebnisse analysieren, um Testberichte zu erstellen, die es Stakeholdern ermöglichen, Entscheidungen zu treffen.*

8.1 Einführung

Bei den Aktivitäten des Testmanagements wie z. B. der Planung und insbesondere auch der Steuerung des Testprozesses sowie zur Testendebewertung reichen qualitative Angaben wie z. B. »Es muss ausführlich getestet werden!« keinesfalls aus. Vielmehr sind quantitative und objektiv nachvollziehbare Angaben wie z. B. »Alle Komponenten ab Sicherheitsanforderungsstufe 2 sind im Komponententest mit 100%iger Zweigüberdeckung zu testen!« erforderlich. Dies spiegelt sich auch z. B. im »Capability Maturity Model Integration« (CMMI, [URL: CMMI], vgl. Abschnitt 6.2.4) und den DIN/ISO-Normenreihen 900n und 330nn wider, die quantitative Angaben zur Planung, Steuerung, Bewertung und Optimierung fordern (s. [ISO 9000], [ISO 33001], [ISO 33063].

Wie aber erhalten Testmanager quantitative Angaben bzw. Vorgaben zu Produkten und Prozessen? Nun, ebenso wie beispielsweise beim Bau eines Hauses die Fläche des Fußbodens oder die Dicke einer Wand vorgegeben wird: durch Metriken und Maßzahlen. Durch Messungen wird dann geprüft, ob die Vorgaben erreicht bzw. eingehalten wurden.

Maße verknüpfen empirische und formale Relationensysteme

Allgemein bildet eine Messung bestimmte Eigenschaften der zu vermessenden Objekte eines sogenannten empirischen Relationensystems mittels einer Messvorschrift auf bestimmte Werte eines formalen Relationensystems wie z. B. der natürlichen Zahlen ab (s. [Zuse 98], [Fenton 15]). Messobjekte können dabei Elemente von Projekten (z. B. Fortschritt, Termine), Prozesse (z. B. Effektivität, Konformanz) oder Produkte (z. B. Dokumente, Programmcode) sein (s. Abb. 8.1a). Ein empirisches Relationensystem ist z. B. die Menge aller Programme in einer bestimmten Programmiersprache zusammen mit der Eigenschaft »Verständlichkeit«. Eine mögliche Messung zählt die Zeilen der Programme, und das dazugehörige formale Relationensystem besteht aus der (Werte-)Menge der natürlichen Zahlen 0, 1, 2 ... und der Größer-gleich-Relation (s. Abb. 8.1b). Die Messwerte werden dann interpretiert, z. B. als »größerer Messwert entspricht schlechterer Verständlichkeit« (s. Abb. 8.1c).

Messen ist zentrale Tätigkeit des Testmanagements.

Messen ist auch eine der zentralen Tätigkeiten des Testmanagements und muss sorgfältig geplant (welche Metriken dienen den Projektzielen?), implementiert (wie können diese Metriken aufwandsarm und präzise erfasst werden?) und durchgeführt werden (wie sind die aktuellen Messwerte und was bedeuten sie?). Die Unterkapitel 8.2 und 8.3 erläutern, wie Metriken definiert, ausgewählt und hinsichtlich ihrer Eignung bewertet werden, und Unterkapitel 8.4 zeigt, wie die Visualisierung von Messwerten mit Diagrammen erfolgt. Auf diesen Grundlagen aufbauend wird in Unterkapitel 8.5 der Einsatz der Metriken bei der Planung, Überwachung, Steuerung und Berichterstattung des Testprozesses beleuchtet und in Unterkapitel 8.6 werden wichtige Testmetriken beschrieben sowie Hinweise zu ihrer Erhebung, Verfolgung und Berichterstattung gegeben.

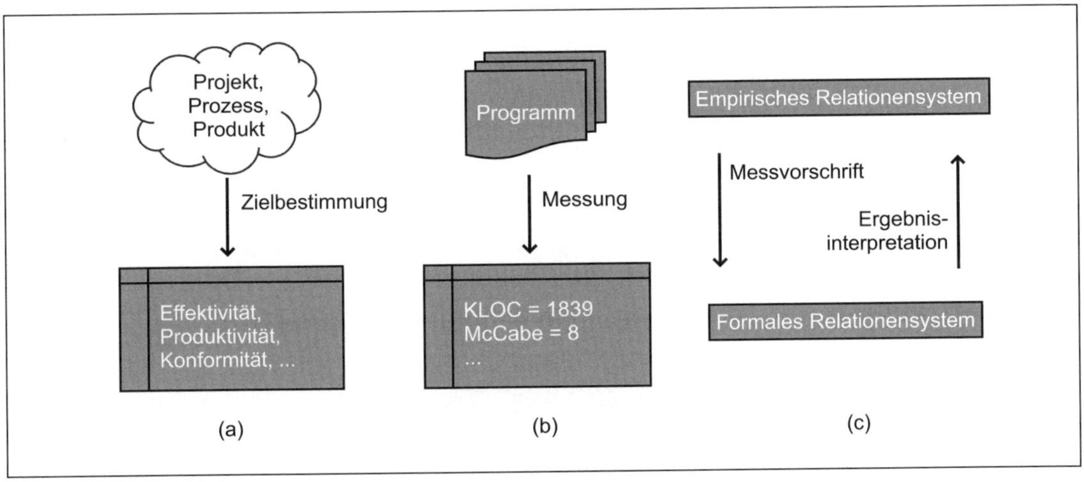

Abb. 8.1
Messung und Messwert

8.2 Definition und Auswahl von Metriken

Eine **Metrik** definiert die Messskala und das genutzte Verfahren einer Messung. Metriken und ihre Erhebung sollen quantifizierte, objektive Grundlagen für Entscheidungen zur Verfügung stellen. Dieser Abschnitt erläutert, wie Metriken präzise und zielorientiert definiert und methodisch ausgewählt werden können.

Auswahl geeigneter Metriken

Zuerst sind die grundsätzlichen Ziele festzulegen, die erreicht und durch Messungen verfolgt werden sollen. Hauptziele wie z. B. Qualitäts- oder Produktivitätsvorgaben werden so lange in Teilziele bzw. einzelne Faktoren zerlegt, bis zu jedem resultierenden Teilziel ein oder mehrere messbare Kriterien von Messobjekten inklusive einiger in der täglichen Projektpraxis einfach zu erhebender Metriken angegeben werden können.

FCM liegt vielen modernen Qualitätsmodellen zugrunde.

Diese als Faktor-Kriterien-Metriken-Methode (Factor-Criteria-Metrics, FCM, s. Abb. 8.2) bezeichnete Sichtweise liegt u. a. auch den Qualitätsmodellen der DIN/ISO/IEC-Normenreihe 250nn[1] zugrunde, die Qualitätsfaktoren bzw. -merkmale über Teilmerkmale bis auf quantifizierbare Qualitätskriterien herunterbrechen und mit konkreten Metriken unterlegen ([ISO 250nn], s. a. Abschnitt 5.5.2). Die Normen

1. Die Normenreihe ISO/IEC 250nn ersetzte 2011 die Einzelnormen der seitdem schrittweise zurückgezogenen Normenreihe ISO/IEC 9126.

unterscheiden anwendungsbezogene, interne und externe Metriken. Anwendungsbezogene Metriken vermessen die Produkteigenschaften bei der Nutzung in einem bestimmen Anwendungskontext. Interne Metriken vermessen das Produkt an sich, externe die bei Benutzung des Produkts unter präzise spezifizierten Bedingungen beobachtbaren Eigenschaften.

So unterteilt z. B. die ISO/IEC 25010 das Qualitätsmerkmal »Effizienz« (*performance efficiency*) in die Teilmerkmale »Zeitverhalten«, »Verbrauchsverhalten« und »Kapazität« (*time behaviour, resource utilisation, capacity*) ([ISO 25010], s. Unterkaptitel 5.5). Als externe Metrik bezüglich des Teilmerkmals »Zeitverhalten« ist u. a. die Antwortzeit als Differenz zwischen dem Zeitpunkt der Antwort des Systems und dem Abschluss der Kommandoeingabe angegeben.

Abb. 8.2
Faktor-Kriterien-Metriken-Methode (FCM)

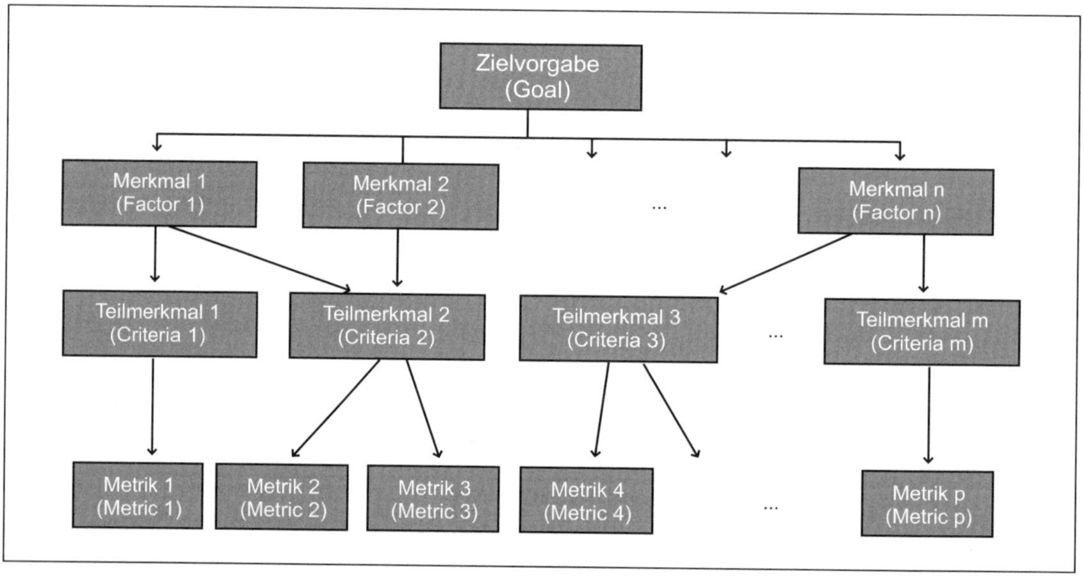

Goal-Question-Metric-Methode (GQM) zur Definition von Metriken

Oft ist der Weg von den Zielen hin zu Merkmalen geeigneter Messobjekte ziemlich weit. Dafür schlägt der Ziel-Frage-Metrik-Ansatz GQM (*Goal Question Metric*, s. Abschnitt 6.4.3) vor, zu den Zielen Fragen zu formulieren, deren Beantwortung die Zielerreichung sicherstellt. In GQM wird dazu wie folgt vorgegangen.

Zunächst werden in der Planung Ziele vorgegeben. Dann werden in der Definitionsphase Metrik-Workshops oder -Brainstormings mit möglichst vielen Projektbeteiligten durchgeführt und zu jedem Ziel Fragen überlegt, deren Beantwortung den Grad der Zielerreichung widerspiegelt. Auf dieser Grundlage werden geeignete Maße und ggf. Schwellenwerte definiert, mit denen die Fragen beantwortet werden können.

Beispiel: GQM für AutoSafe

Im sicherheitskritischen Kontext ist Nachweisbarkeit zentral. Um einen Nachweis der vollständigen Abdeckung von Sicherheitsanforderungen sicherzustellen, treffen sich zu Beginn des AutoSafe-Projekts Stefan Maier (Projektleiter) und Michael Fischer (Testmanager) zu einer bilateralen GQM-Session. Auf Basis der Erfahrungen aus Vorprojekten kommen sie zu folgender Ableitung:

Goal: Sicherstellen, dass sicherheitskritische Funktionen des Steuergeräts vollständig und passend zu ihrer Kritikalität getestet wurden, um die ISO/IEC 26262 zu erfüllen.

Questions:
Wie kritisch sind die Sicherheitsanforderungen in Relation zueinander durch den Test zu berücksichtigen?
Wie vollständig ist die Testabdeckung der sicherheitskritischen Anforderungen?

Metric: ASIL-Testabdeckung
Die **ASIL-Testabdeckung** bezieht sich auf die *Automotive Safety Integrity Levels* (ASIL), wie sie in der Norm ISO/IEC 26262 definiert sind. Diese Norm wird in sicherheitskritischen Automobilsystemen – wie im AutoSafe-Szenario – angewendet. Es gibt vier ASIL-Stufen: **A, B, C und D,** wobei **D** die höchste Kritikalität bezeichnet (s. [ISO 26262]).

Die ASIL-Testabdeckung misst, wie vollständig die Tests die Anforderungen und Komponenten abdecken, die einer bestimmten ASIL-Stufe zugeordnet sind. Die Metrik bewertet also nicht nur, *ob* getestet wurde, sondern *wie gut* die sicherheitskritischen Anforderungen je ASIL-Stufe abgedeckt sind.

ASIL-Abdeckungsgrad je Stufe =
(Anzahl getesteter Anforderungen mit ASIL X /
Gesamtanzahl Anforderungen mit ASIL X) × 100

Für jede Stufe (z. B. ASIL D) wird diese Abdeckung separat berechnet.

Beispiel: GQM für DiaFlow

In den vorangegangenen Releases des DiaFlow-Geräts traten beim Kundeneinsatz vereinzelt Kommunikationsprobleme zwischen Hardware und Software auf. Testmanager Thomas Lehmann setzt seinem Testteam daher für das aktuelle Release von DiaFlow ein Verbesserungsziel:

Goal: Optimieren der Integrationstests zwischen Hardware und Software zur Minimierung von Integrationsrisiken.

Question: Wie effektiv sind die Integrationstests bei der Erkennung von Problemen an den Schnittstellen?

Metric:

Fehlerrate bei Integrationstests (%) =
(Anzahl der gefundenen Schnittstellenfehler /
Gesamtanzahl der durchgeführten Integrationstests) × 100

Durchschnittliche Fehlerbehebungszeit bei Schnittstellenfehlern (in Tagen)

Beispiel: GQM bei TestMaster

In einem CI/CD-zentrierten agilen Kontext ist schnelle, zuverlässige Testautomatisierung entscheidend für Qualität und Time-to-Market. Product Ownerin Lena Berger und Scrum Master Tom Meier diskutieren vor der Retrospektive des siebten Sprints über Möglichkeiten, die Zuverlässigkeit der Erreichung der Sprint-Ziele zu erhöhen. Sie bringen dies als Ziel in die Retrospektive ein und das Team erarbeitet in diesem Rahmen folgenden Ansatz:

Goal: Verbesserung der Testautomatisierung zur Reduktion des manuellen Testaufwands und zur Beschleunigung des Feedbackzyklus.

Question: Wie hoch ist die Abdeckung durch automatisierte Tests im Vergleich zur Gesamtheit der Testfälle?

Metric:

Automatisierungsgrad (%) =
(Anzahl automatisierter Testfälle / Gesamtanzahl der Testfälle) × 100

Skala und Skalentyp festlegen!

Steht fest, welche Eigenschaften bzw. Faktoren eines Messobjekts zu vermessen sind (empirisches Relationensystem), werden die Messvorschrift und der Wertebereich der Messungen (formales Relationensystem) in der sogenannten Skala der Metrik festgelegt. Wichtig hierbei ist es, den Skalentyp richtig zu bestimmen, da dieser die möglichen Interpretationen der Messwerte sowie die mit ihnen erlaubten Operationen eingrenzt. Die formale Messtheorie kennt die fünf in Tabelle 8.1 aufgeführten Skalentypen und unterscheidet zwischen metrischen und nicht metrischen Skalentypen (s. a. [Zuse 98], [Fenton 15]).

Tab. 8.1 *Eigenschaften der fünf Skalentypen*

Skalentyp	Ausprägung	Merkmale / erlaubte Operationen	Mögliche Analysen	Beispiele
Nicht metrisch	Nominalskala	Bezeichnungen	Klassifizierung, Bildung von Häufigkeiten, Gleichheit, Ungleichheit	{Gut, Mittel, Schlecht} {Simpel, Normal, Komplex} {Rot, Grün, Blau}
		Umbenennung		
	Ordinalskala	Rangwerte mit Ordinalzahlen	Anordnung, Vergleich, Median, Quantile	(1., 2., 3., …)
		Alle F mit $x \geq y \Rightarrow F(x) \geq F(y)$		
Metrisch	Intervallskala	Gleich große Abschnitte ohne natürlichen Nullpunkt	Addition, Subtraktion, Mittelwert, Standardabweichung	(1. Aug. 2025, 2. Aug. 2025, …) (12:00 Uhr, 13:00 Uhr, …) (-10° C, 0° C, 10° C, 100° C, 232,78° C, …)
		Alle F mit $F(x) = a \cdot x + b$		
	Ratioskala (Verhältnis-, Proportionalskala)	Gleich große Abschnitte mit natürlichem Nullpunkt	Multiplikation, Division, Geometrisches Mittel, Variation	(0° K, 273,15° K, 373,15° K, 505,93° K, …) (0,00 €, 0,50 €, 1,00 €, 1000,00 €, …) (0 Fehler/h, 1 Fehler/ h, 10 Fehler/h, …)
		Alle F mit $F(x) = a \cdot x$ und $a > 0$		
	Absolutskala	Natürliche Zahlen und Einheiten	Alle	(1 LOC, 10 LOC, 100 LOC, …) (1 Person, 2 Personen, …)
		Nur Identität $F(x) = x$		

8.3 Eignung von Metriken

Die folgenden Anforderungen bzw. Kriterien helfen, die Güte von Maßen bzw. Metriken einzuschätzen:

- Ein gutes → Maß soll einfach und objektiv (ohne Einfluss des Messenden) – am besten automatisch – zu erheben und eindeutig zu interpretieren sein sowie hinreichend mit dem zu messenden Merkmal korrelieren.
- Die Interpretation der Messwerte muss für alle Stakeholder verständlich, nachvollziehbar und akzeptabel sein, um spätere Diskussionen bei Vorliegen der ersten Messwerte zu vermeiden.
- Maße müssen jederzeit reproduzierbar sein.
- Maße sollen gegenüber »unbedeutenden« Änderungen des Prüflings stabil sein, die Messwerte also zumindest in einem stetigen funktionalen Zusammenhang zur gemessenen Eigenschaft stehen.
- Eine weitere Forderung ist die nach der Rechtzeitigkeit der Messwerte bzw. der Maße. Diese sollen früh genug messbar bzw. berechenbar sein, um noch Einfluss auf die hinsichtlich der Zielerreichung wichtigen Entscheidungen nehmen zu können.
- Es sind nicht möglichst viele, sondern eher wenige »richtige« Metriken zu definieren, die Aussagen über die relevanten Aspekte der Messobjekte erlauben. Mit statistischen Auswertungen der Messwerte ist die Unabhängigkeit der Metriken voneinander zu prüfen. Korrelieren zwei oder mehr Metriken stark, kann ihre Anzahl ggf. reduziert werden.
- Eng mit dem Skalentyp eines Maßes hängt die Frage zusammen, ob und inwieweit die Messwerte verglichen und statistisch ausgewertet werden können. Günstig in dieser Hinsicht sind die Ratio- und die Absolutskala.
- Wurde ein Maß bereits mehrmals in unterschiedlichen Projekten mit Erfolg eingesetzt, so kann dies als empirischer Beleg dafür gelten, dass es vernünftig definiert und brauchbar ist.
- Letztendlich sollen aus Dokumentations- und Nachvollziehbarkeitsgründen alle Messwerte später wiederauffindbar bzw. reproduzierbar sein.

Metriken werden laufend verfolgt, um Tendenzen und Ausreißer frühzeitig zu bemerken. Hierzu ist eine weitgehende Automatisierung der Messungen z. B. mit Werkzeugen zum Testmanagement erforderlich (s. Unterkapitel 7.6). Die Messwerte sind zu verdichten und so zu berichten, dass sie die Ziele und den Informationsbedarf der Stakeholder verständlich, knapp und präzise abdecken.

Letztendlich ist die Gültigkeit der Metriken kontinuierlich zu validieren (s. [Zuse 98], [Fenton 15]):

- Bei der internen Validierung, die bereits bei der Definition der Metrik durchzuführen ist, wird untersucht, ob die Metrik tatsächlich das Merkmal misst, für das sie vorgesehen ist. Es ist ebenso nachzuweisen, dass Modifikationen, die das zu messende Merkmal bezüglich des empirischen Relationensystems (s. Unterkapitel 8.1) beeinflussen, eine entsprechende Änderung der Messwerte hervorrufen.
- Bei der externen Validierung, die insbesondere bei Veränderungen des Einsatzkontexts der Metriken wichtig ist, wird geprüft, ob die Metriken ihre Messziele unterstützen. Dies erfolgt in der Regel durch Untersuchung des statistischen Zusammenhangs der Messwerte mit den Eigenschaften, die zur Zielerreichung beitragen.

Mit zunehmendem Reifegrad des Testprozesses werden die Auswahl und Definition, Erhebung und Verfolgung sowie die Auswertung und Berichterstattung von Metriken zu klar definierten Aktivitäten des Testmanagements. Mit der ständigen Validierung der Gültigkeit der Metriken ergibt sich der in Abbildung 8.3 dargestellte metrikbasierte Regelkreis des Testmanagements. Vertiefende Darstellungen zur zielorientierten Definition, Erhebung und Interpretation von Metriken finden sich in [Ebert 05] und [Witte 18] sowie in der Norm [ISO 15939], die einen Softwaremessprozess definiert.

Abb. 8.3
Metrikbasierter Regelkreis des Testmanagements

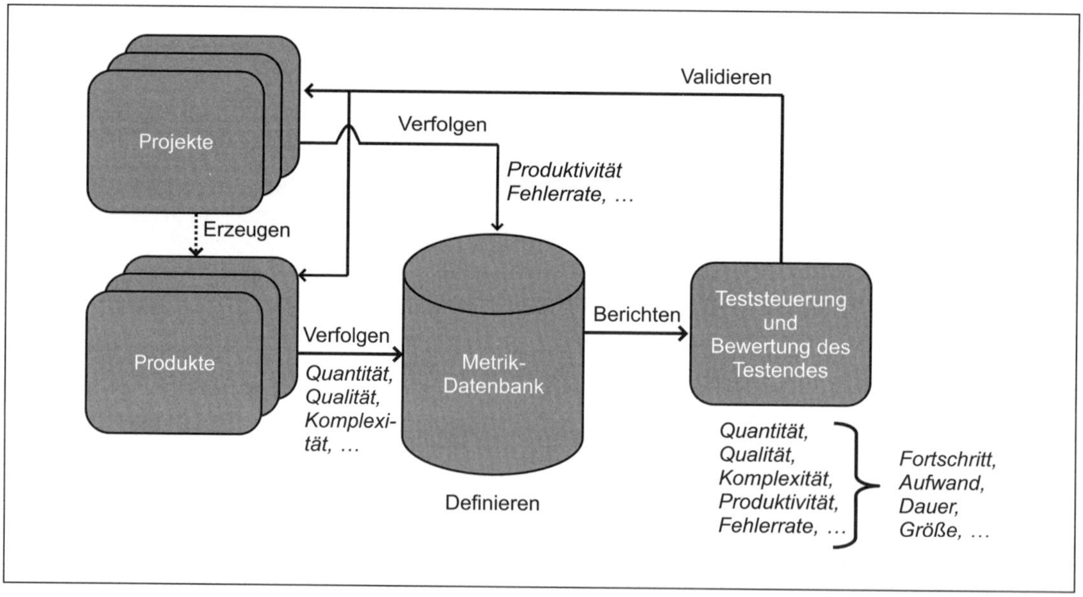

8.4 Darstellung von Messwerten

Eine visuelle Aufbereitung von Messwerten hilft, Trends zu erkennen und Ursache-Wirkungs-Beziehungen zu identifizieren. Die Darstellung der gemessenen Werte kann mit unterschiedlichen Diagrammen erfolgen.

Beliebt sind Balken- bzw. Säulendiagramme zur Darstellung der Werte einer Metrik für mehrere Messobjekte (s. Abb. 8.4 rechts) sowie (Mehr-)Liniendiagramme zur Darstellung des zeitlichen Verlaufs der Messwerte eines Messobjekts bzw. mehrerer Messobjekte oder Metriken (s. Abb. 8.4 links).

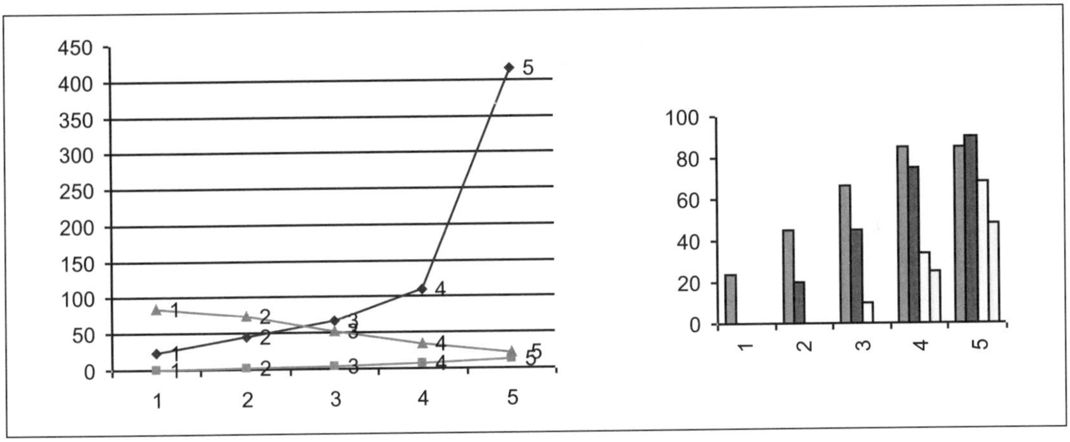

Abb. 8.4
Diagramme visualisieren Messwerte und ihre zeitlichen Verläufe.

Zur Darstellung des Anteils mehrerer Messwerte oder Messobjekte an einer bestimmten Gesamtgröße werden gerne Torten- oder Kreisdiagramme verwendet (s. Abb. 8.5 links).

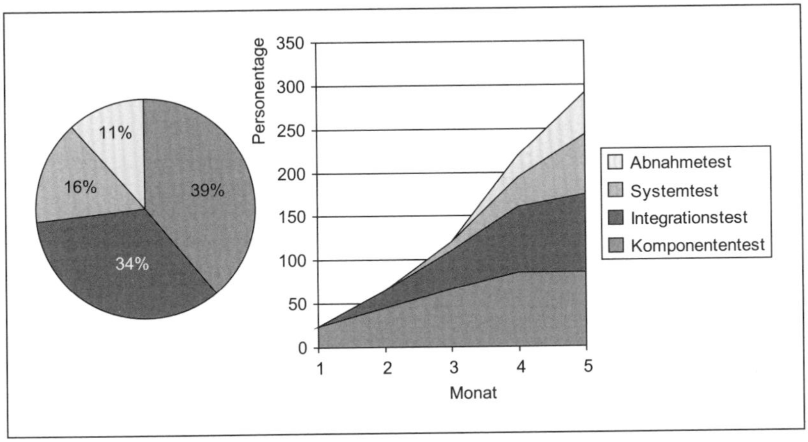

Abb. 8.5
Tortendiagramm und Kumulativdiagramm

Nicht so geläufig sind sogenannte → Kumulativdiagramme, die als spezielle Mehrliniendiagramme die Summe mehrerer Messwerte in ihrem zeitlichen Verlauf darstellen. So zeigt z. B. das rechte Diagramm in Abbildung 8.5 den kumulierten Aufwand von Komponententest, Integrationstest, Systemtest und Abnahmetest in Personentagen. Der Komponententest endet mit dem vierten Monat, sodass der ihm zuzuteilende kumulierte Aufwand ab dem vierten Monat konstant bleibt. Insgesamt wurden bis zum fünften Monat ca. 295 Personentage aufgewendet.

Kiviatdiagramme stellen die Werte mehrerer Metriken übersichtlich dar.

Für viele Messobjekte werden mehrere Metriken erhoben, die jeweils unterschiedliche Eigenschaften oder Aspekte des Messobjekts beleuchten. Um ein Messobjekt als Ganzes beurteilen zu können, genügt es somit meistens nicht, die Messwerte nur einer Metrik isoliert zu betrachten, sondern das Gesamtbild ist von Interesse. → Kiviatdiagramme kombinieren wie in Abbildung 8.6 gezeigt die Messwerte mehrerer Metriken mit entsprechend vielen punkt- und rotationssymmetrisch angeordneten Achsen, auf denen jeweils der Messwert einer Metrik abgetragen wird. Die entsprechenden Punkte auf den Achsen werden durch einen geschlossenen Polygonzug verbunden, und mit einiger Erfahrung kann aus dem sich ergebenden Muster auf Eigenschaften des Messobjekts als Ganzes geschlossen werden.

Beispiel: Kiviatdiagramm für TestMaster

Das Scrum-Team im TestMaster-Projekt nutzt Sprint-begleitend das in Abbildung 8.6 skizzierte Kiviatdiagramm, das für eine einzelne Klasse der objektorientierten Implementierung die Werte der erhobenen Metriken zeigt. Der Wert für die gewichtete Anzahl der Methoden (*weighted count of methods*, WCM) liegt bei ca. 80 %, die Vererbungshierarchie (*depth of inheritance*, DIT) ist im mittleren Bereich. Da die fachliche Kohäsion der Klasse (*cohesion*, COH) eher niedrig ist und die Werte für die mittlere Komplexität der Methoden (*complexity*, CMPL), die bisher gefundenen Fehler (*errors found*, ERR) und die auf der lexikalischen Struktur des Programmtextes basierenden Halstead-Metriken (HLSTD) relativ hoch sind, beschließt das Team in der Retrospektive am Ende des Sprints eine Überarbeitung (*refactoring*) der Klasse.

Abb. 8.6
Kiviatdiagramm

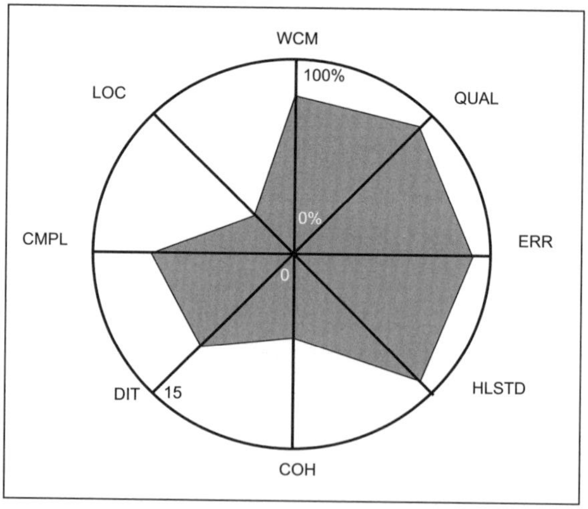

8.5 Metriken entlang des Testprozesses

Der beste Plan ist nur so gut wie seine Umsetzung!

So wie das Projektmanagement daran gemessen wird, welche Projektresultate am Ende erbracht worden sind, wird das Testmanagement daran gemessen, ob und wie gut es gelungen ist, die strategischen Vorgaben des Testkonzepts und die operativen Vorgaben des Testplans tatsächlich umzusetzen.

Dazu muss das Testmanagement in der Planungsphase die richtigen Metriken definieren, um während des laufenden Testprozesses rechtzeitig die richtigen Aufgaben zu initiieren, den Fortschritt der Testaktivitäten zu überwachen, Abweichungen vom Plan zu erkennen und bei notwendigen Eingriffen die aktive Steuerung der Testarbeiten zu unterstützen.

Aufgrund der gewonnenen Erkenntnisse ist dann zu bewerten, ob der Testprozess beendet werden kann oder weitere Testaktivitäten durchzuführen sind. Die Testergebnisse und Informationen über den Testverlauf sind im Testbericht zu kommunizieren.

8.5.1 Auswahl von Testmetriken

Auswahl von Metriken: Orientierung an den Testzielen, Wiederverwendung von Bewährtem

Abhängig von den Projekt- und den davon abgeleiteten Testzielen sind die passenden Metriken auszuwählen und ihre projektbegleitende Nutzung zu validieren. Als systematisches Mittel zur Ableitung von Testmetriken hat sich der bereits erwähnte GQM-Ansatz (s. Abschnitt 6.4.3 und Unterkapitel 8.2) bewährt. In diesem Prozess gilt es zu berücksichtigen, dass Räder normalerweise nicht neu erfunden werden müssen. Für die meisten Projekt- und Testziele sind ausreichend Metriken definiert und in gängigen Prozess- und Werkzeugumgebungen passend implementiert. Als Übersicht über übliche Testmetriken dienen die Abschnitte 8.6.1 (Übersicht aus dem Blickwinkel der Messziele) und 8.6.2 (Übersicht aus dem Blickwinkel der Messobjekte).

Testmetriken dokumentieren und kommunizieren

Die ausgewählten Testmetriken, ihre Erhebungsmechanismen und die auf ihnen beruhenden Entscheidungsprozesse sind im Testkonzept bzw. der Projektteststrategie zu dokumentieren und allen Stakeholdern zu kommunizieren.

8.5.2 Überwachen des Testfortschritts

Messen des Testfortschritts: KISS[2]

Messungen des erreichten Testfortschritts müssen vor allem eines sein: schnell und einfach zu ermitteln. Denn wenn das Sammeln und Aufbereiten von Daten während des Testprozesses zu aufwendig ist, behindert es entweder die primären Tätigkeiten wie Testautomatisierung,

---

2. KISS = »*Keep it simple, stupid!*« [URL: KISS].

Testdurchführung und Fehlermanagement – oder es wird nicht systematisch getan und erzeugt als Folge davon unzuverlässige Messungen.

Antworten zu beispielsweise folgenden Fragen sind jedoch für ein wirksames Testmanagement essenziell:

- Wie viel Prozent der Testfälle haben aktuell einen bestimmten Status erreicht (z. B. »durchgeführt«)?
- Sind die Arbeiten innerhalb des Zeit- und Aufwandsplans? Falls nein, wie stark weichen der Fortschritt und ggf. der Aufwand vom Plan ab?
- Wie viel Aufwand hat das Team noch vor sich? Reicht die geplante Zeit noch dafür?
- Sind die definierten Endekriterien für eine Teststufe oder für den gesamten Test und ggf. die sich anschließende Freigabe eines Testobjekts bereits erreicht?
- Wie verhält sich der erreichte Testfortschritt gegenüber dem gesamten Produktumfang?

Testfortschritt in 5 Dimensionen

Neben den folgenden Auswertungen zum Testfortschritt,

- dem Status der Testfälle im Testplan (testplanorientierter Testfortschritt) und
- dem abgedeckten → Testobjektumfang (testobjektorientierter Testfortschritt),

muss der Testmanager folgende weitere Dimensionen des Testfortschritts beobachten, bewerten und zur Steuerung der Tests heranziehen. Dies sind

- die adressierten Produktrisiken bzw. erreichten Risikominderungen,
- das aufgrund des Testverlaufs subjektiv resultierende Vertrauen in die Güte des Produkts und
- die Art und Zahl der aufgedeckten Fehlerwirkungen (Details s. Abschnitt 8.6.2).

Zeitpunkte für die Testfortschrittskontrolle

Neben der Frage, wie der Testfortschritt ermittelt und dargestellt wird, stellt sich auch die Frage nach dem Wann. Hierzu folgende Empfehlungen:

- Der Testfortschritt auf Basis eines vorab definierten Testplans soll kurzfristig ausgewertet werden, z. B. wöchentlich oder in »heißen Testphasen« sogar täglich. Hier sichtbar werdende Verzögerungen haben meist ihre Ursache in unreifen Testobjekten oder in Abstimmungsfehlern im Testteam. In diesem Fall ist kurzfristiges Reagieren wichtig. Je nach zugrunde liegendem Prozess können solche

Auswertungen in Form von Testfortschrittsberichten oder -Dashboards in Testmanagementsystemen erzeugt werden oder sie sind (in agilen Projekten) auf dem Taskboard und im Burndown-Chart transparent zu machen.

- Testobjektorientierte Überdeckungsmaße sollen zum Testzyklusende betrachtet werden. Sind alle im Testzyklus vorgesehenen Testfälle durchgeführt und ist die Überdeckung dann nicht ausreichend, so müssen Testfälle ergänzt werden. Diese kommen dann im folgenden Testzyklus zur Durchführung oder der aktuelle Zyklus wird entsprechend verlängert.

8.5.3 Steuerung des Testprozesses mit Testmetriken

Die Erfassung und Auswertung von Testfortschrittsmetriken dient als Grundlage für eine effektive Steuerung der künftigen kurz-, mittel- und langfristigen Testaktivitäten.

- Kurzfristig, z. B. innerhalb eines agilen Sprints bzw. eines Testzyklus, kann das Testmanagement beispielsweise noch offene Testaktivitäten umpriorisieren, zusätzliche Ressourcen anfordern bzw. bereitstellen und Zieltermine z. B. für das geplante Ende der Testaktivitäten korrigieren.
- Mittelfristig, also beispielsweise innerhalb eines bestimmten Projekts, können darüber hinaus Aktivitäten von der Testdurchführung zur Testautomatisierung umgeschichtet werden, um durch einen höheren Automatisierungsgrad Testzeit und Testressourcen in künftigen Sprints bzw. Zyklen einzusparen und die ursprünglich festgelegten Testziele noch zu erreichen.
- Langfristig dienen Auswertungen von Testfortschrittsmetriken als wertvolle Grundlage für die Analyse der Leistungsfähigkeit eines Testprozesses und für dessen Verbesserung.

Die beiden folgenden Abschnitte beleuchten den Nutzen von Testmetriken beim Reagieren auf veränderte Rahmenbedingungen und beim Reagieren auf Testergebnisse .

Reagieren auf veränderte Rahmenbedingungen

Testplanung und Teststeuerung gehen von den im Testkonzept vereinbarten Rahmenbedingungen aus, d. h., dass dem Testmanagement innerhalb des Testzeitraums bestimmte Personalressourcen, geeignete systemtechnische Ressourcen (Testumgebung, Testarbeitsplätze, Testwerkzeuge usw.) und evtl. weitere finanzielle Ressourcen (z. B. für den Einsatz externer Testdienstleister) zur Verfügung stehen. Teststrategie und Testkonzept wurden so aufgestellt, dass ein unter diesen Rahmenbedingungen optimaler Testansatz erzielt werden kann.

Rahmenbedingungen ändern sich.

Diese Rahmenbedingungen können sich ändern – leider oftmals zum Schlechteren. Die erste Ernüchterung kann vielleicht schon eintreten, bevor der Testbetrieb anläuft, weil sich herausstellt, dass die zugesagten Ressourcen nicht wirklich zur Verfügung gestellt werden (können). Das Testkonzept muss sich dann an den tatsächlichen Gegebenheiten orientieren, nicht an den Idealvorstellungen, die im Testkonzept formuliert wurden. Realistischerweise ist dann auch das Testkonzept diesen Gegebenheiten anzupassen. Das kann z. B. bedeuten, dass aufgrund von nicht behebbarem Ressourcenmangel die Testziele und die Endekriterien abgeschwächt werden. In seinen Berichten muss das Testmanagement hierbei aber deutlich kommunizieren, dass und in welchem Umfang durch das unerwartet verringerte Testen das Projekt- bzw. Produktrisiko steigt.

Im weiteren Projektverlauf gibt es beliebig viele Ereignisse, die zu schlechteren Rahmenbedingungen führen können. Testteammitglieder können krank oder intern versetzt werden oder kündigen. Manche sind vielleicht weniger talentiert oder qualifiziert als angenommen. Die Testumgebung macht Schwierigkeiten. Testwerkzeuge erfüllen nicht die Erwartungen, sind instabil oder werden nicht hinreichend beherrscht. Die Testautomatisierung ist nicht rechtzeitig fertig oder läuft nicht so stabil wie erforderlich.

Risikomanagement

Im Rahmen des Risikomanagements (vgl. Kapitel 4) hat das Testmanagement hoffentlich viele solcher Punkte vorab identifiziert und Kompensationsmaßnahmen vorgesehen. Oft wird aber (zumindest für eine Übergangszeit) keine volle Kompensation möglich sein. Die Alternative heißt dann den Testplan oder sogar das Testkonzept überarbeiten und Testfälle mit niedriger Priorität versehen oder sogar ganz streichen. Zwangsläufig steigt damit das Risiko, Produktfehler zu übersehen. Diese Änderungen der Rahmenbedingungen und die dadurch erzwungenen Planänderungen und steigenden Risiken müssen im Rahmen der projektbegleitenden Berichterstattung (s. Abschnitt 4.4.3) ebenfalls deutlich kommuniziert werden.

Rahmenbedingung Releaseplan

Eine ganz wesentliche Rahmenbedingung wurde noch gar nicht angesprochen: der → Releaseplan[3] bzw. Build-Plan. Dem Testkonzept und dem Testplan liegen immer eine Prognose oder Annahme über die

---

3. Der Releaseplan definiert, wann bestimmte Versionsstände zur Auslieferung an Kunden freigegeben werden. Darüber hinaus gibt es meistens zusätzliche interne Versionsstände (Builds). Diese werden nur zu Testzwecken zusammengestellt oder es sind sogenannte ? Releasekandidaten, die aufgrund ungenügender Testergebnisse doch nicht ausgeliefert werden können. Alle diese Versionen müssen bei der Planung und Steuerung des Tests berücksichtigt werden.

Anzahl und die Übergabezeitpunkte der Lieferung der Testobjekte (interne oder zur Auslieferung gedachte Testobjektversionen) zugrunde. Häufig ist diese Prognose aus Sicht des Tests zu optimistisch. Einerseits liefert die Entwicklung ihre Builds oftmals verspätet an den Test. Andererseits verschiebt der Test die Releaseterminplanung, denn die gelieferten Testobjekte sind oft nicht so testreif wie erwartet, was die Testzeit verlängert. Und aufgrund der aufgedeckten Fehlerwirkungen bzw. Fehlerzustände sind mehr und aufwendigere Fehlerkorrekturen erforderlich als erwartet. Letztlich gibt es mehr Builds bzw. Releases als ursprünglich geplant.

Vordergründig ist dies eine komfortable Situation für das Testmanagement, denn das Testteam gewinnt Zeit. Die Zeit bis zum verspäteten Release kann z. B. genutzt werden, um zusätzliche Tests zu erarbeiten oder die Testautomatisierung fertigzustellen. Zusätzliche Releases und damit zusätzliche Testzyklen können genutzt werden, um die (kumulierte) Testüberdeckung zu erhöhen. All das setzt aber voraus, dass die Testressourcen länger als ursprünglich vorgesehen zur Verfügung stehen müssen. Allerdings fehlt die »gewonnene« Zeit oft am Ende, da der Auslieferungstermin trotz interner Verzögerungen stabil bleiben soll.

Risiko geteilter Ressourcen

Wenn teure Hardware- oder Softwareressourcen mit anderen Testgruppen oder mit der Entwicklung geteilt werden, dann können Terminverschiebungen vielleicht nur durch Wochenend- oder Nachtschichten abgefangen werden. Durch die Terminverschiebungen kann es passieren, dass »Schlüsselpersonen« nicht mehr für den Test verfügbar sind. Oft werden beispielsweise Anwendungsexperten aus ihrer Fachabteilung nur begrenzte Zeit an den Test als Fachtester »ausgeliehen«. Ein verspäteter oder verlängerter Releaseplan führt dann dazu, dass diese Know-how-Träger vor den abschließenden Testzyklen schon wieder abgezogen werden. Oder die Urlaubszeit dünnt den Test aus. Da die gesamte Entwicklung ursprünglich so terminiert war, dass sie rechtzeitig vor den Sommerferien oder vor Weihnachten abgeschlossen ist, bedeutet das, dass Verzögerungen bei der Programmierung den Testzyklus genau in diese Urlaubszeiten hineinschieben.

Die Lehren für das Testmanagement sind: Releaseverzögerungen einplanen bzw. durch Puffer im Testplan auffangen, Personaleinsätze zeitlich nicht zu knapp planen, für jedes Teammitglied eine Vertretungsregelung vorsehen. Jede geteilte Ressource (Personal, Teile der Testumgebung) als Risikofaktor im Risikomanagement berücksichtigen. Jenseits aller Planung ist Improvisation ebenso erforderlich.

Reagieren auf Testergebnisse

Aufgabenzuweisung über Testplantabellen

Die Ermittlung und Auswertung des Testfortschritts anhand des Testplans oder anhand von Überdeckungsmetriken ist nur ein Aspekt. Die Qualität des Testobjekts, also die konkreten Ergebnisse der Testdurchführung, dürfen keinesfalls vernachlässigt werden. Ein wichtiges Ziel des Testens ist es ja, möglichst viele Fehlerwirkungen und damit Fehlerzustände im Testobjekt aufzuspüren. Wer beharrlich dem Testkonzept folgt, ohne im Testverlauf auf die Testergebnisse zu achten und abhängig von diesen das Testkonzept nachzujustieren, wird dieses Ziel nicht erreichen. Das Testmanagement muss also neben den Daten über den Testfortschritt ebenso die Testergebnisse auswerten und als Steuerungsgrößen heranziehen.

Fehlerbasierte Metriken nutzen

Dazu steht eine Reihe fehlerbasierter Metriken zur Verfügung, die in Abschnitt 8.6.2 beschrieben werden. Grundlage fehlerbasierter Auswertung und Steuerung ist die zeitnahe, systematische Fehlererfassung. Dazu ist ein Abweichungs- oder Fehlermanagementsystem (Fehlerdatenbank) erforderlich. Details dazu finden sich in Kapitel 10. Um brauchbare Auswertungen zu erhalten, sind alle Fehlerberichte – unabhängig vom jeweiligen Autor – gleichartig und nach vergleichbaren Bewertungsmaßstäben zu klassifizieren. Nur dann ist es sinnvoll, z. B. die durchschnittliche Fehlerschwere in verschiedenen Komponenten miteinander zu vergleichen und daraus Rückschlüsse zu ziehen.

Vergleichbarkeit der Fehlerberichte sicherstellen

Um diese Vergleichbarkeit sicherzustellen, muss auf der einen Seite ein praktikables Verfahren zur Fehlerklassifizierung genutzt werden; Unterkapitel 10.4 beschreibt als Beispiel hierzu den Fehlerklassifikationsprozess nach [IEEE 1044]. Zum anderen soll das Testmanagement unterschiedliche Klassifizierungen durch verschiedene Personen dadurch minimieren, dass es selbst oder ein beauftragtes Mitglied des Testteams jede Meldung nachklassifiziert. Ausreißer in der Einstufung können so entdeckt und angepasst werden. Zusätzlich ist es sinnvoll, am Projektanfang und zum Ende eines Testzyklus im Testteam Fehlerberichte zu besprechen und so im Team zu einem einheitlichen Bewertungsmaßstab zu gelangen.

Auf die Testergebnisse reagieren

Wie können nun die Testergebnisse bzw. die Fehlerdaten zur Steuerung des Tests eingesetzt werden? Dazu drei Thesen:

- **Wo diverse Fehler sind, sind auch noch mehr**
  Wenn sich an bestimmten Stellen im Testobjekt (Funktionen, Komponenten usw.) oder bei bestimmten Testbedingungen Fehlerwirkungen häufen, dann ist die Wahrscheinlichkeit hoch, dass im Umfeld weitere Fehlerzustände im Testobjekt zu finden sind. Die Fehlerhäufung kann vielleicht sogar ein Symptom für vollkommen falsch verstandene Anforderungen sein. Die Reaktion des Testmanagements kann in zwei Richtungen gehen:

- Die Tests der fehlerträchtigen Stellen intensivieren: Dazu sind folgende Fragen zu beantworten: »Was hat der Entwickler falsch verstanden?« »Was hat er deshalb vielleicht falsch umgesetzt?« Geeignete Testfälle werden ergänzt, die diese Vermutungen widerlegen oder unterstützen können. Diese werden an der vorliegenden Testobjektversion und im Fehlernachtest durchgeführt, also nach der Korrektur der bisher ermittelten Fehlerzustände. Werden keine weiteren Fehlerwirkungen aufgedeckt, kann die Priorität dieser zusätzlichen Testfälle heruntergesetzt werden. Die Testfälle sollen jedoch nicht weggeworfen werden, um im späteren Verlauf des Projekts nicht überflüssigerweise in einer ähnlichen Situation wieder die gleichen Testfälle neu anlegen zu müssen.
- Die Tests der fehlerträchtigen Stellen abbrechen: Wenn Fehler allzu gehäuft auftreten, wenn viele »triviale« oder ähnlich gelagerte Fehlerwirkungen auftreten oder wenn der weitere Test blockiert ist, dann kann es sinnvoller sein, das Testobjekt »zurückzugeben«. Statt des aufwendigen Weitertestens soll versucht werden, durch zwischengeschaltete Qualitätssicherungsmaßnahmen wie Reviews der Eingangsdokumente und/oder des Programmcodes das Problem an der Wurzel zu packen.

Wo keine Fehler sind, fehlen (oft) Testfälle

Wenn die → Fehlerverteilung über das Testobjekt betrachtet wird, ist auch auf Regionen mit unterdurchschnittlicher Fehlerdichte zu achten.

- Unter Umständen ist hier nicht das Produkt besser, sondern nur der Test schlechter. Um das festzustellen, sind die zugehörigen Testfälle anzusehen und der zuständige Tester anzusprechen und mit ihm sind die folgenden Fragen zu klären. »Hält er die Tests an dieser Stelle für sinnvoll und ausreichend?« »Welche Testfälle sind ggf. zu ergänzen?«
- Auch muss die Änderungshistorie des Testobjekts in Rechnung gestellt werden. Wenn die betreffende Komponente im zurückliegenden Versionszyklus nicht verändert wurde, kann »kein Fehler« ja auch eine gute Nachricht sein. In solchen Fällen kann die steuernde Reaktion darin bestehen, die Priorität aller oder vieler Testfälle zu dieser Komponente herunterzustufen oder aus nachfolgenden Testzyklen ganz herauszunehmen.

Die Fehlertrendkurve zeigt das Testende an

Bei der Bewertung der Intensität der Fehlerfindung muss das Testmanagement immer gegenüberstellen, welche Testintensität jeweils zugrunde lag. Schon der Urlaub eines erfahrenen Testers kann gravierende Auswirkungen auf die Anzahl der in der betreffenden Zeitspanne entdeckten Fehlerwirkungen haben. Dasselbe gilt bei Wochen mit Feiertagen oder umgekehrt bei Überstunden oder Wochenendschichten. Das Testmanagement soll deshalb solche kapazitäts- oder auslastungsbedingten Schwankungen der Testintensität aus seinen Daten »herausrechnen« und eine normalisierte Trendkurve erstellen. Zeigt auch die normalisierte Trendkurve an, dass bei gleichbleibender Testintensität die Anzahl neu entdeckter Fehlerwirkungen sinkt, ist das ein sicheres Zeichen dafür, dass das Testobjekt nun »stabil« ist. Wenn die Überdeckung des Testobjekts und der Fortschritt nach Testkonzept ebenfalls passen, dann kann der Test beendet werden.

Auch wenn Testkonzept, Testplan, Fehlerdatenbank und Metriken eine perfekte formale Kommunikation im Testteam sicherstellen, muss das Testmanagement immer wieder mit den Testern sprechen, ihnen »über die Schulter schauen« und nach deren subjektiver Einschätzung des Testverlaufs und der Produktqualität fragen. Auch im Testmanagement sollte man sich hin und wieder auch selbst an den Rechner setzen, einige Testfälle am Testobjekt durchführen oder wiederholen und sich so einen direkten Eindruck über die Qualität des Testobjekts und der Tests verschaffen. Diese zwar punktuelle, aber eigene direkte Beobachtung hilft im Testmanagement, die abstrakten »Messdaten« und Teststatistiken besser bewerten und interpretieren zu können.

Änderungsbasierte Metriken

Neben Fehlerkorrekturen führen Änderungsaufträge (*change requests*) zu Änderungen der Software. Die Umsetzung solcher Änderungsaufträge muss ebenso getestet und vom Testmanagement kontinuierlich verfolgt werden.

Werden solche Änderungsaufträge über die Änderung oder Ergänzung der Produktanforderungen verwaltet, dann muss das Testmanagement die Umsetzung über seine Metriken zur → Anforderungsüberdeckung mitverfolgen. Hierbei ist wichtig, dass nicht nur neue, sondern auch vorhandene, aber eben geänderte Anforderungen zuverlässig erkannt und korrekt in die Statistiken übernommen werden.

Werden Änderungsaufträge über das Fehlermanagementsystem verwaltet (was oft der Fall ist), dann verfolgt das Testmanagement den Test und die Umsetzung der Änderungen über fehlerbasierten Metriken. Hierbei muss zwischen »echten« Abweichungen (Fehlerzuständen bzw. Defekten) und Änderungsaufträgen zuverlässig unterschieden werden können. Nur wenn diese sauber auseinandergehalten werden, bleiben die Fehlerstatistiken aussagekräftig.

Weitere Datenquelle Konfigurationsmanagement

Eine weitere Datenquelle ist das Konfigurationsmanagement, das Daten über geänderte Programmteile liefert. Diese Informationsquelle soll das Testmanagement auch nutzen. So kann überwacht und ggf. sichergestellt werden, dass jede Codeänderung über einen zugehörigen Änderungsauftrag dokumentiert ist.

In allen diesen Fällen sind zur Teststeuerung folgende Auswertungen erforderlich: Anzahl neuer/offener Änderungsaufträge (Änderungsanträge), Anzahl akzeptierter Änderungsaufträge sowie deren Teststatus (offen, getestet usw.). Auf Basis dieser Daten muss das Testmanagement den durch die geplanten oder umgesetzten Änderungen generierten Testaufwand in die Testplanung einrechnen.

8.5.4 Metriken in der Testberichterstattung

Am Ende eines jeden Sprints oder Testzyklus und am Ende eines Projekts stellen sich z. B. folgende Fragen:

- Haben wir genug getestet?
- Ist die Qualität des Testobjekts wie gefordert erreicht?
- Haben wir ggf. schwere Fehler übersehen?
- Wie effektiv und wie effizient war der Testprozess?

Da Testen als Stichprobenverfahren nur die Anwesenheit von Fehlerwirkungen aufzeigen kann, aber nicht beweisen kann, dass keine Fehlerzustände bzw. Defekte mehr im Testobjekt vorhanden sind, ist die Beantwortung solcher Fragen nicht einfach. Auch wenn nach vollständiger Abarbeitung des Testplans keine Fehlerwirkungen mehr aufgedeckt werden, kann nicht von der Fehlerfreiheit der getesteten Software ausgegangen werden. Dennoch muss das Testmanagement entscheiden oder zumindest eine Empfehlung abgeben, ob der Testprozess beendet werden kann.

Dilemma des Testmanagements

Hierbei befindet sich das Testmanagement in einem Dilemma: Wird der Testprozess zu früh beendet, erhöht dies das Risiko, ein (zu) fehlerhaftes Produkt auszuliefern. Testet man weiter und beendet den Testprozess deshalb später als vielleicht möglich, so verzögert und verteuert sich der Test und letztlich die Produktauslieferung. In beiden Fällen können Kundenzufriedenheit und Marktchancen empfindlich leiden!

Endekriterien objektivieren die Entscheidung für Abschluss der Tests und Freigabe.

Umso wichtiger ist es, bereits vorab ein gemeinsames Verständnis aller Stakeholder zu erwirken, welche Testmetriken zu erheben und wie deren Werte zu interpretieren sind.

Um zu einer begründeten, nachvollziehbaren Entscheidung bezüglich des Testendes und einer eventuellen Freigabe der Testobjekte zu gelangen, werden Endekriterien herangezogen. Ein Endekriterium ist in der Regel eine Kombination unterschiedlicher Testmetriken inklusive definierter, je Messgröße zu erreichender Zielvorgaben. Die Endekriterien und die Zielvorgaben werden im Testkonzept vorab festgelegt. Das Erreichen oder Überschreiten der Zielvorgaben (im Verlauf oder am

Ende eines Testzyklus) signalisiert dann das Ende der Testaktivitäten. Für eine fundierte Testendebewertung müssen die Endekriterien folgende Aspekte erfassen:

- **Beurteilung des erreichten Testfortschritts**
  Dieser bezieht sich auf das Testkonzept, den Testplan und auf die erreichte Testobjektüberdeckung.
- **Beurteilung der vorliegenden Testergebnisse**
  Daraus sind (informell) Rückschlüsse auf die erreichte Produktqualität möglich.
- **Abschätzung des Restrisikos**
  Eine gewisse Anzahl von Fehlern wird im System auch nach dem Test noch enthalten sein. Entweder weil diese Fehler noch gar nicht aufgedeckt wurden oder weil sie (bewusst) nicht korrigiert wurden. Das Risiko, das von diesen sogenannten Restfehlern ausgeht, beeinflusst entscheidend, ob der Test beendet werden kann oder nicht. Das Restfehlerrisiko kann einerseits anhand der bekannten Daten über »Testfortschritt« und »Testergebnisse« informell abgeschätzt werden, andererseits über Metriken zur Testwirksamkeit wie die Fehlerfindungsrate (»Defect Detection Percentage«) oder über statistische Verfahren analytisch abgeschätzt werden (vgl. Unterkapitel 8.6).
- **Wirtschaftliche Rahmenbedingungen**
  Die erreichte Qualität und das (befürchtete) Restrisiko müssen abgewogen werden gegen die vorhandenen Ressourcen, den weiteren Entwicklungs- bzw. Releaseplan, die Marktchancen und zu erwartende Kundenreaktionen. Die Testendeentscheidung ist letztlich eine Managemententscheidung. Das Testmanagement hat dabei die Aufgabe, solide entscheidungsunterstützende Informationen zu liefern und zu beraten.

In der Praxis spielen darüber hinaus weitere Einflussfaktoren eine Rolle: praktische Messbarkeit der Kriterien, Verständnis und Vermittelbarkeit der Kriterien, Nachweispflichten resultierend aus Normen und Standards etc. (s. Abb. 8.7 und Kapitel 12).

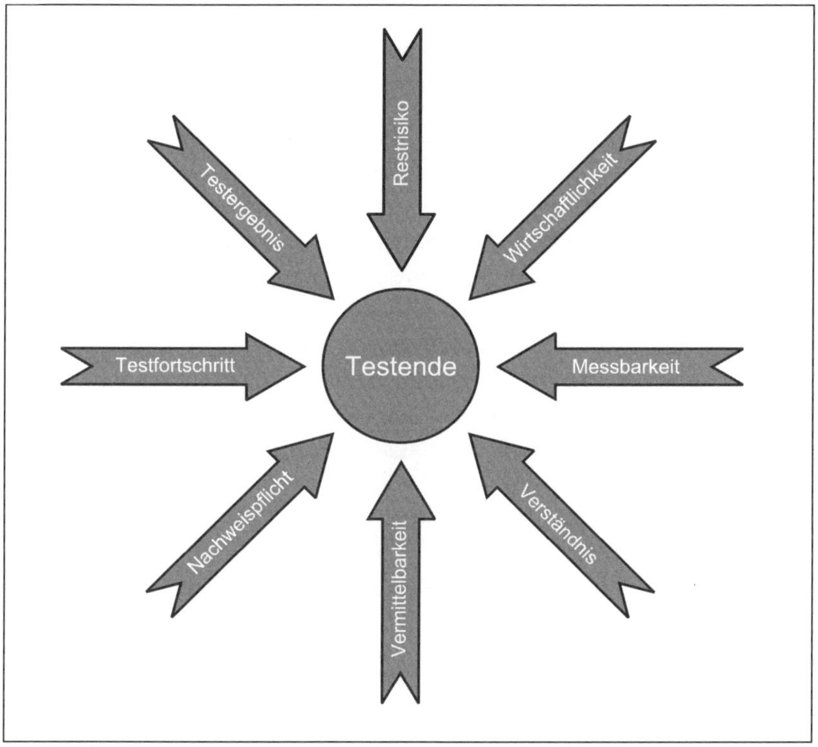

Abb. 8.7
Einflussfaktoren auf die Testendebewertung

Individuelle Endekriterien für jede Teststufe

Üblicherweise erfolgen die Festlegung und Auswertung der Endekriterien nicht global, sondern individuell für jede Teststufe. Die Metriken, die jeweils herangezogen werden, sind dieselben, die in der jeweiligen Teststufe zur Überwachung des Testfortschritts eingesetzt werden. Andere Metriken heranzuziehen, bringt außer zusätzlichen Aufwand keine Vorteile. Die Kunst besteht darin, die Metriken zielführend zu kombinieren und sinnvolle Zielvorgaben je Metrik vorzugeben.

- Im Komponententest sind testobjektbasierte, strukturorientierte Metriken kombiniert mit einer Metrik zum Testumfang je Komponente sinnvoll. So könnte z. B. das Erreichen von 100 % Anweisungsüberdeckung bei »unkritischen« Komponenten und 100 % Zweigüberdeckung für alle als »kritisch« eingestuften Komponenten ein schwaches, aber brauchbares Endekriterium sein.
- Im Komponenten- und Systemintegrationstest sind in erster Linie strukturorientierte Metriken interessant. So könnte z. B. für jede Schnittstelle mindestens ein »positiver« Testfall (Übertragung eines zulässigen Datenwertes/Datensatzes) und ein »negativer« Testfall (Datenwert außerhalb der Schnittstellenspezifikation) gefordert werden.

- Im Systemtest oder Abnahmetest stehen testkonzept-, fehler- sowie anforderungsbasierte Metriken im Vordergrund. Ein Endekriterium könnte sein: 100 % Anforderungsüberdeckung und keine Fehlerwirkungen bei allen Testfällen der Priorität 1.

Für Endekriterien gilt, dass in der Regel keine einfachen Ja/Nein-Entscheidungen getroffen werden, sondern die eingesetzten Metriken einen Akzeptanzbereich liefern (s. Abb. 8.8, angelehnt an [ISO 9126], vgl. [ISO 25010]). Dies resultiert aus dem Umstand, dass auf unsicherem Wissen gegründete Angaben zu bewerten sind.

Endekriterien sind nur Indikatoren. Die aus diesen Indikatoren abgeleitete Testendebewertung ist immer mit Unsicherheit behaftet. Ohne klare Endekriterien besteht jedoch die Gefahr, dass der Test willkürlich oder lediglich aus Zeitdruck oder aus Mangel an Ressourcen abgebrochen wird. Das Ziel des Testens, eine gewisse Mindestproduktqualität sicherzustellen, kann so nicht erreicht werden.

Testende und Produktfreigabe sind zu unterscheiden.

Wird das Testende festgestellt, folgt nicht automatisch die »Freigabe« des Testobjekts. Die Entscheidung über die Freigabe des getesteten Produkts ist ein zweiter separater Schritt, der nicht durch das Testmanagement, sondern durch das Projekt- oder Produktmanagement erfolgt. Grundlage sind auch hier messbare Freigabe- bzw. Akzeptanzkriterien, die im Testkonzept (s. Unterkapitel 5.5) definiert werden.

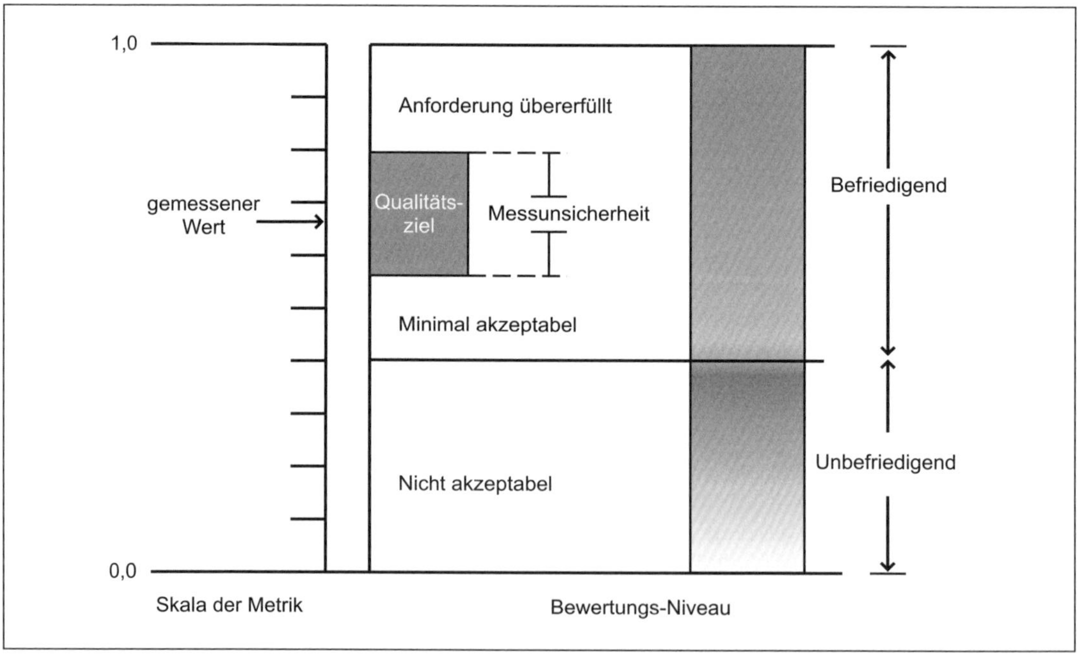

Abb. 8.8 *Einflussfaktoren Testendeindikator und Akzeptanzbereich*

8.6 Übersicht über Testmetriken

Im Testmanagement werden Metriken z. B. mit dem GQM-Ansatz ausgehend von den Qualitäts-, Projekt- und Testzielen definiert und idealerweise im Testkonzept bzw. der Teststrategie berücksichtigt. Dazu werden regelmäßig durchzuführende Messverfahren ebenso festgelegt wie eventuelle Schwellenwerte zur Eskalation durch das Testmanagement, z. B. maximale tolerierbare Fehlerdichten (s. Abschnitt 8.5.4). Zuletzt werden Zielgruppen, Frequenz und Form von Metrikberichten festgelegt.

Eine wichtige Aufgabe bei der Bestimmung der Messverfahren ist, den Aufwand für die Messung so gering wie möglich zu halten. Automatisierte Messungen (in Tools) sind ein Weg dazu. Beim Testen kommt ein besonderer Effekt hinzu: Testen ist an sich ein Messvorgang. Durch die Ausführung von Tests wird das Testobjekt vermessen und somit hinsichtlich der Qualitätsmerkmale bewertet (s. a. Unterkapitel 5.5).

Messobjekte im Testmanagement sind neben den Testobjekten

- die Dokumente der Testbasis (z. B. Anforderungs- und Entwurfsspezifikationen),
- die durch den Testprozess entstehende Testware wie Testfallspezifikationen, Testskripte und Testberichte auf den Teststufen vom Komponententest bis hin zum Systemintegrations- und Abnahmetest und
- auch der Testprozess selbst, dessen Eigenschaften wie z. B. Planfortschritt, Effektivität und Effizienz mithilfe einer oder mehrerer Messungen quantifiziert werden können.

Welche Messobjekte zu wählen sind, hängt (wie eingangs beschrieben) wesentlich von den Messzielen ab.

8.6.1 Testmetriken und Messziele

Für die Zuordnung geeigneter Testmetriken zur Verfolgung von bestimmten Zielen kann man sich an folgender Klassifikation orientieren:

- Zur **Kontrolle und Steuerung des Testprojekts** dienen *Projektmetriken*. Dies sind in den meisten Fällen Trend- bzw. Verlaufsmetriken, die während des Testprozesses laufend erhoben werden und mit Grenzwerten versehen sind. Über- bzw unterschreitet der aktuelle Wert einer Projektmetrik einen Grenzwert, dann werden Projektparameter geändert und damit einem weiteren negativen Trend gegengesteuert. Ein geeigneter Satz an Projektmetriken dient dem Testmanagement als »Cockpit« für die Abwicklung der Tests.

- Zur **Bewertung des Produktumfangs, der Produktkomplexität und -qualität sowie des aktuellen Risikostands** sind *Produktmetriken* verfügbar. Diese werden z. B. zur Testschätzung (s. Unterkapitel 9.1) als Grundlage für die risikobasierte Testplanung (s. Abschnitt 4.4.1) und für Freigabeentscheidungen (s. Abschnitt 4.4.5) herangezogen.
- *Prozessmetriken* dienen zur **Bewertung und Optimierung des Testprozesses.** Während agile Teams Verbesserungsmaßnahmen in kleinen Schritten und hoher Frequenz (i. Allg. am Ende jedes Sprints im Rahmen von Retrospektiven) identifizieren und umsetzen (s. Unterkapitel 6.5), wird in »schwergewichtigen« Prozessen z. B. im regulierten Umfeld eher zu Methoden wie Audits und Assessments auf Basis von Prozessreferenzmodellen (s. Unterkapitel 6.3) gegriffen. In beiden Kontexten können Verbesserungspotenziale besser identifiziert und der Effekt von Verbesserungsmaßnahmen besser kontrolliert werden, wenn passende Metriken herangezogen werden.
- **Personenbezogene Metriken** werden zur Bewertung von Eigenschaften von Personen verwendet. Das Messziel der Bewertung von Eigenschaften wie Produktivität oder Kompetenz des Personals streben insbesondere Führungsverantwortliche an. Manchmal werden dazu Metriken wie z. B. die Anzahl der in einem bestimmten Zeitraum erstellten Testfälle oder die gemeldeten Fehlerwirkungen herangezogen, die dann für jedes Teammitglied einzeln erfasst werden. Neben den ethischen und arbeitsrechtlichen Problemen solcher Metrikanwendungen ist zu beachten, dass Menschen dazu tendieren, die Messwerte in ihrem Sinne zu manipulieren. Individuelle Leistungsbewertungen könnten z. B. durch eine hohe Anzahl konkreter Testfälle, die kaum variieren, bzw. durch die Deklaration jedes noch so kleinen vermeintlichen Problems als Fehlerwirkung manipuliert werden. Ein solches Vorgehen verfälscht dann nicht nur die Aussagen über die Eigenschaften der Menschen selbst, sondern ruft auch noch unnötige Mehrarbeit aufgrund ineffektiver Tests bzw. unwichtiger Fehlerberichte hervor. Kapitel 11 führt andere Mittel zur Qualifikation und Kompetenzbewertung auf, sodass personenbezogene Metriken hier nicht weiter betrachtet werden.

8.6.2 Testmetriken und Messobjekte

Eine zweite Sicht auf Testmetriken stellt die der jeweils betrachteten Messobjekte dar. Auch anhand der Messobjekte lassen sich Testmetriken also ordnen bzw. klassifizieren.

Jede auf Basis bestimmter Messobjekte definierte Metrik kann dabei mehreren Messzielen zugeordnet werden. So unterstützt z. B. die fehlerbasierte Metrik »Anzahl gefundener Fehlerwirkungen« – absolut betrachtet – eine Aussage hinsichtlich der Qualität des Produkts. Wird ihr zeitlicher Verlauf während eines Testzyklus betrachtet, erlaubt sie Aussagen zum positiven oder negativen Verlauf des Testprojekts. Werden gemessene Werte mehrerer Projekte oder Testzyklen zusammengefasst, so lassen sich Aussagen über den verwendeten Testprozess ableiten.

Wie es die bisher beispielhaft aufgeführten Metriken bereits angedeutet haben, sind bei vielen Metriken sowohl absolute Anzahlen (z. B. Anzahl getesteter X, Anzahl getesteter X pro Zeiteinheit) als auch Verhältniswerte (z. B. Anzahl getesteter X/Anzahl aller X) von Interesse. Während erstere quantitative Aussagen zu Produktivität und Effizienz ermöglichen, spiegeln letztere Aspekte der Überdeckung und Effektivität wider. Einen Überblick über die Verwendbarkeit der auf Messobjekte bezogenen Metriken für die unterschiedlichen Messziele bietet Tabelle 8.2.

Die folgenden Abschnitte geben Beispiele für konkrete Metriken zu folgenden Bereichen:

- Risikobasierte Metriken
- Fehlerbasierte Metriken
- Testfallbasierte Metriken
- Testbasis- und testobjektbasierte Metriken
- Kosten- und aufwandsbasierte Metriken

Tab. 8.2
Messobjekte und Ziele von Testmetriken

Messziele		Messobjekte				
		Testfälle	Testbasis, Testobjekte	Fehler	Risiken	Kosten, Aufwand
Produkt	Komplexität	++	++	–	~	–
	Überdeckung	+	++	+	–	–
	Qualität	+	++	++	++	~
Projekt	Produktivität	+	+	++	+	++
Prozess	Einstufung	~	~	++	+	+
	Verbesserung	–	~	+	+	+
Legende	++ = gut geeignet, + = geeignet, ~ = teilweise geeignet, – = ungeeignet					

Risikobasierte Metriken

Immer die Risikoüberdeckung messen!

In Kapitel 4 wurden risikobasierte Testansätze behandelt, zu deren Kontrolle, Steuerung und Bewertung die hier gelisteten Metriken dienen. Anhand des Risikoregisters (s. Abschnitt 4.3.4) und der Rückverfolgbarkeit der Risiken über Anforderungen und Testbedingungen zu den Testfällen (s. Abschnitt 5.3.5) lassen sich z. B. folgende auf Produktrisiken basierenden Metriken ermitteln:

- Prozentualer Anteil von Risiken, die komplett abgedeckt sind, da alle entsprechenden Tests bestanden wurden.
- Prozentualer Anteil komplett abgedeckter Risiken, sortiert nach Risikokategorie.
- Prozentualer Anteil von Risiken, die nur teilweise abgedeckt sind, da einige oder mehrere entsprechende Tests fehlgeschlagen sind.
- Prozentualer Anteil von Risiken, deren entsprechende Tests noch nicht komplett durchgeführt sind.
- Prozentualer Anteil von Risiken, die erst nach der ersten Produktrisikoanalyse identifiziert wurden.

Wurden Produktrisiken durch geeignete Testmanagementwerkzeuge auf Testobjekte abgebildet, lassen sich aus deren Überdeckung u. a. folgende Aussagen zur Risikoüberdeckung ableiten:

- Anzahl Testfälle pro Risiko
- Prozentsatz durch Testfälle überdeckter Risiken
- Prozentsatz bestandener/fehlgeschlagener Testfälle pro Risiko

Risikoregister bzw. Risikoliste einbeziehen

Darüber hinaus können ggf. die Schätzungen und Indikatorwerte im Risikoregister bzw. der Risikoliste zur Definition von Metriken herangezogen werden. Anhand des Risikoregisters (s. Abschnitt 4.3.4) lassen sich z. B. weitere risikobasierte Metriken generieren:

- Anzahl der verbleibenden Risiken nach Risikohöhe gruppiert
- Anzahl der bewältigten Risiken nach Risikohöhe gruppiert
- Aktuelle Tendenz der Risikoeintrittsindikatoren

Fehlerbasierte Metriken

Fehlerbasierte Metriken zur Steuerung des Testprojekts und Bewertung des Testprozesses

Neben den bisher vorgestellten Metriken muss das Testmanagement auch aus den Testergebnissen ableitbare Aussagen zur Produktqualität liefern. Dazu werden die gefundenen Fehlerwirkungen bzw. Fehlerzustände ausgewertet und zur Steuerung des Testprojekts und Bewertung des Testprozesses verwendet. Voraussetzung hierfür ist allerdings eine zuverlässige Zählung und idealerweise auch Kategorisierung von Fehlerzuständen bzw. deren Meldung.

Der »IEEE Standard Dictionary of Measures of the Software Aspects of Dependability« [IEEE 982.1] und die DIN/IEC-Norm 61014 »Programme für das Zuverlässigkeitswachstum« [DIN 61014] empfehlen, u. a. folgende fehlerbasierte Metriken zu erheben und deren Werte nach Fehlerschwere bzw. Teststufe zu klassifizieren bzw. zu gruppieren:

- → **Fehlerdichte** (*fault density*, auch *defect density*) als Anzahl der Fehlerzustände bezogen auf den Testobjektumfang, z. B. Anzahl der Fehler/KLOC (bzw. KDSI)
- **Fehlerverteilung** als Anzahl der Fehler pro Testobjekt oder Teststufe etc.
- → **Ausfallrate** (*failure rate*) als Verhältnis der gefundenen bzw. zu erwartenden Fehlerwirkungen zu einer vorgegebenen Maßeinheit (Teststufe, Testzeit, Programmausführungszeit oder Anzahl von Transaktionen)
- **Mittlere Zeitdauer bis zum Ausfall** (→ *mean time to failure*, **MTTF**) als Erwartungswert der Verteilung der Zeitdauern bis zum Auftritt einer (schweren) Fehlerwirkung
- **Mittlere Betriebsdauer zwischen Ausfällen** (→ *mean time between failures*, **MTBF**) als Erwartungswert der Verteilung der Betriebsdauern zwischen zwei aufeinanderfolgenden (schweren) Fehlerwirkungen[4]
- **Fehlerwirkungsankunftsrate** (*failure arrival rate*) als Kehrwert der MTBF
- → **Fehlerzustandsverweildauer** (→ *mean time to repair*, **MTTR**) als Anzahl der Tage zwischen dem Nachweis einer Fehlerwirkung und deren Behebung (inkl. Test)

Metriken auf Komponentenebene erheben

Insbesondere bei komplexen oder räumlich verteilt durchgeführten Entwicklungsprojekten treten oft unterschiedliche Fehlerdichten in den Teilkomponenten auf. Dies äußert sich in unterschiedlichen Fehlerfindungsraten bei der Testdurchführung (wenn die Qualität und Effizienz der Tests für alle Komponenten gleich sind). Solange die Komponententests nicht vollständig durchgeführt sind, finden sich oft bei Komponenten mit höherer initialer Fehlerdichte auf absehbare Zeit auch weiterhin mehr Fehlerwirkungen pro Testaufwand.

---

4. Die MTTF wird für nicht reparierbare Teile bzw. Systeme verwendet, wohingegen die MTBF für reparierbare Einheiten angegeben wird (s. [DIN 61014]). Da Software keinem natürlichen Verschleiß unterliegt, unterscheiden sich hier MTBF und MTTF nur, wenn im Falle der MTBF nach jeder (schweren) Fehlerwirkung der Fehlerzustand gesucht und behoben wird.

Indirekte fehlerbasierte Testmetriken erlauben Rückschlüsse auf Testeffektivität und Testeffizienz.

Testbeteiligte können mit geschätzten Werten die fehlerbasierten Metriken für die Definition und Berechnung indirekter Metriken zur Messung der Testeffektivität und der Testeffizienz nutzen. Grundlage der Schätzungen sind Daten früherer Projekte. Als Testeffektivität sei die Anzahl gefundener Fehlerwirkungen pro Testfall und als Testeffizienz die Anzahl gefundener Fehlerwirkungen pro Zeiteinheit verstanden (s. z. B. [DeMarco 04]). Beispiele solcher indirekten Metriken sind:

- **Fehlerfindungsrate** als Anzahl der Fehlerzustände, die innerhalb eines Testzeitraums oder in einer Teststufe gefunden werden, dividiert durch die Gesamtzahl der Fehlerzustände, die gefunden werden.
- **Fehlerbehebungsrate** als Anzahl gefundener Fehlerzustände/Anzahl behobener Fehlerzustände
- **Anzahl geschätzter Fehlerzustände** pro neuer bzw. geänderter Codezeilen im Falle von Produkterweiterungen oder Änderungen (s. a. Fehler-Rückwirkungsrate am Ende von Abschnitt 9.1.2)

Beispiel: Fehlerfindungsraten bei AutoSafe

Der Testmanager im AutoSafe-Projekt verfolgt den zeitlichen Verlauf der Fehlerfindungsraten kritischer Komponenten, um deren Testintensität separat zu steuern. Zur Veranschaulichung wurde der Testaufwand (Anzahl ausgeführter Testfälle) auf der x-Achse und die kumulierte Anzahl der gefundenen bzw. geschätzten Fehlerwirkungen (gestufte bzw. glatte Linie) auf der y-Achse aufgetragen. Abbildung 8.9 zeigt eine gleichbleibende, sogar im Testverlauf leicht ansteigende Fehlerfindungsrate für Komponente A – die Fortsetzung oder sogar Intensivierung des Tests macht hier Sinn. In Abbildung 8.10 dagegen zeigt sich mit der Zeit eine Sättigung – ein mögliches Indiz dafür, den Testaufwand für die Komponente B zu reduzieren.

Abb. 8.9
Komponente A: gleichbleibende Fehlerfindungsrate

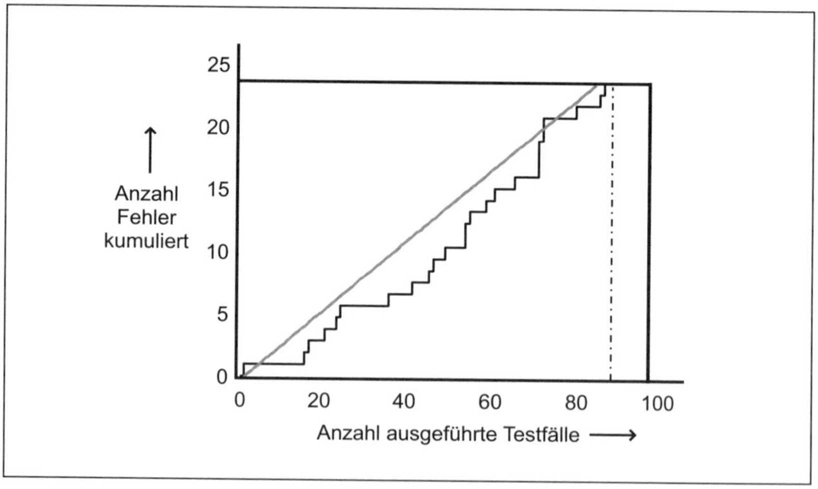

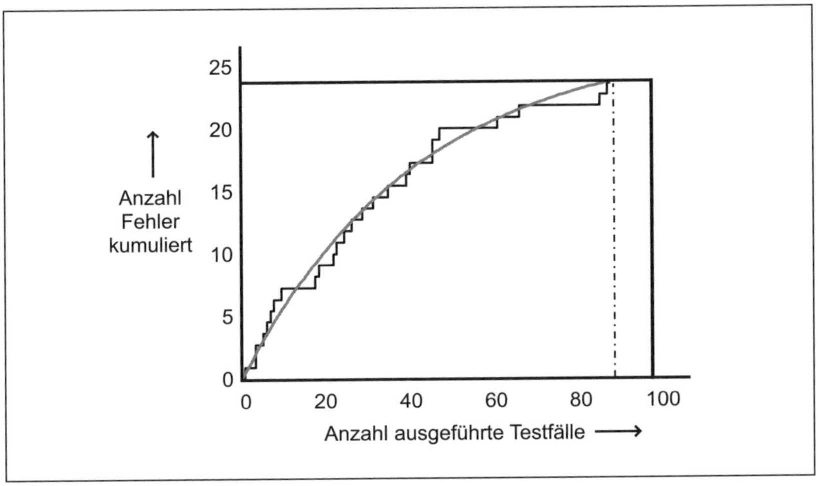

Abb. 8.10 *Komponente B: abnehmende Fehlerfindungsrate*

Gültigkeit bei der Verdichtung von Metriken validieren!

Wichtig ist es, bei der Verdichtung von Metriken immer die Gültigkeit der resultierenden Metrik zu validieren. Werden z. B. Metriken, die sich auf einzelne Komponenten beziehen, aufsummiert und als Metrik auf Systemebene genutzt, können verzerrende Einflüsse bis hin zur totalen Verfälschung der Kernaussagen einbtreten. Als Beispiel hierzu dient die Auswertung der Fehlerdichte FD für einige AutoSafe-Komponenten (s. Tab. 8.3).

Beispiel: Teststatistik in AutoSafe

Komponente	KLOC Rel. 1.02	Fehleranzahl	FD F/KLOC	Vergleich	KLOC Rel. 1.04	Fehleranzahl	FD F/KLOC
C1	9,849	32	3,2	<	9,870	33	3,3
C2	3,450	15	4,3	<	3,450	17	4,9
C3	10,850	20	1,8	<	45,745	85	1,9
C4	3,245	11	3,4	=	3,245	11	3,4
C5	7,329	34	4,6	=	7,329	34	4,6
C6	5,467	21	3,8	<	39,467	154	3,9
Summe	**40,190**	**133**	**3,3**	>	**109,106**	**334**	**3,1**
Mittel	**6,698**	**22**	**3,5**	<	**18,184**	**56**	**3,7**

Tab. 8.3 *Problematische Teststatistik in AutoSafe*

Im Laufe der Testauswertung für die sechs wichtigsten Komponenten der beiden aufeinanderfolgenden Releases 1.02 und 1.04 der AutoSafe-Software analysiert Michael Fischer die Teststatistik (Tab. 8.3). Diese weist in der vorletzten Zeile für die Fehlerdichte FD von Release 1.02 den Wert 3,3 Fehler pro KLOC aus, während sie für das Release 1.04 trotz der vielen Änderungen bzw. Erweiterungen die niedrigere Gesamtfehlerdichte von 3,1 anzeigt.

Zunächst glaubt der Testmanager, dass die Qualität von Release 1.04 trotz vieler Änderungen und Erweiterungen höher als die von 1.02 ist, stößt aber bei näherer Betrachtung der Tabelle auf ein Paradox: Für Release 1.04 wird insgesamt eine niedrigere bzw. »bessere« Fehlerdichte ausgewiesen, obwohl die individuellen Fehlerdichten aller geänderten bzw. erweiterten Komponenten von Release 1.04 höher bzw. »schlechter« sind als diejenigen von Release 1.02!

Hinterfragen von (Test-)Statistiken ist sinnvoll!

Nach einigem Grübeln findet sich die Lösung: Die individuellen Werte für KLOC und Fehleranzahl dürfen zur Berechnung der Fehlerdichte des Gesamtsystems nicht einfach zu einem Gesamtwert aufsummiert werden, sondern es müssen erst deren jeweilige Mittelwerte gebildet werden. Die unterste Zeile von Tabelle 8.3 zeigt eine entsprechend höhere bzw. schlechtere mittlere Gesamtfehlerdichte für Release 1.04.

Fehlerbasierte Metriken lassen sich auch für Trendanalysen und Prognosen verwenden. Sie geben Auskunft sowohl über Fehler, die nach weiteren Tests noch im System auffindbar sind, als auch über Fehler, die nach dem Test im System verbleiben. Solche meist auf statistischen Modellen gegründeten Berechnungen können sowohl für die Teststrategie als auch für die durchführungsbegleitende Teststeuerung und Testkontrolle verwendet werden (vgl. [Grottke 01], [Grottke 03]).

Daneben steht eine Reihe weiterer fehlerbasierter Metriken zur Verfügung, u. a.:

- Anzahl Fehlerwirkungen nach Testintensität (Fehlertrend)
- Anzahl Fehlerwirkungen nach Klasse (Kritikalität, Fehlerschwere)
- Anzahl Fehlerberichte je Status (Fehlerbehebungsfortschritt)
- Anzahl gefundener Fehlerzustände je Testzyklus (Testende)

Solche Metriken erlauben dem Testmanagement mit der Zeit immer sicherere Aussagen über die in den entwickelten Systemen zu erwartende Fehlerdichte. Hier und auch in vielen anderen Testmetriken werden die gefundenen Fehlerwirkungen vor der Auswertung klassifiziert und gewichtet, wofür der IEEE-Standard 1044 ([IEEE 1044], s. Unterkapitel 10.4) die in Tabelle 8.4 aufgelisteten Fehlerschweregrade und Gewichtungen definiert:

Tab. 8.4 *Fehlerschweregrade und Gewichte*

Fehlerschweregrad	Gewichtung
Fatale Fehlerwirkung	8
Schwere Fehlerwirkung	4
Mittlere Fehlerwirkung	2
Leichte Fehlerwirkung	1
Schönheitsfehler	0,5

Tests sollen Fehlerwirkungen aufdecken, um so Fehlerzustände anzuzeigen. Weitere interessante indirekte fehlerbasierte Metriken ergeben sich, wenn z. B. die in unterschiedlichen Teststufen aufgedeckten Fehlerzustände in Bezug zueinander und zu den noch im Produktivbetrieb zur Auswirkung gekommenen Fehlerzuständen gesetzt werden. Die Fehlerbehebungseffizienz (*defect removal efficiency*, DRE, [Grady 92], [Jones 96], [Jones 12]) beispielsweise erlaubt Aussagen über die effektive Verteilung des Testaufwands und ergibt sich zu:

Metrik »Defect Removal Efficiency« (DRE) in der Praxis oft verwendet

DRE = Aufgedeckte Fehlerzustände in Teststufe X / Aufgedeckte Fehlerzustände in folgender Teststufe

DRE_{Gesamt} = Aufgedeckte Fehlerzustände im Test / Aufgedeckte Fehlerzustände in Test und Produktion

Die DRE_{Gesamt} kommerzieller Projekte liegt bei ca. 90 %, für militärische Software werden bis zu 96 % und für sicherheitskritische Software bis zu 99 % erreicht (s. [Jones 96], [Jones 12]).

DRE_{Gesamt} > 90 % anstreben

DDP-Metrik

Graham et al. beschreiben die der DRE ähnliche Metrik der Fehlerfindungsrate (defect detection percentage, DDP). Bei dieser Metrik werden die in einer bestimmten Teststufe angezeigten Fehlerzustände durch die Summe der Fehlerzustände dividiert, die in dieser und den folgenden Teststufen inklusive der Produktion angezeigt werden (s. [Graham 00]):

DDP = Aufgedeckte Fehlerzustände in Teststufe X / Aufgedeckte Fehlerzustände in Teststufe X und allen folgenden Teststufen inklusive Produktion

Eine hohe DDP kann auf sorgfältig geplante und effektive Tests hinweisen, aber auch auf schlechte Tests in den unteren Teststufen oder einfach darauf, dass das System bislang im Produktivbetrieb nicht wirklich verwendet wurde. Gründe für eine niedrige DDP können eine unpassende Teststrategie sowie mangelnde Qualität der Testbasis und der daraus abgeleiteten Testfälle sein. Ein weiterer Grund kann eine schlechte Eingangsqualität der Testobjekte ggf. in Verbindung mit einer zu kurzen Testdurchführungszeit sein, sodass nicht alle Testfälle ausgeführt und somit zu wenige Fehlerwirkungen aufgedeckt bzw. Fehlerzustände angezeigt werden konnten.

Beispiel: DDP-Betrachtung in DiaFlow

Im DiaFlow-Softwarekomponententest für Release 2.05 wurden 40 Fehlerzustände angezeigt, im HW/SW-Integrationstest 19, im Systemtest 30, im Abnahmetest 9 und in den ersten drei Monaten des Produktivbetriebs wurden aufgrund von Fehlerberichten aus dem Feld noch 20 Fehlerzustände angezeigt. Das Testmanagement errechnet die DDP des Komponententests zu 40 / (40 + 19 + 30 + 9 + 20) = 40 / 118 = 0,339, also ca. 34 %. Für den Integrationstest ergibt sich eine DDP von 19 / (19 + 30 + 9 + 20) = 19 / 78 = 0,244, also ca. 24 %. Die DDP des Systemtests ist 30 / (30 + 9 + 20) = 30 / 59 = 0,508, also ca.

50 %. Die DRE_{Gesamt} beträgt 40 + 19 + 30 + 9 / (40 + 19 + 30 + 9 + 20) = 98 / 118 = 0,831, also ca. 83 %.

Die relativ niedrige DRE_{Gesamt} weist darauf hin, insgesamt mehr Aufwand in den Test zu investieren. Zusätzlich könnte noch Aufwand vom Systemtest in den Komponententest und den Integrationstest verlagert werden. Um allerdings solche Verschiebungen wirklich rechtfertigen zu können, sind die Messergebnisse in Relation zu dem in den jeweiligen Teststufen angesetzten Aufwand zu sehen. Anzuraten ist die Prüfung der Qualität der Entwurfs- und Komponentenspezifikationen sowie der Qualität der Komponenten nach deren Fertigstellung, bevor der Komponententest beginnt.

Ist der Testprozess effektiv mit dem Entwicklungsprozess verzahnt?

Weitere fehlerbasierte Metriken geben Aufschluss darüber, wie effektiv der Testprozess mit dem Entwicklungsprozess verzahnt ist. Es wird gemessen, wie erfolgreich Testanalyse und Testentwurfstätigkeiten in Bezug auf die Fehlerfindung sind, bevor mit der nächsten Entwurfsaktivität im Entwicklungsprozess fortgesetzt wird. Gebräuchlich sind die folgenden Metriken mit Absolutskala:

- Anzahl der bereits vor dem funktionalen Systementwurf im Rahmen von Testanalyse und -entwurfstätigkeiten gefundenen Fehlerzustände bzw. Defekte der Anforderungsspezifikation
- Anzahl der bereits vor dem technischen Systementwurf im Rahmen von Testanalyse und -entwurfstätigkeiten gefundenen Fehlerzustände bzw. Defekte der funktionalen Systemspezifikation
- Anzahl der bereits vor der Komponentenspezifikation im Rahmen von Testanalyse und -entwurfstätigkeiten gefundenen Fehlerzustände bzw. Defekte der technischen Systemspezifikation

Diese Metriken können analog zur DRE und DDP auch separat für die einzelnen Teststufen gemessen werden, wobei jeweils ein Maximum für die zum betrachteten Entwicklungsdokument (als Testbasis) »passende« Teststufe anzustreben ist.

Achtung: Nicht nur fehlerbasierte Metriken verwenden!

Bei aller Wichtigkeit der fehlerbasierten Testmetriken ist darauf zu achten, dass die Produktqualität und Risikolage nicht ausschließlich aufgrund dieser Metriken bewertet wird. Werden wenige oder sogar keine Fehlerwirkungen (mehr) gefunden, so hängt es von der Qualität der Testfälle bzw. des Testprozesses ab, ob hieraus auf eine gute Produktqualität geschlossen werden kann.

»Test Design Verification«-Metrik

Um sich Klarheit über den tatsächlichen Stand der »Testqualität« bezüglich bestimmter Funktionen zu verschaffen, setzt die Metrik »Test Design Verification« die Qualität (Anzahl der gefundenen Fehlerwirkungen) in Bezug zur Quantität bzw. Testintensität (Anzahl der für die Funktion spezifizierten und durchgeführten Testfälle). Zusätzlich werden Informationen über die Komplexität bzw. das funktionale Volumen der getesteten Funktionen berücksichtigt. Basismetriken dieser Metrik sind somit die Anzahl der Testfälle für eine Funktion und die Anzahl der damit gefundenen Fehlerwirkungen sowie ein zur Teststufe bzw. zur Abstraktionsebene der Testbasis passendes Komplexitätsmaß: im Komponententest auf der Ebene des Programmtextes z. B. die McCabe-Metrik, im Systemtest auf der Ebene der Anforderungen z. B. die Flesch-Kincaid-Lesbarkeit[5]. Die »Test Design Verification«-Metrik gibt u. a. Antworten auf folgende Fragen:

- Welche Funktionen haben eine hohe/niedrige Anzahl von Fehlerwirkungen?
- Mit welchem Aufwand, d. h. welcher Anzahl von Testfällen, werden diese jeweils gefunden?
- Wurden die »richtigen«, d. h. effizienten Testfälle spezifiziert?

Das folgende Beispiel erläutert die Anwendung der »Test Design Verification«-Metrik.

Beispiel: »Test Design Verification«-Metrik bei TestMaster

Abbildung 8.11 zeigt die grafische Darstellung der »Test Design Verification«-Metrik im TestMaster-Projekt als »Blasendiagramm«, das durch die CI/CD-Pipeline im Projekt automatisch bei jedem Testdurchlauf erzeugt bzw. aktualisiert wird: Auf der x-Achse wird für jedes Modul die Anzahl der zugeordneten (automatisierten) Testfälle aufgetragen, auf der y-Achse die Anzahl der im Modul gefundenen Fehlerwirkungen. Die Größe der Blasen repräsentiert die zyklomatische Komplexität des jeweiligen Moduls. Zu erwarten ist bei dieser Darstellung, dass sich die Blasen in der Reihenfolge ihrer Größe auf einer Geraden anordnen, denn je komplexer ein Modul ist, desto mehr Testfälle werden benötigt, um es zu prüfen, und desto mehr Fehlerwirkungen werden bei seinem Test erwartet. Hierbei wird vorausgesetzt, dass alle Module »gleich gut« entwickelt wurden, also die gleiche Fehlerdichte aufweisen.

- Liegt eine Blase im rechten unteren Quadranten des Diagramms, so ist dem entsprechenden Modul eine große Menge von Testfällen zugeordnet, die aber nur wenige Fehlerwirkungen finden. Ist die Blase groß, so ist die Fehlerdichte niedrig, und es ist anzunehmen, dass das Modul offenbar stabil ist (s. Blase zu M5 im Beispiel). Ist sie aber klein, so liegt ein ineffizienter Testentwurf in diesem Bereich vor (»Overengineering« der Testfälle).

---

5. Die nach Rudolf Flesch benannte Lesbarkeit FL berechnet sich zu 206,835 – 1,015 × (AnzahlWorte / AnzahlSätze) – 84,6 × (AnzahlSilben / AnzahlWorte). Je höher der Wert für FL, desto besser soll die Lesbarkeit des Textes sein. Nach Flesch sind Texte mit FL < 30 nur für Akademiker verständlich, solche mit 60 < FL < 70 auch für Abiturienten und solche mit 90 < FL < 100 auch für Hauptschüler. Der theoretisch höchstmögliche Wert 121,22 wird erreicht, wenn der Text nur aus Sätzen mit einem einsilbigen Wort besteht.

- Liegt eine Blase im linken oberen Quadranten, so sind dem Modul wenige Testfälle zugeordnet, die aber viele Fehlerwirkungen finden – die Fehlerdichte ist also hoch, und das Modul ist offensichtlich instabil.
- Liegt eine große Blase im linken unteren Quadranten (d. h. geringe Anzahl von Testfällen und geringe Fehlerfindung), so liegt ein »Underengineering« der Tests vor, d. h., die Testüberdeckung dieses Moduls ist gering.

Abb. 8.11
»Test Design Verification«-Metrik bei TestMaster

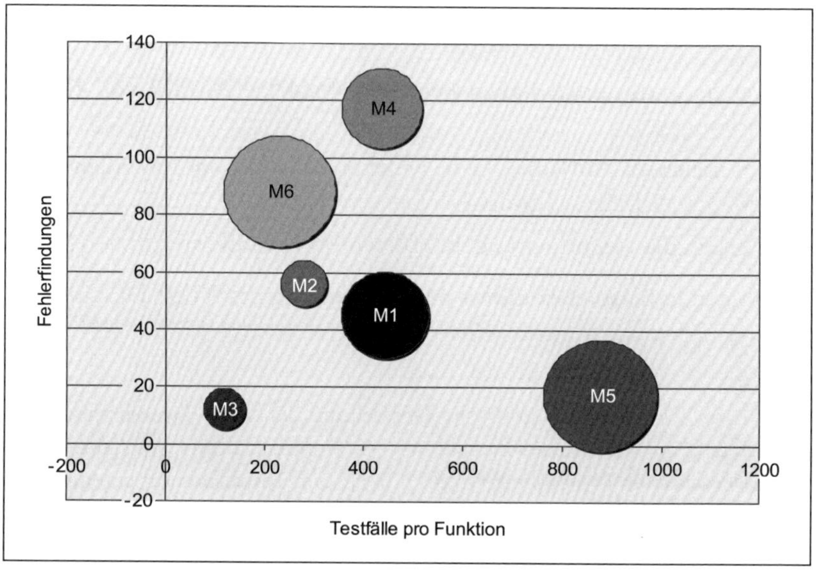

Zeitliche Verläufe festhalten!

Zur Beobachtung der Ausfallrate, hier als Anzahl gefundener Fehlerwirkungen pro Zeit, müssen die aufgedeckten Fehlerwirkungen im zeitlichen Verlauf der Testausführung festgehalten werden. Voraussetzung dafür ist eine Abweichungsdatenbank (s. Unterkapitel 10.4), die alle Einträge und (Status-)Änderungen historisiert, also mit einem Zeitstempel versieht und festhält – oder eine CI/CD-Pipeline, die sinngemäß das gleiche tut, nämlich die Durchführungszeiten der automatisierten Testfälle – und damit auch die ggf. automatisiert gefundenen Fehlerwirkungen – mit einem Zeitstempel versehen speichert. Das Testende kann beispielsweise erreicht sein, wenn die Ausfallrate über einen bestimmten Zeitraum ein sehr niedriges Niveau hat. Dies weist darauf hin, dass die Effizienz des Testens erschöpft ist, also zusätzliche Tests keine weiteren Fehlerwirkungen mehr mit vertretbarem Aufwand aufdecken.

Die Beobachtung der Ausfallrate soll für die verschiedenen Teststufen und im Idealfall auch für die unterschiedlichen eingesetzten Testverfahren separat erfolgen. Das Testmanagement muss bei der Definition des Testendes folgende Fragen stellen und dann entsprechend entscheiden: »Wie lange ist eine Unterschreitung der maximalen Ausfallrate zu tolerieren und wie groß darf die geforderte Differenz zur maximalen Ausfallrate sein?« Beide sind sehr sensible Werte, für deren treffsichere Vorgabe große Erfahrung und viel Fingerspitzengefühl erforderlich sind.

Beispiel: Verlauf der Ausfallrate im DiaFlow-Systemtest

Der Testmanager beobachtet im DiaFlow-Systemtest für die Version 4.5 den in Abbildung 8.12 gezeigten (praxistypischen) zeitlichen Verlauf der Ausfallrate und erkennt, dass die Ausfallrate nach dem ersten Abflachen (in Abb. 8.12 im Zeitraum W06–W09) noch einmal ansteigt (W10–W11). Das erste Maximum der Ausfallrate wird überschritten, wenn die einfach zu findenden Fehlerwirkungen zum größten Teil aufgedeckt sind. Der erneute Anstieg markiert den Zeitpunkt, an dem auch die schwieriger zu findenden Fehlerwirkungen aufgedeckt werden, und kann beispielsweise durch die verbesserte Ausrichtung des Testteams auf die zu testende Anwendung verursacht sein.

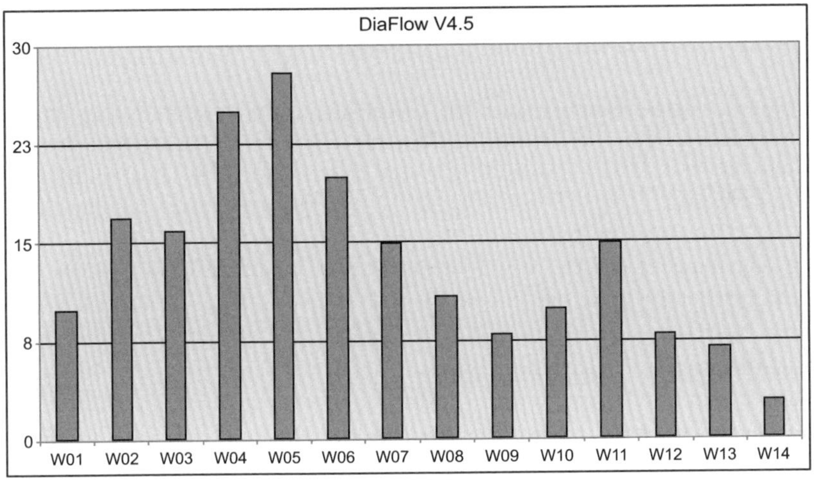

Abb. 8.12 *Typischer Verlauf der Ausfallrate im Systemtest*

Ein Blick auf die Relation der offenen (neuen), in Arbeit befindlichen und geschlossenen Fehlerberichte (s. Abb. 8.13) zeigt, dass nur noch geringe Änderungen der Software aufgrund von Fehlerbehebungen zu erwarten sind. Der Testmanager beschließt, den Test noch für eine weitere Woche fortzuführen und danach abzubrechen, wenn die Ausfallrate weiterhin sinkt.

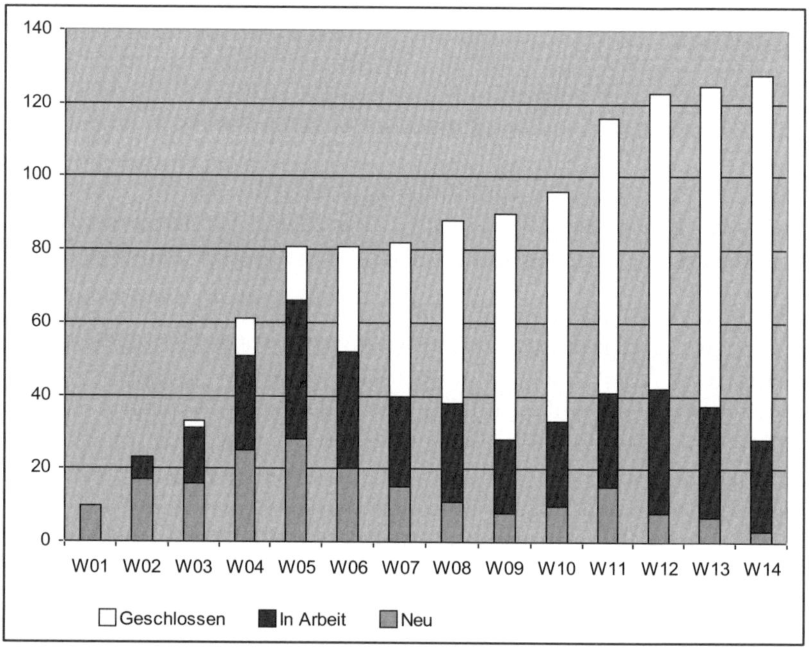

Abb. 8.13
Status der Fehlerberichte

Um Hochrechnungen bezüglich der Ausfallrate und der Restfehlerwahrscheinlichkeit zu ermöglichen, müssen die Daten in der Abweichungsdatenbank historisiert werden.

Beispiel: Restfehler nach dem DiaFlow-Abnahmetest

Im Abnahmetest des DiaFlow-Systems wurden innerhalb eines Monats 137 Fehlerwirkungen gemeldet, davon 39 fatale (Klasse-1) Fehler. Zurzeit liegen in der Abweichungsdatenbank 524 Fehlerberichte, die allerdings zu etwa 30 % aus Änderungsanforderungen bestehen. Der Anteil der »echten« Problemmeldungen liegt also bei ca. 70 %. 357 Abweichungen wurden im Integrationstest (intern aufgedeckte Fehlerwirkungen) gemeldet. Das entspricht circa 68 % der gesamten Fehlerberichte. Die Zahl der Fehlerberichte aus dem System- und Abnahmetest (extern gemeldete Fehlerwirkungen) liegt bei 167 oder 32 %.

Bei einer Codegröße von 100.284 neu geschriebenen bzw. geänderten Zeilen und einer Anzahl von 70 % von 524 = 367 »echten« Problemmeldungen ergibt sich eine Fehlerdichte von 3,66 Fehlerzuständen bzw. Defekten pro 1000 Zeilen.

Neu geschriebene Software: ca. 10–50 Defekte pro 1000 Anweisungen!

Die Gesamtzahl aller Fehlerzustände in einem gerade implementierten Programm lässt sich zu 10–50 Defekten pro 1000 Anweisungen abschätzen, d. h., jede 20. bis 100. Anweisung ist fehlerhaft (s. [Hatton 97], [Fenton 00], [Ebert 05]). Diese grobe Schätzung entspricht auch der Erfahrung mit Rechtschreibfehlern in neu verfassten Texten, denn es ist nicht zu erwarten, dass bei der Programmierung weniger Fehler gemacht werden. Allerdings ist davon auszugehen, dass Entwickler mindestens die Hälfte aller in der Implementierung entstandenen Fehler im Rahmen des Komponententests selbst finden. Es verbleiben 5–25 Fehler pro 1000 ausführbare (syntaktisch korrekte) Anweisungen, die in den höheren Teststufen anzuzeigen und im Debugging zu finden sind. Insgesamt liegt die Fehlerdichte im Beispiel also unter dem Durchschnitt, und der Test sollte intensiviert werden.

Damit die Testeffektivität zeitnah zur Produktauslieferung bewertet werden kann, werden oft anstelle der insgesamt nach Lieferung aufgedeckten Fehlerwirkungen bzw. des Gesamtschadens nur die in den ersten drei oder sechs Monaten gefundenen Fehlerwirkungen bzw. der dort entstandene Produktschaden betrachtet. In jedem Fall sind als Kosten die tatsächlichen Diagnose- und Reparaturkosten und nicht etwa nur die Fehlerentdeckungskosten anzusetzen.

Testfallbasierte Metriken

Testfallbasierte Metriken fokussieren auf Testfälle und ihre Zustände.

Testfallbasierte Metriken fokussieren auf die Menge der Testfälle und ihre jeweiligen Zustände (geplant, spezifiziert, ausgeführt etc.). Sie werden von Testmanagementwerkzeugen bzw. der Testumgebung geliefert oder aus Testprotokollen extrahiert und dienen zur Kontrolle des Fortschritts der Testaktivitäten unter Bezug auf das aktuelle Testkonzept. Damit zählen sie größtenteils zu den Produkt- und Projektmetriken, fallen aber teilweise auch unter die Prozessmetriken. Testfallbasierte Metriken funktionieren am besten in stringent gemanagten Testprojekten. In agilen Umfeldern, wo die Testergebnisse im Fokus stehen und nicht das Management der Testware, erzielen sie oftmals nicht die gewünschte steuernde Wirkung.

Beispiele für testfallbasierte Metriken mit Absolutskalen sind:

- Anzahl geplanter Testfälle
- Anzahl spezifizierter Testfälle
- Anzahl Zeilen der Testskripte

Testfallbasierte Metriken mit Ratioskala sind u. a.:

- Anzahl Testfälle mit Priorität 1/Anzahl geplanter Testfälle
- Anzahl spezifizierter Testfälle/Anzahl geplanter Testfälle
- Anzahl automatisierter Testfälle/Anzahl spezifizierter Testfälle

Messe auch das Unvorhergesehene!

In vielen Fällen müssen im Verlauf eines Testzyklus neue Testfälle zusätzlich zu den geplanten entwickelt werden, z. B. wenn bestimmte Überdeckungsziele nicht mit den vorhandenen Testfällen erreicht werden. Auch Anforderungsänderungen erfordern meistens die Änderung vorhandener bzw. die Erstellung neuer Testfälle oder lassen geplante Testfälle gänzlich obsolet werden. Als Metriken mit Absolutskalen lassen sich angeben:

- Anzahl ungeplanter neuer Testfälle
- Anzahl geänderter Testfälle
- Anzahl gelöschter Testfälle

Steigt z. B. die Anzahl ungeplanter neuer Testfälle über einen bestimmten Wert, kann dies ein Zeichen für ein mangelhaftes Anforderungsmanagement sein. Eine hohe Anzahl geänderter Testfälle, die sich auf eine Anforderung beziehen, oder viele Änderungen an einem Testfall innerhalb eines kurzen Zeitraums erlauben Rückschlüsse auf vage oder mehrdeutig formulierte Anforderungen, die erst im Laufe der Entwicklung präzisiert wurden.

Metriken zur Testausführung

Interessant für die Steuerung des Testprozesses sind auch Metriken zur Testausführung. Hierunter fallen z. B.:

- Anzahl benutzter Testdaten
- Anzahl durchgeführter Testfälle, »Ausgeführt« (*executed*)
- Anzahl ohne Fehlerwirkung durchgeführter Testfälle, »Bestanden« (*passed*)
- Anzahl mit Fehlerwirkung durchgeführter Testfälle, »Fehlgeschlagen« (*failed*)
- Anzahl blockierter Testfälle, z. B. aufgrund verletzter Vorbedingung nicht lauffähig etc., »Blockiert« (*blocked*)

Eine hohe Anzahl durchgeführter Testfälle deutet auf gut strukturierte, größtenteils voneinander unabhängige Tests hin. Eine hohe Anzahl blockierter Testfälle hingegen zeigt an, dass zu große Abhängigkeiten zwischen den Testfällen bestehen, sodass aufgrund des Fehlschlagens einiger weniger Testfälle viele nachgelagerte Testfälle nicht gestartet werden können (da diese auf den Nachbedingungen Ersterer beruhen).

Oft werden die Werte der testfallbasierten Metriken in Abhängigkeit von der jeweiligen Teststufe und der Priorität der Testfälle separat z. B. in Kumulativdiagrammen dargestellt.

Testfallbasierte Metriken für Regressions- und Fehlernachtests

In Regressionstests und Fehlernachtests werden die obigen Metriken häufig für die bestehenden, geänderten und neuen Testfälle separat erhoben. Auch wird die Anzahl der zusätzlich durchgeführten, also ungeplanten und neuen Testfälle (mit/ohne Fehlerwirkung) gesondert erfasst. Des Weiteren können hier folgende testfallbasierte Metriken erhoben werden (s. [Pinkster 06], dort S. 196 ff.):

- Anzahl Testfälle, die immer mit Fehlerwirkung durchgeführt wurden (*failed, never passed*; FNP),
- Anzahl Testfälle, die noch nie eine Fehlerwirkung aufdeckten (*passed, never failed*; PNF),

- Anzahl aktuell fehlgeschlagener Testfälle, die vor der Änderung ohne Fehlerwirkung durchliefen (*failed, was passed*; FWP),
- Anzahl aktuell bestandener Testfälle, die vor der Änderung eine Fehlerwirkung aufdeckten (*passed, was failed*; PWF).

Interpretation testfallbasierter Metriken

Die Anzahl der aus Sicht des Testobjekts als bestanden bzw. fehlgeschlagen durchlaufenen Testfälle ist sicherlich nicht nur für die Teststeuerung interessant, sondern insbesondere auch für die Bewertung der Produkt- und Prozessqualität. Testfälle, die immer Fehlerwirkungen aufdecken (FNP), repräsentieren offene, noch nicht bearbeitete Abweichungen. Eine hohe Anzahl von stets bestandenen Testfällen (PNF) deutet bei gleichzeitig hoher Testüberdeckung auf eine gute Qualität des Testobjekts hin, während sie bei niedriger Testüberdeckung eher auf eine geringe Effektivität des Testprozesses aufmerksam macht. Eine hohe Anzahl von erst nach Änderungen fehlgeschlagenen Testfällen (FWP) weist auf schlechte Wartbarkeit und Änderbarkeit der Software bzw. unzureichende Qualität der Wartungsprogrammierung hin. Decken viele bisher fehlgeschlagene Testfälle nach der Korrektur keine Fehlerwirkungen mehr auf (PWF), so lässt dies auf eine hohe Effektivität der Debugging- bzw. Änderungsmaßnahmen schließen.

Aufbau der Testumgebung planen und kontrollieren

Im weiteren Sinne zählen zu den testfallbasierten Metriken auch Metriken bezüglich der Elemente der Testumgebung wie z. B. der Testrahmen mit Testtreibern und Teststellvertretern, Testdaten, Simulatoren, Analysatoren etc. Sinnvoll aus dem Konfigurationsmanagement bzw. mit statischen Analysen erhebbar sind hier z. B.:

- Anzahl geplanter oder verfügbarer Testtreiber bzw. -stellvertreter
- Anzahl geplanter oder verfügbarer Codezeilen pro Testtreiber bzw. -stellvertreter

Unterschiedliche Testüberdeckungskonzepte beachten

Testfallbasierte Metriken berücksichtigen im Wesentlichen die im Testprojektplan beschriebenen Testfälle. 100 % Testfortschritt bezogen auf den Testprojektplan bedeutet jedoch nicht unbedingt, dass das Testobjekt hinreichend getestet wurde, andererseits werden wesentliche Testaktivitäten in agilen Umfeldern wie explorative Tests von diesen Metriken nicht erfasst. Daher sind zusätzlich geeignete produktorientierte Testüberdeckungsmaße (*coverage metrics*) erforderlich. Diese messen den Testfortschritt gegenüber dem Testbasis- bzw. Testobjektumfang. Entsprechende Metriken werden im nächsten Abschnitt vorgestellt.

Testbasis- und testobjektbasierte Metriken

Eigenschaften und Überdeckung der Testbasis und der Testobjekte

Die in diesem Abschnitt skizzierten Metriken fokussieren auf die Eigenschaften der Testbasis und der Testobjekte. Durch Überdeckungsmetriken werden die zeitliche Entwicklung und die resultierenden Auswirkungen auf den Zeitplan, die Ressourcen und die Aufgaben ermittelt. Testbasis- und testobjektbasierte Metriken zählen damit größtenteils zu den Produktmetriken, teilweise aber auch zu den Projektmetriken.

Je nach Teststufe werden Anforderungen, Entwurfselemente, Programmcode bis hin zu Benutzungshandbüchern mittels statischer Analysen oder Reviews untersucht und vermessen, um beispielsweise deren innere Qualität oder den Fortschritt der Testaktivitäten in Bezug auf den Umfang der Testobjekte zu bewerten. Oft bieten die Werkzeuge, mit denen die Dokumente erstellt werden, bereits entsprechende Metriken an.

Im Programmcode kann z. B. gemessen werden, wie viele Zeilen bzw. Anweisungen im Test ausgeführt wurden. Im Falle (funktionaler) Spezifikationen ist zu messen, welche Systemfunktionen der Test verifiziert hat. Auf Grundlage der Systemarchitektur ist zu verfolgen, welche Systemkomponenten getestet wurden. In Bezug auf die Systemanforderungen wird u. a. gemessen, wie viele Anforderungen durch Tests validiert wurden.

Rückverfolgbarkeit ausnutzen

Zur Ermittlung solcher Testüberdeckungsmaße kann die Verfolgbarkeit der Artefakte wie z. B. Anforderungen, Testbedingungen, Entwurfsdokumente und Testfälle herangezogen werden (s. Abschnitt 5.3.5). Zusätzlich werden dadurch die zeitliche Entwicklung der Artefakte und die resultierenden Auswirkungen auf den Zeitplan, die Ressourcen und die Aufgaben erkennbar.

Geeignet sind solche Überdeckungsmaße immer dann, wenn ihre Abstraktionsebenen der jeweiligen Teststufe entsprechen, in der sie verwendet werden. Daher werden im Folgenden Metriken für die einzelnen Teststufen vorgestellt.

System- und Abnahmetest: funktions- bzw. anforderungsbasierte Metriken

Im System- und Abnahmetest können je nach Methodik der Anforderungsermittlung funktions- bzw. anforderungsorientierte Metriken erhoben werden:

- Anzahl durch Testbedingungen abgedeckter Anforderungen/Anzahl aller Anforderungen
- Anzahl durch Testfälle abgedeckter Testbedingungen/Anzahl aller Testbedingungen
- Anzahl getesteter Funktionen/Anzahl spezifizierter Funktionen
- Anzahl getesteter Dialoge/Anzahl realisierter Dialoge
- Anzahl durchgeführter Testfälle/Anzahl spezifizierter Testfälle (pro Funktion oder pro Dialog)
- Anzahl Teststunden (pro Funktion oder pro Dialog)

Existieren beispielsweise Anforderungen ohne zugeordneten Testfall, fehlen offensichtlich Tests im Testkonzept. Existieren andererseits Testfälle, die keiner Anforderung zugeordnet werden können (oder evtl. nur auf einer Ebene sehr grob formulierter Anforderungen), dann fehlen (detaillierte) Anforderungen. Die Tester haben dann offenbar Anwendungsfälle identifiziert, über die sich die Formulierer der Anforderungen (z. B. Kunde oder Systementwerfer) noch keine Gedanken gemacht haben.

Die Anwendung spezifikationsbasierter Metriken bedingt die Verfolgbarkeit von Anforderungen ausgehend von den Anforderungen über den fachlichen und technischen Systementwurf bis hin zu den Testfällen. In diesem Fall werden Messungen möglich wie z. B.:

- Prozentsatz[6] durch Testfälle abgedeckter Anforderungen
- Prozentsatz ausgeführter Ablaufpfade (*scenarios*) der Anwendungsfälle
- Prozentsatz fachlicher Klassen bzw. Datentypen, von denen Objekte z. B. in der Datenbank instanziiert/gelesen/geändert/gelöscht wurden.

Darüber hinaus sind für System- und Abnahmetests auch bezüglich der nicht-funktionalen Anforderungen Metriken zu erheben, z. B.:

- Anzahl durch den Test abgedeckter Plattformen
- Anzahl durch den Test abgedeckter lokalisierter[7] Versionen
- Anzahl durch den Test abgedeckter Performanzanforderungen pro Plattform

Integrationstest: Metriken auf Schnittstellen fokussieren

Im Integrationstest werden die Entwurfskomponenten und insbesondere die Schnittstellen (*interfaces*) sowie ihr Zusammenspiel betrachtet – welche und wie viele Schnittstellen gibt es im System und welche davon hat der Test schon erreicht? Beispiele für Metriken sind:

- Prozentsatz getesteter Schnittstellen (genauer Schnittstellendeklarationen)
- Prozentsatz getesteter Schnittstellenverwendungen (Aufrufe von Operationen bzw. Verwendung von Variablen der Schnittstellen)
- Prozentsatz der mit Testverfahren getesteter Äquivalenzklassen der Schnittstellenparameter

Komponententest: strukturorientierte Metriken

Im Komponententest wird in der Regel auf strukturorientierte Metriken, die auf dem Programmcode beruhen, fokussiert (*code coverage*). Messbar sind z. B.:

---

6. Hier und im weiteren Verlauf wird die Bezugsgröße nicht angegeben, wenn es sich um die Gesamtheit – hier: aller Anforderungen – handelt.
7. Unter »Lokalisierung« wird die landesspezifische Konfiguration einer Software verstanden, u. a. durch Übersetzung der Bedienoberfläche in die jeweilige Landessprache, Anpassung von Datumsformaten, Währungen, Maßeinheiten und ggf. an gesetzliche Bestimmungen.

- Anzahl neuer bzw. geänderter Funktionen bzw. Operationen
- Anzahl Codezeilen bzw. ausführbarer Anweisungen (*kilo lines of code*, KLOC bzw. *kilo delivered source instructions*, KDSI)
- Codekomplexität (zyklomatische Komplexität bzw. McCabe-Metrik)
- Anzahl der Aufrufe von Funktionen/Prozeduren im Kontrollflussgraphen

Komplexitätsmetriken dienen als Indikatoren für das Produktrisiko und zur risikobasierten Steuerung des Testaufwands (s. Kapitel 4). Strukturorientierte dynamische Metriken wie z. B. Anweisungsüberdeckung (C0) oder Entscheidungsüberdeckung bzw. Zweigüberdeckung (C1) erfordern meist die vorherige Instrumentierung der Programme. Mit entsprechenden Instrumentierungswerkzeugen sind dann nach Ausführung der Testfälle Aussagen möglich wie z. B.:

- Prozentsatz aufgerufener Operationen bzw. Prozeduren
- Prozentsatz ausgeführter Operationsaufrufe
- Prozentsatz ausgeführter Anweisungen
- Prozentsatz durchlaufener Zweige im Kontrollflussgraphen

Für nicht abgedeckte Teile der Software ggf. Testfälle nachspezifizieren

Sind nach Ausführung aller spezifizierten Testfälle noch Teile der Software oder der Testbasis nicht abgedeckt, obwohl das Testkonzept dies vorsah, so ist zu überprüfen, ob evtl. noch Testfälle in der Testentwurfsspezifikation fehlen. Falls das der Fall ist, wird die Testentwurfsspezifikation gemäß dem Testkonzept ergänzt, und die zusätzlichen Tests werden ausgeführt. Eine hilfreiche Metrik ist hierzu die unter den fehlerbasierten Metriken beschriebene »Test Design Verification«-Metrik (s. u.).

Die testobjektorientierte Überdeckung kann analog zur testplanorientierten Überdeckung ausgewertet werden, beispielsweise zur Beantwortung der folgenden Fragen: »Wie viel Prozent der Bezugseinheiten (Codezeilen, Architekturkomponenten, Anforderungen) wurden durch ausgeführte Testfälle geprüft?« »Entspricht dies dem Plan?« »Falls nein, wie stark weicht der Fortschritt vom Plan ab?« »Wie viel Aufwand liegt noch vor dem Team?« Die Messung und Auswertung sind jedoch schwieriger, weil Bezugsgröße und Testfälle miteinander verknüpft betrachtet werden müssen. Mit modernen Testmanagementwerkzeugen kann das realisiert werden.

Wie erwähnt, helfen testobjektorientierte Überdeckungsmaße festzustellen, ob Testfälle fehlen. Daher soll das Testmanagement nicht nur prüfen, ob sich mit fortschreitendem Test die Überdeckung hinreichend erhöht. Es soll auch alle schwach abgedeckten Teile der Software daraufhin überprüfen, ob Testfälle in der Testspezifikation fehlen. Falls sich das herausstellt, muss diese ergänzt und die ergänzten Tests müssen nachgeholt werden. Eine hilfreiche Metrik hierzu ist die »Test Design Verification«-Metrik (s. Unterkapitel 8.6).

Viele weitere auf der Testbasis bzw. den Testobjekten basierende Metriken finden sich in [Kaner 95] und [Zhu 97]. Testobjekt- und testbasisbezogene Metriken für objektorientierte Software sind in [Sneed 02] aufgeführt. Metriken bezüglich der Erfüllung von Qualitätsanforderungen findet man in den Standards ISO 25022, 25023 und 25024 der Reihe [ISO 250nn].

Kosten- und aufwandsbasierte Metriken

Kosten- und aufwandsbasierte Metriken geben den Rahmen der finanziellen, personellen und zeitlichen Möglichkeiten an. Sie lassen sich, nachdem sie in einigen Projekten erfasst wurden, für die Planung zukünftiger Testprojekte und zur Optimierung des Testprozesses verwenden. Beispiele aufwandsbasierter Metriken mit Absolutskala sind:

Aufwand

- Anzahl Personentage für die einzelnen Phasen des Testprozesses (s. Unterkapitel 2.2, separat für jeden Testzyklus bzw. jede Teststufe)
- Anzahl Personentage für Reviews
- Anzahl Personentage für die manuelle Testdurchführung

Auf die Produktivität zielen folgende Metriken mit Ratioskala ab:

Produktivität

- Anzahl gefundener Defekte pro Review-Personenstunde (ggf. separat nach Fehlerschweregrad)
- Anzahl gefundener Fehlerwirkungen pro Test-Personenstunde (ggf. separat nach Fehlerschweregrad)
- Anzahl erstellter Testfälle pro Personenstunde in Testanalyse und Testentwurf
- Anzahl erstellter Testprozeduren bzw. Testskripte pro Personenstunde in der Testrealisierung
- Anzahl durchgeführter Testfälle pro Personenstunde in der Testdurchführung

Metriken anonymisieren

Solche Messwerte sollen dem Testteam anonymisiert inklusive der Mittelwerte als Rückmeldung zur Verfügung gestellt werden, um einen Missbrauch als personenbezogene Kennzahlen zu vermeiden[8]. Bei jeder

8. Aus rechtlichen Gründen sind Angestellte über die Erfassung und den Verwendungszweck von Maßen bezüglich ihrer Arbeit bzw. ihrer Produktivität zu informieren und die DSGVO [URL: DSGVO] ist zu beachten. Die Mitbestimmungsrechte von Betriebs- und Personalräten (§87 Abs. 1 Ziff. 6 BetrVG bzw. §75 Abs. 3 Ziff. 17 BPersVG) setzen nach der Rechtsprechung bereits dann ein, wenn eine technische Einrichtung zur Leistungs- und Verhaltenskontrolle auch nur geeignet ist. Dabei kommt es nicht auf die tatsächliche Datenverwendung an.

Interpretation der Werte ist zu beachten, dass Tester neben der eigentlichen Spezifikation, Ausführung und Dokumentation von Testfällen zusätzlich Zeit für die Planung der eigenen Tests, das Einrichten von Testumgebungen, das Ein- und Auschecken versionsabhängiger Testfälle etc. benötigen.

Earned-Value-Analyse (EVA) zur Teststeuerung verwenden

Zur Kontrolle und Steuerung des Testprozesses werden kosten- und aufwandsbasierte Metriken in Relation zu den testfall-, testbasis- und testobjektbasierten Metriken gestellt. Dies erfolgt oft mit der sogenannten Projektleistungsbewertung (earned value analysis, EVA, vgl. z. B. [Kerzner 03], [Pinkster 06]). EVA stellt die bis zu einem bestimmten Zeitpunkt bzw. Meilenstein tatsächlich geleisteten Aufwände und erreichten Projektergebnisse den entsprechenden Planzahlen gegenüber. Hierzu werden drei Basismetriken erhoben:

Plankosten PV

- Plankosten (*planned value*, PV; auch: *budgeted cost of work scheduled*, BCWS), die für die Aktivität im Betrachtungszeitraum vorgesehen bzw. geschätzt sind.

Istkosten AC

- Istkosten (*actual cost*, AC; auch: *actual cost of work* performed, ACWP), die für die Aktivität im Betrachtungszeitraum tatsächlich entstanden sind.

Leistungswert bzw. Earned Value EV

- Erreichter Leistungswert (*earned value*, EV; auch: *budgeted cost of work performed*, BCWP), der im Betrachtungszeitraum durch die Aktivität erbrachte tatsächliche (Geld-)Wert.

Der Leistungswert EV kann anhand des Produkts aus Plankosten und dem Quotienten aus aktuellem und geplantem Fertigstellungsgrad des Produkts berechnet werden: EV = PV · (FertigIst / FertigSoll).

Indirekte EVA-Metriken bewerten den Fortschritt des Testprozesses.

Aus diesen drei Basismetriken lassen sich indirekte Metriken ableiten, um den Fortschritt des Testprozesses zu bewerten:

- Die Kostenvarianz (*cost variance*) CV = EV – AC gibt die Differenz zwischen erbrachtem Leistungswert und tatsächlichen Kosten an.
- Die Planvarianz (*schedule variance*) SV = EV – PV bezeichnet die Differenz zwischen Leistungswert und Plankosten.
- Der Kosten-Performanz-Index (*cost performance index*) CPI = EV / AC ist der Quotient aus Leistungswert und Istkosten.
- Der Plan-Performanz-Index (*schedule performance index*) berechnet sich zu SPI = EV / PV.

Die für eine einzelne Aktivität tatsächlich zu erwartenden Kosten (*estimated cost*, EC) berechnen sich damit zu EC = PV / CPI. Zur Voraussage der tatsächlich zu erwartenden Gesamtkosten wird der über alle Aktivitäten bzw. Arbeitsprodukte kumulierte Kosten-Performanz-Index CPI_{Gesamt} als Quotient aus der Summe aller erreichten Werte und der Summe aller tatsächlichen Kosten herangezogen.

Beispiel: Earned-Value-Analyse in AutoSafe

Das AutoSafe-Testmanagement verwendet zur Teststeuerung die Earned-Value-Analyse. Zum zweiten Meilenstein des ersten Testzyklus der Teststufe Systemtest liegen die in Tabelle 8.5 gezeigten Daten vor und müssen nun interpretiert werden.

Aktivität	PV	AC	$\text{Fertig}_{\text{Soll}}$	$\text{Fertig}_{\text{Ist}}$	EV
Testanalyse und -entwurf	400	400	85 %	85 %	400
Testrealisierung	800	1200	80 %	125 %	1250
Testdurchführung	800	400	60 %	45 %	600
Testauswertung	200	150	40 %	20 %	100

Tab. 8.5 *EVA-Werte für den 2. Meilenstein im Projekt AutoSafe*

Testanalyse und -entwurf verlaufen nach Plan (FertigSoll = FertigIst), während die Testrealisierung zwar effizient erbracht wird, sich jedoch eine Kostenüberschreitung abzeichnet (AC = 1200). Da der Terminplan dort jedoch bisher unterschritten wurde, kann sich auch eine Unterschreitung des gesamten Terminplans ankündigen. Für die Testdurchführung lässt sich eine gute und eine schlechte Nachricht ablesen: Es wird effizient gearbeitet, allerdings verzögert sich wahrscheinlich der Fertigstellungstermin (FertigSoll > FertigIst). In der Testauswertung liegen die Istkosten AC unter dem Plan, was zunächst positiv aussieht. Allerdings überschreiten sie den erreichten Wert EV und es ist insgesamt mit einer deutlichen Kostenüberschreitung zu rechnen. Die Situation ist sogar noch schlimmer, als es zunächst aussieht, da der erreichte Leistungswert (EV = 100) nur die Hälfte der für diesen Meilenstein vorgesehenen Plankosten (PV = 200) beträgt. Hier sind Sofortmaßnahmen wie z. B. die Anordnung von Überstunden oder Wochenendarbeit zu ergreifen und mittelfristig eine effizientere Testauswertung z. B. durch entsprechende Vergleichswerkzeuge anzustreben!

8.7 Zusammenfassung

- Der Testfortschritt ist regelmäßig zu überwachen. Hierbei sind auch alle testvorbereitenden Aufgaben zu betrachten. Der Testfortschritt kann in Relation zum Testkonzept bzw. Testplan und in Relation zum Testobjekt bzw. Produktumfang verfolgt werden.
- Die Testarbeiten sind aktiv und kontinuierlich zu steuern. Die Teststeuerung umfasst die Ermittlung und Umsetzung aller notwendigen Maßnahmen, um während des Testverlaufs sicherzustellen, dass die Testarbeiten planmäßig abgearbeitet und die Testziele erreicht werden.

- Falls der Testfortschritt unzureichend ist, müssen u. U. zusätzliche Tester oder andere Ressourcen eingesetzt werden. Abhängig von der Menge und Kritikalität der aufgedeckten Fehler muss evtl. der Fokus der Tests angepasst werden.
- Falls sich grundlegende Rahmenbedingungen verändern, muss das Testkonzept und damit die weitere Vorgehensweise im Test angepasst werden. In den Berichten müssen Testmanager deutlich kommunizieren, dass und in welchem Umfang ggf. das Projekt- bzw. Produktrisiko steigt.
- Wegen des Stichprobencharakters des Tests ist die Entscheidung über das Testende immer mit Unsicherheit behaftet. Endekriterien liefern Indikatoren, mittels derer die Entscheidung abgesichert werden kann.
- Historisierte Abweichungsdaten erlauben fehlerbasierte Metriken sowie Aussagen zur Restfehlerwahrscheinlichkeit und Zuverlässigkeit des Systems.
- Testmanager müssen Informationen zum Testfortschritt, zur Produktqualität und zu den ergriffenen Steuerungsmaßnahmen regelmäßig kommunizieren. Hierzu dient der Testbericht. Nur berichten, genügt aber nicht. Testmanager müssen aktiv mitwirken, die Botschaft ihrer Berichte zu verbreiten, und Korrektur- bzw. Umsetzungsmaßnahmen mit anstoßen und mit vorantreiben.
- Für jede Teststufe sind geeignete Testmetriken zu definieren. Sie müssen auf soliden maßtheoretischen Grundlagen definiert und validiert werden. Nur dann erlauben sie belastbare quantitative Aussagen bezüglich der Produktqualität und der Qualität des Entwicklungs- und Testprozesses und bilden die Grundlage für eine transparente und nachvollziehbare Planung und Steuerung des Testprozesses.
- Die Darstellung der Messwerte muss adressatengerecht erfolgen. Hier sind grafische, tabellarische und gemischte Darstellungsformen möglich.
- Metriken können anhand der unterschiedlichen Messobjekte klassifiziert werden. Es ergeben sich testfallbasierte Metriken, testbasis- und testobjektbasierte Metriken, fehlerbasierte Metriken, risikobasierte Metriken und kosten- bzw. aufwandsbasierte Metriken.
- Metriken unterstützen den risikobasierten Test. Für die Abschätzung des Produktrisikos sind insbesondere Umfangs- und Komplexitätsmetriken wie die Lines of Code (LOC) oder die zyklomatische Komplexität (McCabe-Metrik) wichtig. Auch fehlerbasierte Metriken dienen als Indikatoren für Projekt- und Produktrisiken.

- Metriken geben Auskunft zur Effizienz und Effektivität des Testprozesses. So liefern z. B. Metriken wie die »Defect Removal Efficiency« (DRE), die »Defect Detection Percentage« (DDP) und die »Test Design Verification«-Metrik Hinweise auf die Effektivität der Fehlerfindung in den einzelnen Teststufen bzw. Qualitätssicherungsaktivitäten.
- Metriken für Reviews beantworten Fragen zur Qualität des Prüfobjekts, zu Kosten und Nutzen der Reviews sowie zur Qualität des Reviewprozesses.
- Last, but not least ist es das wichtigste Erfolgskriterium bei der Einführung eines Messprogramms, dass alle beteiligten Parteien den Zweck der Datenerfassung verstehen und Einigkeit bezüglich der Interpretation der Daten herrscht. Bei der Interpretation der Messwerte bzw. ihrer zeitlichen Verläufe ist immer wieder auf Plausibilität zu achten und nach alternativen Deutungen zu suchen.

9 Testschätzung

Die Schätzung des zu erbringenden Testaufwands, der benötigten Zeit und der Kosten ist eine wichtige Aufgabe beim Testmanagement. In diesem Kapitel werden die drei Schätzgrößen, ihre Struktur und sie beeinflussende Faktoren erklärt und einige bewährte Methoden zur Schätzung an Beispielen erläutert.

Mit den Inhalten dieses Kapitels können Sie für die Prüfung zum ISTQB© Certified Tester Advanced Level Test Management ...

- *TM-2.2.1 (K2) ... die Hauptmerkmale erklären, die bei der Testschätzung berücksichtigt werden müssen.*
- *TM-2.2.2 (K2) ... Beispiele für Faktoren nennen, die Testschätzungen beeinflussen können.*
- *TM-2.2.3 (K4) ... für einen vorgegebenen Kontext ein geeignetes Verfahren oder einen geeigneten Ansatz für die Testschätzung auswählen.*

9.1 Aufwand, Zeit und Kosten des Testens

Die **Testschätzung** ist eine näherungsweise Abschätzung verschiedener Aspekte des Testens. Wichtig hierbei ist eine präzise Unterscheidung der Begriffe Aufwand, Zeit und Kosten:

- Unter **Aufwand** versteht man die Arbeitszeit, gemessen in Personenstunden oder -tagen, die für die Durchführung von Testaktivitäten benötigt wird.
- **Zeit** ist die Dauer der einzelnen Testaktivitäten, einschließlich Wartezeiten und paralleler Arbeiten.
- Mit **Kosten** werden die finanziellen Ressourcen bezeichnet, die durch Personal, Infrastruktur, Werkzeuge oder andere Aktivitäten anfallen.

Die Schätzung von Aufwand, Zeitbedarf und Kosten ist eine klassische Projektmanagementaufgabe. Vom Ergebnis der Testschätzung hängen insbesondere die Teststrategie (s. Unterkapitel 5.4) und die Aktivitätenplanung der Teststufen (s. Unterkapitel 3.5) ab. Daher soll man sich bei der Erstellung einer Abschätzung möglichst erprobter Methoden bedienen, die sicherstellen, dass

- alles zur Verfügung stehende Wissen über das zu testende System und die Testziele sowie die Erfahrung der am Projekt beteiligten Experten einfließt,
- Kosten, Ressourcenbedarf, Aufgaben und Personal klar nachvollziehbar und detailliert einander zugeordnet werden,
- für jede geplante Aktivität die wahrscheinlichsten Werte für Kosten, Zeit und Aufwand dargestellt und Informationen über den Grad der Unsicherheit der Schätzungen dokumentiert werden.

Aufwand kann top-down und bottom-up geschätzt werden.

Die Testschätzung kann top-down stattfinden, indem die Schätzgrößen insgesamt für den Test aus geeigneten Projektparametern abgeleitet und anschließend – ggf. erst im Verlauf des Testprojekts – auf die einzelnen Aktivitäten verteilt werden. Der Vorteil dieser Vorgehensweise liegt darin, dass sie ohne genaue Kenntnis der Inhalte der einzelnen Aktivitäten und des zu testenden Systems, also insbesondere sehr früh im Gesamtprojekt, erfolgen kann. Der Nachteil ist, dass sie potenziell ungenau ist.

Dem gegenüber steht die Bottom-up-Vorgehensweise, bei der die Einzelaktivitäten getrennt abgeschätzt und anschließend aufsummiert werden. Der Vorteil dieser Methode liegt zum einen in ihrer Flexibilität (je nach abzuschätzender Einzelaktivität können unterschiedliche Schätzverfahren eingesetzt werden) und der daraus resultierenden Genauigkeit. Als Nachteil muss gesehen werden, dass hierfür zuerst eine genaue Aufschlüsselung der Einzelaktivitäten auf Basis eines → Projektstrukturplans (PSP, *work breakdown structure*, WBS) als Grundlage benötigt wird, wodurch mit der Abschätzung im Vergleich zur Top-down-Vorgehensweise erst später begonnen werden kann.

In der Praxis bietet es sich an, frühzeitig eine Top-down-Schätzung vorzunehmen und diese sobald als möglich zu verfeinern, indem das Gesamtprojekt stufenweise detailliert und die Teile sukzessive wiederum bottom-up abgeschätzt werden, sowie ausreichende Informationen vorliegen.

Die primäre Größe für die Testschätzung ist oftmals der Aufwand. Die Kosten hängen meistens direkt vom Aufwand ab, da dieser im Allgemeinen aus Personalaufwand, einzusetzenden Testumgebungen und Werkzeugen besteht und sich recht gut über feste Multiplikatoren in Kosten umrechnen lässt. Die benötigte Zeit dagegen hängt nicht nur vom Aufwand, sondern auch von der Parallelisierbarkeit der Aktivitäten und ggf. einzuplanenden Wartezeiten ab.

Iterative Überprüfung und Anpassung der Schätzungen

Schätzungen sollen nicht statisch bleiben, sondern regelmäßig überprüft und bei Änderungen der Rahmenbedingungen angepasst werden, z. B. nach Abschluss von Teststufen, als Ergebnis von Reviews/Retrospektiven oder bei neuen Anforderungen. Bei Änderungen müssen die neuen Schätzergebnisse frühzeitig an alle betroffenen Stakeholder kommuniziert werden.

Schätzergebnisse dokumentieren

Die Ergebnisse der Testschätzung sollen nachvollziehbar dokumentiert werden. Eine strukturierte Dokumentation umfasst:

- **Verwendete Methoden:** Beschreiben Sie die gewählten Schätzmethoden und begründen Sie deren Auswahl.
- **Annahmen:** Listen Sie alle Annahmen auf, z. B. zur Stabilität der Anforderungen oder zur Verfügbarkeit von Ressourcen.
- **Schätzergebnisse:** Dokumentieren Sie die geschätzten Werte (Aufwand, Zeit, Kosten) sowie Pufferzeiten und Variablen, die diese beeinflussen können.
- **Überwachungsprozess:** Geben Sie an, wie und wann die Schätzungen überprüft und bei Bedarf angepasst werden sollen.

9.1.1 Schätzobjekte

Da die eigentliche Durchführung der Tests meistens nur einen Bruchteil des Gesamtaufwands darstellt, muss zunächst sichergestellt werden, dass bei der Schätzung keine wesentliche Aktivität des Testprozesses vergessen wird. Praktikabel ist hierfür eine einfache Checkliste, die alle Aktivitäten beinhaltet:

Checkliste für die Schätzobjekte beim Testen

- Testplanung (u. a. auch der Aufwand, den die Schätzung selbst erfordert)
- Testvorbereitung (Entgegennahme, Konfigurationsmanagement und Installation des Testobjekts, Bereitstellung der erforderlichen Dokumente und Vorlagen, ggf. Testdatenbanken, Einrichten der Testumgebungen etc.)
- Personelle Besetzung, z. B. Einarbeitung und/oder Schulung von Testpersonal
- Testspezifikation auf allen Teststufen – die Schätzverfahren können sich je nach zu testenden Qualitätsmerkmalen und somit einzusetzenden Testverfahren und -werkzeugen deutlich unterscheiden.
- Gegebenenfalls Testautomatisierung für ausgewählte Tests – hier gilt sinngemäß das Gleiche wie für die Testspezifikation, allerdings

gibt es hier zusätzlich noch Variationen bei den Kosten für Testautomatisierungswerkzeuge.

- Testdurchführung in allen Teststufen, ebenfalls unter Berücksichtigung unterschiedlicher Schätzverfahren für verschiedene Testarten
- Dokumentation der Durchführung, also z. B. Protokolle und Fehlerberichte
- Fehleranalyse und Fehlernachtests – diese skalieren naturgemäß mit der Zahl der gefundenen Abweichungen und machen somit ein separates Schätzen oder Annahmen zur Fehlerzahl, der Fehlerfindungsrate und der Fehlerbehebungsrate notwendig.
- Erheben von Testmetriken
- Kommunikation im Testteam und zwischen Test- und Entwicklungsteam (Meetings, E-Mails, Pflege von Fehlerberichten, Change Control Board etc.)

9.1.2 Einflussfaktoren einer Testschätzung

Jedes der oben aufgelisteten Schätzobjekte beim Testen kann durch unterschiedliche Faktoren beeinflusst werden, die Auswirkung auf die zu schätzenden Größen haben können. Es macht daher Sinn, bei der Schätzung eine zweite Checkliste zu berücksichtigen, die solche Einflussfaktoren nennt und den Aktivitäten zuordnet. Zur Liste der Einflussfaktoren gehören beispielsweise:

Checkliste für Einflussfaktoren auf die Schätzung

- Geforderte Qualität des zu testenden Systems
- Systemumfang
- Anzahl, Komplexität und Beherrschbarkeit der Testumgebungen und der Testobjekte (insbesondere deren Installation und Konfiguration)
- Geschätzte Anzahl der Testwiederholungen je Teststufe, basierend auf Annahmen über den Verlauf der Fehlerfindung und/oder historischen Daten
- Reife des Testprozesses und der verwendeten Testverfahren und Werkzeuge
- Qualität der zur Verfügung stehenden Dokumentation für System und Testumgebung
- Erfahrung und Ausbildung des Testpersonals
- Geforderte Qualität und Exaktheit der zu erstellenden Dokumente
- Ähnlichkeit des abzuschätzenden Projekts zu vorangegangenen Projekten

- Wiederverwendbarkeit von Lösungen aus vorangegangenen Projekten
- (Test-)Reife des zu testenden Systems – bei schlechter Qualität des zu testenden Systems wird der Aufwand zur Erreichung der Endekriterien nur schwer zu bestimmen sein.
- Termintreue von Testobjektlieferungen
- Komplexität der Zeitplanung von ggf. erfolgenden Teillieferungen – insbesondere beim Komponenten- und Systemintegrationstest
- Ergebnisse ggf. vorangegangener Teststufen und Testphasen

Unsicherheiten und Risiken sind unvermeidbar und sollen aktiv und systematisch in die Testschätzung einbezogen werden:

- **Identifikation:** Unsicherheiten (z. B. unklare Anforderungen) und Risiken (z. B. Verzögerungen) müssen frühzeitig erkannt und kommuniziert werden.
- **Quantifizierung:** Schätzungen sollen mit Pufferzeiten versehen werden, die auf Wahrscheinlichkeiten oder historischen Daten basieren.
- **Dokumentation:** Alle Unsicherheiten und deren potenzielle Auswirkungen sollen dokumentiert werden, um Transparenz und Nachvollziehbarkeit zu gewährleisten.
- **Bewältigungsstrategien:** Regelmäßige Überprüfung der Risiken und Anpassung der Pufferzeiten oder der Ressourcenverteilung sind essenziell.

Vergessen Sie bei den Schätzungen des Testaufwands nicht, pro geschätzter, durch Tests entdeckter Fehlerwirkung (und beseitigtem Fehlerzustand) den durchschnittlichen Testaufwand für die Regressions- und Fehlernachtests einzuplanen. Und: Oft deckt eine Änderung am Quellcode weitere Fehlerzustände auf und/oder ist selbst fehlerhaft. Zusätzlich sollen Sie daher auch Aufwand für evtl. wiederum notwendige »Reparaturen« und Tests des geänderten Quellcodes einplanen. Hierfür schlägt Gerald Weinberg das Fehler-Rückwirkungsverhältnis (*fault feedback ratio*, FFR) vor, als Anteil der durch die Beseitigung eines Fehlerzustands entstandenen neuen Fehlerzustände. Seiner Erfahrung nach liegt die durchschnittliche FFR zwischen 50 % und 25 %, d. h., in jeder zweiten bis vierten Fehlerbehebung wird ein neuer Fehlerzustand »eingebaut« (s. [Weinberg 08]).

9.2 Auswahl von Schätzverfahren

Im Lehrplan »ISTQB® Certified Tester Foundation Level 4.0« [CTFL 4.0 23] bzw. in [Spillner 24] werden die gebräuchlichsten Techniken zur Testschätzung erläutert. Im Rahmen des Testmanagements kommt der Auswahl der zum jeweiligen Kontext passendsten Technik eine besondere Bedeutung zu. Die Schätzverfahren unterscheiden sich teilweise signifikant, was bei der Auswahl des oder der Verfahren für den konkreten Einsatz zu berücksichtigen ist (s. Tab. 9.1):

- **Schätzgenauigkeit und Schätzfehler:** Manche Verfahren wie die → **Drei-Punkt-Schätzung** (s. [Gartner 99], [URL: Drei-Punkt-Schätzung]) erlauben die Berechnung einer Mehrpunktschätzung z. B. aus Schätzungen für schlechte (S), mittlere (M) und gute (G) Projektverläufe:

  $$DPS = \frac{S + 4M + G}{6}$$

  Dieses Verfahren ermöglicht eine einfache Berechnung des Schätzfehlers als Standardabweichung (*standard deviation, SD*) zu $SD = (S - G) / 6$. Sind z. B. $S = 18$, $M = 9$ und $G = 6$ (Personenstunden), lautet die endgültige Schätzung 10±2 Personenstunden.
- **Projektgröße und Komplexität:** Bei großen Projekten mit vielen Beteiligten, komplexen Abläufen und – besonders zu Projektbeginn – wenig Fakten über Struktur und Umfang der zu entwickelnden Software eignen sich Expertenschätzungen gut. Bei kleineren, gut bekannten Schätzobjekten sind formel- oder metrikbasierte Verfahren einsetzbar.
- **Entwicklungsmodell:** In agilen Projekten bieten → **Planungspoker** (*planning poker*) und Expertenmeinungen Flexibilität und schnelle Ergebnisse. In klassischen Wasserfallprojekten mit klaren Spezifikationen sind Funktionspunktanalysen nutzbar.
- **Datenverfügbarkeit:** Wenn historische Daten oder Vergleichswerte fehlen, können die → (Breitband-)Delphi-Methode [URL: Delphi-Methode] oder Drei-Punkt-Schätzungen verwendet werden. Testpunktanalyse und Funktionspunktanalyse setzen dagegen voraus, dass Prozess-, Projekt- und Produkteigenschaften gut bekannt sind.
- **Kenntnis und Erfahrung der Beteiligten:** Verfahren wie Planning Poker (s. Abschnitt 9.3.1) oder → **Breitband-Delphi** (s. a. Abschnitt 4.2.3 sowie [URL: Delphi-Methode]) setzen stark auf die Expertise der an der Schätzung beteiligten Personen, andere wie die Drei-Punkt-Schätzung (s. o.), Funktionspunkt- und Testpunktanalyse »entlasten« die Beteiligten durch die formalbasierten Ansätze und (teilweise intransparente) Schätzfaktoren.

- **Grad der Unsicherheit:** Iterative Ansätze kombinieren die Vorteile von Top-down- und Bottom-up-Schätzungen und helfen, Unsicherheiten zu reduzieren.
- **Verfügbarer Aufwand und Zeit:** Manche Verfahren lassen sich z. B. im agilen Prozess »en passant« mit wenig Aufwand einsetzen, andere wie die Testpunktanalyse benötigen Zeit zur Sammlung der Daten und zur Anwendung des Rechenschemas.

Verfahren	Datenbedarf	Methodik	Passend für	Aufwand	Genauigkeit	Besonderheit
Experten-schätzung	gering	subjektiv	kleine/mittlere Projekte	niedrig	variabel	schnell, aber erfahrungsabhängig
Delphi-Methode	gering	anonym, iterativ	unsichere, neue Kontexte	mittel	mittel	Gruppenkonsens wird angestrebt
Planning Poker	gering	iterativ, konsens-basiert	agile Projekte	niedrig	gut (bei stabilem Team)	einfach und team-fördernd
Drei-Punkt-Schätzung	gering	PERT, Verteilung	Einzel-aufgaben, MVPs	mittel	mittel–hoch	Berechnung mit Unsicherheitsfaktor
Funktions-punktanalyse	hoch	metrisch, objektiv	klassische Modelle	hoch	hoch	gut standardisierbar, historisch verankert
Testpunkt-analyse	hoch	aufwands-basiert	strukturierte Testobjekte	hoch	hoch	fokussiert auf Test-komplexität
Use Case Points	mittel	formalisiert	anwendungs-fallbasiert	mittel	mittel	Einsatz in funktional getriebenen Pro-jekten

Tab. 9.1 *Schätzmethoden*

9.3 Anwendungsbeispiele

9.3.1 Testschätzung im Projekt »TestMaster«

Sprint-Ziel: Umsetzung eines Features

Im TestMaster-Projekt plant das Team, im Rahmen des kommenden zweiwöchigen Sprints das Feature »Starten, Monitoring und Auswerten von automatisierten Testfällen« umzusetzen. Diese Funktion soll es ermöglichen, ausgewählte automatisierte Tests über eine Jenkins-Schnittstelle auszuführen und Testergebnisse direkt in TestMaster anzuzeigen. Das Feature umfasst folgende User Stories:

- **Integration mit Jenkins (Backend):** Als Entwickler möchte ich automatisierte Tests über eine Schnittstelle zu Jenkins ausführen können, damit ich kontinuierlich Tests in meinen Entwicklungsprozess integrieren kann.

Akzeptanzkriterien:

- Tests können über Jenkins ausgelöst werden.
- Erfolgs- und Fehlerberichte werden unmittelbar nach Ablauf eines Testfalls an das Testmanagementwerkzeug zurückgemeldet.
- Die automatisierte Durchführung behindert nicht die parallele Bedienung anderer Funktionen durch den gleichen Benutzer.
- Ergebnisse sind korrekt und vollständig.

- **Ergebnisse im Dashboard anzeigen (UI):** Als verantwortliche Person für das Testmanagement möchte ich die Testergebnisse im Dashboard sehen, damit ich den Status der automatisierten Tests nachvollziehen kann.
  Akzeptanzkriterien:
  - Testergebnisse werden in Echtzeit im Dashboard dargestellt.
  - Filteroptionen stehen für spezifische Testläufe zur Verfügung.
  - Fehlschläge werden prominent hervorgehoben.

- **Berichterstellung:** Als Product Ownerin möchte ich Berichte über automatisierte Tests erstellen, damit ich die Qualität der Tests nachvollziehen kann.
  Akzeptanzkriterien:
  - Berichte sind exportierbar (z. B. PDF).
  - Berichte enthalten Testlaufstatistiken und Fehlerberichte.

Sprint-Planungsrunde

Folgende Faktoren werden vom Team in der nun folgenden Planungssitzung identifiziert, die die Schätzung wesentlich beeinflussen:

- **Komplexität:** Die Integration von Jenkins und die Echtzeitdarstellung der Testergebnisse erfordern umfassende Backend- und UI-Anpassungen.
- **Erfahrungswerte:** Zur Einordnung neuer Stories hat das Team drei »Referenzstories« vereinbart, die jeweils 1, 3 und 8 Story Points »schwer« sind.
- **Risiken:** Es können Performanzprobleme bei der Verarbeitung großer Datenmengen und Kompatibilitätsfragen zwischen Jenkins und dem Testmanagementwerkzeug auftreten.
- **Verfügbarkeit:** Fünf Personen aus der Entwicklung und zwei aus dem Test (Julia Schulz und Peter Maier) sind für den Sprint eingeplant

In der Planungspoker-Runde werden die Stories zunächst von allen Beteiligten einzeln bewertet. Die darauffolgende Diskussion unterschiedlicher Schätzungen führt dann zu folgender Teambewertung:

- **Integration mit Jenkins:** 13 Story Points
- **Ergebnisse im Dashboard anzeigen:** 8 Story Points
- **Berichterstellung:** 5 Story Points

Die Werte ergeben sich aus der Schätzmethode, der Einschätzung des Umfangs, der Komplexität und der Risiken jeder Story sowie der Erfahrung des Teams: Die Integration mit Jenkins wurde mit 13 Story Points relativ groß bewertet, da sie sowohl Backend-Arbeit, API-Testautomatisierung als auch Performanzaspekte umfasst. Das Dashboard ist technisch weniger komplex, aber erfordert UI-Validierung (8 Punkte), während die Berichterstellung dank der Nutzbarkeit vorhandener Bibliotheken vergleichsweise einfach erscheint (5 Punkte).

Umgang mit Risiken und Abweichungen

Da die drei Stories in Summe 26 Story Points ausmachen und die aktuelle Team Velocity bei 30 Story Points liegt, ist das Team zuversichtlich, sie am Ende des nächsten Sprints liefern zu können.

Das Team hat in den letzten Sprints durchschnittlich User Stories im »Wert« von **30 Story Points** realisiert. Basierend auf dieser Erfahrung wird für den kommenden Sprint realistisch geplant, indem maximal 30 Story Points für Entwicklungs- und Testaufgaben berücksichtigt werden. Diese Begrenzung, genannt **Team Velocity**, hilft, Überlastungen zu vermeiden und den Fokus auf qualitativ hochwertige Ergebnisse zu legen.

Allerdings ist vor dem endgültigen *Commitment* des Teams noch ein wesentliches Risiko auszuschließen: Es könnte sein, dass der Test für die drei Stories überproportional viel Aufwand erfordert. Dadurch könnte es passieren, dass die Stories bei Sprint-Ende zwar fertig implementiert, aber nicht erfolgreich getestet sind. Die beiden testerfahrenen Teammitglieder sichern die Teamschätzung daher durch ein zweites Planning Poker ab, indem sie die konkreten Testaufgaben transparent machen. Dabei werden nur noch die Testaspekte der User Stories betrachtet:

- Integration mit Jenkins: automatisierter API-Test mittels Robot Framework, WireMock und JMeter
  - Jede einzelne API-Funktion wird durch Äquivalenzklassenzerlegung und paarweise Parameterkombination getestet.
  - Die Performanz wird mit einem JMeter-Testszenario gemessen. Da es keine von der Product Ownerin spezifizierten Lastanforderungen gibt, werden parallele Zugriffe bei steigender Nutzerzahl auf die Funktionen simuliert, die jeweiligen Antwortzeiten gemessen und als Graph aufbereitet. Diese werden der Product Ownerin im Rahmen der Sprint-Demo vorgelegt.
- Ergebnisse im Dashboard anzeigen: automatisierter End-to-End-Test der Durchführung und Anzeige mittels Robot Framework und WireMock

- Das Team nutzt hierfür die Testfälle, die es für den Test von TestMaster im Laufe der vorangegangenen Sprints bereits automatisiert hat, und zusätzlich die oben dargestellten automatisierten API-Tests der neu implementierten Funktionen.
- Mittels WireMock manipuliert es allerdings einige dieser Testfälle so, dass sie gezielt ein FAIL liefern, damit die Darstellung von fehlgeschlagenen Tests im Dashboard hinreichend geprüft werden kann.

- Berichterstellung: Es erfolgt eine Sichtprüfung der exportierten PDF-Dateien auf Basis einer Checkliste.

Agiler Umgang mit hohem Testaufwand: Kommunikation und schnelle Reaktion

Im zweiten Planning Poker nutzen Julia und Peter nicht abstrakte Story Points, sondern Personentage als Schätzgröße. Sie kommen zu einer Gesamtschätzung von 11 Personentagen. Der Sprint ist üblicherweise so strukturiert, dass am Montagvormittag die Sprint-Planung erfolgt und am Freitagmittag die Sprint-Demo. Dazwischen verbleiben 9 Personentage für die Arbeit am Sprint-Ziel und die täglichen Standups. Julia und Peter informieren das Team gegen Ende der Sprint-Planung darüber, dass sie damit rechnen, die Tests zu zweit nicht komplett realisieren zu können. Nach kurzer Diskussion einigt sich das Team darauf, dass eines der anderen Teammitglieder den Test durch Übernahme der JMeter-Arbeiten unterstützen wird. Mit dieser Vereinbarung beginnt das Team den Sprint.

Umgang mit Fehlern während des Sprints

Im Standup am Dienstag der zweiten Sprint-Woche berichtet Peter über Fehlformatierungen der Grafiken in den PDF-Berichten, die er im Rahmen der visuellen Sichtung bemerkt hat. Er vermutet Fehler in der verwendeten Open-Source-PDF-Bibliothek. Der Scrum Master übernimmt die Aufgabe, das Entwicklungsteam der Bibliothek über den Fehler zu informieren. Nach einigen Stunden bekommt er das Feedback, dass dieser Fehler gefunden wurde und im nächsten Release behoben wird. Allerdings stünde dieses Release erst nach Ende des aktuellen TestMaster-Sprints zur Verfügung. Der Scrum Master schlägt dem Team daher vor, die Bibliothek übergangsweise in der lokalen Entwicklungsumgebung zu patchen, um das Sprint-Ziel noch erreichen zu können. Für den nächsten Sprint wird ein Korrektur-Task eingeplant, durch den wieder auf das öffentlich verfügbare Release der Bibliothek umgestiegen wird.

9.3.2 Testschätzung im Projekt »AutoSafe«

Schwerpunkt der Integrationstests: Sicherstellung der korrekten Interaktion zwischen Modulen

Im aktuellen Projektabschnitt der AutoSafe-Entwicklung stehen die Komponentenintegrationstests im Fokus. Ziele dieser Teststufe sind

- die Überprüfung der korrekten Zusammenarbeit der einzelnen Softwaremodule und

- die frühzeitige Absicherung der korrekten Kommunikation zwischen Software und Hardware durch Simulation der Hardware (SIL).

Detaillierte Testziele: Schnittstellen, Interaktion, Fehler- und Recovery-Verhalten

Für den Komponentenintegrationstest von sicherheitskritischen Steuergeräten sieht das Testhandbuch der Organisation im Einzelnen folgende generische Testziele vor:

- Vollständige Prüfung der Reaktion der Software auf alle spezifizierten Nachrichten an den HW/SW-Kommunikationsschnittstellen (z. B. CAN-Bus)
- Vollständige Testabdeckung aller Interaktionen zwischen den Softwaremodulen (z. B. Notbremsalgorithmus und Sensorsignale)
- Prüfung aller Fehlermodi und Recovery-Funktionen

Die Tests gelten als abgeschlossen, wenn

- obige Abdeckungen nachgewiesen wurden,
- die Rückverfolgbarkeit zu den Anforderungen vollständig dokumentiert ist,
- Fehlerberichte erstellt und behobene Fehler nachgetestet wurden.

Funktionspunktanalyse

Im Projekt wird – wo möglich – die Funktionspunktanalyse (FPA) (s. [Boehm 00], [Poensgen 12], [Broy 13], [ISO 14143]) als Schätzmethodik für den Testaufwand eingesetzt. Die Analyse basiert auf den funktionalen Anforderungen und ermöglicht eine objektive, nachvollziehbare Quantifizierung des voraussichtlichen Aufwands.

Das Testteam verwendet die FPA zur internen Testaufwandsabschätzung, unabhängig von etwaigen FPA-Anwendungen in anderen Bereichen wie Software- oder Hardwareentwicklung. Dennoch informiert es sich regelmäßig über dortige Einsatzbereiche, um aus positiven wie negativen Erfahrungen Rückschlüsse für die eigene Schätzpraxis zu ziehen.

Für den Software-Komponentenintegrationstest von AutoSafe führt das Team einen dedizierten Schätzworkshop durch und identifiziert vorab folgende zentrale Einflussfaktoren auf den Testaufwand:

- **Ressourcen:** Die Testbeteiligten müssen umfangreiche Kenntnisse und Erfahrungen im Umgang mit der Testumgebung und der Beurteilung von Testergebnissen und -beobachtungen besitzen. Ist dies nicht der Fall, erhöht sich der Aufwand für die gesamte Teststufe signifikant. Die komplexe und teure SIL-Umgebung mit den integrierten Werkzeugen ist eine knappe Ressource und muss während der Testzeit zur Verfügung stehen.
- **Risiko:** Der ASIL-Level der jeweiligen Funktion gemäß [ISO 26262] und deren potenzielles Gefährdungspotenzial sollen in die Aufwandsschätzung einfließen. Funktionen mit hoher funktionaler Sicherheit

(z. B. ASIL C oder D) werden mit einem erhöhten Aufwandsfaktor belegt, auch wenn ihre funktionale Komplexität niedrig ist. Diese Anpassung gewährleistet, dass der Testaufwand proportional zur sicherheitsrelevanten Kritikalität skaliert wird.

- **Regulatorik:** Die Norm [ISO 26262] erfordert umfassende Dokumentation und Verifikation. Funktionen mit Sicherheitsaspekten, wie Fehlererkennung, benötigen zusätzliche Testschritte (z. B. Fault Injection, Szenarien für Failure Mode and Effects Analysis – FMEA).
- **Abhängigkeiten zwischen Funktionen:** Funktionen, die stark voneinander abhängig sind (z. B. die CAN-Bus-Kommunikation und Sensorinteraktion), erfordern komplexe Testabläufe, was den Testaufwand erhöht.

Im ersten Schritt **identifiziert** das Team durch die Analyse des Lastenhefts, der technischen Spezifikationen sowie Architekturbeschreibungen und Datenflussdiagramme die folgenden Testobjekte und Funktionen bzw. Testelemente (s. Tab. 9.2):

Tab. 9.2
Testobjekte und Funktionen

Testobjekt	Funktionen/Testelemente
CAN-Bus-Kommunikation	▪ Senden und Empfangen aller Nachrichtentypen über den CAN-Bus.
Interaktion zwischen Notbremsalgorithmus und Sensoren	▪ Korrektes Verarbeiten von Echtzeit-Sensordaten (z. B. Radar- und Kamerasignale). ▪ Auslösen der Bremsfunktion nur bei erkannten Gefahrensituationen.
Fehlererkennung und Recovery	▪ Prüfung der Fehlerbehandlung bei Kommunikationsproblemen und Hardwarefehlern. ▪ Auslösen von Sicherheitsmodi und Notfallmechanismen.

Nun werden die Funktionen anhand der fünf Kategorien der FPA **bewertet:**

- Eingabedaten (External Inputs, EI): Daten, die das System von außen erhält, z. B. Sensorwerte oder Benutzeraktionen.
- Ausgabedaten (External Outputs, EO): Daten, die das System an externe Komponenten liefert, z. B. CAN-Bus-Nachrichten.
- Abfragen (External Inquiries, EQ): Daten, die abgefragt und zurückgegeben werden, z. B. Diagnosedaten.
- Interne Dateien (Internal Logical Files, ILF): Daten, die das System verwaltet, z. B. Logdaten.
- Externe Dateien (External Interface Files, EIF): Daten, die mit externen Systemen ausgetauscht werden, z. B. Fahrzeugdiagnosedaten.

Für jede Funktion werden Punkte gemäß einer standardisierten Tabelle zugewiesen (s. Tab. 9.3, vgl. z. B. [Boehm 00], [Broy 13]).

Tab. 9.3
FPA-Funktionstypen

Funktionstyp	Niedrig	Mittel	Hoch
Eingabedaten (EI)	3	4	6
Ausgabedaten (EO)	4	5	7
Abfragen (EQ)	3	4	6
Interne Dateien (ILF)	7	10	15
Externe Dateien (EIF)	5	7	10

Für die drei oben genannten Funktionen ergeben sich konkret die folgenden Punktzahlen (s. Tab. 9.4):

Tab. 9.4
FPA-Schätzung

Funktion	Funktionstyp	ASIL-Level	Komplexität	Funktionspunkte
CAN-Bus-Kommunikation	EI	D	Hoch	6
	EO	D	Hoch	7
	EIF	D	Hoch	10
Summe				**23**
Sensor-Interaktion	EI	C	Mittel	4
	EO	C	Mittel	5
	ILF	C	Mittel	10
Summe				**19**
Fehlererkennung	EI	D	Hoch	6
	EQ	D	Hoch	6
	EIF	D	Hoch	10
Summe				**22**
Gesamtsumme				**64**

Nun werden die ermittelten Funktionspunkte mit einem risikobasierten Gewichtungsfaktor multipliziert, um den Testaufwand in Personentagen zu schätzen. Die Faktoren orientieren sich am Sicherheitsrisiko der jeweiligen Funktion gemäß [ISO 26262] und basieren auf Erfahrungswerten der Organisation:

- Niedriges Sicherheitsrisiko (z. B. ASIL A oder QM): 2 Personentage pro Funktionspunkt
- Mittleres Sicherheitsrisiko (z. B. ASIL B): 3 Personentage pro Funktionspunkt
- Hohes Sicherheitsrisiko (z. B. ASIL C oder D): 4 Personentage pro Funktionspunkt

Es ergibt sich folgende Schätzung des Gesamtaufwands (s. Tab. 9.5):

Tab. 9.5
Gesamtaufwand in PT

Funktion	Funktions-punkte	ASIL-Level	Aufwand pro Punkt (PT)	Gesamtaufwand (PT)
CAN-Bus-Kommunikation	23	D	4	92
Sensor-Interaktion	19	C	3	64
Fehlererkennung	22	D	4	88
Gesamtsumme	61			244

Diese risikoadaptive Vorgehensweise ermöglicht eine realistischere Aufwandsschätzung für Tests sicherheitskritischer Systeme, da sie die Anforderungen an Testtiefe, Dokumentation und Nachvollziehbarkeit berücksichtigt, die mit steigender Kritikalität exponentiell zunehmen.

Den Gesamtaufwand verteilt das Team nun in einer informellen Expertenschätzung auf kleinere Tasks. Zum einen dient dies einer präziseren Planung, zum anderen auch der Validierung der Plausibilität der Schätzung (s. Tab. 9.6):

Tab. 9.6
Aufwand pro Aufgabe

Thema/Funktion	Aufgabe	Teilaufwand (PT)
CAN-Bus (92 PT)	Testskripte für Nachrichtentests	20
	Konfiguration der CANoe-Simulation	15
	Durchführung und Fehlerbehandlung	40
	Ergebnisanalyse und Dokumentation	17
Sensor-Interaktion	Testskripte für Datenfluss	24
(64 PT)	Validierung des Datenflusses	25
	Ergebnisanalyse und Dokumentation	15
Fehlererkennung	Fehlerinjektionsszenarien	73
(88 PT)	Ergebnisanalyse und Dokumentation	15

9.4 Zusammenfassung

- Die **Testschätzung** ist eine zentrale Aufgabe des Testmanagements. Ihre Ergebnisse beeinflussen Budgetplanung, Terminpläne und Teststrategie – eine realistische und nachvollziehbare Aufwandsschätzung ist daher essenziell.
- Es wird zwischen **Aufwand, Zeit** und **Kosten** unterschieden. Während Aufwand meist in Personentagen geschätzt wird, hängen Zeit und Kosten von zusätzlichen Faktoren wie Parallelisierung, Ressourcenverfügbarkeit und Werkzeugkosten ab.
- **Top-down- und Bottom-up-Schätzungen** bieten unterschiedliche Vorteile. Eine kombinierte Anwendung (zunächst grob, später detaillierter) führt meist zu besseren Ergebnissen.
- Zur Sicherstellung der Vollständigkeit empfiehlt es sich, **Checklisten für Testaktivitäten und Einflussfaktoren** einzusetzen – etwa zur Berücksichtigung von Reifegrad, Testumgebungskomplexität oder ASIL-Level bei sicherheitskritischen Systemen.
- **Unsicherheiten und Risiken** müssen aktiv in die Schätzung einbezogen werden. Dies geschieht durch Pufferzeiten, explizite Risikoanalyse und regelmäßige Überprüfung und Anpassung der Schätzungen.
- Unterschiedliche **Schätzverfahren** kommen je nach Projektkontext zum Einsatz:
  - *Expertengestützte Methoden* (z. B. Delphi, Planning Poker, Drei-Punkt-Schätzung) nutzen die Erfahrung der Beteiligten.
  - *Vergleichende Verfahren* basieren auf historischen Daten oder Referenzprojekten.
  - *Formel- und metrikbasierte Methoden* wie Funktions- oder Testpunktanalyse liefern objektive, strukturierte Ergebnisse.

10 Fehlermanagement

Der Mehrwert des Testens liegt – neben dem Nachweis der Qualität – im Aufdecken von Anomalien zwischen dem Istverhalten des getesteten Systems und dem gewünschten Sollverhalten. Um Anomalien beurteilen und beheben zu können, benötigt die Entwicklung einen Fehlerbericht mit möglichst detaillierten Informationen über Symptome und Konsequenzen jeder Anomalie sowie Hinweise zu deren Reproduktion. Ein besonderes Augenmerk im Testprozess muss demzufolge auf der exakten Dokumentation und Verfolgung von Anomalien liegen.

In diesem Kapitel wird ein allgemeiner Prozess hierfür vorgestellt und konkrete Implementierungen in verschiedenen Projektkontexten diskutiert. Des Weiteren wird dargelegt, wie statistische Ergebnisse des Fehlermanagements zur Prozessverbesserung genutzt werden können.

Mit den Inhalten dieses Kapitels können Sie für die Prüfung zum ISTQB© Certified Tester Advanced Level Test Management …

- *TM-2.3.1 (K3) … einen Fehlermanagementprozess samt Fehlerworkflow umsetzen, der zur Überwachung und Steuerung von Fehlerzuständen verwendet werden kann.*
- *TM-2.3.2 (K2) … den Prozess und die erforderlichen Teilnehmer für ein effektives Fehlermanagement erklären.*
- *TM-2.3.3 (K2) … die Besonderheiten des Fehlermanagements in der agilen Softwareentwicklung erklären.*
- *TM-2.3.4 (K2) … die Herausforderungen für das Fehlermanagement bei der hybriden Entwicklung von Software erklären.*
- *TM-2.3.5 (K3) … die Daten und Klassifizierungen verwenden, die während des Fehlermanagements gesammelt werden sollen.*

- *TM-2.3.6 (K2) ... erklären, wie Statistiken aus Fehlerberichten verwendet werden können, um daraus Prozessverbesserungen abzuleiten.*

10.1 Die Kausalkette von Fehlern

Fehlhandlung → Fehlerzustand → Fehlerwirkung

Software enthält Fehler – jedenfalls ist dies die umgangssprachliche Bezeichnung. Viele Standards und die Lehrpläne des ISTQB® differenzieren zwischen **Fehlerwirkung, Fehlerzustand** und **Fehlhandlung**. Fehlerwirkungen (*failures*) sind die von außen beobachtbaren Ereignisse, bei denen eine Komponente oder ein System während seiner Ausführung seine Anforderungen im spezifizierten Rahmen nicht erfüllt. Ursache dafür sind im Allgemeinen Fehlerzustände (*defects, bugs*), also Unzulänglichkeiten oder Mängel in den Arbeitsergebnissen, sodass Anforderungen oder Spezifikationen nicht erfüllt oder die beabsichtigte Verwendung beeinträchtigt werden. Fehlerzustände betreffen oft falschen Programmcode, fehlerhafte Daten oder Konfigurationen, aber auch fehlerhafte Anforderungen des Systems. Fehlerzustände werden meistens herbeigeführt durch Fehlhandlungen (*root causes*) der an der Entwicklung beteiligten Menschen (oder Generatoren, künstlichen Intelligenzen usw.).

Dynamisches Testen deckt Fehlerwirkungen auf, statisches Testen Fehlerzustände.

Eine der Hauptaufgaben des dynamischen Testens ist es, auf effiziente Weise möglichst alle potenziellen Fehlerwirkungen des Systems, die im Einsatz auftreten können, bereits während der Entwicklung zu entdecken. Statisches Testen trägt wesentlich dazu bei, Fehlerzustände in Quellcode, Designspezifikationen, Anforderungen usw. aufzudecken. Fehlhandlungen vermeidet man z. B. durch gute Prozesse, hohe Qualifikation der Beteiligten und »Clean Programming«. Je früher die Kausalkette von Fehlhandlungen, Fehlerzuständen und Fehlerwirkungen gebrochen wird, desto weniger Kosten fallen an und die Qualität des Produkts wird gesteigert.

Fehlermanagement umfasst die Verwaltung von Fehlerwirkungen und Fehlerzuständen.

»Fehlermanagement« bezeichnet die Prozesse, Dokumente und Werkzeuge zur Verwaltung von Fehlerwirkungen und Fehlerzuständen. Die wesentlichen Eingangsinformationen in den Prozess sind **Fehlerberichte**, die das Auftreten, die Art und den Status von gefundenen Fehlerwirkungen dokumentieren und eine der wesentlichen Informationen zur Behebung der diese bewirkenden Fehlerzustände darstellen. In manchen Organisationen werden im Rahmen des Fehlermanagements auch Informationen gesammelt, um zugrunde liegende Fehlhandlungen aufzudecken und künftig zu vermeiden.

10.2 Falsch positive und falsch negative Testergebnisse

Testergebnis falsch positiv oder ...

Auch Testbeteiligte begehen bei ihrer Arbeit Fehlhandlungen und beschreiben beispielsweise Fehlerwirkungen, die gar keine sind. Unter Umständen resultieren sie aus einem falsch spezifizierten oder fehlerhaft automatisierten Testfall oder aus fehlerhaften Randbedingungen in den Testdaten oder in der Testumgebung. Der Testfall signalisiert dann zu Unrecht eine Anomalie. Das Testergebnis ist »falsch positiv«.

... falsch negativ

Ebenso ist möglich, dass ein oder mehrere Testfälle zu einem im Testobjekt tatsächlich vorhandenen Fehlerzustand keine Fehlerwirkung aufdecken (obwohl die Testfälle die entsprechende Funktionalität adressieren), weil die zugehörigen Testdaten den betreffenden fehlerhaften (Sonder-)Fall eben doch nicht enthalten oder der Testfall selbst fehlerhaft ist. Das Testergebnis ist dann »falsch negativ«.

10.3 Der grundlegende Lebenszyklus von Fehlern

Fehler(berichte) durchlaufen im Prinzip den folgenden Lebenszyklus entlang des → **Fehlerworkflows:**

Fehlerlebenszyklus: Dokumentation, Analyse, Behebung, Abschluss

- Eine Anomalie bzw. eine Fehlerwirkung wird im Rahmen von dynamischem oder statischem Testen gefunden und dokumentiert (»gemeldet«). Die Dokumentation dient vor allem dazu, die Anomalie reproduzieren und die Analyse unterstützen zu können. Dazu werden im Allgemeinen Informationen wie die an der Findung beteiligten Personen, der zugrunde liegende Entwicklungsstand des Testobjekts und der zur Anomalie führende Testfall festgehalten.
- Danach wird die Anomalie analysiert. Hier finden verschiedene Aktivitäten statt, die sich je nach Entwicklungsprozess, Projekt und Kontext stark unterscheiden können.
- Ein mögliches Ergebnis der Analyse ist, dass der Fehlerbericht verworfen wird, z. B. weil es sich um eine falsch positive Meldung handelt. Auch mehrfache Meldungen der gleichen Anomalie können verworfen werden.
- Die Analyse kann auch zur Überarbeitung des Fehlerberichts führen, z. B. wenn die Beschreibung zur Reproduktion unvollständig ist oder sonstige Informationen fehlen.
- Ansonsten wird der zugrunde liegende Fehlerzustand behoben. Die (vermutete) Korrekturmaßnahme wird in einen neuen Entwicklungsstand des Testobjekts eingebracht.

- Mit diesem neuen Entwicklungsstand wird versucht, die Anomalie zu reproduzieren, d. h., es wird ein Fehlernachtest durchgeführt. Kann die Anomalie nicht reproduziert werden, so gilt der Fehlerbericht als erledigt.
- Andernfalls wird der Fehlerbericht erneut analysiert.

Im CTAL-TM wird der Fehlerworkflow in dem einfachen Zustandsübergangsmodell in Abbildung 10.1 dargestellt.

Abb. 10.1
Zustandsübergangsmodell für einen einfachen Fehlerworkflow

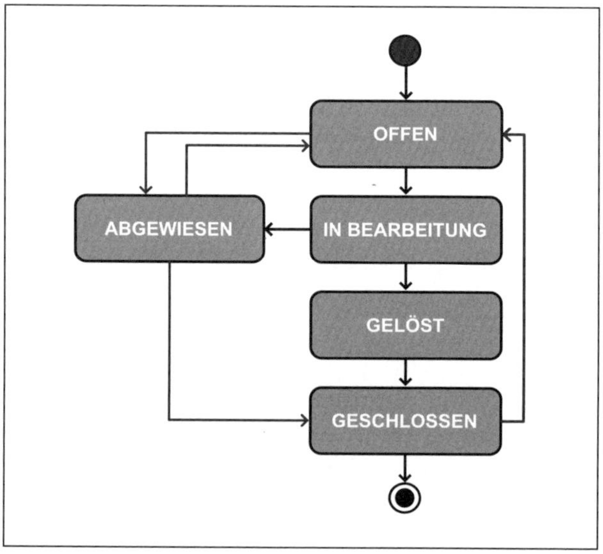

Die Zustände in diesem Fehlerworkflow entsprechen dem Status des Fehlerberichts und sind der obigen Beschreibung des Lebenszyklus wie folgt zuzuordnen:

- OFFEN (*open*): Die Dokumentation der Anomalie wird erstellt.
- ABGEWIESEN (*rejected*): Der Fehlerbericht wird verworfen.
- IN BEARBEITUNG (*in progress*): Die Anomalie ist in Bearbeitung, d. h., es finden Aktivitäten zur Analyse oder Behebung statt.
- GELÖST (*solved*): Die Aktivitäten zur Behebung sind abgeschlossen, die Anomalie soll nachgetestet werden.
- GESCHLOSSEN (*closed*): Die Anomalie wurde erfolgreich nachgetestet und gilt als behoben, die Meldung wird geschlossen.

Einen etwas komplexeren Fehlerworkflow beschreiben Spillner und Linz (s. [Spillner 24], dort Abschnitt 6.4.4).

10.4 Detaillierter Fehlerworkflow und Fehlermanagementwerkzeuge

Der einfache Fehlerlebenszyklus muss an die eigenen Anforderungen angepasst werden.

Manche Teams oder Organisationen arbeiten mit dem oben beschriebenen oder einem vergleichbaren einfachen Fehlerworkflow, auch wenn die Bezeichnungen der Status bzw. Zustände sich oftmals unterscheiden. In vielen Fällen, besonders in wasserfallähnlichen oder hybriden Entwicklungsprozessen oder in komplexen Organisationen, ist das Modell aber oft nicht feingranular genug, da die Bearbeitung durch unterschiedliche Positionen oder sogar Abteilungen erfolgt.

Dann muss der Fehlerworkflow an die speziellen Bedürfnisse angepasst werden, z. B. durch

- zusätzliche Zustände zur mittel- bis langfristigen Planung der Bearbeitung einer Anomalie, z. B. verschoben auf nächstes »Minor«-Release, verschoben auf nächstes »Major«-Release, verschoben auf Release xy,
- unterschiedliche Zustände für abgewiesene Meldungen, um beispielsweise Duplikate von falsch positiven Meldungen unterscheiden und für Statistiken und darauf basierende Prozessverbesserungen nutzen zu können,
- detaillierte Bearbeitungszustände, durch die verschiedene Arbeitsphasen von der Analyse über verschiedene Korrekturarbeiten bis zur Bereitstellung der Korrektur dargestellt werden können,
- unterschiedliche Rollen und angepasste Rechte der einzelnen Rollen (s. folgender Abschnitt), z. B. die zusätzliche Erlaubnis für das Testmanagement, Meldungen auf »erledigt« zu setzen,
- die Verlagerung von Aktivitäten von den Einzelrollen zum Fehlermanagement-Ausschuss (s. u.), verbunden mit Regularien, nach welchen Kriterien dort Entscheidungen bezüglich Statuswechsel getroffen werden.

Tipps zur Implementierung des eigenen Fehlerstatusmodells

Dabei erweist es sich allerdings als sinnvoll, an einigen Gemeinsamkeiten festzuhalten wie beispielsweise

- einem einzigen Endzustand (um aussagekräftige Statistiken zu ermöglichen),
- gleicher Benennung der Zustände mit bedeutungsgleichen Zuständen, z. B. für User Stories und Tasks in agilen Prozessen (um das gemeinsame Management aller Artefakte auf einem einzigen Taskboard zu ermöglichen),
- einer organisationsweiten Diskussion und Implementierung des Fehlerworkflows, um z. B. Personalwechsel zwischen Projekten oder Abteilungen mit wenig Einarbeitungsaufwand zu ermöglichen.

Beispiel: Entwicklung eines Fehlerstatusmodells im Projekt DiaFlow

Im Projekt DiaFlow entwickelt das Testteam gemeinsam mit Projektbeteiligten ein Zustandsübergangsmodell auf Basis des im CTAL-TM beschriebenen Fehlerworkflows.

Thomas (Testmanager): »*Laut ISTQB®-Lehrplan empfiehlt sich für unsere Fehlerbehandlung ein strukturierter, wiederholbarer Workflow – mindestens mit den Zuständen OFFEN, ABGELEHNT, IN BEARBEITUNG, GELÖST, GESCHLOSSEN. Ich würde das gern anhand unserer hybriden Struktur auf DiaFlow anpassen.*«

Sarah (SW-Testerin): »*Ich finde die Zustände BESTÄTIGT und IN BEARBEITUNG auch in unserem bisherigen Jira-Workflow wieder. Der Fehlerbericht ist dort in beiden OFFEN. Aber wie halten wir fest, wenn der Fehler nicht nachvollziehbar ist oder der Fehlernachtest fehlschlägt?*«

Thomas: »*Guter Punkt. Wir könnten einen Sammelzustand OFFEN anlegen, darin dann ABGELEHNT durch IN KLÄRUNG ersetzen und dorthin auch von IN ANALYSE hinkommen. Fehlgeschlagene Fehlernachtests können wir FLOP nennen. Das verfeinert im ISTQB®-Modell den Übergang von GELÖST nach OFFEN. Wir können den Begriff intern verwenden, aber sollten ihn sauber dokumentieren.*«

Maria (SW-Teamleitung): »*Ich fände es gut, wenn wir den Zustand IN BEARBEITUNG in IN KORREKTUR und IN FEHLERNACHTEST trennen, denn beides findet ja nacheinander statt. So sähe man, ob der Fehler noch in Korrektur oder schon im Test ist, was wichtig für die Abstimmung mit dem Hardwareteam ist.*«

Jürgen (HW-Leiter): »*Genau! Für uns in der Hardwerentwicklung ist zusätzlich wichtig, dass ein Fehler nicht gleich GESCHLOSSEN wird. Die Nachtestphase muss dokumentiert und nachvollziehbar sein, gerade im Hinblick auf ISO 13485. Ich schlage daher ein Quality Gate zwischen IN FEHLERNACHTEST und GESCHLOSSEN vor, z. B. als neuen Zustand ERLEDIGT.*«

Julia (HW-Testerin): „*Und was ist mit GESCHLOSSEN? Ist das dann der Zustand, wenn wir den Fehlerbericht vollständig archiviert haben – z. B. für Audit-Zwecke?*«

Thomas: »*Richtig! ERLEDIGT bedeutet, dass der Fehler aus Sicht des Testprozesses abgeschlossen ist, und GESCHLOSSEN heißt, dass er im Projekt administrativ endgültig abgelegt wurde – z. B. durch QA-Freigabe oder Zulassungsreview.*«

Den erweiterten Fehlerworkflow im Projekt DiaFlow zeigt Abbildung 10.2.

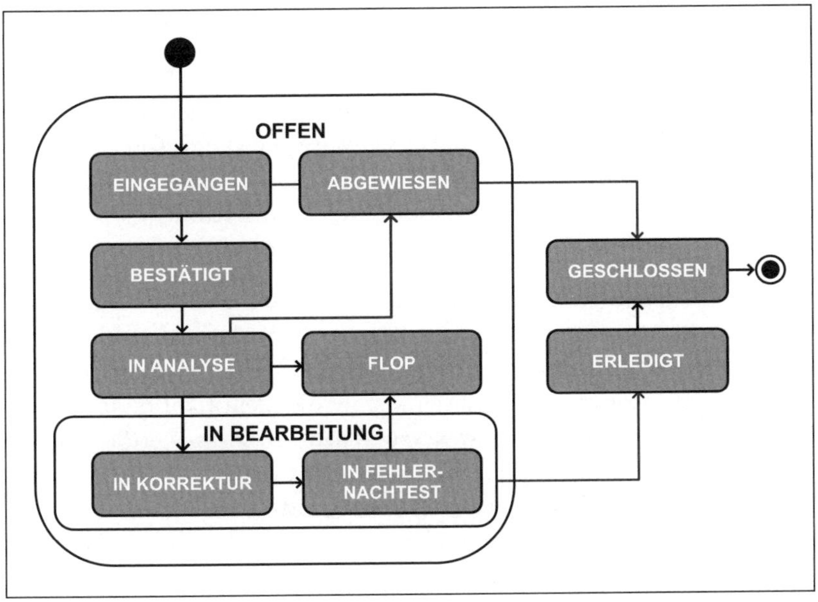

Abb. 10.2
Fehlerworkflow im Projekt DiaFlow

Weitere Hinweise zum Fehlermanagementprozess gibt der Standard [IEEE 1044] sowie die zum Zeitpunkt der Drucklegung dieses Buches noch als Normentwurf (*draft international standard,* DIS) vorliegende [ISO DIS 23612].

Fehlermanagementwerkzeuge

Üblicherweise werden komplexere Fehlerworkflows mittels eines Anomalie- oder Fehlermanagementsystems (→ *Defect Management System*)[1] implementiert, was viele Vorteile und Effizienzgewinne mit sich bringt, beispielsweise (s. hierzu auch Kapitel 7):

- die Unterstützung der beteiligten Rollen durch definierte Schreib- und Leserechte, spezifische Bildschirmansichten und Berichtsformate und ein Benachrichtigungssystem,
- Schnittstellen zu anderen Prozesswerkzeugen wie Anforderungs-, Test- und Konfigurationsmanagementsystem,
- diverse Auswertungen und Statistiken zur Beurteilung der aktuellen Produkt- und Prozessqualität.

Viele weitere Hinweise inklusive detaillierter Prozessbeschreibungen sowie Anforderungen an Fehlermanagementwerkzeuge finden sich im Standard [ISO 23531].

1. Für derlei Systeme sind etliche weitere Begriffe gebräuchlich wie z. B. »Defect Tracking Tool«, »Bug Tracking System«, »Problem Database«, »Incident Management System« etc.

10.5 Beteiligte Rollen und Interessen im Lebenszyklus

Rollen und Interessenausgleich im Fehlermanagement

Die verschiedenen Positionen, die in jeweils unterschiedlicher Funktion bzw. Rolle an der Bearbeitung eines Fehlerberichts mitwirken, haben teilweise überschneidende, sich aber teilweise auch widersprechende Interessen. Analog zum Lebenszyklus gibt es eine generische Einordnung von Rollen, die je nach Organisation, Projekt und Kontext so oder anders bezeichnet werden und durch weitere Rollen ergänzt werden.

- Die **Testbeteiligten** identifizieren Anomalien und dokumentieren und kommunizieren diese durch einen Fehlerbericht. Nach Behebung eines Fehlerzustands führen sie den Fehlernachtest und Regressionstest durch. Sie realisieren über die Identifikation und Behebung von Anomalien einen wesentlichen Teil ihres Wertbeitrags im Entwicklungsprozess. Sie sind daran interessiert, dass insbesondere solche Fehlerwirkungen schnell behoben werden, die den Test und Entwicklungsbetrieb stören oder gar aufhalten (»Showstopper«).
- Die **Entwicklungsbeteiligten** analysieren Anomalien (ggf. gemeinsam mit den Testbeteiligten) und beheben Fehlerzustände. Da die Ursache von Fehlerwirkungen nicht immer nur in der Implementierung, sondern auch in der Anforderungs- und Entwurfsphase eines Systems liegen kann, sind hierunter sowohl Personen aus der Programmiererung als auch aus dem Softwareentwurf und der Anforderungsermittlung sowie der Modellierung zu verstehen. Sie sind daran interessiert, möglichst die Fehlerzustände zu beheben, die sich mit wenig Aufwand korrigieren lassen, um »den Tisch wieder frei zu bekommen«.
- Das **Produktmanagement** verantwortet das aus dem Entwicklungsprojekt entstehende Produkt. Es priorisiert Korrekturen und genehmigt Änderungswünsche. Diese Position ist daran interessiert, mit möglichst geringen Kosten eine möglichst hohe Kundenzufriedenheit herzustellen; dabei werden Änderungs- oder Erweiterungswünsche im Einzelfall auch der Behebung von Fehlerzuständen vorgezogen.
- Die **Kunden** wirken in manchen Projektsituationen (insbesondere bei der Entwicklung von Individualsoftware) u. U. eng im Entwicklungsprozess mit und bewerten neu auftretende Anomalien hinsichtlich der Relevanz für den Praxiseinsatz des Systems; Kunden melden ggf. auch selbst Anomalien – die sich in vielen Fällen als Änderungswünsche herausstellen. Kunden wünschen ein qualitativ hochwertiges Produkt, d. h. eines, das die persönlichen Erwartungen (die u. U. diffus sind und/oder die er/sie evtl. nicht klar kommuniziert) erfüllt.

Um diese unterschiedlichen und sich teilweise widersprechenden Interessen auszugleichen, dient in einem Fehlermanagementprozess die folgende Instanz:

Fehlermanagement-Ausschuss

- Der **Fehlermanagement-Ausschuss** (oder Fehler-Triage-Ausschuss, *Defect Management Committee, Change Control Board/CCB*) begleitet den Lebenszyklus der Fehler und entscheidet über die Behebung und ggf. Priorisierung oder Zurückweisung von Fehlerberichten und Änderungswünschen. Üblicherweise wird dieses Gremium durch jeweils eine Person, die das Testteam und das Entwicklungsteam vertritt, sowie den oder die Produktverantwortlichen und ggf. weitere Stakeholder des Projekts oder des resultierenden Produkts gebildet. Dadurch kann es Risiken, Kosten und Nutzen einer Behebung aus allen relevanten Sichten diskutieren und abwägen. Um dies effizient leisten zu können, tagt es am besten in Form eines regelmäßigen Meetings und tauscht sich nicht (nur) durch Eintragungen im Fehlermanagementsystem aus, sondern nutzt das System als Datenbasis.

In großen Projekten oder Organisationen mit ggf. mehreren Entwicklungs- und Testteams wird oftmals noch eine zusätzliche Position etabliert:

- Das **Fehlermanagement** übernimmt eine zentrale Rolle im Testmanagement durch die Organisation der Erfassung, Analyse und Nachverfolgung von Anomalien. Die Aufgaben umfassen die Einrichtung und den Betrieb eines robusten Fehlermanagementprozesses, die Verwendung geeigneter Werkzeuge zur Fehlerverfolgung, die Sicherstellung einer transparenten Kommunikation zwischen den beteiligten Teams und die Leitung des Fehlermanagement-Ausschusses. In sicherheitskritischen Projekten, wie z. B. im Automobil- oder Medizinbereich, ist diese Rolle besonders wichtig, da strenge Normen und regulatorische Anforderungen erfüllt werden müssen (z. B. [ISO 26262], [DIN 13485]).

  Ein weiterer wesentlicher Aspekt dieser Rolle des Fehlermanagements ist die Integration von Fehlerdaten in kontinuierliche Verbesserungsprozesse. Das Fehlermanagement analysiert Muster und Trends in den Fehlerberichten, um Ursachen zu identifizieren und proaktiv Maßnahmen zu entwickeln, die zukünftige Fehlerursachen verhindern können. Darüber hinaus ist die Rolle zuständig für die Dokumentation der Ergebnisse, Erstellung von Berichten für Stakeholder und die Unterstützung der Nachverfolgbarkeit von Anforderungen und deren Verifikationen. In hybriden oder agilen Szenarien sorgt das Fehlermanagement dafür, dass die Fehlerkommunikation ohne Zeitverzug erfolgt und in iterativen Entwicklungszyklen optimal berücksichtigt wird, um die Qualität kontinuierlich zu verbessern.

10.6 Attribute und Detailgrad von Fehlerberichten

Fehlerdokumentation ist eine Abwägung von Kosten und Nutzen.

Die Personen, die Anomalien aufdecken, sind in der Regel andere als die Personen, die diese analysieren und beheben. Wieder andere, z. B. Projekt- und Produktmanager, treffen evtl. weitreichende Entscheidungen auf Basis der dokumentierten Anomalien. Grundsätzlich erscheint es also sinnvoll, möglichst viele Details zu jeder Anomalie zu sammeln, aufzubereiten und zu dokumentieren. Dies kostet jedoch viel Zeit und Aufwand. Dabei spielt es zunächst keine Rolle, ob ein Fehlerbericht einfach per E-Mail, mithilfe eines Spreadsheet in einer Tabellenkalkulation oder über eine spezialisierte Datenbank dokumentiert und übermittelt wird. Um eine effiziente Bearbeitung zu unterstützen, muss die Dokumentation unabhängig vom Medium und Detailgrad aber bestimmten Ansprüchen genügen. Mindestanforderungen an einen → **Fehlerbericht** sind die Dokumentation des Auftretens, der Art und des Status der Anomalie bzw. eines Fehlerzustands.

Vollständigkeit und Klarheit

Anforderungen an die Dokumentation einer Anomalie

- Die Beschreibung des Sachverhalts muss eine einfache und eindeutige Reproduktion der Fehlerwirkung und Behebung des Fehlerzustands ermöglichen:
  - Der Testablauf und die ggf. notwendigen Eingabeparameter werden vollständig beschrieben. Im Idealfall verweist die Meldung direkt auf eine Testfallspezifikation und/oder eine automatisierte Testprozedur, mit der die Fehlerwirkung seitens der Entwicklung reproduziert werden kann. Für nicht-funktionale Anforderungen, wie Performanz oder Sicherheit, müssen ggf. zusätzliche spezifische Bedingungen dokumentiert werden, z. B. Lastbedingungen, Testvolumen oder Schwellenwerte.
  - Die Meldung soll dennoch so knapp wie möglich formuliert sein, d. h. keine überflüssigen Bestandteile haben. Unter anderem soll nur ein einzelnes, möglichst eng umrissenes Problem adressiert werden, keine Kombination aus mehreren Anomalien.
  - Die Testumgebung, in der der Test durchgeführt wurde, und alle ggf. weiteren notwendigen Randbedingungen werden genau dokumentiert, z. B. Version des Testobjekts, Plattform, getestete Komponente oder Subsystem.
  - Die Meldung soll nur objektive Fakten beinhalten. Interpretationen oder Vermutungen sollen vermieden oder zumindest klar als solche gekennzeichnet werden.

Priorisierung und Fehlerschweregrad

- Es muss möglich sein, eine Menge von Meldungen entsprechend der Dringlichkeit ihrer Bearbeitung relativ zueinander zu priorisieren, um sie gemäß der zugewiesenen Priorität bearbeiten und die betreffenden Anomalien beheben zu können. Zur Ermittlung der Priorität soll z. B. das mit der Fehlerwirkung verbundene Produktrisiko aus verschiedenen Blickwinkeln, z. B. von Anwendern und von Testbeteiligten, bewertet werden.
- Der → Fehlerschweregrad (z. B. Absturz, Fehlfunktion, Schönheitsfehler) hilft, die Auswirkungen auf Entwicklung oder Einsatz der Komponente oder des Systems zu bewerten.

Steuerbarkeit

- Da an der Bearbeitung einer Anomalie im Allgemeinen mehrere Personen beteiligt sind, muss eine effiziente Steuerung der anfallenden Arbeiten unterstützt werden. Diese kann beispielsweise über eine eindeutige Zuordnung eines Bearbeitungsstatus und der verantwortlichen Personen für die Fehleranalyse, die Fehlerbehebung und den Fehlernachtest erfolgen.
- Erfasst werden soll auch das Datum, an dem ein (Status-)Übergang im Lebenszyklus der Meldung stattfindet, sowie (soweit möglich) der Zeitaufwand, der je Status für die Bearbeitung der Anomalie (Erfassungs-, Analyse-, Korrekturaufwand) aufgewendet wurde. Dies ermöglicht hilfreiche, projektweite Auswertungen über die für Test, Analyse und Korrekturen anfallenden Aufwände.

Grundregeln für die Kommunikation

Diese Anforderungen machen es erforderlich, für Fehlerberichte zur Kommunikation der Anomalien und Fehlerwirkungen ein festes und für alle Varianten gemeinsames Schema zu nutzen, das je nach Kommunikationsmittel als E-Mail- bzw. Dokumenten-Template oder als Datenbankschema vorliegen kann. Das folgende Beispiel aus dem DiaFlow-Projekt zeigt die Anwendung eines solchen Schemas (s. Tab. 10.1).

Tab. 10.1 *Fehlerbericht-Template in DiaFlow*

Kategorie	Details
Nummer	DEF-2025-00134
Testobjekt	Dialysegerät Modell DiaFlow-2025
Version	Firmware v3.2.5 / Software v2.1.8 / Hardware Revision H-02
Plattform	Testumgebung mit simulierten Alarmbedingungen, Hardware auf Prototypenplattform
Entdecker	Anna Müller (SW-Testerin)

→

Kategorie	Details
Beheber	Maria Schmitz (SW-Teamleiterin, Embedded Systems)
Status	Offen
Status-Übergänge	Offen (erstellt: 04.01.2025)
Zeitaufwand je Status	Erfassung: 15 Minuten, Analyse: Noch nicht begonnen
Fehlerschweregrad	Fatale Fehlerwirkung (sicherheitskritisch)
Priorität	Sehr Hoch (PRIO 0) – Risikoanalyse zeigt potenziellen Sicherheitsvorfall bei verzögertem Eingreifen
Anforderungen	ANF-005: »Alarmreaktionszeit ≤ 1 Sekunde« ANF-012: »Visuelle und akustische Signale müssen synchronisiert sein.«
Fehlerquelle	Embedded Software / Alarmsteuerung
Testfall	TF-127: Alarmreaktion bei simuliertem Druckabfall im Dialysekreislauf
Testprozedur	Automatisierter Testablauf in CI-Pipeline unter Verwendung von Alarmgenerator-Skripten v1.3
Problem/Symptom	- Verzögerung von durchschnittlich 2,5 Sekunden bei der Reaktion auf simulierten Druckabfall - Akustischer Alarm korrekt, visuelle Anzeige verzögert um weitere 0,5 Sekunden
Testumgebung	- Testplattform: Simulationsumgebung mit Alarmgenerator v1.3 - Eingabewerte: Druckabfall von 10 mmHg/s - Softwareumgebung: CI-Build 1256 - Schwellenwerte: Maximale Alarmreaktionszeit 1 Sekunde
Reproduzierbarkeit	Tritt in 9 von 10 Testläufen auf.
Korrekturmaßnahmen	- Analyse der Verzögerung in der Alarmsteuerungsroutine - Optimierung der Kommunikationslatenz zwischen Mikrocontroller und Benutzeroberfläche
Kommentare	- **Tester** (Anna Müller): »Die Diskrepanz zwischen akustischem und visuellem Signal könnte Nutzer verwirren, was bei sicherheitskritischen Alarmen zu verzögertem Eingreifen führen kann.« - **Entwickler** (Maria Schmitz): »Vermutlich liegt die Ursache in einer Race Condition in der Softwarearchitektur der Alarmsteuerung.«
Verweise	- **Verwandte Fehler:** DEF-2025-00112 (Inkorrekte Anzeige von Alarmprioritäten) - **Testfälle:** TF-127 (Alarmreaktion), TF-134 (Visuelle Synchronisation)

10.7 Fehlerberichte und enthaltene Informationen

Werden für alle Fehlerberichte die beschriebenen Informationen detailliert erhoben, dann können diese in vielfältiger Weise ausgewertet und daraus wertvolle Einsichten in Projekt, Prozess und Produkt gewonnen werden (s. dazu auch Kapitel 8). Folgende Zusammenhänge können beispielsweise erhoben und gezielt für Verbesserungen genutzt werden:

- **Projektstatus**
  - Der durchschnittliche Aufwand zur Behebung von Fehlerzuständen,
  - die Anzahl der noch nicht behobenen Fehlerzustände und
  - die Rate von neu gefundenen Fehlerwirkungen

  geben einen Eindruck über den Fortschritt der Tests. Sie können als Grundlage für eine Schätzung des notwendigen Test- und Fehlerbehebungsaufwands genutzt werden.

- **Produktqualität**
  - Die Anzahl der noch nicht behobenen Fehlerzustände eines Produktinkrements und
  - deren Schwere und Verteilung über die Subsysteme und Komponenten

  zeigen, ob die Qualitätsziele erreicht wurden und welche Bereiche noch kritisch sind. In diesen Bereichen soll der Test intensiviert werden, gemäß der Faustregel »Wo viele Fehler sind, da warten noch mehr«.

- **Prozessleistung**
  - Die Prozessphase, in der ein Fehlerzustand entsteht,
  - die Phase, in der er erkannt wird, und
  - die Phase, in der er behoben wird,

  sollen möglichst kurz aufeinander folgen. Die dort gewonnenen Erkenntnisse können für gezielte Prozessverbesserungen sowie zur Verbesserung der verwendeten Testverfahren unterstützt werden.

10.8 Fehlermanagement in agilen Teams

In agilen Teams unterliegt das Fehlermanagement besonderen Herausforderungen und Anpassungen. Diese ergeben sich direkt aus den Prinzipien, die im Agilen Manifest [URL: Agiles Manifest] ihren Ursprung haben:

- *Individuen und Interaktionen sind wichtiger als Prozesse und Werkzeuge:* Agile Teams bevorzugen sehr leichtgewichtige, schnell anpassbare Vorgehensweisen für das Fehlermanagement und integrieren die Erfassung und Verwaltung von Fehlerberichten häufig in ihr gewohntes Taskboard, um den Mehraufwand und die empfundene Schwerfälligkeit mehrerer Werkzeuge zu vermeiden. Moderne elektronische Taskboards gestatten die Unterscheidung von Tasks verschiedener Art (z. B. Anforderungen und Anomalien) sowie die Verknüpfung von Tasks untereinander (für die Nachverfolgbarkeit zwischen Anomalien und Anforderungen).
- *Funktionierende Software ist wichtiger als umfassende Dokumentation:* Es wird angestrebt, Anomalien durch kurze Feedbackschleifen so nah an der Quelle wie möglich zu erkennen und schnell zu beheben; neu aufgetretene Anomalien werden, falls sie nicht durch dieses unmittelbare Feedback vermieden oder schnell gefunden werden, im täglichen Standup angesprochen und durch möglichst unmittelbare und direkte Zusammenarbeit behoben. Dokumentiert werden nur solche Anomalien, für die das nicht möglich ist, oder solche, die durch externe Beteiligte (z. B. Zulieferer, andere Teams) behoben werden müssen.

Durch die Kombination aus adaptiven Prozessen, moderner Werkzeugunterstützung und enger Teamkollaboration gelingt es agilen Teams, ein effizientes und transparentes Fehlerzustandsmanagement zu etablieren.

Beispiel TestMaster: Fehlermanagement im agilen Stil

Das Management von Anomalien im Kontext des Szenarios »TestMaster« basiert auf agilen Prinzipien und ist stark in die Scrum-Methodik integriert. Der zusätzliche Aufwand, der durch einen komplexen Fehlermanagementprozess entstehen würde, wird so weit wie möglich durch direktes Feedback, enge Zusammenarbeit und konstruktive Qualitätssicherung vermieden.

Praktiken mit Fokus auf direktes Feedback statt Fehlermanagement

- **Peer Programming:** Besonders zu Beginn eines Sprints sowie bei der Realisierung besonders komplexer Funktionen nutzen die Teammitglieder sporadisch Peer Programming, um Fehler bei der Codierung sofort finden bzw. ihre Entstehung verhindern zu können.
- **Regelmäßige Codereviews:** Besonders erfahrene Personen im Team wenden einen Teil ihrer Arbeitszeit auf, um Code von Teammitgliedern zu prüfen, um mögliche Schwachstellen (insbesondere potenzielle Sicherheitslücken) frühzeitig zu erkennen und zu beheben.

- **Automatisierte Tests:** Um zu verhindern, dass neue Fehlerwirkungen längere Zeit unerkannt im System bleiben, werden automatisierte Unit Tests sowie Integrations- und Regressionstests in die kontinuierliche Integration (CI) eingebettet. Diese Tests laufen bei jedem Commit und geben sofortiges Feedback zur Codequalität.
- **Explorative Tests:** Neue Features werden im Sprint ihrer Entstehung explorativ getestet; auch hierbei wird Feedback über gefundene Auffälligkeiten direkt kommuniziert. Nach gemeinsamer Entscheidung des Teams werden die explorativen Tests in den nächsten Sprints zumindest teilweise automatisiert, um die Abdeckung der Testautomatisierung schrittweise zu erhöhen.

Schlankes, anpassbares Fehlermanagement

- **Toolbasiertes Tracking:** Fehler werden, sofern überhaupt nötig, in JIRA [URL: JIRA] erfasst, einem Tool, das speziell für agile Entwicklungsumgebungen geeignet ist. Dies ermöglicht die zentrale Verwaltung und Nachverfolgbarkeit von User Stories, Tasks und Fehlerberichten in einem gemeinsamen Werkzeug.
- **Tägliche Kategorisierung und Priorisierung von Anomalien:** Anomalien, deren Behebung substanziellen Arbeitsaufwand bedeutet oder die die Arbeit von einzelnen oder mehreren Teammitgliedern blockieren, werden (s. o.) in JIRA erfasst und in den täglichen Standup-Meetings besprochen. Falls notwendig stimmt sich das Team mit dem Product Owner ab, um zu entscheiden, in welcher Reihenfolge die Fehlerzustände behoben werden sollen und ob ggf. die Behebung auf einen der folgenden Sprints verschoben wird.

Beteiligte Rollen und ihre Verantwortung

- **Scrum Master:** Moderiert die Diskussionen zu Fehlern in den Standup-Meetings und hilft dabei, Blockaden bei der Fehlerbehebung zu beseitigen.
- **Product Owner:** Verwaltet das Product Backlog und legt die Prioritäten für Fehlerbehebungen in Abhängigkeit von Geschäftsanforderungen fest.
- **Testmanagement:** Im Szenario gibt es kein dediziertes Testmanagement; das Team trägt gemeinsam die Verantwortung für die Qualitätssicherung und das Testmanagement.
- **Test:** Zwei spezialisierte Teammitglieder programmieren automatisierte Tests und führen explorative Tests durch. Sie sind für die Dokumentation von Anomalien in JIRA verantwortlich.
- **Team:** Das gesamte Team arbeitet zusammen, um die Fehler zu beheben.
- **Fehlermanagement-Ausschuss:** Diesen gibt es im TestMaster-Projekt nicht.

10.9 Fehlermanagement in der hybriden Softwareentwicklung

Hybride Projekte wie das »DiaFlow«-Szenario erfordern als Grundlage einen transparenten, übergreifenden Projektplan sowie eine übergreifende Teststrategie, die aktuell gehalten wird und für alle Beteiligten transparent ist. Die unterschiedliche Dynamik der beiden Entwicklungsansätze macht des Weiteren ein effektives und koordiniertes Fehlermanagement unverzichtbar. Während kleinere Softwarefehler in kurzen Iterationen behoben werden können, erfordern Hardwarefehler oder HW/SW-Schnittstellenfehler aufgrund ihrer Auswirkungen auf das Gesamtsystem oft umfangreiche Analysen und streng dokumentierte Korrekturmaßnahmen.

Es gilt dabei, die Vorteile der agilen Softwareentwicklung durch eine möglichst weitgehende Entkopplung von »formalen« regulatorischen Prozessen nutzen zu können, dabei aber agile und phasenorientierte Vorgehensweisen in wichtigen Aspekten zu synchronisieren.

Beispiel DiaFlow: Fehlermanagement im hybriden Stil

Verschiedene Werkzeuge, einheitliches Fehlermanagement
Eine der zentralen Herausforderungen im Projekt »DiaFlow« ist die Angleichung der Fehlerattribute und die Kopplung der verwendeten Werkzeuge.

- Spezialisierte Tools: Das Softwareteam nutzt analog zum »TestMaster«-Team JIRA, um die bereits skizzierten Vorteile der Integration in den agilen Scrum-Prozess zu nutzen. Die Hardwareentwicklung setzt dagegen auf das bei mehreren Teammitgliedern bestens bekannte und bewährte MedQMS, das spezifische Attribute und Workflows zur Beschreibung, Analyse und Behebung von Hardwarefehlern bereitstellt. Bei der Hardwareentwicklung sind zwei externe Zulieferer beteiligt. Während das größere dieser beiden Unternehmen ein eigenes organisationsweites Fehlermanagementsystem, nämlich ein Modul ihres Anforderungsmanagementsystems »ReqMS«, einsetzt, sind die Mitarbeitenden des kleineren Unternehmens weitgehend in die Prozesse des »DiaFlow«-Herstellers integriert und nutzen das System MedQMS.
- Standardisierte Fehlerattribute: Um Missverständnisse zu vermeiden, wurden Fehlerattribute wie Schweregrad, Priorität und Zuständigkeiten in einem zentralen Fehlerhandbuch definiert und in JIRA, MedQMS und ReqMS analog implementiert. Diese Attribute werden bei allen Projektbeteiligten einheitlich genutzt, um die Transparenz zu fördern und den Austausch zwischen den Teams zu erleichtern.
- Umgang mit kombinierten HW/SW-Anomalien: In beiden Tools gibt es die Möglichkeit, auf Meldungen im jeweils anderen System zu verweisen sowie bei Bedarf eine automatisch verknüpfte neue Meldung im anderen System anzulegen. Auf diese Weise werden voneinander abhängige Hard-

und Software-Anomalien kenntlich gemacht und miteinander verknüpft. Derart verknüpfte Meldungen werden automatisch in die Arbeitsliste des Fehlermanagement-Ausschusses übernommen.
- Integration von Zulieferungen: Fehlerberichte, die sich auf zugelieferte Hardwarekomponenten des größeren Zulieferers beziehen, werden durch ein eigens implementiertes Synchronisationsmodul zwischen MedQMS und ReqMS täglich bidirektional synchronisiert.

Beteiligte Rollen und ihre Verantwortung

- Fehlermanagement-Ausschuss (FMA): Er koordiniert die Bewertung, Priorisierung und Nachverfolgung aller Fehler, die mehrere Parteien (Softwareteam, internes Hardwareteam, Zulieferer) betreffen. Der Ausschuss stellt sicher, dass Fehler effizient und konform behoben werden und die synchronisierten Prozesse der hybriden Entwicklung nicht behindert werden. Arbeitsweise und Sitzungen:
  - Reguläre Sitzungen: Der FMA tagt wöchentlich, synchron mit dem Beginn der agilen Sprints, um sicherzustellen, dass hochpriorisierte Fehleranalyse- oder Behebungstasks in die Sprint-Planung aufgenommen werden können.
  - Ad-hoc-Meetings: Für sicherheitskritische Fehler wird der FMA kurzfristig einberufen.
  - Einbindung in agile Prozesse: Der Scrum Master lädt bei Bedarf andere FMA-Mitglieder in Sprint-Planungsmeetings oder Daily Standups ein, um Fehler und deren Behebung gemeinsam zu diskutieren.
- Projektleitung: Moderiert die Sitzungen des FMA, koordiniert die Zusammenarbeit zwischen Software-, Hardwareteams und Zulieferern und eskaliert kritische Probleme bei Bedarf an das Management.
- Testmanagement: Entwirft und wartet die übergreifende Teststrategie, überwacht die Testkoordination und Qualitätssicherung, bringt Testergebnisse und Rückverfolgbarkeitsdaten in die FMA-Sitzungen ein und stellt sicher, dass priorisierte Fehler in Testpläne und Zertifizierungsprozesse integriert werden.
- Produktmanagement: Vertritt die geschäftlichen Prioritäten im FMA. Trifft Entscheidungen darüber, wie Fehlerbehebungen die Produktstrategie beeinflussen und welche Anomalien für eine schnelle Lösung priorisiert werden müssen.
- Scrum Master des Softwareteams: Stellt die Integration der FMA-Beschlüsse in die Sprint-Planung sicher und lädt bei Bedarf weitere FMA-Mitglieder in Meetings des Softwareteams ein, um spezifische Fehler zu besprechen und Lösungsstrategien zu entwickeln.
- Teilprojektleitung des internen Hardwareteams: Koordiniert hardwarebezogene Fehlerbehebungen im Team und mit Zulieferern. Vertritt das Hardwareteam im FMA und stellt sicher, dass Ergebnisse der FMA-Sitzungen in die Phasen der Hardwareentwicklung einfließen.

- Vertretung der Zulieferer:
  - Zulieferer A: Präsentiert Fehlerberichte aus ReqMS und stellt Testergebnisse zur Verfügung. Unterstützt die Abstimmung bei Anomalien, die ihre Komponenten betreffen.
  - Zulieferer B: Nutzt MedQMS und arbeitet eng mit dem internen Hardwareteam des Herstellers zusammen, um Entwicklungs- und Fertigungsfehler zu beheben.
- Qualitätsmanagement: Überwacht die regulatorische Konformität und stellt sicher, dass sicherheitskritische Fehler korrekt dokumentiert und behoben werden. Unterstützt bei der Vorbereitung von Audits und Zertifizierungen.

10.10 Zusammenfassung

- Fehlerwirkungen (*failures*), Fehlerzustände (*defects*) und Fehlhandlungen (*root causes*) bilden die Kausalkette von Fehlern. Effektive Prozesse und gut geschulte Teams helfen, Anomalien frühzeitig zu verhindern und zu beheben, was die Produktqualität erhöht und Kosten reduziert.
- Der grundlegende Lebenszyklus von Fehlern umfasst Dokumentation, Analyse, Behebung und Nachtest. Angepasste Statusmodelle und spezifische Fehlermanagementsysteme unterstützen die Nachverfolgbarkeit und ermöglichen die effiziente Bearbeitung von Anomalien.
- Fehlerberichte sollen klar und vollständig sein, einschließlich reproduzierbarer Testfälle, objektiver Beschreibungen und präziser Klassifikationen. Gleichzeitig müssen Aufwand und Nutzen abgewogen werden. Falsch positive und falsch negative Testergebnisse deuten auf Verbesserungspotenziale des Testprozesses hin. Maßnahmen wie klare Testdaten, valide Testfälle und präzise Spezifikationen minimieren diese Fehlerarten.
- Hybride, agile oder regulierte Entwicklungsprozesse erfordern maßgeschneiderte Statusmodelle, Rollenverteilungen und Werkzeuge, um die Komplexität und Besonderheiten der jeweiligen Umgebung abzubilden.
- Klare Verantwortlichkeiten zwischen Testern, Entwicklern, Produktmanagern und Kunden gewährleisten eine effektive Bearbeitung. Ein Fehlermanagement-Ausschuss dient als zentrale Instanz für die Priorisierung und Entscheidung über Fehlerbehebungen.
- Statistische Auswertungen der Fehlerdaten, wie Fehlerhäufigkeit, Behebungszeiten und Phasenanalysen, ermöglichen gezielte Verbesserungen der Test- und Entwicklungsprozesse.

Teil 3
Management des Teams

Dieser Teil beschreibt die wesentlichen Aktivitäten und Arbeitsergebnisse des Testmanagements unter den Aspekten des Testteams und der Stakeholder des Testens. Er umfasst folgende zwei Kapitel mit den jeweils skizzierten Lernzielen:

- *In **Kapitel 11 »Kompetenzen und Teamzusammensetzung«** lernen Sie, wie man einen gegebenen Projektkontext analysiert, um die vom Testteam benötigten Fähigkeiten zu identifizieren, und wie ein Team nach dem Whole-Team-Ansatz zu führen ist.*
- *In **Kapitel 12 »Stakeholder-Beziehungen«** lernen Sie, wie man einen Business Case für die Testaktivitäten im Projekt definiert und für die verschiedenen Stakeholder aufbereitet.*

11 Kompetenzen und Teamzusammensetzung

Dieses Kapitel diskutiert die fachlichen und sozialen Kompetenzen, die die Teammitglieder für das Testen besitzen sollen, wobei erstere in Fachkompetenz und Methodenkompetenz, letztere in Sozialkompetenz und Selbstkompetenz differenziert werden. Es beleuchtet dann verschiedene sog. Persönlichkeitstypen und die damit verknüpften Kompetenzen und zeigt, wie diese Fähigkeiten bei der Bewerberauswahl überprüft werden können.

Zum Abschluss stellt es ein Modell für die Prozesse der Teambildung vor und gibt Hinweise, welche Faktoren Testteams und deren Führungsverantwortliche erfolgreich machen.

Mit den Inhalten dieses Kapitels können Sie für die Prüfung zum ISTQB© Certified Tester Advanced Level Test Management …

- *TM-3.1.1 (K2) … Beispiele für typische Kompetenzen nennen, die von Mitgliedern eines Testteams in den vier Kompetenzbereichen benötigt werden.*
- *TM-3.1.2 (K4) … einen gegebenen Projektkontext analysieren, um daraus die geforderten Kompetenzen der Mitglieder des Testteams abzuleiten.*
- *TM-3.1.3 (K2) … typische Verfahren zur Bewertung der Kompetenz von Mitgliedern eines Testteams erklären.*
- *TM-3.1.4 (K2) … die typischen Ansätze zur Entwicklung der Kompetenzen von Mitgliedern eines Testteams voneinander unterscheiden.*
- *TM-3.1.5 (K2) … die für die Leitung eines Testteams erforderlichen Managementkompetenzen erklären.*
- *TM-3.1.6 (K2) … Beispiele für motivierende Faktoren und Hygienefaktoren für Mitglieder eines Testteams erklären.*

11.1 Einführung: Mensch – Aufgabe – Kompetenz

Seit jeher wirken Menschen zusammen, um Aufgaben zu bewältigen, die Einzelne nicht allein bewältigen können. Die Wurzeln dieser ur-menschlichen »Kernkompetenz« liegt nach Ansicht des Anthropologen Michael Tomasello insbesondere in der gemeinsamen Jagd, die Kooperation und Teamgeist förderte (s. [Tomasello 17]).

Hohe Kompetenz in der IT gefordert!

In heutigen postindustriellen Gesellschaften ist der digitale Wandel allgegenwärtig und berührt alle Lebensbereiche, sodass die Qualität softwarebasierter Systeme oft bis in Bereiche reicht, die Hab und Gut oder sogar Leib und Leben gefährden können. Bei den Personen zur Erstellung solcher Systeme sind dementsprechend hohe Kompetenzen erforderlich, um im Rahmen der gewählten Softwareentwicklungsprozesse und (Team-)Organisationen Produkte hoher Qualität entwerfen, programmieren, testen und betreiben zu können. Was aber ist hier nun genau mit »Kompetenz« gemeint?

Der Begriff → Kompetenz wird in den Lehrplänen des ISTQB® als Oberbegriff verwendet für

Wissen und Verstehen

- das »Wissen und Verstehen« als die theoretischen Voraussetzungen, über Dinge »richtig zu reden« (kognitive Stufen K1 und K2),

+ Fertigkeiten

- die »Fertigkeit«, dieses Wissen in definierten Situationen »richtig anzuwenden« (kognitive Stufe K3), und

+ Fähigkeiten

- die »Fähigkeit«, in bestimmten, auch neuen Kontexten, Handlungen und dazu passende Fertigkeiten durch Analyse der Situation »richtig auszuwählen« und ggf. durchzuführen oder durchführen zu lassen (kognitive Stufe K4, [CTAL-TM 3.0 25]).

+ Selbstorganisation

Zu den vom ISTQB® genannten Aspekten der Kompetenz kommt nach Karlheinz Sonntag und Claudia Schmidt-Rathjens das Prinzip der Selbstorganisation.

= Kompetenz

Kompetenzen charakterisieren nach diesem Prinzip die Fähigkeit von Menschen, in offenen, komplexen und dynamischen Situationen selbstorganisiert zu denken und zu handeln. Das bedeutet, beabsichtigte Handlungen zielgerichtet umzusetzen, gestützt auf fachliches und methodisches Wissen, auf Erfahrungen und Expertise sowie unter Nutzung kommunikativer und kooperativer Möglichkeiten (vgl. [Sonntag 05]).

Die obige Definition von Kompetenz basiert auf einem Kompetenzmodell von Heinrich Roth (s. [Roth 71], nach [Erpenbeck 17]), das von Weinert wie folgt zum heutzutage – nicht zuletzt durch den Bologna-Prozess zur Vereinheitlichung des europäischen Hochschulwesens – verwendeten Kompetenzbegriff erweitert wurde. Demnach sind Kompetenzen …

»... die bei Individuen verfügbaren oder durch sie erlernbaren kognitiven Fähigkeiten und Fertigkeiten, um bestimmte Probleme zu lösen, sowie die damit verbundenen motivationalen, volitionalen und sozialen Bereitschaften und Fähigkeiten, um die Problemlösungen in variablen Situationen erfolgreich und verantwortungsvoll nutzen zu können« ([Weinert 01], zitiert nach [Erpenbeck 17]).

Kompetenzen sind ...

Dieser Kompetenzbegriff wurde und wird in der Kompetenzforschung weiter verfeinert und präzisiert und ist mittlerweile im Personalmanagement weit verbreitet. In der Literatur finden sich daher zahlreiche Kompetenzmodelle, die die in diesem Abschnitt aufgeführten und im Lehrplan betrachteten Kompetenzen von Personen teilweise anders bezeichnen und in Kompetenzbereiche gruppieren.

11.2 Typische Kompetenzen in den vier Kompetenzbereichen

Vier Kompetenzbereiche

Die nach den Erfordernissen des obigen Kompetenzmodells gegliederten vier wichtigen Kompetenzbereiche für Mitglieder eines erfolgreichen Test- bzw. Entwicklungsteams sind (s. [CTAL-TM 3.0 25]):

- **Fachkompetenz:** Kompetenzen zur Ausübung der fachlichen Aufgaben. Beispiele sind Fähigkeiten in Testverfahren, technologisches und fachliches Wissen im Anwendungsbereich sowie Fähigkeiten im Projektmanagement.
- **Methodenkompetenz:** Allgemeine Kompetenzen, die eine Person in einem Bereich zur Erfüllung der Aufgaben selbstständig anwenden kann und die es ihr ermöglichen, auch komplexe oder neuartige Aufgaben selbstständig zu erledigen. Beispiele sind analytische und konzeptionelle Fähigkeiten sowie Urteilsvermögen.
- **Sozialkompetenz:** Umfasst Kompetenzen zur Förderung des Wohlergehens und der (Weiter-)Entwicklung des Teams und seiner Mitglieder in intra- und interkulturellen Kontexten. Diese ermöglichen es, mit anderen in Beziehung zu treten, um in einer bestimmten Situation angemessen zu handeln und individuelle und gemeinsame Ziele zu erreichen. Beispiele hierfür sind Kommunikationsfähigkeit, Konfliktlösungsfähigkeit, Teamfähigkeit, Anpassungsfähigkeit und Durchsetzungsvermögen.
- **Selbstkompetenz** (Individualkompetenz): Die Fähigkeit, für sich selbst verantwortlich handeln zu können und die Fähigkeit und Bereitschaft, das eigene Wohlergehen und die eigene (Weiter-)Entwicklung zu fördern. Dazu gehören auch die Motivation und die

Leistungsbereitschaft, sich zu entfalten, sowie bestimmte Einstellungen und die individuelle Persönlichkeit zu entwickeln. Beispiele sind Selbstmanagement, Eigenverantwortung, Kritikfähigkeit, Zuverlässigkeit, Belastbarkeit, Selbstvertrauen, Disziplin, Offenheit für Veränderungen, Hilfsbereitschaft, Lernbereitschaft und die Fähigkeit, zu delegieren.

Diese vier Kompetenzbereiche lassen sich zwei Erfordernissen zuteilen:

- Den Erfordernissen zur effektiven Bearbeitung der zu erfüllenden *Aufgaben* (Fachkompetenz und Methodenkompetenz).
- Den Erfordernissen zum wertschätzenden *Umgang* mit sich selbst und anderen, also den »*Soft Skills*« zur Koordination und Kooperation sowie zur Förderung des Wohlergehens und der (Weiter-)Entwicklung sowohl der Teammitglieder als auch der eigenen Person (Sozialkompetenz und Selbstkompetenz).

11.3 Analyse der erforderlichen Fähigkeiten von Testteammitgliedern

Das Testmanagement ist dafür verantwortlich, im Rahmen der Testplanung anhand der konzipierten Teststrategie die Rollen und die dafür erforderlichen Kompetenzen der Mitarbeiter zu bestimmen. Dies erfordert oft eine detaillierte Analyse des Projektkontexts, jedoch lassen sich viele Kompetenzanforderungen bereits aus den Aktivitäten des Testprozesses und den im Testkonzept festgelegten Teststufen, Testarten und Testverfahren ableiten.

Tabelle 11.1 gibt Beispiele für Kompetenzen, die für die Durchführung der Aktivitäten des allgemeinen Testprozesses (s. Kapitel 2) nach den Lehrplänen des ISTQB® und der Broschüre »Berufsbild Testen« des GTB relevant sind (s. [CTFL 4.0 23], [CTAL-TM 3.0 25], [URL: GTB BBT]).

Tab. 11.1
Beispiele zu Kompetenzen in den Testaktivitäten

Aktivität	Beispiele erforderlicher Kompetenzen, Fähigkeiten und Fertigkeiten
Testplanung	Konzeptionelle Fähigkeiten zur Entwicklung einer Teststrategie. Ausarbeiten der konzeptionellen und inhaltlichen Planung der Testziele und ableitend der durchzuführenden Aufgaben. Umsetzung der Planung in einen (grundlegenden) Zeit- und Ressourcenplan im Rahmen des möglichen Budgets.
Testüberwachung	Projektmanagementfähigkeiten für die Überwachung aller Testaufgaben. Ermittlung und Bewertung des Testfortschritts in Bezug auf die Planung und die Erreichung der Endekriterien (z. B. Überdeckungen). Zusammenfassen aller Testbewertungen zu einem gegebenen Zeitpunkt, um die Darstellung des aktuellen Teststatus im Verhältnis zur Planung als Grundlage für Entscheidungen zu ermöglichen.

→

Aktivität	Beispiele erforderlicher Kompetenzen, Fähigkeiten und Fertigkeiten
Test-steuerung	Analytische Fähigkeiten zur Einschätzung der Situation und der Kommunikationsfähigkeit zur Delegation neuer/anderer Aufgaben und Einwirkung auf die Beteiligten. Management der Umsetzung des Testplans mittels konkreter Aufgaben, Termine und Ressourcen sowie zugehörige Anpassungen im Laufe der Abarbeitung als Folge von Einflüssen und Ergebnissen.
Testanalyse	Analytische Fähigkeiten zur Analyse der Testbasis und der Produktrisiken. Analyse der Anforderungen und der Realisierungsinformationen zur Prüfung der Testbarkeit (Fehlervermeidung), zur Identifikation der testbaren Features und z. B. der Festlegung der Testbedingungen und Überdeckungskriterien. Das kann unter Einsatz der geplanten Testverfahren und einer Risikoanalyse erfolgen und soll die vorliegenden funktionalen und nichtfunktionalen Anforderungen berücksichtigen.
Testentwurf	Anwendung von Testverfahren für den Entwurf von Testfällen und von konzeptionellem Wissen für den Entwurf von Testumgebungen. Spezifikation der Testfälle auf Basis der Testbedingungen und der technischen Randbedingungen des Testobjekts, um die geplanten Testziele in priorisierte abstrakte Testfälle und Testsets umzusetzen. Hier werden Testverfahren eingesetzt und eine Risikoanalyse berücksichtigt.
Test-realisierung	Urteilsvermögen bei der Vorbereitung der Testmittel wie z. B. der Auswahl relevanter Tests und technisches Fachwissen bei der Programmierung von Testskripten und der Einrichtung von Testumgebungen. Aufbereiten der Testfallspezifikation und des definierten Testobjekts dahingehend, dass die Testfälle durchgeführt werden können, z. B. durch konkrete Testdatenauswahl, durch notwendige Systemkonfiguration, durch Testautomatisierung etc.
Testdurch-führung	Technische Fertigkeiten, um automatisierte Tests auszuführen, explorative Tests durchzuführen und Testergebnisse auszuwerten. Manuelle bzw. teil- oder vollautomatisierte Ausführung der vorbereiteten Testschritte eines Testfalls inklusive des Abgleichs mit den Testerwartungen. Dokumentation der Testprotokolle, z. B. Dateneingabe und Service-Aufruf mit zugehörigem Screenshot der Ergebnismaske sowie einer Datenbankabfrage.
Test-abschluss	Fähigkeit, Projektergebnisse zu kommunizieren und persönliche Verantwortung für getroffene Entscheidungen zu übernehmen. Testabschlussaktivitäten finden zu Meilensteinen statt, z. B. wenn eine Teststufe beendet oder ein Softwarestand freigegeben wird. Dazu gehören die Sicherung der Testergebnisse und Auswertung des Testansatzes (lessons learned).

Die unterschiedlichen Aufgabenstellungen im Testprozess spiegeln sich in verschiedenen Positionen[1] wider, die von Mitgliedern eines Testteams ausgefüllt werden müssen (s. Abb. 11.1).

1. Das »Berufsbild Testen« des GTB [URL: GTB BBT] erfordert keine spezifische Organisationsform mit festen Rollen, sondern strukturiert Aufgaben, Kompetenzen und Verantwortungen in Positionsbeschreibungen. Eine Abbildung auf Personen, Organisationen, Vorgehensmodelle, Projekte, Teams und Rollen kann stattfinden, muss aber die in der jeweiligen Organisation geltenden Rahmenbedingungen einbeziehen.

Abb. 11.1 Positionen im Softwaretest (nach [URL: GTB BBT])

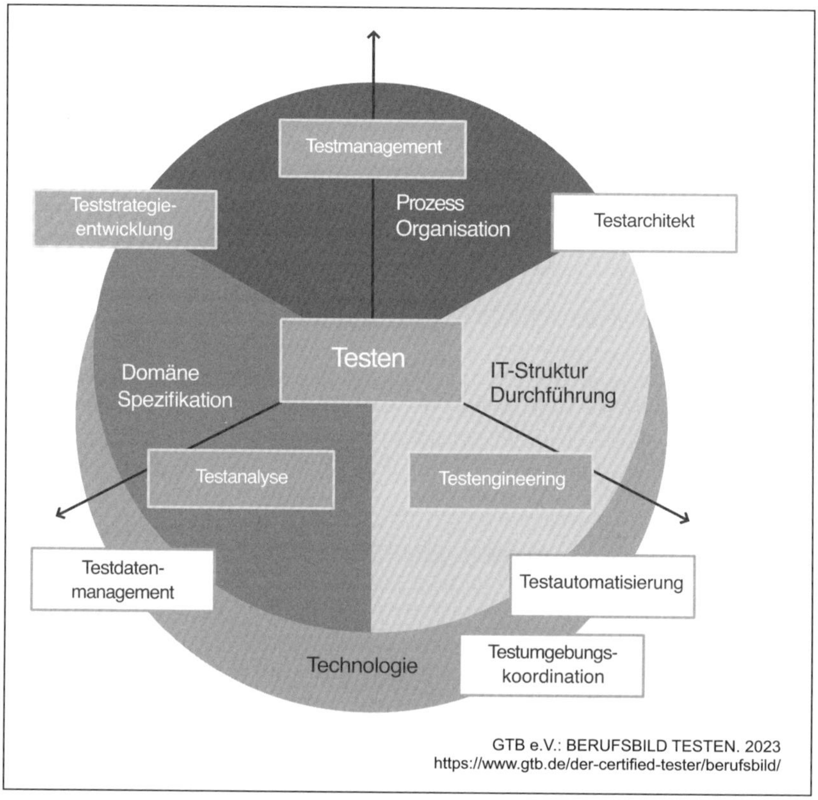

Positionen im Softwaretest und Qualifikationsprofile

Die Kompetenzprofile dieser Positionen werden wie folgt charakterisiert:

Testmanagement

- Personen in der Position **Testmanagement** leiten das Testteam.
  - Sie sind verantwortlich für die Erstellung des Testkonzepts und Testplans sowie für deren fach- und zeitgerechte Umsetzung.
  - Sie berichten über Fortschritt und Ergebnisse der Tests an das Projektmanagement, Produktmanagement oder die Entwicklungsleitung.
  - Sie haben Fach- bzw. Methodenkompetenz und Erfahrung in den Aufgabenfeldern Testplanung, Teststeuerung und Testprozessverbesserung. Methodenkompetenz ist insbesondere für den Umgang mit unvorhergesehenen Ereignissen und das effektive Entscheiden und Handeln unter Zeitdruck notwendig.
  - Selbstverständlich verfügen sie über Fachkompetenz und Praxiserfahrung in den allgemeinen Verfahren des Softwaretests. Wünschenswert sind darüber hinaus Kenntnisse und Erfahrung im Qualitätsmanagement sowie die erforderlichen sozialen Kompetenzen zum Projektmanagement und zur Personalführung, dabei

insbesondere ausgeprägte kommunikative Kompetenzen auch für den Umgang mit den Stakeholdern.
- Wichtig ist nicht zuletzt das Wissen über einzuhaltende Normen und Standards sowie über die Softwareentwicklungs- und Testprozesse im Unternehmen und im jeweiligen Produktumfeld.

Testanalyse und Testentwurf

- Personen in der Position **Testanalyse** und **Testentwurf** (*test analyst*) sind zuständig für die Analyse der Testbasis und die Erstellung und Pflege der Testspezifikationen. Hierzu gehören auch die Auswahl angemessener Testverfahren und die Festlegung der geeigneten Testumgebung.
  - Sie unterstützen das Testmanagement bei der Erstellung des Testkonzepts und des Testplans. Dafür benötigen sie Know-how in den Bereichen Softwaretest, Testverfahren sowie allgemeines Software-Engineering-Wissen.
  - Sie müssen in der Lage sein, sich sehr schnell in komplexe Anwendungsgebiete, Anforderungsdokumente, funktionale Spezifikationen und neue Versionen des zu testenden Systems einzuarbeiten, die Aufgabe und das Sollverhalten des Systems zu erfassen und auf Basis all dieser Informationen Testfälle und Testdaten abzuleiten und nachvollziehbar zu dokumentieren.
  - Eine wesentliche Fähigkeit dabei ist, wichtige Informationen von weniger wichtigen zu unterscheiden und Prioritäten zu setzen. Eigene praktische Erfahrung in der Testdurchführung (s. u.) ist erforderlich.

Testengineering und Testautomatisierung

- Personen in den Positionen **Testengineering** und **Testautomatisierung** (*technical test analyst, Test Automation Engineering*) sind die Entwickler des Testteams.
  - Sie verfügen über Programmiererfahrung, allgemeines Software-Engineering-Know-how und sehr gute Kenntnisse der im Projekt eingesetzten Testwerkzeuge und Skriptsprachen. Testgrundlagenwissen und praktische Erfahrung bei der Testdurchführung sind von großem Vorteil.
  - Je nach Entwicklungslebenszyklus und -umgebung sind Fachkenntnisse in Aufbau und Betrieb einer CI-Werkzeugkette (*CI chain*) und die Einbindung von Testwerkzeugen sowie Testumgebungen wichtig, ggf. auch der DevOps-Verfahrensweisen.
  - Mit hinreichender Erfahrung können sie sich weiter spezialisieren z. B. auf die Entwicklung von Testframeworks und speziellen Testwerkzeugen.

Testumgebungs-koordination

- Personen in der Position **Testumgebungskoordination** sind zuständig für Installation, Betrieb und Wartung der Testumgebung.
  - Hierzu gehören u. a. das Installieren und Aufsetzen von Systemsoftware (Betriebssysteme, Datenbanksysteme, Applikationsserver), das Installieren und Konfigurieren des Testobjekts, das Installieren und Einrichten der Testwerkzeuge sowie das Anlegen, Verwalten und Wiedereinspielen von Systemkonfigurationen (→ Images), z. B. mittels Containern oder Virtualisierungssoftware[2].
  - Hierzu verfügen Testumgebungskoordinatoren über entsprechendes Systemadministrator-Know-how (s. Abschnitt 5.3.4). Als »Troubleshooter« und »Feuerwehrleute«, die verzwickte Installations- oder Konfigurationsprobleme auch unter Stress erkennen und beheben können, sind sie für ein Testteam unverzichtbar.

Testdatenmanagement

- Personen in der Position **Testdatenmanagement** führen verantwortlich die methodischen, konzeptionellen, organisatorischen und technischen Maßnahmen und Verfahren zur Behandlung der Ressource Testdaten durch (s. [Franz 18], [Albrecht-Zölch 18]).
  - Ziel ist, die Testdaten mit ihrem maximalen Nutzungspotenzial unter Berücksichtigung von Datenschutzanforderungen in die Testprozesse einzubringen und die effiziente Nutzung der Testdaten zu gewährleisten.
  - Sie haben Fachkompetenzen zur Generierung synthetischer Testdaten, zur Anonymisierung bzw. Pseudonymisierung von Produktivdaten sowie zur Wartung und zur Auswahl geeigneter Teilmengen der Testdaten.
  - In vielen Kontexten sind Kenntnisse auch zur KI-basierten Generierung von Testdaten hilfreich.

Testdurchführung

- Personen in der Position **Testdurchführung** (oft auch einfach »**Tester**«[3] genannt) sind zuständig für die Ausführung der Tests und die Dokumentation der Testergebnisse.
  - Hierzu arbeiten sie die gemäß Testkonzept vorgesehenen Testfälle ab, so wie diese in der Testspezifikation vorgegeben sind. Bei einer Anomalie zwischen Soll- und Istergebnis erstellen sie einen Anomalie- bzw. Fehlerbericht.

---

2. Werkzeugübersichten und Erläuterungen zu den Konzepten finden sich unter [URL: Virtualization].
3. Der Begriff »Tester« wird auch als Oberbegriff für alle hier genannten Positionen verwendet.

- Die erforderlichen fachlichen Kompetenzen sind: Testgrundlagenwissen, IT-Grundlagen, Bedienung der eingesetzten Testwerkzeuge und grundlegendes Verständnis des Testobjekts. Die Fähigkeit, konzentriert, genau und ausdauernd zu arbeiten, ist absolut notwendig.
- Besonders wertvoll in der Testdurchführung ist darüber hinaus die methodische Kompetenz, auch jenseits der vorgegebenen Testspezifikation systematisch zu arbeiten und kreativ eigene Ideen einzubringen. Denn abhängig vom Detaillierungsgrad der Testspezifikation und der »Reife« der zu testenden Software ist es fast immer notwendig, Spezifikationslücken im laufenden Test zu füllen und/oder zusätzliche Testfälle ad hoc durchzuführen, um z. B. in explorativen Tests vermutete oder erkannte Fehlerwirkungen einzugrenzen.
- Gute Testdurchführung zeichnet sich weiterhin dadurch aus, dass Fehlerberichte kurz und prägnant, aber dennoch korrekt und nachvollziehbar formuliert und dokumentiert sowie wertschätzend komuniziert werden.

Darüber hinaus werden oft Personen mit weiteren speziellen Fachkompetenzen benötigt, z. B. für Last- und Performanztest, Security-Test, für Datenbanken oder Netzwerke. Ihre Aufgabe ist es, die oben genannten »Kernpositionen« bei solchen speziellen Themen zu unterstützen.

Kombinationen von Positionen

Im Idealfall stehen für jede dieser Positionen fachlich speziell qualifizierte Personen im Team zur Verfügung. Müssen in kleineren Teams mehrere Positionen in Personalunion ausgefüllt werden, so bieten sich folgende Kombinationen an: Testmanagement & Testanalyse, Testanalyse & Testdurchführung, Testautomatisierung & Testumgebungskoordination.

IT-Spezialist als Tester

Das im Test benötigte IT-Fachwissen umfasst sowohl Aspekte der Softwareentwicklung als auch des Testens von Softwaresystemen. Für Arbeiten in den entwicklungsnahen Teststufen (Komponententest, Komponentenintegrationstest), für Last-, Performanz- und Security-Tests, bei Codeanalyse und Codereviews sowie zur Strukturierung, Formalisierung und Vertiefung der von den Fachspezialisten gelieferten Testideen werden daher primär Teammitglieder mit entsprechendem Test- und Entwicklungsfachwissen benötigt. Weitere typische Einsatzgebiete von → IT-Spezialisten im Test sind Arbeiten zur Testautomatisierung, bei der Betreuung der Testwerkzeuge sowie für Aufbau und Wartung der Testumgebung.

Berufserfahrung!

Ganz allgemein gibt die Berufserfahrung in der Softwareentwicklung, in der Programmierung, der Softwarearchitektur, der Systemanalyse u. Ä. im Test ein besseres Gespür für mögliche Fehlerquellen oder häufige Programmier- oder Denkfehler. Auch Personen mit Erfahrung im technischen Support besitzen oft großes Wissen darüber, wie Anwender mit einem IT-System umgehen, und können diese Erfahrung in den Test vorteilhaft einbringen. Jemand, der in diesen IT-Berufen selbst lange Jahre tätig war, wird entsprechende Fehlerwirkungen besser aufspüren können als Teammitglieder ohne vergleichbare berufliche Erfahrung. Kenntnisse in der Anwendungsdomäne werden beim IT-Spezialisten hingegen nur selten in ausreichendem Maße vorhanden sein. Im Test tätige IT-Spezialisten müssen deshalb die Fähigkeit und den Willen besitzen, sich in die jeweiligen Anwendungsgebiete rasch einzuarbeiten und sich die erforderlichen Kenntnisse anzueignen.

Gefahr: Technikverliebtheit

Das Testmanagement muss die Arbeit der IT-Spezialisten im Testteam im Blick behalten. Denn nur zu leicht richtet sich das Interesse von IT-Spezialisten einseitig auf die Optimierung der Testautomatisierung, den Ausbau der Testumgebung oder auf ähnlich technisch herausfordernde Aufgaben. Die zu testende Anwendung und deren Fachlichkeit wird dann leicht aus den Augen verloren und die Testressourcen werden nicht optimal eingesetzt.

Anwendungsspezialisten als Tester

→ Anwendungs- bzw. Fachspezialisten kennen die fachlichen Hintergründe und Zusammenhänge (Geschäftsprozesse, Arbeitsabläufe, Arbeitsergebnisse, Arbeitsvorschriften u. Ä.), in deren Kontext das zu testende System eingesetzt werden soll. Oft bringen sie wichtiges Wissen über nicht-funktionale Anforderungen wie Benutzbarkeit oder Performanz des Systems mit, da sie beispielsweise längere Zeit mit einem Vorgängersystem gearbeitet haben. Sie haben gute Kenntnisse darüber, welche Aufgaben das System löst, wie das System angewendet wird, an welcher Stelle Systemausfälle oder Fehlverhalten schwerwiegende Auswirkungen haben und wie das normale Systemverhalten sein soll. Sie sind erfahren im Umgang mit dem Computer, aber keine IT-Spezialisten. Sie können bei der Spezifikation fachlich sinnvoller Testfälle und deren Priorisierung unterstützen und solche fachlichen Tests auch durchführen und die zugehörigen Testergebnisse überprüfen. Mitglieder dieser Gruppe können daher bei der Testdurchführung im System- und Abnahmetest oder auch im Testentwurf für Black-Box-Systemtests sehr gute Arbeit leisten.

Gefahr: Betriebsblindheit

Eine gewisse Gefahr liegt darin, dass Betriebsblindheit auftreten kann. Komplizierte oder auch merkwürdige Systemabläufe werden akzeptiert, weil dies bei den Vorgängersystemen »immer schon so war«. Dass ein Ablauf oder ein Leistungsmerkmal IT-seitig auch anders oder eleganter implementiert werden könnte, kann der Fachspezialist selten beurteilen. Manchmal fehlt vielleicht auch der Mut, vermeintlich »dumme« Fragen zu stellen und sich damit vor den »IT-Profis« eine Blöße zu geben ([DeMarco 16]).

Beispiel: Fachspezialisten und IT-Spezialisten im DiaFlow-Projekt

Ein im DiaFlow-Projekt mitarbeitender Medizinischer Technologe[4] (MT) wird die Komponente »Überwachung der effektiven Dialysedosis« fachlich umfassend verstehen. Da er aber über keine oder geringe IT-spezifische Berufsausbildung verfügt, ist er vermutlich nur eingeschränkt in der Lage, technische Mängel oder Ungereimtheiten im System zu erkennen. Andererseits wird ein IT-Spezialist die medizinischen Abläufe und Hintergründe nur bedingt überblicken und daher fachliche Fehler in der Applikation unter Umständen übersehen.

Laien als Tester …

In manchen Firmen ist es üblich, anwendernahe Tests bewusst an »Laien « zu übertragen. Zum Beispiel wird eine Gruppe Studenten verschiedener Fachrichtungen zeitweise engagiert, um die Systemtests abzuarbeiten. Dieses Personal besitzt im Allgemeinen weder Test-Know-how noch relevantes anwendungsspezifisches Know-how.

Das kann nur dann funktionieren, wenn die Testspezifikation hochaktuell und sehr detailliert ist und wenn der Testfortschritt durch eine im Testmanagement erfahrene Person im Detail verfolgt wird. In allen anderen Fällen wird es suboptimal sein. Insbesondere das Erkennen von Fehlerwirkungen ist aller Erfahrung nach bei Laien unzureichend ausgebildet.

… im Usability-Test

Eine der wenigen Ausnahmen von dieser Regel ist der Usability-Test. Hier ist es sinnvoll und mitunter sogar notwendig, mit »Laien« zu arbeiten. Die Tests werden allerdings unter Anleitung nach einem vorab festgelegten Drehbuch durchgeführt. Speziell für den System- und Usability-Test von mobilen Apps, Webseiten oder für ein Benchmarking gegen Wettbewerbsprodukte bietet »Crowd Testing« [URL: Crowd Testing] eine unkomplizierte Lösung, bei der die Testaufgaben an »Tester« im Internet ausgelagert werden.

Zugänglichkeit seit Juni 2025 verpflichtend!

Verwandt mit Usability-Tests sind auch Tests auf → Zugänglichkeit bzw. Barrierefreiheit, die spätestens seit Ende Juni 2025 wichtig sind. Seitdem gilt in Deutschland das im Juli 2021 veröffentlichte Barrierefreiheitsstärkungsgesetz (BFSG), das die EU-Richtlinie zur Barrierefreiheit (*European Accessibility Act*, EAA) umsetzt. Ziel ist es, allen Menschen Teilhabe am Wirtschaftsleben zu ermöglichen. Zur Prüfung allgemeiner Aspekte der Zugänglichkeit eignen sich Werkzeuge zur statischen und dynamischen Analyse, z. B. im Hinblick auf die Vorgaben des W3C [URL: W3C]. Je nach Zielgruppe des Produkts können spezifische Aspekte jedoch oft nur von betroffenen Personen getestet werden.

4. Bis 2023 Medizinisch-Technische Assistenz (MTA).

Soziale Kompetenz

Neben den IT-fachlichen, anwendungs- und testspezifischen Fähigkeiten benötigen Tester, um erfolgreich zu sein, darüber hinaus auch ausgeprägte soziale Kompetenzen. »Soziale Kompetenz« (*soft skills*) bezeichnet ein »Bündel an individuellen Fähigkeiten und Eigenschaften, die die Zusammenarbeit in einem Team oder die Führung eines solchen ermöglichen. Soft Skills haben damit zu tun, wie ein Mensch auf die Herausforderungen einer bestimmten Situation reagiert, ob der Situation angemessen und ob er sie zum eigenen Vorteil und zum Vorteil seiner Gruppe nutzen kann« (nach [Hellerer 12], S. 3). Diesbezüglich sind folgende Charaktereigenschaften und zwischenmenschliche Fähigkeiten wichtig und hilfreich für Tester:

- Die Fähigkeit, Fehler zu finden – dies bedingt eine gewisse skeptische Grundhaltung und die Bereitschaft, scheinbare Tatsachen zu hinterfragen, gepaart mit Kreativität, Neugierde und analytischem Denken (»professioneller Pessimismus«).
- Die Fähigkeit, sich im Dialog mit anderen Experten schnell in komplexe Anwendungsgebiete und Applikationen einzuarbeiten.
- Die Fähigkeit, mit Kritik umzugehen und Kritik angemessen und konstruktiv zu äußern (politisches und diplomatisches Geschick, Verhandlungsgeschick).
- Ein Auge fürs Detail haben, aber dennoch die Fähigkeit, Wesentliches von Unwesentlichem trennen zu können, und den Mut, das weniger Wichtige auch wegzulassen (»Mut zur Lücke«).
- Mit Teammitgliedern, Kunden und anderen Stakeholdern effektiv zusammenarbeiten können (Teamfähigkeit).
- Kommunikative Fähigkeiten (sowohl schriftlich als auch mündlich) und Kommunikationsbereitschaft
- Selbstorganisation, Disziplin, Exaktheit, Geduld, Ausdauer, Frustrationstoleranz und Zielstrebigkeit

Teamfähigkeit und Kommunikationsbereitschaft sind dabei besonders wichtige Eigenschaften, denn Testen ist Teamarbeit! Nur wer in der Lage und willens ist, im Team zu arbeiten und mit den Teammitgliedern und Kunden zu kommunizieren, wird als Tester auf Dauer Erfolg haben. Dies gilt im Besonderen für das Testmanagement. Hier ist die Fähigkeit wichtig, auch schlechte Nachrichten diplomatisch ohne Anschuldigungen zu verpacken und kontroverse Projektsituationen zu entschärfen.

11.4 Bewertung der Fähigkeiten von Testteammitgliedern

Die »optimalen« Mitglieder im Testteam besitzen wie oben beschrieben exzellente Fähigkeiten und Fertigkeiten sowie umfassende Erfahrung in mehreren Domänen. Sie verfügen über profundes IT-Wissen, haben für ihre Position eine fundierte Ausbildung und Erfahrung im Gebiet Softwaretest und besitzen Wissen und Erfahrung über den Anwendungsbereich der zu testenden Applikation.

Selten erfüllt eine Person alle diese Anforderungen gleich gut. Meistens besitzt ein Testteammitglied oder eine Person, die eingestellt werden soll – abhängig von ihrer Ausbildung und ihrem beruflichen Werdegang – entweder hohe IT-Expertise (»IT-Spezialist«) oder umfassende Expertise im Anwendungsbereich des zu testenden Softwaresystems (»Anwendungs- bzw. Fachspezialist«). Das Testmanagement muss den unterschiedlichen Ausbildungshintergrund der Mitglieder des Testteams berücksichtigen, indem es ihnen die für ihr jeweiliges Profil passenden Aufgaben und die passenden Positionen im Team überträgt.

Um die Kompetenzen der Teammitglieder und den Bedarf an persönlicher Entwicklung zu verstehen, muss das Testmanagement die vorhandenen Kompetenzen des Testteams bewerten und diese mit den für die Testaufgaben erforderlichen Kompetenzen vergleichen, die z. B. in einer Kompetenzmatrix (s. Unterkapitel 11.5) dokumentiert werden können.

Fast noch wichtiger als die individuellen professionellen Kompetenzen der einzelnen Personen ist die Zusammensetzung des Teams aus unterschiedlichen Persönlichkeits- und Rollentypen. Eine wichtige Erkenntnis besagt, dass bestimmte Stärken einer Person häufig mit »zulässigen« Schwächen einhergehen (s. [Belbin 96]). Zulässige Schwächen können durch bestimmte Stärken anderer Mitglieder[5] ausgeglichen werden und behindern dann die effektive Teamarbeit nicht. Das führt dazu, dass »unvollkommene Menschen« doch »perfekte Teams« bilden können.

Der nächste Abschnitt handelt daher zunächst von Persönlichkeitstypen und »sozialen« Teamrollen, um darauf aufbauend in Abschnitt 11.4.4 Möglichkeiten zur gezielten Auswahl und Weiterentwicklung der Teammitglieder anhand ihrer Kompetenz und Persönlichkeit zu beschreiben.

---

5. Die Anwendung des »*Process Therapy Model*« wird im »*Process Communication Model*« beschrieben (und gelehrt, vgl. [URL: PCM]).

11.4.1 Persönlichkeitstypen und »soziale« Teamrollen

Ob gewollt oder ungewollt, bewusst oder unbewusst, jedes Mitglied in einem Team nimmt neben der fachlichen Rolle bzw. Position immer auch eine soziale Rolle im Team ein. Welche Teamrolle eine Person innehat und wie sie diese Rolle ausfüllt, hängt von ihrer Persönlichkeit, aber auch von ihrer »Rollenerfahrung« ab. Im Folgenden wird nach kurzen Skizzen des DISG-Modells und des Process-Therapy-Modells das Belbin-Modell vorgestellt. Diese Modelle versuchen, das menschliche »Rollen-Verhalten« zu beschreiben (und anhand entsprechender »Persönlichkeitstests« vorauszusagen).

DISG-Modell

Emotionen »normaler Menschen« nach Marston

Viele Wurzeln des menschlichen Verhaltens liegen in unseren Emotionen. In den 1920er-Jahren hat sich William Moulton Marston mit der Frage beschäftigt, welche Emotionen der »normale Mensch« (i.S.v. der nicht psychisch kranke Mensch) zeigt und wie sie sich unterscheiden lassen. Er stellte fest, dass sich Menschen grundsätzlich in zwei Hinsichten unterscheiden (s. [Marston 99]):

- Menschen sehen sich selbst entweder stärker als ihr Umfeld (Umwelt) oder schwächer.
- Menschen sehen ihr Umfeld entweder freundlich oder feindlich.

DISC- bzw. DISG-Modell

Bei seinen Untersuchungen stellte Marston immer wiederkehrende Verhaltensgrundmuster fest, die er mit den vier Begriffen Dominanz (*dominance*), Veranlassung (*inducement*), Unterwerfung (*submission*) und Befolgung bzw. Einhaltung (*compliance*) belegte. Die Erkenntnisse von Marston wurden von John G. Geier an der University Minnesota zu dem DISC-Modell erweitert (*dominance, influence, steadiness, compliance*), das im deutschsprachigen Raum als DISG-Modell (Dominant, Initiativ, Stetig, Gewissenhaft) bezeichnet wird und in Persönlichkeitstests verwendet wird (vgl. [URL: DISG]).

Process-Therapy-Modell

Das »Process Therapy Model«

Taibi Kahler destillierte in den 1970er-Jahren aus vielen Untersuchungen zur Transaktionsanalyse in seinem »Process Therapy Model« sechs universelle Muster für Persönlichkeitstypen, die jeder Mensch in mehr oder weniger starker Ausprägung verkörpert: Empathiker (*harmonizer*), Logiker (*thinker*), Beharrer (*persister*), Macher (*promoter*), Rebell (*rebel*) und Träumer (*imaginer*) (s. [Kahler 08], [URL: PCM]).

Jeder Typ hat seine eigenen Stärken und Vorlieben und spezifische Motivatoren, die sich durch Unterschiede in Charakterstärken, psychologischen Bedürfnissen, Wahrnehmungen und bevorzugten Kommunikationskanälen auszeichnen. Das Erkennen dieser Unterschiede ist entscheidend für die Verbindung, Motivation und Konfliktlösung.

Belbin-Modell

Belbin: extrovertiert / introvertiert, beständig / bestrebt

Ein ähnliches, aber auf die Teamarbeit spezialisiertes und weitverbreitetes Modell von Meredith Belbin basiert auf der Annahme, dass Menschen ihr Verhalten neben ihrer Persönlichkeit aufgrund vieler weiterer unterschiedlicher Einflüsse ausrichten, wie z. B. ihrer gelernten Rolle(n), ihrer Erfahrung, ihren mentalen Fähigkeiten.

Bezüglich der Persönlichkeit unterscheidet Belbin zunächst eher *extrovertierte* von eher *introvertierten* und andererseits eher *beständige* (*steady*) von eher *bestrebten* (*anxious*) Persönlichkeitstypen (s. [Belbin 96] und [Belbin 10]):

- *Beständige Extrovertierte* sind bekannt dafür, sich selbst zu verwirklichen und in Positionen zu glänzen, in denen Kontaktarbeit und die Zusammenarbeit mit vielen anderen im Vordergrund stehen. Sie sind erfolgreich z. B. im Außendienst und in der Personalführung.
- *Bestrebte Extrovertierte* findet man häufig in Bereichen, in denen hohes Arbeitstempo und Druck auf andere erforderlich sind. Bestrebte Extrovertiertheit scheint Personen in der Vertriebsleitung oder Betriebsführung sowie in Redaktionen berufliche Vorteile zu verschaffen.
- *Beständige Introvertierte* scheinen in Positionen erfolgreich zu sein, in denen gute Beziehungen zu einer kleinen Anzahl von Menschen über einen längeren Zeitraum gepflegt werden müssen. Sie passen gut z. B. in die Verwaltung, in Anwaltskanzleien, in lokale und zentrale Regierungsämter sowie in Planung und Controlling in der Wirtschaft.
- *Bestrebte Introvertierte* zeichnen sich in Positionen aus, die Selbstbestimmung und Beharrlichkeit erfordern. Sie sind vorwiegend unter Wissenschaftlern und Spezialisten mit langfristigen Aufgaben anzutreffen. Einige der kreativsten Menschen gehören zu dieser Gruppe.

Nach Belbin lassen sich aus unterschiedlich starken Ausprägungen dieser Merkmale neun typische »soziale« Teamrollen unterscheiden, die grob in eher beziehungsorientierte, eher handlungsorientierte und eher inhalts- und wissensorientierte Rollen unterteilt werden[6, 7], die in Tabelle 11.2 beschrieben sind.

Tab. 11.2
Neun »soziale« Teamrollen nach Belbin

Typ	Rolle	Typische Eigenschaften	Stärken und (zulässige) Schwächen
Beziehungsorientiert	Koordinator	selbstsicher, vertrauensvoll	Stellt schnell die individuellen Talente der Gruppenmitglieder fest und weiß ihre Stärken unvoreingenommen zu nutzen, hat einen ausgeprägten Sinn für Ziele. Nicht unbedingt überdurchschnittlich intelligent und kreativ.
	Teamarbeiter	umgänglich, sanft, empfindsam	Fähigkeit, mit unterschiedlichen Situationen und Menschen fertig zu werden; fördert den Teamgeist. Nicht entscheidungsfähig bei Zerreißproben.
	Wegbereiter	extrovertiert, begeistert, kommunikativ	Stellt gern interne und externe Kontakte her, greift neue Ideen auf, reagiert auf Herausforderungen. Verliert das Interesse, wenn die Anfangsbegeisterung abgeflacht ist.
Handlungsorientiert	Macher	dynamisch, aufgeschlossen, stark angespannt, resultatorientiert	Antrieb, bekämpft Trägheit/Ineffizienz, übt Druck aus. Neigt zu Provokationen, Irritationen und Unaufmerksamkeit.
	Umsetzer	konservativ, pflichtbewusst, berechenbar	Hart arbeitend, setzt Ideen in die Tat um, selbstdiszipliniert. Etwas unflexibel, lehnt unbewiesene Ideen ab.
	Perfektionist	sorgfältig, odentlich, gewissenhaft, ängstlich	Fähigkeit zur vollständigen Durchführung, Perfektionismus. Tendenz, sich schon über kleine Dinge Sorgen zu machen.

→

6. In der Literatur findet sich eine Vielzahl weiterer Teamrollenkonzepte, z. B. DISG-Modell [URL: DISG], Myers-Briggs Type Indicator [URL: MBTI] oder das Team-Management-Rad. Das Modell nach Belbin wird hier stellvertretend für solche Teamrollenkonzepte näher betrachtet.
7. Keine dieser Teamrollen ist als positiv oder negativ bewertet anzusehen, auch wenn einzelne Rollennamen umgangssprachlich vielleicht negativ besetzt sind, wie z. B. Perfektionist.

Typ	Rolle	Typische Eigenschaften	Stärken und (zulässige) Schwächen
Inhalts- bzw. wissensorientiert	Erfinder	individualistisch, unorthodox, ernst	»Genial«, fantasievoll, großes Denkvermögen. Oft mit seinen Gedanken woanders, neigt dazu, praktische Details und Anweisungen zu missachten.
	Spezialist	zielstrebig, engagiert	Verfügt über Wissen und Fähigkeiten, die rar sind. Leistet nur einen schmalen technischen Beitrag, hat keinen Blick auf das »große Bild«.
	Beobachter	besonnen, strategisch, scharfsinnig	Urteilsfähigkeit, Diskretion, Nüchternheit. Mangel an Antrieb und Fähigkeit, andere zu inspirieren.

Belbins gruppenpsychologische Untersuchungen (s. [Belbin 96]) zeigen, dass hinsichtlich der Persönlichkeitsprofile einseitig besetzte Teams weniger erfolgreich arbeiten als gemischte Teams:[8]

- Teams, die beispielsweise ausschließlich aus Umsetzern bestehen, funktionieren nur bei der Erfüllung von Routineaufgaben. Bei komplexen Problemstellungen fehlen solchen Teams die Ideen und die Fertigkeiten zur kreativen Problemlösung.
- Umgekehrt sorgt ein Zuviel an Erfindern zwar für ein außergewöhnlich kreatives Team. Jedoch wird die Fähigkeit fehlen, produzierte Ideen mit dem notwendigen Durchhaltevermögen in die Tat umzusetzen und zu nutzen.
- Auch ein Team außergewöhnlich intelligenter Leute (Belbin nennt sie »Apollo-Teams«) muss nicht zwangsläufig ein erfolgreiches Team abgeben. Eine solche Gruppe ist oft nicht einfach zu führen, eher anfällig für destruktive Diskussionen und tut sich schwer, Entscheidungen zu treffen. Trotz lauter überdurchschnittlich intelligenter Leute bleibt der Teamerfolg aus (s. [Belbin 96], S. 27).

Zur Bestimmung der Ausprägung der Teamrollen in den Teammitgliedern dient ein Fragebogen, der je 10 Aussagen zu den folgenden sieben verschiedenen Bereichen der Teamarbeit umfasst:

1. Ich glaube, dass ich einen positiven Beitrag zu einem Team leisten kann, weil …:
   (*I believe I can make positive contributions to a team because …:*)

---

8. [Belbin 96] betrachtet »Managementteams«, also Teams aus Führungskräften. Die Erkenntnisse lassen sich jedoch übertragen, sofern es um hinreichend anspruchsvolle Teamarbeit geht.

2. Wenn ich Defizite in der Teamarbeit habe, sind das vor allem ...:
   (*If I have some deficiencies in teamwork, they include mostly ...:*)
3. Wenn ich mit anderen an einem Projekt zusammenarbeite ...:
   (*If I collaborate on a project with other people ...:*)
4. Meine typische Herangehensweise an Teamarbeit ist:
   (*My characteristic approach to teamwork is that:*)
5. Ich mag meine Arbeit, weil ...:
   (*I like my work, because ...:*)
6. Wenn ich eine schwierige Aufgabe bekomme, die in begrenzter Zeit und mit unbekannten Personen erledigt werden muss:
   (*If I get a difficult task that needs to be done in a limited time and with unknown people:*)
7. In Bezug auf die Themen, mit denen ich mich befasse, wenn ich in einer Gruppe arbeite, ...:
   (*In relation to the issues I'm involved with, working in a group ...:*)

Für jeden dieser sieben Bereiche muss die ausfüllende Person genau 10 Punkte auf eine oder mehrere der zehn Aussagen verteilen. Je zutreffender die Person eine Aussage für sich empfindet, desto mehr Punkte teilt sie ihr zu. Daraus ergibt sich nach einer (vom Belbin-Institut nicht veröffentlichten) Auswertungslogik ein Profil, das für die ausfüllende Person die Ausprägung der jeweiligen Teamrolle angibt.

Abb. 11.2 *Teamrollenprofil nach Belbin*

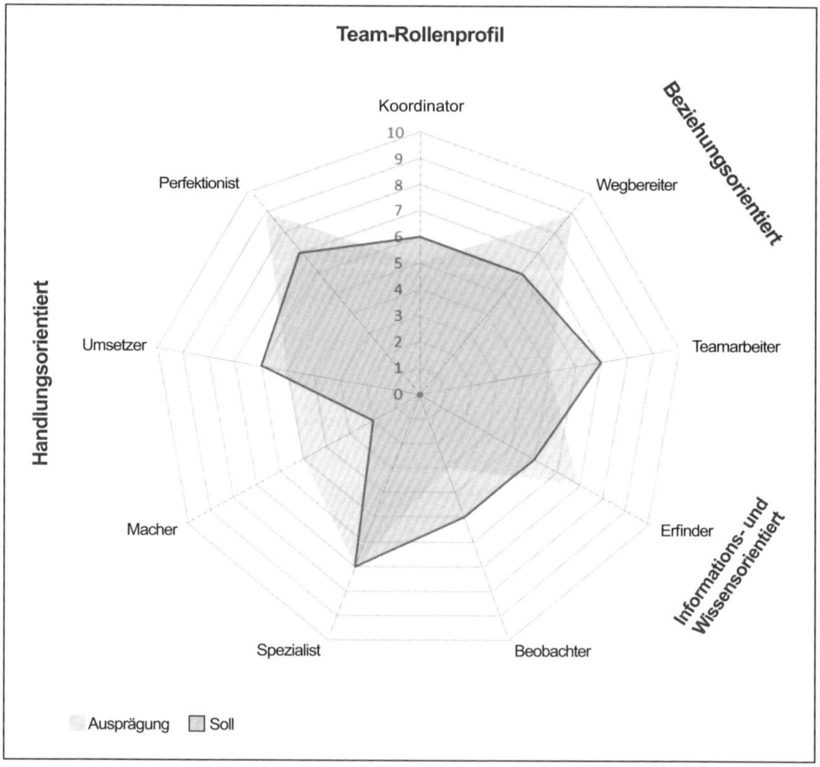

Im Kiviatdiagramm in Abbildung 11.2 erkennt man beispielsweise, dass das Teamrollenprofil einer Person z. B. bezüglich der Ausprägungen der Teamrollen »Erfinder«, »Macher«, »Wegbereiter« und »Perfektionist« deutlich über denen des Sollprofils liegen. Da die anderen Rollen teilweise weniger ausgeprägt sind wie im Sollprofil, stellt die Person nach Belbin eine weniger gute Ergänzung des Teams dar.

Die bislang dargestellten Modelle basieren auf theoretischen Konzepten der 1920er-Jahre (s. [Marston 99]), auf Entwicklungen aus den 1950er- und 1970er-Jahren (s. [URL: DISG]) sowie den 1990er-Jahren (s. [Belbin 96]). Ihre empirische Fundierung gilt in Fachkreisen als unzureichend, insbesondere im Vergleich zu anderen Persönlichkeitsmodellen wie z. B. das im Folgenden skizzierte »Big-Five-Inventar« der Persönlichkeit.

Das Big-Five-Inventar

Die »Big-Five«

Das »Big-Five-Inventar« der Persönlichkeit (s. [Costa 92], [Lord 11]) ist ein über viele Jahre weiterentwickeltes, als wissenschaftlich gut validiert geltendes Modell. Die grundsätzlichen Annahmen dieses Modells sind, dass die Persönlichkeit hauptsächlich genetisch bedingt sei, aber von Umgebungsfaktoren beeinflusst werden kann. Weiterhin wird angenommen, dass die Persönlichkeit bis zum Erwachsenenalter gefestigt ist und sich mit zunehmendem Alter eher nicht mehr deutlich verändert.

Das Modell unterscheidet fünf Faktoren, die der Persönlichkeit zugrunde liegen:

1. **Extraversion** (*extraversion*): Das Ausmaß an Energie, das die Person auf die Umwelt richtet, und ihr Bedürfnis nach externer Stimulation.
2. **Emotionale Stabilität** (*neuroticism*): Wie viel Stress die Person spürt und ihr eigener Level emotionaler Stabilität oder Reaktivität.
3. **Offenheit** (*openness*): Wie offen die Person für neue Erfahrungen verschiedenster Art ist.
4. **Verträglichkeit** (*agreeableness*): Die Rolle, die die Person in Beziehungen einnimmt; wie empfänglich sie für die Sichtweisen anderer Personen ist.
5. **Gewissenhaftigkeit** (*conscientiousness*): Die Zielstrebigkeit einer Person und ihr Drang, ein Ziel zu erreichen.

Jeder der fünf Faktoren besteht aus sechs Persönlichkeitseigenschaften, demnach gibt es insgesamt 30 Persönlichkeitseigenschaften. Diese Eigenschaften gelten als Basisfaktoren, die bestimmen, wie Menschen sich typischerweise verhalten, z. B. ihre Einstellungen zu sich selbst und den anderen, wie sie die Welt üblicherweise verstehen und sich ihr gegenüber verhalten, wie sie zu Entscheidungen gelangen und wie sie mit Personen und Aufgaben und ihren Emotionen umgehen.

In einem Persönlichkeitsfragebogen werden Fragen zu den Basisfaktoren gestellt, und die aus den Antworten berechneten Werte der verschiedenen Persönlichkeitseigenschaften werden in einem formalen Report mit den Werten einer z. B. für eine Berufsgruppe repräsentativen Stichprobe verglichen. Der Report zeigt dann, wie sich die getestete Person im Vergleich zu dieser Gruppe einordnet.

Auch das Big-Five-Modell ist Grundlage für verschiedene in der psychologischen Praxis eingesetzte Testverfahren und findet zunehmend auch in berufsbezogenen Persönlichkeitstests Anwendung (s. [Lord 11]).

11.4.2 Persönlichkeitstypen und Teamzusammenstellung

Der richtige Mix entscheidet

Wenn es um die Zusammenstellung von Teams für den Softwaretest geht, besteht oft die Schwierigkeit, überhaupt fachlich gut qualifiziertes Personal zu bekommen. Das Auswahlkriterium »Persönlichkeitsprofil« ist dann vermeintlich zweitrangig. Werden Teammitglieder neu eingestellt oder ausgewählt, soll dennoch darauf geachtet werden, dass der neue Kandidat auch unter dem Aspekt Persönlichkeitsprofil zum Team passt. Das Wissen um die oben aufgeführten Persönlichkeitstypen wird so helfen, ein synergetisches Team zu formen, das auch Stresssituationen gut bewältigt.

Die Idee der Persönlichkeitstypen kann auch helfen, Ursachen für Erfolg oder Misserfolg von Teammitgliedern oder des ganzen Teams[9] besser zu verstehen und die Teamleistung aufrechtzuerhalten oder zu verbessern, da es gelingt, Aufgaben im Team richtig zuzuteilen oder bei Problemen umzuverteilen.

Beispiele zur Aufgabenverteilung

Es ist sicher vorteilhaft, wenn Erfinder oder Beobachter als Testdesigner arbeiten. Aber auch beim Testen in komplexen Systemumgebungen oder beim Testen »unreifer« Systeme sind Erfinder mit Analysefähigkeiten gefragt. Denn sobald technische Probleme auftreten, ist Kreativität bei der Problemlösung erforderlich.

Perfektionisten, Umsetzer und Mitspieler sind eher in der Testdurchführung richtig aufgehoben, vor allem im Regressionstest. Ein Erfinder hingegen wird im Regressionstest eher gelangweilt sein. Er wird sich vermutlich nicht genau an die Testspezifikation halten und rechts und links vom Pfad nach zusätzlichen Testvarianten suchen. Beim Regressionstest ist das aber nicht verlangt.

---

9. Der Erfolg von Softwareentwicklungsprojekten hängt sogar in hohem Maße von sozialen, nicht technischen Faktoren ab. Sehr lesenswerte Betrachtungen dazu und über das Management von Softwareentwicklungsteams finden sich z. B. in [DeMarco 16] oder [Rothman 05].

Nicht in »Schubladen« denken

Die Persönlichkeiten realer Menschen und Teammitglieder sind natürlich vielschichtiger. Bei allen Überlegungen darf deshalb nicht vergessen werden, dass die aufgeführten Persönlichkeitstypen lediglich »Konstrukte« sind, die in der Realität in reiner Form kaum auftreten. Vielmehr kann ein und dieselbe Person auch in verschiedene Rollen schlüpfen, etwa dann, wenn die persönliche Vorzugsrolle im Team schon besetzt ist.

Auch Faktoren wie z. B. persönliche Aversionen oder Karrieredenken, die Fähigkeit und Bereitschaft, zu lernen, die Erfahrung, die eigenen Werte und Motivationen sowie kontextbezogene Faktoren, die das Team oder das Projekt als Ganzes betreffen, wie z. B. das Firmenklima oder die aktuelle Projektsituation, spielen eine Rolle im Verhalten der Teammitglieder und sind mitzubetrachten (s. Abb. 11.3, s. a. [URL: ASQF]).

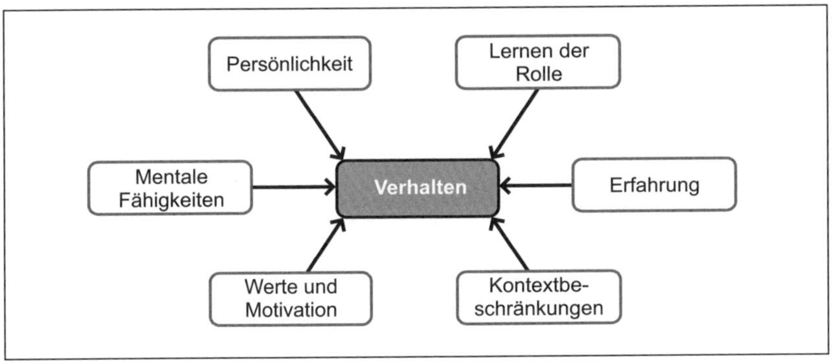

Abb. 11.3
Verhalten im Team (s. [Belbin 10])

11.4.3 Spezielle Rollen in agilen Vorgehensweisen

In agilen Projekten gibt es oft keine unabhängig von der Entwicklung arbeitenden Testteams mehr, sondern alle QS- und Testarbeiten werden innerhalb des Entwicklungsteams durchgeführt. Auch werden innerhalb agiler Teams oft auch keine testspezifischen Positionen beschrieben (s. z. B. Scrum, Abschnitt 3.4.8).

*Von T-Shaped bis *-Shaped*

Oft liest man im Zusammenhang mit agilen Vorgehensweisen vom »T-Shaped« Teammitglied. Hierbei steht der waagerechte Balken des T für breit aufgestellte Grundkompetenzen, während der senkrechte Balken eine tiefgehende Spezialisierung andeutet. Da in einem kleinen Team mit reinen T-Shaped Mitgliedern wahrscheinlich nicht alle benötigten Spezialisierungen abgedeckt werden können, erweiterte man dieses Konzept über p-Shaped bis hin zu *-Shaped. Wichtig ist und bleibt hier die Passung der im Team vorhandenen Kompetenzen mit den im Projekt erforderlichen.

Spezifische agile Rollen

Viele agile Vorgehensweisen definieren spezifische Rollen, für die oft auch eigene Lehrgänge und Zertifizierungsprüfungen angeboten werden (s. [URL: Scrum Guide], [URL: ScrumAlliance]). Nach Boris Gloger (s. [Gloger 16]) ist z. B. in Scrum (s. Abschnitt 3.4.8) das Entwicklungsteam in gewisser Weise die »Exekutive«, der Product Owner die »Legislative« und der Scrum Master die »Judikative« im agilen Projekt. Alle drei müssen eng kooperieren und sich auf ein gemeinsames Vorgehen verständigen, wenn sie die Kunden und die User zufriedenstellen wollen. Der Scrum Master bildet dabei sowohl die Firewall als auch das vermittelnde Bindeglied zwischen dem Entwicklungsteam sowie dem Product Owner und der Geschäftsleitung. Der Product Owner hält guten Kontakt mit dem Kunden und der Geschäftsleitung, und das Entwicklungsteam arbeitet möglichst regelmäßig und eng mit den Usern zusammen.

Tabelle 11.3 zeigt zunächst eine Kompetenzmatrix für die in Scrum definierten Rollen. Für die drei »Hauptrollen« Entwicklungsteam, Product Owner und Scrum Master folgt dann weiter unten eine Zuordnung zu den sozialen Teamrollen nach Belbin.

Tab. 11.3
Kompetenzmatrix für Scrum-Rollen

Scrum-Rolle	Aufgaben	Kompetenzen
Product Owner	Liefert die Anforderungen, und steuert deren Abarbeitung im Projekt.	Sehr gute fachliche Kenntnisse, Kenntnisse in Prozessen und Standards.
Developer (Entwicklungsteam)	Verantwortlich für die Qualität des Produkts.	Sehr gute technische Kenntnisse, u. a. in Programmiersprachen und -werkzeugen; sehr gute Kenntnisse in Testverfahren und -prozessen.
Scrum Master	Zuständig für den Prozess und das Abarbeiten von Impediments.	Sehr gute Kenntnisse in Teamprozessen, Mediation sowie Prozessanalyse und -verbesserung; Verhandlungsgeschick
Geschäftsleitung	Verantwortlich für die Erhaltung der Organisation.	Verhandlungsgeschick, gute betriebswirtschaftliche Kenntnisse, Kenntnisse in Prozessen und Standards, Fähigkeiten in Personalentwicklung.
Kunde	Bezahlt die Produktentwicklung.	Verhandlungsgeschick, betriebswirtschaftliche Kenntnisse.
User	Benutzt das Produkt.	Sehr gute fachliche Kenntnisse, ggf. Grundkenntnisse in IT.

Betrachtet man die Charakterisierung der Teamrollen von Belbin in Tabelle 11.2, dann drängen sich die in der folgenden Tabelle 11.4 skizzierten Ausprägungen der Teamrollen bei den drei Scrum-Rollen auf. Hierbei bedeuten »+ +«, dass die Scrum-Rolle durch eine starke Ausprägung der Teamrollen-Merkmale unterstützt wird, und »+«, dass eine mittlere Ausprägung der Teamrollen-Merkmale hilfreich bei der Ausübung der Scrum-Rolle ist.

Belbin Teamrolle	Product Owner	Developer (Entwicklungsteam)	Scrum Master
Koordinator	+		++
Wegbereiter	++		++
Teamarbeiter		++	
Erfinder	++	+	
Beobachter	++		+
Spezialist		++	
Macher		+	++
Umsetzer		++	
Perfektionist		++	

Tab. 11.4
Ausprägungen der Teamrollen (nach Belbin) bei den Scrum-Rollen

11.4.4 Personen für das Testteam auswählen

Die Entscheidung, ob eine Person für die Mitarbeit im agilen Entwicklungsteam bzw. im Testteam geeignet ist und eingestellt bzw. übernommen wird, soll sich auf eine möglichst objektive Bewertung der Kompetenz der Person stützen. Anhand der Bewerbungsunterlagen können in der Regel nur Qualifikationen durch externe Nachweise, Zertifizierungen, Berufserfahrungen und Abschlüsse bewertet werden. Deshalb darf sich das Testmanagement hier nicht nur auf die Bewerbungsunterlagen und die Erzählungen des Kandidaten verlassen, sondern es muss dessen Kenntnisse, Fertigkeiten und Fähigkeiten, Stärken und Schwächen inhaltlich hinterfragen und überprüfen.

Interviews führen!

Das wichtigste Instrument dazu ist sicherlich das Bewerbungsinterview. Um den Kandidaten zu »testen«, muss das Interview jedoch systematisch geführt werden und neben Routinefragen (z. B. nach Lebenslauf und vorangegangenen Tätigkeiten) und spontan geführten Passagen auch vorbereitete testfachliche Checkfragen und situative Aufgaben beinhalten, die z. B. für die Position »Testanalyse und Testentwurf« (s. Abschnitt 11.3) folgende Fähigkeiten überprüfen:

Testkompetenz bewerten

- Erklären wesentlicher Fachbegriffe des ISTQB®-Glossars [URL: ISTQB-Glossar] und Diskutieren der dahinterstehenden Zusammenhänge, z. B. die Kausalkette Fehlhandlung – Fehlerzustand – Fehlerwirkung.
- Ableiten von Testfällen unter Anwendung adäquater Testverfahren (Äquivalenzklassenbildung, Entscheidungstabellen, [DIN 66241] etc.) aus vorgegebenen Anforderungen oder auf Basis eines Beispielszenarios (wie etwa das TestMaster-Beispiel in diesem Buch).

- Ein Review eines Ausschnitts aus einer technischen Dokumentation (Anforderungen, Programmcode o. Ä.) durchführen lassen und das Erstellen verständlicher, objektiver Reviewbemerkungen dabei prüfen.
- Bewerten und Klassifizieren einer Fehlerwirkung und deren objektive, nachvollziehbare Dokumentation in Form eines Fehlerberichts.

Abhängig von der Position, die im Team zu besetzen ist (vgl. Unterkapitel 11.2), sind den Checkfragen neben o. g. allgemeinen testfachlichen Kompetenzen auf Foundation-Level-Niveau auch weiterführende Fragen hinzuzufügen. Einem Kandidaten für die Position »Testautomatisierung« können z. B. folgende Aufgaben gestellt werden:

- Praktisches Anwenden eines Testwerkzeugs zum Testen einer vorgegebenen API im Komponententest oder zum Testen über die Bedienoberfläche im Systemtest und das Ausführen entsprechender automatisierter Tests und deren Ergebnisanalyse.
- Formulieren von SQL-Datenbankabfragen, um bestimmte Datenbankinformationen zu erhalten und zu ändern, um damit die Vorbedingungen für ein vorgegebenes Testszenario herzustellen.
- Darstellen und Erläutern der Architektur eines Testautomatisierungsframeworks.

Ein Kandidat für die Position »Testmanagement« muss z. B. folgende Aufgaben lösen können:

- Identifizieren, Analysieren und Bewerten von Risiken und Skizzieren eines dazu passenden Testkonzepts für ein Beispielszenario.
- Erstellen eines kurzen zusammenfassenden Testberichts auf Basis einiger vorgegebener Testprotokolle.

Analog lassen sich Fragen finden, mit denen geprüft werden kann, welche Kenntnisse ein Kandidat über eine bestimmte Branche, ein Geschäftsfeld oder ein bestimmtes Anwendungssystem besitzt oder wie gut er sich mit Softwareentwicklung auskennt.

In allen Fällen muss die Person, die das Interview führt, darauf achten, dass der Kandidat seine Fähigkeiten aktiv demonstriert und so zeigt, dass er die jeweils angesprochene Technik oder Methodik nicht nur kennt, sondern dass er die jeweilige Fähigkeit bzw. Fertigkeit tatsächlich besitzt (»analysieren und auswählen« bzw. »durchführen können« vs. nur »kennen«).

Wenn das Interview hierzu nicht genügend Raum bietet oder eine Entscheidung abgesichert werden soll, dann kann das Testmanagement auch Arbeitsproben des Kandidaten anfordern und evaluieren und Referenzen einholen und überprüfen.

Soziale Kompetenz situativ bewerten

Im Interview soll sich das Testmanagement auch ein Bild über die soziale Kompetenz des Kandidaten verschaffen. Bei der Beantwortung o. g. fachlicher Fragen wird die Kommunikationsfähigkeit des Kandidaten sicherlich bereits gut sichtbar. Es kann aber sinnvoll oder erforderlich sein, weitere szenariobasierte situative Performanzaufgaben zu stellen, die vorrangig auf die Sozialkompetenz abzielen, z. B.:

- Im Szenario eines Projekts, das stark in Verzug ist, der Projektleitung eine Statuspräsentation über den Testfortschritt geben.
- Präsentation eines Vorschlags zur Prozessverbesserung der z. B. im o. g. Szenario beiträgt, weiteren Verzug zu verhindern.
- Mit einem Mitglied des Entwicklungsteams, das der Meinung ist, dass sein Programm fehlerfrei ist, einen Fehlerbericht durchsprechen.
- Review vorgegebener Testfälle und Präsentieren der Verbesserungsvorschläge gegenüber dem Autor des Testfalls.

Sicherlich können solche Szenarien echte Projektsituationen nur sehr bedingt simulieren. Aber aus dem Auftreten und den Argumenten des Kandidaten kann durchaus sichtbar werden, ob der Kandidat sich in eine Projektsituation und Kolleginnen und Kollegen hineinversetzen kann, wie er mit Rückfragen und Einwänden umgeht, ob und welche fehlenden Informationen er aktiv nachfragt usw.

Geeignete Interviewfragen und szenariobasierte Aufgaben zu entwickeln ist mit nicht unerheblichem Aufwand verbunden. Daher empfiehlt es sich, schrittweise eine Sammlung solcher Fragen und Aufgaben aufzubauen, die sich in Interviews bewährt haben, und diese Sammlung auch zu pflegen und ggf. als Grundlage eines Assessment Centers auszubauen. Das wird nicht nur Zeit sparen, sondern auch die Qualität, Effizienz und Vergleichbarkeit der Interviews schrittweise steigern. Natürlich kann eine solche Fragensammlung auch genutzt werden, um die Fähigkeiten von vorhandenen Mitgliedern des Testteams zu überprüfen und zielgerichtet Themen für Weiterentwicklungs- und Schulungsmaßnahmen festzulegen.

Schulungen vermitteln meist Qualifikationen. Begreift man Kompetenzen jedoch als Fähigkeiten zu selbstorganisiertem Handeln, so besteht ein entscheidender Unterschied zwischen Qualifikationen und Kompetenzen: Qualifikationen werden nicht erst im selbstorganisierten Handeln sichtbar, sondern bereits in davon abgetrennten, normierbaren und Position für Position abzuarbeitenden Prüfungssituationen. Die zertifizierbaren Ergebnisse spiegeln das aktuelle Wissen und Verstehen und die gegenwärtig vorhandenen Fertigkeiten und (Analyse-)Fähigkeiten wider. Ob jemand davon ausgehend auch selbstorganisiert und kreativ wird handeln können, kann durch die Normierungen und Zertifizierungen kaum erfasst werden. Einem »gelernten« Testmanager mit besten Abschlüssen kann in der Praxis schlicht nicht das passende Testkonzept einfallen (nach [Erpenbeck 17]).

Verwenden Sie daher zur Beobachtung und Bewertung von Kompetenzen auch immer situative, handlungsbezogene Aufgaben (Performanzaufgaben).

Insbesondere in der agilen Softwareentwicklung identifizieren Teams fehlende bzw. noch erforderliche Kompetenzen, indem sie regelmäßig Retrospektiven (s. Unterkapitel 6.5) durchführen und dabei nicht nur die »fachlichen« Aspekte analysieren, sondern sich auch gegenseitig Feedback geben. Erfahrene Coaches oder Mentoren unterstützen die Teammitglieder dabei, ihre evtl. vorhandenen Kompetenz- und Wissenslücken zu erkennen und zu schließen.

11.5 Entwicklung der Fähigkeiten von Testteammitgliedern

In diesem Unterkapitel geht es um die Zusammensetzung von Testteams. Unbestritten ist, dass Expertise in Softwaretest und Softwarequalitätssicherung angesichts immer komplexerer Softwaresysteme in jedem Softwareprojekt unverzichtbar ist. Oft wird ein Testteam jedoch aus dem vorhandenen Personal gebildet und verfügt zumindest zu Beginn eines Projekts nicht über alle für das Projekt und die erfolgreiche Zusammenarbeit erforderlichen Kompetenzen, sodass diese im Projektverlauf geeignet weiterentwickelt werden müssen.

Wie im Folgenden gezeigt und oben bereits erwähnt: Auch wenn es keine perfekte Besetzung gibt, kann ein starkes Team die Schwächen einzelner Personen ausgleichen! Dafür ist es wichtig, zunächst die für das Projekt erforderlichen Kompetenzen und ihre Mindestausprägungen sowie die im Team bereits zu beobachtenden Kompetenzausprägungen zu eruieren. Darauf aufbauend ist dann die Aus- und Weiterbildung in den fehlenden Themengebieten unternehmensseitig zu fördern und zu steuern.

11.5.1 Kompetenzentwicklung zielgerichtet planen und steuern

Das Testmanagement oder das Testteam kann den Entwicklungsbedarf ermitteln, indem es die erforderlichen Kompetenzen mit den vorhandenen Kompetenzen in einer → **Kompetenzmatrix** vergleicht.

Kompetenzmatrix

Unter einer Kompetenzmatrix versteht man entweder eine nach mehreren Aspekten untergliederte und möglichst vollständige und kommentierte Liste von Kompetenzen (z. B. [Sieber Bethke 23]) oder eine tabellarische oder grafische Gegenüberstellung der in einem Team vorhandenen und der für ein Projekt erforderlichen Ausprägungen von Kompetenzen (z. B. [Belbin 10], [Erpenbeck 17])[10].

10. Der Lehrplan bleibt hier etwas unklar, bezieht sich jedoch inhaltlich eher auf die zweite Art der Kompetenzmatrix, also die Aufstellung von Kompetenzen und ihren für eine Aufgabe oder ein Projekt erforderlichen sowie aktuell bei Personen erreichten Ausprägungen.

Die folgende Tabelle 11.5 zeigt eine Kompetenzmatrix für ein Testteam mit fünf Teammitgliedern. In den ersten zwei Spalten sind die nach den Kompetenzbereichen gegliederten Kompetenzen aufgeführt. In den weiteren Spalten werden die von 0 bis 10 skalierten Ausprägungen der einzelnen Kompetenzen eingetragen. Hierbei bedeuten 0 = »Kompetenz nicht zu erkennen« und »10 = Kompetenz vollständig ausgeprägt«.

Beim Ausfüllen der Matrix geht man wie folgt vor. Zunächst wird das Soll- bzw. »Wunsch«-Kompetenzprofil ermittelt und eingetragen. Die weiteren Spalten enthalten die eingeschätzten (oder anhand eines Fragebogens ermittelten) Ausprägungen der einzelnen Kompetenzen bei den fünf Teammitgliedern.

Tab. 11.5
Kompetenzmatrix

	Kompetenzprofil	**Soll**	**TM1**	**TM2**	**TM3**	**TM4**	**TM5**
Fachkompetenz	Testverfahren	8	7	4	5	7	7
	Technologie	7	4	5	5	3	7
	Fachlichkeit	7	9	8	4	8	5
	Projektmanagement	5	7	9	9	6	8
Methodenkompetenz	Analytisch	6	7	3	5	3	9
	Konzeptionell	8	4	7	6	7	8
	Urteilsvermögen	6	4	9	4	4	6
	Problemlösungsfähigkeit	8	8	4	6	7	6
	Informationskompetenz	9	6	4	3	4	6
	Lernkompetenz	9	6	5	6	4	2
Sozialkompetenz	Kommunikationsfähigkeit	8	8	3	4	4	8
	Konfliktlösungsfähigkeit	5	4	9	7	6	9
	Teamfähigkeit	5	7	7	6	6	7
	Anpassungsfähigkeit	6	6	4	7	7	9
	Durchsetzungsvermögen	6	5	6	3	5	5
	Fähigkeit zu delegieren	8	8	7	8	6	6
	Hilfsbereitschaft	7	7	9	4	5	6
Selbstkompetenz	Eigenverantwortung	8	6	8	6	8	3
	Kritikfähigkeit	8	7	8	5	8	8
	Zeitmanagement	9	6	4	8	5	9
	Zuverlässigkeit	6	8	5	8	8	5
	Belastbarkeit	8	8	7	9	9	3
	Selbstvertrauen	7	5	3	10	8	4
	Veränderungsbereitschaft	8	6	5	3	8	9
	Disziplin	6	5	8	8	4	4
	Lernbereitschaft	8	3	8	7	3	9

Einen besseren Überblick der bei den betrachteten Personen ausgeprägten Kompetenzen erhält man durch die Darstellung in einem Kiviatdiagramm (s. z. B. die Darstellung der individuellen Ausprägungen der neun Teamrollen nach Belbin in Abb. 11.2).

Teamrollen-Assessment

Neben den professionellen Kompetenzen (Fachkompetenz und Methodenkompetenz) ist eine ausgeglichene Ausprägung sozialer Kompetenzen bezüglich der Teamrollen wichtig. Das Testmanagement kann zusammen mit der Personalabteilung (*human resources, HR*) ein Assessment zur individuellen Ausprägung der Teamrollen durchführen und analysieren.

Kompetenzen analysieren

Interessant ist es dabei, in einem Balkendiagramm jeweils die Ausprägung der stärksten Person(en) im Team für eine Teamrolle sowie die durchschnittliche Ausprägung des Teams für diese Rolle darzustellen. Je größer der Abstand zwischen den beiden Ausprägungen ist, desto abhängiger ist das Team von dieser Person (oder den Personen), um die jeweilige Rolle auszufüllen.

Sind in Team z. B. zu viele Mitglieder mit hoher Ausprägung der Rollen »Umsetzer«, »Teamarbeiter« und »Spezialist« vertreten, verfügt das Team zwar grundsätzlich über solide und zuverlässige Eigenschaften und seine Mitglieder sollten gut zusammenarbeiten. Fraglich ist jedoch, ob es leicht die optimale Richtung findet.

Dieses Problem kann auf zwei Arten gelöst werden. Einerseits könnte man dem Teammitglied, das hohe Ausprägungen als »Koordinator« oder »Macher« hat, besondere Aufmerksamkeit schenken. Eine andere Möglichkeit besteht darin, dieses Problem durch offene Debatten im Team und gemeinsame Anstrengungen anzugehen.

Im besten Fall setzt dieses Team vereinbarte Strategien sehr effizient um und erzielt die gewünschten Ergebnisse. Es ist wahrscheinlich selbstdiszipliniert und prozessorientiert.

Im schlimmsten Fall könnte das Team zu sehr nach innen gerichtet sein und sich nicht ausreichend für die Stakeholder interessieren. Spielen diese eine große Rolle im Projekt, soll das Team nach jemandem suchen, der gerne neue Wege geht und neue Kontakte knüpft.

> Für agile Teams empfiehlt es sich, ab und zu in einer Retrospektive zur Teamarbeit eine »gegenseitige Rollenzusprechung« vorzunehmen. Auf einem Flipchart wird dazu eine leeres Kiviatdiagramm mit dem Teamrollenprofil (s. Abb. 11.2) gezeichnet. Darin trägt jedes Teammitglied die Initialen der anderen Teammitglieder an den (max. drei) Positionen ein, an denen es diesen eine als »hoch« empfundene Ausprägung einer Teamrolle zuspricht.

→

Hierbei können einige Teammitglieder mehrfach, andere aber vielleicht auch gar nicht auftauchen. Nach einigen Minuten der individuellen Betrachtung der eigenen Zusprechungen kann dann diskutiert werden, wie sich das ergebende »wahrgenommene« Rollenprofil mit der Selbsteinschätzung aller Teammitglieder deckt und ob ggf. »Lücken« oder »Überbesetzungen« zu erkennen und auszugleichen sind.

11.5.2 Ansätze zur Kompetenzentwicklung

Auf Basis der Kompetenzmatrix und des Teamrollenprofils können unterschiedliche Ansätze zur Kompetenzentwicklung ausgewählt und geeignet kombiniert werden:

Training und Ausbildung

Training und Ausbildung vermitteln vorgegebene Kenntnisse und Praktiken, normalerweise in einem (virtuellen) Klassenzimmer (z. B. durch Entsendung zu einem Trainingskurs, durch interne Schulungen, durch die Entwicklung maßgeschneiderter Trainingskurse oder durch den Einsatz von Live-E-Learning-Kursen).

Selbststudium

Selbststudium ist eine Form des Lernens, bei der der Lernende nicht in einem (virtuellen) Klassenzimmer, sondern für sich lernt (z. B. durch das Lesen von Büchern oder Lehrplänen, das Ansehen von Videos oder eine Recherche im Internet).

Peer Learning

Beim Peer Learning (kooperatives bzw. gemeinschaftliches Lernen) tauschen Kollegen Wissen, Ideen und Erfahrungen aus und lernen mit- bzw. voneinander.

Mentoring oder Coaching

Mentoring oder Coaching sind Ansätze, bei denen ein Teammitglied, das neu in einer Rolle ist, individuelle Beratung durch einen Coach erhält oder Wissen, Fähigkeiten und/oder Erfahrung von einem versierten Mentor vermittelt bekommt. Die erfahrene Person fungiert als Mentor, wenn sie Rat und Unterstützung in Form »fertiger« Lösungen oder Lösungsvorschläge anbietet, und als Coach, wenn sie dem Teammitglied hilft, eigene Lösungen zu finden.

Ausbildung am Arbeitsplatz (skilling on the job)

Weit verbreitet ist auch die Ausbildung am Arbeitsplatz (Training on the Job), bei der Selbststudium, Peer Learning und Mentoring oder Coaching kombiniert werden. Hierbei unterscheidet man folgende Arten:

- **Umlernen** (*Re-Skilling*) bedeutet das Erlernen neuer Fähigkeiten für den Übergang in eine vollkommen neue Rolle. Dies ist z. B. nützlich, wenn ein Unternehmen eine Umstrukturierung durchführt, aber seine Talente behalten möchte.
- **Nachlernen** (*Up-Skilling*) bedeutet die Stärkung bestehender Fähigkeiten oder das Erlernen ergänzender Fähigkeiten, oft um eine organisationsweite Talentlücke zu schließen. Ein Beispiel hierfür wäre es, wenn ein Testautomatisierer sich in ein neues Testwerkzeug einarbeitet.

- **Querlernen** (*Cross-Skilling*, auch *Cross-Training*) dient der Entwicklung neuer Fähigkeiten, die in verschiedenen Funktionen angewendet werden können. Zum Beispiel könnte ein Fachexperte die Grundlagen der Testautomatisierung erlernen, um die funktionsübergreifende Zusammenarbeit und Produktivität im Systemtest zu verbessern.

11.5.3 Aus- und Weiterbildung in Schulungen (*trainings*)

Eine wichtige Möglichkeit zur gezielten Kompetenzentwicklung sind Schulungen (öffentliche oder intern durchgeführte Schulungen externer Trainingsanbieter, firmeninterne Schulungsbausteine, E-Learning). Bei Bedarfsermittlung, Planung und Auswahl geeigneter individueller oder gruppenspezifischer Schulungsmaßnahmen soll das Testmanagement steuernd mitwirken. Neben den aktuellen Projektanforderungen und den Stärken und Schwächen im Testteam gilt es auch, künftige Anforderungen und Karriereziele der Teammitglieder zu berücksichtigen.

ISTQB® Certified Tester

Der internationale Standard ist hier die ISTQB®-Certified-Tester-Ausbildung mit zugehörigem Schulungs- und Zertifizierungsangebot. Der »Certified Tester Foundation Level« in der 2023 veröffentlichten Version 4.0 [CTFL 4.0 23] deckt alle grundlegenden Techniken ab. Alle Mitglieder eines Testteams sollen mindestens über diese Basisqualifikation verfügen. Aber auch Mitglieder eines agilen Entwicklungsteams, der Projektleitung oder des Produktmanagements können von dieser Grundlagenausbildung sehr profitieren.

Die ISTQB®-Advanced- und -Expert-Level-Lehrpläne vertiefen die Lehrinhalte und richten sich an Personen, die ihren Tätigkeitsschwerpunkt im Gebiet Softwaretest haben und ihr Wissen rollenspezifisch weiter vertiefen wollen, beispielsweise durch Absolvieren der auf dem CTAL-TM aufbauenden Schulung zum »Certified Tester Expert Level – Test Management« [CTEL-TM 11]. Das ISTQB® bietet darüber hinaus weitere Lehrpläne (*specialist*) zu Spezialthemen an (s. [URL: ISTQB], [URL: GTB]).

Kontinuierliches Lernen

Neben Schulungen spielt informelles, eigenverantwortliches, individuelles Lernen (aus Büchern, über die Teilnahme an Webseminaren und Konferenzen, Internetrecherche etc.) eine wichtige Rolle. In einem motivierten, gut zusammenarbeitenden Testteam findet Weiterbildung darüber hinaus auch durch Wissenstransfer zwischen Teammitgliedern statt. Alle diese Möglichkeiten des Lernens soll das Testmanagement unterstützen, indem es den Teammitgliedern Freiräume gibt, Neues zu erfahren und neu angeeignetes Wissen auszuprobieren und anzuwenden. Dies hilft ihnen, kontinuierlich zu lernen und ihre individuellen Fähigkeiten auszubauen. Die Organisation profitiert von vielseitig einsetzbarem, motivierterem Personal.

Ansätze auswählen und geeignet kombinieren

Nicht alle Ansätze zur Kompetenzentwicklung sind gleichermaßen effektiv und effizient. Selbststudium und Schulungen sind beispielsweise gut geeignet, um Fach- und Methodenkompetenzen zu entwickeln. Zum Beispiel können grundlegende Testkompetenzen durch die Teilnahme an ISTQB®-Schulungen oder im Selbststudium anhand der ISTQB®-Lehrpläne erworben werden. Für die Entwicklung von Sozial- und Selbstkompetenz empfehlen sich jedoch Ansätze wie Training und Coaching, die häufig erfolgversprechender sind als das Selbststudium.

Last, but not least gehören sozialer Austausch, Feedback und Reflexion zu den wichtigsten Erfolgsfaktoren für die Entwicklung von Sozial- und Selbstkompetenz.

11.6 Fähigkeiten für die Leitung von Testteams

Die erfolgreiche Leitung eines Testteams erfordert zuerst einmal Managementfähigkeiten. Der Lehrplan nennt daher folgende grundlegende Kompetenzen für das Testmanagement:

- Fach- und Methodenkompetenz für grundlegende Managementaufgaben (z. B. Planen und Delegieren, Überwachen des Projektfortschritts, Steuern und Berichterstattung).
- Spezifische Kenntnisse, Fertigkeiten und Fähigkeiten für die Aktivitäten des Testmanagements (z. B. Kenntnisse der Anwendungsbereiche sowie Vor- und Nachteile verschiedener Testansätze, die Entwicklung von Teststrategien oder die Auswahl und Anwendung von Testverfahren oder des eingesetzten Entwicklungsmodells (SDLC)).
- Hohe Sozial- und Selbstkompetenz, denn ein Testteam zu leiten oder zu coachen bedeutet einerseits, angemessen mit anderen Mitgliedern des Testteams umgehen zu können, und anderseits, im Testteam und bei sich selbst die Fähigkeit und Bereitschaft zu wecken und aufrechtzuerhalten, sich unter sich ändernden Umständen weiterzuentwickeln. Dazu gehören Belastbarkeit, die Fähigkeit, zu delegieren, und die Eigenschaft, vom Testteam akzeptiert zu werden. Darüber hinaus gehört dazu die Fähigkeit, die Interessen des Testens im Projekt durchzusetzen, die Vorteile des Testens zu fördern, mit allen Beteiligten zu kommunizieren und Konflikte zu lösen.
- Um die »richtigen« Mitglieder für ein Team zu gewinnen, sind Fähigkeiten zur Analyse der sozialen, Team- und Arbeitsbedingungen sowie der benötigten Kompetenzen erforderlich. Mit diesen Fähigkeiten kann das Testmanagement das Testteam an die Arbeitsbedingungen anpassen oder – wenn möglich – die Arbeitsbedingungen an das Testteam anpassen (s. [CTAL-TM 3.0 25]).

Im Folgenden werden zunächst wichtige Aspekte erfolgreicher Führung und Leitung beschrieben. Dann geht es um das Tuckman-Modell mit seinen unterschiedlichen Phasen bei der Bildung und Entwicklung eines Teams. Da Leiten und Führen ebenso wie Teamarbeit wesentlich von der gelingenden Kommunikation zwischen allen Beteiligten abhängt, stellt der letzte Abschnitt das einfache Kommunikationsmodell nach Schulz von Thun vor und erläutert einige typische Kommunikationsprobleme.

11.6.1 Erfolgreich Führen und Leiten

Erfolgreiches Führen und Leiten eines Teams kann man sich nicht einfach als Tipps und Tricks »anlesen«, sondern muss es erlernen und (er)leben. Jürgen Hargens schreibt:

> *Meine Überzeugung hat zugenommen, dass es sich eben nicht um Tipps und Tricks handelt, sondern um die grundsätzliche Haltung, die sich im Handeln niederschlägt [Hargens 18].*

Demnach ist die persönliche Haltung ausschlaggebend für den Erfolg bei der Leitung eines Teams. Hierzu gehören z. B. Achtsamkeit, Authentizität, Begeisterungsfähigkeit, Charakter, Engagement, konsistentes Verhalten, Konzentration und Ver- und Zutrauen, also Eigenschaften, die bei manchen Menschen »wie angeboren« erscheinen, oft aber durch ständiges Tun und Reflektieren erworben wurden.

Führen und Leiten bedeutet im Grunde genommen, dafür Sorge zu tragen, dass alle ihre Arbeit so gut wie möglich erledigen können. Anderson und Adams sehen insgesamt vier Hauptaspekte, die eine effektive Leitung beachten muss (s. [Anderson 15], vgl. [Sieroux 20]):

1. »Die richtige Richtung vorgeben und sinnvolle Arbeit leisten (lassen).«
2. »Alle Beteiligten einbinden und für ihre Leistung (selbst-)verantwortlich machen.«
3. »Sicherstellen, dass Prozesse und Systeme Fokussierung und Umsetzung fördern.«
4. »Effektiv führen, d. h., Vertrauensbeziehungen pflegen, um die gewünschten Ergebnisse nachhaltig erzielen zu können.«

Gutes Leiten und Führen deckt damit das ganze Spektrum zwischen Beziehungen und Aufgaben ab. Eine effektive Leitung tritt daher mit den beteiligten Menschen in Beziehung und sorgt dafür, dass diese untereinander ebenfalls Beziehungen eingehen können. Dabei hilft es oft, nicht selbst nach der »richtigen« Antwort zu suchen, sondern diejenigen zusammenzubringen, die miteinander reden sollen.

Allerdings reicht es nicht aus, sich nur auf die Beziehungen zu beschränken, denn schließlich sind am Ende Ergebnisse zu erzielen (z. B. die Einführung oder Förderung der Agilität im Unternehmen). Eine effektive Leitung klärt, was das Ziel ist und warum genau dieses Ziel jetzt relevant ist. So können die Beteiligten sich für das Ziel erwärmen und dieses als sinnvoll erachten und verfolgen. Die obigen Merkmale des Leitens und Führens fasst Anderson als »kreative Leitung« auf, die einer »reaktiven Leitung« vorzuziehen ist (s. Abb. 11.4).

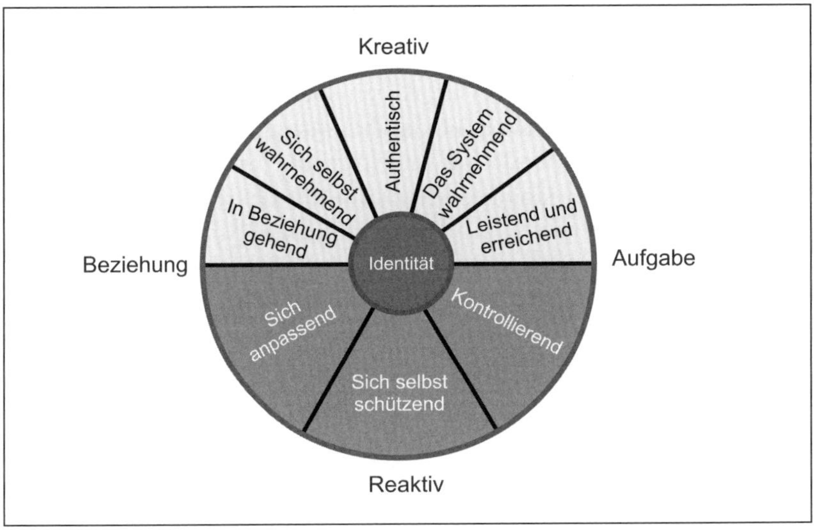

Abb. 11.4
Reaktives vs. kreatives Leiten und Führen (nach [Anderson 15] und [Sieroux 20])

Neben der eigenen Haltung erfordert das kreative Leiten und Führen von Menschen insbesondere, Geduld mit den Menschen und dem Prozess zu haben, sich Zeit zu nehmen, um mit den Menschen zu reden (s. Abschnitt 11.6.4), und vor allem, mit ihnen zusammen zu arbeiten und dabei immer wieder genau zu beobachten, »was ist«.

Beobachten, Beschreiben, Bewerten, Handeln!

Vielen Menschen fällt es schwer, zu beobachten, ohne dabei sofort auch zu bewerten oder sogar unmittelbar einzuschreiten. Daher soll man sich immer wieder den Vierklang *Beobachten – Beschreiben – Bewerten – Handeln* klarmachen und befolgen (nach Virginia Satir, s. z. B. [Weinberg 08], [Hargens 18]):

- Beobachten bedeutet, das mit den Sinnen wahrgenommene wirklich wahrzunehmen. Voraussetzung dafür ist, mit offenen Sinnen im Augenblick zu sein, und nicht mit »Scheuklappen« oder in Gedanken schon beim nächsten Termin.
- Beschreiben erfordert, das Beobachtete zu erkennen, zu benennen und ggf. zu dokumentieren.

- Bewerten heißt, das Beschriebene vor dem Hintergund des Kontexts, der Ziele, der Aufgabe etc., zu analysieren und einzuordnen in Kategorien wie z. B. »gut – schlecht«, »hilfreich – behindernd«, »angenehm – unangenehm«.
- Handeln leitet sich dann aus der Bewertung von Wichtigkeit und Dringlichkeit des Beobachteten ab und kann dann z. B. eine unmittelbare Antwort, eine Aufforderung, ein Eintrag auf der »To-do-Liste« oder aber eine Nachfrage sein, um die Beobachtung oder Bewertung zu validieren und ggf. zu ergänzen oder zu ändern.

Führen und Leiten bedingt nach den bisherigen Ausführungen, dass jemand die Verantwortung für die Arbeit(sbedingungen) anderer trägt. Diese »anderen« sind oft z. B. eine Arbeitsgruppe, eine Abteilung oder ein Projektteam. Während eine Arbeitsgruppe und eine Abteilung in der Regel über einen längeren Zeitraum mit denselben Personen besetzt ist, werden Projektteams definitionsgemäß befristet für ein konkretes Projekt zusammengestellt und nach Projektabschluss aufgelöst. Für diesen Fall ist es wichtig, die Handlungen beim Führen und Leiten an den aktuellen Entwicklungstand des Teams anzupassen. Hierbei hilft das in Abschnitt 11.6.2 beschriebene Modell der Teambildung von Tuckman.

Teamarbeit in CI und DevOps

Für das Testmanagement sind in Projektkontexten mit Continuous Integration (CI) und DevOps (s. Abschnitt 3.4.10) folgende Aspekte der Teamarbeit wichtig: Das gemeinsame Verständnis von Qualität und Testzielen steht im Vordergrund, um kontinuierlich qualitativ hochwertige Software bereitzustellen. Verantwortlichkeiten für das Testen sind teamübergreifend verteilt, wodurch Qualität zur gemeinsamen Verantwortung wird. Automatisierte Tests und schnelle Feedbackzyklen sind unerlässlich, um Fehler frühzeitig zu erkennen und Risiken zu minimieren. Testaktivitäten werden eng mit Entwicklungs- und Deployment-Prozessen verzahnt, sodass kontinuierliche Integration und Auslieferung reibungslos funktionieren.

Klare Kommunikation und Transparenz fördern einen effizienten Informationsaustausch, um Tests präzise auf die Bedürfnisse der Stakeholder auszurichten. Agile Zusammenarbeit und regelmäßige Retrospektiven unterstützen das Team dabei, Prozesse kontinuierlich zu optimieren und aus Fehlern zu lernen. Wissen über Testautomatisierung, Infrastruktur und Monitoring wird innerhalb des Teams aktiv geteilt und gemeinsam erweitert. Eine Kultur des Vertrauens und der psychologischen Sicherheit ermöglicht es, Probleme offen anzusprechen und schnell Lösungen zu finden.

Das Testmanagement muss dafür sicherstellen, dass das Team stets Zugang zu relevanten Testdaten und Testumgebungen hat. Schließlich erlaubt eine ausgeprägte Lernkultur dem Team, kontinuierlich neue Testmethoden und -werkzeuge auszuprobieren und zu integrieren (s. a. [Mantle 19]).

11.6.2 Phasen der Teambildung nach Tuckman

Bei einem neu gebildeten Team ist nicht von Beginn an zu erwarten, dass die Zusammenarbeit reibungsfrei verläuft. Zunächst muss sich »das Klima« im Team entwickeln, wobei sich Strukturen, Regeln und Verhaltensmuster herausbilden, damit sich das wirkliche Potenzial des Teams entfalten kann und die Kreativität und Produktivität ausgeschöpft werden können. Ein wichtiger Punkt für die Leitung ist also, die Bildung des Teams mit Geduld abzuwarten, genau zu beobachten und dann ggf. aktiv zu unterstützen.

Hilfreich dabei ist ein Modell von Tuckman, das die folgenden vier (bzw. fünf) Phasen der Teambildung unterscheidet (s. [Tuckman 65], [Bonebright 10], vgl. [Ellebracht 18], [van Dick 13]):

- Abtastphase (*forming*), die vor allem durch Unsicherheit und einen eher neutralen, freundlichen Umgang miteinander gekennzeichnet ist und in der die Teammitglieder sich und das Projektziel und ggf. die Projektleitung kennenlernen und erste Aufgaben definieren. *Forming*
- Konfrontationsphase (*storming*), geprägt durch zunehmende Konflikte aufgrund z. B. von Unklarheiten über Verantwortlichkeiten, Rollen und Aufgaben oder »zwischenmenschliche Inkompatibilitäten«. *Storming*
- Organisationsphase (*norming*), in der Regeln festgelegt und Verantwortlichkeiten und Rollen definiert werden, wobei die Teammitglieder auch immer mehr über die persönlichen Eigenschaften erfahren und zusammenwachsen. *Norming*
- Arbeitsphase (*performing*), in der das Team erfolgreich zusammenarbeitet, kooperiert, Rollen (z. B. die Führung der Gruppe) durchaus flexibel zwischen Personen wechseln, man offen miteinander umgeht und sich gegenseitig hilft. *Performing*

Wichtig ist, zu erkennen, dass ein Team diese Phasen oft nicht nur einmal durchläuft, sondern aufgrund von z. B. Stress, unklarer Zielsetzung oder Personalwechsel wieder auf frühere Phasen zurückfallen kann. Auch werden die Phasen nicht immer in dieser Reihenfolge durchlaufen und eine oder manchmal sogar mehrere werden Phasen übersprungen.

Adjourning

- Bei Projektteams kommt als fünfte und letzte Phase am Projektende noch die Auflösungs- oder Trennungsphase (*adjourning*) hinzu, bei der die wichtigsten Erkenntnisse aus der Teamarbeit noch einmal reflektiert und zusammengefasst werden und die Teammitglieder sich voneinander verabschieden – am besten, mit einer kleinen Feier!

Die »Teamentwicklungsuhr« stellt den Verlauf dieser Entwicklung entlang der englischen Phasenbezeichnungen Forming, Storming, Norming, Performing sehr klar dar (s. Abb. 11.5).

Abb. 11.5
Die Teamentwicklungsuhr (nach [Ellebracht 18])

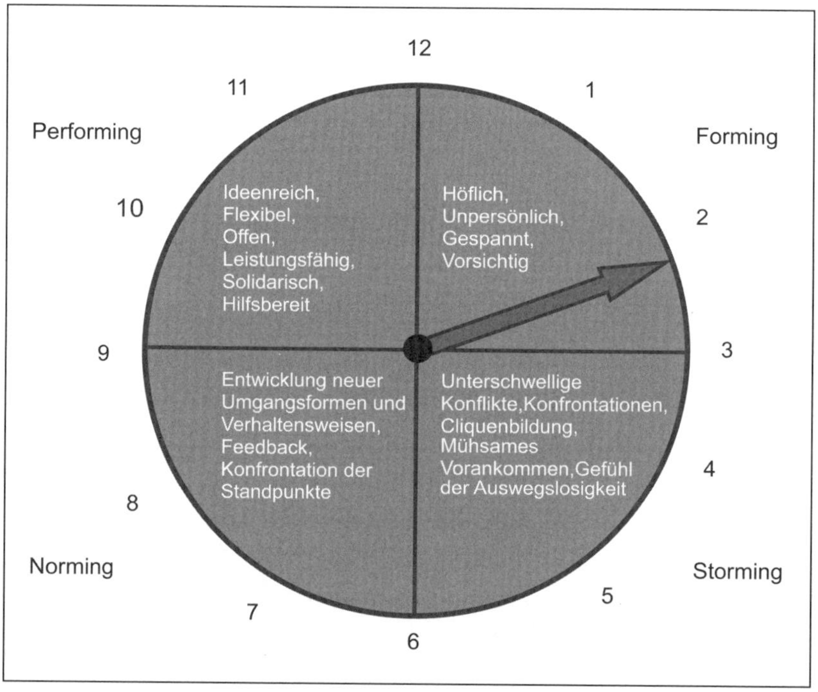

Exkurs

11.6.3 Koordination von Testteams

Abhängig davon, wie das Testen im Unternehmen organisationsweit verankert ist, ist der Grad der Unabhängigkeit zwischen Entwicklung und Test unterschiedlich hoch. Grundsätzliche Organisationsmodelle sind: Entwicklung und Test in einer Person, eine Person spezialisiert sich auf Testen, von der Entwicklung unabhängige, projektinterne Testgruppe(n), projektübergreifendes Testzentrum.

Testaufgaben können durch internes Personal erledigt werden, oder es können (für Teilaufgaben oder ganze Verantwortungsbereiche) externe Dienstleister, vorzugsweise spezialisierte Testdienstleistungsfirmen, beauftragt werden.

Unabhängig davon, ob intern oder extern, sobald mehr als nur ein einziges Testteam zur Verfügung steht, stellt sich die Frage, wie die Testarbeiten zwischen diesen Teams verteilt werden und wie die Arbeiten inhaltlich und zeitlich zu koordinieren sind. Die folgenden Abschnitte diskutieren, welche Möglichkeiten das Testmanagement hier grundsätzlich hat.

Sequenziell arbeitende Teststufen

Die einfachste Möglichkeit ist, die Testaufgaben orientiert an der Systemarchitektur, also entlang der Subsysteme der Software, aufzuteilen. Ein bestimmtes Testteam verantwortet dann alle Tests der ihm zugeteilten Subsysteme.

Beispiel: DiaFlow: Ein Testteam für alle Teststufen

Das Testteam im DiaFlow-Projekt bekommt aus der Entwicklung ein neues Produktrelease »DiaFlowUI v4.5.001« (Release 4.5, Build 1). Zuerst arbeitet das Testteam[11] die Komponententests ab. Werden Fehlerwirkungen entdeckt, geht das Release zurück an die Entwicklung zur Überarbeitung.

Sind die Komponententests erfolgreich durchgeführt (d. h. die Endekriterien erreicht), werden die Komponenten an den Komponentenintegrationstest übergeben und dort integriert. Anschließend werden der Systemtest und Systemintegrationstests durchgeführt. Werden dabei Fehlerwirkungen entdeckt, die die Systemintegration blockieren, wird der Test von »v4.5.001« abgebrochen und ein verbesserter Build (d. h. ein funktional gleichwertiges, aber fehlerbereinigtes Release) aus der Entwicklung angefordert. Der Test von »v4.5.002« beginnt dann erneut mit den Komponententests.

Ist der Build stabil und gut genug, sodass die Endekriterien der Komponententests und danach die des Komponentenintegrationstests erreicht werden, wird er an den Systemtest weitergegeben. Wird auch der Systemtest bestanden, wird das Produktrelease v4.5 freigegeben. Verhindern jedoch Fehlerwirkungen die Freigabe, so erhält die Entwicklung den Auftrag für Build 3. Der Test von »v4.5.003« muss wieder mit den Komponententests beginnen.

Die Teststufen werden sequenziell absolviert und jeder Build der Software durchläuft einen vollständigen Regressionstest. Das heißt, für jede Teststufe werden alle vorhandenen Testfälle an jedem Build wiederholt. Abbildung 11.6 zeigt den Ablauf schematisch.

Mit diesem einfachen, sequenziellen Verfahren kann sehr fehlerarme Software erreicht werden. Die Testdauer, also die Zeitspanne zwischen Beginn des ersten Komponententests und der Produktfreigabe nach letztmaligem Systemtestzyklus, kann jedoch sehr lang sein und ist abhängig von der Anzahl der benötigten Builds.

---

11. Hier wird angenommen, dass die Entwickler die Komponententests nicht selbst durchführen.

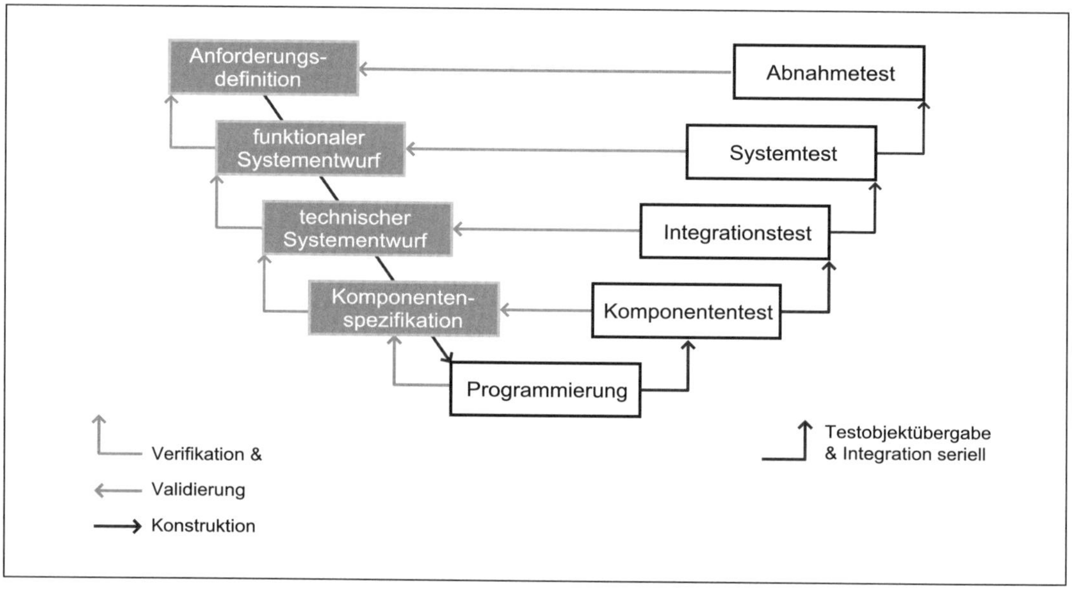

Abb. 11.6 *Sequenziell arbeitende Teststufen*

Parallel arbeitende Teststufen

Stehen mehrere Testteams zur Verfügung, kann dies genutzt werden, um die Arbeit in den Teststufen (Komponenten-, Integrations-, Systemtest) zu parallelisieren. Je Teststufe ist ein separates Team erforderlich, mit jeweils eigener, auf die Anforderungen der Teststufe zugeschnittener Testumgebung und passenden Werkzeugen. Abbildung 11.7 veranschaulicht das parallele Arbeiten dieser Teams.

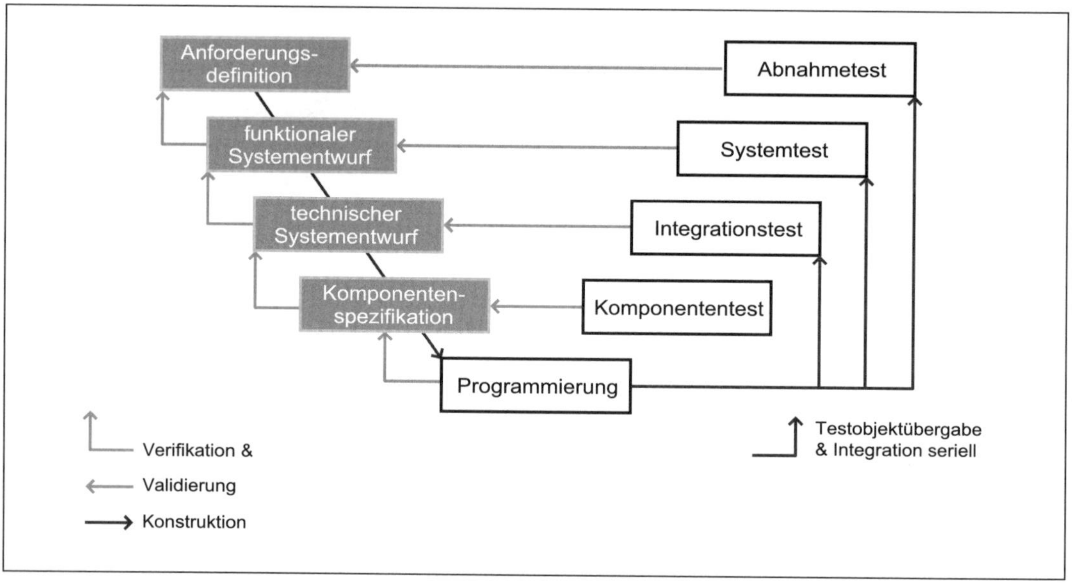

Abb. 11.7 *Parallel arbeitende Teststufen*

Nach der Fertigstellung eines Build geht dieser gleichzeitig in alle Teststufen, und jede Testgruppe beginnt unmittelbar »ihre« Testfälle abzuarbeiten. Weil nicht auf den Abschluss von Tests in vorgelagerten Stufen gewartet werden muss, kann das Verfahren sehr schnell sein.

Da aber jede Teststufe auf demselben ungetesteten Build aufsetzt, ist die Wahrscheinlichkeit hoch, dass eine Teststufe durch im Build enthaltene, testbehindernde Fehlerwirkungen gebremst oder gar blockiert wird. Bei sequenziellem Test wäre ein hoher Anteil solcher testblockierenden Fehlerwirkungen auf einer niedrigeren Teststufe entdeckt und dann beseitigt worden. Die höhere Teststufe hätte sich mit dem für sie unzureichenden Build gar nicht beschäftigt. Daraus folgt auch unmittelbar das Risiko, dass – ggf. sogar unterschiedliche – Fehlerwirkungen zeitgleich von verschiedenen Teststufen entdeckt und gemeldet werden, die auf den gleichen Fehlerzustand zurückzuführen sind.

Paralleles Testen bei unreifen Builds ineffizient

In der Praxis bedeutet dies, dass bei »unreifen« Builds parallel arbeitende Teststufen ineffizienter als sequenziell arbeitende sind. Letzten Endes werden genauso viele Build-Zyklen benötigt wie im sequenziellen Verfahren. Die höheren Teststufen verschwenden jedoch einen großen Teil ihres Aufwands mit Tests, die auf Blockaden laufen und am nächsten Build wiederholt werden müssen. Die Tests höherer Stufen sind ineffizient, weil das Testobjekt für die betroffene Teststufe zu früh und zu unreif übergeben wurde.

Koordination der Teststufen durch Übergabetests

Wie können mehrere Testteams dennoch effizient zusammenwirken, ohne allzu sehr aufeinander warten zu müssen? Das Problem kann gelöst werden, indem jede Teststufe bzw. jede Testgruppe lokale »Übergabetests« einführt. Hierzu definiert jede Teststufe aus allen ihren Testfällen zwei möglichst kleine Teilmengen. Der → Übergabetest ist somit eine Teilmenge der Tests einer Teststufe.

Eingangstests der annehmenden Teststufe

Die erste Übergabetest-Teilmenge sind die sogenannten lokalen »Eingangstests«. Der Eingangstest ist der Übergabetest der annehmenden Teststufe. Erhält die Teststufe ein neues Testobjekt, so führt sie zunächst diese Eingangstests durch. Nur wenn alle bestanden werden, beginnt die Teststufe mit der Durchführung der weiteren für diese Teststufe vorgesehenen Tests. Die Eingangstests sind so zu wählen, dass instabile Testobjekte oder Testobjekte, die die in dieser Teststufe nötige Basisfunktionalität nicht besitzen, mit hoher Wahrscheinlichkeit identifiziert und zurückgewiesen werden.

Freigabetests der abgebenden Teststufe

Als zweite Übergabetest-Teilmenge definiert jede Teststufe lokale »Freigabetests«. Der Freigabetest ist der Übergabetest der abgebenden Teststufe. Sobald im Zuge des Testbetriebs alle Testfälle, die als Freigabetest markiert bzw. ausgezeichnet sind, erstmalig bestanden sind, gibt die Teststufe der nachfolgenden Teststufe das Signal zum Start der dortigen Tests. Die nachfolgende Stufe beginnt ihre Eingangstests. Sie selbst führt den Testbetrieb weiter, bis ihr lokaler Testplan komplett abgearbeitet ist. Während dieser Zeitspanne arbeiten beide Teststufen parallel bzw. überlappend.

Der Nutzen ist klar: Unnötige Testblockaden in höheren Teststufen können zwar nicht ausgeschlossen, aber stark reduziert werden. Und je nachdem, wie groß die Eingangs- und Freigabetestpakete gewählt werden, kann gezielt gesteuert werden, wie stark die Überlappung bzw. Parallelisierung der Testarbeiten sein soll. Die Testgesamtdauer bzw. Testdurchlaufzeit kann gegenüber dem sequenziellen Verfahren verkürzt werden.

Allerdings hat das Verfahren auch seinen Preis: Abstimmungs- und Ressourcenbedarf steigen deutlich an. Das Vorgehen lohnt nur, wenn eine möglichst kurze Testdurchlaufzeit (im Sinne einer kurzen Time-to-Market) wichtiger ist als minimierte Testkosten. Das Vorgehen wird auch als »getriggerte« Übergabe des Testobjekts an die Teststufen bezeichnet und ist in Abbildung 11.8 schematisch dargestellt.

Abb. 11.8
Getriggert arbeitende Teststufen

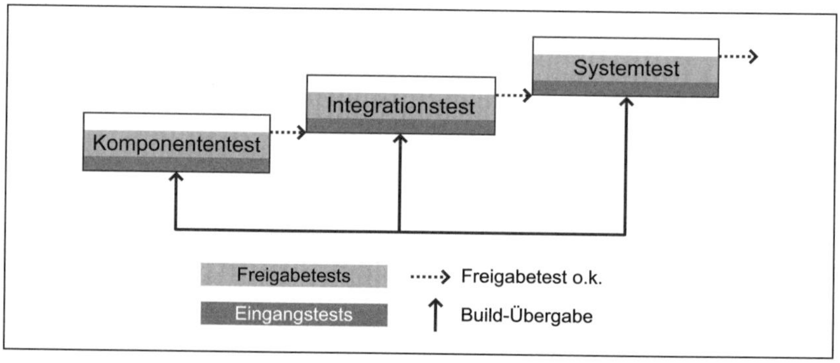

Auswahlstrategie für Übergabetests

- Eingangstests
  Es ist ein (kleiner) Querschnitt aus allen Testfällen der Teststufe so zu wählen, dass die Hauptfunktionen und die für diese Teststufe entscheidenden Funktionen und Anforderungen überprüft werden. Die Durchführung dieser Eingangstests ist zu automatisieren, sodass sie im Anschluss an jede Testobjektübernahme bzw. -installation vollautomatisch und schnell ausgeführt werden können.
- Freigabetests
  Um Freigabetests zu ermitteln, sind die folgenden Überlegungen notwendig: Für die Testfälle der nachfolgenden Teststufe sind möglicherweise Vorbedingungen einzuhalten. Wenn es Testfälle in der eigenen Teststufe gibt, die diese Vorbedingungen nachweisen, dann sind diese Testfälle für den Freigabetest auszuwählen. Testfälle, die als Freigabetestfälle vorgesehen sind, werden im Testplan als solche

markiert und zeitlich möglichst früh und mit hoher Priorität eingeplant. Das erlaubt ein frühzeitiges Freigabesignal an die nächste Teststufe.

- Weitere Tests
  Wenn die Freigabetests erfolgreich gelaufen sind, setzt die Teststufe ihr weiteres Testprogramm fort. In das Testergebnis der Teststufe gehen die Resultate und Erkenntnisse aus allen drei Tests (Eingangs-/Freigabe-/weitere Tests) ein.

Testpläne koordinieren

Unabhängig davon, ob und wie stark das Testen zwischen den Teams parallelisiert werden kann, muss das für alle Teams verantwortliche übergeordnete Testmanagement darauf achten, dass der Testgesamtaufwand in Relation zur maximal erzielbaren Testüberdeckung über alle beteiligten Teams minimiert wird. Wenn die Teams unterschiedliche Testobjekte testen, sollte das gegeben sein. In der Praxis haben es die Testteams aber mit einer Reihe zentraler Komponenten, Funktionalitäten oder Diensten zu tun, die von mehreren Subsystemen benötigt werden. Hier besteht die Gefahr, dass Testfälle, die solche zentralen Funktionen ansprechen oder nutzen, unnötig mehrfach erstellt, gepflegt und durchgeführt werden. Um das zu vermeiden, müssen sich die Testteams absprechen und ihre lokalen Testpläne abstimmen und überschneidungsfrei gestalten. Darüber hinais ist es oft sinnvoll, mit den gleichen oder zumindest kompatiblen Werkzeugen z. B. zum Testmanagement oder zum Fehlermanagement zu arbeiten. Auch im späteren Testverlauf sind solche Abstimmungsrunden regelmäßig erforderlich, um Testplanänderungen und den Werkzeugeinsatz zu koordinieren.

11.6.4 Faktor Kommunikation

Probleme richtig kommunizieren

Führen und Leiten beruht wie jede Managementtätigkeit auf gelingender Kommunikation, die das Thema dieses Abschnitts ist. Auch beim Testen kommt es nicht nur darauf an, möglichst viele Fehlerwirkungen zu finden und zu dokumentieren. Genauso wichtig ist es, festgestellte Probleme oder Fehlerwirkungen in der richtigen Art und an die richtigen Adressaten zu kommunizieren. Wenn Interesse an einer schnellen Fehlerbehebung besteht, ist die Art der Kommunikation oft sogar wichtiger als der Inhalt des Fehlerberichts.

Vier Seiten einer Nachricht

Nach Friedemann Schulz von Thun enthält jede Äußerung vier unterschiedliche Aspekte, die »Vier Seiten einer Nachricht« (s. [Schulz von Thun 03] und [URL: SchulzVonThun]):

- **Sachinformation** – worüber ich informiere;
- **Selbstkundgabe** – was ich von mir zu erkennen gebe;

- **Beziehungshinweis** – was ich von dir halte und wie ich zu dir stehe;
- **Appell** – was ich bei dir erreichen möchte.

Abhängig von ihrer Persönlichkeit, dem jeweils empfundenen Kommunikationskontext und der aktuellen Stimmungslage sind sowohl »Sender« als auch »Empfänger« einer Nachricht mit vier unterschiedlich stark ausgeprägten »Filtern«[12] bezüglich dieser vier Aspekte ausgestattet, die bei ungeeigneter Passung schnell zu misslingender Kommunikation beitragen können (s. Abb. 11.9).

Abb. 11.9
Fehlanpassung bei der Kommunikation (nach [Schulz von Thun 03])

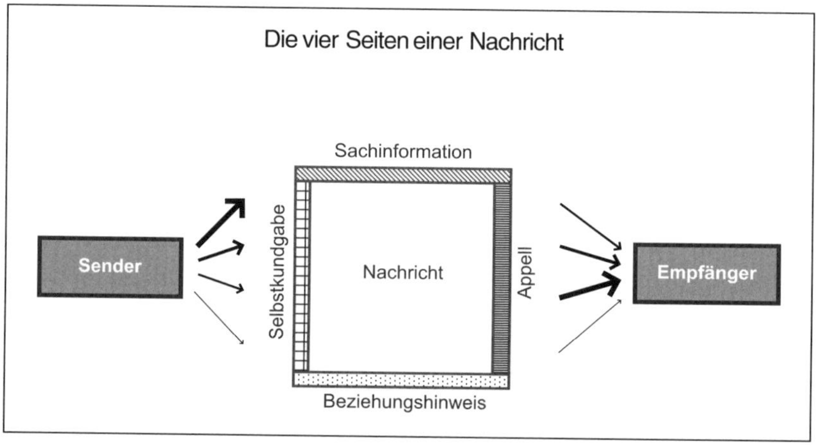

Beispiel: Misslingende Kommunikation im TestMaster-Projekt

Im TestMaster-Projekt analysiert der Scrum Master Tom Meier zusammen mit der Product Ownerin Lena Berger und dem Entwickler David Müller eine misslingende Kommunikation nach dem Vier-Seiten-Modell von Schulz von Thun:

Product Ownerin: *»Wann wird das Feature endlich fertig?«*

Die vier Seiten der Aussage aus Sicht der »sendenden« PO sind:

- Sachinformation: Ich möchte wissen, wann das Feature abgeschlossen sein wird, um den Kunden zu informieren.
- Selbstkundgabe: Ich bin besorgt, dass wir unseren Zeitplan nicht einhalten.
- Appell: Bitte arbeite schneller und informiere mich über den Stand.
- Beziehungshinweis: Ich fühle mich dafür verantwortlich, dass wir Termine einhalten.

12. Friedemann Schulz von Thun spricht von den »vier Schnäbeln« des Senders und den »vier Ohren« des Empfängers (s. [Schulz von Thun 03]).

Interpretation der Aussage durch den »empfangenden« Entwickler:

- Sachinformation: Die PO zweifelt offenbar an meiner Arbeitsgeschwindigkeit.
- Selbstkundgabe: Sie hält mich für langsam oder ineffizient.
- Appell: Sie setzt mich unter Druck, das Feature schneller fertigzustellen.
- Beziehungshinweis: Sie hat kein Vertrauen in meine Kompetenz und Arbeitsweise.

Als Folge dieser »Fehlpassung« zwischen dem Sender und dem Empfänger (s. Abb. 11.9) fühlt sich der Entwickler unter Druck gesetzt und missverstanden, reagiert defensiv (»Ich arbeite so schnell ich kann!«), während die Product Ownerin sich bestätigt fühlt, dass es Probleme gibt.

Falls die Product Ownerin nun beginnt, noch öfter in der obigen Form nachzufragen, kann ein Teufelskreis entstehen, weil beide aneinander vorbeireden und sich jeweils missverstanden fühlen (s. Abb. 11.10).

Achtung: Teufelskreise!

Wie im obigen Beispiel kann misslingende Kommunikation oft zu Teufelskreisen führen, also wechselseitig kann es zu immer weiter verstärkenden (Interpretationen von) Äußerungen kommen. Wie in einem Regelkreis gibt es dabei keinen Anfang und kein Ende, und beide Personen erleben sich selbst jeweils nur »als Reagierende« auf das Verhalten des anderen. Aufgrund dieser Dynamik schaukelt sich ein Teufelskreis immer mehr auf, sodass in einem fortgeschrittenen Zustand bereits Kleinigkeiten ausreichen, um den Konflikt eskalieren zu lassen.

Analog zu dem klassischen Beispiel von Watzlawick über das Ehepaar, bei dem sich die Frau darüber beklagt, dass der Mann so häufig abends weggeht, und der Mann abends weggeht, weil er die häufigen Klagen seiner Frau nicht mehr hören mag, ist folgendes Beispiel für einen Teufelkreis in einem agilen Team.

Teufelskreis im TestMaster-Projekt

Bei Gesprächen mit der Product Ownerin und dem Entwicklungsteam des TestMaster-Projekts hört der Scrum Master folgende Äußerungen:

Product Ownerin: »*Ich muss ständig detaillierte Anforderungen vorgeben, weil das Entwicklungsteam nicht selbstständig Entscheidungen trifft.*«

Entwickler: »*Wir warten immer auf genaue Anweisungen, weil die Product Ownerin sowieso alle Entscheidungen an sich zieht.*«

Der Scrum Master erkennt den folgenden Teufelskreis (Abb. 11.10):

- Je mehr die Product Ownerin Vorgaben macht, desto weniger initiativ verhält sich das Entwicklungsteam.
- Je weniger initiativ sich das Entwicklungsteam zeigt, desto mehr Vorgaben fühlt sich die Product Ownerin gezwungen zu machen.

Dadurch verstärkt jede Seite durch ihr Verhalten genau das Verhalten der anderen Seite, das sie eigentlich kritisiert. Er beschließt, dies in der nächsten Restrospektive anzusprechen und dazu nach Absprache mit dem Team die Product Ownerin einzuladen.

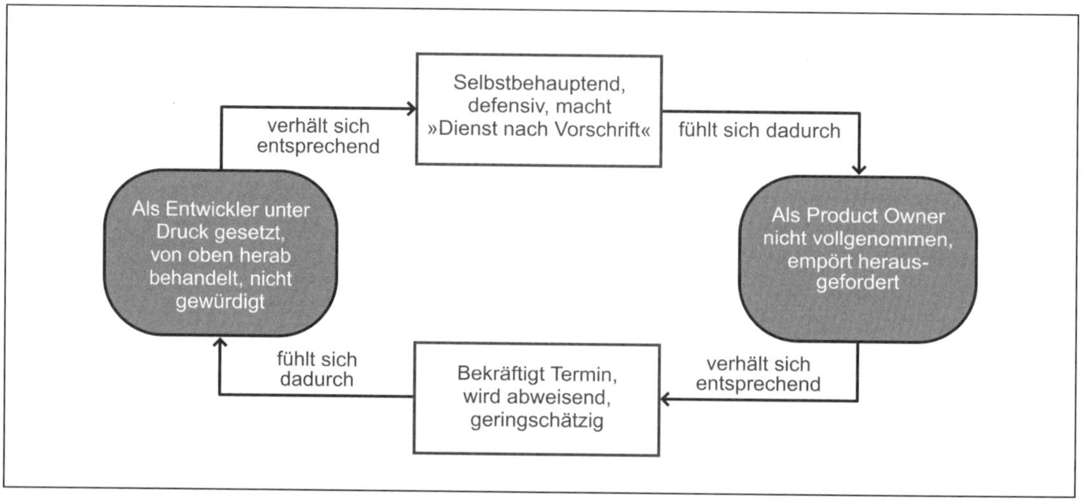

Abb. 11.10 *Teufelskreis der Kommunikation (s. [Schulz von Thun 03])*

Beim Auflösen solcher Teufelskreise hilft es oft schon, wenn beide Kommunikationspartner die zirkuläre Betrachtungsweise annehmen und sich in einem Meta-Gespräch über den Teufelskreis austauschen können. Dies versetzt beide in die Lage, aus dem Teufelskreis aussteigen und sich selbst als reagierendes »Opfer« und gleichzeitig als agierenden »Täter« zu erkennen (s. [Schulz von Thun 03]).

Auch ist es effektiv, in schwierigen Gesprächen kurz innezuhalten, um sich »Dia-Logischer« zu verhalten. Hierbei achtet man z. B. auf folgende Punkte:

- Auf Sachinhalte eingehen
- Beziehungshinweise und Selbstkundgaben erkennen
- Appelle heraushören und ggf. bestätigen lassen
- Aktiv zuhören – Feedback geben!
- Anerkennung des Gehörten signalisieren
- Gegenseitige Wertschätzung zeigen

> Vor einer (vor-)schnellen Reaktion ist immer zu prüfen, ob sich das Verhalten des Gesprächspartners nicht auch ganz anders deuten lässt, als man es bisher getan hat. Meist hat eine Person für das, was sie tut, gute Gründe, die man nicht immer gleich erkennen kann. Dazu fragt man sich, ob man nicht bislang nur die äußere Reaktion sieht, und sucht mögliche Beweggründe dafür (oder fragt danach!).

Testteamexterne Kommunikation

Den Mitgliedern des Testteams und insbesondere dem Testmanagement stehen im Wesentlichen drei Gruppen von teamexternen Ansprechpartnern gegenüber: Entwicklung, Projekt-/Produktmanagement und Kunden/Anwender.

Test – Entwicklung

Kommunikation zwischen Test und Entwicklung: Der Test findet Fehlerwirkungen in der Software bzw. im Arbeitsergebnis der Entwicklung. Mit dem Fehlerbericht wird der Fehler mehr oder weniger schonungslos offengelegt. Der Stil des Fehlerberichts muss deshalb stets sachlich und lösungsorientiert sein. Persönliche oder unsachliche Kritik oder gar Schuldzuweisungen müssen unterbleiben. Nur wenn solch ein diplomatischer Kommunikationsstil gepflegt wird, werden Fehlerberichte (und damit das Testen als Ganzes) als positiver Projektbeitrag gesehen, und nur so tragen sie zur Verbesserung des Produkts und seiner Qualität bei.

Entwicklung – Test

Für die Kommunikation in Gegenrichtung gilt dies gleichermaßen. Auch der Test ist nicht »Schuld daran«, dass Fehlerwirkungen auftreten, und kann zu Recht erwarten, eine sachliche, durchdachte Antwort auf jede seiner Meldungen zu erhalten.

Es ist sehr sinnvoll, wenn die Entwicklung den Test darüber informieren, welche Systemteile eine erhöhte Aufmerksamkeit erfordern, z. B. weil sie etwa eine hohe Komplexität aufweisen oder neu konzipiert oder bereits häufig geändert wurden. Umgekehrt ist es hilfreich, wenn der Test an die Entwicklung Testfälle übergibt, um frühes Testen innerhalb der Entwicklung zu unterstützen.

Beispiel: »Schlecht« und »gut« formulierter Fehlerbericht

Die folgenden Beispiele zeigen exemplarisch je einen in diesem Sinne schlecht und gut formulierten Fehlerbericht:

- **Schlechter Stil:**
  »... Wenn man einen Kaufvertrag speichert, stürzt die Anwendung nach wie vor ab. Ist schon seit Wochen mit Meldung 264 und 253 dokumentiert. Das endlich brauchbar zu programmieren, kann doch nicht so schwer sein. ...«

- **Guter Stil:**
  Absturz nach Kaufvertrag speichern:
  Beschreibung: Beim Versuch, einen neuen Kaufvertrag in ContractBase anzulegen, stürzt ContractBase ab.
  Auswirkung: Eingegebene Vertragsdaten gehen verloren. System muss neu gestartet werden.
  Reproduktion:
  ContractBase aufrufen
  Kunde selektieren
  Neuen Kaufvertrag erfassen (vgl. Screenshot anbei)
  »Vertrag speichern«
  → Absturz

Testmanagement – Projekt-/Produktmanagement

- Kommunikation zwischen Testmanagement und Projekt-/Produktmanagement: Das Testmanagement berichtet dem Produkt- oder Projektmanagement regelmäßig über den Testfortschritt und die im Test vorgefundene Softwarequalität. Der Test(status)bericht soll offen und ungeschminkt sein. Auch hier gilt: Lösungsorientierte, konstruktive Beiträge und Formulierungen erleichtern die Sache. Aussagen über die Leistung einzelner Personen oder gar persönliche Schuldzuweisungen sind nicht akzeptabel.

Projekt-/Produktmanagement – Testmanagement

- In Gegenrichtung informiert das Produkt-/Projektmanagement das Testmanagement über Änderungen am Projektplan und an Lieferterminen, über geänderte, neue oder entfallende Leistungsmerkmale, über Änderungen der Systemumgebung, über personelle Änderungen im Entwicklungsteam und über neue Softwarelieferanten.

Test – Kunden/Anwender

- Kommunikation zwischen Test und Kunden bzw. Anwendern: Personen im Test und ganz besonders im Testentwurf sollen versuchen, engen Kontakt zu Anwendern, Entwicklung und anderen Stakeholdern des zu testenden Systems herzustellen und zu halten. Nur selten sind Anforderungsdokumente so vollständig, detailliert und aktuell, dass auf ergänzende Gespräche mit den Personen verzichtet werden kann, die diese Anforderungen ursprünglich formuliert haben. Hier können zusätzliche Hintergrundinformationen über den Einsatzbereich des Systems gewonnen werden oder Informationen, die helfen, Prioritäten für das Testen zu setzen. Um Fehlerwirkungen und deren Beseitigung zu priorisieren oder einzugrenzen oder um bei der Problembehebung zu helfen, kann es auch erforderlich bzw. hilfreich sein, Testergebnisse gegenüber Systemanwendern (z. B. Pilotkunden) zu erklären.

Testteaminterne Kommunikation

Neben der Kommunikation nach außen verlangt auch die interne Kommunikation im Testteam die Aufmerksamkeit des Testmanagements. Als wichtige kommunikationsunterstützende Maßnahme innerhalb des Teams soll regelmäßig ein Testteam-Meeting abgehalten werden. Um effizient zu sein, soll dieses Meeting einem festen Ablauf folgen und moderiert werden. Folgende Agenda hat sich in der Praxis bewährt:

Beispiel: Testteam-Meeting-Agenda

- Projektsituation allgemein
- Aktuell erreichter Testfortschritt (Istfortschritt vs. Sollfortschritt)
- Qualität des Testobjekts, Ausfallrate, Fehlerbehebungsrate (Bugfix-Rate)
- Releaseplanung und anstehende Release-/Testzyklen
- Aktueller Personaleinsatzplan
- Notwendige Anpassungen im Testplan und/oder Testkonzept
- Qualität des Testprozesses und Verbesserungsmöglichkeiten
- Statusverfolgung sonstiger Aufgaben außerhalb des Testplans (z. B. Ausbau der Testumgebung)
- Protokollierung neu identifizierter Aufgaben und Zuordnung zu einem Bearbeiter

11.7 Motivierende oder demotivierende Faktoren für das Testteam

Für einen wirksamen und produktiven Test sind neben den richtigen, fachlichen und persönlichen Fähigkeiten auch das Engagement und die Motivation der Beteiligten entscheidend. Trotz eines noch so guten Prozesses und trotz bester Ausbildung und Erfahrung wird das Endergebnis ohne gut motiviertes Personal mäßig oder schlecht sein. Zufriedene und motivierte Mitglieder des Testteams erhöhen die Produktivität und Leistungsfähigkeit und haben damit einen erheblichen Einfluss auf den Projekterfolg.

In zufriedenen und motivierten Teams findet ein Cross-Training (vgl. Abschnitt 11.5.2) informell statt. Dies führt dazu, dass die Mitglieder des Testteams ihr eigenes Arbeitspensum bewältigen können und das Testmanagement mehr Zeit hat, sich mit externen Themen zu beschäftigen.

Im Web: Checkliste zur Motivation

Wie aber kann Motivation erreicht und auf hohem Niveau aufrechterhalten werden? Welche Faktoren können Motivation mindern oder gar zerstören? Nach Jürgen Hargens gibt es eine große Fülle empirischer Untersuchungen, die darauf verweisen, dass Menschen Anerkennung, gute Beziehungen, Respekt und Gerechtigkeit überaus wichtig sind und sie in ihrem Tun anspornen. Das ist das, was Menschen ausmacht und antreibt (s. [Hargens 18]).

Die Zwei-Faktoren-Theorie nach Herzberg, Mausner und Snyderman unterscheidet zwischen Motivatoren und Hygienefaktoren (s. [Herzberg 93], hier nach [CTAL-TM 3.0 25]):

Motivatoren und ...

- Motivatoren werden bewusst wahrgenommen und können zu Wachstum und Zufriedenheit führen. Dazu können folgende gehören:
  - Anerkennung und Wertschätzung für die geleistete Arbeit (z. B. Incentives und jedes andere individuelle Ergebnis, das die Mitglieder des Testteams als wertvoll empfinden).
  - Mehr Verantwortung und Autonomie (z. B. bei der Definition der Testprozesse im Testteam).
  - Interessante, sinnvolle und herausfordernde Aufgaben, die von den Mitgliedern des Testteams als machbar und gleichzeitig erstrebenswert empfunden werden (z. B. die Auswahl und Einführung eines neuen Testautomatisierungswerkzeugs).
  - Beruflicher Aufstieg und Weiterentwicklung (z. B. vom Tester zum Testmanager oder Testprozessverantwortlichen).

... Hygienefaktoren

- Hygienefaktoren werden in der Regel als selbstverständlich vorausgesetzt. Die Erfüllung dieser Faktoren führt nicht automatisch zu einer höheren Zufriedenheit. Wenn sie aber fehlen, können sie sich demotivierend auf die Mitglieder des Testteams auswirken:
  - Angemessene Entlohnung (z. B. marktgerechtes Gehalt, bezahlte Überstunden, gute Sozialleistungen).
  - Wertschätzende Personalpolitik und Führungsstil (z. B. Lean Management, realistische Zielvorgaben, Schutz vor externer Erreichbarkeit und Überlastung).
  - Angenehme Arbeitsbedingungen (z. B. klare Spezifikationen, ausgereifte Testobjekte, adäquat behobene Fehlerzustände, adäquater Arbeitsplatz, stabile Testumgebung).
  - Sicherheit als existenzielles Bedürfnis (z. B. sicherer Arbeitsplatz, Einhaltung von Vereinbarungen).
  - Gute zwischenmenschliche Beziehungen (z. B. zu Kollegen, Vorgesetzten).

Die »Checkliste zur Motivation« unter [URL: Testteam Motivation] stellt motivierende und demotivierende Faktoren gegenüber, und es kann hilfreich sein, die Motivationslage im Testteam hin und wieder anhand dieser Checkliste zu überprüfen.

Maßnahmen des Testmanagements

Sicherlich kann nicht jeder Sachverhalt, der auf einzelne Mitglieder bzw. das gesamte Testteam unter Umständen demotivierend wirkt, vom Testmanagement beeinflusst oder gar abgestellt werden. Aber es gibt viele Möglichkeiten und Anlässe, bei denen es aktiv eingreifen kann. Zu den Maßnahmen, die das Testmanagement ergreifen kann und soll, gehören folgende:

- Plane realistisch:
  - Formuliere und kommuniziere anspruchsvolle, aber realistische Ziele und sorge für eine klare Aufgabenverteilung.
  - Verfolge die Pläne.
  - Reagiere auf Anomalien.
- Sorge für Managementunterstützung:
  - Werbe für den Test und mache immer wieder den Nutzen der Tests sichtbar.
  - Präsentiere die Testergebnisse regelmäßig und gut vorbereitet.
  - Stelle die Testkosten ungeschminkt dar, verbunden mit einer Gegenüberstellung der Testnutzen (vgl. Kapitel 12).
- Biete interessante Aufgaben und Entwicklungsmöglichkeiten:
  - Sorge für spannende Aufgaben, die die unvermeidliche Testroutine auflockern.
  - Erlaube und fördere Spezialisierung innerhalb des Teams.
  - Zeige Entwicklungsmöglichkeiten auf und biete Karrierewege.
- »Verkaufe« die Leistung des Testteams:
  - Gebe dem Testteam Feedback über seinen Beitrag zum Projekterfolg bzw. zur Produktqualität (anhand von Rückmeldungen des Managements, der Entwicklung, des Supports und des Marktes).
  - Stelle den Erfolg des Testteams und des Entwicklungsteams auch als gemeinsamen Erfolg dar, der gemeinsam gefeiert wird.

Das Testmanagement soll dafür sorgen, dass kontinuierlich demotivierende Faktoren beseitigt werden, und gleichzeitig motivierende Faktoren schaffen und stärken. Im täglichen Tun kann das Testmanagement die Motivation u. a. durch wohlüberlegtes Delegieren von Aufgaben steigern, wovon der letzte Abschnitt handelt.

11.7.1 Richtig delegieren

Eine wichtige Kompetenz für das erfolgreiche Führen und Leiten ist es, Aufgaben oder Teilaufgaben zu delegieren, um sich selbst zu entlasten und wertvolle Zeit für andere essenzielle Aufgaben zu gewinnen. Bei richtiger Delegation können weitere Vorteile geschöpft werden (s. [Zielke 24]):

- Effizienzsteigerung: Delegation ermöglicht eine effizientere Arbeitsweise, da Aufgaben von Fachkräften übernommen werden können, die über die nötigen Fähigkeiten und Ressourcen verfügen.

- Teamstärkung: Die Einbindung von Teammitgliedern in Delegationsprozesse fördert den Teamgeist und stärkt die Zusammenarbeit, was wiederum positive Auswirkungen auf die Teamleistung hat.
- Motivationssteigerung: Menschen, die mit anspruchsvollen, aber erreichbaren Aufgaben betraut werden, erleben oft eine gesteigerte Motivation und Identifikation mit ihren Aufgaben.

An wen aber soll eine Aufgabe am besten delegiert werden? Hier helfen die folgenden 6-W-Fragen (s. [Zielke 24]):

6-W-Fragen zur Delegation

1. *Was soll delegiert werden?* Definieren Sie klar die Aufgaben, die für die Delegation infrage kommen, und grenzen Sie diese präzise ab.
2. *Warum sollen diese Aufgaben delegiert werden?* Überlegen Sie, welchen Nutzen die Delegation für das Team und das Erreichen der Unternehmens- bzw. Projektziele bringen würde.
3. *Wann ist der richtige Zeitpunkt für die Delegation?* Die Bestimmung des idealen Zeitpunkts für die Delegation hilft, Engpässe zu vermeiden und effiziente Arbeitsprozesse sicherzustellen.
4. *Wer ist die richtige Person für die Delegation?* Identifizieren Sie sorgfältig die Kompetenzen und Stärken Ihrer Teammitglieder, um die Aufgaben gezielt zuzuweisen.
5. *Wie soll die Delegation erfolgen?* Entwickeln Sie klare Kommunikationswege und definieren Sie den Prozess, um Missverständnisse zu minimieren und einen reibungslosen Ablauf zu gewährleisten.
6. *Wo finden sich Unterstützung und Ressourcen für die Delegation?* Sorgen Sie dafür, dass Ihre Teammitglieder die nötige Unterstützung und Ressourcen erhalten, um die delegierten Aufgaben erfolgreich umzusetzen.

11.8 Zusammenfassung

- Die unterschiedlichen Aufgabenstellungen im Testprozess spiegeln sich in verschiedenen fachlichen Positionen wider, die durch das Testteam abzudecken sind. Hierzu gehören u. A. Testmanagement, Testanalyse, Testdesign, Testengineering, Testautomatisierung und Testdurchführung.
- Die dafür notwendigen Kompetenzen werden in Fachkompetenz und Methodenkompetenz sowie Sozialkompetenz und Selbstkompetenz differenziert.
- Mitglieder im Testteam sollen u. A. IT-fachliches Wissen besitzen, Kenntnisse über den Anwendungsbereich der zu testenden Applikation bzw. des Testobjekts sowie Wissen und Erfahrung im Gebiet Softwaretest vorweisen können.

- Jedes Mitglied in einem Team nimmt neben seiner fachlichen Rolle auch eine soziale Teamrolle ein. Die passende Mischung unterschiedlicher Persönlichkeiten und die passende Aufgabenverteilung im Team haben neben fachlicher Eignung ebenfalls Einfluss auf den Teamerfolg. Bei der Einschätzung der Teammitglieder helfen Modelle von Persönlichkeitstypen wie z. B. das DISG-Modell, das Belbin-Modell oder das Big-Five-Inventar.
- ErfolgreichesTestmanagement sorgt dafür, dass das Testteam ein motivierendes Arbeitsumfeld und professionelle Arbeitsbedingungen vorfindet. Hierzu gehört auch, kontinuierliches Lernen der Teammitglieder zu unterstützen und zielgerichtete individuelle oder gruppenspezifische Schulungsmaßnahmen zu ermöglichen.
- Die Testarbeiten können zwischen den Testteams unterschiedlich verteilt werden: nach zu testenden Subsystemen und/oder nach Teststufen. Es ist Aufgabe der beteiligten Verantwortlichen des Testmanagements, das Zusammenwirken der Testteams inhaltlich und zeitlich zu koordinieren.
- Das Testteam darf nicht nur unter sich, sondern muss auch mit vielen weiteren Beteiligten kommunizieren und gut zusammenarbeiten, u. a. mit Entwicklung, Projektmanagement und Anwendern. Ein sachlicher und adressatengerechter Kommunikationsstil ist dabei wichtiger Erfolgsfaktor.
- Anerkennung, gute Beziehungen, Respekt und Gerechtigkeit sind überaus wichtig bei der Leitung eines Testteams. Die Zwei-Faktoren-Theorie nach Herzberg, Mausner und Snyderman unterscheidet zwischen Motivatoren und Hygienefaktoren und hilft, die Motivationslage im Testteam einzuschätzen und aufrechtzuerhalten.

12 Stakeholder-Beziehungen

Testmanagement hat die Aufgabe, das Testen so zu optimieren, dass ein guter Geschäftswert erzielt wird. Übermäßiges Testen kann unangemessene Verzögerungen und Kosten verursachen, die den Nutzen überwiegen, während unzureichendes Testen dazu führen kann, dass den Anwendern ein Produkt von geringer Qualität geliefert wird. Der optimale Ansatz liegt zwischen diesen beiden Extremen.

Es liegt in der Verantwortung des Testmanagements, den Stakeholdern zu helfen, dieses Gleichgewicht zu finden und den Mehrwert des Testens bei der Erreichung dieses Gleichgewichts zu verstehen. Dabei muss das Testmanagement beispielsweise auch die typischen zeitlichen Rahmenbedingungen eines Projekts im Auge behalten.

Dieses Kapitel zeigt, welcher Nutzen, aber auch welche Kosten durch Qualitätssicherung und Testen für ein Projekt und das Unternehmen entstehen, und gibt Hinweise zur Optimierung des Kosten-Nutzen-Verhältnisses.

Mit den Inhalten dieses Kapitels können Sie für die Prüfung zum ISTQB© Certified Tester Advanced Level Test Management …

- *TM-3.2.1 (K2) … Beispiele für jede der vier Kategorien nennen, aus denen sich die Qualitätskosten ermitteln lassen.*
- *TM-3.2.2 (K3) … eine Berechnung des Kosten-Nutzen-Verhältnisses zur Abschätzung des Mehrwerts des Testens für die Stakeholder vornehmen.*

Wie in Kapitel 3 ausführlich erläutert wurde, ist das Testen über den Projektkontext auch eng mit dessen Stakeholdern verflochten. Hier sind insbesondere die »Sponsoren« wichtig, also die Stakeholder mit hohem Einfluss auf und hohem Interesse am Projekt wie z. B. das obere Management oder der Vorstand eines Unternehmens (s. Unterkapitel 3.2).

Diese müssen mit gezielt aufbereiteten Informationen versorgt werden. Für das Testen betrifft dies insbesondere Informationen zum Nutzen des Testens, also z. B. zur Entwicklung der Risikolage und der Qualität der Software, aber auch zu den für das Testen bislang angefallenen und in Zukunft zu erwartenden Kosten. Beides wird im Folgenden separat behandelt.

12.1 Nutzen des Testens

Testen wird insbesondere vom »oberen Management« allzu häufig noch als lästige »Nebentätigkeit« bei der Softwareentwicklung gesehen, da es nicht unmittelbar zur Entstehung eines Softwaresystems beiträgt. Das Testmanagement sieht sich daher oft viel stärker der Notwendigkeit ausgesetzt, Budgets und Ressourcenbedarf zu argumentieren als beispielsweise die Leitung des Entwicklungsteams.

Trotzdem neigen viele mit Testmanagement bzw. Testen befasste Personen dazu, sich mit den operativen Details des Testens zu befassen, d. h. mit Aspekten der Testaufgaben oder Teststufen. Dabei ignorieren sie schnell die größeren taktischen und strategischen Fragen im Zusammenhang mit dem Testen, also jene Fragen, die für andere Stakeholder, insbesondere für das Management, relevant sind.

Quantitative Nutzenargumentation

Ein wesentlicher Aspekt der Testplanung liegt somit darin, neben den Kosten auch den Nutzen (Mehrwert) der Tests für das Projekt, aber auch für die gesamte Organisation abzuschätzen, auszuweisen und zu kommunizieren. Diese Argumentation soll sich, wo immer möglich, auf quantifizierbare Aussagen stützen:

- Der offensichtliche Mehrwert des Testens liegt darin, dass Defekte und Mängel im Produkt aufgedeckt und behoben werden, bevor das Produkt freigegeben und ausgeliefert wird. Dieser Nutzen lässt sich durch simples Zählen der entsprechenden Fehlerberichte (kategorisiert oder gewichtet nach Fehlerschwere) sehr leicht quantifizieren. Auch im Vorfeld der Tests kann dieser Nutzen (zumindest grob) abgeschätzt und prognostiziert werden, indem entsprechende Daten aus vergleichbaren, vorangegangenen Projekten oder Releases herangezogen werden.
- Selbst wenn entschieden wird, gewisse Defekte und Mängel nicht oder nicht sofort zu beheben, dann hat der Test durch Aufdeckung und Dokumentation der jeweiligen Fehlerzustände einen Nutzen geschaffen. Beispielsweise kann der Support den Produktanwender informieren, wie ein Problem durch andere Bedienung evtl. umgangen werden kann. Das Risiko, dass Anwender unzufrieden werden oder dass das Produkt einen Schaden anrichtet, wird so begrenzt. In

den Fehlerstatistiken soll das Testmanagement daher alle Fehlerberichte erfassen, nicht nur solche, die vollständig »gelöst« wurden.

Testen liefert laufend Informationen über den Fortschritt und den Status des Entwicklungsprozesses bzw. des Projekts und den erreichten Funktionsumfang und Qualitätsstatus des Produkts. Diese Informationen liegen in Form von Überdeckungsmetriken vor (z. B. Anzahl erfolgreich getesteter Anforderungen in Relation zur Anzahl aller zu implementierenden Anforderungen) oder werden durch Vergleich mit vorangehenden Iterationen gewonnen (z. B. aufgedeckte Defekte pro 1000 Lines of Code im aktuellen vs. im vorangegangenen Release).

Qualitative Nutzenargumentation

Dort, wo sich der Testnutzen (mangels Basisdaten oder aufgrund indirekter Zusammenhänge) nicht oder nur mit hohem Aufwand quantifizieren lässt, muss auf qualitative Aussagen zurückgegriffen werden:

- Jeder Defekt, der vor Auslieferung gefunden und behoben wird, steigert in gewissem Umfang die Qualität und damit das Vertrauen des Anwenders in die Software und die Reputation des Produkts. Die Anzahl der aufgedeckten Fehler lässt sich quantifizieren. Genau zu quantifizieren, wie viel zusätzliche Reputation das beim Kunden erzeugt, ist jedoch selten möglich.
- Der systematische Testprozess führt zu einer systematischen Fehlerbehebung und damit zu einem reibungsloseren, stetigeren Entwicklungsablauf. Dies führt wiederum zu besser und verlässlicher planbaren Releaseterminen.
- Der systematische Testprozess reduziert das Risiko, Defekte und Mängel zu übersehen. Dies reduziert direkt das Risiko, das Einsatzziel zu verfehlen oder sogar Verletzte bzw. Todesopfer zu beklagen und mit Schadenersatz- oder Produkthaftungsansprüchen konfrontiert zu werden. Eine genaue und lückenlose Testdokumentation bietet auch einen Schutz vor unter Umständen sehr hohen Haftungsansprüchen, da im Schadensfall nachgewiesen werden kann, dass in der Entwicklung nicht fahrlässig oder gar grob fahrlässig gehandelt wurde.

12.2 Kosten-Nutzen-Verhältnis des Testens

Je mehr Sorgfalt und Aufwand in Qualitätssicherung investiert wird, umso besser werden Fehler vermieden und umso mehr Fehlerzustände werden vor Auslieferung gefunden und behoben. Das Risiko, dass im Produkt verbleibende Defekte im Einsatz der Software zu Fehlerwirkungen führen und → externe Fehlerkosten verursachen, wird verringert. Hierin liegt der Nutzen und Wert des Testens.

Früh Testen!

Ein wichtiger Aspekt für das Kosten-Nutzen-Verhältnis des Testens ist der Zeitpunkt der Testaktivitäten. Die auf Barry Boehm zurückgehende Betrachtung der Kosten für die Behebung von Fehlerzuständen im Laufe des Softwareentwicklungslebenszyklus zeigt, dass → interne Fehlerkosten, d. h. die Kosten für die Behebung eines Fehlers, steigen, je später ein Fehlerzustand in der Entwicklung entdeckt wird (s. [Boehm 81], [Boehm 00]]). Hierbei steigen z. B. die Kosten zur Behebung eines Anforderungsfehlers nicht linear, sondern nach Boehm sogar eher exponentiell an, je später dieser Fehler entdeckt (und behoben) wird (s. Abb. 12.1 (links), logarithmische Darstellung).

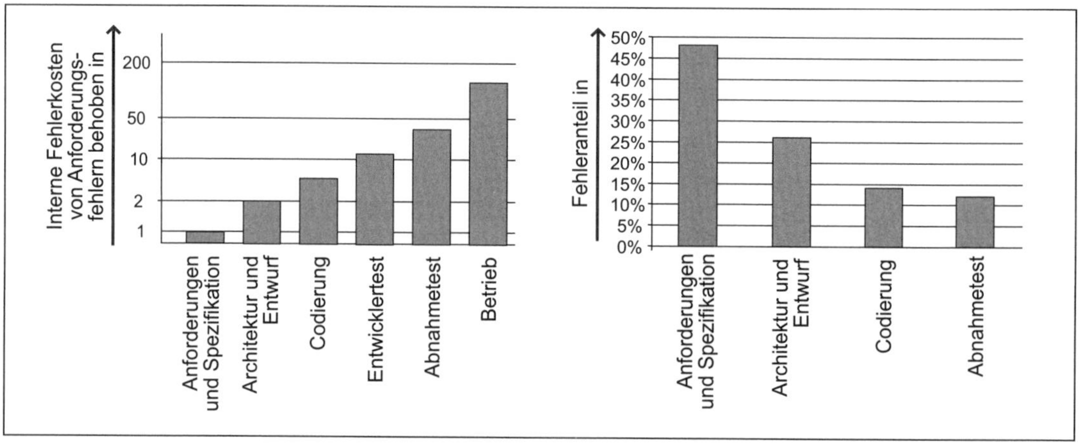

Abb. 12.1
Die »Boehm-Kurve« interner Fehlerkosten

Hinzu kommt, dass ein hoher Prozentsatz der Fehler bereits aus fehlerhaften oder falsch interpretierten Anforderungen und funktionalen Spezifikationen resultiert (s. [Basili 84b] und Abb. 12.1 (rechts)). Daraus folgt, dass Testen bzw. fehleraufdeckende Maßnahmen wie z. B. Reviews oder – in agilen Projekten – dem Kunden bereitgestellte Produktversionen so früh wie möglich erfolgen sollen, um die Kosten für die Behebung von Fehlerzuständen zu senken. Anhand dieser Informationen soll das Testmanagement versuchen, das optimale Verhältnis zwischen den → Qualitätssicherungskosten und den internen und externen Fehlerkosten zu finden.

Qualitätssicherungskosten als Versicherungsprämie

Die Qualitätssicherungskosten, also die Gesamtkosten für die Qualitätssicherung, liegen üblicherweise weit unter den drohenden Kosten für externe Fehlerwirkungen. Die Qualitätssicherungskosten können in diesem Sinne als eine Versicherungsprämie betrachtet werden. Sie umfassen:

- Für die → **Fehlerprävention** sind Kosten für alle Maßnahmen anzusetzen, die geplant und proaktiv durchgeführt werden, um die Wahrscheinlichkeit von Fehlerzuständen in Arbeitsergebnissen zu verringern und die Weiterverbreitung von Fehlerzuständen in nachfolgende Arbeitsergebnisse einzuschränken. Hierzu gehören z. B. die Schulung von Entwicklungspersonal (Trainings zur Erstellung wartbaren und sicheren Codes) und die Prozessverbesserung.

- Für die → **Überprüfung** (*appraisal*) sind alle Kosten anzusetzen, die für die Aktivitäten der Messung und Überwachung der Qualität eines Systems anfallen. Hierzu gehören z. B. die Erkennung von bereits entstandenen Fehlerzuständen durch Tests und Reviews.

Dies bedeutet aber auch: Der Aufwand, der in Qualitätssicherung und Testen investiert wird, muss sich am Risiko, das im Projekt und im Produkt steckt, orientieren. Wird zu viel getestet, verursachen die zusätzlichen Tests mehr Kosten als sie Risiken bzw. drohende externe Fehlerkosten zusätzlich mindern. Wird zu wenig getestet, generieren die übersehenen Defekte und Mängel höhere Kosten, als die weggelassenen Tests gekostet hätten.

Kosten und Nutzen gegeneinander abwägen

Wie viel Qualitätssicherungskosten zu investieren sind, um ein bestimmtes (als tolerierbar angesehenes) Risikoniveau zu erreichen, kann das Testmanagement allerdings vorab nicht exakt berechnen. Denn a priori ist weder bekannt, wie viele Defekte vermieden oder aufgedeckt werden, noch ist bekannt, wie hoch die Kosten sind, die im Schadensfall aus externen Fehlerwirkungen resultieren.

Verbindung zur risikobasierten Teststrategie

Ein zentraler Aspekt der Kosten-Nutzen-Betrachtung ist die risikoorientierte Ausrichtung der Teststrategie. Die Priorisierung und Tiefe von Testaktivitäten soll sich direkt aus einer Bewertung potenzieller Produkt- und Projektrisiken ergeben. Je höher das identifizierte Risiko, desto intensiver und früher sollen geeignete Testmaßnahmen eingeplant werden. Der Testnutzen liegt dabei insbesondere in der gezielten Reduktion dieser Risiken – z. B. durch frühzeitige Fehleraufdeckung, Absicherung kritischer Geschäftsprozesse oder Nachweis der Einhaltung regulatorischer Anforderungen.

Das Testmanagement nutzt hierfür oft eine strukturierte Risikoanalyse, um Eintrittswahrscheinlichkeit und Schadensausmaß abzuschätzen (s. Abschnitt 4.3.2) und z. B. mittels Risikomatrix darzustellen (s. Abschnitt 4.3.4). Die sich daraus ergebenden Risikoindikatoren dienen nicht nur der Priorisierung von Tests, sondern auch zur Argumentation angemessener Testaufwände gegenüber Projektleitung und Stakeholdern. So kann der erwartete Nutzen konkreter Testmaßnahmen im Verhältnis zum vermiedenen Schaden nachvollziehbar dargestellt werden – was eine höhere Akzeptanz für Investitionen in Qualitätssicherung begünstigt.

Das Testmanagement muss die Einflussfaktoren und das Risiko schätzen und sorgsam gegeneinander abwägen (vgl. Kapitel 4). Es muss in der Lage sein, diese Zusammenhänge insbesondere den Sponsoren des Projekts, aber auch den anderen Stakeholdern zumindest qualitativ zu vermitteln, um Akzeptanz für eine ausreichende Investition in die von ihm vorgeschlagenen Qualitätssicherungs- und Testmaßnahmen zu erzielen.

Beispiel: Wirtschaftliche Bewertung von Testmaßnahmen im DiaFlow-Projekt

Um im DiaFlow-Projekt gegenüber Management und Zulassungsinstanzen nachvollziehbar darzulegen, welche Testmaßnahmen wirtschaftlich sinnvoll sind, wurde ein einfaches Kosten-Nutzen-Modell erstellt.

In die Berechnung fließen jeweils zwei Größen ein:

- die direkten Durchführungskosten einer Maßnahme sowie
- die vermeidbaren Fehlerkosten, die durch die Maßnahme potenziell verhindert werden (z. B. Folgekosten fehlerhafter Hardware, Redesigns, Verzögerungen bei der FDA-Zulassung).

Die Differenz aus diesen beiden ergibt den Nettonutzen (s. Tab. 12.1).

Tab. 12.1 *Nutzen der Testmaßnahmen*

Testmaßnahme	Kosten [€]	Vermeidbare Fehlerkosten [€]	Nettonutzen [€]
Früher Usability-Test (SW)	12.000	40.000	28.000
Manueller Systemtest (HW)	25.000	70.000	45.000
Automatisierter Integrationstest (SW)	18.000	30.000	12.000
Zulassungstest mit externer Prüfstelle	40.000	150.000	110.000
Verzicht auf zusätzliche Regressionstests (SW)	-10.000	-50.000	-40.000

Die unterste Zeile in Tabelle 12.1 zeigt besonders eindrücklich, dass scheinbare Einsparungen (hier: Verzicht auf Regressionstests) zu massiven Risiken und potenziell deutlich höheren Folgekosten führen können. Dies unterstreicht die Notwendigkeit einer risikoorientierten Teststrategie.

Eine Visualisierung der Daten in Abbildung 12.2 verdeutlicht, welche Maßnahmen einen hohen positiven Nettonutzen bieten – und wo sich »Sparen am falschen Ende« rächt:

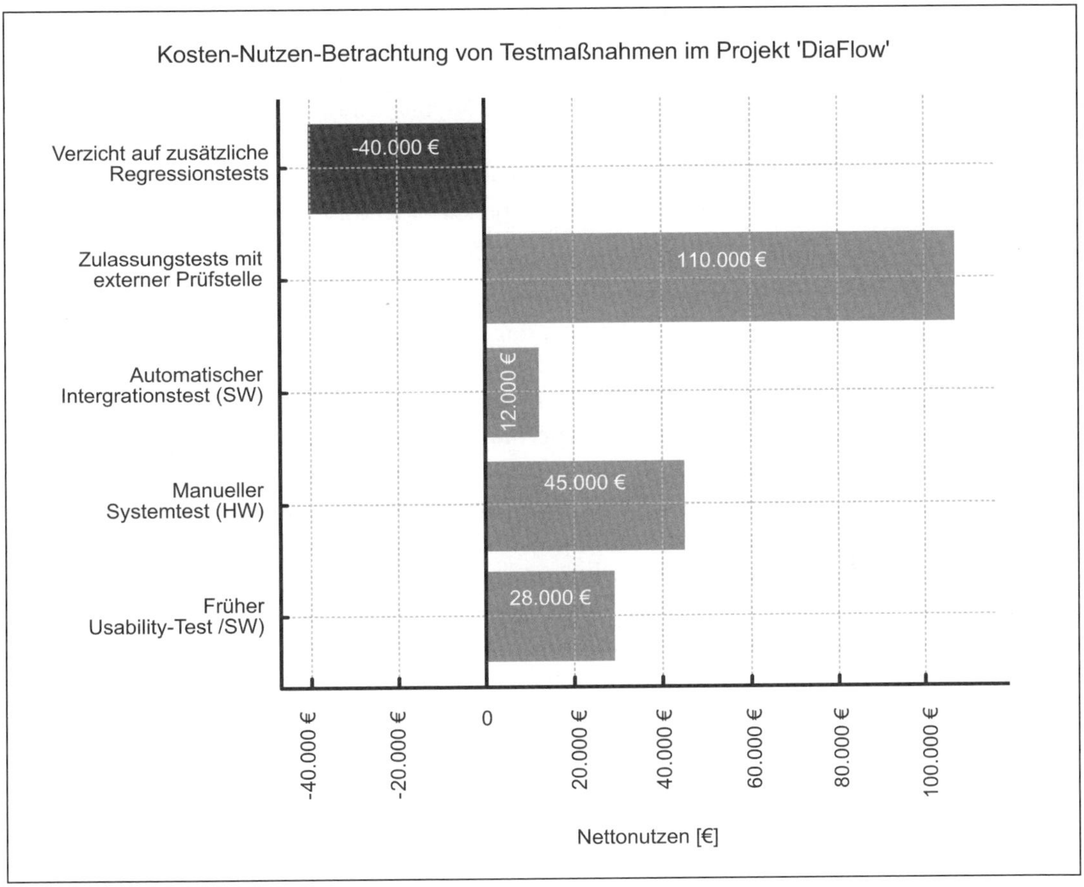

Abb. 12.2 *Kosten und Nutzen des Tests in DiaFlow*

CTFL 4.0 betrachtet Qualität aus Kostensicht.

Der Ansatz, → Qualitätskosten rein monetär zwischen den Präventionskosten und den Folgekosten von Softwarefehlern zu bewerten, wurde von Barry Boehm eingeführt (s. [Boehm 81]) und motiviert im Lehrplan »ISTQB® Certified Tester Foundation Level 4.0« den dritten Grundsatz des Testens »Frühes Testen spart Zeit und Geld« [CTFL 4.0 23].

CTAL-TM 3.0 betrachtet Qualität aus Kunden- und Unternehmenssicht.

Der CTAL-TM hat einen umfassenderen Qualitätsblick und betrachtet Qualität eher ganzheitlich (vgl. [Feigenbaum 56], s. a. [Hadjicostas 10]). Demnach resultiert Qualität aus einem kundenorientierten und unternehmensweiten Prozess, in den sowohl die Kosten als auch der nicht monetäre Geschäftswert aus Kunden- und Unternehmenssicht einfließen.

12.3 Qualitätskosten

Dem Nutzen des Testens und anderer Qualitätssicherungsaktivitäten stehen die Kosten dieser Maßnahmen und die Kosten der trotz dieser Aktivitäten auftretenden Fehlerwirkungen gegenüber. Zur Abschätzung dieser sogenannten **Qualitätskosten** kann die folgende Gliederung in vier Kategorien herangezogen und jede Kategorie getrennt betrachtet werden:

1. Kosten für Fehlerprävention bzw. -vermeidung (Fehlerpräventionskosten), z. B. Schulung der Produktmanager in Techniken des Requirements Engineering, Schulung der Entwickler bezüglich Programmiertechniken zur Erstellung von robustem und wartbarem Programmcode, Anschaffung und Einführung von Werkzeugen.
2. Kosten für die Fehlerfindung bzw. -aufdeckung (Überprüfungskosten), z. B. Aufwände für das Planen, Entwerfen und Durchführen der Testfälle oder für die Hard- und Software der Testumgebung und deren kontinuierliche Wartung. Die Kosten dieser Kategorie sind umso höher, je intensiver und sorgfältiger getestet wird. Sie fallen an, auch wenn die Tests keine oder nur sehr wenige Fehler aufdecken.
3. Als Kosten für → **interne Fehlerwirkungen** (interne Fehlerkosten) werden alle Kosten bezeichnet, die anfallen, wenn oder nachdem Fehler im Test aufgedeckt werden. Hierzu gehören nicht nur die Kosten zur Korrektur der Defekte, sondern auch die Kosten für Fehleranalyse, Fehlermanagement und Fehlernachtests.
4. Als Kosten für → **externe Fehlerwirkungen** (externe Fehlerkosten) werden alle Kosten bezeichnet, die entstehen, wenn fehlerhafte Software an die Endbenutzer geliefert wurde und dann im oder durch Betrieb der Software Fehlerwirkungen auftreten, die zu Behinderungen oder Schaden für den Anwender führen (vgl. Qualitätsrisiken in Unterkapitel 4.2). Dazu gehören z. B.:
   - Schaden durch den Ausfall des Systems,
   - Schaden durch fehlerhafte Berechnungsergebnisse, Fehlbuchungen, Datenverlust,
   - Schaden an Hardware etc.

Beim Hersteller führt dies direkt zu Kosten (z. B. erhöhter Aufwand für Kundenhotline und Support, Kosten für Ersatzlieferungen, Umsatzverlust wegen unzureichender Erfüllung des Vertrags und resultierender Preisminderung, u. U. zu leistender Schadenersatz, Kosten einer juristischen Auseinandersetzung) oder indirekt zu Umsatzeinbußen (Imageverlust, Erosion der Kundenbasis, sinkender Markenwert).

ROI des Testens?

Es liegt auf der Hand, mithilfe der Kosten des Testens und der geschätzen Fehlerkosten den »ROI« des Testens zu berechnen. Beispiele hierfür sind:

Durchschnittliche Einsparungen pro Fehler =
Durchschnitt der externen Fehlerkosten -
(Durchschnitt der Überprüfungskosten +
Durchschnitt der internen Fehlerkosten)

Gesamtkosten der Qualität =
Fehlerpräventionskosten +
(Überprüfungskosten * Anzahl der vor der Freigabe gefundenen Fehler) +
(Interne Fehlerkosten * Anzahl der vor der Freigabe gefundenen Fehler) +
(Externe Fehlerkosten * Anzahl der nach der Freigabe gefundenen Fehler)

Beispiel: Qualitätskosten für TestMaster

Im TestMaster-Projekt steht die nächste Reviewsitzung an. Das Team schätzt die folgenden Qualitätskosten pro Fehlerzustand:

- Kosten für die Fehlerprävention: 180 €
- Durchschnittliche Kosten der Überprüfung pro Fehler: 500 €
- Durchschnittliche Kosten pro internen Fehler: 400 €
- Durchschnittliche Kosten des externen Fehlers pro Fehler: 4.000 €

Die durchschnittlichen Kosten der Fehlerprävention, der Überprüfung und der internen Fehler berechnet das Team anhand der Anzahl der vor der Freigabe gefundenen Fehler und dem jeweiligen Aufwand. Die durchschnittlichen Kosten der externen Fehler ermittelt es anhand der Anzahl der nach der Freigabe gefundenen Fehler und den Erfahrungen aus vergangenen Releases.

Mit diesen Werten berechnet das Team dann die durchschnittlichen Einsparungen pro Fehlerzustand wie folgt:

Durchschnittliche Einsparungen pro Fehlerzustand =
4.000 € – (500 € + 400 €) = 3.100 €

Allerdings sollten finanzielle Betrachtungen nicht die alleinige Begründung für den Testaufwand sein, sondern immer auch z. B. die erreichte Risikominderung und die o. g. qualitativen Nutzen des Testens einbezogen werden.

Mögliche gesellschaftliche Auswirkungen schlechter Qualität

Darüber hinaus können Schwächen, Mängel oder Defekte in Softwaresystemen weitreichende, negative gesellschaftliche Auswirkungen und Schadensmöglichkeiten haben: z. B. politische Fehlentscheidungen aufgrund fehlerhafter Statistiken oder aufgrund unzureichend abgesicherter IT-Anwendungen Möglichkeiten für Datenmanipulation, Überwachung, Datendiebstahl und Datenmissbrauch.

> Capers Jones liefert seit Jahrzehnten konkrete Zahlen zu den Kosten der Software(qualität). Diese sind u. a. nachzulesen auf S. 341/496 in [Jones 07] und auf S. 96 ff. in [Jones 12].

12.4 Einbindung in das Stakeholder-Management

Die Bewertung des Kosten-Nutzen-Verhältnisses erfolgt nicht im luftleeren Raum. Die Ergebnisse dieser Modellierung sollen auf unterschiedliche Weise an die relevanten Stakeholder kommuniziert werden – abhängig von deren Interesse am Testverlauf und ihrem Einfluss auf Projektdesign und Ressourcenvergabe. Hier hilft die Stakeholder-Matrix, die Kommunikationsstrategie zu strukturieren (s. Abschnitte 3.2.3 und 3.2.4).

Ein konkretes Kosten-Nutzen-Modell auf Basis eines realen Projekts ermöglicht eine sachlich fundierte Diskussion über Testaufwände. In Kombination mit einer Stakeholder-Matrix dient es dem Testmanagement als Werkzeug zur überzeugenden Argumentation, zur Priorisierung von Maßnahmen und zur nachhaltigen Positionierung von Testaktivitäten im Projektkontext.

12.5 Zusammenfassung

- Der Nutzen des Testens kann über geeignete Metriken (z. B. Anzahl aufgedeckter Fehler) quantifiziert werden.
- Darüber hinaus gibt es Faktoren, die nicht exakt oder nur mit hohem Aufwand gemessen werden können, deren Nutzenbeitrag aber qualitativ beschrieben werden kann.
- Dem Nutzen gegenüber stehen Qualitätskosten, die sich vier Kategorien zuteilen lassen: Kosten für Fehlervermeidung, Kosten für Fehleraufdeckung sowie interne und externe Fehlerkosten.
- Testen und andere Maßnahmen zur Qualitätssicherung reduzieren Risiken. Der Aufwand, der dafür investiert wird, muss sich daran orientieren, wie hoch das Projekt- und Produktrisiko ist, das unter Umständen aus Fehlern resultiert.

Teil 4

Exkurse und Ausblicke

Dieser Teil beschreibt Aktivitäten und Arbeitsergebnisse des Testmanagements, die nicht explizit im CTAL-TM hervorgehoben sind. Er umfasst folgende drei Kapitel:

- *In* ***Kapitel 13 »Testdokumentation«*** *lernen Sie, wie man die Testdokumentation für einen gegebenen Projektkontext strukturiert und organisiert, um die Möglichkeiten der Projektinfrastruktur inklusive der Werkzeuge ggf. unter Beachtung von Regularien optimal auszuschöpfen.*
- *In* ***Kapitel 14 »Management von Reviews, Audits und Assessments«*** *lernen Sie, wie man Reviews im Projektkontext definiert und durchführt und wie man deren Vorteile für die verschiedenen Stakeholder zusammenfasst.*
- *In* ***Kapitel 15 »Rück- und Ausblicke«*** *lernen Sie, wie sich das Testmanagement in den letzten 10 Jahren verändert hat und welche Chancen und Herausforderungen neue Trends und Technologien, wie z. B. generative künstliche Intelligenz, für die Testmanagementaktivitäten mit sich bringen.*

13 Testdokumentation

Dokumente sind ein zentraler Bestandteil des Testprozesses: Ein Test ohne Ergebnisdokumentation ist so viel wert, als hätte er nicht stattgefunden. Aber auch Planung und Status der Tests werden oftmals in Dokumenten festgehalten und aktualisiert. Dieses Kapitel stellt einen Überblick über Arten und Zusammenhänge der für das Projekt wichtigsten Testdokumente dar und erläutert die für das Testmanagement relevanten Dokumente im Detail. Inhalte, Umfang und Werkzeugunterstützung bzw. Formate der Testdokumentation sind vom Projektkontext abhängig (SDLC-Modell, Domäne, Kritikalität usw.). ISO/IEC/IEEE 29119-3 [ISO 29119-3] bietet eine Struktur für die Zusammenstellung von Testdokumenten, die für die Organisation und die Projekte kontextspezifisch anzupassen ist.

13.1 Einführung und Übersicht

Die hier vorgestellten Dokumenttypen sind konzeptuell zu verstehen; sie gliedern die Aufgaben der Dokumentation des Tests unter dem Aspekt, wie übergreifend und strategisch bzw. wie projektspezifisch und operativ ein Dokumenteninhalt ist. In der Praxis finden sich die Dokumente bzw. deren Inhalte oftmals unter einem anderen Namen und/oder nicht in Form eines geschlossenen Dokuments wieder. Die Inhalte sind verteilt über verschiedene andere »regulative« Dokumente oder Dokumentationssysteme des Unternehmens, wie z. B. das Qualitätsmanagement-Handbuch nach [ISO 9001], Prozessdefinitionen, Verfahrens- und Arbeitsanweisungen, Projekthandbücher usw.

Architektur der Dokumente

Eine gute Dokumentationsarchitektur hat das Ziel, die Wiederverwendung von Dokumentationsbestandteilen und die Vereinheitlichung der Dokumentation zu unterstützen. Dies wird erreicht, indem mehrere Organisationsebenen identifiziert werden und auf jeder Ebene diejenigen Inhalte angesiedelt werden, die auf den darauf aufbauenden Ebenen einheitlich bleiben.

Werkzeugunterstützung zur Dokumentation

Das Gleiche gilt für die Werkzeugunterstützung bei der Dokumentation. Abhängig vom Softwareentwicklungsansatz und den dort verwendeten Werkzeugen ist zu entscheiden, ob separate Dokumente z. B. unter Nutzung von Templates in einem Textverarbeitungssystem oder der Tabellenkalkulation manuell erstellt werden, oder ob die notwendigen Informationen aus verschiedenen Werkzeugen wie z. B. der Versionsverwaltung, der Testautomatisierung und dem Fehlermanagementsystem von einem Testmanagementwerkzeug importiert, integriert und in verschiedenen Formaten ausgegeben bzw. »gerendert« werden.

Abbildung 13.1 zeigt den Zusammenhang zwischen den Dokumenttypen und ihre Zuordnung zu den Organisationsebenen im Überblick. Dabei werden neben den Dokumenttypen aus dem CTAL-TM auch die aus der [ISO 29119-3] verwendet.

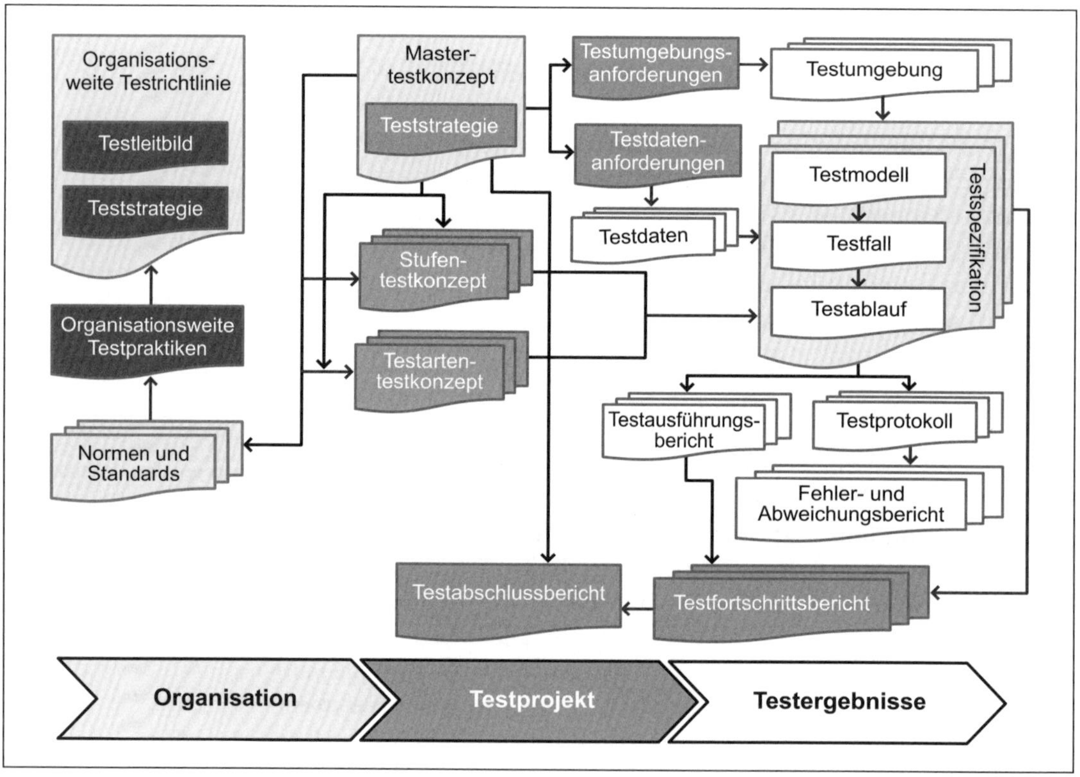

Abb. 13.1 *Testdokumente nach ISO 29119-3*

Die Dokumentationsarchitektur unterteilt Dokumente auf Organisationsebene und solche auf Projektebene. Im CTAL-TM geht es insbesondere um die Dokumente auf Projektebene, die in Abbildung 13.1 mittelgrau eingefärbt sind, von denen hier das Mastertestkonzept (auch: Projekttestkonzept) mit der Projektteststrategie, das Stufentestkonzept und das Testartentestkonzept skizziert werden. Im Web-Anhang »Testdokumentation nach [ISO 29119-3]« sind alle Dokumente ausführlich beschrieben.

13.2 Dokumente auf Projektebene

Projektteststrategie

Aus der organisationsweiten Teststrategie eines Unternehmens(bereichs) wird für jedes einzelne Entwicklungsprojekt (genauer gesagt für die Tests in diesem Entwicklungsprojekt) eine Projektteststrategie abgeleitet und im Mastertestkonzept dokumentiert, die die Anwendung der organisationsweiten Teststrategie für das Projekt beschreibt (s. Kapitel 5).

Stufenteststrategie

Die Projektteststrategie legt u. a. fest, welche Teststufen in einem Projekt erforderlich sind (s. Unterkapitel 3.5). Für jede Teststufe kann – falls notwendig – in einem Stufentestkonzept die Auslegung der Projektteststrategie und die Konkretisierung des Mastertestkonzepts dokumentiert und in einem Stufentestplan operationalisiert werden.

13.2.1 Mastertestkonzept

Die Umsetzung der unternehmensweiten Teststrategie, also die Planung und Durchführung von konkreten Testaktivitäten für ein zu testendes System, findet in den meisten Fällen innerhalb von Software- bzw. Systementwicklungsprojekten[1] statt.

Das Mastertestkonzept ist die planerische Grundlage für die Testaktivitäten.

Das → Mastertestkonzept ist das koordinierende Planungsdokument des Testprojekts, das mehrere Teststufen oder Testarten koordiniert. Es setzt die Vorgaben der organisationsweiten Teststrategie in die Projektrealität um. Es identifiziert die zu testenden Qualitätsmerkmale und die zu adressierenden Produktrisiken, leitet die notwendigen Testaufgaben daraus ab und ordnet sie den Teststufen des Projekts zu. Es definiert konkrete Eingangs- und Endekriterien dieser Stufen und regelt die Beziehungen zwischen ihnen sowie zwischen dem Test und den anderen am Projekt beteiligten Organisationsteilen, insbesondere der Entwicklung.

Nicht immer existieren Master- und Stufentestkonzepte als separate Dokumente. Insbesondere in kleinen und mittelgroßen Projekten finden sich alle Inhalte in einem gemeinsamen Dokument. Dies ist ggf. übersichtlicher und leichter konsistent zu halten als mehrere separate Dokumente. Eine Aufteilung empfiehlt sich dann, wenn die Verantwortung für die einzelnen Teststufen bei unterschiedlichen Personen oder Organisationsteilen liegt oder wenn für verschiedene Leserkreise nur Teile des Gesamttestkonzepts wichtig sind.

1. Auch für Hardwareentwicklungsprojekte sowie für Wartungsprojekte ist ein Testkonzept wie hier geschildert sinnvoll, wenn auch ggf. mit leicht angepasster Struktur.

Mastertestkonzepte enthalten Informationen, die häufig gewartet werden müssen.

Die Phasen des Testprozesses (s. Kapitel 2) finden üblicherweise innerhalb eines Testprojekts in Form von Testzyklen wiederholt statt, die sich an den zu testenden Entwicklungsständen der Testobjekte orientieren. Das Mastertestkonzept muss Testzyklen und deren Hauptinhalte festlegen, die Aktivitäten in diese Zyklen einordnen, Termine und benötigte Ressourcen identifizieren und mit Softwareentwicklungs- und Releaseplan in Einklang bringen. Diese Planungen ändern sich erfahrungsgemäß häufig. Auch die Informationen zum Management der Testprojektrisiken gehören zu diesen wandelbaren Inhalten. Das Mastertestkonzept muss daher im Vergleich zu den strategischen Dokumenten Testrichtlinie und Testhandbuch häufig angepasst werden.

Mastertestkonzept bildet Grundgerüst für die Testspezifikation.

Das Mastertestkonzept dokumentiert die Testziele und die für das Projekt als adäquat gewählte Teststrategie. Aus Testzielen und Teststrategie folgen die notwendigen bzw. wünschenswerten Testbedingungen. Diese werden aufgelistet, priorisiert und ggf. mit ersten Skizzen oder Ideen für Testfälle oder Testfallmengen weiter detailliert. Das Ergebnis ist ein erster, »in der Breite« ausgearbeiteter Katalog von Testfällen, der im Projektverlauf in den einzelnen Teststufen zu Testfallspezifikationen weiter verfeinert wird.

Organisationsweite Teststrategie beachten!

Im Idealfall existiert ein reifes und mit gut anwendbaren Vorgaben gefülltes Testhandbuch, sodass das Mastertestkonzept in vielen Bereichen auf das Testhandbuch verweisen kann. Notwendige Abweichungen (»Tailoring«) sind zu dokumentieren und zu begründen, ebenso sind die daraus resultierenden Folgen innerhalb und außerhalb des Tests darzustellen.

13.2.2 Stufentestkonzept

In den meisten Fällen sind in einem Projekt mehrere Teststufen wie z. B. Komponententest, Integrationstest und Systemtest zu durchlaufen. Bei komplexen Projekten oder Organisationen, in denen ggf. unterschiedliche Teams die verschiedenen Teststufen betreuen, kann es sinnvoll bzw. notwendig sein, stufenbezogene Testkonzepte zu erstellen. Ebenso wie ein Mastertestkonzept auf Basis eines Testhandbuches sehr kompakt gehalten werden kann, ist dies bei Stufentestkonzepten der Fall. Im Stufentestkonzept werden die einer Teststufe zugeordneten Testaufgaben konkretisiert, beispielsweise durch Zuordnung von Testverfahren und Testwerkzeugen.

Anpassung und Erweiterung des Mastertestkonzepts

Auch ein ggf. notwendiges auf eine einzelne Teststufe bezogenes Tailoring der Regelungen aus Testhandbuch und Mastertestkonzept wird im Stufentestkonzept dokumentiert. Einige Kapitel können erfahrungsgemäß für mehrere oder gar alle Teststufen eines Projekts gemeinsam geregelt bzw. durch Bezug auf allgemeinere Regelungen in Testhandbuch und Mastertestkonzept sehr kompakt formuliert werden.

Stufenbezogene Zeit- und Ressourcenplanung

Das Stufentestkonzept detailliert die Angaben des Mastertestkonzepts hinsichtlich von Aufgaben, Zeitplan und Meilensteinen für eine bestimmte Teststufe (s. Unterkapitel 3.5). Das Mastertestkonzept dient in diesem Fall nur zur Koordination aller Teststufen und sorgt somit für die Konsistenz der Stufentestpläne zueinander. Außerdem werden im Stufentestplan Angaben zu Zeiten und Ressourcen konkretisiert, die ggf. auf Ebene des Projekttestplans noch allgemein gehalten sind.

13.2.3 Testartenkonzept

Ähnlich wie das Stufentestkonzept ist das Testartenkonzept nach [ISO 29119-3] eine Spezialisierung des Mastertestkonzepts für eine (oder mehrere ähnliche) Testarten. Sinnvoll sind Testartenkonzepte eher für sehr spezielle, aber aufwendig zu organisierende und durchzuführende Testarten wie z. B. Gebrauchstauglichkeitstests oder auch Sicherheitstests, einerseits zur funktionalen Sicherheit (*safety, [ISO 61508]*) und andererseits zur IT-Sicherheit (*security, [ISO 15408]*).

Aufteilung des Testkonzepts in Dokument und Datenbank

Die wartungsarmen Bestandteile des Testkonzepts, wie die projektbezogene Teststrategie oder die Definition der Testumgebung und der Testwerkzeuge, werden üblicherweise in einem »statischen« Dokument zusammengefasst, die wartungsintensiven Bestandteile in einem → Projekttestkonzept oder Stufentestkonzept, das in der Praxis oft in einem Planungs-Spreadsheet oder in einem Projektplanungs- oder Testmanagementwerkzeug implementiert wird. Die Aufteilung ermöglicht neben der leichteren Wartung eine Verteilung der jeweils für bestimmte Aspekte bzw. Rollen interessanten Inhalte an einen dedizierten Empfängerkreis.

Testkonzept als Lückenfüller für Prozessschwächen

In sehr unreifen Umfeldern existiert manchmal nur eine einzige formal beschriebene Teststufe (zumeist der Systemtest). Hier wird oftmals aus der Not heraus das Stufentestkonzept dieser Teststufe sukzessive zum Testkonzept für das Gesamtprojekt ausgeweitet, um Dokumentations- bzw. Prozesslücken in anderen Bereichen zu füllen. Das Testmanagement des Systemtests beschreibt dann beispielsweise seine Sicht auf die informellen Aktivitäten in Entwicklertests und kundenseitigem Beta-Test, auf nicht projektweit etablierte Konfigurationsmanagement- und Fehlermanagementprozesse usw.

Diese Beschreibungen dienen zunächst als reine Selbstrettungsmaßnahme des Testmanagements, um eine gewisse Mindestqualität der für seine Teststufe benötigten Zulieferungen einzufordern. Nicht selten erwächst aus solchen Initiativen im Laufe der Zeit eine Prozessverbesserungsinitiative (s. Kapitel 6).

14 Management von Reviews, Audits und Assessments

Review ist sowohl die Bezeichnung für ein bestimmtes Vorgehen bei der Prüfung von Dokumenten als auch ein gebräuchlicher Oberbegriff für die verschiedenen statischen Testverfahren, die von Personen durchgeführt werden. Die Reviewarten informelles Review, Walkthrough sowie technisches Review und Inspektion sind Gegenstand des Lehrplans zum »ISTQB® Certified Tester Foundation Level« [CTFL 4.0 23]. Dieser Abschnitt betrachtet Nutzen und Kosten von Reviews sowie deren zeitlichen Aufwand und gibt eine Übersicht zur Auswahl und Planung dieser Prüfverfahren. Außerdem werden Verfahren zur Prüfung von Prozessen und Organisationen skizziert, die u. a. im Rahmen der Verbesserung von Testprozessen (s. Kapitel 6) eingesetzt werden können.

Erfolgsfaktoren für Reviews inklusive einiger Prozess- und Produktmetriken, die zur Planung, Steuerung, Nachvollziehbarkeit und Verbesserung von Reviews verwendet werden können, bilden den Abschluss des Kapitels. Das Testmanagement wird dadurch in die Lage versetzt, Reviews im Projektkontext sinnvoll in der übergeordneten Teststrategie aus dynamischen und statischen Testverfahren einzufügen und ihre geordnete Durchführung sicherzustellen.

14.1 Nutzen und Kosten von Reviews

Effizientes Mittel zur Sicherung der Qualität

Reviews sind ein effizientes Mittel zur Sicherung der Qualität der untersuchten Dokumente. Idealerweise sind sie so früh wie möglich nach Fertigstellung der Dokumente durchzuführen, um schnellstmöglich Fehlerzustände und Unstimmigkeiten festzustellen. In der Regel werden die verifizierenden Prüfungen bei Abschluss einer Phase im allgemeinen V-Modell mittels Reviews geleistet. Jedes Dokument (Anforderungsdokumente ebenso wie Quellcode, aber auch Testkonzepte und Testfallspezifikationen) kann Gegenstand eines Reviews sein. Die Beseitigung der Fehler und Unstimmigkeiten führt zu einer verbesserten Qualität der Dokumente und wirkt sich positiv auf den gesamten Entwicklungsprozess aus, da die Entwicklung mit Dokumenten fortgesetzt wird, die weniger oder sogar keine Fehler mehr enthalten. Tester sind aktiv am Reviewprozess zu beteiligen, um ihre individuelle Perspektive einzubringen.

Positive Auswirkungen

Neben der Reduzierung der Fehleranzahl in den Dokumenten haben Reviews noch folgende weitere positive Auswirkungen:

- Reviews sind eine kostengünstige Art der Fehlerbeseitigung. Wenn frühzeitig Fehler erkannt und behoben werden, führt dies zu einer Produktivitätssteigerung in der Entwicklung, da weniger Ressourcen für die Fehlererkennung und -beseitigung benötigt werden und diese somit der Entwicklung zur Verfügung stehen.
- Dies hat auch zur Folge, dass sich die Entwicklungszeiträume verkürzen.
- Weniger Fehler im Programmcode führen auch zu einer Verringerung der Kosten und der benötigten Zeiten für den dynamischen Test, da weniger Fehlerzustände im Testobjekt vorhanden sind.
- Durch die geringere Zahl an Fehlern und Ungenauigkeiten ist überdies eine Kostenreduzierung während der Lebenszeit des Produkts zu erwarten, und die entsprechende Risikoreduzierung soll in die Rentabilitätsberechnung einfließen. Beispielsweise können durch Reviews Ungenauigkeiten der Kundenwünsche in den Anforderungen aufgedeckt und geklärt werden. Absehbare Änderungswünsche nach der Inbetriebnahme des Softwaresystems können somit im Vorfeld verhindert werden. Es ist auch eine reduzierte Fehlerhäufigkeit im Einsatz des Systems zu erwarten.
- Da die Überprüfungen im Team durchgeführt werden, ergibt sich daraus ein Wissensaustausch unter den beteiligten Personen. Das wird zur Verbesserung der Arbeitsmethoden der einzelnen Personen führen und somit die Qualität der nachfolgenden Artefakte verbessern.
- Da mehrere Personen an einem Review beteiligt sind, ist eine klare und verständliche Darstellung der Sachverhalte notwendig. Oft bringt der Zwang zu einer klaren Darlegung den Autor bereits zu Einsichten, die er vorher so nicht hatte.
- Das gesamte Team fühlt sich verantwortlich für die Qualität des untersuchten → Prüfobjekts, und es entsteht ein einheitliches Verständnis.

Was kosten Reviews und was sparen sie ein?

Die durch Reviews anfallenden Kosten werden mit ca. 10–15 % (s. [Gilb 96], S. 27, vgl. [Liggesmeyer 09]) des Entwicklungsbudgets veranschlagt. Die Kosten umfassen die Aktivitäten für den Reviewprozess selbst, die

Auswertung der ermittelten Ergebnisse und den Aufwand für deren Umsetzung zur Prozessverbesserung. Einsparungen werden mit 14–25 % (s. [Bush 90]) angegeben, wobei der Mehraufwand für die Durchführung der Reviews bereits eingerechnet ist.

Bei konsequenter Nutzung und effizienter Durchführung der Reviews lassen sich bis zu 70 % der Fehler in einem Dokument finden, bevor sie in die folgenden Arbeitsschritte des Entwicklungsprozesses unerkannt übernommen werden. Unter der Berücksichtigung, dass die Kosten der Fehlerbehebung in späteren Entwicklungsschritten erheblich steigen, sind »Angaben plausibel, die über eine Reduktion der Fehlerkosten in der Entwicklung von 75 % und mehr berichten« (s. [Frühauf 91], S. 114).

In [Rösler 13] finden sich im Kapitel »Kosten und Nutzen von Reviews« eine Reihe aktueller Beispiele zum Return of Investment für den Einsatz von Reviews.

> Dokumente, die einer formalen Struktur unterliegen, sollen vorab mit einem diese Struktur überprüfenden statischen Analysewerkzeug kontrolliert werden. Das Werkzeug kann viele Aspekte untersuchen und Fehler oder Abweichungen feststellen, die dann nicht mehr bei einem Review zu kontrollieren sind.

14.2 Organisation und Management von Reviews

Der Begriff Review umfasst eine ganze Gruppe von statischen Tests und wird in CTFL ausführlich behandelt (s. [Fagan 76], [Liggesmeyer 09], [CTFL 4.0 23], [Spillner 24]). Allen Reviews gemeinsam ist die zugrundeliegende Vorgehensweise. Diese wird hier kurz in Anlehnung an den ISO Standard for Software Reviews ISO/IEC 20246:2017 [ISO 20246] erläutert.

Bei einem Review sind prinzipiell sechs Arbeitsschritte durchzuführen: Planung, Einführung (Kick-off), individuelle Vorbereitung, Reviewsitzung, Überarbeitung und Nachbereitung. Je nach Reviewart und Reviewgegenstand sind diese Schritte mehr oder weniger ausgeprägt und formalisiert. Für das Testmanagement ist der erste Schritt am relevantesten und wird hier detaillierter beschrieben.

Reviews planen

In der Planung von Reviews ist vom Management zu entscheiden, welche Dokumente des Softwareentwicklungsprozesses welchem Reviewverfahren unterzogen werden sollen. Die Ziele der Reviews und die Reviewstrategie sind auf die Testrichtlinie und die Teststrategie abzustimmen, wobei Reviews für wichtige Artefakte und beim Erreichen von Meilensteinen im Softwareprojekt eingeplant werden. Zu berücksichtigen ist, welche Produkte oder Prozesse die Reviewgegenstände bzw. Prüfobjekte sind, wer an welchen Reviews mitwirken soll und welche Risiken mit den Reviews adressiert werden.

Typische für das Testmanagement relevante Reviewgegenstände bzw. Zeitpunkte im Projektverlauf sind u. a. (vgl. [Spillner 24]):

- Review des Vertrags, durchgeführt zu Projektbeginn und bei Meilensteinen, die zu einer Vertragsänderung führen.
- Reviews der Anforderungs- und Entwurfsspezifikationen, beginnend bei den Geschäftszielen über Lasten- und Pflichtenheft sowie Architekturentwurf bis hin zum Feinentwurf kritischer Komponenten. Beim Review der Anforderungsdokumente sind sowohl funktionale als auch nicht-funktionale Anforderungen einzubeziehen.
- Managementreviews erfolgen an den wichtigsten Meilensteinen des Projekts.
- Reviews der Softwarekomponenten umfassen neben dem Programmcode ggf. auch die Komponenten- bzw. Entwicklertests und deren Ergebnisse sowie entsprechende weitere Testmittel.
- Reviews vor Beginn der Testausführung (Testeingangsreviews) prüfen für jede Teststufe bzw. jeden Testzyklus, ob die Eingangskriterien für den Test erfüllt sind (»Testbereitschaft«). Betroffene Artefakte sind u. a. Testrahmen, Testinfrastruktur, Testobjekt-Übergabeberichte etc.
- Reviews vor dem Abschluss der Testausführung (Testausgangsreviews) prüfen für jede Teststufe das Erreichen der Endekriterien. Zu prüfende Artefakte sind u. a. Fehlerberichte, Testfortschrittsberichte und Testabschlussberichte für die jeweilige Teststufe.
- Reviews zum Testabschluss untersuchen den Testabschlussbericht des gesamten Testprojekts sowie ggf. den Testbewertungsbericht und Berichte zum aktuellen Stand des Risikoregisters.
- Im Rahmen der Reviews zur Abnahme (Abnahmereviews) wird das Produkt durch den Kunden oder entsprechende Projekt-Stakeholder genehmigt bzw. freigegeben.

Anhand der zu prüfenden Dokumente sind die Zeitpunkte für die Reviews sorgfältig zu wählen:

- Sogenannte Projektreviews werden für das Gesamtsystem häufiger abgehalten; sie können auch für Teilsysteme oder sogar für einzelne Softwareelemente erforderlich sein. Anzahl, Art, Organisation und beteiligte Personen der Reviews hängen von der Größe und Komplexität des Projekts ab sowie auch von den Produktrisiken. Projektreviews sind »kleiner« als Managementreviews und fokussieren auf das jeweilige Projekt.

- Alle zur Beurteilung des zu prüfenden Dokuments notwendigen weiteren Dokumente sowie Standards müssen vorliegen. Ist dies nicht der Fall, so lassen sich lediglich lokale Fehler im Dokument feststellen, aber z. B. keine Inkonsistenzen zwischen verschiedenen Dokumenten bzw. zwischen Dokumenten und zugrunde liegenden Prozessanforderungen.
- Das Personal für die Reviews (s. u.) muss eingeplant sein und zur Verfügung stehen.
- Den Reviewern muss ausreichender zeitlicher Vorlauf eingeräumt werden, um nicht nur das Dokument, sondern auch ggf. zugrunde liegende Informationen zu sichten.
- Letztendlich spielt der Zeitpunkt, zu dem das Prüfobjekt im Projekt zur Verfügung stehen muss, eine große Rolle bei der Planung der Reviews. Hier ist auf ausreichende Puffer für die Nachbereitung und ggf. notwendigen weiteren Reviews zu achten.

Aufwand für Reviews schätzen

Der zu veranschlagende Aufwand für die einzelnen Reviews ist bei der Projektplanung vorzusehen. Aus zahlreichen Untersuchungen ergeben sich optimale Zeiten für ein Review eines Dokuments oder eines Programmtextes. Diese hängen von der Komplexität der Reviewgegenstände, ihrer Eingangsqualität und der Reviewkompetenz sowie dem Fachwissen der Gutachter ab. Erfahrungswerte sind 1,5 ± 0,5 A4-Seiten Text bzw. 150 ± 50 LOC (ohne Kommentare) pro Stunde für die individuellen Prüfungen während der Vorbereitung (s. z. B. [Gilb 96], [Liggesmeyer 09], [Rösler 13], [URL: Review]).

Die Reviewleitung wählt die fachlich geeigneten Personen aus und stellt ein Reviewteam zusammen. Sie vergewissert sich in Kooperation mit dem Autor des Prüfobjekts, dass dieses einen reviewfähigen Status hat, d. h., dass die Arbeiten am Dokument einen gewissen Abschluss gefunden und eine ausreichende Vollständigkeit erreicht haben. Bei formaleren Reviews sind Eingangskriterien (und die entsprechenden Endekriterien) definiert bzw. zu definieren, deren Erfüllung zu prüfen ist. Alle Festlegungen werden dann im → Reviewplan dokumentiert.

Eingangskriterien rechtzeitig prüfen!

Insbesondere bei formalen Reviews ist zu Beginn zu prüfen, ob die Eingangskriterien erfüllt sind. Ist dies nicht der Fall, stehen die folgenden Optionen zur Verfügung:

- Neudefinition des Reviews mit überarbeiteten Zielen und/oder Eingangskriterien
- Korrigierende Maßnahmen, die notwendig sind, um das Review fortzusetzen.
- Verschiebung des Reviews

Zur Steuerung der Reviews (besonders der formalen) gehört es, diese im übergeordneten Projektkontext und in Zusammenhang mit anderen Qualitätssicherungsaktivitäten zu bewerten und zu kontrollieren. Hierzu sind mit Produkt- und Prozessmetriken geeignete Informationen aus den anderen Aktivitäten zu extrahieren, um mittel- und langfristige Effekte der Reviews zu verfolgen und deren Wirksamkeit zu verbessern.

Unterschiedliche Sichtweisen erhöhen den Erfolg – Stakeholder einbeziehen!

Ein Review ist meist erfolgreicher, wenn das Prüfobjekt von unterschiedlichen Standpunkten aus betrachtet wird oder nur jeweils bestimmte Aspekte von den einzelnen Prüfern untersucht werden. Die dabei zu berücksichtigenden Sichtweisen bzw. Aspekte aller Stakeholder des Testobjekts sind bei der Planung festzulegen. Ebenso kann entschieden werden, dass nicht das gesamte Dokument einem Review unterzogen wird. Es können auch nur solche Teile ausgewählt werden, bei denen Fehler ein hohes Risiko beinhalten, oder nur beispielhafte Teile, um daraus auf die Qualität des gesamten Dokuments zu schließen.

Ort und Zeit festlegen und buchen

Last, but not least: Findet eine Vorbesprechung statt, sind Ort und Zeit festzulegen und zu buchen.

14.2.1 Managementreviews, Audits und Assessments

Drei grobe Gruppen von Reviews lassen sich anhand des untersuchten Prüfobjekts unterscheiden:

- Managementreviews und Audits, die den Projektablauf oder den Entwicklungsprozess als solches analysieren,
- Assessments, bei denen als Grundlage für das Review eines oder mehrerer Prozesse ein definiertes Prozessmodell dient, und
- Reviews, die sich auf Arbeitsergebnisse beziehen, die während des Entwicklungsprozesses erstellt werden.

14.2.2 Managementreviews und Audits

Ziel: Prüfung der Einhaltung des Prozesses

Managementreviews (s. [ISO 9001])[1] und Audits analysieren und bewerten Entwicklungsprojekte bzw. den zugrunde liegenden Entwicklungsprozess (s. Abschnitt 6.2.4). Es werden beispielsweise die Einhaltung von Vorgaben und Plänen geprüft, Projektrisiken frühzeitig identifiziert, die

---

1. Der englische Begriff »review« wird oft mit »Überprüfung« übersetzt. Eine Ausnahme bildet der englische Begriff »management review«, der nach gängiger Praxis mit »Managementbewertung« übersetzt wird. In [ISO 9001] wird ein Managementreview definiert als eine formelle Bewertung des Stands und der Angemessenheit des Qualitätsmanagementsystems in Bezug auf die → Qualitätspolitik sowie auf Zielsetzungen durch die oberste Leitung.

Umsetzung der erforderlichen Arbeitsaufgaben oder die Effektivität der Verbesserungen bzw. Veränderungen im Prozess untersucht.

Managementreview – Untersuchung durch Projektverantwortliche

Managementreviews werden von Personen im Management mit direkter Verantwortung für das Projekt oder System durchgeführt. Prüfobjekt ist das Projekt als Ganzes und die Feststellung seines augenblicklichen »Zustands«. Der Projektzustand wird hinsichtlich technischer, wirtschaftlicher, zeitlicher und managementmäßiger Aspekte bewertet. Darüber hinaus wird geprüft, ob die verwendeten Managementverfahren effektiv sind. Ebenso ist die Bewertung der Projektrisiken Gegenstand von Managementreviews. Zur Findung von Fehlerzuständen in Einzelprojekten eignen sie sich nur sehr bedingt.

Teilnehmer solcher Reviews sind üblicherweise Beteiligte aus dem Projekt- und Teilprojektmanagement, Kunden, oftmals Entscheidungsträger und andere Betroffene. Das Testmanagement soll in Managementreviews zum Testfortschritt bzw. zum Testprozess vertreten sein und diese ggf. auch initiieren.

Managementreviews werden oft beim Erreichen eines Meilensteins der Projektplanung durchgeführt, wenn eine Hauptphase im Softwareentwicklungsprozess abgeschlossen werden soll, oder als Post-mortem-Analyse, um aus dem beendeten Projekt zu lernen.

Typische Ergebnisse von Managementreviews sind Listen mit durchzuführenden Maßnahmen, zu lösenden Problemen und bestehenden Projektrisiken sowie entsprechend anstehenden Entscheidungen. Verdichtete Berichte der Ergebnisse adressieren Stakeholder des mittleren und oberen Managements.

Audit – systematische und unabhängige Untersuchung

Ein Audit ist eine systematische und unabhängige Untersuchung zur Bewertung von Softwareprodukten und Entwicklungsprozessen[2], um deren Konformität mit Standards, Richtlinien, Spezifikationen und/oder Prozessen zu bestimmen. Verantwortlich ist der Leiter des Audits, der oft einer unabhängigen, externen und ggf. akkreditierten Organisation oder Gesellschaft angehört und für die Durchführung von Audits persönlich zertifiziert ist. Der Leiter ist gleichzeitig auch Moderator des Audits. Ein Audit basiert auf objektiven Kriterien. Grundlage sind Dokumente, die

- die Gestaltung oder den Inhalt der zu erstellenden Produkte festlegen,
- den Prozess der Erstellung der Produkte beschreiben,
- spezifizieren, wie die Übereinstimmung mit den Standards und Richtlinien nachgewiesen bzw. gemessen werden kann.
- Darüber hinaus können Nachweise für die Konformität auch durch direkte Beobachtungen und Interviews gesammelt werden.

2. Oft wird ein Audit ausschließlich als Vorgehen bei der Bewertung von Prozessen gesehen.

Audittypen

Neben der Prüfung der Einhaltung von Richtlinien kann beim Audit auch die Effektivität der Umsetzung und eine Einschätzung des Prüfobjekts vorgenommen werden. Es werden drei Audittypen unterschieden:

- Das Systemaudit untersucht das Qualitätsmanagementsystem oder ausgewählte Teilbereiche im Hinblick auf Struktur und Arbeitsabläufe.
- Das Prozessaudit analysiert Prozesse bezüglich des eingesetzten Personals, der Prozessüberwachung und der Abfolge der einzelnen Arbeitsschritte.
- Beim Produktaudit werden (Teil-)Produkte auf ihre Übereinstimmung mit der Spezifikation und der Einhaltung von Richtlinien und Standards hin analysiert.

Umfang von Audits

Audits dauern in der Regel wenige Tage und dem Auditteam gehören meist zwei bis vier Personen an. Ziel aller Audits ist es, Schwachstellen aufzuzeigen, diese zu dokumentieren und konkrete und dauerhafte Verbesserungsmaßnahmen vorzuschlagen. Dabei sind folgende Schritte sinnvoll:

1. Bedarf an einem Audit feststellen (z. B. interne Prozessverbesserung als notwendig erkannt oder externe Anforderung des Kunden)
2. Planung des Audits (Inhalt, Team, formale Grundlagen, Ressourcen, Termine)
3. Durchführung des Audits mit den zugrunde liegenden Dokumenten und Ermittlung der Ergebnisse
4. Diskussion über Stärken und Schwächen und ob Verbesserungen erforderlich sind
5. Umsetzung der Vorschläge mit entsprechender Berichterstattung bzw. Archivierung

14.2.3 Assessments

Assessments ähneln mehrtägigen Audits mit größeren Teams, in der Regel von drei bis fünf Personen. Bei einem Assessment werden die betrieblichen Abläufe mit den Anforderungen eines Bewertungsmodells verglichen (z. B. der in Abschnitt 6.2.4 beschriebenen Modelle CMMI und ISO/IEC 330nn ,[ISO 33001] letzteres ersetzt die SPICE-Normenreihe ISO 15504-n [ISO 15504]). Dabei werden sowohl Managementdokumente (Richtlinien, Arbeitsanweisungen, Prozessmodelle) und operative Dokumente (Protokolle, Berichte, ausgefüllte Templates) analysiert als auch die tatsächlich »gelebten« Prozesse mittels Interviews und zum Teil durch »über die Schulter schauen« geprüft.

Ergebnisse sind Reife- oder Fähigkeitsgradbewertungen von Organisationen oder von einzelnen Prozessen. Stärken und Schwächen sowie Verbesserungspotenziale werden aufgezeigt und Möglichkeiten zur Nutzung von Synergien und Leitkompetenzen (insbesondere beim vergleichenden Assessment mehrerer Organisationseinheiten oder Projekte) identifiziert.

Das Testmanagement ist an Managementreviews und Audits zu beteiligen, um insbesondere Stärken und Verbesserungspotenziale des Entwicklungsprozesses kennenzulernen. Basierend auf diesen Erkenntnissen kann ggf. die Teststrategie auf die Erkennung und Vermeidung typischer bzw. häufiger Fehler fokussiert werden.

Zudem soll es regelmäßig interne Audits bezüglich des Testfortschritts und des Testprozesses durchführen. Hilfreich hierfür sind die in Kapitel 8 dargestellten Testmetriken.

14.3 Reviews von Arbeitsergebnissen

Die Reviewarten zur Überprüfung von Arbeitsergebnissen (Artefakten) wird im CTFL (s. a. [Spillner 24], [Rösler 13]) ausführlich beschrieben. Zur Erinnerung: Es werden vier Ausprägungen unterschieden: Walkthrough, Inspektion, technisches Review und informelles Review.

Verschiedene Reviews für das gleiche Dokument

Ein einzelnes Dokument kann durchaus mehreren verschiedenen Reviews unterschiedlicher Arten unterworfen werden – je nach dessen Kritikalität, Status des Projekts und Zielen der Reviews. Beispielsweise können Reviews unterschiedlicher Formalität in unterschiedlichen Phasen der Dokumenterstellung Anwendung finden. Ebenso kann das gleiche Dokument mit verschiedenen Gutachtern aus unterschiedlichen Perspektiven geprüft werden.

Die verschiedenen Reviewarten eignen sich unterschiedlich gut für bestimmte Projektphasen, Reviewziele und Dokumenttypen. Oftmals führt das in eingespielten Teams oder in Organisationen mit einer einheitlichen Vorgehensweise in Bezug auf Reviews dazu, dass mit der Benennung des zu prüfenden Dokuments (oder der zu prüfenden Aktivität) auch die Reviewart als festgelegt gilt. Beispiele hierfür sind:

- Review des Vertrags
- Review der Anforderungen
- Critical Design Review
- Betriebsbereitschaftsreview

In [Rösler 13] werden diese und weitere Begriffe im Detail erläutert.

14.4 Kriterien zur Auswahl der Reviewart

Auswahl der Reviewart

Wann welche Reviewart eingesetzt werden soll, hängt stark von der geforderten Qualität und dem einzusetzenden Aufwand ab. Das Projektumfeld ist relevant, direkte Empfehlungen können nicht gegeben werden. Es ist im Einzelfall zu entscheiden, welche Reviewart in der jeweiligen Projektsituation angemessen ist. Nachfolgend sind einige Fragen und Kriterien zur Erleichterung der Auswahl der Arten aufgeführt:

Die Form, in der das Ergebnis der Prüfung vorliegen soll, kann zur Auswahl herangezogen werden. Ist eine ausführliche Dokumentation erforderlich oder reicht eine undokumentierte Umsetzung der Prüfergebnisse?

- Lässt sich die Terminkoordination einfach oder schwierig vornehmen? Fünf oder mehr Fachkräfte für einen oder mehrere Termine zu verpflichten, kann sehr aufwendig sein.
- Ist die Berücksichtigung von Fachwissen aus mehreren Gebieten erforderlich?
- Wie umfangreich muss das Fachwissen der Gutachter für das jeweilige Prüfobjekt sein? Wie hoch ist das Engagement der vorgesehenen Gutachter?
- Steht der Vorbereitungsaufwand in einem angemessenen Verhältnis zum erwarteten Ergebnis?
- Wie hoch ist der Formalisierungsgrad des Prüfobjekts? Lassen sich werkzeuggestützte Analysen (vorab) durchführen?
- Wie »wichtig« ist das Prüfobjekt? Im Allgemeinen ist es sinnvoll, für die wichtigsten Arbeitsergebnisse die formalen Reviewarten anzuwenden.
- Wie groß ist die Unterstützung durch das Management? Wird bei zunehmendem Zeitdruck im Projekt die Durchführung von Reviews eingeschränkt oder gar ganz gestrichen?

Tester als Gutachter

Es ist sehr sinnvoll, Tester als Gutachter bei den Reviews einzusetzen, da die geprüften Dokumente in aller Regel als Testbasis zur Erstellung der Testfälle genutzt werden. Die Tester sind frühzeitig mit den Dokumenten vertraut und die Testfälle können zeitnah spezifiziert werden. Durch die »Testsicht« auf die Dokumente kommen auch weitere Aspekte der Qualitätssicherung hinzu, z. B. die Prüfung auf Testbarkeit (s. a. Abschnitt 3.4.5, PREviews).

14.5 Erfolgreicher Einsatz von Reviews

14.5.1 Organisatorische Erfolgsfaktoren

Einbeziehung des Managements

Reviews kosten – vordergründig betrachtet – viel Geld und Zeit. Das Management kann und muss einen guten Reviewprozess unterstützen, indem ausreichend Ressourcen (Zeit und Personal) im Softwareentwicklungsprozess für die Reviews der Dokumente und ebenso für die Behebung der in Reviews gefundenen Fehlerzustände eingeplant werden. Dieses Investment zu tätigen, ist für das Management leichter, wenn es mit detaillierten Informationen über die zu erwartenden Kosten, den Nutzen und alle Fragen zur Implementierung des Prozesses (z. B. anzuwendende Verfahren, beteiligte Rollen und Personen) versorgt wird.

Die Pilotierung des Einsatzes von Reviews ist hilfreich und manchmal auch notwendig, um diese Informationen zu beschaffen und so mit überschaubarem Risiko den Erfolg sicherzustellen. Eine stabile organisationsweite Verankerung von Reviews sorgt dann allerdings für deren Wirksamkeit.

Verfahren einführen und pilotieren

Die Einführung von Reviews auf Organisationsebene verläuft in mehreren Phasen:

1. Auswahl von geeigneten Reviewverfahren durch eine Prozessverbesserungsgruppe (Software Engineering Process Group, SEPG)
2. Bereitstellung der notwendigen Infrastruktur (Vorlagen für Protokolle, Checklisten etc.)
3. Bereitstellung von Schulungsmaterial, insbesondere zu formalen Reviewarten
4. Ausbildung der Teilnehmer an einem Pilotprojekt
5. Pilotierung
6. Auswertung des Nutzens
7. Falls notwendig, Korrektur des Vorgehens
8. Verbreitung des Verfahrens, insbesondere durch Schulung des Personals

Erfolge ausweisen

Vor allem die Darstellung des Nutzens ist essenziell, um eine »Reviewkultur« langfristig am Leben zu halten. Konkrete Beispiele für durch Reviews gefundene Fehler sowie die dadurch eingesparten Fehlerfolgekosten können dabei sehr hilfreich sein. Zeit- und Kostenaufwand sind nicht proportional zur Anzahl der gefundenen Fehlerzustände, d. h., es gilt herauszufinden, welcher Reviewaufwand den für das Unternehmen optimalen Nutzen erbringt. Langfristig stellen Metriken über die Fehlerfindung durch Reviews im Vergleich zu der durch dynamische Tests (z. B. die in Abschnitt 8.6.2 erläuterte Fehlerfindungsrate) ein effizientes Mittel zur Nutzenbewertung dar. Metriken sollen aber nie zur personenbezogenen Leistungsbewertung herangezogen werden, um die Bereitschaft des Personals zur Teilnahme an Reviews nicht zu gefährden.

Langfristige Verankerung, Bewertung und Verbesserung

Mit Metriken (s. Abschnitt 8.6.2) ist der Reviewprozess langfristig zu überwachen und im Laufe der Zeit zu optimieren. Hilfestellung hierzu leisten die erwähnten Standards sowie Rahmenwerke zur Verbesserung von Prozessen (s. Kapitel 6). Auch die Einrichtung von Foren, über die Erfahrungen mit Reviews ausgetauscht werden können, sorgen für hohe Akzeptanz.

Reviews sollen möglichst breit und kontinuierlich zur Anwendung kommen: Alle Teammitglieder sollen mittelfristig an Reviews teilnehmen – sowohl in der Gutachter- als auch in der Autorenrolle. Eine regelmäßige Durchmischung von Reviewteams mit Mitwirkenden unterschiedlicher Erfahrungen und Fähigkeiten ist sinnvoll.

Die Fehlerfindungen bei dokumentenbezogenen Reviews dienen zunächst zur Qualitätssteigerung des Prüfobjekts. Sie nützen dadurch dem jeweiligen Projekt. Darüber hinaus sollen aber auch solche Fehlerfindungen Anerkennung finden, die system- bzw. prozessbedingte Schwächen adressieren und zu deren Überwindung beitragen.

14.5.2 Operationale Erfolgsfaktoren

Erfolgsfaktoren nutzen bzw. sicherstellen

Bei jedem einzelnen Review müssen Manager und Moderator die effiziente Vorbereitung und Durchführung sicherstellen (in Anlehnung an [ISO 20246]):

- Mit jedem Review wird eine klare, vorab festgelegte Zielsetzung verfolgt. Dieses Ziel muss allen Teilnehmern vorab kommuniziert werden.
- Checklisten und Richtlinien[3] werden eingesetzt, um die Effektivität bei der Aufdeckung von Unstimmigkeiten beim Review zu erhöhen. Die Einhaltung des Prozesses, insbesondere die Nutzung von Vorlagen und die Einhaltung der Richtlinien, muss daher sichergestellt werden. Dies ist besonders für die formalen Reviewarten wichtig.
- Das organisationsweite Ziel der Nutzenbewertung von Testarbeiten (s. Unterkapitel 12.1) muss durch konsequente Erfassung der Kosten (im Wesentlichen der Arbeitszeit) und Schätzung des Nutzens operativ gestützt werden. Kapitel 8 in [Rösler 13] gibt zahlreiche Hinweise zu »Kosten und Nutzen von Reviews«.

---

3. Der Standard [ISO 26513] beschreibt Anforderungen und Verfahren für »Tester« der Benutzerdokumentation und enthält zahlreiche Checklisten.

- Die Anwendung unterschiedlicher Arten von Reviews soll immer nur einen Teil der Qualitätssicherung darstellen und durch statische Analysen und dynamische Tests ergänzt werden.
- Um den Erfolg eines Reviews zu sichern, muss die Reife des Dokuments vorab geprüft werden. Neben der Verwendung geeigneter Eingangskriterien kann auch ein sogenanntes »Vorab-Review« von Teilen des Dokuments durch einen kleinen Kreis von Reviewern nützlich sein. Erfolgt eine solche Prüfung vor der Fertigstellung des Gesamtdokuments, so können ggf. auch typische Fehlermuster entdeckt werden. Die Verbreitung dieser Fehlermuster auf das Gesamtdokument kann damit rechtzeitig verhindert werden.
- Statische Analysen sind vorab einzusetzen, um z. B. die Einhaltung von Programmierkonventionen oder die Rechtschreibung in Dokumenten zu prüfen und entsprechende Probleme auszuräumen. Damit wird sichergestellt, dass die Gutachter einheitliche Dokumente ausreichender Grundqualität vorfinden und sich auf die schwerwiegenderen Probleme konzentrieren können. Die automatisierte Durchführung solcher Analysen z. B. im Build-Prozess hilft, die entsprechenden Konventionen im Team zu verankern.
- Der Moderator soll die Prüfer anleiten und ihre Aufmerksamkeit auf wichtige Fehler lenken. Inhaltliche Fehler sind wichtiger als Format- oder Rechtschreibfehler.

14.5.3 Personenbezogene Erfolgsfaktoren

Entscheidender Faktor: Mensch

Neben den organisatorischen und operationalen Faktoren, die zum Erfolg des Einsatzes von Reviews beitragen, sind es – wie so oft – gerade die beteiligten Personen, die den »entscheidenden Faktor« darstellen. Einige wichtige Punkte sind folgende:

- Am Review sind die für die Zielsetzung »passenden« Personen zu beteiligen, also die Personen mit dem entsprechenden Fachwissen und den erforderlichen Kenntnissen.
- Reviews dienen zur Verbesserung der untersuchten Dokumente. Das Aufzeigen von Fehlern, Ungenauigkeiten oder Abweichungen ist daher erwünscht bzw. gefordert. Die Mitteilung darüber muss wertfrei, objektiv und in einer offenen Atmosphäre erfolgen.
- Die Prüfer sollen ermutigt werden, sich mit den wichtigen Aspekten des Prüfobjekts eingehend zu beschäftigen und dort gefundene Probleme klar zu adressieren.

- Belange der beteiligten Personen und auch psychologische Aspekte haben beim Review einen nicht zu unterschätzenden Einfluss. Es soll erreicht werden, dass der Autor des untersuchten Dokuments das Review als eine positive Erfahrung empfindet. Schuldzuweisungen an den Autor sind daher unbedingt zu vermeiden. Der Autor muss mit dem Review des Dokuments einverstanden sein.

14.6 Zusammenfassung

In diesem Abschnitt wurden Managementaspekte und Merkmale verschiedener Arten von Reviews betrachtet. Dabei sind folgende Punkte wichtig:

- Reviews sind ein kostengünstiges Mittel zur frühzeitigen Findung von Fehlerzuständen. Sie wirken sich im Allgemeinen positiv auf Entwicklungs- und Testzeiträume, Produktivität und Fehlerfolgekosten aus.
- Die grundlegende Vorgehensweise für Reviews ist unabhängig von konkreten Reviewarten und umfasst sechs Arbeitsschritte: Planung, Kick-off, individuelle Vorbereitung, Reviewsitzung, Überarbeitung und Nachbereitung.
- Es gibt drei grundsätzliche Gruppen von Reviews:
  - Audits und Managementreviews untersuchen ein ganzes Projekt, ein Teilprojekt und/oder den zugrundeliegenden Entwicklungs- bzw. Testprozess.
  - Assessments dienen zur Untersuchung eines oder mehrerer Prozesse unter Zuhilfenahme eines Prozessmodells.
  - Reviews von Arbeitsergebnissen (Artefakten) untersuchen die Eigenschaften eines einzelnen Prüfobjekts oder weniger zusammengehörender Prüfobjekte. Hierunter fallen Walkthroughs, Inspektionen sowie technische und informelle Reviews.
- Grundlage für erfolgreiche Reviews ist die Einführung einer tragfähigen »Reviewkultur« im Unternehmen. Hierbei ist unbedingt das Management einzubinden und durch die Ausweisung von Erfolgen bzw. Nutzen der Reviews zu überzeugen.
- Für jedes einzelne Review gibt es eine Anzahl von Erfolgsfaktoren und möglichen Problemen bzw. Risiken. Für beide liegen die Ursachen in der Organisation, der Technik bzw. in den eingesetzten Verfahren sowie den beteiligten Personen.

15 Rück- und Ausblicke

Puh – geschafft! ... Oder erschlagen? Wir Autoren jedenfalls hoffen, dass die Inhalte dieses Buches Ihnen, liebe Leserin und lieber Leser, nicht nur ggf. zur Vorbereitung der (hoffentlich!) erfolgreichen Prüfung zum ISTQB® Certified Tester Advanced Level Test Management helfen, sondern dass das Buch insbesondere auch im täglichen Tun des Testmanagements ein hilfreicher Begleiter und Ratgeber sein wird!

Zum Abschluss des Buches skizzieren wir zunächst die Evolution des CTAL-TM 2012 hin zum CTAL-TM V3.0 2024. Danach wagen wir einen Ausblick auf zukünftige (oder bereits vor der Tür oder sogar im Raum stehende) Entwicklungen im Testmanagement und letztendlich auf die damit verbundenen Herausforderungen für das Testmanagement.

15.1 CTAL Testmanager 2012 vs. CTAL Testmanagement V3.0

Die Entwicklung des Testmanagements gemäß dem ISTQB®-Lehrplan »Certified Tester Advanced Level Testmanager« von 2012 zum ISTQB®-Lehrplan »Certified Tester Advanced Level Test Management« Version 3.0 von 2025 stellt einen signifikanten Wandel dar, der auf methodische Modernisierung, stärkeres Praxisbewusstsein und erweiterte strategische Perspektiven abzielt. Die wesentlichen Änderungen sind:[1]

---

1. Die Inhalte dieses Abschnitts wurden mit Unterstützung unseres speziell für das Buch nachtrainierten ChatGPT-4.0-Modells [URL: ChatGPT] geschrieben. Zentraler Prompt war:
`Fasse die Entwicklung des Testmanagements vom alten ISTQB® Lehrplan Advanced Level Testmanager, der 2012 veröffentlicht wurde, zum neuen ISTQB® Lehrplan Advanced Level Testmanagement V3.0 von 2025 in maximal 10 Absätzen zusammen.`

- **Erweiterung der Kontexte und SDLC-Modelle:** Während sich der 2012er-Lehrplan stark auf traditionelle SDLC-Modelle wie Wasserfall fokussierte, legt der CTAL-TM 3.0 explizit Wert auf die Berücksichtigung agiler, hybrider und inkrementeller Entwicklungsmodelle. Das Testmanagement wird in verschiedensten Kontexten (z. B. DevOps, skalierte Agilität) neu verortet.
- **Integration agiler Praktiken:** Im CTAL-TM 3.0 werden agile Praktiken und Konzepte (wie Retrospektiven, kontinuierliche Verbesserung und Wertschöpfungsketten (*value streams*) systematisch integriert – nicht nur als Ergänzung, sondern als gleichwertige strategische Grundlage für Testplanung und Teststeuerung.
- **Fokus auf dem »Business Value«:** Neu ist der explizite Bezug auf den geschäftlichen Mehrwert des Testmanagements. Die Planung und Steuerung orientiert sich stärker an Business-Zielen, Stakeholdern und Risiken, anstatt rein technischer Qualitätssicherung.
- **Vertiefung des risikobasierten Testens:** Während Risikoaspekte auch 2012 relevant waren, ist die Behandlung in CTAL-TM 3.0 deutlich strukturierter. Sie umfasst z. B. differenzierte Risikokategorien, präzisierte Metriken und den gezielten Einsatz zur Ressourcenoptimierung.
- **Teststrategie und -architektur:** Der CTAL-TM 3.0 erweitert die Dimensionen der Teststrategie erheblich. Es werden mehrere Ebenen (organisationsweit, projektbezogen) unterschieden, und Strategien werden kontextsensitiv geplant und operationalisiert.
- **Stärkere Betonung von Werkzeugen und Automatisierung:** Während Werkzeuge 2012 eher am Rande behandelt wurden, sind sie nun integraler Bestandteil des Testmanagements. Lifecycle-Management, ROI-Betrachtungen und Werkzeugmetriken sind zentrale Inhalte.
- **Testprozessverbesserung auf mehreren Ebenen:** Die neue Version integriert nicht nur klassische Modelle zur Testprozessverbesserung (IDEAL, TMMi), sondern auch moderne kontinuierliche Verbesserungsansätze, z. B. durch agile Retrospektiven oder datengetriebene Feedbackzyklen.
- **Anpassung der Lernziele und Taxonomien:** Die Lernziele sind stärker kognitiv differenziert (z. B. K3 und K4 statt vorwiegend K1 bis K3). Dadurch werden ein tieferes Verständnis und eine reflektierte Anwendung in der Praxis gefördert.
- **Modernisierte Sprache und Struktur:** Der neue Lehrplan ist verständlicher gegliedert, klarer formuliert und orientiert sich stärker an realistischen Rollenbildern im Unternehmen (z. B. Test Lead, Agile Test Leader). Dies erleichtert die Übertragbarkeit in die berufliche Praxis.

- **Streichung veralteter Inhalte:** Der neue Lehrplan verzichtet auf isolierte Betrachtungen von Dokumentationsarten oder Testmanagementwerkzeugen »von damals« und ersetzt sie durch nutzwertorientierte, anpassbare Modelle für moderne Testlandschaften.

Diese Transformation spiegelt den Wandel der Softwareentwicklung insgesamt wider – hin zu mehr Flexibilität, Stakeholder-Orientierung und kontinuierlicher Anpassung. Der CTAL-Lehrplan V3.0 von 2025 stellt damit eine zeitgemäße, praxisnahe Weiterentwicklung dar.

15.2 Trends im Testmanagement

Ein Ausblick auf zukünftige Trends im Testmanagement zeigt eine tiefgreifende Transformation des Berufsbilds, stark beeinflusst durch technologische Innovationen und veränderte Geschäftsanforderungen:[2]

- **Generative KI als Assistenzinstanz im Testmanagement:** Werkzeuge wie ChatGPT werden zunehmend als Co-Piloten im Testmanagement eingesetzt. Sie unterstützen bei der Erstellung von Teststrategien, Risikobewertungen, Testfalldesigns und automatisierter Dokumentation. Sie ermöglichen zudem eine situationsbezogene, dialogorientierte Analyse komplexer Testdaten sowie deren Generierung (s. z. B. [Winteringham 24], [CT-GenAI 25]).
- **Künstliche Intelligenz in der Testautomatisierung:** Machine-Learning-Modelle verbessern kontinuierlich Testfallpriorisierung, Anomalieerkennung und Self-Healing-Testautomatisierung. Sie erkennen Muster in Fehlern und schlagen eigenständig Testfälle vor oder optimieren Regressionstestsuites.
- **Shift-Left + Shift-Right + Shift-Beyond:** Der Trend geht nicht nur weiter »nach links« (frühzeitiges Testen im Dev-Prozess), sondern verstärkt auch »nach rechts« in Produktion und Nutzung. Künftig wird Testmanagement als End-to-End-Qualitätsstrategie betrachtet, inklusive Monitoring, Feedbackanalyse und Nutzungsverhalten – über das Deployment hinaus.
- **Testen als orchestrierte Qualitätssicherung:** In verteilten DevOps-Umgebungen wird Testmanagement nicht mehr als zentrale Instanz agieren, sondern als koordinierende Rolle in einem Quality-En-

2. Auch die Inhalte dieses Abschnitts wurden mit Unterstützung unseres ChatGPT-4.0-Modells [URL: ChatGPT] geschrieben. Zentraler Prompt war:
`Wage einen Ausblick auf zukünftige Trends im Testmanagement in maximal 10 Absätzen. Hiermit meine ich z.B. der Einsatz von generativer AI wie Dir, ChatGPT, oder die Weiterentwicklungen in der Programmierung, die vielleicht gar kein Testen mehr benötigt. Was fällt Dir dazu ein?`

ablement-Netzwerk, das Entwickler, UX, Security, Compliance und Business zusammenführt.

- **Low-Code/No-Code und »testlose Entwicklung«?** Die zunehmende Verbreitung von Low-Code- und modellgetriebenen Plattformen reduziert manuelle Tests und fordert neue Testansätze (z. B. Metatesten von Modellen, Konfigurationsvalidierung). »Testlos« wird Software nie sein, aber klassische Testaufwände verlagern sich in Richtung Validierung von Modellregeln, Logs, Nutzungsmetriken und Systembeobachtung.
- **Qualität durch Observability und Chaos Engineering:** Die Zukunft des Testens liegt teilweise außerhalb des klassischen Entwicklungszyklus. Systeme werden gezielt gestört (»Chaos Monkey«), um Resilienz zu prüfen, oder durch Observability-Infrastrukturen permanent überwacht – nicht zum »Testzeitpunkt«, sondern kontinuierlich.
- **»Explainable Quality« als Managementziel:** Neben »Testabdeckung« rückt die Frage ins Zentrum, warum ein System als qualitativ hochwertig gilt. Das Testmanagement der Zukunft liefert erklärbare, datenbasierte Argumente zur Softwarequalität – verständlich für Technik und Business.
- **Testmanagement wird datengetrieben und KPI-basiert:** Künftig wird Testmanagement nicht mehr mit Excel und Bauchgefühl betrieben, sondern mit Dashboards, Predictive KPIs und datenbasierten Steuerungssystemen, die Zielerreichung, ROI, Defektrate und Testdeckungsprognosen in Echtzeit sichtbar machen.
- **Ethik, Sicherheit und Vertrauen im Fokus:** Im Zeitalter generativer Systeme und kritischer Infrastrukturen wird das Testmanagement auch ethische, regulatorische und sicherheitsrelevante Aspekte integrieren müssen – inklusive Auditierung von KI-Komponenten, Transparenzanforderungen und Datenschutzprüfungen.
- **Neue Rollen und Kompetenzen:** Testmanager werden sich zu »Quality Strategists«, »AI-Augmented Test Leaders« oder »Value Stream Optimizers« entwickeln. Es braucht Skills in KI-Verständnis, Stakeholder-Kommunikation, systemischer Analyse und Change Management.

Kurz: Die Zukunft des Testmanagements ist nicht das »bessere Testen«, sondern die intelligente, kontextuelle Steuerung von Qualität in zunehmend autonomen, adaptiven Systemlandschaften.

15.3 Herausforderungen für das Testmanagement

Die im vorherigen Abschnitt skizzierten Trends im Testmanagement bringen erhebliche Herausforderungen mit sich, die sowohl technischer, organisatorischer als auch ethischer Natur sind:[3]

- **Verlust klassischer Testrollen:** Automatisierung, KI-Assistenz und No-Code-Entwicklung führen dazu, dass traditionelle manuelle Testerrollen verschwinden oder sich radikal wandeln. Dies erfordert eine umfassende berufliche Neuorientierung und Umschulung vieler Testexperten.
- **Verantwortung in dezentralen Teams:** In DevOps- oder agilen Teams ohne klar definierte Testrollen wird Qualität oft als gemeinsame Verantwortung verstanden – was aber auch zu diffusen Verantwortlichkeiten führen kann. Das Testmanagement muss neue Steuerungsmechanismen entwickeln, ohne autoritär zu agieren.
- **Komplexität von KI-getriebenen Systemen:** Systeme, die sich selbst optimieren (z. B. durch Machine Learning), sind schwierig deterministisch zu testen. Es fehlen klare Spezifikationen, und erwartetes Verhalten ist nicht immer definierbar – insbesondere bei generativen Modellen wie LLMs. Dies fordert neue Testverfahren, wie »Metatests«, »Bias-Checks« oder »statistische Evaluation«.
- **Vertrauenswürdigkeit und Erklärbarkeit** (*explainable AI*, **XAI):** Wenn Tests zunehmend durch KI geplant oder sogar ausgeführt werden, stellt sich die Frage nach Nachvollziehbarkeit und Auditierbarkeit: Warum wurde ein bestimmter Test ausgeführt oder übersprungen? Wer haftet bei einem Fehler? Die Transparenz von Testentscheidungen wird zur Kernanforderung.
- **Datenabhängigkeit und Datenschutz:** KI-basierte Testverfahren benötigen große Mengen produktionsnaher Daten. Dies bringt Herausforderungen beim Datenschutz, bei der Anonymisierung und bei der Einhaltung regulatorischer Vorgaben (z. B. DSGVO [URL: DSGVO], HIPAA [URL: HIPPA]).
- **Tool-Integration und technische Hürden:** Der Einsatz moderner Testwerkzeuge, insbesondere KI-basierter Tools, erfordert oft komplexe Toolchains, hohe Integrationstiefe und DevOps-Know-how. Ohne fundierte technische Basis drohen Tool-Overload und Fehlinvestitionen.

3. Natürlich wurden auch die Inhalte dieses Abschnitts mit Unterstützung unseres ChatGPT-4.0-Modells [URL: ChatGPT] geschrieben. Zentraler Prompt war: `Welche Herausforderungen für das Testen bringen diese Trends mit sich?`

- **Messbarkeit von Qualität in dynamischen Systemen:** In Self-Healing-, Container- oder Microservice-Architekturen ist Qualität kein statischer Zustand mehr. Metriken ändern sich laufend und Testabdeckung wird schwerer quantifizierbar. Neue KPIs und Bewertungsmodelle sind nötig.
- **Sicherheitsrisiken durch Automatisierung und KI:** Automatisierte Testumgebungen und generative KI können selbst neue Angriffsflächen bieten (z. B. durch falsch trainierte Modelle, Manipulation von Testdaten oder fehlende Validierungen). Sicherheitstests müssen auch auf das Testsystem selbst angewendet werden.
- **Widerstand im Wandel:** Die Umstellung auf datengetriebene, KI-gestützte und kontinuierlich integrierte Testpraktiken erfordert tiefgreifende Veränderungen in Kultur, Rollenverständnis und Organisation – was auf Widerstand bei etablierten Strukturen stoßen kann.
- **Qualität als Geschäftsverantwortung:** Testmanager müssen künftig nicht nur mit Technikern, sondern mit Management, Regulatoren und sogar Kunden kommunizieren – und dabei Qualität als Business Value verständlich und überzeugend vermitteln können. Das erfordert neue Kommunikations- und Führungsfähigkeiten.

Zusammengefasst liegen die größten Herausforderungen des Testmanagements nicht allein im »Wie testen?«, sondern im »Wer testet?«, »Wofür?« und »Wie lässt sich Vertrauen in komplexe Systeme schaffen?«. Testmanagement wird dadurch anspruchsvoller, strategischer – und unverzichtbarer!

Anhang

A Hinweise zum Lehrstoff und zur Prüfung zum Certified Tester

Der vorliegenden fünften Auflage dieses Lehrbuches liegt der Lehrstoff zum »Certified Tester Advanced Level Test Management« gemäß Lehrplan des International Software Testing Qualifications Board (ISTQB® [URL: ISTQB]) zugrunde. Eingearbeitet sind alle Änderungen und Ergänzungen der aktuellen deutschsprachigen Lehrplan-Version 3.0, 2025. Dieser Lehrplan wird gemeinsam herausgegeben vom German Testing Board [URL: GTB], dem Austrian Testing Board [URL: ATB] und dem Swiss Testing Board [URL: STB].

ISTQB®-konforme (ISTQB® compliant) nationale Lehrpläne enthalten den ISTQB®-Lehrstoff und ggf. zusätzlich für den lokalen Markt spezifische Ergänzungen (in Deutschland z. B. der Bezug zu DIN-Normen). Die nationalen Lehrpläne werden durch das jeweilige nationale Board gepflegt. Die nationalen Boards stimmen sich im International Software Testing Qualifications Board [URL: ISTQB] ab. Das ISTQB® überwacht und bescheinigt die Konformität der nationalen Lehrpläne und Prüfungen mit dem ISTQB®-Regelwerk.

Grundlage für Prüfungen ist der zum Prüfungszeitpunkt aktuelle Lehrplan in der jeweiligen Prüfungssprache. Die Prüfungen werden vom jeweiligen nationalen Board oder durch von diesem beauftragte Zertifizierungsstellen angeboten und durchgeführt. Weitere Informationen zu den Lehrplänen und Prüfungen sind unter [URL: ISTQB] für den internationalen Bereich und unter [URL: GTB], [URL: ATB] sowie [URL: STB] für den deutschsprachigen Bereich einsehbar.

Buchstruktur = Lehrplanstruktur!

Das Buch behandelt die Inhalte in der gleichen Reihenfolge wie der Lehrplan, damit es bestmöglich sowohl zum selbstgesteuerten Lernen als auch zur Begleitung entsprechender Seminare und Trainings nutzbar ist. Die Lernziele des Lehrplans sind dafür jeweils zu Beginn des entsprechenden Kapitels im Buch aufgeführt. Aus dem Umfang einzelner Kapitel oder Abschnitte kann nicht auf die Prüfungsrelevanz der dargestellten Inhalte geschlossen werden. Im Buch sind einzelne Themen vertieft dargestellt und zusätzlich praxisrelevante Testverfahren aufgenommen worden. Solche Passagen, die über den Lehrplan hinausgehen, sind als Exkurs gekennzeichnet.

Wer gerne alternative Darstellungen vergleicht: Ein weiteres deutschsprachiges Werk zum CTAL-TM 3.0 ist [Kribernegg 24].

Prüfungsgrundlage ist immer der Lehrplan!

Prüfungsgrundlage sind auf jeden Fall die offiziellen Lehrpläne! Leserinnen und Lesern, die das Buch zur Vorbereitung auf die Prüfung nutzen, wird empfohlen, parallel zum Buch auch die aktuellen Lehrpläne und das aktuelle ISTQB®-Glossar [URL: ISTQB-Glossar]-Glossar][URL: Glossar imbus]zu studieren, da diese die ausschließliche Grundlage für die Prüfung sind.

Das German Testing Board e. V. stellt Probeprüfungen und die entsprechenden korrekten Antworten mit Begründungen unter [URL: GTB PP] zur Verfügung, die den realen Prüfungen entsprechen und sehr gut (nach dem Lernen!) zur Prüfungsvorbereitung genutzt werden können.

B Glossar

Dieses Glossar enthält Fachbegriffe aus dem Bereich des Softwaretests und des Testmanagements und weitere Begriffe, die einen Bezug zum Themengebiet des Buches haben. Viele dieser Begriffe stehen auch im ISO IEC IEEE Systems- und Software-Engineering Vocabular [ISO 24765].

Unter [URL: ISTQB-Glossar] findet sich die aktuelle multilinguale Version des ISTQB®-Glossars und unter [URL: Glossar imbus] eine mehrsprachige, interaktive Fassung des ISTQB®-Glossars. Schlüsselbegriffe des CTAL-TM-3.0-Lehrplans sind ***fett gedruckt.*** *Schlüsselbegriffe des CTFL-Lehrplans sind* ***fett und grau*** *gedruckt.*

Abnahmetest
: Eine Teststufe mit dem Schwerpunkt zu bestimmen, ob ein System abgenommen werden kann (Synonym: Akzeptanztest).

Abweichung
: Synonym für Anomalie

Abweichungsbericht, Fehlermeldung
: s. Fehlerbericht

Akzeptanzkriterien
: Die Kriterien, die ein Arbeitsergebnis erfüllen muss, um durch die Stakeholder akzeptiert zu werden (Synonym: Abnahmekriterien).

Änderungsmanagement
1. Ein strukturierter Ansatz, um Personen, Teams und Organisationen vom aktuellen Zustand in einen gewünschten zukünftigen Zustand zu bringen.
2. Ein kontrollierter Weg, um eine (vorgeschlagene) Veränderung einesProdukts oder Services umzusetzen.
(s. a. Konfigurationsmanagement)

Anforderung (*requirement*)
: Eine Vorschrift, die zu erfüllende Kriterien enthält (nach [ISO 24765]).

Anforderungsüberdeckung
: Prozentualer Anteil aller (System-)Anforderungen, die durch mindestens einen Testfall validiert wurden (s. a. Überdeckung).

Anforderungsverfolgung
: Aufzeichnung und (Rück-)Verfolgung der (logischen) Beziehungen, Informationen und Querverweise darüber, welche Anforderungen von wem formuliert, mittels welcher fachlichen und technischen Entwurfsdokumente spezifiziert, durch welche Programmteile realisiert und mit welchen Testfällen getestet werden.

Anomalie
: Ein Zustand, der von der Erwartung abweicht (nach [ISO 24765]).

Anwendungsfall (*use case*)
: Ein Anwendungsfall beschreibt eine (durch genau einen Akteur angestoßene) Reihe von erkennbaren Aktionen, die ein System ausführt und die zu einem erkennbaren Ergebnis mit Wert für den Handelnden (Akteur) führt.

Anwendungsspezialist
: Person mit (aufgrund seiner Ausbildung und ggf. seiner beruflichen Funktion) umfassender Expertise im Anwendungsbereich/Einsatzfeld des zu testenden Softwaresystems.

Äquivalenzklassenbildung
: Ein Black-Box-Testverfahren, bei dem die Testbedingungen Äquivalenzklassen sind und für jede Klasse ein repräsentatives Element ausgeführt wird (nach [ISO 29119-1]).

Assessment
: s. Prozess-Assessment

Assessmentbericht
: Ein Dokument, das die Ergebnisse eines Assessments zusammenfasst, z. B. Schlussfolgerungen, Empfehlungen und Befunde.

Assessor
: Eine Person, die ein Assessment durchführt; ein Mitglied eines Assessmentteams.

Audit
: Die unabhängige Überprüfung eines Arbeitsergebnisses oder Prozesses durch eine dritte Partei, um die Übereinstimmung mit vorgegebenen Kriterien zu bewerten (nach [ISO 24765]).

Auf Zusammenarbeit basierender Testansatz
: Ein Testansatz, der durch Zusammenarbeit zwischen Stakeholdern auf Vermeidung von Fehlerzuständen fokussiert.

Ausfall (*failure*)
1. Aussetzen der Ausführung einer festgelegten Aufgabe eines Systems aufgrund einer in ihm selbst liegenden Ursache und im Rahmen der zulässigen Beanspruchung.
2. Unvermögen eines Systems, eine verlangte Funktion auszuführen (s. a. Fehlerwirkung).

Ausfallrate (*failure rate*)
Das Verhältnis der Anzahl der Fehlerwirkungen einer bestimmten Kategorie zu einer vorgegebenen Maßeinheit (nach [ISO 24765]).

Baseline
Spezifikation oder Softwareprodukt, das formal geprüft und freigegeben ist bzw. dem zugestimmt wurde. Anschließend dient es als Basis für die weitere Entwicklung und darf nur durch ein formales Änderungskontrollverfahren geändert werden (nach [[IEEE 610.12]], s. a. Testbasis).

Befund
Ein Ergebnis einer Bewertung, das eine wichtige Fehlerwirkung, ein Problem, oder eine Möglichkeit beschreibt.

Black-Box-Test (*black-box testing*)
Testen auf der Grundlage einer Analyse der Spezifikation der Komponente oder des Systems (Synonyme: spezifikationsorientierter Test, spezifikationsbasierter Test).

Breitband-Delphi
Ein expertenbasiertes Verfahren zur Testschätzung, mit dem Ziel, durch Einbeziehung von Teammitgliedern zu einer möglichst genauen Schätzung zu kommen.

Bugfix
s. Fehlerkorrektur

Build
(Interner) Versionsstand der zu entwickelnden Software, der (kompiliert) in ausführbarer Form vorliegt. Wird von der Entwicklung zu Testzwecken zusammengestellt (s. a. Releasekandidat).

Burndown-Chart
Grafische Darstellung der noch zu leistenden Arbeit in einem agilen Entwicklungsprojekt. Auf der x-Achse werden Tage aufgetragen und auf der y-Achse die Arbeit in Personenstunden oder in abstrakten Einheiten (Story Points).

Coverage
s. Überdeckung

Debugging
Der Prozess der Aufdeckung, Analyse und Entfernung der Ursachen von Fehlerwirkungen in einer Komponente oder einem System.

Defect Detection Percentage
s. Fehlerfindungsanteil

Defect Management System
Ein auch im deutschen Sprachgebrauch gängiger englischer Begriff für Fehlerdatenbank (s. dort).

Deming-Zyklus (PDCA)
Ein iterativer Problemlösungsprozess, der aus vier Phasen besteht (planen, ausführen, überprüfen, umsetzen; *plan-do-check-act*) und typischerweise in der Prozessverbesserung genutzt wird (nach [Deming 86]).

DevOps Paradigma
Verfahren, das durch Einbezug optimistischer, pessimistischer und wahrscheinlichster Annahmen eine probabilistisch fundierte Erwartung für Dauer oder Kosten liefert.

Drei-Punkt-Schätzung
Organisatorischer und kultureller Ansatz, der Entwicklung (Development) und Betrieb (Operations) integriert. Ziel ist es, durch Zusammenarbeit, Automatisierung und kontinuierliche Rückkopplung eine schnellere, zuverlässigere und qualitativ hochwertige Bereitstellung von Software zu ermöglichen.

Dynamischer Test
Testen, das die Ausführung des Testelements beinhaltet (nach [ISO 29119-1]).

Eingangskriterien
Die Menge an Bedingungen für den offiziellen Start einer bestimmten Aufgabe.

Eingangstest
Menge von Tests einer Teststufe, durch die die Verwendbarkeit der (aus der Entwicklung oder einer vorherigen Teststufe) gelieferten Testobjekte für die Durchführung aller Tests dieser Teststufe sichergestellt werden soll; üblicherweise eine Untermenge (z. B. wichtige Testfälle, Tests der Basisfunktionalität) der Testfälle dieser Teststufe.

Eintrittswahrscheinlichkeit (eines Risikos)
Die Wahrscheinlichkeit dafür, dass ein Risiko eintritt.

Emulator
Software, die beim Testen verwendet wird und das Verhalten von Hardware nachahmt.

Endekriterien
Die Menge an Bedingungen für den offiziellen Abschluss einer bestimmten Aufgabe (Synonyme: Testendekriterien, Ausgangskriterien).

Anmerkung: Endekriterien werden in Berichten referenziert und zur Planung der Beendigung des Testens verwendet.

Erfahrungsbasierter Test
Ein Testansatz, der auf der Erfahrung, dem Wissen und der Intuition des Testers basiert (Synonym: erfahrungsbasiertes Testen).

Externe Fehlerwirkung
Eine Fehlerwirkung, die bei der regulären Nutzung eines Systems nach seiner Auslieferung an die Endbenutzer auftritt.

Externe Fehlerkosten
Kosten durch Auftreten einer Fehlerwirkung bei der regulären Nutzung eines Systems nach seiner Auslieferung an die Endbenutzer.

Fachspezialist
s. Anwendungsspezialist

Feature
Leistungsmerkmal bzw. Funktion eines Softwareprodukts.

Fehleranalyse
Teilaktivität des Debuggings, in der eine Fehlerwirkung bis zum ursächlichen Fehlerzustand und ggf. der ursächlichen Fehlhandlung zurückverfolgt wird.

Fehlerbericht
Die Dokumentation des Auftretens, der Art und des Status eines Fehlerzustands.

Fehlerdatenbank
1. Liste aller bekannten Fehler eines Systems, einer Komponente oder zugehöriger Dokumente mit ihrem Behebungsstatus.
2. Enthält aktuelle, vollständige Informationen über alle bekannten Fehlerwirkungen.

Fehlerdichte (*defect density*)
Die Anzahl der Fehlerzustände pro Größeneinheit eines Arbeitsergebnisses (nach [ISO 24765]) (Synonym: Defektdichte).

Fehlerfindungsanteil (*Defect Detection Percentage*, DDP)
Die Anzahl der Fehlerzustände, die in einer Teststufe gefunden wurden, dividiert durch die Gesamtzahl der Fehlerzustände, die in dieser Teststufe und danach mit jeglichen Mitteln gefunden wurden (Synonym: Fehlerfindungsrate).

Fehlerklassifikation(sprozess)
Vorgehen zur Bestimmung des Fehlerschweregrads.

Fehlerkorrektur
Maßnahme zur Behebung eines Fehlerzustands bzw. Defekts.

Fehlermanagement
Der Prozess der Erkennung, Aufzeichnung, Klassifizierung, Untersuchung, Behebung und Schließung von Fehlerzuständen.

Fehlermanagementsystem

System bzw. Werkzeug, das die Aufzeichnung und Statusverfolgung von Abweichungen ermöglicht. Es beinhaltet oft eine Workflow-Komponente, um die Sammlung, Korrektur und den Fehlernachtest von Vorfällen/Abweichungen verfolgen, steuern und über Berichtsfunktionen darstellen zu können (s. a. Fehlerdatenbank).

Fehlermeldung

s. Fehlerbericht

Fehlernachtest

Eine Art änderungsbezogenes Testen, das nach der Behebung eines Fehlerzustands durchgeführt wird, um zu bestätigen, dass eine Fehlerwirkung nicht mehr auftritt (Synonym: Bestätigungstest).

Fehlerprävention

Die Maßnahmen, die die Wahrscheinlichkeit von Fehlerzuständen in Arbeitsergebnissen verringern und die Weiterverbreitung von Fehlerzuständen in nachfolgende Arbeitsergebnisse einschränken.

Fehlerrate

s. Ausfallrate

Fehlerschweregrad

Der Grad der Auswirkungen, den ein Fehlerzustand auf Entwicklung oder Betrieb einer Komponente oder eines Systems hat.

Fehlertrend

Zeitlicher Verlauf der Anzahl durch den Test dokumentierter Fehlerberichte bzw. Defekte (z. B. Anzahl der neu erfassten Fehlerberichte, Anzahl der korrigierten Defekte).

Fehlerverteilung

Prozentualer Anteil von Fehlerberichten mit einer bestimmten Eigenschaft in Relation zur Gesamtzahl erfasster Meldungen (z. B. Fehlerzustände in einer bestimmten Komponente).

Fehlerwirkung

Ein Ereignis, bei dem eine Komponente oder ein System während seiner Ausführung seine Anforderungen im spezifizierten Rahmen nicht erfüllt (nach [ISO 24765]).

Fehlerworkflow

Das Zustandsübergangsmodell eines Fehlerlebenszyklus, einschließlich der Verantwortlichkeiten.

Fehlerzustand

Eine Unzulänglichkeit oder ein Mangel in einem Arbeitsergebnis, sodass es seine Anforderungen oder Spezifikationen nicht erfüllt oder seine beabsichtigte Verwendung beeinträchtigt (nach [ISO 24765]).

Fehlerzustandsverweildauer (*fault days*)
Anzahl der Tage zwischen einer Fehlhandlung bzw. der Entstehung eines Fehlerzustands oder dem Nachweis einer daraus resultierenden Fehlerwirkung und deren Behebung.

Fehlhandlung
Eine menschliche Handlung, die zu einem Fehlerzustand führt (nach [ISO 24765]) (Synonym: Irrtum).

FMEA (Fehlzustandsart- und -auswirkungsanalyse)
Systematische Vorgehensweise zur Risikoidentifizierung und zur Analyse möglicher Fehler(aus)wirkungen und ihrer Vermeidung.

FMECA (Fehlzustandsart-, -auswirkungs- und -kritikalitätsanalyse)
Eine Erweiterung von FMEA, die über die FMEA hinaus eine Kritikalitätsanalyse enthält, die die Wahrscheinlichkeit der Fehlermöglichkeiten der Schwere ihrer Wirkung gegenüberstellt. Das Ergebnis hebt die Fehlermöglichkeiten mit relativ hoher Wahrscheinlichkeit und ernsten Auswirkungen hervor, um den Aufwand zur Abhilfe gezielt dort zu erbringen, wo der größte Nutzen erreicht wird (s. a. FMEA (Fehlzustandsart- und -auswirkungsanalyse)).

Freigabetest
Teilmenge der Tests einer Teststufe, die zur Übergabe des Testobjekts von dieser Stufe an die nächste (bzw. zur Auslieferung) dient.

FTA (Fehlerbaum-Analyse, Fault Tree Analysis, auch **Fehlzustandsbaumanalyse**)
Ein Verfahren zur Ursachenanalyse von Fehlerwirkungen, das ein hierarchisches Modell von Ereignissen und ihren logischen Relationen verwendet (Synonym: Softwarefehlerbaum-Analyse).

Funktionaler Test
Testen, welches durchgeführt wird, um die Erfüllung der funktionalen Anforderungen durch eine Komponente oder ein System zu bewerten (nach [ISO 24765]).

Gantt-Diagramm
Grafische Darstellung der Aktivitäten eines Projekts, die die zeitliche Anordnung, Länge und (eingeschränkt) Abhängigkeiten der einzelnen Aktivitäten anzeigt.

Gefährdungsanalyse (Gefahrenanalyse)
Systematischer und iterativer Prozess der Identifizierung, Klassifizierung und Reduzierung von Gefahren (DIN EN 16602-40-02:2014).

GPL
GNU General Public License, Lizenzbestimmungen der Free Software Foundation, ursprünglich für den Einsatz von freier Software des GNU-Projekts spezifiziert und inzwischen häufig bei allgemeiner Open-Source-Software verwendet.

Grenzwertanalyse (GWA)

Ein Black-Box-Testverfahren, bei dem die Testfälle unter Nutzung von Grenzwerten entworfen werden.

Grundursache

Die Ursache eines Fehlerzustands. Wenn man sie behebt, dann wird das Vorkommen der Fehlerart reduziert oder eliminiert.

Grundursachenanalyse

Ein Analyseverfahren, das die Grundursache eines Fehlerzustands identifizieren soll.

Hybrides Softwareentwicklungsmodell

Eine Art von Softwareentwicklungslebenszyklusmodell, das Elemente verschiedener solcher Modelle miteinander kombiniert:

IDEAL

IDEAL steht für ein Vorgehen zur Prozessverbesserung und ist ein Akronym aus Initiieren (*Initiating*), Diagnostizieren (*Diagnosing*), Etablieren (*Establishing*), Agieren (*Acting*) und Lernen (*Learning*) (nach [McFeeley 96]).

Image

Byte-genaues Abbild des Inhalts einer Festplatte zur Datensicherung bzw. zur Sicherung eines bestimmten Systemzustands oder einer bestimmten Systemkonfiguration.

Indikator

Ein Maß, das benutzt werden kann, um ein anderes Maß abzuschätzen oder vorherzusagen (nach [[ISO 14598]]).

Informelles Review

Ein Review, das keinem definierten Prozess folgt und kein formell dokumentiertes Ergebnis liefert.

Inkrementelles Entwicklungsmodell

Eine Art von Softwareentwicklungslebenszyklusmodell, bei dem die Komponente oder das System über eine Serie von Inkrementen entwickelt wird.

Inspektion

Eine formale Reviewart, die festgelegte Teamrollen und Messungen verwendet, um Fehlerzustände in einem Arbeitsergebnis zu identifizieren und den Reviewprozess sowie den Softwareentwicklungsprozess zu verbessern (nach [ISO 20246]).

Integrationstest

Eine Teststufe mit dem Schwerpunkt auf dem Zusammenwirken zwischen Komponenten oder Systemen.

Interne Fehlerkosten
: Kosten für die Behebung eines Fehlers bei der Nutzung eines Systems vor seiner Auslieferung an die Endbenutzer.

Interne Fehlerwirkung
: Eine Fehlerwirkung, die bei der Nutzung eines Systems vor seiner Auslieferung an die Endbenutzer auftritt (nach ASQ).

Iteratives Entwicklungsmodell
: Eine Art von Softwareentwicklungslebenszyklusmodell, bei dem die Komponente oder das System durch eine Serie von wiederholten Zyklen entwickelt wird.

IT-Spezialist
: Person mit (aufgrund seiner Ausbildung und ggf. seiner beruflichen Funktion) umfassender Expertise im Gebiet Informatik, Informationstechnik, Telekommunikation u. a.

Kiviatdiagramm
: Grafische Darstellung mehrerer (Mess-)Werte für ein (Mess-)Objekt auf entsprechend vielen punkt- und rotationssymmetrisch angeordneten Achsen, auf denen die Werte eingetragen und durch einen geschlossenen Polygonzug miteinander verbunden werden, der zur besseren Veranschaulichung oft eingefärbt wird. Auch Spinnennetz-, Stern- oder Radardiagramm genannt.

Kompetenz
: Oberbegriff für das »Wissen« über etwas, die »Fertigkeit«, dieses Wissen praktisch anzuwenden, und die »Fähigkeit«, in verschiedenen Situationen damit erfolgreich und selbstorganisiert zu handeln.

Kompetenzmatrix
: Tabellarische oder grafische Gegenüberstellung der in einem Team vorhandenen und der für ein Projekt erforderlichen Ausprägungen von Kompetenzen (s. z. B. [Belbin 10], [Erpenbeck 17])

Komponententest
: Eine Teststufe mit dem Schwerpunkt auf einer einzelnen Hardware- oder Softwarekomponente (Synonyme: Unittest, Modultest).

Komponentenintegrationstest
: Der Integrationstest von Komponenten.

Konfiguration
1. Menge von Softwareobjekten einer bestimmten Version, die zusammen ein (Teil-)System bilden.
2. Zustand der Umgebung eines Testobjekts, der als Vorbedingung für die Durchführung von Testfällen erreicht sein muss.

Konfigurationsmanagement

Maßnahmen zur Identifizierung und Dokumentation von Objekten, zur Überwachung und Protokollierung von Änderungen an diesen Objekten sowie zur Prüfung der Änderungen hinsichtlich definierter Vorgaben.

Kumulativdiagramm

Spezielles Mehrliniendiagramm, bei dem die Summe mehrerer Werte(reihen) in ihrem zeitlichen Verlauf dargestellt wird.

Maß

Zahl oder Kategorie, die einem Attribut einer Einheit aufgrund der Durchführung einer Messung zugeordnet wird.

Mastertestkonzept

Ein Testkonzept, das mehrere Teststufen oder Testarten koordiniert.

Mean Time Between Failures (MTBF)

Die durchschnittliche Zeitspanne zwischen aufeinanderfolgenden Fehlerwirkungen einer Komponente oder eines Systems.

Mean Time To Failure (MTTF)

Die durchschnittliche Zeitspanne vom Betriebsbeginn bis zu einer Fehlerwirkung einer Komponente oder eines Systems.

Mean Time To Repair (MTTR)

Die durchschnittliche Zeitspanne, die eine Komponente oder ein System zur Wiederherstellung nach einer Fehlerwirkung benötigt.

Meilenstein

Markiert einen Zeitpunkt im Softwareentwicklungsprojekt(-prozess), zu dem ein bestimmtes Arbeitsergebnis fertiggestellt sein soll.

Messung

Der Prozess, eine Zahl oder Kategorie einer Einheit zuzuweisen, um ein Attribut dieser Einheit zu beschreiben (nach [ISO 24765]).

Methodentabelle

Eine Tabelle mit verschiedenen Testansätzen, Testtechniken und Testarten, die in Abhängigkeit vom Automotive Safety Integrity Level und vom Kontext eines Testobjekts erforderlich sind (nach [ISO 26262]).

Metrik

Die Messskala und das genutzte Verfahren einer Messung.

Multisystem

s. System von Systemen

Negativtest

Eine Testart, bei der eine Komponente oder ein System auf eine Weise verwendet wird, die so nicht vorgesehen ist.

Nicht-funktionaler Test

Testen, welches durchgeführt wird, um die Erfüllung der nicht-funktionalen Anforderungen durch eine Komponente oder ein System zu bewerten.

Norm (*standard*)
: Von einer Normungsorganisation, wie z. B. »Deutsches Institut für Normung« oder »International Organization for Standardization«, geschaffener Standard.

Operationales Profil
: Im Produktionsbetrieb zu erwartende Verteilung der Benutzungshäufigkeit der Produktfunktionen.

Organisationsweite Teststrategie
: Eine Strategie, die die allgemeinen Anforderungen an das Testen beschreibt und wie Testen innerhalb einer Organisation durchzuführen ist.

Planungspoker (*planning poker*)
: Ein konsensbasiertes Schätzverfahren, das hauptsächlich zum Schätzen des Aufwands oder der relativen Größe von User Stories in der agilen Softwareentwicklung verwendet wird. Es ist eine Variante des Breitband-Delphi-Verfahrens, bei der das Team einen Stapel an Karten mit vorgegebenen Werten für die Schätzung verwendet.

PREview
: Frühzeitiges Review unter Beteiligung von Testern mit dem Ziel, die Dokumente auch im Hinblick auf ihre Verwendbarkeit für den Test, speziell für die Erstellung der jeweiligen Testfälle, zu prüfen.

Priorisierung/Priorität
: Die Stufe der Wichtigkeit bzw. Relevanz, die einem Objekt (z. B. Fehlerzustand) zugeordnet worden ist.

Produktionsumgebung
: Infrastruktur, in der das getestete System nach seiner Freigabe betrieben wird.

Produktrisiko
: Ein Risiko, das die Qualität eines Produktes beeinträchtigt.

Projektrisiko
: Ein Risiko, das den Projekterfolg beeinträchtigt.

Projektstrukturplan
: Anordnung von Arbeitselementen und ihre Beziehungen untereinander und zum Endprodukt (nach [CMMI 10]).

Projekttestkonzept
: Testplan für ein ganzes Testprojekt bzw. für alle Teststufen und Testaktivitäten für ein System. Enthält oftmals nur Rahmenvereinbarungen und verweist ansonsten auf einen oder mehrere Stufentestpläne. Während im Deutschen der Begriff Testplan im Allgemeinen nur die Aspekte der Aktivitätenplanung (Zeit, Ressourcen etc.) des Testkonzepts umfasst (typischerweise realisiert durch ein Gantt-Diagramm), bezeichnet im Englischen der *test plan* üblicherweise das gesamte Testkonzept.

Prozess-Assessment
: Eine systematische Bewertung der Softwareprozesse in einer Organisation unter Verwendung eines Referenz-Modells (nach [ISO 15504]).

Prozessmodell
: Ein Rahmenwerk zur Klassifizierung von Prozessen des gleichen Typs in einem übergeordneten Modell, z. B. einem Testprozessverbesserungsmodell.

Prüfobjekt
: Dokument, das auf Fehler oder Unstimmigkeiten untersucht oder vermessen wird.

Qualität
: Der Grad, zu dem ein Arbeitsergebnis explizite und implizite Anforderungen erfüllt.

Qualitätskosten
: Die gesamten Kosten, die durch Qualitätssicherungsaktivitäten und durch Fehlerwirkungen entstehen. Sie werden oft in Kosten der Fehlervorbeugung, der -ermittlung, der internen Fehlerwirkungen und den externen Fehlerwirkungen aufgeteilt.

Qualitätsmanagement
: Der Prozess der Festlegung und Lenkung einer Qualitätspolitik, von Qualitätszielen, Qualitätsplanung, Qualitätssteuerung, Qualitätssicherung und Qualitätsverbesserung für eine Organisation (nach [ISO 24765]).

Qualitätspolitik
: Grundlegende Absichten und Zielsetzungen eines Unternehmens, die von der Unternehmensleitung hinsichtlich Qualität verfolgt werden.

Qualitätsrisiko
: Ein Produktrisiko oder ein Projektrisiko, welches das Qualitätsmanagement beeinträchtigt.

Qualitätssicherung (QS)
: Aktivitäten, die darauf fokussieren, Vertrauen in die Erfüllung der Qualitätsanforderungen zu erzeugen (nach [ISO 24765]).

Quality Gate
: Ein Meilenstein, bei dem eine Entscheidung, zur nächsten Phase überzugehen, basierend auf vordefinierten Qualitätskriterien getroffen wird.

Reaktive Teststrategie
: Eine Teststrategie, bei der das Testteam erst mit dem Erhalt der Software Testfälle entwirft und realisiert, wobei auf das getestete System reagiert wird. Typisch ist eine verkürzte Planungsphase, und die Entwurfs- und Realisierungsphase werden nicht vor Verfügbarkeit des Testobjekts ausgeführt.

Reaktiver Test
Ein Testansatz, welcher dynamisch auf das Verhalten eines Testobjekts und bereits erhaltener Testergebnisse reagiert.

Refactoring
Überarbeitung von Programmcode zum Zweck der Erhöhung von inneren (z. B. Wartbarkeit, Portierbarkeit) und/oder äußeren Qualitätsmerkmalen (z. B. Performanz) unter Beibehaltung der Funktionalität.

Reifegradmodell
Eine strukturierte Menge von Elementen, die bestimmte Aspekte des Reifegrads einer Organisation beschreiben und die bei der Definition und dem Verstehen der Prozesse der Organisation helfen. Ein Reifegradmodell stellt oft eine allgemeine Sprache, eine gemeinsame Vision und ein Rahmenwerk zur Priorisierung von Verbesserungsaktionen zur Verfügung.

Release
Eine bestimmte Version eines Konfigurationsobjekts, das für einen spezifischen Zweck bereitgestellt wurde (beispielsweise ein Testrelease oder ein Produktionsrelease).

Releasekandidat
Versionsstand bzw. Build, der als hinreichend stabil bzw. ausgereift angesehen wird und zur (externen) Freigabe vorgesehen ist. Bestätigt der Test diese Einschätzung, so erfolgt die Freigabe, und aus dem Releasekandidaten wird tatsächlich ein Release.

Releaseplan
Zeitplan (herausgegeben vom Produktmanagement), der darstellt, wann und in welchem Rhythmus die Entwicklung Builds und Releases (an den Test bzw. zur Freigabe) liefert.

Requirement
s. Anforderung

Requirements Coverage
s. Anforderungsüberdeckung

Requirements Tracing
s. Anforderungsverfolgung

Retrospektive
Eine regelmäßige Veranstaltung, bei der Teammitglieder Ergebnisse diskutieren, ihre Arbeitsweisen überprüfen und Verbesserungsmöglichkeiten aufzeigen (Synonyme: Projekt-Abschluss-Sitzung, Bewertungssitzung).

Review
Ein statischer Test, bei dem die Qualität eines Arbeitsergebnisses oder Prozesses von Personen bewertet wird.

Reviewplan
: Ein Dokument, welches den Ansatz, die Ressourcen und den Zeitplan für die beabsichtigten Reviewaktivitäten beschreibt. Es beschreibt u. a. Folgendes: zu prüfende Dokumente und Code, zu verwendende Reviewarten, Teilnehmer, Eingangs- und Endekriterien für formale Reviews und Begründung für deren Auswahl. Der Reviewplan ist ein Ergebnis des Reviewplanungsprozesses.

Risiko
: Ein Faktor, der zu negativen Konsequenzen in der Zukunft führen könnte, gewöhnlich ausgedrückt durch die Eintrittswahrscheinlichkeit und das Schadensausmaß.

Risikoanalyse
: Der Prozess, der die Risikoidentifikation und Risikobewertung umfasst.

Risikobasierter Test
: Ein Testansatz, bei welchem sich das Management, die Auswahl, Priorisierung und Anwendung von Testaktivitäten und -ressourcen an entsprechenden Risikotypen und Risikostufen orientieren (nach [ISO 29119-1]).

Risikobeherrschung
: s. Risikominderung

Risikobewertung
: Der Prozess der Begutachtung von identifizierten Risiken und der Festlegung der Risikostufe.

Risikoidentifizierung
: Die Ermittlung, Erkennung und Beschreibung von Risiken (nach [ISO 31000]).

Risikokategorie
: Eine Menge von Risiken, die einen oder mehrere gemeinsame Aspekte aufweisen, wie Qualitätsmerkmal, Ursache, Ort oder mögliche Auswirkung des Risikos. Bestimmte Risikokategorien können durch eine bestimmte Testart reduziert (kontrolliert) werden. Zum Beispiel kann das Risiko missverstandener Bedienerinteraktionen durch Benutzbarkeitstests verringert werden.

Risikomanagement
: Der Prozess zur Behandlung von Risiken (nach [ISO 24765]).

Risikominderung
: Der Prozess, mit dem Entscheidungen getroffen und Schutzmaßnahmen umgesetzt werden, um das Risiko auf eine vorgegebene Stufe zu reduzieren oder um es auf einer Stufe zu halten (Synonym: Risikobeherrschung).

Risikoprioritätszahl (RPZ)
Ein in der FMECA zur Bewertung von Fehlermöglichkeiten benutztes Produkt aus Eintrittswahrscheinlichkeit, zu erwartendem Schadensausmaß und Aufdeckungswahrscheinlichkeit.

Risikoregister
Katalog mit Informationen über die Risikolage eines Projekts oder Produkts. Dokumentiert die Ergebnisse der Risikobewertung:

- Erläuterung der Risiken
- Bewertung der Risiken (qualitativ und falls möglich quantitativ) durch Beschreibung der Eintrittswahrscheinlichkeit und des möglichen Schadensausmaßes
- Indikatoren zur möglichst frühzeitigen Erkennung
- Maßnahmen zur Vermeidung
- Vorschläge zur Verbesserung, d. h. Vermeidung des erneuten Auftretens
- Priorisierung der Maßnahmen
- Zeitlicher Verlauf der Größen (z. B. falls die Eintrittswahrscheinlichkeit über die Zeit nicht konstant ist)

Risikosteuerung
Der Prozess, der die Risikominderung und Risikoüberwachung umfasst.

Risikostufe
Das Maß eines Risikos, definiert durch dessen Schadensausmaß und Eintrittswahrscheinlichkeit (Synonym: Risikogefährdung).

Risikoüberwachung
Die Tätigkeit, die den Status bekannter Risiken überprüft und an Stakeholder berichtet.

Rückverfolgbarkeit
Die Fähigkeit, zusammengehörige Teile von Dokumentation und Software zu identifizieren, insbesondere die Anforderungen mit den dazugehörigen Testfällen.

Schadensausmaß des Risikos
Der Schaden, der entsteht, wenn ein Risiko eintritt.

Sequenzielles Entwicklungsmodell
Eine Art von Softwareentwicklungslebenszyklusmodell, bei dem ein komplettes System in einer Abfolge von mehreren diskreten und aufeinanderfolgenden Phasen ohne Überlappung entwickelt wird.

Service Level
Definition der vereinbarten Güter einer Dienstleistung, z. B. ausgedrückt in Umfang, Reaktionszeit und Durchführungsgeschwindigkeit der Dienstleistung.

Shift-Left
: Ein Testansatz zur Ausübung von Test- und Qualitätssicherungsaktivitäten so früh wie möglich im Softwareentwicklungslebenszyklus.

Shift
: Eine Komponente oder ein System, die bzw. das sich wie ein gegebenes System verhält oder funktioniert (nach [ISO 24765]).

Sitzungsbasiertes Testen
: Ein Testansatz, bei dem die Testaktivitäten als Testsitzungen geplant werden.

Sitzungsbasiertes Testmanagement
: Eine Methode zur Messung und zum Management des sitzungsbasierten Testens.

S.M.A.R.T.-Zieldefinitionsmethode
: Eine Methode zur eindeutigen Formulierung von Managementzielen durch die Anforderung an die Ziele, spezifisch, messbar, erreichbar, relevant und termingerecht (*specific*, *measurable*, *attainable*, *relevant*, *timely*) zu sein.

Smoke-Test
: Eine Testsuite, die die Hauptfunktionalität einer Komponente oder eines Systems überdeckt, um vor Beginn der geplanten Testausführung festzustellen, ob die Komponente oder das System ordnungsgemäß funktioniert (Synonym: Sanity-Test).

Softwareentwicklungslebenszyklus (SDLC)
: Die Aktivitäten, die in jeder Stufe der Softwareentwicklung durchgeführt werden, sowie ihre logischen und zeitlichen Verknüpfungen miteinander. (Synonym: Phasenmodell, Entwicklungsmodell)

Stakeholder
: Ziel der Entwicklung eines Systems ist die Zufriedenstellung von Bedürfnissen mehrerer Personen, Gruppen, Institutionen oder Dokumente (z. B. Gesetzestexte), wobei die Bedürfnisse und Ansprüche sehr unterschiedlich, auch gegenläufig und sogar widersprüchlich sein können. Alle beteiligten Personen(gruppen), Institutionen und Dokumente werden als Stakeholder bezeichnet. Bezogen auf den Softwaretest sind dies alle Personen oder Gruppen, die eine bestimmte Sicht auf ein System und Interesse an dessen Funktionalitäten haben.

Stakeholder-Matrix
: Eine Matrix mit den Dimensionen »Einfluss« und »Interesse«, in der die Stakeholder anhand ihrer Ausprägung in den beiden Dimensionen angeordnet werden.

Statische Analyse
: Der Prozess der Bewertung eines Testobjekts (Komponente oder System), basierend auf seiner Form, seiner Struktur, seines Inhalts oder seiner Dokumentation, ohne es auszuführen (nach [ISO 24765]).

Statischer Test
: Testen, das die Ausführung eines Testelements nicht beinhaltet (nach [ISO 24765]).

Stufentestkonzept (*level test plan*)
: Ein Testkonzept, das typischerweise für genau eine Teststufe gilt.

System von Systemen
: Mehrere heterogene verteilte Systeme, die in Netzwerken auf mehreren Ebenen und in mehreren verbundenen Domänen eingebunden sind, um große interdiziplinäre gemeinsame Probleme und Fragestellungen zu adressieren, üblicherweise ohne eine gemeinsame Managementstruktur.

Systemausfall
: s. Ausfall

Systemintegrationstest
: Der Integrationstest von Systemen.

Systemkonfiguration
: s. Konfiguration

Systemtest
: Eine Teststufe mit dem Schwerpunkt zu verifizieren, dass ein System als Ganzes die spezifizierten Anforderungen erfüllt.

Taskboard
: Üblicherweise tabellarische Darstellung des Planungs- bzw. Bearbeitungsstatus von Aufgaben in einem agilen Prozess auf einer Magnettafel oder Pinnwand.

Technisches Review
: Ein formales Review durch technische Experten, die die Qualität eines Arbeitsergebnisses untersuchen und Abweichungen von Spezifikationen und Standards feststellen.

Test-First-Ansatz
: Ein Ansatz zur Softwareentwicklung, bei dem die Testfälle entworfen und implementiert werden, bevor die zugehörige Komponente oder das zugehörige System entwickelt wird.

Testskript
: Eine Folge von Testfällen in der Reihenfolge ihrer Durchführung, mit allen erforderlichen Aktionen zur Herstellung der Vorbedingungen und zum Aufräumen nach der Durchführung (nach [ISO 29119-1]).

Testabschluss
: Die Aktivität, die Testmittel für eine spätere Anwendung verfügbar macht, Testumgebungen in einem zufriedenstellenden Zustand hinterlässt und die Testergebnisse an die relevanten Stakeholder übermittelt.

Testabschlussbericht
Eine Art von Testbericht, der beim Erreichen von Abschlussmeilensteinen erstellt wird und eine Beurteilung der entsprechenden Testelemente anhand der Endekriterien liefert.

Testaktivität
Aktivität bzw. Teilaufgabe, die innerhalb des Testprozesses ausgeführt wird.

Testanalyse
Die Aktivität, die Testbedingungen durch eine Analyse der Testbasis identifiziert.

Testansatz
Die Art und Weise der Umsetzung von Testaufgaben.

Testart
Eine Gruppe von Testaktivitäten basierend auf bestimmten Testzielen mit dem Zweck, eine Komponente oder ein System auf spezifische Merkmale zu prüfen (Synonym: Testtyp).

Testausführungsplan (*test execution schedule*)
Ein Zeitplan für die Ausführung von Testsuiten innerhalb eines Testzyklus.

Testautomatisierung
Die Umstellung von Testaktivitäten auf automatischen Betrieb.

Testbasis
Alle Informationen, die als Grundlage für die Testanalyse und den Testentwurf verwendet werden können.

Testbedingung[1] (*test condition*)
(syn. Testanforderung, Testsituation) Ein testbarer Aspekt einer Komponente oder eines Systems, der als Grundlage für das Testen identifiziert wurde (nach [ISO 29119-1]) (Synonyme: Testanforderung, Testsituation).

Testbericht
Dokumentation, die das Testen und die Ergebnisse zusammenfasst.

Testcenter
Institution bzw. Organisationseinheit, die das Testen als externe oder unternehmensinterne Dienstleistung für Entwicklungsprojekte zur Verfügung stellt.

Testdaten
Für die Testdurchführung benötigte Daten.

---

1. Die ISO/IEC/IEEE-29119-Reihe [ISO 29119] verwendet für den Testentwurf nicht das Konzept der Testbedingungen, sondern stattdessen das Konzept eines Testmodells.

Testdurchführung
Die Aktivität der Ausführung eines Tests für eine Komponente oder ein System, die Istergebnisse erzeugt (Synonym: Testausführung).

Testen
Der Prozess innerhalb des Softwareentwicklungslebenszyklus, der die Qualität einer Komponente oder eines Systems und der zugehörigen Arbeitsergebnisse bewertet.

Testentwurf
Die Aktivität, die Testfälle aus Testbedingungen ableitet und spezifiziert.

Testergebnis
Das Ergebnis und die Konsequenz der Durchführung eines Tests (Synonyme: Ergebnis, Testausgang, Ausgang).

Testfall
Eine Menge von Vorbedingungen, Eingaben, Aktionen (falls anwendbar), erwarteten Ergebnissen und Nachbedingungen, welche auf Basis von Testbedingungen entwickelt wurden.

Testfallkatalog
Auflistung der zu testenden Eigenschaften des Systems und Gegenüberstellung der zugeordneten Testfälle sowie der Akzeptanzkriterien für die einzelnen Eigenschaften.

Testfortschritt
Der Fortschritt des Testens gegenüber einer Baseline.

Testfortschrittsbericht
Ein regelmäßiger Testbericht, der den Fortschritt der Testaktivitäten gegenüber einer Baseline, Risiken und Alternativen, die eine Entscheidung erfordern, enthält (Synonym: Teststatusbericht).

Testframework
s. Testrahmen

Testgetriebene Entwicklung
Ein Softwareentwicklungsverfahren, bei dem Testfälle entwickelt und automatisiert werden, und anschließend Software inkrementell entwickelt wird, um diese Testfälle zu bestehen.

Testhandbuch
Dokument, in dem die generell durchzuführenden Teststufen und die in ihnen auszuführenden Testaktivitäten beschrieben sind.

Testkonzept (*test plan*)
Die Dokumentation der Testziele sowie der Maßnahmen und Zeitplanung, um diese zu erreichen, zum Zweck der Koordination des Testens (nach [ISO 29119-1]).

Testmanagementwerkzeug
: Werkzeug zur Unterstützung von Management und Steuerung des Testprozesses; beinhaltet Leistungsmerkmale wie Management der Testmittel, zeitliche Planung der Reihenfolge der durchzuführenden Tests, Protokollierung der Ergebnisse, Fortschrittsüberwachung, Fehlermanagement und Testberichterstattung.

Testmanager
: Die Person, die für das Projektmanagement von Testaktivitäten und Testressourcen und für die Bewertung eines Testobjekts verantwortlich ist.

Testmetrik
: Messbare Eigenschaft eines Testfalls, Testlaufs oder Testzyklus mit Angabe der zugehörigen Messvorschrift.

Testmittel
: Die Arbeitsergebnisse, die während des Testprozesses erstellt werden und dazu gebraucht werden, um die Tests zu planen, zu entwerfen, auszuführen, auszuwerten und darüber zu berichten (nach [ISO 29119-1]) (Synonym: Testware).

Testobjekt
: Das zu testende Arbeitsergebnis.

Testobjektumfang
: Größe des Testobjekts, messbar mittels unterschiedlicher Metriken, z. B. Lines of Code, Function Points u. Ä.

Testplan (*test schedule*)
: Eine Liste von Aktivitäten, Aufgaben und Meilensteinen des Testprozesses, ihren geplanten Anfangs- und Endterminen sowie ihrer gegenseitigen Abhängigkeiten.

Testplanung
: Eine Aktivität im Testprozess zur Erstellung und Fortschreibung des Testkonzepts.

Testprojekt
: Im Wesentlichen ein einmaliges Vorhaben, bei dem innerhalb einer definierten Zeitspanne definierte Testziele erreicht werden sollen; üblicherweise Teil eines Software- oder Systementwicklungsprojekts.

Testprozess
: Die Menge zusammenhängender Aktivitäten bestehend aus Testplanung, Testüberwachung, Teststeuerung, Testanalyse, Testentwurf, Testrealisierung, Testdurchführung und Testabschluss.

Testprozessverbesserung
: Ein Programm von Aktivitäten, die unternommen werden, um die Leistung und Reife der Testprozesse der Organisation zu verbessern.

Testpyramide
: Ein graphisches Modell, welches das Verhältnis der Testumfänge der einzelnen Teststufen darstellt, mit mehr Umfang an der Basis als an der Spitze.

Testquadranten
: Ein Klassifikationsmodell für Testarten bzw. Teststufen in vier Quadranten, das sich auf zwei Dimensionen von Testzielen bezieht: Unterstützung des Produktteams vs. Hinterfragen des Produkts und technologische Ausrichtung vs. geschäftliche Ausrichtung.

Testrahmen (*test harness, test bed*)
: Ein Satz von Treibern und Testdoubles, die zum Ausführen einer Testsuite erforderlich sind.

Testrealisierung
: Die Aktivität, die auf Basis der Testanalyse und des -entwurfs die Testmittel vorbereitet, welche für die Testdurchführung benötigt werden.

Testrichtlinie
: Dokumentation, die auf hohem Abstraktionsniveau die Prinzipien, den Ansatz und die wichtigsten Ziele einer Organisation in Bezug auf das Testen zusammenfasst (Synonym: Organisations-Testrichtlinie).

Testschätzung
: Eine näherungsweise Abschätzung verschiedener Aspekte des Testens.

Testspezifikationstechnik
: Planmäßiges, auf einem Regelwerk aufbauendes Vorgehen zur Herleitung von Testspezifikationen aus Informationen über das Testobjekt (z. B. Anforderungen, Modell, Programmtext).

Teststatusbericht
: s. Testbericht

Teststeuerung
: Die Aktivität, die Korrekturmaßnahmen entwickelt und anwendet, um ein Testprojekt auf den richtigen Weg zu bringen, wenn es vom Plan abweicht.

Teststrategie
: Eine Beschreibung, wie Testen durchzuführen ist, um Testziele unter den gegebenen Umständen zu erreichen.

Teststufe
: Eine spezifische Instanziierung eines Testprozesses (Synonym: Testebene).

Testtechnik
: s. Testverfahren

Testthema

Gruppe von Testfällen, die gemeinsam ausgeführt und/oder verwaltet werden, da sie zusammengehörige oder verwandte Aspekte des Testobjekts prüfen oder gleiche Testziele verfolgen.

Testtiefe

Intensität, mit der ein bestimmtes Qualitätsmerkmal durch eine Menge von Testfällen geprüft wird; kann evtl. quantitativ durch Messung der Überdeckung bestimmt werden oder rein qualitativ durch Vergleich unterschiedlicher Testverfahren (z. B. hat ein geschäftsprozessbasierter Test mit begleitender Anwendung einer vollständigen Äquivalenzklassenanalyse eine deutlich höhere Testtiefe als ohne diese).

Testtool

s. Testwerkzeug

Testüberdeckung

s. Überdeckung

Testüberdeckungsmaß

s. Überdeckung

Testüberwachung

Die Aktivität, die den Status von Testaktivitäten überprüft, alle Abweichungen vom Plan oder der Erwartung identifiziert und den Status an die Stakeholder meldet.

Testverfahren

Eine Vorgehensweise zum Definieren von Testbedingungen, Entwerfen von Testfällen und Spezifizieren von Testdaten (Synonyme: Testfallentwurfsverfahren, Testspezifikationsverfahren, Testentwurfsverfahren).

Testwerkzeug

Automatisiertes Hilfsmittel zur Unterstützung einer oder mehrerer Testaktivitäten, wie Planung und Verwaltung, Spezifikation, Aufbau der Ausgangsdateien, Testdurchführung und Bewertung.

Testziel

Der Zweck des Testens.

Testzyklus

Eine Testprozessinstanz für eine bestimmte Version eines Testobjekts.

Test Maturity Model Integration (TMMi)

Ein fünfstufiges Rahmenwerk für die Testprozessverbesserung, das mit dem Capability Maturity Model Integration (CMMI®) verwandt ist, und die Schlüsselelemente eines effektiven Testprozesses beschreibt.

TPI Next

Ein durchgängiges Rahmenwerk für die Testprozessverbesserung, das die Schlüsselelemente eines effektiven und effizienten Testprozesses beschreibt.

TTCN-3 (*Testing and Test Control Notation, Version 3*)
Standard zur Spezifikation und Ausführung von Tests für Telekommunikationssysteme.

Überdeckung (*coverage*)
Der Grad, zu dem bestimmte → Überdeckungselemente von einer Testsuite ausgeführt wurden, ausgedrückt in Prozent (Synonyme: Testüberdeckung, Abdeckung).

Überdeckungselement
Eine Eigenschaft oder eine Kombination von Eigenschaften, die aus einer oder mehreren Testbedingungen unter Verwendung eines Testverfahrens abgeleitet wurde(n).

Überdeckungsgrad
s. Überdeckung

Überdeckungskriterien
Die Kriterien zur Definition der Überdeckungselemente, die zum Erreichen eines Testziels erforderlich sind.

Übergabetest
Teilmenge der Tests einer Teststufe, die entweder als Abnahmetest dieser Stufe von der vorhergehenden (bzw. der Entwicklung) oder als Freigabetest an die nächste Teststufe (bzw. zur Auslieferung) dient.

Überlebenswahrscheinlichkeit
Wahrscheinlichkeit dafür, dass eine Software oder ein System eine bestimmte Zeitspanne ohne Fehlerwirkung funktionieren wird.

Überprüfung
Die Aktivitäten der Messung und Überwachung der Qualität eines Systems.

Ursachenanalyse
s. Grundursachenanalyse

Usability-Test/Gebrauchstauglichkeitstests
Testen mit dem Ziel, herauszufinden, inwieweit das System durch spezifizierte Benutzer in einem bestimmten Kontext mit Effektivität, Effizienz und Zufriedenheit genutzt werden kann (nach [ISO 25010]) (Synonym: Benutzbarkeitstest).

Use Case
s. Anwendungsfall

Validierung
Bestätigung durch Überprüfung, dass ein Arbeitsergebnis den Bedürfnissen eines Stakeholders entspricht.

Virtueller Benutzer
Eine Simulation von Aktivitäten, die entsprechend einem Nutzungsprofil durchgeführt werden.

Verfolgbarkeit
: Die Fähigkeit, explizite Beziehungen zwischen Arbeitsergebnissen oder zwischen Elementen von Arbeitsergebnissen darzustellen.

Verifizierung
: Der Prozess der Bestätigung, dass ein Arbeitsergebnis seine Spezifikation erfüllt.

Vorbedingung
: Der erforderliche Zustand des Testelements und seiner Umgebung vor der Testdurchführung.

Walkthrough
: Eine Reviewart, bei der ein Autor die Reviewteilnehmer durch ein Arbeitsergebnis leitet und die Teilnehmer Fragen stellen und Auffälligkeiten kommentieren (nach [ISO 20246]).

White-Box-Test
: Ein Test, der auf der Analyse der internen Struktur einer Komponente oder eines Systems basiert (Synonyme: strukturbasierter Test, struktureller Test, logikgetriebener Test, Glass-Box-Test, codebasierter Test, Clear-Box-Test, Logik-Überdeckungstest).

Ziel-Frage-Metrik (Goal Question Metric, GQM)
: Ein Verfahren zur Messung von Software, das ein dreistufiges Modell verwendet: die konzeptionelle Ebene (*Goal*), die operationelle Ebene (*Question*) und die quantitative Ebene (*Metric*).

Zugänglichkeit
: Der Grad, zu dem eine Komponente oder ein System von Menschen mit den unterschiedlichsten Eigenschaften und Fähigkeiten gebraucht werden kann, um ein gegebenes Ziel in einem gegebenen Nutzungskontext zu erreichen (Synonym: Barrierefreiheit).

Zuverlässigkeitswachstumsmodell
: Ein Modell, das den Anstieg der Zuverlässigkeit einer Komponente oder eines Systems im Zeitverlauf als ein Ergebnis der Fehlerbehebung zeigt.

Zweigüberdeckung
: Die Überdeckung von Zweigen in einem Kontrollflussgraphen.

C Quellenverzeichnis

C.1 Literatur[1]

[**Albrecht-Zölch 18**] Albrecht-Zölch, J.: Testdaten und Testdatenmanagement. dpunkt.verlag, Heidelberg, 2018..

[**Anderson 15**] Anderson, R. J.; Adams, W. A.: Mastering Leadership. Wiley, Hoboken, New Jersey, 2015.

[**Andresen 14**] Andresen, J.: Retrospektiven in agilen Projekten. Hanser, München, 2014.

[**Bach 99**] Bach, J.: Heuristic Risk-Based Testing. Software Testing and Quality Engineering, Nr. 11, 1999.

[**Bach 04**] Bach, J.: Exploratory Testing. In: van Veenendaal, E. (ed.): The Testing Practitioner. 2nd edition, UTN Publishing, 2004.

[**Basili 84a**] Basili, V. R.; Weiss, D. M.: A Methodology for Collecting Valid Software Engineering Data. IEEE Transaction on Software Engineering, SE-10, No. 6, 1984, pp. 728–738.

[**Basili 84b**] Basili, V. R.; Perricone, B. T.: Software errors and complexity: An empirical investigation. Commun. ACM, ACM, Vol. 27, New York, 1984, S. 42–52.

[**Basili 14**] Basili, V.; Trendowicz, A.; Kowalczyk, M.; Heidrich, J.; Seaman, C.; Münch, J.; Rombach, D.: Aligning Organizations Through Measurement: The GQM+Strategies Approach. The Fraunhofer IESE Series on Software and Systems Engineering, Springer International Publishing, 2014.

[**Bath 14**] Bath, G.; van Veenendaal, E.: Improving the Test Process: Implementing Improvement and Change – A Study Guide for the ISTQB® Expert Level Module. rockynook, Santa Barbara, 2014.

1. Die mit gekennzeichneten Werke sind in den Literaturhinweisen des CTAL-TM aufgeführt.

[Baumgartner 21] Baumgartner, M.; Gwihs, S.; Seidl, R.; Steirer, T.; Wendland, M.-F.: Basiswissen Testautomatisierung – Ausbildung zum ISTQB® Advanced Level Specialist – Certified Test Automation Engineer. dpunkt.verlag, Heidelberg, 2021.

[Baumgartner 23] Baumgartner, M.; Klonk, M.; Mastnak, C.; Seidl, R.: Agile Testing. 3. Auflage, Carl Hanser Verlag, München, 2023.

[Beck 99] Beck, K.: Embracing change with extreme programming. IEEE Computer, Vol. 32, 1999, S. 70–77.

[Beck 01] Beck, K.; Fowler, M.: Extreme Programming planen. Addison-Wesley, 2001.

[Belbin 96] Belbin, R. M.: Managementteams: Erfolg und Misserfolg. Verlag Bergander Team- und Führungsentwicklung, 1996.

[Belbin 10] Belbin, R. M.: Team Roles at Work. 2nd edition, Butterworth Heinemann, 2010.

[Black 03] Black, R.: Critical Testing Processes – Plan, Prepare, Perform, Perfect. Addison-Wesley, 2003.

[Black 09a] Black, R.: Managing the Testing Process. 3rd edition, John Wiley & Sons, New York, 2009.

[Black 09b] Black, R.: Advanced Software Testing – Vol. 2: Guide to the ISTQB® Advanced Certification as an advanced test manager. 1st edition, Rockynook, Santa Barbara, Calif., 2009.

[Black 17] Black, R.: Agile testing foundations: An ISTQB® Foundation level agile tester guide. BCS Learning & Development, Swindon, UK, 2017.

[Boehm 79] Boehm, B. W.: Guidelines for Verifying and Validating Software Requirements and Design Specification. In: Proceedings of Euro IFIP 1979, S. 711–719.

[Boehm 81] Boehm, B. W.: Software engineering economics. Prentice-Hall, Englewood Cliffs, N.J, 1981.

[Boehm 91] Boehm, B.: Software risk management: principles and practices. IEEE Software, Nr. 8, 1991, S. 32–41.

[Boehm 97] Boehm, B.; DeMarco, T.: Software risk management – guest editor's introduction. IEEE Software, 1997, 14, 17–19.

[Boehm 00] Boehm, B.; Abts, C.; Brown, A.; Chulani, S.; Clark, B.; Horowitz, E.; Madachy, R.; Reifer, D.; Steece, B.: Software Cost Estimation with COCOMO II. Prentice Hall, 2000.

[Bonebright 10] Bonebright, D. A.: 40 years of storming: A historical review of Tuckman's model of small group development. Human Resource Development International, No. 13, Informa UK Limited, 2010, S. 111–120.

[Bongard 2020] Bongard, R.; Dussa-Zieger, K.; Reißing, R.; Schulz, A.: Basiswissen Automotive Softwaretest: Aus- und Weiterbildung zum ISTQB® Foundation Level Specialist – Certified Automotive Software Tester. dpunkt.verlag, Heidelberg, 2020.

[Borner 08] Borner, L.; Ebrecht, L.; Jungmayr, S.; Hamburg, M.; Winter, M.: Suchen Sie die richtigen Fehler? Warum es sich lohnt, Fehler zu kategorisieren. OBJEKTspektrum, Januar 2008, Nr. 1, S. 74–80.

[Brandstaeter 13] Brandstäter, J.: Agile IT-Projekte erfolgreich gestalten – Risikomanagement als Ergänzung zu Scrum. Springer Fachmedien Wiesbaden, Wiesbaden, 2013.

[Broy 13] Broy, M.; Kuhrmann, M.: Projektorganisation und Management im Software Engineering. Springer Vieweg, Berlin u. a., 2013.

[Broy 21] Broy, M.; Kuhrmann, M.: Einführung in die Softwaretechnik. Springer Vieweg, Berlin, 2021.

[Brueggemann 24] Brüggemann, H.; Bremer, P.; Zischka, S.: Grundlagen Qualitätsmanagement: Von den Werkzeugen über Methoden zum TQM. Springer Fachmedien Wiesbaden, 2024.

[Burnstein 96] Burnstein, I.; Suwanassart, T.; Carlson, C. R.: The Development of a Testing Maturity Model. Proceedings of the Ninth International Quality Week Conference, San Francisco, USA, May 21–24, 1996.

[Burnstein 03] Burnstein, I.: Practical Software Testing. Springer-Verlag, New York, 2003.

[Bush 90] Bush, M.: Software Quality: The use of formal inspections at the Jet Propulsion Laboratory. Proceedings of the 12th ICSE, IEEE 1990, pp. 196–199.

[CMMI 10] CMMI Product Team: CMMI for Development, Version 1.3 (CMU/ SEI-2010-TR-033). Software Engineering Institute, Carnegie Mellon University, 2010.

[Cohn 04] Cohn, M.: User Stories Applied: For Agile Software Development. Addison-Wesley, 2004.

[Cohn 05] Cohn, M.: Agile Estimating and Planning. Prentice Hall, 2005.

[Cohn 09] Cohn, M.: Succeeding with Agile Software Development Using Scrum. Addison-Wesley, 2009.

[Costa 92] Costa, P. T. J.; McCrae, R. R.: Revised NEO Personality Inventory (NEO-PI-R) and NEO Five Factor Inventory Professional Manual. Psychological Assessment Resources, Odessa, 1992.

[Craig 02] Craig, R. D.; Jaskiel, S. P.: Systematic Software Testing. Artech House Publisher, Norwood, Mass., USA, London, 2002.

[Crispin 02] Crispin, L.; House, T.: Testing extreme programming. Addison-Wesley, Boston, Mass., 2002.

[Crispin 09] Crispin, L.; Gregory, J.: Agile testing: A practical guide for testers and agile teams. Addison-Wesley, Upper Saddle River, 2009.

[CT-AI 21] ISTQB® Certified Tester Specialist Level »AI Testing« (CT-AI), Lehrplan. ISTQB®, 2021 (s. [URL: GTB LP]).

[CT-GenAI 25] ISTQB® Certified Tester Specialist Level »Testing with Generative AI« (CT-GenAI), Lehrplan. ISTQB®, 2025 (s. [URL: GTB LP]).

[CT-ATLaS 23] ISTQB® Certified Tester »Agile Test Leadership at Scale« (CT-ATLaS), Syllabus. ISTQB®, 2023 (s. [URL: GTB LP]).

[CTAL-TA 22] ISTQB® Certified Tester Advanced Level »Test Analyst« (CTAL-TA), Lehrplan. Dt. Version GTB/ATB/STB, 2022 (s. [URL: GTB LP]).

[CTAL-TM 3.0 25] ISTQB® Certified Tester Advanced Level »Test Management 3.0« (CTAL-TM), Lehrplan. ISTQB®, Dt. Version GTB/ATB/STB, 2025 (s. [URL: GTB LP]).

[CTEL-ITP 11] ISTQB® Certified Tester Expert Level »Improving the Testing Process« (CTEL-ITP), Syllabus. ISTQB®, 2011 (s. [URL: GTB LP]).

[CTEL-TM 11] ISTQB® Certified Tester Expert Level »Test Management«(CTEL-TM), Lehrplan. ISTQB®, 2011 (s. [URL: GTB LP]).

[CTFL 4.0 23] ISTQB® Certified Tester Foundation Level (CTFL), Lehrplan. ISTQB®, 2023 (s. [URL: GTB LP]).

[DeMarco 03] DeMarco, T.; Lister, T.: Bärentango – Mit Risikomanagement Projekte zum Erfolg führen. Carl Hanser Verlag, München, 2003.

[DeMarco 04] DeMarco, T.: Was man nicht messen kann ... kann man nicht kontrollieren. 2. Auflage, mitp-Verlag, Bonn, 2004 [engl. Original: Controlling Software Projects. Prentice Hall, Englewood Cliffs, 1986].

[DeMarco 16] DeMarco, T.; Lister, T.: Peopleware. 3rd, rev. edition, Addison Wesley, 2016.

[Deming 86] Deming, W. E.: Out of the crisis. Massachusetts Institute of Technology, Massachusetts, USA, 1986.

[Derby 06] Derby, E.; Larsen, D.; Schwaber, K.: Agile Retrospectives – Making Good Teams Great. Pragmatic Bookshelf, 2006.

[Derby 24] Derby, E.; Larsen, D.; Schwaber, K.: Agile Retrospectives – A Practical Guide for Catalyzing Team Learning and Improvement. 2nd edition, Pragmatic Bookshelf, 2024.

[Dugan 96] Dugan, J. B.: Software System Analysis using Fault Trees. Kapitel 15 in [Lyu 96].

[Ebert 05] Ebert, C.; Dumke, R.; Bundschuh, M.; Schmietendorf, A.: Best Practices in Software-Measurement – How to use Metrics to improve Project and Process Performance. Springer-Verlag, Berlin, Heidelberg, New York, 2005.

[Ebert 22] Ebert, C.: Systematisches Requirements Engineering – Anforderungen ermitteln, spezifizieren, analysieren und verwalten. 7., akt. und erw. Auflage, dpunkt.verlag, Heidelberg, 2022.

[Elahi 22] Elahi, B.: Safety Risk Management for Medical Devices. 2nd edition, Elsevier Science & Technology, 2022.

[Elzamly 16] Elzamly, A.; Hussin, B.; Salleh, N.: Top Fifty Software Risk Factors and the Best Thirty Risk Management Techniques in Software Development Lifecycle for Successful Software Projects. International Journal of Hybrid Information Technology, Vol. 9, Global Vision Press, 2016, S. 11–32.

[Erpenbeck 17] Erpenbeck, J.; Rosenstiel, L.; Grote, S.; Sauter, W.: Handbuch Kompetenzmessung: Erkennen, verstehen und bewerten von Kompetenzen in der betrieblichen, pädagogischen und psychologischen Praxis. Schäffer-Poeschel Verlag, 2017.

[El-Haik 11] El-Haik, B.; Shaout, A.: Software Design For Six Sigma – A Roadmap For Excellence. Wiley, New York, 2011.

[Ellebracht 18] Ellebracht, H.; Lenz, G.; Geiseler, L.; Osterhold, G.: Systemische Organisations- und Unternehmensberatung. 5., akt. u. erw. Auflage, Springer Gabler, Wiesbaden, 2018.

[Fagan 76] Fagan, M. E.: Design and Code Inspections to Reduce Errors in Program Development. IBM Systems Journal, Vol. 15, No. 3, 1976, pp. 182–211.

[Feigenbaum 56] Feigenbaum, A. V.: Total Quality Control. Harvard Business Review, Vol. 34, No. 6, Nov/Dez, 1956, pp. 93–101.

[Felderer 18] Felderer, M.; Großmann, J.; Schieferdecker, I.: Recent Advances in Classifying Risk-Based Testing Approaches. Chapter 1 in: Gerrard P.; Thompson, N. (ed.): Analytic Methods in Systems and Software Testing. Artech House, 2018, S. 1–25.

[Fenton 00] Fenton, N.; Ohlsson, N.: Quantitative analysis of faults and failures in a complex software system. IEEE Transactions on Software Engineering, Vol. 26, 2000, pp. 797–814.

[Fenton 15] Fenton, N. E.; Bieman, J. (ed.): Software metrics. 3rd edition, CRC Press, Boca Raton, 2015.

[Fieber 21] Fieber, F. & Wendland, M.-F.: Basiswissen Abnahmetest. dpunkt.verlag, Heidelberg, 2021.

[Fraikin 04] Fraikin, F.; Hamburg, M.; Jungmayr, S.; Leonhardt, T.; Schönknecht, A.; Spillner, A.; Winter, M.: Die trügerische Sicherheit des grünen Balkens. OBJEKTspektrum, Januar/Februar 2004, Nr. 1, S. 25–29.

[Franz 18] Franz, K.; Tremmel, T. & Kruse, E.: Basiswissen Testdatenmanagement: Aus- und Weiterbildung zum Test Data Specialist – Certified Tester Foundation Level Nach GTB. dpunkt.verlag, Heidelberg, 2018.

[Freund 19] Freund, J.; Rücker, B.: Praxishandbuch BPMN 2.0. 6., akt. Auflage, Carl Hanser Verlag, München, 2019.

[Frühauf 91] Frühauf, K.; Ludewig, J.; Sandmayr, H.: Software-Prüfung: eine Fibel. Verlag der Fachvereine, Zürich und Teubner Verlag, Stuttgart, 1991 (4. Auflage 2000).

[Garcia 14] Garcia, C.; Dávila, A.; Pessoa, M.: Test Process Models: Systematic Literature Review. Software Process Improvement and Capability Determination, Springer International Publishing, 2014, S. 84–93.

[Garousi 18] Garousi, V.; Felderer, M.; Hacaloğlu, T.: What We Know about Software Test Maturity and Test Process Improvement. IEEE Software, Vol. 35, 2018, S. 84–92.

[Gartner 99] Gartner, P.: Die Drei-Punkt-Schätzmethode zur Kalkulation des Projektaufwands. Projektmanagement, Ausgabe 4, 1999, S. 33–37 (s. a. [URL: Gartner]).

[Gerrard 02] Gerrard, P.; Thompson, N.: Risk-based e-business testing. Artech House, Boston, 2002.

[Gilb 96] Gilb, T.; Graham, D.: Software Inspections. Addison-Wesley, 1996 (Nachdruck von 1993).

[Gloger 16] Gloger, B.: Scrum. 5., überarb. Auflage, Hanser, München, 2016.

[Grady 92] Grady, R. B.: Practical Software Metrics for Project Management and Process Improvement. Hewlett-Packard Professional Books, Prentice Hall, Englewood Cliffs, 1992.

[Graham 00] Graham, D.; Fewster, M.; Roden, L.: Practical Guide to Software Test Management – Task & People Issues. Tutorial, 8th European Conference on Software Testing Analysis and Review, EuroSTAR'00, Kopenhagen, 2000.

[Gregory 24] Gregory, J.; Crispin, L.: Holistic Testing: Weave Quality into Your Product. Leanpub, Victoria, CA, 2024.

[Grottke 01] Grottke, M.; Dussa-Zieger, K.: Prediction of Software Failures based on Systematic Testing. Proc. 9th European Conference on Software Testing Analysis and Review, EuroSTAR'01, 2001.

[Grottke 03] Grottke, M.: Modeling Software Failures during Systematic Testing. Shaker Verlag, Aachen, 2003.

[Gutjahr 95] Gutjahr, W. J.: Optimal Test Distributions for Software Failure Cost Estimation. IEEE Transactions on Software Engineering, Vol. 21, No. 3, 1995, pp. 219–228.

[Gutjahr 96] Gutjahr, W. J.: Risikogesteuerte Aufteilung von Softwaretestkapazitäten. In: Müllerburg et al. (Hrsg.): Test, Analyse und Verifikation von Software. Aus der Arbeit der Fachgruppe 2.1.7 Test, Analyse und Verifikation von Software (TAV) der Gesellschaft für Informatik (GI). Oldenbourg Verlag, München, 1996.

[Hadjicostas 10] Hadjicostas, E.: Total Quality Management and Cost of Quality. Quality Assurance. In: Wenclawiak, B.; Koch, M.; Hadjicostas, E. (eds): Quality Assurance in Analytical Chemistry. Springer-Verlag, Berlin, Heidelberg, 2010, S. 113–142.

[Hanssen 2018] Hanssen, G. K.; Stålhane, T.; Myklebust, T.: SafeScrum® – Agile Development of Safety-Critical Software. Springer International Publishing, 2018.

[Hargens 18] Hargens, J.: Erfolgreich führen und leiten – das will ich auch können. 5. durchges. Auflage, verlag modernes lernen, Dortmund, 2018.

[Hatton 97] Hatton, L.: Reexamining the Fault Density-Component Size Connection. IEEE Software, Vol. 14, No. 2, 1997, pp. 89–97.

[Hedderich 20] Hedderich, J.; Sachs, L.: Angewandte Statistik. 17. Auflage, Springer-Verlag, Berlin, 2020.

[Hellerer 12] Hellerer, H.: Soft Skills für Softwaretester und Testmanager, Kommunikation im Team, Teamführung, Stress- und Konfliktmanagement. dpunkt.verlag, Heidelberg, 2012. (vergriffen)

[Hendrickson 14] Hendrickson, E.: Explore It! Wie Softwareentwickler und Tester mit explorativem Testen Risiken reduzieren und Fehler aufdecken. dpunkt.verlag, Heidelberg, 2014.

[Herzberg 93] Herzberg, F.; Mausner, B.; Snyderman, B. B.: The Motivation to Work. Routledge, Taylor & Francis Group, 1993.

[Höhn 08] Höhn, R.; Höppner, S.: Das V-Modell XT – Grundlagen, Methodik und Anwendungen. Springer-Verlag, Heidelberg, Berlin, 2008.

[Imai 01] Imai, M.: Kaizen – Der Schlüssel zum Erfolg im Wettbewerb. 2. Auflage, Ullstein Taschenbuchverlag, 2001.

[Johannsen 17] Johannsen, A.; Kramer, A.; Kostal, H.; Sadowicz, E.: Basiswissen für Softwareprojektmanager im klassischen und agilen Umfeld – Aus- und Weiterbildung zum ASQF® Certified Professional for Project Management (CPPM). dpunkt.verlag, Heidelberg, 2017.

[John 12] John, A.; Meran, R.; Roenpage, O.; Staudter, C.: Six Sigma + Lean Toolset – Verbesserungsprojekte erfolgreich durchführen. 3. Auflage, Springer-Verlag, Heidelberg, Berlin, 2012.

[Johner 21] Johner, C.; Hölzer-Klüpfel, M.; Wittorf, S.: Basiswissen Medizinische Software – Aus- und Weiterbildung zum Certified Professional for Medical Software. 3. Auflage, dpunkt.verlag, Heidelberg, 2021.

[Jones 96] Jones, C.: Software Defect-Removal Efficiency. IEEE Computer, Vol. 29, No. 4, April 1996, pp. 94–95.

[Jones 07] Jones, C.: Estimating Software Costs. Bringing Realism to Estimating. McGraw-Hill, New York, 2007.

[Jones 12] Jones, C.; Bonsignour, O.: The economics of software quality. Addison-Wesley, Upper Saddle River, NJ, 2012.

[Kahler 08] Kahler, T.: The Process Therapy Model: The Six Personality Types with Adaptations. Taibi Kahler Associates, Inc., 2008.

[Kaner 95] Kaner, C.: Software Negligence & Testing Coverage. Software Quality Assurance Quarterly, Vol. 2, Nr. 2, 1995. Online unter [URL: Kaner].

[Kano 84] Kano, N.; Seraku, N.; Takahashi, F. & Tsuji, S.-I.: Attractive Quality and Must-Be Quality. Journal of the Japanese Society for Quality Control, Vol. 14, The Japanese Society for Quality Control, 1984, S. 147–156.

[Kaner 02] Kaner, C.; Bach, J.; Pettichord, B.: Lessons Learned in Software Testing – A Context-Driven Approach. John Wiley & Sons, New York, 2002.

[Kaner 14] Kaner, S.: Facilitator's Guide to Participatory Decision-Making. Jossey-Bass A Wiley Brand, San Francisco, CA, 2014.

[Kano 84] Kano, N.; Seraku, N.; Takahashi, F.; Tsuji, S.-I.: Attractive Quality and Must-Be Quality. Journal of the Japanese Society for Quality Control, Vol. 14, The Japanese Society for Quality Control, 1984, S. 147–156.

[Kerzner 03] Kerzner, H.: Projektmanagement – Ein systemorientierter Ansatz zur Planung und Steuerung. mitp-Verlag, Bonn, 2003.

[Kim 22] Kim, G.; Humble, J.; Debois, P.; Willis, J.; Forsgren, N.; Demmig, T.: Das DevOps-Handbuch. 2. Auflage, O'Reilly, Heidelberg, 2022.

[Knoll 14] Knoll, M.: Praxisorientiertes IT-Risikomanagement. dpunkt.verlag, Heidelberg, 2014.

[Koomen 99] Koomen, T.; Pol, M.: Test Process Improvement: A Practical Step-by-Step Guide to Structured Testing. Addison-Wesley, 1999.

[Koomen 08] Koomen, T.; Van der Aalst, L.; Broekmann, B.; Vroon, M.: TMap®-Next – Ein praktischer Leitfaden für ergebnisorientiertes Softwaretesten. dpunkt.verlag, Heidelberg, 2008.

[Kramer 16] Kramer, A.; Legeard, B.: Model-based testing essentials. Wiley, Hoboken, NJ, 2016.

[Kribernegg 24] Kribernegg, A.: SOFTWARE – TEST IT PROFESSION@LLY: Ausbildung für zertifizierte Softwaretester und Testmanager (CTAL-TM 3.0: S. 390–618). Selfpublishing. AMAZON, Kindle-Version, 2024.

[Kruchten 99] Kruchten, P.: Der Rational Unified Process – Eine Einführung. Addison-Wesley-Longman, 1999.

[Kuhrmann 19] Kuhrmann, M.; Diebold, P.; Munch, J. et al.: Hybrid Software Development Approaches in Practice: A European Perspective. IEEE Software, Vol. 36, 2019, S. 20–31.

[Kuhrmann 22] Kuhrmann, M.; Tell, P.; Hebig, R. et al.: What Makes Agile Software Development Agile? IEEE Transactions on Software Engineering, Vol. 48, 2022, S. 3523–3539.

[Kuster 22] Kuster, J.; Bachmann, C.; Hubmann, M.; Lippmann, R.; Schneider, P.: Handbuch Projektmanagement Agil – Klassisch – Hybrid. 5. Auflage, Springer Gabler, Berlin, 2022.

[Liggesmeyer 09] Liggesmeyer, P.: Software-Qualität – Testen, Analysieren und Verifizieren von Software. 2. Auflage, Spektrum Akademischer Verlag, Heidelberg, 2009.

[Linz 24] Linz, T.: Testen in agilen Projekten – Leitfaden für Softwarequalität in der agilen Welt. 3. Auflage, dpunkt.verlag, Heidelberg, 2024.

[Loeffler 14] Löffler, M.: Retrospektiven in der Praxis. dpunkt.verlag, Heidelberg, 2014.

[Lord 11] Lord, W.: Das NEO-Persönlichkeitsinventar in der berufsbezogenen Anwendung – Interpretation und Feedback. Hogrefe, Göttingen, 2011.

[Ludewig 23] Ludewig, J.; Lichter, H.: Software Engineering. 4. Auflage, dpunkt.verlag, Heidelberg, 2023.

[Lyu 96] Lyu, M. R. (ed.): Handbook of Software Reliability Engineering. IEEE Press, Los Alamitos/McGraw-Hill, New York, 1996.

[Mantle 19] Mantle, M. W.; Lichty, R.: Managing the Unmanageable: Rules, Tools, and Insights for Managing Software People and Teams. 2nd edition, Addison-Wesley Professional, 2019.

[Marston 99] Marston, W. M.: Emotions Of Normal People. Kegan Paul, Trench, Trubner & Co. Ltd., London, 1928. Unveränd. Nachdruck, Routledge, 1999.

[McFeeley 96] McFeeley, B.: IDEAL: A User's Guide for Software Process Improvement. CMU/SEI-96-HB-001, Software Engineering Institute (SEI), 1996.

[Mellis 98] Mellis, W.; Herzwurm, G.; Stelzer, D.: TQM der Softwareentwicklung. 2. Auflage, Vieweg Verlagsgesellschaft, 1998.

[Mendelow1981] Mendelow, A. L.: Environmental Scanning – The Impact of the Stakeholder Concept. Proc. 2nd International Conference on Information Systems (ICIS 1981), Cambridge, Mass., 1981, S. 407–418.

[Moran 14] Moran, A.: Agile Risk Management. Springer-Verlag, Heidelberg, 2014.

[Musa 04] Musa, J. D.: Software Reliability Engineering. 2nd edition, Author House, 2004.

[Myers 11] Myers, G. J.; Sandler, C.; Badgett, T.: The Art of Software Testing. 3rd edition, John Wiley & Sons, New York, 2011.

[Neumann 95] Neumann, P. G.: Computer Related Risks. ACM Press/ Addison-Wesley Publishing Co., New York, NY, 1995 (s. a. [URL: InsideRisks], [URL: RisksDigest]).

[Pandian 07] Pandian, C. R.: Applied Software Risk Management. Auerbach Publications, Taylor & Francis Group, Boca Raton, 2007.

[Pinkster 06] Pinkster, I.; Van de Burgt, B.; Janssen, D.; van Veenendaal, E.: Successfull Test Management – An Integral Approach. Springer-Verlag, Berlin, 2006.

[Poensgen 12] Poensgen, B.: Die Function-Point-Analyse. Ein Praxishandbuch. 2., akt. Auflage, dpunkt.verlag, Heidelberg, 2012.

[Pol 02] Pol, M.; Koomen, T.; Spillner, A.: Management und Optimierung des Testprozesses – Ein praktischer Leitfaden für erfolgreiches Testen von Software mit TPI und TMap. 2., akt. Auflage, dpunkt.verlag, Heidelberg, 2002 (nur noch als E-Book erhältlich).

[Rajab 25] Rajab, R.; Alnoukari, M.: DevOps Integration With Capability Model Maturity Integration: A Systematic Mapping Review. IEEE Access, Vol. 13, 2025, S. 31829–31841.

[Ramler 2017] Ramler, R.; Felderer, M.; Leitner, M.: A Lightweight Approach for Estimating Probability in Risk-Based Software Testing. Risk Assessment and Risk-Driven Quality Assurance. Springer International Publishing, 2017, S. 115–128.

[Romeike 04] Romeike, F.: Lexikon Risiko-Management. Wiley-VCH, Weinheim, 2004.

[Rösler 13] Rösler, P.; Schlich, M.; Kneuper, R.: Reviews in der System- und Softwareentwicklung – Grundlagen, Praxis, kontinuierliche Verbesserung. dpunkt.verlag, Heidelberg, 2013.

[Roth 71] Roth, H.: Pädagogische Anthropologie. Bd. II Entwicklung und Erziehung. Hannover, 1971.

[Rothman 05] Rothman, J.; Derby, E.: Behind Closed Doors: Secrets of Great Management. Pragmatic Programmers, La Vergne, 2005.

[Schaefer 96] Schaefer, H.: Surviving under Time and Budget Pressure. Proc. EuroSTAR'96, Amsterdam, 1996.

[Schlich 07] Schlich, M.: Critical Testing Process, Vortrag GI-TAV-TM-Treffen 22. Juni 2007, Beitrag unter URL: *http://thequaliteers.de/downloadartikel.html*.

[Schulz von Thun 03] Schulz von Thun, F. S.; Ruppel, J.; Stratmann, R.: Miteinander reden: Kommunikationspsychologie für Führungskräfte. 10. Auflage, Orig.-Ausg., Rowohlt Taschenbuch-Verlag, Reinbek bei Hamburg, 2003.

[Sieber Bethke 23] Sieber Bethke, F.; Klein, A.: Kompetenzen wirksam entwickeln: Nachhaltige Entwicklung und erfolgreicher Lerntransfer. Haufe, Freiburg, 2023.

[Sieroux 20] Sieroux, S.; Roock, S.; Wolf, H.: Agile Leadership – Führungsmodelle, Führungsstile und das richtige Handwerkszeug für die agile Arbeitswelt. dpunkt.verlag, Heidelberg, 2020.

[Simon 19] Simon, F.; Grossmann, J.; Graf, C. A.; Mottok, J.; Schneider, M. A.: Basiswissen Sicherheitstests – Ausbildung zum ISTQB® Advanced Level Specialist – Certified Security Tester. dpunkt.verlag, Heidelberg, 2019.

[Sneed 02] Sneed, H. M.; Winter, M.: Testen objektorientierter Software – Das Praxishandbuch für den Test objektorientierter Client/Server-Systeme. Carl Hanser Verlag, München, 2002.

[Sonntag 05] Sonntag, K.; Schmidt-Rathjens, C.: Anforderungsanalyse und Kompetenzmodelle. In: Kompetenz, Kognition und Neue Konzepte der beruflichen Bildung, VS Verlag für Sozialwissenschaften, 2005, S. 55–66.

[Spillner 04] Spillner, A.: REview & PREview – Vorausschauendes Quality Engineering. Tagungsband 9. Kongress Software-Qualitätsmanagement, Düsseldorf, 21.–23. April 2004.

[Spillner 05] Spillner, A.: Zuerst die Anforderungen testen! Wie soll das gehen? Tagungsband Requirements Days 2005, Bad Kissingen, 14.–16. Juni 2005.

[Spillner 24] Spillner, A.; Linz, T.: Basiswissen Softwaretest – Aus- und Weiterbildung zum Certified Tester – Foundation Level nach ISTQB®-Standard. 7., überarb. und akt. Auflage, dpunkt.verlag, Heidelberg, 2024.

[Standish 20] The Standish Group: CHAOS Report 2020: Beyond Infinity. Boston, 2020.

[Szabo 17] Szabo, P. W.: User Experience Mapping. Packt Publishing, 2017.

[Tharwon 11] Tharwon, A.: Top Ten Lists of Software Project Risks: Evidence from the Literature Survey. Lecture Notes in Engineering and Computer Science, Proc. Int. MultiConference of Engineers and Computer Scientists 2011, Vol I, IMECS 2011, March 16–18, 2011, Hong Kong, 2011.

[Tomasello 17] Tomasello, M.: Warum wir kooperieren. Suhrkamp, Berlin, 2017.

[Tuckman 65] Tuckman, B. W.: Developmental sequence in small groups. Psychological bulletin, No. 63, American Psychological Association, 1965.

[van Dick 13] van Dick, R.; West, M. A.: Teamwork, Teamdiagnose, Teamentwicklung. 2. Auflage, Hogrefe, Göttingen, 2013.

[van Ewijk 11] van Ewijk, A.; Linker, B.; van Oosterwijk, M.; Visser, B.; de Vries, G.; Wilhelmus, L.: TPI Next ® – Geschäftsbasierte Verbesserung des Testprozesses. dpunkt.verlag, Heidelberg, 2011.

[van Solingen 99] van Solingen, R.; Berghout, E.: The Goal/Question/Metric Method: A Practical Guide for Quality Improvement of Software Development. McGraw-Hill Publishing Company, 1999.

[van Solingen 20] van Solingen, R.: Agile. dpunkt.verlag, Heidelberg, 2020.

[van Veenendaal 11] van Veenendaal, E.; Cannegieter, J. J.: The Little TMMi – Objective-Driven Test Process Improvement. UTN Publishers, 2011.

[van Veenendaal 12] van Veenendaal, E.: The PRISMA Approach: Practical Risk-Based Testing. UTN Publishers, 2012.

[van Veenendaal 20] van Veenendaal, E.: TMMi in the Agile world. Version 1.4. TMMi Foundation, 2020.

[Wallmüller 14] Wallmüller, E.: Risiko- und Chancen-Management für IT- und Software-Projekte. 2. Auflage, Carl Hanser Verlag, München, 2014.

[Weinberg 08] Weinberg, G.: Perfect Software and other illusions about testing. Dorset House Publishing, New York, 2008.

[Weinert 01] Weinert, F. E. (Hrsg.): Leistungsmessungen in Schulen. Beltz, Weinheim, Basel, 2001.

[Whittaker 02] Whittaker, J.: How to Break Software – A Practical Guide to Testing. Addison-Wesley Longman, Amsterdam, 2002.

[Whittaker 10] Whittaker, J.: Exploratory Software Testing – Tips, Tricks, Tours, and Techniques to Guide Test Design. Addison-Wesley, Upper Saddle River, NJ, 2010.

[Winter 99] Winter, M.: Qualitätssicherung für objektorientierte Software – Anforderungsermittlung und Test gegen die Anforderungsspezifiktion. Verlag dissertation.de, Berlin, 2000; zugl. Dissertation am Fachbereich Informatik der FernUniversität Hagen, 1999.

[Winter 13] Winter, M.; Ekssir-Monfared, M.; Sneed, H.; Seidl, R.; Borner, L.: Der Integrationstest – Von Entwurf und Architektur zur Komponenten- und Systemintegration. Carl Hanser Verlag, München, 2013.

[Winter 16] Winter, M.; Roßner, T.; Brandes, C.; Götz, H.: Basiswissen Modellbasierter Test. 2. Auflage, dpunkt.verlag, Heidelberg, 2016.

[Winter 24] Winter, M.: Standardisierte Softwarequalitätsmessung – geht das überhaupt? Keynote des 49. Treffens der GI-Fachgruppe TAV, 15. Februar 2024 (Folien s. [URL: TAV49]).

[Winteringham 24] Winteringham, M.: Software Testing with Generative AI. Manning Publications, 2024.

[Witte 18] Witte, F.: Metriken für das Testreporting. Springer Fachmedien, Wiesbaden, 2018.

[Witte 20] Witte, F.: Strategie, Planung und Organisation von Testprozessen. Springer Fachmedien, Wiesbaden, 2020.

[Wolf 05] Wolf, H.; Roock, S.; Lippert, M.: eXtreme Programming. Eine Einführung mit Empfehlungen und Erfahrungen aus der Praxis. 2. überarb. u. erw. Auflage, dpunkt.verlag, Heidelberg, 2005.

[Zhu 97] Zhu, H.; Hall, P. A. V.; May, J. H. R.: Software Unit Test Coverage and Adequacy. ACM Computing Surveys, Vol. 29, No. 4, Dezember 1997, pp. 366–427.

[Zielke 24] Zielke, C.: Effektive Führungstechniken: Richtig kommunizieren – Mitarbeiter motivieren – Teams führen. Haufe, Freiburg, 2024.

[Zuse 98] Zuse, H.: A Framework of Software Measurement. Walter de Gruyter, Berlin, 1998.

C.2 Normen und Standards[2]

[DIN 13485] DIN EN ISO 13485: Medizinprodukte – Qualitätsmanagementsysteme – Anforderungen für regulatorische Zwecke. DIN Media[3], Berlin, 2021.

[DIN 50128] DIN EN 50128: Bahnanwendungen – Telekommunikationstechnik, Signaltechnik und Datenverarbeitungssysteme – Software für Eisenbahnsteuerungs- und Überwachungssysteme. DIN Media, Berlin, 2001.

[DIN 60812] DIN EN 60812: Analysetechniken für die Funktionsfähigkeit von Systemen – Verfahren für die Fehlzustandsart- und -auswirkungsanalyse (FMEA). DIN Media, Berlin, 2006.

2. Die mit gekennzeichneten Werke sind in den Hinweisen auf Standards des CTAL-TM aufgeführt.
3. Der Beuth Verlag benannte sich mit Wirkung zum 22. April 2024 um und firmiert nun unter dem Namen DIN Media GmbH.

[DIN 61014] DIN IEC 61014: Programme für das Zuverlässigkeitswachstum. DIN Media, Berlin, 2003.

[DIN 61025] DIN EN 61025: Fehlzustandsbaumanalyse. DIN Media, Berlin, 2007.

[DIN 61508] DIN IEC EN 61508/VDE 0803: Funktionale Sicherheit sicherheitsbezogener elektrischer/elektronischer/programmierbarer elektronischer Systeme. Teile 1–7. DIN Media, Berlin, 2010–2011.

[DIN 61508-1] Teil 1: Allgemeine Anforderungen

[DIN 61508-2] Teil 2: Anforderungen an sicherheitsbezogene elektrische/elektronische/programmierbare elektronische Systeme

[DIN 61508-3] Teil 3: Anforderungen an Software

[DIN 61508-4] Teil 4: Begriffe und Abkürzungen

[DIN 61508-5] Teil 5: Beispiele zur Ermittlung der Stufe der Sicherheitsintegrität

[DIN 61508-6] Teil 6: Anwendungsrichtlinie für IEC 61508-2 und IEC 61508-3

[DIN 61508-7] Teil 7: Anwendungshinweise über Verfahren und Maßnahmen

[DIN 62198] DIN EN 62198: Risikomanagement für Projekte, Anwendungsleitfaden. DIN Media, Berlin, 2014.

[DIN 62304] (VDE 0750-101) DIN EN 62304: Medizingeräte-Software – Software-Lebenszyklus-Prozesse. DIN Media, Berlin, 2016.

[DIN 62740] DIN EN 62740 (IEC 62740): Grundursachenanalyse. Deutsche und englische Fassung, DIN Media, Berlin, 2015.

[DIN 66241] DIN 66241: Informationsverarbeitung; Entscheidungstabelle, Beschreibungsmittel. DIN Media, Berlin, 1979.

[DIN ISO 31000] DIN ISO 31000-2018: Risikomanagement–Leitlinien. DIN Media, Berlin/ISO, Genf, 2018.

[DO-178C] DO-178C/ED-12C: Software Considerations in Airborne Systems and Equipment Certification. RTCA/EUROCAE, 2012 (s. a. [URL: EUROCAE]).

[EN 62198] EN 62198: Managing risk in projects – Application guidelines.

IEC 62198:2013, CEN-CENELEC, Brussels, 2013.

[FDA 21] FDA 21 CFR Part 820: Medical Devices; Quality System Regulation Amendments). U.S. Food and Drug Administration, Feb. 02, 2024.

[IEC 31010] IEC 31010-2019: Risk management – Risk assessment techniques. IEC, Genf, 2019.

[IEEE 610.12] IEEE 610.12-1990: IEEE Standard Glossary of Software Engineering Terminology. Institute of Electrical and Electronics Engineers, Mai 1990. (Enthalten in und online verfügbar unter [URL: SEVOCAB]).

[IEEE 829] IEEE Std 829-2008: IEEE Standard for Software and System Test Documentation. IEEE, New York, 2008.

[IEEE 982.1] IEEE Std 982.1-2005: IEEE Standard Dictionary of Measures of the Software Aspects of Dependability. IEEE, New York, 2005.

[IEEE 1008] IEEE Std 1008-1987: IEEE Standard for Software Unit Testing. IEEE, New York, 1987.

[IEEE 1044] IEEE Std 1044-2009: IEEE Standard Classification for Software Anomalies. IEEE, New York, 2009.

[ISO 9000] DIN EN ISO 9000:2015: Qualitätsmanagementsysteme – Grundlagen und Begriffe. ISO, Genf, 2015.

[ISO 9001] ISO 9001:2015: Quality management systems – Requirements. ISO, Genf, 2015.

[ISO 9126] DIN 66272/ISO/IEC 9126: Bewerten von Softwareprodukten, Qualitätsmerkmale und Leitfaden zu ihrer Verwendung. Teile 1–4. DIN Media, Berlin/ISO, Genf, 2001.
Teil 1: Quality model
Teil 2: External metrics
Teil 3: Internal metrics
Teil 4: Quality in use metrics

[ISO 9241] DIN/ISO 9241-1:1997: Ergonomische Anforderungen für Bürotätigkeiten mit Bildschirmgeräten – Teil 1: Einführung (Norm besteht aus insgesamt 17 Teilen). ISO, Genf, 1997.

[ISO 12207] ISO/IEC/IEEE 12207 Systems and software engineering – Software life cycle processes. ISO, Genf, 2017[4].

[ISO 14102] ISO/IEC 14102: Information Technology – Guideline for the Evaluation and Selection of CASE Tools. ISO, Genf, 2008.

[ISO 14143] ISO 14143: Information technology – Software measurement – Functional size measurement. Part 1–5, ISO, Genf, 1998–2004.

[ISO 14471] ISO/IEC TR 14471: Information Technology – Guideline for the Adoption of CASE Tools. ISO, Genf, 2007.

4. ISO 12207 2017 wird voraussichtlich 2025 durch den DIS 12207 2024 neu aufgelegt, der u. a. mehr Riskmanagement und auch agile Vorgehensweisen berücksichtigt.

[ISO 14598] ISO/IEC 14598-4: Information technology – Software product evaluation – Part 1–6. ISO, Genf, 1999–2001.
Part 1: General overview
Part 2: Planning and management
Part 3: Process for Developers
Part 4: Process for Acquirers
Part 5: Process for Evaluators
Part 6: Documentation of evaluation modules

[ISO 15408] ISO/IEC 15408: Information technology – Security techniques – Evaluation criteria for IT security – Part 1–3. ISO, Genf, 2022.
Part 1: Introduction and general model
Part 2: Security functional requirements
Part 3: Security assurance requirements

[ISO 15504] ISO/IEC 15504: Information Technology – Process Assessment (SPICE) – Part 1–5. ISO, Genf, 2004.
Part 1: Concepts and Vocabulary
Part 2: Performing an Assessment
Part 3: Guidance on Performing an Assessment
Part 4: Guidance on Use for Process Improvement and Process Capability Determination
Part 5: An Assessment Model and Indicator Guidance

[ISO 15939] ISO/IEC/IEEE 15939: Information Technology – Software Measurement Process. ISO, Genf und IEEE, New York, 2017.

[ISO 16085] ISO/IEC 16085: Information Technology – Software Life Cycle Processes – Risk Management. ISO, Genf, 2021.

[ISO 16355-1] ISO16355-1: Application of statistical and related methods to new technology and product development process – Part 1: General principles and perspectives of Quality Function Deployment (QFD). ISO, Genf, 2015.

[ISO 19759] ISO/IEC TR 19759: Software Engineering – Guide to the Software Engineering Body of Knowledge (SWEBOK). ISO, Genf, 2005. Online unter [URL: SWEBOK].

[ISO 20000] ISO/IEC 20000: Information technology – Service management. ISO, Genf, 2010–2012.
Part 1: Service management system requirements
Part 2: Guidance on the application of service management systems
Part 3: Guidance on scope definition and applicability of ISO/IEC 20000-1
Part 4: Process reference model (TR)
Part 5: Exemplar implementation plan for ISO/IEC 20000-1 (TR)

[ISO 20246] ISO/IEC 20246: Software and systems engineering – Work product reviews. ISO, Genf, 2017.

[ISO 20582] ISO/IEC 20582: Systems and software engineering – Capabilities of build and deployment tools. ISO, Genf, 2025.

[ISO 20741] ISO/IEC 20741: Systems and software engineering – Guideline for the evaluation and selection of software engineering tools. ISO, Genf, 2017.

[ISO 21448] ISO 21448: Road vehicles – Safety of the intended functionality (SOTIF), ISO, Genf, 2022.

[ISO 23396] ISO/IEC 23396 Software and systems engineering – Capabilities of review tools. ISO, Genf, 2020.

[ISO 23531] ISO/IEC 23531: Systems and software engineering – Capabilities of issue management tools. ISO, Genf, 2020.

[ISO 24765] ISO/IEC/IEEE 24765: Systems and software engineering – Vocabulary. ISO, Genf, 2017 (s. a. [URL: SEVOCAB]).

[ISO 250nn] ISO/IEC 25000: Software Engineering – Software product Quality Requirements and Evaluation (SQuaRE). ISO, Genf, 2012-2023.
ISO/IEC 25000:2014 Guide to SQuaRE.
ISO/IEC 25001:2014 Planning and management.
ISO/IEC 25002:2024 Quality model overview and usage.
ISO/IEC 25010:2023 Product quality model.
ISO/IEC TS 25011:2017 Service quality models.
ISO/IEC 25012:2008 Data quality model.
ISO/IEC 25019:2023 Quality-in-use model.
ISO/IEC 25020:2019 Quality measurement framework.
ISO/IEC 25021:2012 Quality measure elements.
ISO/IEC 25022:2016 Measurement of quality in use.
ISO/IEC 25023:2016 Measurement of system and software product quality.
ISO/IEC 25024:2015 Measurement of data quality.
ISO/IEC TS 25025:2021 Measurement of IT service quality.
ISO/IEC 25030:2019 Quality requirements framework.
ISO/IEC 25040:2024 Quality evaluation framework.
ISO/IEC 25041:2012 Evaluation guide for developers, acquirers and independent evaluators.
ISO/IEC 25045:2010 Evaluation module for recoverability.
ISO/IEC 25051:2014 Requirements for quality of Ready to Use Software Product (RUSP) and instructions for testing.
ISO/IEC TS 25052-1:2022 Cloud services – Part 1: Quality model.
ISO/IEC TS 25052-2:2024 Cloud services – Part 2: Quality measurement.
ISO/IEC TS 25058 Guidance for quality evaluation of artificial intelligence (AI) systems.
ISO/IEC 25059:2023 Quality model for AI systems.
ISO/IEC TR 25060:2010 General framework for Common Industry Format (CIF) for usability-related information.

ISO/IEC 25062:2025: Common Industry Format (CIF) for reporting usability evaluations.
ISO/IEC DIS 25063.3:2014 Common Industry Format (CIF) for usability: context of use description.
ISO/IEC NP 25065:2019 Common Industry Format (CIF) for Usability: User requirements specification.

[ISO 25010] ISO/IEC 25010: Systems and Software Engineering – Systems and software Quality Requirements and Evaluation (SQuaRE) – System and software quality models. ISO, Genf, 2023. *(Diese Norm ist auch oben in der Liste [ISO 250nn] enthalten, aber wegen ihrer Bedeutung wird im Text direkt auf sie verwiesen.)*

[ISO 26262] ISO/IEC 26262: Road vehicles – Functional safety. ISO, Genf, 2018.
Part 1: Vocabulary
Part 2: Management of functional safety
Part 3: Concept phase
Part 4: Product development at the system level
Part 5: Product development at the hardware level
Part 6: Product development at the software level
Part 7: Production and operation
Part 8: Supporting processes
Part 9: Automotive Safety Integrity Level (ASIL)-oriented and safety-oriented analyses
Part 10: Guideline on ISO 26262

[ISO 26513] ISO/IEC 26513: Systems and software engineering – Requirements for testers and reviewers of information for users. ISO, Genf, 2017.

[ISO 29119] ISO/IEC/IEEE 29119: Software and Systems Engineering – Software Testing – …, ISO, Genf, 2013–2024.

[ISO 29119-1] Concepts and Definitions, 2022

[ISO 29119-2] Test Process, 2021

[ISO 29119-3] Test Documentation, 2021

[ISO 29119-4] Testing Techniques and Measurement, 2021

[ISO 29119-5] Keyword Driven Testing, 2024

[ISO TR 29119-6] Technical Report: Guidelines for the use of ISO/IEC/IEEE 29119 (all parts) in agile projects, 2021.

[ISO 29148] ISO/IEC/IEEE 29148: Systems and software engineering – Life cycle processes – Requirements engineering. ISO, Genf, 2018.

[ISO 30130] ISO/IEC 30130: Software engineering – Capabilities of software testing tools. ISO, Genf, 2016.

[ISO 31000] ISO 31000: Risk management – Principles and guidelines. ISO, Genf, 2009.

[ISO 31010] IEC 31010: Risk management – Risk assessment techniques. ISO, Genf, 2009.

[ISO 33001] ISO/IEC 33001: Information technology – Process assessment – Concepts and terminology. ISO, Genf, 2015.

[ISO 33003] ISO/IEC 33003: Information technology – Process assessment – Requirements for process measurement frameworks. ISO, Genf, 2015.

[ISO 33020] ISO/IEC 33020: Information technology – Process assessment – Process measurement framework for assessment of process capability. ISO, Genf, 2019.

[ISO 33063] ISO/IEC 33063: Information technology – Process assessment – Process assessment model for software testing. ISO, Genf, 2015.

[ISO 61508] s. [DIN 61508]

[ISO 90003] DIN EN ISO 90003:2018: Qualitätsmanagement und Qualitätssicherungsnormen – Teil 3: Leitfaden für die Anwendung von ISO 9001:2015 auf die Entwicklung, Lieferung und Wartung von Software. ISO, Genf, 2018.

[ISO DIS 23612] ISO/IEC/IEEE DIS 23612: Software and systems engineering – Incident management. ISO, Genf, 2025.

C.3 WWW-Seiten[5]

[URL: Agiles Manifest] *https://agilemanifesto.org/iso/de/manifesto.html*
Manifest für Agile Softwareentwicklung.

[URL: Agiles Testen] *http://de.wikipedia.org/wiki/Agiles_Testen*
Wikipedia-Eintrag zum agilen Testen.

[URL: APTEST] *http://www.aptest.com/resources.html*
Software QA Testing and Test Tool Resources.

[URL: ASAM_Report] *https://report.asam.net/test-map-report-1*
Association for Standardization of Automation and Measuring Systems (ASAM) Testverfahren und Testarten.

[URL: ASQF] *https://www.asqf.de/soft-vs-hard-skills-in-software-testing/*
»Soft vs. Hard Skills in Software Testing«

5. Die Gültigkeit der angegebenen URLs wurde mit Drucklegung überprüft. Eine Garantie für deren Gültigkeit über dieses Datum (Dezember 2025) hinaus kann nicht übernommen werden. Die mit gekennzeichneten URLs sind in den Hinweisen im CTAL-TM Lehrplan aufgeführt.

[URL: ATB] *http://www.austriantestingboard.at*
Austrian Testing Board (ATB).

[URL: AUTOSAR] *http://www.autosar.org/*
Automotive Open System Architecture (AUTOSAR).

[URL: BSI] *https://www.bsi.bund.de*
Bundesamt für Sicherheit in der Informationstechnik, u. a. IT-Grundschutz.

[URL: ChatGPT] *https://chatgpt.com*
Web-Zugang zu den LLMs von OpenAI.

[URL: CMMI] *https://cmmiinstitute.com/products/cmmi/content-release*
Informationen des ISACA/CMMI Institute zu CMMI 3.0.

[URL: Crowd Testing] *https://de.wikipedia.org/wiki/Crowdtesting*
Wikipedia-Eintrag zu Crowdtesting.

[URL: Delphi-Methode] *http://de.wikipedia.org/wiki/Delphi-Methode*
Wikipedia-Eintrag zur Delphi-Methode.

[URL: DGQ] *https://www.dgq.de*
Deutsche Gesellschaft für Qualität e.V.

[URL: DISG] *http://de.wikipedia.org/wiki/DISG-Modell*
DISG-Persönlichkeitsmodell von John G. Geier (Wikipedia).

[URL: Docker] *https://www.docker.com*
Open-Source-Plattform zur Erstellung, Bereitstellung und Verwaltung von Containern.

[URL: Drei-Punkt-Schätzung] *https://de.wikipedia.org/wiki/Drei-Zeiten-Methode*
Wikipedia-Eintrag zur Drei-Punkt-Schätzung.

[URL: DSGVO] *https://www.gesetze-im-internet.de/bdsg_2018*
Volltext des Bundesdatenschutzgesetzes (»Datenschutz-Grundverordnung«).

[URL: Eclipse] *http://www.eclipse.org*
Homepage der Eclipse Foundation.

[URL: EFQM] *https://efqm.org/de*
European Foundation for Quality Management (EFQM).

[URL: ET] *http://www.satisfice.com/articles/et-article.pdf*
Artikel von James Bach: Exploratory Testing Explained.

[URL: EU MDR] *https://eur-lex.europa.eu/eli/reg/2017/745/oj/eng*
EU Medical Devices Regulation (EU) 2017/745 (MDR).

[URL: EUROCAE] *http://www.eurocae.eu*
European Organisation for Civil Aviation Equipment (EUROCAE).

[URL: FDA] *http://www.fda.gov*
Food and Drug Administration (FDA).

[URL: Gartner] *https://www.scribd.com/document/425890410/3PunktSchatzmethode*
Peggy Gartner: Die Drei-Punkt-Schätzmethode zur Kalkulation des Projektaufwands.

[URL: Glossar imbus] *http://www.imbus.de/glossar*
Mehrsprachiges Online-Glossar (u. a. Deutsch, Englisch, Chinesisch) auf Basis des ISTQB®-Glossars und der Ausgaben der nationalen ISTQB®-Boards.

[URL: GMP] *http://www.ispe.org/GMP*
Good Manufacturing Practice, Bestimmungen für den Pharma-Bereich (GMP).

[URL: GNU] *http://www.gnu.org/licenses/gpl-3.0.html*
Version 3 der GPL (GNU General Public License).

[URL: GTB] *https://www.gtb.de*
Homepage des German Testing Board e.V. (GTB).

[URL: GTB BBT] *https://www.gtb.de/der-certified-tester/berufsbild*
GTB Berufsbild Testen 2023.

[URL: GTB LP] *https://www.gtb.de/der-certified-tester/lehrplaene*
Vom GTB unterstützte Lehrpläne zum ISTQB® Certified Tester.

[URL: GTB PP] *https://www.gtb.de/der-certified-tester/probepruefungen*
Vom GTB bereitgestellte Probeprüfungen zu den Certified-Tester-Lehrplänen.

[URL: HIPPA] *https://www.hhs.gov/hipaa/for-professionals/index.html*
Health Insurance Portability and Accountability Act (HIPPA), U.S. Department of Health and Human Services (HHS), 1996.

[URL: IDEAL] *http://www.sei.cmu.edu/library/abstracts/presentations/idealmodelported.cfm*
Präsentation des IDEAL-Modells von 2009.

[URL: InsideRisks] *https://www.csl.sri.com/~neumann/insiderisks.html*
CACM Inside Risks, Artikel von Peter G. Neumann.

[URL: ISTQB] *https://www.istqb.org*
International Software Testing Qualifications Board (ISTQB®).

[URL: ISTQB CTE-2011] *https://www.istqb.org/certifications/#expert*
ISTQB® Expert Level Syllabi: Improving the Testing Process, Version 2011; Test Management, Version 2011.

[URL: ISTQB-Glossar] *https://glossary.istqb.org/de_DE*
Offizielles mehrsprachiges Web-Glossar des ISTQB®.

[URL: ITIL] *https://de.wikipedia.org/wiki/ITIL*
Wikipedia-Eintrag zur IT Infrastructure Library (ITIL).

[URL: JIRA] *https://www.atlassian.com/software/jira*
Projektmanagement-Software Jira der Fa. Atlassian.

[URL: JUnit] *http://www.junit.org*
JUnit-Homepage.

[URL: Kaizen] *http://de.wikipedia.org/wiki/Kaizen*
Wikipedia-Eintrag zu Kaizen.

[URL: Kaner] *http://kaner.com/?page_id=7*
Cem Kaner, »Software negligence and testing coverage« (updated). Software QA Quarterly, Volume 2, #2, p. 18, 1995. Cem Kaners Artikel mit 100 Überdeckungskriterien.

[URL: KISS] *https://en.wikipedia.org/wiki/KISS_principle*
Wikipedia-Eintrag zum KISS-Prinzip.

[URL: MBTI] *http://en.wikipedia.org/wiki/Myers-Briggs_Type_Indicator*
Myers-Briggs Persönlichkeitstest (Wikipedia).

[URL: Miro] *https://miro.com*
Anbieter kollaborationsfähiger webbasierter virtueller Whiteboard-Lösungen.

[URL: NASA] *http://www.nasa.gov/*
National Aeronautics and Space Administration (NASA).

[URL: Normalverteilung] *http://de.wikipedia.org/wiki/Normalverteilung*
Erläuterungen zur Normalverteilung (Wikipedia).

[URL: OWASP] *https://owasp.org/www-project-top-ten*
Die Top Ten Web-Security-Risiken des Open Worldwide Application Security Project (OWASP).

[URL: PCM] *https://kcg-pcm.de/de/six-personality-types*
Erläuterungen und Angebote zu den 6 Persönlichkeitstypen nach Kahler.

[URL: PDCA] *http://de.wikipedia.org/wiki/PDCA*
Erklärung zum Deming-Zyklus Plan-Do-Check-Act.

[URL: Review] *http://www.reviewtechnik.de*
Information zu Softwarereviews.

[URL: RisksDigest] *https://catless.ncl.ac.uk/Risks*
Forum on Risks to the Public in Computers and Related Systems.

[URL: SBTM] *http://www.satisfice.com/sbtm*
Kurzbeschreibung zum Session-Based Test Management (SBTM).

[URL: SchulzVonThun] *https://www.schulz-von-thun.de/die-modelle*
Erläuterung der Kommunikationsmodelle von Friedemann Schulz von Thun.

[URL: Scrum Guide] *https://scrumguides.org*
The Scrum Guide, developed and sustained by Ken Schwaber and Jeff Sutherland, deutschsprachige Fassung: Scrum Guide – Der gültige Leitfaden für Scrum: Die Spielregeln.

[URL: ScrumAlliance] *https://www.scrumalliance.org*
Eine der Zertifierungsorganisationen für die Scrum-Rollen.

[URL: SEVOCAB] *http://pascal.computer.org/sev_display/index.action*
Software and Systems Engineering Vocabulary.

[URL: Six Sigma] *http://de.wikipedia.org/wiki/Six_Sigma*
Wikipedia-Eintrag zu Six Sigma.

[URL: softwaretest-knowledge] *http://www.softwaretest-knowledge.de*
Seite mit aktuellen Informationen zum Buch und weiteren Büchern, die das »Certified Tester«-Ausbildungsschema ergänzen.

[URL: Softwaretest-Umfrage] http:*//www.softwaretest-umfrage.de*
Ergebnisse der 2011, 2015/16, 2020 und 2024 durchgeführten Umfrage zu Trends und Herausforderungen rund um die Qualitätssicherung von Software und Systemen im deutschsprachigen Raum.

[URL: Sogeti] *http://www.sogeti.de*
Homepage der Firma Sogeti in Deutschland.

[URL: STB] *https://swisstestingboard.org*
Swiss Testing Board (STB).

[URL: SWEBOK] *https://www.computer.org/education/bodies-of-knowledge/software-engineering*
IEEE Guide to the Software Engineering Body of Knowledge (SWEBOK).

[URL: TAV49] *https://fg-tav.gi.de/veranstaltung/49-tav*
Webseite des 49. Treffens der GI-Fachgruppe Test, Analyse und Verifikation von Software (TAV). TH Köln, Campus Gummersbach, 15.–16. Februar 2024.

[URL: Tessy] *https://www.razorcat.com/en/product-tessy.html*
Tessy – Automated testing of embedded systems.

[URL: TestBench] *https://www.testbench.info*
Testbench – Testwerkzeug der imbus AG.

[URL: TestingQuadrants] *http://www.exampler.com/old-blog/2003/08/21.1.html#agile-testing-project-1*
Original-Blog von Brian Marick (2003) zu den Testquadranten.

[URL: Testteam Motivation] *https://www.imbus.de/downloads*
Veröffentlichungen, Praxiswissen Softwaretest, Checkliste zur Mitarbeitermotivation.

[URL: TMMi] *http://www.tmmi.org*
Internetseite der TMMi Foundation.

[URL: TM-Rad] *http://www.tms-zentrum.de*
Das Team-Management-Rad von Margerison-McCann.

[URL: Tooleval-imbus] *https://www.imbus.de/downloads*
Kategorie Beratung
Anforderungen an Testwerkzeuge (Excel).

[URL: TPINext] *https://www.tmap.net/en/tpi-next*
TPI NEXT ® – Geschäftsbasierte Testprozessverbesserung.

[URL: TQM] *http://de.wikipedia.org/wiki/Total-Quality-Management*
Wikipedia-Eintrag zu Total Quality Management.

[URL: TTR] *www.testtoolreview.de*
Test Tool Review – Informationsportal zum internationalen Angebot im Bereich Softwaretestwerkzeuge.

[URL: VDA] *http://www.vda.de/*
Verband der Automobilindustrie (VDA).

[URL: VDA-QMC] *https://vda-qmc.de/*
Qualitäts Management Center (QMC) des VDA.

[URL: Virtualization] *http://www.virtualization.info* und *https://en.wikipedia.org/wiki/Virtualization*
Hinweise zu Virtualisierungstechnologien (Wikipedia).

[URL: V-Modell XT] *https://www.cio.bund.de/Webs/CIO/DE/digitaler-wandel/Achitekturen_und_Standards/V_modell_xt/v_modell_xt-node.html*
Vorgehensmodell des Bundes und der Länder.

[URL: W3C] *http://www.w3.org/*
World Wide Web Consortium (W3C).

[URL: Wiki] *http://de.wikipedia.org/wiki/Wiki*
Erläuterung zu Wiki-Systemen (Wikipedia).

[URL: XP] *http://www.extremeprogramming.org/*
Historische Dokumentation von eXtreme Programming (XP)

[URL: xUnit] *https://www.junit.org* bzw.

[URL: JUnit] *http://sourceforge.net/projects/junit*
Komponententest-Framework für Java

[URL: cppUnit] *https://sourceforge.net/projects/cppunit/*
Komponententest-Framework für C++

[URL: nUnit] *https://nunit.org/*
Komponententest-Framework für .NET

Index

G

H

I

J

K

L

M

N

O

P

Q

R

S

T